TRUMMIS LISTE

Das einzige vollständige Nachschlagewerk für Lodging & Camping in Namibia

Übersichtskarte

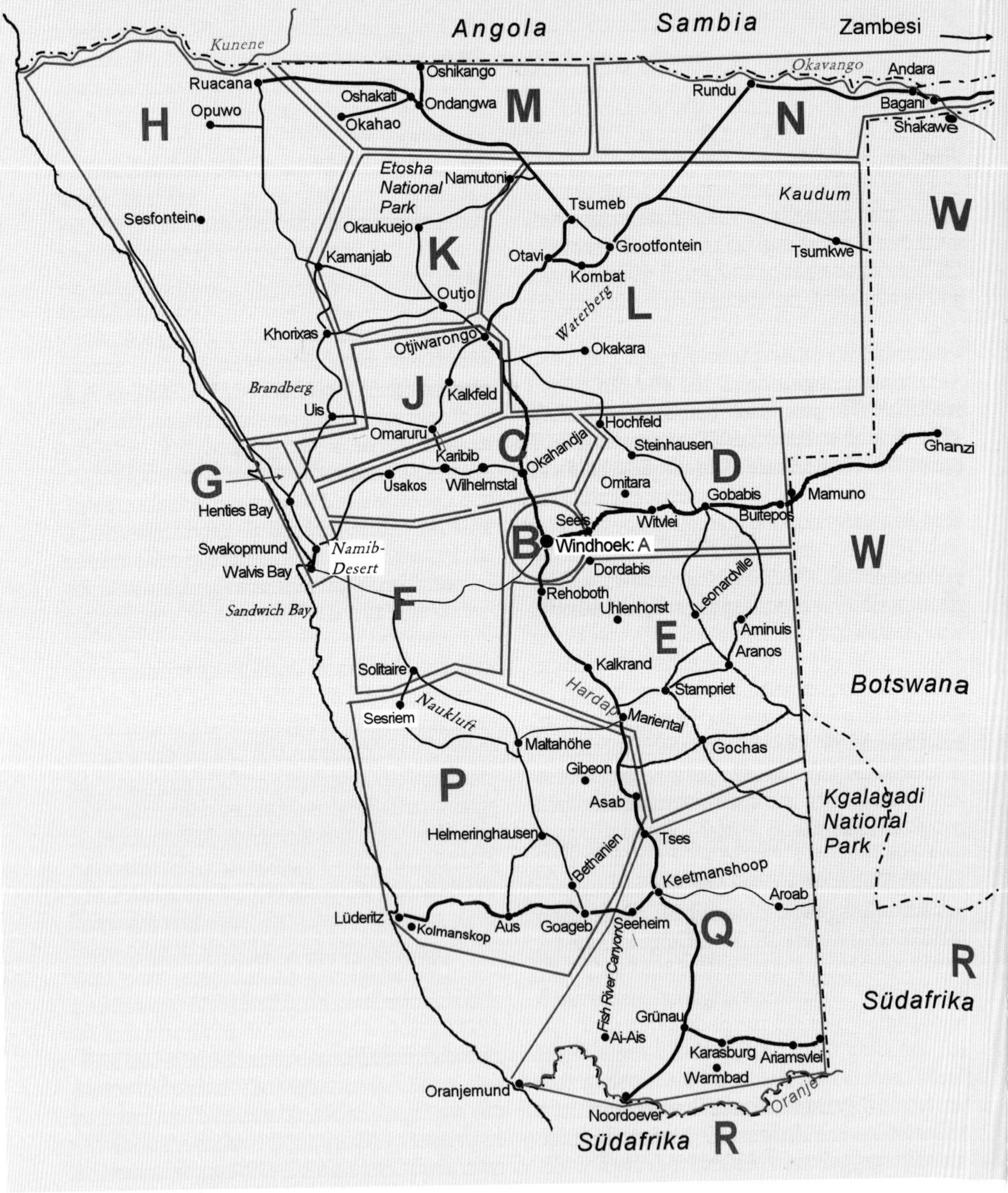

Inhaltsverzeichnis

Copyright

Alle Angaben ohne Gewähr

Wir sind keinem Sponsor verpflichtet. Wir haben alle Details nach bestem Wissen und Gewissen veröffentlicht auf Grundlage der Informationen, die uns zugänglich gemacht wurden. Für falsche Informationen und Änderungen übernehmen wir keine Verantwortung.

No one has sponsored nor approved the information. We cannot be made responsible for any false information or changes. We apologize for wrong or misleading details, but we published everything according to the information forwarded to us.

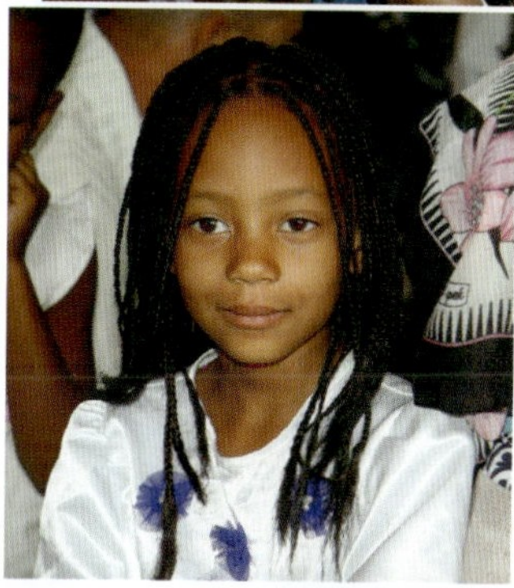

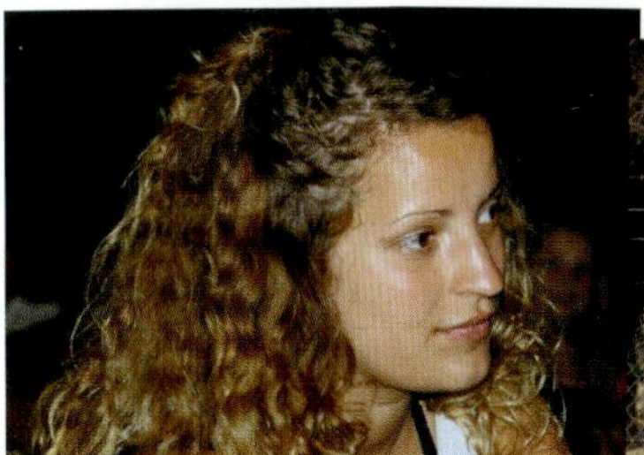

Impressum

Wendula Dahle & Wolfgang Leyerer
Trummis Liste 2014. 4. völlig überarbeitete Auflage
ISBN 978-3-941602-76-2

Windhoek 2014
Design: Wolfgang Leyerer
Cover: Roland Graf
Mitarbeit: Ibrenzia !Urias,
Druck: John Meinert Windhoek
GPS.Namibia: Jörg Mathias Strachotta

Unsere Verbindung zur Welt

Autorenanschriften

Webseite: www.trummis-liste.com
In Namibia:
P.O.Box 8692, Windhoek, Tel/Fax 00264-61-236250, 00264-61-228512,
Cell: 081-1273450,
sunrock@iway.na
In Deutschland:
D 28203 Bremen, Bauernstraße 3a, Tel 0049-421-78938 / Fax 0049-421-77835
dahle@uni-bremen.de, trummis-liste@gmx.net

Bildnachweis

Die meisten der 550 Aufnahmen stammen von der Familie auf Touren durchs Land, von Lientjie, Wendula, Wolfgang und Jakob. Lientjie danken wir für das Scannen von über 1.000 noch analog aufgenommenen Fotos für die digitale Bearbeitung. Auf unserer Festplatte waren wahre Schätze an Aufnahmen zu finden von all denen, die mit uns in dem letzten Jahrzehnt durch Namibia gereist waren:Urk Fritsche & Markus Poetsch aus Bremen, Martin Schütze aus Hannover, Alina Görzen aus Münster, Julien Castaing & Wim Pleysier aus Pau in Frankreich, Hans Fuhrer & Max Perren aus der Schweiz, Frederike Kirschstein, Sabine Schecker, Katrin Weigmann von den Ladybirds, Jörg Mathias Strachotta aus Berlin. Auch danken wir Helmut Gries von der DNG für die Überlassung von zwei Bildern S.368 und S.378. Einige Bilder haben wir von den Webseiten der Unterkünfte bei deren Eintrag eingefügt und die Herkunft vermerkt.
Wir hoffen, daß diese „Fotografen" ihre Bilder auch wiedererkennen, die Plazierung ihnen gefällt und sie von dem neuen Trummi auch Gebrauch machen werden.
Bilder mit freundlicher Erlaubnis: Zoo-Hannover, Adelheid Lilienthal, Janet Lautenbach (beide Namibia)
Illustrationen: with courtesy to Longman Zimbabwe, 1975: Wild Mammals

Mich, TRUMMI, gibt es tatsächlich. Ich bin eine Holzfigur und stehe unter einem Rieddach im Khomashochland. Ich wanderte bereits 1989 von einem Münchener Kindertheater nach Namibia aus. Ich freue mich über alle Briefe, die in meinem dicken Bauchkasten landen -, wenn vielleicht auch nur virtuell. Münchener und Berliner Reisende mögen sich vielleicht noch an das Jugendstück TRUMMI KAPUTT von Volker Ludwig erinnern. Das Buch aller Unterkünfte in Namibia trägt meinen Namen als Markenzeichen, damit es sich von allen anderen „Guides" unterscheidet – und verrät die Herkunft meiners „Vaters" vom Theater. Ich bin froh, daß inzwischen nur noch von Trummi als Buch gesprochen wird: Reisende haben ihren Trummi im Handschuhfach, die Touristiker arbeiten mit Trummi ihre Touren aus, Gastgeber suchen im Trummi nach den nächsten Quartieren für ihre Gäste und nach den aktuellen Handynummern: Ich bin in der Tat ein Nachschlagewerk der alten Art für Touristiker und Reisende geworden. Mein geschützter Name verhindert, daß irgendjemand meine Informationen mit denen, die im Internet boomen, für die oftmals viel zu bezahlen ist und die dennoch häufig nicht mehr aktuell sind, verwechselt.

Die Erklärung, wie man mit mir am besten herumreist, überlasse ich im folgenden jedoch meinem Team.

Liebe Leser und Reisende

Nur in unserem TRUMMI finden Sie **alle** Unterkünfte in Namibia, nicht nur die, die in den kostenlos verteilten Broschüren gelistet sind. Wir selbst haben uns als Reisende in Namiba immer darüber geärgert, daß in den vielen Hochglanzbroschüren über die Unterkünfte nicht mitgeteilt wird, wo diese eigentlich liegen, was sie bieten und vor allem, was sie kosten. Stattdessen erfährt man aus der Werbung immer nur , daß die Unterkünfte außer „sauberer Bettwäsche" noch folgende Angebote haben: Unendliche Weite, tägliche Sundowners und kristallklare Pools. Um diesen Mißstand zu beheben, entstand unsere erste Gästefarmliste 1996, weil die etwa 300 Gästefarmen ein ganz besonderes Ambiente in Namibia darstellen; dabei handelte es sich tatsächlich um eine vervielfältigte LISTE. Die TRUMMIS 2000, 2004, 2008 sprengten den Rahmen von einer Liste und wurden daher in Buchformat aufgelegt, behielten aber das Markenzeichen LISTE bei.

Das touristische Angebot war in kürzester Zeit nach der Unabhängigkeit Namibias vielfältiger geworden, die steigende Zahl der Reisenden suchte nicht nur nach Gästefarmen, die Mobilität von Gruppen wie auch die der Individualreisenden hatte sich derart erhöht, daß kein Winkel des weiten Landes unerforscht blieb. Auch wollten auf der Gastgeberseite immer mehr von dem rasch wachsenden touristischen Geschäft profitieren. Mit diesem Band haben Sie nunmehr die 4.Auflage von 2014 in der Hand.Sie ist umfangreicher als die vorherigen, enthält aber nicht mehr Unterkünfte als im letzten Band, insgesamt 1281! Wo liegt der Grund dafür?

Das Konzept von TRUMMI

Der Grund liegt an unserem Konzept. Denn TRUMMI ist das bislang einzige Nachschlagewerk, das systematisch über die Details der Berherbungen aller Kategorien und zugleich über deren besondere Angebote informiert. Die Aufnahme in dem Band ist kostenlos und kann deshalb so umfangreich wie notwendig sein, es ist damit so etwas wie ein „Who is Who" der Unterkünfte. Damit können viele Nachfragen beantwortet werden, und zwar der einheimischen wie auch der auswärtigen Touristen, der Erstreisenden wie auch der wiederholt nach Namibia Kommenden! TRUMMI wird in Europa, Namibia und Südafrika in den Buchhandlungen und von einigen Unterkünften verkauft. Dazu muß man als Auswärtiger wissen, daß die Unterkünfte zugleich Anbieter von Naturschönheiten, auch von Kultur und historischen Plätzen auf ihrer Farm oder der Umgebung sind, die in anderen Ländern meistens getrennt vom „Gasthof" oder der "Ferienwohnung" erlebbar sind.

Woher stammen die vielen Details, über die unsere Fans sich immer wieder freuen, wundern oder auch ärgern, wenn sie nicht mehr up to date zu sein scheinen? Sie sind nicht der Werbung mit ihren nichtssagenden Superlativen entnommen, sondern beruhen auf den Angaben der verantwortlichen Gastgeber selbst und unseren Nachfragen, auf Erfahrungen von Reisenden und vielen telefonischen Befragungen, wenn die Emails unbeantwortet oder die Antworten sehr vage blieben.

Wozu ist TRUMMI nützlich?

Für Ihre Planung,

die meistens zuhause bereits beginnt, gibt TRUMMI viele Anregungen. Damit meinen wir nicht Vorausbuchungen, denn diese sind für Individualreisenden meistens überflüssig; nur für den Aufenthalt *in zwei der staatlichen Rastlagern* von NWR (Namibian Wildlife Resorts), den Highlights Etosha und Sesriem, vor allem in der Hochsaison, sind sie unentbehrlich. Wie Sie aber aus unseren Karten ersehen können, sind gerade im Umkreis von Etosha und Sesriem eine Vielzahl von Übernachtungsangeboten aller Preisklassen vorhanden; da Tagesbesuche in den Nationalparks jederzeit möglich und auch lohnend sind, kann man sich auch ohne Probleme „UMZU" einbuchen. Diese Plätze können Sie sich nach Lage, Kosten und Interesse selbst aussuchen und ggf. Ihr Kommen ankündigen. Trummi zeigt Ihnen also – gerade beim Besuch der Highlights - immer Alternativen auf.

Für unterwegs

ist Trummi inzwischen unentbehrlich geworden: Wenn Ihnen ein Platz nicht gefällt, zu teuer oder inzwischen sogar geschlossen ist, reisen Sie zum nächsten. Der wird nicht weit entfernt sein. Wenn Sie eine Panne haben, können Sie den nächstliegenden Platz kontaktieren. Wenn Sie das lange Fahren ermüdet, dann steuern Sie die nächste Übernachtung an. GPS Namibia informiert sie dabei über die noch zu fahrenden Kilometer und TRUMMI darüber, was Sie auf dem nächsten Platz erwartet.

Als Nachschlagewerk

wird TRUMMI inzwischen für Namen, Telefonnummern, Anschriften, Lage, eben als Auskunftsdatei genutzt, obwohl es dafür nicht konzipiert worden war.

Für Auswahl nach Interessenslage

hat TRUMMI so viele Details wie möglich versucht zu finden, deshalb also einerseits der erweiterte Umfang und andrerseits aber auch die Entscheidung für MARKIERUNGEN einiger Unterkünfte,

um die Auswahl zu erleichtern.

Namibia bietet zum Glück mehr als nur den Besuch von einigen landschaftlichen Höhepunkten; wenn Sie daher Unterkünfte nach speziellen Interessen aussuchen möchten, dann achten Sie auf unsere „Marker" (*siehe Seite 10*).

Über unsere Arbeit im „Zeitalter der Kommunikation“

Viele Gastgeber, Touristiker und Reisende, die schon seit Jahren mit TRUMMI in Namibia arbeiten oder herumreisen, waren ungeduldig geworden, da der alte TRUMMI VON 2008 in Deutschland einerseits vergriffen war und andrerseits die regelmäßigen UpDates, - das letzte erschien noch im Februar 2012 - auf 48 Seiten angewachsen war. TRUMMI war einfach nicht mehr aktuell und schon seit langem als Neuauflage angekündigt. Dafür waren bereits 2011 die Fragebögen an alle (!) Unterkünfte, die mit einer Email gelistet waren, verschickt worden. Warum hat dieser neue TRUMMI dennoch so viel Zeit in Anspruch genommen, denn eigentlich sollte das alte Buch doch nur aktualisiert werden?

Leider war der erste Rücklauf mit nur 20 % sehr viel geringer als selbst die erste Aktion 2003, als wir mit dem ganz normalen namibischen Postversand einen Rücklauf von etwa 85 % erreichten. Spätere Recherchen ergaben, daß es in Namibia eigentlich nicht möglich ist, sich auf die Mails zu verlassen: Viele hatten ihren Host gewechselt, und der alte Emailanbieter gab keine Rückmeldung, wenn eine Mail nicht weitergeleitet worden war; mehrere Farmen sitzen immer noch in einem „Funkloch“ wie z.B. bei Otavi; der starke Regen war 2011 monatelang für viele Ausfälle im Telefonbereich verantwortlich, auch bei uns selbst. Mails werden nur manchmal irgendwann in der Stadt abgeholt, wo dann der Briefkasten voller Müll (Spams) ist, Benutzer konnten oft unsere Mail nicht aufrufen, bei Besitzerwechsel wechselte auch die Mailbox - im Gegensatz zu den PO Boxen, die eine große Konstanz aufweisen. Leider sind die Handynummern nirgendwo verzeichnet. Die emsigen Reiseagenturen ziehen daraus ihre Vorteile, da sie wissen, wo und wie ihre wenigen Stammkunden erreichbar sind.

Gegenüber den Daten von 2008 einschließlich ihrer regelmäßigen UpDates gab es zum Schluß so viele Änderungen, daß kaum eine Unterkunft ohne einen neuen Eintrag übernommen werden konnte – nicht nur in Hinblick auf die Preisentwicklung.

Up Date-Service

Diejenigen, die TRUMMI noch nicht kannten, waren sehr skeptisch, ob ihr Eintrag wirklich kostenlos sein würde, da die kostenlose Weitergabe von Infos in Namibia im Tourismus (leider) nicht üblich ist. Sie zögerten daher, den Fragebogen auszufüllen und zurückzuschicken. Die Einträge sind wie immer kostenlos, und je mehr Infos Sie als Gastgeber an TRUMMI schicken, um so mehr können davon publiziert werden, da nicht nach Zeile „abgerechnet“ wird! Auch Sie als Reisender können uns auf Unterkünfte, die zufälligerweise nicht im TRUMMI stehen oder gerade neu eröffnet worden sind, aufmerksam machen und die Gastgeber bitten, sich für ihre kostenlose Werbung an TRUMMI zu wenden. Wir freuen uns, wenn wir dadurch die Werbungskosten der Gastgeber etwas senken, die ja immer an den Gast weitergegeben werden,TRUMMI noch mehr an Qualität gewinnt und Sie Ihre Fahrt zuverlässig planen und durchführen können!

Sobald es uns notwendig erscheint, wird es das erste UpDate geben. Dieses kann man von der Webseite **www.trummiliste.com** runterladen. .Es ist auch per Postversand z.B. durch die Versandbuchhandlung NAMIBIANA (siehe Anzeige Umschlag innen) in Deutschland oder per Kauf in der Windhoeker Buchhandlung (siehe „Anzeige Windhoeker Buchhandlung“ S. 13)zu bekommen. Wenn es ausgedruckt abgegeben wird, wird für das UpDate der Selbstkostenpreis berechnet.

Da viele Infos auch telefonisch abgefragt werden konnten, kann es Fehler in der Schreibweise von Eigennamen und auch von Emails geben, die wir, falls wir davon Kenntnis erhalten, im UpDate gern korrigieren werden.

Anzeigen

Die wenigen Anzeigen verweisen auf Dienste oder Angebote im Bereich des namibischen Tourismus, die auch für den Leser nützlich sein können. Diese haben uns damit geholfen, einen Teil der Druckkosten aufzubringen. Einige ausgewählte Unterkünfte haben von dieser Möglichkeit ebenfalls Gebrauch gemacht. Wir haben nur die Unternehmen zu einer Anzeige eingeladen, die wir aus eigener Erfahrung empfehlen können.

Wir danken allen Anzeigenkunden für ihre Unterstützung. Vor allem Herrn Robert Voigts von Maerua Superspar für seine Großzügkeit.

Weitere Informationen und GPS

Bei den Kurzbeschreibungen der Regionen wird jeweils am Schluß auf die entsprechenden Seiten unseres Buches „Namibia", edition erde, Bremen, hingewiesen, denn TRUMMI sollte ursprünglich zu diesem schwergewichtigen Buch (700 Seiten) nur eine schnell aktualisierbare Ergänzung darstellen.

Seit 2008 führt auch GPS NAMIBIA die Nummern von TRUMMI als Waypoints auf und ergänzt diese laufend, auch auf Grund der überarbeiteten Angaben vom TRUMMI. Das Handbuch NAMIBIA wie auch GPS NAMIBIA können mit einem aktuellen UpDate bei uns in Windhoek oder in Bremen sowie bei der Versandbuchhandlung Namibiana (s. Anzeigen) bestelt werden.

Englische Edition

ist vor allem für alle Reisenden aus den Nachbarländern Namibias gedacht, und kommt einen Monat später auf den Markt als die deutsche Ausgabe.

Wir danken Namibiana und den Buchläden für ihre (Un)Geduld und Roland Graf (Graf Design) sowie Ulricke Sievers (John Meinert Printing) für ihre Unterstützung. Wir danken den Lesern, Reisenden und den Gastgebern für die vielen Korrekturhinweise, und unseren "Fans", besonders Grete & Hans Kress, für unermüdliche Werbung. Erwähnt werden muß die vielseitige Hilfe von Ibrenzia Urias & Lyn Lynette Lientjie.

Das TRUMMIteam wünscht den Gastgebern nette Gäste
und den Gästen:
gute Fahrt, lekker pad, ondjiraombwa, !ain daoba u hâ, bon voyage, buon viaggio, have a good time, naua naua und vor allem viel Spaß!
Ihr TRUMMI-Team.

Antworten auf immer wiederkehrende Fragen

Geld

Kreditkarten werden fast überall, auch in Supermärkten, akzeptiert, jedoch nicht an den Tankstellen. Über z.B.Visa und Eurokarten kann man sich auch Bargeld von der Bank holen, vor allem, wenn man das Konto vorher aufgefüllt hat. An den „Bob Accounts", also den Geldautomaten, finden sich die Symbole der akzeptieren Kreditkarten. Bis zu 2000.-N$ können hier pro Tag mit der Geheimzahl „gezogen" werden. Geld erst in Namibia tauschen. Feste Parität vom N$ zum südafrikanischen Rand. Der Rand steht 1:1 zum N$

Gesundheit

Spezielle Impfungen sind für Reisende, die in touristischen Gebieten bleiben, nicht erforderlich und auch nicht empfehlenswert. (siehe „Malaria" S. 14)

Die Armutskrankheiten nehmen derzeit allerdings landesweit rapide zu, vor allem TB-Neuerkrankungen und Malaria, so daß von einer immer größer werdenden Immunschwäche ausgegangen werden kann, auf denen auch die alarmierenden AIDS-Statistiken basieren. Sie sind Hochrechnungen: Vor allem in den Townships, Gefängnissen und in Malariagebieten wird von einer hohen Rate „HIV positiv" ausgegangen, nicht jedoch unter der besser gestellten Bevölkerung.

Das gesunde Klima – Trockenheit und Wärme ohne Luftverschmutzung – und die Möglichkeit einer guten Ernährung lassen Namibia für viele gesundheitlich Geplagten zu einem Eldorado von „Wellness" werden, ohne speziell „Wellness" auch buchen zu müssen. Diese gibt es noch gesondert auf einigen Farmen und Lodges. Leider hat das Land es versäumt, sich als Land der Wellness international zu präsentieren und entsprechende Angebote zu fördern.

Kinder

Ideales Reiseland mit Kindern, wenn man nicht zu lange Strecken fährt.

Kleidung

Bequeme leichte Baumwollkleidung, langärmelige Hemden (bes. im Sommer gegen Mücken und Sonnenbrand), Jeans oder andere glatte Hosenbeine (gegen Klettgras, Dornen), Hut bzw. Wollmütze (gegen Sonne und Kälte), (Daunen)-Anorak (für Juni bis September), Pullover (abends wird es kühl), an der Küste ist es auch tagsüber kühl und feucht. Feste Schuhe, möglichst bequeme hochschließende Stiefel als Schutz gegen Klettgras. Schlipse tragen nur Schulkinder und Politiker, das Regenzeug kann zuhause bleiben.

Kriminalität

ist in den größeren Ortschaften ein nicht zu unterschätzendes Problem. Die Polizei ist zuverlässig. Mit Ausweis und durch Kleidung gekennzeichnete Wächter sind bei Parkplätzen effektiv und erwarten zu Recht ein Trinkgeld.

Pets

Es ist möglich, mit den eigenen Tieren unterwegs zu sein. Details dazu s. Legende „Pet Friendly"siehe Seite 34

Preise

Dezember 2013: 1l Benzin 12N$, an der Küste am billigsten, 1Tasse Kaffee 10-12N$, 1belegtes Brötchen ab 15N$, 1l reiner Obstsaft ab 14N$, 1Tageszeitung 4N$, nicht vorgeschriebene Trinkgelder für Parkwächter und Träger 3N$, Frühstück im Café mit Ei und Kaffee ab 45N$, 1l Milch ab 10N$, 500g Marmelade im Durchschnitt 25N$, 1kg Bananen ab 8N$, 1Mango 8N$ = Preise im Supermarkt in Windhoek oder Swakopmund; Straßenhändler, kleine Läden und Einzelgeschäfte in kleineren Ortschaften sind um 20% teurer. Mit jährlicher Preissteigerung von 6-10% ist zu rechnen. (Wechselkurse Dezember 2013 1Euro = 13 N$)

Reisezeit

Beste Zeit von April bis Juni, schlechteste Zeit November bis Januar.

Schlangen, Zecken u.a.

Schlangen gibt es, viele von ihnen sind giftig. Ein „Aspivenin"-Set zum mechanischen Aussaugen des Giftes kann im Gepäck als Erste Hilfe nützlich sein, auch gegen Stiche/Bisse von Skorpionen, Spinnen, Mücken, Fliegen, Bienen, Wespen usw. Gegen *Zeckenbisse* sollte man sich vorsichtshalber ein Sprühmittel z.B. Bayticol und ein Antibiotikum einpacken, z.B. Zithromax.

• siehe „Namibia": Kapitel „Schlangen" S.88 ff

SOS-Ruf

Die Rettungsdienste: Cell 112, Festnetz 061-222 223. Polizei: 10111

Trinkwasser

Trinkwasser ist gefahrlos trinkbar, wegen des hohen Chlorgehalts wird in Windhoek das Wasser oft gefiltert, bzw. Quellwasser, abgefüllt in Container, oder mitgebrachtes Farmwasser benutzt Ein Zusatz von etwas Micropur hält auch das Wasser unterwegs lange frisch und keimfrei.

Visum

Kostenloses Visum bei Einreise für 90 Tage. Bei Verlängerungen, speziellen Permits gibt es Büros, die weiterhelfen. Da eine Verlängerung umständlich und kostspielig ist, sollte man immer einige Tage über das geplante Abflugdatum hinaus das Visum bei der Einreise beantragen. Die Formulare werden oftmals bereits im Flugzeug verteilt: Selbst wenn man eine Rundfahrt machen will, braucht es eine feste Anschrift (von Freunden, Verwandten, einem Camp/Hotel)

Das Touristenvisum gestattet auf keinen Fall eine bezahlte Arbeitsaufnahme oder Ausbildung. Möchte man die erlaubte längste Zeit von 90 Tagen im Land bleiben, muß man darauf achten, daß das entsprechende Datum auch im Visum steht. Die nachträgliche Verlängerung ist teuer und sehr zeitaufwendig.

Autofahren und Sicherheit - Ungewohnte Verkehrsregeln

Die Unfallrate ist im Vergleich zu anderen Ländern unverhältnismäßig hoch. Die Gründe: Verkehrstechnisch unzuverlässige Autos, unsichere Autofahrer, lange eintönige Strecken, schmale Hauptverkehrsstraßen mit hohem Aufkommen von schweren Transportern, kurvenreiche Schotterstraßen, überladene Kleintaxen, Alkohol.

☞ In Namibia herrscht wie in den anderen ehemaligen Kolonialstaaten der Briten ***Linksverkehr.*** Die Autos sind also rechts gesteuert.

☞ Beim ***Überqueren der Straße*** muß man also immer erst nach rechts blicken.

☞ Die Ampeln kennen in der Regel ***keine Gelbschaltung***, nur auf großen Kreuzungen ist angezeigt, daß zu bestimmten Stunden auch eine Gelbschaltung zwischengeschaltet wird: „3 Phases" Das Anfahren beginnt deshalb meistens bereits im Rotbereich.

☞ ***Fußgänger*** haben es schwer: Die Grünphase reicht nie aus, um eine doppelte Straße zu überqueren, der Mittelstreifen ist nur knapp bemessen. Der rot blinkende Fußgänger erlaubt es dem Fußgänger, die Fahrbahn noch zu betreten, er muß sich jedoch beeilen.

☞ ***Zebrastreifen*** sind manchmal mit „HUMPS" verbunden, aber nur bei den Zebrastreifen, vor denen auch ein Fußgängerzeichen steht, wird ein Halten von den Fahrzeugen, wenn jemand die Straße überqueren will, erwartet.

☞ Es gibt nur wenige ***Fahrradfahrer*** und überhaupt keine entsprechenden Schilder außer neuerdings im Bereich von Swakopmund. Fahrradfahrer fahren oftmals auf der rechten Straßenseite. Es besteht Helmpflicht, aber keine Vorschrift einer Beleuchtung.

☞ Der ***4 by 4 Stop,*** deutlich mit einem roten Stoppschild und einem „4 Stop" markiert, besagt, daß alle an der Kreuzung ankommenden Fahrzeuge halten MÜSSEN; derjenige, der zuerst angekommen ist, darf als erster auch weiterfahren, auch wenn er z.B. Abbieger ist. Es gibt auch 3er Stops. Wenn Ampel ausfallen, bzw. alle vier Ampel rot blinken, gilt die Regel des 4 by 4 Stopps ebenfalls.

☞ Das ***absolute Halteverbot*** wird durch ein durchgestrichenes großes weißes S auf rundem Schild angezeigt und durch einen roten Streifen am Straßenrand.

☞ Der ***gelbe Streifen*** ist die Markierung, um bei einer Panne in diesem Bereich halten zu können (shoulder of the road). Es gibt jedoch freundliche „Gelbstreifenfahrer", die als langsamere Fahrer diesen Streifen benutzen, um anderen den Weg freizumachen - was nicht ungefährlich ist. Nachts ist es ausnahmslos verboten.

☞ Baustellen werden durch die bekannte Figur des Bauarbeiters angezeigt, hinzukommen meistens Geschwindigkeitsbegrenzungen, Halteverbote. Es gibt jedoch kein Schild für die ***Aufhebung der Geschwinigkeitsbeschränkung und der Einschränkungen.*** 500m -2km später haben die Beschränkungen ihre Gültigkeit verloren. Sehr häufig bleiben die Schilder nach Beendigung der Bauarbeiten wochenlang stehen, entweder, weil man noch einmal irgendwann zur Baustelle zurückkehren wird, oder weil sie einfach vergessen worden sind. Eine unklare Situation bleibt bestehen.

☞ Langsame, aber sehr aufmerksame Fahrer blinken rechts, wenn sie andeuten möchten, daß der nachfolgende Verkehrs sie überholen soll. Das ist eine ***gefährliche Gewohnheit***, da es zugleich natürlich das Zeichen dafür ist, rechts abbiegen zu wollen. Hierdurch ist es schon zu vielen tödlichen Zusammenstößen gekommen. Es ist unverständlich, warum nicht links das Zeichen gegeben wird.

☞ Die Roadblocks, also die Straßenkontrollen bei den Ausfahrten von Ortschaften, kontrollieren u.U. Führerschein, die Zulassung, gelegentlich auch technische Mängel, den Transport von Tieren und vor allem Überladung, die sich aber nur auf die Anzahl der Personen im Führerhaus beziehen, da je nach Fahrzeug höchstens 3 Personen erlaubt sind. Gewicht und Anzahl der beförderten Personen auf den Ladeflächen und im Fond des Autos sind nicht beschränkt.

☞ Es herrscht ***Anschnallpflicht***, allerdings nicht für Oldtimer

Khaudum

Kaokoveld

Im Hoarusib

Feuertopf zum Wasserkochen

Frühstück im Sossusvlei

nter
ı Ster-
ıhim-
ıel

Unsere Markierungen

Trummi vergibt keine Gradierungen, Sternchen oder Preise für die besten Betten o.ä. . Da dieser neue TRUMMI jedoch durchgehend farbig gedruckt wird, haben wir zur besseren Orientierung einige farbige Markierungen nach drei Kategorien an einige Unterkünfte vergeben, die wir im Folgenden begründen:

Eco-freundliche Unterkünfte

bzw. besondere Angebote im „Organic"-Bereich haben eine grüne Unterstreichung erhalten. Ausschlaggebend für die Vergabe sind Informationen wie Holistic Farmen, eigenes Anbaugebiet ohne Pestizide, keine genmanipulierten Nahrungsmittel, Benutzung von Solarenergie, Recycling uam. Es ist schade, daß nur so wenige diese Möglichkeiten, die das Land und die weitläufige traditionelle Farmerei bieten, nutzen bzw. für sich propagieren: Man denke an die Cooler, Donkeys, Dämme, scheppernde Windräder, die jetzt durch Solarpannels ersetzt sind, Grills höchster Raffinesse – die Voraussetzungen und die Traditionen der landwirtschaftlichen Bewirtschaftungen sind so spannend, daß es die gesamte Alternativwelt begeistern würde, wenn sie davon wüßte.

Ist darüber hinaus nicht Namibia das grüne Ökoland schlechthin? Weder Luft-noch Lichtverschmutzung, eine geringe Bevölkerungsdichte, unverbaute Landschaften, eine reiche Fauna und Flora, ein (teilweises) Verbot von genmanipulierten Lebensmittel, eine eigene hormonfreie Milchproduktion, viel Ruhe, überall frische Farmprodukte, Wildfleisch in Hülle und Fülle, garantierter Sonnenschein.... Doch leider haben die Verantwortlichen im Tourismus diese Chance verpaßt, Namibia als grünes Ökoland anzupreisen und damit als Oase des guten und gesunden Essens in Anbetracht der vielen Lebensmittelskandale weltweit herauszustellen. Stattdessen wirbt z.B. das Flight-In-Magazin FlAMINGO 2012 mit der Massenhühnerschlachterei Okapuka auf dem bekannten Okapuka-Farmgelände vor den Toren Windhoeks! Die von Naturschützlern kritisierte Robbenschlachterei wird als besonders umweltverträglich gelobt und die Aktivisten gegen die Schlachterei werden beschimpft, auch wenn so fragwürdige Geschäfte wie mit den Genitalen der Robbenbullen als Aphrodisiakum dabei die Staatskasse füllen Mit Stolz berichten die Zeitungen von den größten internationalen Kapitalen, die in den (fast) weltweit größten Open-Pit-Minen, Urandioxyd noch immer aus der Namib für ihre AKWs herausholen. Die namibische Regierung liebäugelt sowohl mit der Möglichkeit eines eigenen AKWs wie auch mit lukrativen Angeboten als Sondermülldeponie. Nur zögerlich wird seit etwa 2010 auch die Stromgewinnung durch Wind und Sonne ausgenutzt, obwohl Sonne und Wind hierzulande so zuverlässige Partner wie nirgendwo anders auf der Welt sind! GRÜN sind von uns daher die Versuche markiert, dieses ökologische Potential, das jeder landwirtschaftliche Betrieb in Namibia hat, auszunutzen. Sie können diese Versuche als Reisender unterstützen und haben selbst unmittelbar einen Vorteil davon für sich - und wenn es nur einige Wochen ohne Asthma sind, die Sie hier genießen können, weil die Staubmilben Sie nicht belästigen.

Gute Plätze, die im Budgetbereich

zu liegen scheinen, haben eine blaue Wellenlinie erhalten. Wir haben sie in Anlehnung von guten, aber preiswerten Weinen in Südafrika „Quaffers" genannt. Die Marge lag 2013 für uns ungefähr bei 200N$ pro Person für die Unterkunft. Campingplätze, kommunale Camps und Backpackers haben wir dafür nicht berücksichtigt, da ihr Ausweis bereits der Budgetbereich, der meistens unter 200N$pP liegt, ist. Im Gegensatz zu den „Quaffers" konnten wir die meisten Plätze nicht aus"probieren".

Daß Namibia ein teures Reiseland geworden ist, hat verschiedene Gründe:

Staatlicherseits gibt es leider keinerlei Unterstützung für die Gastbetriebe, denn das Ministerium für Naturschutz/Tourismus usw. kennt nur des Mitverdienen am Tourismus,

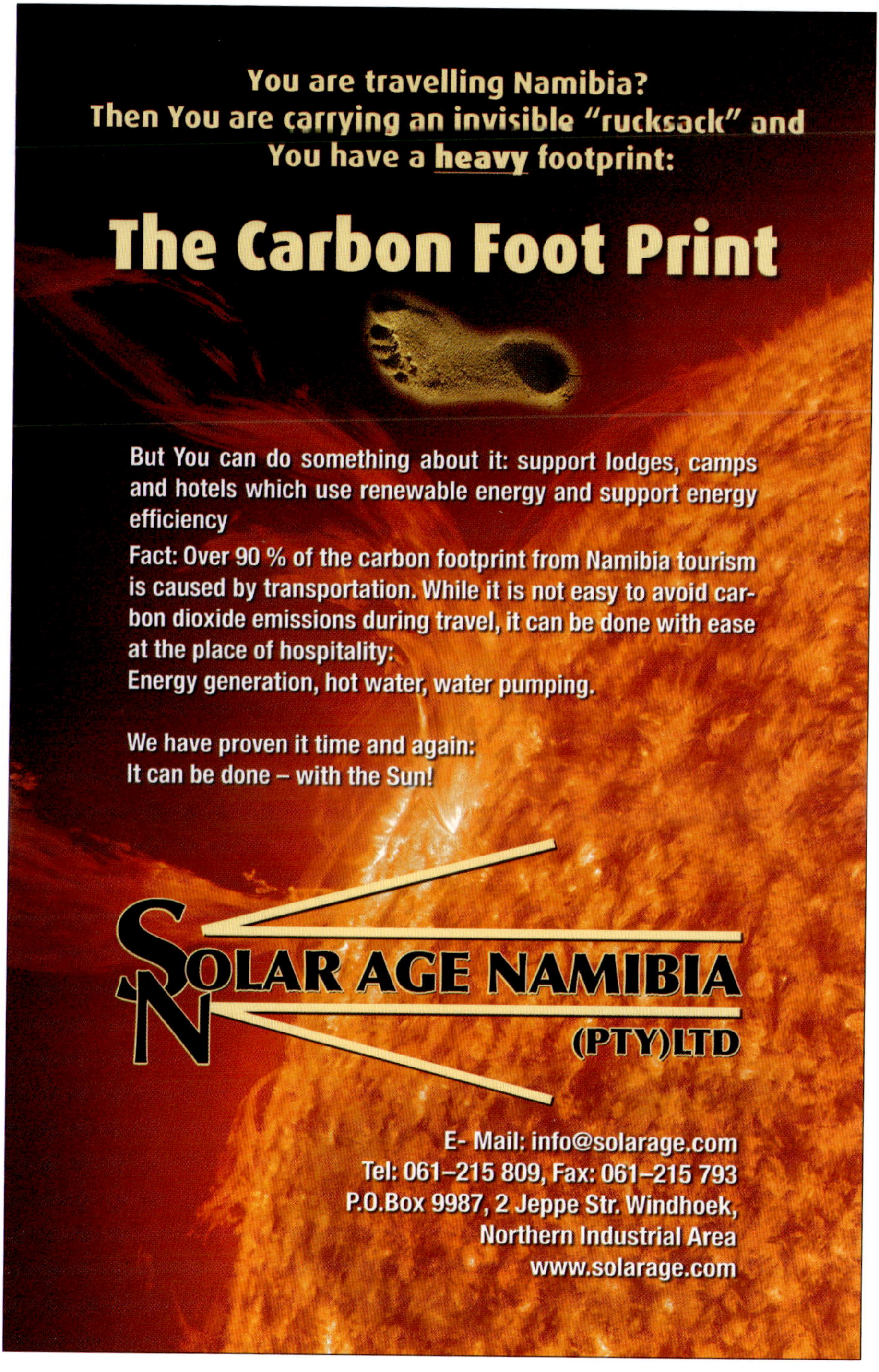
You are travelling Namibia?
Then You are carrying an invisible "rucksack" and
You have a heavy footprint:
The Carbon Foot Print
But You can do something about it: support lodges, camps and hotels which use renewable energy and support energy efficiency
Fact: Over 90 % of the carbon footprint from Namibia tourism is caused by transportation. While it is not easy to avoid carbon dioxide emissions during travel, it can be done with ease at the place of hospitality:
Energy generation, hot water, water pumping.
We have proven it time and again:
It can be done – with the Sun!
SOLAR AGE NAMIBIA
(PTY)LTD
E- Mail: info@solarage.com
Tel: 061–215 809, Fax: 061–215 793
P.O.Box 9987, 2 Jeppe Str. Windhoek,
Northern Industrial Area
www.solarage.com

entsprechend hoch sind die verlangten Abgaben für die Registrierung, für jedes Bett, für jede Belegung, für die anreisenden Inspektoren, deren Gradierungen usw., ohne daß daraus irgendein Vorteil für den Betrieb entstehen würde. Staatliche Institutionen schaffen selbst keine Voraussetzungen für den Tourismus, wie es in anderen entwickelten Ökonomien üblich ist. Im Gegenteil: Die staatlichen Restcamps aus der Zeit des südafrikanischen Regimes , die einem modernen Tourismus- und bezahlbaren Freizeitkonzept für viele Bewohner noch am ehesten entsprochen hätten, hat der neue Staat Namibia nach zunächst kräftigen Preiserhöhungen verwahrlosen lassen und dann verpachtet. In den nächsten 10 Jahren sollen daraus Luxusangebote entstehen, von denen es allerdings bereits so viele gibt, daß sie kaum ausgelastet sind, sondern reihenweise ihre Tore schließen. TRUMMI hat die alten NWRplätze noch gelistet und sogar mit einigen Bildern die Zerstörung dokumentiert.

Der namibische Tourismus selbst hat eine seltsame Preispolitik:

Eine jährliche Preiserhöhung – meistens im November – von bis zu 20% ist für jede Unterkunft ein vorweggenommener selbstverständlicher „Inflationsausgleich", obwohl die Inflation in der Regel bei nur 6% liegt. Je weniger eine Unterkunft ausgelastet ist, je höher steigt der Preis für ein Bett und alle zusätzlichen Dienstleistungen, als müßten diejenigen, die kommen, dafür auch noch bestraft werden, daß zu wenige Namibia als Ziel gewählt haben.

Für eine Übernachtung gibt es Preisspannen von 100N$ bis 10.000N$, obwohl überall Ähnliches geboten wird. Und alles, was man auf der Farm oder in einer Lodge unternehmen kann, wird extra berechnet. An gestiegenen Lohnkosten kann es nicht liegen, da diese immer noch äußerst niedrig sind.

Die im Vergleich zu anderen Ländern hohen Preise haben zur Konsequenz, daß keine einheimischen Touristen die vielen Angebote der Unterkünfte nutzen können. Die derzeitigen Sonderangebote für Einheimische können dieses Manko nicht ausgleichen: Die meisten Namibier haben noch nie einen Elefanten oder ein Nashorn gesehen, besitzen selbst keine Campingausrüstung und haben schreckliche Angst vor wilden Tieren, die doch die Hauptattraktion im Tourismusgeschäft ausmachen -

Unterkünfte mit bemerkenswertem Ambiente,

also mit Angeboten über den „Sonnenuntergang" und die „baumelnde Seele" hinaus, sind rot markiert, auch unabhängig vom Preis. Manchmal haben auch Jagdfarmen diese Auszeichnung erhalten, obwohl deren Offerten in der Regel in eine ganz andere Richtung gehen und von uns nicht beurteilt werden können. Die rote Unterstreichung weist auf Besonderheiten hin wie auf Züchtungen besonderer Tiere, Rhinotracking, Sternwarten, Farmschulen oder auch zahme Tiere am Haus oder auf der Farm wie Geparden, Geier, Löwen, Elefanten; spezielle Freizeitangebote wie Quadbike, Vermittlung von Ballonfahrten, auch viele geführte oder ungeführte Wanderungen uam. sind den Stichworten zu entnehmen. Die inzwischen zur Standardausrüstung gehörenden Pools müssen allerdings eine Besonderheit aufweisen, um erwähnt zu werden.

Trotz der positiven Entwicklung zu größerer Vielfältigkeit kann man den namibischen Tourismus immer noch als ein Weltmeister der verpaßten Chancen bezeichnen. In anderen Ländern kann man wählen zwischen Workshops für Musik, Malerei, Bildhauerei, für Sport, Sprachenlernen, Kochen, Gesundheitstage; vergeblich sucht man in Namibia Ausflugsbusse oder Cafés für Stops unterwegs, Spaßbäder, Abenteuerspielplätze, Fahrradwege.... Dabei wirbt Namibia zu Recht mit den vielen Tagen Sonnenschein und „unendlichen Weiten", die der Tourismus aber nur für sein Selbstlob in Borschüren ausnutzt, und nicht gestaltet. Für sich genommen, hat eine „unendliche Weite" nämlich keinen Gebrauchswert für ein touristisches Vergnügen, sondern mutet manchen eher wie ein Versprechen von Langeweile an.

.Smiley

Von diesen Kriterien ganz unabhängig, erscheint der von Lientjie gezeichnete strahlende Löwe als Smiley. Reisende berichteten von angenehmen Überraschungen, in Telefongesprächen und bei Besuchen erfuhren wir selbst Besonderheiten, oftmals nur Kleinigkeiten, auf die wir Sie als Leser und Reisende damit aufmerksam machen möchten. Der Elefant als Smiley, auch von Lientjie gezeichnet, weist auf Elefanten in besonderer Umgebung hin.

Die kleine TRUMMIfigur

erscheint dort, wo TRUMMI auch verkauft wird.

Die Bebilderung des Buches dient nur der Auflockerung des nüchternen Inhalts und ist keinenfalls als Bevorzugung einzelner Unterkünfte zu verstehen, denn oft war die Auswahl dem Zufall geschuldet, welche Bilder auf unseren Festplatten zu finden waren. Zusätzlich weisen viele Illustrationen auf Besonderheiten eines Platzes oder auf Interessantes für die Region hin.

Alle „Markierungen"sind nur als Orientierungshilfe gedacht. Wir haben es vermieden, Unterkünften zwei Markierungen zu geben. Dies gilt allerdings nicht für den kleinen Trummi, den strahlenden Löwen und andere Tiersymbole.

Literaturhinweise

☞ Landeskundliche Hinweise „Namibia", siehe S. ... folgen dem Kompendium und dem Bildband der Autoren über Namibia:
- Wendula Dahle, Wolfgang Leyerer, Namibia, edition erde, Bremen
- Wendula Dahle, Wolfgang Leyerer, Namibia - Gesichter&Geschichten, Aschenbeck, Delmenhorst / Neuauflage 2014

☞ Wendula Dahle, Wolfgang Leyerer, Kein Freizeitvergnügen im eigenen Land. Tourismus in Namibia. in Perspektiven 2013, S90-S102

☞ Die Namen der aufgeführten Tiere folgen dem Bestimmungsbuch:
- Robin Frandsen, Säugetiere des Südlichen Afrika, deutsch Sandten, 10.Auflage

☞ Auf spezielle aktuelle Titel wird innerhalb der jeweiligen Themen hingewiesen.

☞ Alle Unterkünfte sind mit ihren TRUMMI-Nummern in der Navigations-CD: ***Namibia GPS-Straßenkarte, GPS.Namibia*** (siehe „Anzeige GPS Namibia" S. 393) eingezeichnet und aufrufbar.

Art der Unterkünfte in Namibia

Gästefarmen

Gästefarmen sind eine Besonderheit in Namibia. Die kommerziellen Farmen waren ursprünglich reine Farmproduktionsbetriebe, die nur einige Male im Jahr Trophäenjäger beherbergten. Das Erlegen von Wild, das für die Fleischversorgung oder Hege sowieso von den Farmern auf ihrer „Plaas" notwendig war, sollte damit zugleich für ein zusätzliches Einkommen sorgen.

Die Farmen, die in der Nähe der touristischen Highlights liegen, entdeckten die Möglichkeit, bei den weiten Entfernungen im Land sich als „Zwischenstop auf dem Wege zu" anzubieten. Sie stellten aber auch fest, daß sie selbst zu einem Ferienziel werden könnten, und zwar im Rahmen des internationalen Trends der Touristen aus kapitalkräftigen Nationen, im Urlaub auch auszuspannen, nichtverbaute Landschaft zu genießen und Tiere zu beobachten. Gästefarmen haben daher oft ein fast identisches Angebot: Ruhe, Weite, Unberührtheit, Erholung, Sundowner, Wildbobachtung, Grillen. Sie geben gern dazu die Größe der Farm in Hektar an, was wichtig für die Bestockung mit Groß- und Kleinvieheinheiten ist, aber der Farmer will ja nicht seine Farm neuerdings mit Gästen „bestokken". Für den Besucher ist die Größe irrelevant, zumal er sowieso nicht auf eigene Faust die Farm erkunden kann. Insofern haben wir darauf verzichtet, die Hektargröße der jeweiligen Farm anzugeben; die Standardangebote, die auf einer namibischen Farm und Lodge selbstverständlich sind, die uns auch ständig genannt wurden, haben wir nicht aufgeführt, sondern uns auf Besonderheiten konzentriert.

Jagdfarmen

Jagdfarmen (255 im Trummi) sehen die Trophäenjäger inzwischen auch nicht mehr nur als Zusatzgeschäft an, sondern kümmern sich um die Hege des Wildes, haben auch Arten, die nicht mehr in den Farmgebieten waren, wieder eingeführt, sich dafür zu „Conservancies" (Hegegebiete) zusammengeschlossen und sich auf die Nachhaltigkeit verpflichtet. Sie bieten verschiedene Arten des Jagens an wie zu Fuß, vom Ansitz, mit Pfeil u. Bogen, für Behinderte, für Jugendliche .. Daß mit professionellen Jagdführern gejagt wird, ist in Namibia Vorschrift. Daß nach deutschem Jagdbrauch waidmannsgerecht gejagt wird, ist eine Entscheidung deutschsprachiger Gastgeber. Die Jagdzeiten - Saison ist in der Regel vom 1.2. bis 30.11. - und die Abschußquoten werden staatlich festgelegt. Weitere Informationen erhalten Sie vom Jagdverband Namibias NAPHA (Anschrift siehe Buchungsadressen).

Auch „normale" Gästefarmen bieten die Jagd mit an. Die meisten von ihnen versuchen, diese beiden Gruppen getrennt unterzubringen und zu bewirten oder auch nur zu verschiedenen Zeiten auf der Farm als Gast zu haben, da die Interessen und Weltanschauungen zu sehr divergieren. Jagdfarmen wiederum bieten auch Freizeitaktivitäten und Safaris an, einerseits für mitreisende Familienmitglieder oder auch einfach für „Fotojäger".

Die Zahl der Jagdfarmen hat in den letzten Jahren zugenommen. Der Grund könnte darin zu suchen seien, daß die Registrierung als Jagdfarm günstiger als die einer Gästefarm/Lodge ist. Insofern sollten Besucher sich nicht irritieren lassen, wenn sie als Klassifizierung „Jagdfarm/Hunting" lesen, sondern auf die von uns zusätzlich aufgelisteten Angebote achten. Viele Jagdfarmen haben inzwischen auch „Selfcatering" und „Camping" im Angebot, und das sicherlich nicht nur für die Jäger. Die Preise für Trophäen/Abschüsse weisen landesweit nicht große Unterschiede auf und können auf den entsprechenden Webseiten abgerufen werden.

Lodges

Die Unterschiede von Lodge/Gästefarm/Rastlager sind fließend. Eine „Lodge" hat in der Regel keine zusätzliche Tierhaltung und bietet keinen Familienanschluß an. Oft handelt sich um für die Touristen neu errichtete Gebäude oder um total renovierte alte Farmhäuser, die

nur noch touristische Zwecke erfüllen sollen. Die Mokuti Lodge (L35) am Rande von Etoscha war die erste Lodge (1989) Namibias nach dieser Art der Klassifizierung.

Farmen

Ist bei Unterkünften vermerkt, daß es sich um eine „Farm" handelt, kann man davon ausgehen, daß die Unterkunft auf einem Farmgelände liegt und daß noch landwirtschaftlich gearbeitet wird. Wenn uns die Besonderheiten bekannt sind - von der Pferdezucht über eine Farmschule bis zur Weberei - dann haben wir dieses vermerkt. War es bis etwa 1990 üblich, neben der normalen produktiven Farmwirtschaft auch Gäste aufzunehmen, so ist es jetzt umgekehrt: Gästefarmen weisen oft darauf hin, daß es bei ihnen auch noch eine richtige Farmwirtschaft gibt – „working farm" - , bei denen Besucher am Farmalltag teilnehmen können. Bei dem derzeitigen Rückgang von Touristen nach Namibia und der starken Konkurrenz im Angebot von Unterkünften, haben besonders die Betriebe überlebt, die nicht nur auf den Gästebetrieb gesetzt haben, sondern ihre Farmerei beibehalten oder sogar erweitert haben.

B&B - Bed and Breakfast

„Bed and Breakfast" gibt es als Angebote vor allem in den Ortschaften. Es handelt sich in der Regel um ein oder zwei Zimmer in einem Privathaus und würde in Deutschland unter „privater Zimmervermittlung mit oder ohne Frühstück" im Verkehrsamt firmieren. Kurz nach der Unabhängigkeit gab es einen Boom für dieses Angebot, und zwar mit einer eigenen, sehr aktiven Organisation, doch viele verwenden ihre „freien" Zimmer inzwischen auch wieder anders. Manchmal gibt es auch B&B auf Farmen.

Hotels/Pensionen/ Guesthouses oder Gasthäuser

Sie befinden sich in allen größeren Ortschaften, sie sind meistens nicht ausgebucht, und sie unterscheiden sich in der Ausstattung und im Service nicht von deutschen Hotels. Die Zimmer haben alle Bad/Toilette „en suite". Ein Gemeinschaftsbad ist hier die Ausnahme; dieses wird in TRUMMI angezeigt, falls wir Kenntnis davon haben. Die staatliche Etikettierung stuft ab 9 Betten eine Pension als Guesthouse ein.

Restcamps/Rastlager

Die ersten Rastlager entstanden noch vor der Unabhängigkeit in den Nationalparks und waren ein Erholungsangebot an die eigene Bevölkerung, und zwar seit 1978 ohne rassische Diskriminierung. Sie waren nicht auf auswärtige Gäste mit vielleicht hohen Ansprüchen zugeschnitten. Bei einem Restcamp handelt es sich daher um Unterkünfte in einfachen, festen Hütten, meistens in „Rondavals", nicht ensuite, aber mit Waschhäusern und Kochgelegenheiten – zusätzlich natürlich zum Grillplatz. Die staatlichen Camps, von NWR (Namibian Wildlife Resorts) verwaltet, haben leider dieses einst wegweisende Konzept, vor allem für die Einheimischen und die gesamte SADC-Region aufgegeben: Daan Viljoen, Groß Barmen, Rehoboth, Ai-Ais, Hardap, von Bach Damm, Popa Falls, Kaudum wurden und sind teilweise noch für mehrere Jahre geschlossen worden. Auch die Municipalities haben ihre Restcamps, meistens am Rande der Ortschaft gelegen, inzwischen verkauft oder verpachtet wie Outjo, Otavi, Grootfontein, Otjiwarongo. Keetmanshoop, Swakopmund und Walvis Bay sind rühmliche Ausnahmen, da sie ihre Plätze noch in einem annehmbaren Zustand und für einen schmalen Geldbeutel bezahlbar erhalten haben.

Die kommunalen Camps

sind der Versuch, die Landschaft auch der kommunalen Gebiete touristisch zu erschließen und die Bewohner am touristischen Geschäft partizipieren zu lassen. Bessere Lodges entstanden als Joint Ventures mit auswärtigem Kapital und sollen später in den kommunalen Besitz übergehen. Die vielen einfachen Zeltplätze entstanden durch internationale Hilfsorganisationen und Stiftungen in Zusammenarbeit mit den Kommunen oder auch Chiefs. Sie haben nur einfachen Standard, ermöglichen aber Kontakte zu den verschiedenen Bevölkerungsgruppen. Bei manchen Camps hat es sich für die Kommunen als schwierig erwiesen, neben der Veldarbeit diese Camps noch aufrechtzuerhalten, vor allem, da die Einnahmen sehr gering sind und das Know How den Betreibern fehlt.

Die vielen, oft erst in den letzten Jahren gegründeten kommunalen Hegegebiete, verpachten ihr Land als Jagdgebiete und verfügen auch über eigene Quoten für erlaubte Abschüsse. Es wird inzwischenhäufig beklagt, daß die Kontrollen über die Abschüsse unzureichend seien und sehr viel mehr Wild für den eigenen Fleischbedarf und den lokalen Markt abgeschossen würde als für den Wilderhalt zuträglich wäre.

International wird das Konzept der Beteiligung der kommunalen Gemeinschaften am Tourismus hoch gelobt, erhält auch viele Auszeichnungen, aber Sie werden unterwegs merken, daß es zufällig ist, ob Sie ein gut unterhaltenes Camp bei der angegebenen Ortschaft auffinden oder auch gar nichts mehr. Die einst zuständige Organisation dafür, Nacobta, gibt es seit einigen Jahren nicht mehr. Auch TRUMMI konnte weder in den staatlichen Veröffentlichungen, noch bei privater Nachfrage zuverlässige Informationen erhalten. Die meisten haben weder Internet, noch Festtelefone, über die angegebenen Nummern der Mobiltelefone ist manchmal noch ein Verantwortlicher zu erreichen.

Camping

Die Zahl der Campingmöglichkeiten auf den kommerziellen Farmen ist durch Eigeninitiative der jeweiligen Eigentümer sprunghaft gestiegen und wird sicherlich von Trummi nicht voll erfaßt, aber es sind immerhin insgesamt 462 Angebote, die staatlichen und kommunalen Camps mitgerechnet. Alle Plätze bieten ein Mindestmaß an Komfort - Wasser, Holz, Schatten, Rasen oder geharkte Flächen -, manchmal auch richtige vollausgerüstete Küchen und individuelle Bäder für jeden Platz. Es ist selbstverständlich, daß diese Campingplätze auch für Campmobile geeignet sind. Sollten sie nur per Allrad (4X4) erreichbar sein, dann wird das extra vermerkt. Manche Vermieter weisen inzwischen darauf hin, daß ihre Plätze auch Schatten für Dachzelte bieten.

Diese Camps sind häufig landschaftlich besonders reizvoll und für das Outdoorlife ideal. Es ist in der Regel keine Reservierung erforderlich, da genügend Platz vorhanden ist und Selbstverpflegung erwartet wird. Diese Tendenz

wird sich sicherlich in den nächsten Jahren noch fortsetzen, schließlich gibt es in diesem Land Platz genug auf den Farmen und in den kommunalen Gebieten. Zum Problem könnte einerseits die Wasserversorgung werden und andrerseits die Unerfahrenheit der Touristen im Umgang mit Feuer.

Besitzerwechsel

Der Leser wird manche bekannte Namen von Farmen vermissen: Man kann in den letzten Jahren beobachten, daß eine neue Schicht von kommerziellen Farmern entstanden ist, von denen viele sogar nur „Sonntagsfarmer" sind. Im Zuge der viel diskutierten „Landreform" wurden seit 1990 etwa 25 % der existierenden kommerziellen Farmen (etwa 1000) von Politikern, leitenden Angestellten, Rechtsanwälten u.ä. übernommen, die kein Interesse daran haben und auch keine Notwendigkeit darin sehen, ihren Betrieb auch durch Gäste rentabel zu erhalten. Weitere 300 Farmen wurden im Verlauf der Landreform von der Regierung aufgekauft und an „landlose" schwarze Namibier weitergegeben. 9000 Leute sollen auf diese Weise neu angesiedelt worden sein. Die Umstrukturierung dieser Farmen, ggf. zu Subsistenzfarmerei, schließt einen Gästebetrieb aus. Auf die wenigen Farmen, die als neu vergebene Farmen an vormals Benachteiligte auch einen Gästebetrieb anbieten, weisen wir besonders hin. (Zur Problematik der Landreform siehe „Gesichter und Geschichten", S. 70ff und Dahle/Leyerer/ Melber, Die andere Festschrift, 2014.)

Zudem hat in den letzten Jahren ein Generationswechsel stattgefunden. Viele ältere Farmer, die mit Enthusiasmus kurz nach der Unabhängigkeit (ab 1990) ihr Anwesen auch zum Gästebetrieb ausgebaut haben, möchten aufhören, und die nachfolgende Generation hat andere Interessen. Ausländisches Kapital hat die Farmbetriebe als Investitionsmöglichkeit entdeckt und aufgekauft. Aber auch kapitalkräftige einheimische Unternehmen kaufen Farmen und Lodges auf, um ihre Überschüsse in einem Gästebetrieb zu investieren, da es nicht sehr viele Investitionsmöglichkeiten gibt, so daß sich neue Konzentrationen ergeben wie z.B. durch die bekannte „Gondwana Collection". Auch „Harnas"/"Naan/ku/se", „The Elegant Collection" uam haben sich in den letzten Jahren vergrößert.

Zu den neuerdings geschlossenen Gästebetrieben gehören u.a. sehr bekannte Namen, die das touristische Bild Namibia kurz nach der Unabhängigkeit weitgehend mitgeprägt haben: Oropoko, Hobatere, Kavita-Lions Lodge, Ermo, Naua Naua, die Namibian Country Lodges, La Rochelle, Xaragu, Franken, Vogelstraußkluft, Kalahari Game Ranch, Daweb, Gauss, Rietfontein, Amani...TRUMMI hat sie nicht einfach gestrichen, sondern bei Schließungen in jüngster Zeit unter Beibehaltung von Namen und Nummer auf ihre Besonderheiten hingewiesen, und zwar in der Hoffnung, daß vielleicht neue Eigentümer die Betriebe wieder eröffnen werden. Oder auch nur aus dem Grund, daß der Leser/Reisende eine Ahnung davon erhält, was für Angebote es einst gab.

Kosten

Obwohl der Wechselkurs von Euro zu dem namibischen Dollar bzw. zu dem südafrikanischen Rand, gemessen an der Kaufkraft, für die Europäer recht günstig ist, ist der Aufenthalt auf einer Gästefarm kein preiswerter Urlaub. In der Regel ist er mit den Preisen der mittleren Hotelklasse in Deutschland vergleichbar, ist aber teurer als eine Ferienwohnung oder „Ferien auf dem Lande", selbst teurer als in einem Schweizer Ski- und Wandergebiet (siehe Anzeige siehe Seite 484). Camping ist hingegen (immer noch) preiswert und Dank der langen und sicheren Trockenzeit besonders empfehlenswert (s.o.).

Alle Gästebetrieb haben hohe Abgaben an verschiedene staatliche/touristische Institutionen zu entrichten (s.o.) Nur BEE-Unternehmungen (Black Enpowerment Enterprises) oder Parastatals erhalten Unterstützungen, vor allem zinsgünstige Kredite. Viele Unterkünfte machen aus ihren Preisen ein Geheimnis und verkennen völlig, daß auch der Gast aus Europa mit seiner Zahlungsfähigkeit zu kalkulieren hat.

Trummi gibt bei Preisangaben möglichst das Jahr an, aus dem diese stammen. Dadurch ergibt sich das Kuriosum, daß neben den aktuellen gültigen (2014) Informationen Preise von 2007 oder noch ältere stehen.

Legenden

Regionen und Nummern

Wir haben zur besseren Orientierung das Land in 15 **Regionen** von A bis Q aufgeteilt.Infos aus den angrenzenden Regionen, RSA und Botswana, werden zusätzlich unter „Region" R und „Region W" geführt. Im Nordosten finden Sie noch einige Plätze in Sambia „N". Zu jeder Region haben wir einen kurzen Informationstext vorangestellt und auf die entsprechenden Seitenzahlen in unserem umfassenden Reiseführer „NAMIBIA" hingewiesen.
Die Unterkünfte sind in der jeweiligen Region jeweils mit dem vorangestellten Buchstaben der Region von 1 aufwärts durchnumeriert und mit dieser Kombinationsnummer im Register alphabetisch aufgeführt. Die Unterkünfte erscheinen wiederum alphabetisch aufgelistet in den jeweiligen Regionen. Die Nummern haben sich gegenüber dem Trummi 2004 nicht geändert, sind aber nicht mehr identisch mit denen in unserem Reiseführer „NAMIBIA", der die Nummern von TRUMMI 2000 aufführt. Anhand des alphabetischen Gesamtverzeichnisses in TRUMMI können Sie ohne Schwierigkeiten alle Unterkünfte auffinden.

Numerierung

Die Nummern im neuen TRUMMI sind dieselben wie in den alten Ausgaben. Unterkünfte, die derzeit – wahrscheinlich für immer – geschlossen sind, behalten ihre Nummern. Ihre Nummern wurden **nicht** neu vergeben. Die neu eröffneten Unterkünfte wurden jeweils ihren Regionen zugeordnet und erhielten neue fortlaufende Nummern, die wiederum in den Landkarten der Regionen eingezeichnet worden sind. Nur zwei Nummern wurden einer anderen Region als vorher zugeordnet, und zwar auf Wunsch der Gastgeber.

Laufende Nummern der Unterkünfte

Die Nummern der Unterkünfte sind außerhalb der Ortschaften in dem jeweiligen Kartenausschnitt eingezeichnet. Neben der jeweiligen Gebietskarte befindet sich in numerischer Reihenfolge eine Übersicht der ländlichen Unterkünfte und derjenigen auch in den Ortschaften, die aber bei der Ortschaft selbst nicht eingezeichnet sind. Die Region G (Westküste) hat keine Karte, da man sich an den drei Ortschaften entlang der Küste orientiert. Nur für die Stadt Windhoek gibt es eine eigene Karte. Alle-Nummern erscheinen auch im GPS Namibia.

Eigenname der Unterkunft

Namen der Unterkünfte, die mit Gästefarm, Farm, House, Courtyard ... beginnen, sind unter dem zweiten Teil des Namens zu finden, es sei denn, es ist Teil des Eigennamens geworden. Es werden aber jeweils Verweise gemacht.

▲[ ] Art der Unterkunft

Die Bezeichnungen entsprechen keinen offiziellen Einteilungen. Sie wurden vielmehr nach den vorhandenen Kenntnissen gewonnen und mit Selbsteinstufung im Fragebogen abgestimmt. Manchmal kann diese von der derzeit offiziellen abweichen, deren Kriterien wir im einzelnen nicht berücksichtigt haben.
„Selfcatering" (**SC**) sind Ferienwohnungen, Zimmer, Gasthäuser u.a. mit Kochmöglichkeit. Die Ausstattung der Selbstversorgung kann von einer Kochnische bis zu einer bestens eingerichteten Küche („Vokü") variieren. Auch Campingplätze können „Vokü" aufweisen, aber da hier „SC" selbstverständlich ist, haben wir sie nicht darunter subsumiert.!
B&B = Bed und Breakfast = im Preis ist ein Frühstück eingeschlossen.

Physikalische Adresse

Die physikalische Adresse wird bei Unterkünften in den Städten durch die Straßennamen angegeben. Sie ist nicht identisch mit der Postadresse. Die Straßennamen wurden nach der Unabhängigkeit zunächst in Windhoek, dann aber auch in allen anderen Ortschaften oftmals geändert, vor allem zu Gunsten namibischer Politiker der jüngsten Geschichte. Diese Änderungen sind noch nicht abgeschlossen, so daß manche physikalische Adresse überholt sein mag.

Nächster Ort und Anfahrt

Die Anfahrt wird von dem nächsten größeren Ort oder von dem nächsten in der Karte eingezeichneten Flecken/Orientierungspunkt aus beschrieben. Dabei bedeutet Beispiel:

„80km südwestl. Maltahöhe / Anfahrt: C14 Richtung Süden, D824, D831, Schild 6km Farmpad“ folgendes:

Man nehme in Maltahöhe die Straße C14 in Richtung Süden, an der Kreuzung mit der D824 in diese einbiegen, dort bis zur Kreuzung mit der D831 fahren und auch dort einbiegen. Auf dieser Straße zeigt dann ein Schild an, welchen kleinen Privatweg man nehmen muß, um auf die Farm zu gelangen, das Farmhaus liegt dann noch ungefähr 6km entfernt. 80km geben die Gesamtstrecke in etwa an.

Die **Schilder** mit den Eigennamen können klein und unscheinbar, originelle Plastiken oder auch nur ein alter Postkasten mit einem Pfeil sein. Die Straßennummern sind hingegen einheitlich und finden sich an allen Straßenkreuzungen und auf allen detaillierten Karten wieder. P-Straßen erscheinen selten auf Karten.

Achtung: Derzeit werden viele „D“-Straßen mit neuen Nummer als kilometerlange „C“ oder „ M“-Straßen auf den Karten ausgewiesen, sind allerdings häufig noch als D-Straßen ausgeschildert. Wir listen beide Nummern auf.

Die meisten Farmen in der „Landesmitte“ haben die Möglichkeit, die Gäste vom Flughafen mit dem Auto abzuholen, was aber in der Regel gesondert berechnet wird. Alle Lodges und viele der weiter entfernten Farmen verfügen über Landepisten. Manchmal können die Gäste von dem Flughafen Eros zu der „Plaas“ geflogen werden.

Fast alle Farmen und Rastlager sind **mit einem normalen PKW** zu erreichen. Nur in der Regenzeit kann manchmal, nach dem „Abkommen“ der Riviere, ein Allradwagen notwendig sein. Wenn Plätze nur per Allrad zu erreichen sind, wird das vermerkt.

☞ Name des Eigentümers, Pächters, der Manager und Sprachen

Alle namibischen Gastgeber, auch die der kommunalen Camps können Englisch sprechen und verstehen, wenn auch mit sehr unterschiedlichem Können (=Namlish). Afrikaans ist immer noch die Lingua franca für viele Bewohner Namibias und sehr viele Afrikaans sprechende Farmer verstehen auch Deutsch. Bei der hinter dem Namen angegebenen Sprache handelt es sich um die Muttersprache des Managers oder Besitzers oder die hauptsächlich gesprochene Sprache in der Unterkunft und sagt nichts über eine Nationalität aus. Wird noch außer Englisch, Deutsch oder Afrikaans eine weitere Sprache gesprochen, so haben wir diese zur Haupt/Muttersprache hinzugefügt. Die indigenen Sprachen der Angestellten wurden nur selten von den Eigentümern in dem Fragebogen vermerkt. Die Manager wechseln sehr häufig, von ihrem Können und Einsatz ist jedoch die Qualität der Unterkunft abhängig, so daß wir versucht haben, ihre Namen zu erfahren.

✆ Telefon und Fax und Fax2Email

Auch die kleineren Orte und deren Umgebung sind heute an das zentrale Telefonnetz angeschlossen. Es ist allerdings für jeden schwierig, im Telefonbuch die Nummer aufzufinden, wenn die Unterkunft sich nicht in einem größeren Ort befindet, da man die Zuordnung nicht kennt. Alle entlegenen Farmen sind heute mit Handyempfang, Fixphone oder Satellit verbunden, aber alle Systeme sind sehr störungsanfällig. Deshalb gibt es bei manchen Farmen kein Fixphone, also keine „Landline“ mehr, sondern nur „Cellphone“. Ist ein Anschluß aus technischen Gründen nicht erreichbar, so ist das normale Klingelzeichen oder der Besetzton zu hören. Für den Anrufer erscheint es, als würde der Gesprächspartner nicht abnehmen!

Cell / Handy

Da das Festnetz sehr wetterabhängig ist und die Mailbox des „Cellphons“ problemlos arbeitet, hat sich das Handy in einem weit größerem Maße durchgesetzt, als man das bei einem Entwicklungsland vermuten würde. Es gibt inzwischen in allen Ortschaften und entlang der Hauptstraßen „Coverage". Oftmals ist nur punktuell auf einer Farm eine Handyverbindung herzustellen. MTC Tango-Karten u.a. sind überall erhältlich.

@ Email und # Web

Alle Eigentümer größerer Unterkünfte haben eine Emailanschrift, viele von ihnen stellen sich zudem auf Webseiten dar. Leider werden die Kürzel und Provider ständig gwechselt, und die Webseiten werden nach anfänglichem Boom dieses Mediums nicht mehr gepflegt. Wegen der schlechten Übertragungsqualität im ländlichen Bereich ist auf Email und Fax kein Verlaß.

Internet

In den größeren Städten gibt es ein relativ stabiles Internet, aber die Geschwindigkeit zu Deutschland steht im Verhältnis 1:100. Auf den Farmen ist es noch langsamer und häufig „out of order". Deshalb funktioniert Skype auch nur rudimentär. „Whatsapp" haben die meisten mit ihrer Handynummer. Noch ist eine Flatrate für einen Internetempfang zu teuer, so daß die Handys hier noch nicht permanent mit dem Internet verbunden sind. Die Kommunikation erfolgt landesweit möglichst über SMS.

✉ Postadresse

Anschriften für die Post sind in Namibia immer *Postbox*adressen. Es gibt keine Postauslieferung. Postbox oder Privat Bag (P/Bag) können sich in Windhoek befinden, die Lodge am Zambesi. Die Zustellung ist relativ sicher, aber unterschiedlich schnell.

Λ Campingmöglichkeiten

Auf allen Plätzen kann man davon ausgehen, daß ein Sanitärblock vorhanden ist: WCs und warme Duschen (oft per Holzofen, dem „Donkey") und Waschbecken, meistens überdacht und für Frauen/Männer getrennt. Die Hygiene ist fast immer ausreichend, oft herrschen sogar schweizerische Verhältnisse. Sehr gut ausgestattete Campingplätze haben Grill, Abwaschbecken, Picknicktische, elektrische Anschlüsse, windgeschützte Eßplätze, Schatten, Küchen.

Für eine Grundausstattung muß selbst gesorgt werden: Geschirr, Besteck, Bettwäsche usw. Gut ausgerüstete Leihwagen werden mit allen notwendigen Utensilien vom Flaschenöffner bis zur Waschschüssel und manchmal sogar mit Schlafsack angeboten. Im übrigen sind alle Gegenstände für das Outdoorlife in Windhoek zu kaufen oder zu leihen (siehe *Anzeige Bushwhakkers auf Seite 25, Anzeige Safari Holtz auf Seite 15 und Anzeige Adventure Camping Hire 31*). Auf die jeweils gebotene Ausrüstung, die über das Normale hinausgeht, weisen wir, sofern bekannt, hin.

Die Plätze kann man in der Regel gegen Gebühr auch als Tagesbesucher zum Waschen, Grillen oder Picknicken benutzen

Der Standard der privaten Plätze ist oftmals höher als der der staatlichen, im Preis unterscheiden sie sich nicht.

Die **kommunalen Camps** bilden eine Ausnahme, da sie nur eine sehr einfache Ausstattung haben.

„Buschklo": Auf den Plätzen im Namib Desert Camping (F40) und auf vielen kommunalen Camps gibt es keine Toiletten mit Wasserspülung, aber Häuschen mit einem tiefem Loch (=environment friendly toilet oder long drip toilet).

Art der Unterkunft

Um die Größe des Betriebes zu kennzeichnen, wurde entweder die Zimmer- oder Bettenzahl angegeben. Duschen sind in allen Unterkünften vorhanden, der Standard ist „ensuite"; Gemeinschaftsbäder werden gekennzeichnet.

$ Preise und Zusatzpreise

Wechselkurs Dezember 2013

1€ =13N$ Alle Preise werden bis auf wenige Ausnahmen in N$ = Namibian Dollar angegeben. Bei Farmen, die auch Jagd anbieten, wird der Jagd- und Ruhetag meistens in Euro oder auch in US$ angegeben. Bei diesen Farmen können also bei den Preisangaben zwei verschiedene Währungen auftauchen, z.B: DZ Vp 325**N$** pP u. Jagdtag 150**€**.

Bei einem **Jagdtag** wird unterschieden zwischen 1 Jäger pro Jagdführer (=1:1) und zwei Jäger pro Führer (=1:2).Trophäen bzw. Abschußpreise haben wir nicht aufgeführt. Diese sind oft im Internet aufgelistet. Es gibt auch „Packages", in denen Trophäen eingeschlossen sind. Beim „Jagdtag"

werden geboten: Vp, Pirschfahrt, Begleitung des Berufsjägers, ggf. auch Transfer. „Ruhetagpreise" sind meistens identisch mit Preisen für „Begleitperson" und „Nichtjäger".
„K 6-10 50%" bedeutet, Kinder unter 6 sind frei, bis 10 Jahre zahlen sie 50%, ab 11 zahlen sie voll. Das kann sich nur auf das Bett beziehen, so daß die VP oder HP wiederum anders berechnet wird. Nachfragen!
Die **Preissteigerung** kann bis zu 20% pro Jahr betragen, die Preiserhöhung findet meistens am 1.November statt, obwohl die Inflationsrate seit Jahren nur 6% beträgt. 2013 haben zum ersten Mal einige Unterkünfte ihre Preise gesenkt!
Zusatzpreise: Kosten, die anfallen können, wenn Freizeitangebote wie Game Drive (=Farmrundfahrt), Wanderungen, Sundownerdrive,... die eigentlich auf einer Farm im Preis enthalten sein müßten, extra bezahlt werden müssen. Alkoholische Getränke sind in der Regel im Preis nicht enthalten. In manchen Fällen sind Bier und Wein, besonders an Jagdtagen, eingeschlossen.
Namibier und Senioren ab 60 oder 65 können mit Reduktionen bis zu 20 % rechnen. In den staatlichen Rastlagern haben Namibier auf mehrere Leistungen Reduktionen.

ⓘ allgemeine Informationen

Siehe dazu auch das Abkürzungsverzeichnis. Eine „spontane" telefonische **Anmeldung** ist bei vielen Farmen möglich, wenn nicht, wird dies extra angegeben. Eine telefonische Anfrage empfiehlt sich dann, wenn die Farm nicht direkt an der Straße liegt, sondern noch eine längere „Farmpad" zu fahren ist. Mit *„Tagesbesucher"* (Tagb. ok) kennzeichnen wir die Plätze, die ihre Fazilitäten auch ausdrücklich Tagesbesuchern ohne Anmeldung, aber gegen eine kleine Gebühr zur Verfügung stellen.
Fama =„Familienanschluß": Alle Mahlzeiten werden mit der Gastgeberfamilie und den anderen Gästen zusammen eingenommen, man lebt mit in den Räumen der Familie und sitzt auch abends beim Plausch und einem Glas Wein noch zusammen. Die ersten Gästefarmen boten alle Fama an.

Kiwi = Kinder sind willkommen, oft gibt es für sie besondere Angebote.
Rauwi = Raucher willkommen. In den früheren Ausgaben wurde unter NRZ Angebote für die Nichtraucher verzeichnet. Auch in Namibia hat sich das Verhältnis zum Rauchen umgedreht. Alle Unterkünfte gehen derzeit davon aus, daß in den Schlaf- und Wohnräumen nicht geraucht wird, so daß es etwas Besonderes ist, wenn Raucherzimmer angeboten werden oder doch überall geraucht werden darf.

Besonderheiten

Interessante Eigenarten oder Angebote, die es nur auf dieser Farm gibt oder auf die die Farm besonderen Wert legt: Exponate, Museum, Chor, Farmschule, geologische Formationen, zahme Wildtiere usw.
Zahme Tiere auf den Farmen – meistens naturbedingt nur temporär - werden besonders erwähnt; leider ist es auf Grund eines namibischen Gesetzes seit 2003 nicht mehr erlaubt, als Besucher mit Raubtieren in Kontakt zu kommen, auch wenn diese wie die zahmen Geparden ungefährlich sind und sie die Streicheleinheiten vom Menschen geradezu genießen.
Da immer wieder Nachfragen nach Besuchsmöglichkeiten von **besonderen Tierarten** an TRUMMI gerichtet werden, haben wir für folgende Arten die Köpfe als Merker hinzugefügt: Geparden (=Cheetahs), Elefanten, Nashörner, Leoparden und ebenfalls bei ausgefallenen „Haustieren" oder Forschungsprojekten wie Schlangen, Schuppentier, Krokodil, Löffelhund, Geier uam.

Hilfen für Behinderte

Obwohl die Besiedlung - Flachbauten von Farmhäusern und Ferieneinrichtungen - sowie das Klima ideale Voraussetzungen bieten würden, auch Behinderten Reisemöglichkeiten anzubieten, gibt es diese kaum. Wir haben zwischen „rollstuhlgerecht/freundlich" und „behindertengerecht" unterschieden: „**Behindertengerecht**" soll darauf hinweisen, daß neben der Möglichkeit, mit dem Rollstuhl auf dem Gelände und im Zimmer hindernisfrei oder auch mit Hilfe von Rampen auf festen Wegen herumzufahren, spezielle Einrichtungen wie z.B. eine Behindertentoilette oder ein „Allradwagen für Behinderte" vorhanden sind.

"Freizeit" - Angebote

Auf den meisten Farmen ist es nicht erlaubt, allein mit dem eigenen Fahrzeug herumzufahren. Die Farmer bieten deshalb eine „Farmrundfahrt" oder einen „Game Drive" (Farmrundfahrt mit Tierbeobachtung) an, die oftmals extra berechnet werden. „4X4" trails sind ausgewiesene Allradrundfahrten auf der Farm.
Spaziergänge ums Haus oder kleine Wanderungen sind in der Regel kostenlos und fast überall möglich. (Ausnahmen sind Wildreservate, in denen sich Elefanten, Löwen, schwarze Nashörner und Büffel befinden.) „Markierte Wanderung" hingegen bedeutet, daß man **allein** ohne Führer (guide) das Gebiet erwandern kann. Diese Angebote sind besonders zu empfehlen, der „namibische Busch" birgt für den gesunden Fußgänger keine besonderen Gefahren, die eine „guided tour/walk" nötig machen, solange nicht vom Weg abgewichen wird. Inzwischen ist es auch üblich, daß die Gastgeber im Falle nicht markierter Wege kleine handgezeichnete Karten bereithalten und einen Abholservice organisieren. Auch bei ungeführten längeren Wanderungen wird oft eine Gebühr verlangt.
Jede Unterkunft auf dem „Land" verfügt über einen „**Pool**", der deshalb unter den Angeboten nur da erwähnt wird, wo er etwas besonders darstellt. In der Regenzeit kann man oft in den „Dämmen" (gestautes Wasser von der Größe eines Teiches) schwimmen - wenn Modder und Kuhmist nicht stören.
Reiten: Pferde, die man zum Ausreiten ausleihen kann, fehlen auf fast keiner Farm. Nur handelt es sich meistens nicht um einen „Reiterhof" nach europäischem Muster. Die Reitpferde werden nicht klassisch eingeritten, vielerorts kennen die Gäule also nur wenig „Hilfen". Nur auf einigen Farmen gibt es Pferde, die für die „Reitstunde" auch ausgebildet, nachgeritten und geschult werden, und das, obwohl Stundenpreise wie in Deutschland verlangt werden.

Verpflegung

Restaurant: Einige Gerichte stehen zur Auswahl, meistens wird ein „Set Menu" serviert, das heißt

Anzeige Kalahari Car Hire
Kalahari Car Hire
WHAT WE OFFER:
4 x 4's Double Cab incl: Rooftents with mattresses (no bedding)
Camping equipment: Tables, chairs, gas cooker, pots, pan, cutlery, cooking utensils, fridges (12 /220V)
Unlimited kilometers
24 hours back-up service (24/7/365)
P.O.Box 1525
109 Daan Bekker Street
WINDHOEK I NAMIBIA
Phone: +264 61 252690
Fax: +264 61 253083
Cellular: +264 81 124 0374
Email: iti07553@afol.com.na

ein 3 oder 4 Gängemenu, in dem bei jedem Gang eine Auswahl geboten wird, die manchmal vorher bestellt werden muß. Nur „Restaurant à la carte" gewährt eine größere Auswahl. „Restaurant" weist manchmal auch nur darauf, daß die Mahlzeiten der Vollpension in einem extra Saal/Raum mit Bar/Lapa serviert werden, und nicht innerhalb der Familie.

Bei Voll- und Halbpension (Vp oder Hp) kann man davon ausgehen, daß alle Farmen vorzügliches Grillfleisch und Wildgerichte anbieten. Viele Betriebe (nicht unbedingt die größeren Lodges) werden die Gäste darüber hinaus mit eigenen Milchprodukten, Marmeladen, selbst gemachtem Brot, Gemüse aus dem Farmgarten und auch Fruchtsirup aus Zitrone oder Rosella bewirten.

Oft werden „Büfetts" angeboten - besonders in den staatlichen Rastlagern -, die sehr reichhaltig und variationsreich sein können. Das „Breakfast" oder „Frühstück" in den größeren Unterkünften ist meistens ein Büfett mit englischem Frühstücksangebot.

Bei Vp und Hp werden in der Regel auf Wunsch auch Lunchpakete angeboten. „Lunchpacks" kann man zusätzlich ordern, was bei den langen Strecken ohne Einkehrmöglichkeiten unterwegs sehr zu empfehlen ist.

Versorgung und Kommunikation

Oft sind Unterkünfte eine Tagesreise von größeren Städten entfernt, deshalb weisen wir auf Einkaufs-, Reparatur- und Tankmöglichkeiten hin, die der Farmer selbst anbietet.

Auf den Farmen und den B&B-Unterkünften kann man mit Waschmaschinen oder/und **Wäschedienst** rechnen. In größeren Restcamps gibt es ggf. Waschautomaten.

Wlan, Internet und WiFi werden angegeben, weil diese nicht selbstverständlich sind.

Tips und „Bewertung"

Viele der 1.300 Unterkünfte haben wir und andere Trummi Leser im Lauf der Jahre besucht. Hat uns oder anderen Reisenden der Platz gefallen („empfehlenswert") oder ist uns etwas aufgefallen, was aus den vorher genannten Details nicht ersichtlich wird, haben wir dies in dieser Rubrik vermerkt. Die *nicht* kommentierten Unterkünfte kennen wir entweder nicht oder konnten keine Besonderheit feststellen. Es handelt sich nicht um eine irgendwie geartete Gradierung, sondern nur um persönliche Vorlieben. Trummi wird auch keine Preise vergeben! Oftmals ändern sich mit den Eigentümern und Managern auch die Angebote und ihre Qualität.

Pet friendly = Haustiere

Der kleine Hund markiert die Frage an die Gastgeber, ob sie „pet friendly" seien, also ob Besucher ihre Haustiere wie Hunde, Katzen, Kaninchen, Papageien, Pferde usw. mitbringen dürfen. Über diesen Topic wurde bei telefonischen Nachfragen am meisten diskutiert; besondere Antworten haben wir mit abgedruckt. Die Nachfrage haben wir einerseits aus eigenem Interesse gestellt – unsere zwei Hunde begleiten uns immer - , andrerseits gab uns das südafrikanische Buch „Pet Friendly Accommodation" die Anregung dazu. Die vielen Nachfragen von Interessierten, die mit ihrem Hund auch die Ferien verbringen wollten, zeigten uns, daß es in Namibia wirklich eine Informationslücke zu diesem Angebot gibt.

Tiere

Auf fast allen Farmen: Paviane, Schakale, Oryxe, Warzenschweine und Kudus, aber auch Stachelschweine, Erdferkel, Kapfüchse, Luchse, Schlangen und Schildkröten. Das angegebene Wild ist nicht identisch mit dem gerade bejagbaren Wild.

Buchungsadresse

Wegen der unzureichenden Kommunikation mit entlegenen Gebieten gibt es häufig in der Stadt ein eigenes Büro mit Telefon und Fax. Andere Unterkünfte haben die Vermarktung einem Unternehmen übertragen. Ausnahmsweise sind auch Auskünfte und Buchungen nur über eine Agentur möglich wie z.B. bei NWR oder Wilderness, was im Trummi unter dem Symbol der Buchung vermerkt wird. Im TRUMMI findet sich ein eigenes Verzeichnis der derzeitigen Buchungs-Reservierungsanschriften. Meistens kann man aber spontan/privat die Unterkunft trotz einer angegebenen Vermarktungsagentur buchen, und zwar billiger als durch eine Vermittlung.

NATUR EXKLUSIV

von Adelheid Lilienthal
Ein geliebter Cartoon, der wöchentlich in den „Namibia Nachrichten“ bis 1990 erschien:
„Der unverbesserliche Plaasbur“

Buchungsadressen

Acacia Namibia

▲ Buchung ☞ Dietlind Dieterle ✆ 061-229142 📠 061-229125 📱 081-1242070 @ info@acacianamibia.com # www.acacianamibia.com

Baraka Marketing

▲ Buchung, Vermarktung ☞ Talita van der Merwe 🏠 Windhoek, Eugene Maraisstreet 10 ✆ 061-250586 📠 061-300022 @ talita@barakamarketing.com # www.barakamarketing.com

Bwana Tucke Tucke

▲ Buchung ☞ Carsten Möhle 🏠 Windhoek, Coetze Str. 28, Pionierspark ✆ Tel: 061-239602 📱 061-258373 ✆ 081-1273130 @ nfo@bwana.de # www.bwana.de

Compass Travel Namibia

▲ Vermarktung, Buchung ☞ Lisa Berl ✉ P.O.Box 90366, Windhoek ✆ Tel: 061-309157 📠 088-616151 @ nfo@compass-marketing-namibia.com # www.compass-marketing-namibia.com

Die Keiler

▲ Vermarktung ☞ Frau Wilckens (Farm Ongangasemba) ✆ 067-306555 📠 067-306555 @ info@africa-hunting.com # www.africa-hunting.com

Eden Travel

▲ Buchung ☞ Gaby Ahrens 🏠 Windhoek, Andradiet 6 / Eros Park ✉ P.O.Box 20080, Windhoek ✆ 061-234342 📠 061-233872 @ eden@mweb.com.na

Exclusive Reservation & Marketing

▲ Buchung ☞ Erika Glück / Lizelle van Vuuren ✉ P.O.Box 6235, Windhoek ✆ 061-237294 📠 061-237295 @ reservations@exclusive.com.na # www.exclusive.com.na

Finesse

▲ Vermarktung ☞ Nesi Möhle & Steffie Gerber & Vida Maletzky 🏠 3 BurgStreet, Windhoek ✉ P.O.Box 11259, Windhoek ✆ 061-222281 📠 061-222281 @ finesse@iway.na # www.finesse-namibia.com

Gondwana Desert Collection

▲ Eigner, Buchung, Vermarktung ☞ Miriam Spatz 🏠 Nelson Mandela Str. 42 ✉ P.O.Box 80205, Windhoek ✆ 061-230066 📠 061-251863 @ info@gondwana-desert-collection.com # www.gondwana-desert-collection.com

Mit der Gondwanakarte erhalten Bewohner Namibias 50% Ermäßigung und aus der SADC -Region 30%. Die Karte ist erhältlich über das Büro von Gondwana.

Islands in Africa

▲ Lodgeverbund Buchung ✉ P.O.Box 70378, Bryanston 2021 / South Africa ✆ +27-11-7067207 📠 +27-11-4638251 @ res@islandsinafrica.com

Kai-Koro Resrvations

▲ Reservation ✆ 064-461677 📠 064-461488 @ kai-koro@iway.na

Kidogo Safaris

▲ Buchung / Behindertentouren ☞ Monika Schleicher ✉ P.O.Box 30566, Windhoek ✆ 061-243827, 061-259297 📠 061-259286 @ kidogo@iway.na, office@kidogo-safaris.com # www.kidogo-safaris.com

Leading Lodges of Africa

▲ Eigner, Buchung, Vermarktung ☞ Meliza Beukes 🏠 Windhoek, Independence Av. ✉ P.O.Box 90538, Windhoek ✆ 061-375300 📠 061-375333 @ res@leadinglodges.com # www.leadinglodges.com

Legacy Hotels & Resorts International (Pty) Ltd

▲ Hotelkette RSA, Buchung 🏠 Rivonia ✉ P.O.Box 3410, Rivonia, RSA ✆ +27-11-806 6800 📠 +27-1-806 6868 @ hotels@legacyhotels.co.za # www.legacyhotel.com.za

Logufa

▲ Buchung ☞ Anja ✉ P.O.Box 8061, Swakopmund ✆ 064-464144 ℡ 064464155 @ reservations@logufa.com # www.logufa.com

Namibia Tracks & Trails

▲ Buchung ☞ Anja Grüttemeyer ✉ P.O.Box 339, Swakopmund ✆ 064-416820 ℡ 064-404664 @ reservations@namibia-tracks-and-trails.com

Namibia Travel Consultants

▲ Buchung ☞ Rita van Wyk 🏠 3 Arians Road, Klein Windhoek ✉ P.O.Box 23106, Windhoek ✆ 061-240020 ℡ 061-304290 @ info@namibiatravelconsutants.com,

nuevas ideas cc

▲ Vermarktung, Buchung ☞ Barbara Schenk 🏠 George Hunter Str., Olympia ✉ P.O.Box 80859, Windhoek ✆ 061-253542 ℡ 061-259247 @ service@nuevas-ideas-namibia.com,

NWR - Zentrale Buchungsstelle

▲ Buchung ✉ P/bag 13267, Windheok ✆ 061-236975 ℡ 061-224900 @ reservations@iwwn.co.na

Protea Hotel

▲ Eigner, Vermarktung, Buchung ✆ +27-21-4305000 ℡ +27-21-4305320 @ info@proteahotels.com.na # www.proteahotels.com

Reservation - Destination

▲ Vermarktung, Buchung ☞ Suzanne Bonitz, Zenobia Kusch 🏠 Albatross Str.44, Hochlandpark ✉ P.O.Box 11633, Windhoek ✆ 061-224712 ℡ 061-224217 @ reservation@resdest.com # www.resdest.com

Taleni Africa Tourism Holdings

▲ Vermarktung, Buchung, Besitzer ☞ Christelle du Toit ✉ P.O.Box 6900, Windhoek ✆ +27-21-930-4564 ℡ +27-21-930-4574 @ reservations@africa-res.com # www.taleni-africa.com

Tungeni Africa Investments

▲ Pächter, Reservation 🏠 Windhoek, 47 Nelson Mandela Av. ✆ 061-400205 ℡ 061-221333 @ info@tugeniafrica.com,

Visions of Africa

▲ Eigner, Buchung ☞ Elisma Halbich ✉ P.O.Box 40788, Windhoek ✆ 061-232009 📠 061-222574 @ visions@visionsofafrica.com.na # www.visionsofafrica.co.uk/

Wilderness Safaris

▲ Vermarktung, Buchung ☞ Senior Aily ✉ P.O.Box 6850, Windhoek ✆ 061-274500 📠 061-239455 @ sabinak@wilderness.com.na, info@wilderness.com.na # .wilderness-safaris.com

Wichtige Anschriften

Namibian Organic Association

Okahandja ✆ 062-502410 @ info@noa.org.na # www.noa.org.na

NAPHA (Namibian Professional Hunting Association)

(Interessenv!ertretung, Vermarktung), Kai Uwe Denker Windhoek, Sam Nujoma Drive 318, P.O.Box 11291, Windhoek ✆ 061-234455 📠 061-222567 @ napha@mweb.com.na # www.natron.net/napha/deutsch/index.html

Air Namibia

Windhoek, Dr. W, Külz Str.Nr. 27 - 29 ✆ 061-299 6000 (Switchboard), 061-299-6111 (Call Centre) # www.airnamibia .com.na

Deutsche Botschaft Windhoek

Windhoek,Sanlam Centre, 6. Stock, Independence Ave. ✆ 061-273100

Goethe Zentrum / Namibisch-Deutsche Stiftung für kulturelle Zusammenarbeit

Leitung seit 2013: Francois Hartz Windhoek, Fidel Castro St. 1/5 (unterhalb der Christuskirche) ✆ 061-225700 // Sprachkurse auch in Otjiwambo, Afrikaans, Englisch // Filmabende, Kulturveranstaltungen / Innenhof Café @ ll@nads.org.na # www.goethe.de/windhoek

Ärzte (deutschsprachig)

Dr. Scholtz ✆ 061-222902 📠 061-258973
Dr. Roxin / Dr. Simone von Wietersheim , Windhoek, Triftstr. 23 ✆ 061-223894

Zahnarzt

Dr. Marita Schünemann Windhoek, Bismarck Street 49 ✆ 061-400 476 📱081-178 9285 @ bismarck49@iway.na

Apotheken

Luisen Apotheke Windhoek, Independence Avenue 181 📱081-1294422 (24 Hours Service) ✆ 061-236302
Internationale Pharmacy Windhoek, Hidas Centre 📱081-1294422 (Notdienst) ✆ 061-248195

Optiker

Olympia Optics, Windhoek Olympia, David Carstens Str. 19 ✆ 061 -372620

Namibian Tourism Board in Deutschland

60313 Frankfurt, Schillerstr. 42-44 ✆ 0049-69-1337360

Radio

NBC Windhoek, Pettenkloppstr. ✆ 061 29 1911, 061 2912133
Hit Radio Namibia Maerua Mall Office Park 2. Stock ✆ 061-402525 📱SMS: 085-1402525

Krankenhaus

Medi Clinic Windhoek Eros ✆ 061-22263130, 061-222687 (24Std.)

Tiere

Tierheim = SPCA ✆ 061-238654
Tierarzt: Vet. Klinik, Dr. Späth u.a. Windhoek, Lossen Str. 8 (neben der US Botschaft) ✆ 06128405 📱081-1241668 (after hours und Notfall)

Schlangenbiß Notdienst

Dr. Christo Buys ✆ 061 251051 📱081-1275109

Polizei

10111

Ambulanz

211 111

Visa & Aufenthaltsgenehmigungen

Frau Brandt Windhoek, Chateau Str. 4 061-225242, 224252 081-1275109

Rechtsanwalt

Chris Brand Attorneys Windhoek, Chateau Str. 4 061-225242 061-225188

NWR

- Für die folgenden Nationalparks zahlt man 2014 pro Person und Tag :
  Etosha Nationalpark, Fish River Canyon: Ai Ais und Hobas, Richtersveld (RSA), Naukluft Park: Sesriem und Sossusvlei Waterberg Plateau Nationalpark
  80N$ Eintritt. für das Fahrzeug bis 10 Sitze pro Tag 10N$
- Andere Nationalparks kosten 2014 pro Person und Tag, z.B. Daan Viljoon Park, Mahango, Popa Fälle, Namib Desert Park
  40N$ pP und ebenfalls 10N$ bis zu 10 Sitzen für ein Fahrzeug:
- Einheimische, SADAC-Mitglieder, manchmal auch Permanent Residents erhalten auf den Eintritt Ermäßigung.
- Jumbo Card für 50% Ermäßigung für Einheimische:
  For additional information and updates contact:
  Ms. Hilma Johannes, Tel: +264 61 285 7133 Cell: +264 81 127 4036

Region A: Stadt Windhoek

Karte siehe Seite 46

Für die meisten Touristen, die am Hosea Kutako-Flughafen ankommen, ist Windhoek der erste Stop.

Sie stellen schnell fest, daß Windhoek-Centrum eine moderne, europäisch anmutende Kleinstadt ist, was für viele, die „echtes Afrika" erleben möchten, eine kleine Enttäuschung darstellt. Die meisten von ihnen bleiben aber sowieso nur kurz in Namibias Hauptstadt.

Die Wohngebiete –

getrennt nach Arm und Reich, auch in der Gesundheitsfürsorge

In ganz Windhoek zählt man etwa 200.000 Einwohner; da kein Einwohnermeldeamt existiert, gibt es nur Schätzungen. Die Besserverdienenden wohnen in den direkt an das Zentrum grenzenden Vierteln mit blühenden Vorgärten, Pools und hohen Sicherheitszäunen. Windhoek-West und Nord grenzen an das bekannte Khomasdal, , dem ehemaligen Township der „Farbigen". Heute leben in kleinen Flachbauten Bewohner aller Sprachgruppen, deren Familieneinkommen für diese einfachen Häuser reichen; in Katutura jedoch, wohin einst die Menschen schwarzer Hautfarbe gewaltsam ausgesiedelt wurden, lebt die Mehrheit der Einwohner Windhoeks: Arbeiter, Arbeitslose, die vielen zugereisten Familienmitglieder, kinderreiche Großfamilien, jedoch nicht mehr getrennt

Chor der University of Namibia und sein Leiter Bonnie Pereko

nach Sprachgruppen wie einst von der südafrikanischen Verwaltung vorgeschrieben. Die kleinen Häuser aus der Apartheidzeit müssen heute als Eigentum erworben werden und sind heiß begehrt, da ein Minimum an Infrastruktur gewährt wird. Sie sind hoffnungslos überbelegt, da einerseits jeder Raum und jeder Verschlag im Hof untervermietet wird und andrerseits ständig Familienmitglieder aus den ländlichen Regionen Aufnahme erwarten. In den an Katutura angrenzenden „informal settlements" hingegen, also den wilden Siedlungen, leben die Bewohner in Unterständen aus Wellblech, Pappen, Stoffen; es mögen 30.000 sein, die aus den kommunalen Gebieten in den letzten Jahren auf Arbeitssuche nach Windhoek zugezogen sind. Täglich werden es mehr. Immer wieder kommen Bagger, um diese wilden Siedlungen abzureißen – wie auch schon in Apartheidzeiten. Immer mehr werden die Hügel um Katutura allerdings durch den neuen „sozialen" Wohnungsbau besiedelt, vor allem das Neubaugebiet Otjomuise, gut sichtbar von der C28, die von Windhoek nach Westen führt: Die Plots können von Geringverdienenden erworben werden, die bis zur Abzahlung der Raten nur mit Wellblech ihre Behausungen errichten dürfen. Strom gibt es hier bislang nicht, das zu bezahlende Wasser kann man aus Hähnen zapfen, das angrenzende Buschveld liefert das Feuerholz zum Kochen, einfache Verschläge schützen vor der Neugier bei der Notdurft. Bessere Neubaugebiete mit richtigen Steinhäuser werden sehr dicht bebaut – Kleine Kuppe oder Rocky Crest - , so daß hier kaum noch das sonst übliche soziale „Outdoor-Life" stattfinden kann – wie z.B. in Katutura.

Weiterhin umstritten: Windhoeker Reiter (am 24.12.13 wieder abgebaut) und das Befreiungsmuseum

Wahrscheinlich verhindert das meistens trockne Klima das Ausbrechen von Epidemien in den Vierteln der gedrängten Armut. Die Armutskrankheiten allerdings haben seit der Unabhängigkeit Namibias rapide zugenommen, vor allem durch die immer schlechter werdende Gesundheitsfürsorge. Das große Gebäude am Rande von Katutura, das State Hospital, täuscht: Einst eines der modernsten Krankenhäuser in Afrika, genügt es jetzt kaum noch irgendeinem medizinisch-hygienischen Standard. Alle, die ohne „Medical Aid", also einer Krankenversicherung durch den Arbeitgeber oder aber privat versichert sind, erhalten hier eine (fast) kostenlose Hilfe. Mehrere private Krankenhäuser, viele erst nach der Unabhängigkeit Namibias gegründet, hingegen genügen dem modernen Standard und Sie können sich hier beruhigt von Fachärzten behandeln lassen.

Die Apotheken sind oft deutschsprachig, gut mit Medikamenten ausgestattet, und zwar aus europäischer wie auch südafrikanischer Produktion. Vor allem die Internationale Apotheke im Hidas-Zentrum in KleinWindhoek und ihre Dependanz Luisenapotheke in der Independence Ave. (s. Anzeige) geben sehr gute Ratschläge und besorgen schnell alle notwendigen, vor allem auch die verschreibungspflichtigen Medikamente. In den Apotheken kann auch von Krankenschwestern geimpft werden; die Pharmazeuten selbst haben eine gute Ausbildung in Südafrika oder Deutschland erhalten und sind für viele Kunden notwendige, ärztliche Ratgeber, bevor sie einen Arzt aufsuchen (können).

Hauptstadt Windhoek

Alle Einrichtungen der zentralen Verwaltung, Konsulate und Regierungsstellen befinden sich nur in Windhoek. Die Einkaufsmöglichkeiten sind hervorragend, alle südafrikanischen und europäischen Lebensmittel und Ausrüstungsteile werden in Supermärkten oder Fachgeschäften angeboten. Herausragend ist der Super-SPAR-markt beim Maeruapark, immer noch geleitet von dem alteingesessenen Handelshaus Wecke&Voigts, wo neben Lebensmitteln aus

Südafrika und Namibia auch deutsche und vor allem Reformhausprodukte angeboten werden. Zu Recht beginnt für viele Individualreisende ihre Fahrt hier, um ihren gemieteten Camper, natürlich mit einem guten Kühlschrank ausgestattet, für die weite Tour vollzuladen. Im Zentrum kann in ruhigen Cafés guter Kaffee getrunken und auch vielerlei Eis ohne Bedenken geschleckt werden.

In vielen Restaurants kann man gute Fleischgerichte essen; in der gehobenen Kategorie wie bei Gathemann, auf der Heinitzburg, in der Kaiserkrone („Gourmets Inn"), und im „Restaurant am Weinberg" gibt es internationale Küche; man wird „Portugiesen", „Chinesen" , Pizzerien und amerikanische Fast Food entdecken; „afrikanisch" wird derzeit nur selten angeboten. Sie sollten von diesen Angeboten profitieren,

Schneiderwerkstatt Katutura

denn anschließend auf „Pad" werden Sie Hunderte von Kilometern weder ein Café noch ein Restaurant entdecken können. Nur noch an Tankstellen gibt es Kaffee in Pappbechern und die allen bekannten „Hamburgers" und pappe „Brötchens". Diese liegen jedoch oftmals Hunderte von Kilometern weit auseinander.

Es gibt keine Industrieansiedlungen. Bei dem nördlichen und südlichen „Industriegebieten" handelt es sich nämlich hauptsächlich um Lagerhallen, Büros und kleinere Reparaturbetriebe. Die einzige größere neue Industrieansiedlung, die umstrittene Textilfabrik Ramatex, befindet sich am westlichen Rand von Otjomuise und wurde 2008 geschlossen.

Gesundes Klima

Windhoeks Klima ist durch die Höhenlage – 1600m - angenehm, der Kessel der umgebenden Berge von über 2000m Höhe schützt vor starken Winden, läßt aber die Stadtluft im Sommer auch oft unangenehm stickig werden. In den Sommermonaten (Februar bis März) fällt die für das ganze Jahr erhoffte Regenmenge von etwa 650mm, was manches Mal zu Überschwemmungen durch die Riviere führt, die zu reißenden Flüssen werden können. Die Wasserversorgung ist in den trocknen Wintermonaten ein Problem, so daß mancher Garten nicht mehr gesprengt werden kann. Das stark gechlorte Wasser ist gefahrlos trinkbar, aber schmeckt nicht und verdirbt deshalb den Genuß von Kaffee oder Tee. So bieten bessere Cafés nur gefiltertes Wasser, namibisches Mineralwasser oder sogar gutes Wasser von der Farm an!

Rückständige Verkehrs- und Stadtplanung

Verkehrsmäßig erschlossen ist die Stadt leider nur durch Taxen und Privatautos, es gibt einige Busse zu Arbeitsbeginn und –ende, aber nur an Werktagen. Fahrradwege fehlen völlig, Bürgersteige sind uneben, weder für Rollstühle, noch Kinderwagen, noch Skating geeignet. Mit der Post Mall ist die einzige, etwa 200m lange verkehrsberuhigte Einkaufspassage mit Einzelhändlern, Kaufhäusern und einige wenige Einzelhändlern geschaffen worden. „Malls"

Katutura New Settlement

bezeichnen Einkaufszentren mit Läden vor allem der südafrikanischen Handelshäuser. Auf der windigen, überwiegend schattenlosen Post-Mall dürfen Händler, meistens auf dem Boden

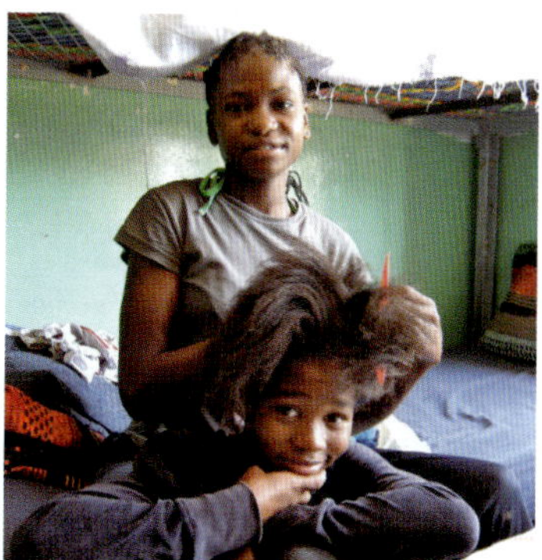

sitzend, ihre Curios anbieten. Einen „Markt" werden Sie in Windhoek Central vergeblich suchen. Hingegen sind „Parks" keinesfalls im europäischen Sinne „Parks", sondern Wohngebiete. Richtige „Parks" hingegen gibt es nur zwei in der ganzen Stadt: Den kleinen Zoopark, der schon lange kein Zoo mehr ist, an der Independence Avenue und den sich daran anschließenden, sehr schönen Park vor dem Parlamentsgebäude (= Tintenpalast).

Die ehemaligen oftmals im Jugendstil erbauten Kolonialhäuser, die mit Gauben, steilen Dächern und Veranden klimagerecht errichtet worden waren, wurden fast alle abgerissen, die letzten werden durch moderne Hochhäuser verdrängt. Die Front mit dem Restaurant Gathemann in der Independence Ave. vermittelt noch einen Eindruck der früheren dominierenden Arhitektur

und wird heute viel fotografiert. Das imposanteste Hochhaus ist im Zentrum der schwarze Glaskasten an der Independence Ave., in dessen oberstem Stockwerk die Diamanten sortiert werden, besonders auffällig ist auch das neue Hilton Hotel in der Independence Allee und das Befreiungsmuseum. Das letztere wurde von Nordkorea erbaut und sollte das höchste Gebäude der Stadt werden. Das ist auch gelungen, das alte koloniale Ensemble von Christuskirche, Alte Feste mit dem Standbild des Südwester Reiters wirken daneben nur noch winzig. Noch – Anfang 2014 – ist das Museum nicht eröffnet worden, für den 21.3. 2014 ist die Eröffnung geplant, wobei bislang das Rätselraten groß ist, welche Exponate dieser monströse Bau enthalten wird und ob sie wohl auch per Fahrstuhl in die Höhe geschafft werden können. Der Reiter steht nunmehr, aufwendig versetzt, direkt vor der Alten Feste. Doch soll er vielleicht noch einmal versetzt werden. Einige weitere Denkmäler und sogar noch einige Straßennamen erinnern an die deutsche Kolonial- und die Apartheidzeit. Alte kolonial, aber auch völlig unverfängliche Straßennamen – wie z.B. erst vor Kurzem der „Omurambaweg" – werden laufend zu Gunsten von regierenden Politikern Namibias und anderer afrikanischer Staaten ersetzt. Ob dieses Los auch Windhoek treffen wird? Immerhin ist es ein genuin namibischer Name, von Jan Jonker Afrikaner dieser Ansiedlung 1840 gegeben, also Jahrzehnte vor der Kolonialisierung des Landes.

Nur wenige Sehenswürdigkeiten

Die besuchenswerte Ziele der Stadt sind „übersichtlich": der alte Bahnhof mit dem Eisenbahnmuseum, die Alte Feste und daneben der Botanische Garten, der Kunsthandwerk-Markt im alten Brauhaus und zur Erholung der Parlamentsgarten vor dem Tintenpalast. Ausstellungen und gelegentliche Konzerte sowie Theateraufführungen machen Windhoek auch zur kulturellen Hauptstadt des Landes. Der Gold schimmernde, kilometerlange Palisadenzaun mit Wachtürmen, trennt die Wohngebiete von dem neu errichteten State House, das von weitem wie ein AKW oder eine Kuppel eines

Observatoriums anmutet.

Ein kurzer Stadtbummel durch Windhoeks Zentrum lohnt sich jedoch allemal: Herausgeputzte Kinder, elegante Männer und vor allem modisch gestylte Frauen verschiedener Volksgruppen zeigen sich in der Independence Ave. und im Zoopark und wollen gesehen werden. Aufwendige Kopfbedeckungen der Frauen sind genauestens auf die Kleider mit ihren oft grellen Farben abgestimmt. Ansonsten bestimmen kunstvoll geflochtene Plastikhaare oder schöne Importe aus Asien und Südamerika aus Echthaar die Frauengesichter. Jugendliche treffen sich in einer „Mall". Auch die Zahl der Discos ist übersichtlich. Am Sonntag allerdings sind die Bürgersteige hochgeklappt. Um „pulsierendes Leben", wie es in Broschüren oft schwärmerisch heißt, kennenzulernen, muß schon ein Abstecher nach Katutura unternommen werden. Es gibt Angebote von geführten Touren durch die Township, sogar per Fahrrad! Auf eigene Faust lohnt es sich, quer durch Katutura zu fahren, am Sowetomarkt kurz zu halten und das Ziel Penduka am Goreangab anzusteuern.

Die Unterkünfte

TRUMMI listet 145 Unterkünfte in der Hauptstadt; in die Skizze des Stadtplans ist ihre ungefähre Lage eingezeichnet. GPSNamibia kann Sie zu allen Unterkünften sicher führen, auch für Katutura ist dieses GPS – als einziges! – ausgelegt. Die großen, modernen Unterkünfte versorgen die Mitglieder von internationalen Konferenzen der Staatsmännern und Fachleute, aber auch Backpacker-Angebote werden Sie finden. In den letzten Jahren ist eine Vielzahl von Pensionen von portugiesisch sprechenden Leuten eröffnet worden, denn die Beziehungen nach Angola sind nach Beendigung des dortigen Bürgerkriegs ständig ausgeweitet worden.

- siehe „Namibia": Landesmitte, Windhoek S. 281-302. Hier erfahren Sie alles über die Geschichte der Stadt.

2013 erschien der kleine lesenswerte Band „Hauptsache Windhoek" mit Geschichten und Gedichten zur Hauptstadt, ohne diese etwas eintönige Stadt zu verherrlichen. Hg.v. Sylvia Schlettwein und E.v. Wietersheim.

Region A - Windhoek Stadt

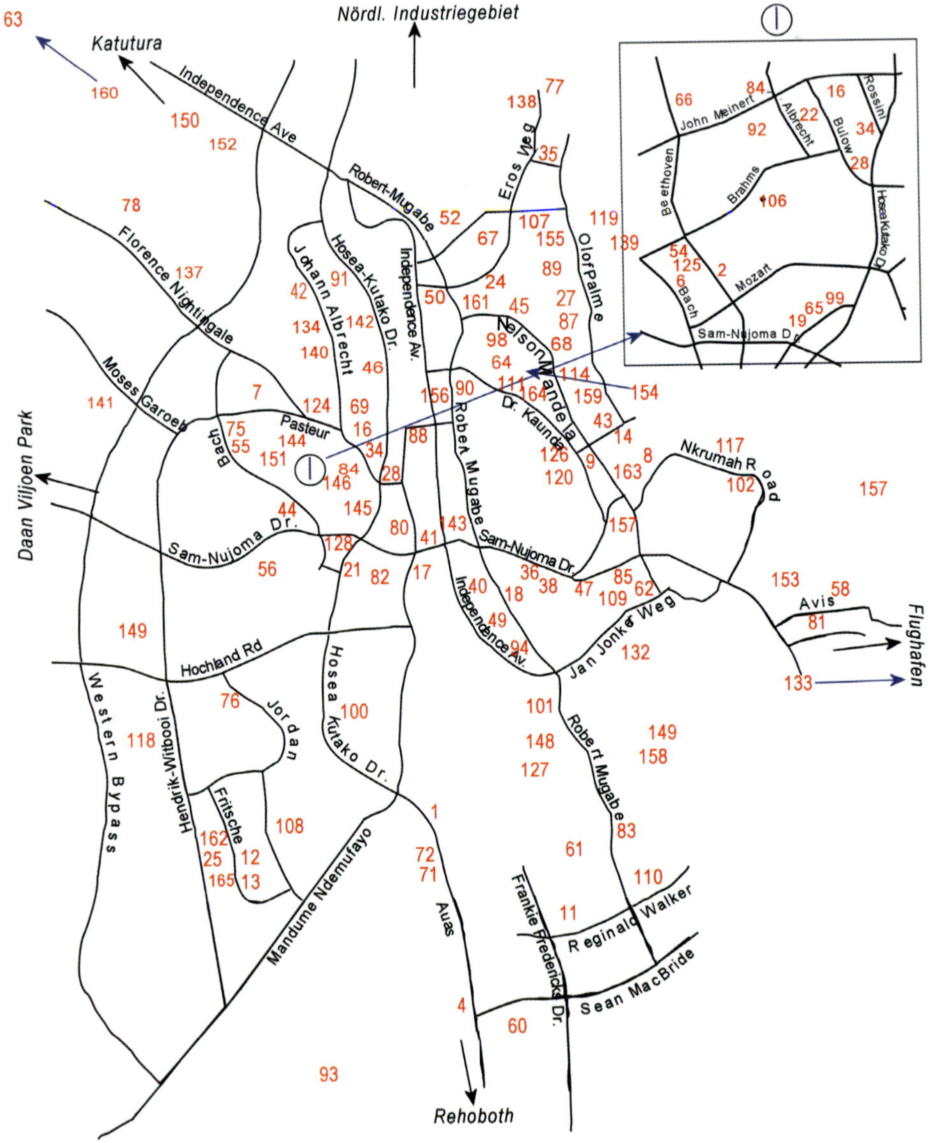

A1 African Kwela Guesthouse
A2 Alexander
A4 Arebbusch Travel Lodge
A6 Backpacker unite
A7 Baumgartner Holiday Apartments
A8 Bella mia Ferienwohnungen
A9 Haus Bodensee
A11 Bougain Villa
A12 Casa Blanca
A13 Casa Onganga
A14 Casa Piccolo
A16 Cela
A17 Chameleon City Backpackers
A18 Christoph
A19 Cori
A21 DRN International
A22 Ekundu Guesthouse
A24 Eros
A25 Etambi
A27 Felsenblick
A28 Protea Hotel Fürstenhof
A34 Handke
A35 Haus zum Morgenstern
A36 Heinitzburg
A38 Casa Africana
A40 Jan Jonker Apartments Windhoek
A41 Kalahari Sands Hotel
A42 Kamma Kastag
A43 Klein Windhoek Guesthouse
A44 Kleines Heim
A45 Kubata Lodge
A46 Kutako Guesthouse & Backpackers
A47 Maison Ambre
A49 Moni
A50 Motown Formula Inn
A52 New Nouveau B&B
A54 Okarusuvo Guest House
A55 Haus OL-GA
A56 Kamho`s Hochland Pension
A58 Onganga
A60 Aloë Travel Lodge
A61 Anjo Villa Guesthouse
A62 Palmquell
A63 Penduka "Wake up"
A64 Promenaden Heights
A65 Puccini Guest House
A66 Rivendell
A67 Londiningi
A68 Roof of Africa Hotel
A69 Rosahoff B&B
A71 Safari
A72 Safari Court & Conference Centre
A74 Schwalbenheim
A75 Sekira Guesthouse
A76 Shumba
A77 Haus Sonneneck
A78 Namibia Star Hotel
A80 Steiner
A81 Swiss Chalets
A82 Tamboti Gästehaus
A83 Terra Africa Guesthouse
A84 The Cardboard Box Backpackers
A85 DeVagabond (Steinstraße)
A87 Thule
A88 Protea Hotel Thüringer Hof
A89 Tourmaline Guesthouse
A90 Uhland
A91 Vee´s Guest House
A92 Villa Verdi
A93 Windhoek Country Club Resort
A94 Windhoek Town Lodge
A98 Olive Grove Guesthouse
A99 Vondelhof
A100 Gamams Training Centre
A101 Auas City Hotel
A102 Belvedere Boutique Hotel
A106 Daniel´s Guesthouse
A107 Desert Eden
A108 Loufie´s Guesthouse
A109 J.S.Guesthouse
A110 Jordani
A111 The Village Courtyard Suites
A114 The Elegant
A117 Villa Moringa
A118 A - Z B&B
A119 Aces Guesthouse
A120 Mountain View Windhoek
A124 Casa Bem Vindo
A125 Namibia Hotel & Tourism School
A126 Caleta Flat
A127 Okavango Guesthouse Windhoek
A128 Kashima B&B
A132 Uzuri
A133 Vineyard Country B&B
A134 O Nosso Quintal
A137 African Calabash
A138 African Pearl Guest House
A139 Afrika Sun
A140 Carolus House
A141 Four Seasons Guest House
A142 Franck Stones Guesthouse Windhoek
A143 Hilton - Hotel
A144 Lokeinge B&B
A145 Maila Guest House
A146 Melrile Guesthouse
A148 Napwu Guest House
A149 Pelican B&B
A150 Pensao Pandeinge
A151 Sarfhope
A152 Sharon-Rose Guest House
A153 Ti Melen
A154 UrbanCamp
A155 Villa Violet
A156 Villa Vista Guesthouse
A157 Hillside
A158 Hartmann Suites
A159 Capbon
A160 Moclair
A161 Olive Exclusive Boutique Hotel
A162 Pumula
A163 The Utopia Boutique
A164 Villa Ambiente
(A165 Elonga Internship)

A - Z B&B (A118)

▲ [B&B] Windhoek, Pionierspark Ext 1 / Range Street 17 ☞ Teresa Barcelos (Portugiesisch) ✉ Windhoek P.O.Box 55182 ✆ 061-244445 ℻ 061-244445 📱 081-2854608 ⓘ 5DZ+1TZ+1FZ / auch SC 50N$/Woche für Küchenmitbenutzung $ (2012) B&B: EZ 270N$, DZ 300N$, K5-11 100N$ ♿ rollstuhlfreundlich HausT ok @ azguesthouse@hotmail.com

Aces Guesthouse (A119)

▲ [Gästehaus] Windhoek, Eros, Olof Palme Str. 139 ☞ Joseph (owner), Lea Shapange (manageress) (Oshiwambo) ✉ Windhoek P.O.Box 2413 ✆ 061-230130 ℻ 061-230133 📱 081-3334085 ⓘ 12DZ $ (2012) B&B: EZ 450N$, DZ 640N$ Bar & Pool ♿ rollstuhlfreundlich HausT ok @ acesguesthouse@webmail.co.za

African Calabash (A137)

▲ [B&B][SC] Windhoek, Khomasdal, Florence Nightinggale Road 4666 ☞ Endrina (Otjiherero) ✉ Windhoek P.O.Box 24411 ✆ 061-212097 📱 081-4688260, 081-2272465 6 SC-Z $ (2012) EZ 150N$, DZ 250N$ keine HausT @ africancalabash065@gmail.com

African Kwela Guesthouse (A1)

▲ [Gästehaus] Windhoek, Suiderhof, Palm Street 18 ☞ Diana & Ian Kemp (Afrikaans, Russisch) ✉ Windhoek P.O.Box 31511 ✆ 061-227029 ℻ 061-227032 📱 081-1228108 3DZ, 2EZ, 1FZ alle Z mit aircon $ (2013) B&B: EZ 480N$, DZ 680N$ ⓘ kleine Konferenzgruppen (bis 15P) / eigene Busse für Touren in Namibia / Touren nach Rußland Babysitter Service Essen auf Anfrage Wlan frei / Wäscheservice ♿ rollstuhlfreundlich, keine Stufen "wir haben kleine Hunde, Katzen, Vögel & Schildkröten." kleine Tiere ok (nach Anmeldung) @ kwela@internet.com.na # www.africankwela.com

African Pearl Guest House (A138)

▲ [SC-Zimmer] Windhoek, Hochland Park, African Pearl 8 ☞ Mrs. Precia (Nigerian) ✆ 061-224220 4 SC DZ $ (2013) EZ 300N$, DZ 400N$

Afrika Sun (A139)

▲ [B&B] Windhoek, Eros, Kuiseb Street 79 ☞ Eghard Visser (Afrikaans) ✆ 061-226073 ℻ 061-226735 📱 081-1417979, 081-1273877 6DZ, aircon $ (2012) B&B: EZ 530N$, DZ 680N$ pP ♿ 2Z rollstuhlfreundlich @ info@afrikasun.com # www.afrikasun.com

Alexander, Hotel Pension (A2)

▲ [Pension] Windhoek, West, Beethoven Str. 10 ☞ Melinda Masdorp (Afrikaans) ✉ Windhoek P.O.Box 40427 ✆ 061-240775 ℻ 061-271892 17Z (4 economyR+8DR+2TR+1QR+2FR = 32P) $ (2012) EZ 400N$, DZ 570N$, TZ 750N$, QZ 850N$ / Economy: ⓘ Kiwi (Kinderspielecke) keine HausT @ pensionalex@iway.na

Aloe Hotel & Restaurant (A125)

ⓘ siehe „Namibia Hotel & Tourism School (A125)" S. 62

Aloë Travel Lodge (A60)

▲ [Vorstadt Lodge][SC] Windhoek, Olympia, 8-12 Wika Drive ☞ Johan Lombard (Afrikaans) ✉ Windhoek P.O.Box 6221 ✆ 061-251306 ℻ 061-272110 📱 085-1272330 ▲ ab 2013 Plätze 11DZ + 2 SC Chalets 4P $ (2012) EZ 450N$, DZ 550N$, FZ: 3P 600N$ + extra P 100N$ / SC 2P 500N$, 3P 650N$ + extra P 50N$ pP ⓘ Tagb. (20N$ pP, Grillplatz 60N$), Internet, Abreise: 17Uhr weites Gelände mit Picknicktischen / Buschpark mit Streichelzoo Frühstück auf Anfrage (60N$) ♿ SC Zimmer rollstuhlfreundlich HausT ok @ aloe@iway.na

Anjo Villa Guesthouse (A61)

▲ [B&B] Windhoek, Olympia, Mose Tjendero Street 16 ☞ Anthea & John Ireland (Englisch) ✉ Windhoek P.O.Box 80066 Bil ✆ 061-252027 ℻ 061-255006 📱 081-1227022 (Anthea), 081-1227021 (John)

BUSHMAN ART
GALLERY CC
& AFRICAN MUSEUM
187 Independence Avenue, Tel: +264 61 228828 / 229131
bushmanart@iafrica.com.na
www.bushmanart-gallery.com
BUSHMAN ART

Arebbusch Travel Lodge

6DZ + 2EZ $ (2013) B&B: EZ 495N$, DZ für 1P 535N$, DZ 735N$, FZ 4P 935N$ / SC 1P 550N$, 2P 750N$ ⓘ früher Pabeanta´s / Fama "Familienessen" auf Anfrage Wlan / Wäscheservice auf Anfrage @ anjo@mtcmobile.com.na, info@anjogroup.com #www.anjogroup.com

Arebbusch Travel Lodge (A4)

[Rastlager][Caravan][Camping] Windhoek, Olympia, B1, Auas Road / Golfstreet ☞ Cobus van Lill (Englisch) ✉ Windhoek P.O.Box 80160 ✆ 061-252255 061-251670 8 Plätze auch für Caravans mit Stromanschluß, Schattennetze / Küche ohne jegliches Geschirr // 3 extra Plätze für Dachzelter, mit eigenem Sanitär&Küchenblock u. verschließbaren Schränken $ (2014) Extra: 340N$ pPlatz 27 SC Chalets mit 2-6 Betten + 64Z + 1 Luxus Cottage / alle mit aircon $ (2014) Chalets-SC: Single 820N$, DZ 865-1.010N$, TZ 1.140N$, QZ 1.240N$ / Wochenendtariffe ⓘ 24h bewacht / 24 Std Büro geöffnet Restaurant mit Wlan (langsam), tägl. bis 22 Uhr auch am Wochenende, Frühstück 70N$, K14 50% / 3 Konferenz- Häuser / Waschmaschinenautomat / Wäscherei sehr empfehlenswert trotz Lärm durch die Straßennähe der B1 und durch den lokalen Flughafen Eros / sehr sauber und gepflegt, gut angelegter Garten. Nette Pools / Gut für Gruppen und Windhoekaufenthalte @ reception@arebbusch.com, reservations@arebbusch.com #www.arebbusch.com

Auas City Hotel (A101)

[Hotel] Windhoek, Central, Centaurus Road, neben dem Maerua Park ☞ Machado (owner), Ment Anna Mureko (manageress) (Japanisch) ✉ Windhoek P.O.Box 97496 ✆ 061-239768 061-239826 24Z aircon $ (2012) B&B: EZ 625N$, DZ 856N$, K4-16 75N$ ⓘ Konferenzräum (40P): Früstück+Lunch+Konferenz 220N$ pP kaltes Frühstück 60N$ / japanisches Restaurant: „Haiku“ @ info@auascityhotel.com, acl@mweb.com.na #www.auascityhotel.com

Backpacker unite (A6)

[Back-Packer][Camping] Windhoek, West, Griegstr. 5 ☞ Herman Viljoen (owner), Dean (Manager) (Englisch) ✉ Windhoek P.O.Box 23658 ✆ 061-259485 061-259812 081-1298093 Plätze im Hof: 60N$ pP, 10N$ Zeltleihgebühr / SC kann mitbenutzt werden Haupthaus: 7DZ, große Vokü / Haus gegenüber: 4 Schlafsäle 4-10P, Vokü / 50 P $ (2012) DZ 330N$ pP / Schlafsaal B&B 120N$ pP ⓘ Innenparkplatz, auch für Overlander Trucks geeignet Poolbillard Wäschedienst (40N$ pLadung) keine HausT @ magicbus@iafrica.com.na #www.backpackerunite.com

Baumgartner Holiday Apartments (A7)

▲ [SC-Flat] Windhoek, West, Hahnemann Street 21 ☞ Melanie & Fritz Baumgartner (Afrikaans) ✉ Windhoek P.O.Box 24998 ✆ 061-224852 ℻ 061-224852 📱081-1279158 🛏 6 SC - Flats: 4 Junggesellenzimmer, 2 DZ $ (2012) EZ 300N$, DZ 420N$ / Rabatt für Langzeitmiete über 10T: ⓘ Kiwi, Rauwi Spa Wäscheservice, Hofparkplatz @ bbfritz@iway.na #www.natron.net/baumgartner/main.html

Bella mia Ferienwohnungen (A8)

▲ [SC-Flat] Windhoek, Klein Windhoek, Lotz Str. 14B ☞ Imogen & Wulf Pinsenschaum (Deutsch) ✉ Windhoek P.O.Box 11141, Klein Windhoek ✆ 061-226888 ℻ 061-223772 📱081-1248926 🛏 2 Bachelor Hütte 2P+1 Flat mit 2DZ, WohnZ, Vokü / mit Bettwäsche, Handtücher / privater Garten $ (2012) 2DZ flat 650N$, 1DZ Flat 500N$ / nur 1 Nacht plus 50N$ / >1 Monat 30% reduction ⓘ Kiwi Einkaufsservice: "Wir gehen für Sie einkaufen für die ersten 1-2 Tage" Wlan / Wäscheservice (80N$ pKorb) keine HausT @ bellamia@mweb.com.na #www.natron.net/bella-mia

Belvedere Boutique Hotel (A102)

▲ [Pension][B&B] Windhoek, Ludwigsdorf, Dr. Kwame Nkrumah Road 78 (ehemals Gevesrstr.) ☞ Jeanne & Herman Davin, Annalien Davin ✉ Windhoek P.O.Box 3399 ✆ 061-258867 ℻ 061-258867 📱081-1272037, 081-1284241 🛏 12Z+1FZ+1 LuxusZ $ (2012) B&B: Standard EZ 920N$, DZ 1.020N$, FZ 1P 990N$, 2P 1.090 / B&B Luxus 1P 1.060N$, 2p 1.160N$ / Penthouse 1P 1.190N$, 2p 1.290N$ ⓘ KonferenzZ 20P beheizter Pool, beleuchteter Tennisplatz, Jacucci engl. Frühstück @ belvedere@mweb.com.na, jdavin@ihn.com.na #www.belvedereguesthouse.com

Bodensee (A9)

ⓘ *siehe „Haus Bodensee (A9)“ S. 56*

Bougain Villa, Pension (A11)

▲ [Pension] Windhoek, Klein Windhoek, Nelson Mandela Ave. 66 Ecke Barella Str. ☞ Mr Konsdorf (owner) (Afrikaans) ✉ Windhoek P.O.Box 90805 ✆ 061-252266 [4,5,7] ℻ 061-252260 📱081-1227469, 081-1242681 🛏 5 DZ mit queensize Betten / 1 FZ = 12P / aircon $ (2013) B&B: DZ 735N$, EZ 585N$ / K4-12 50% historische Villa 1910 Lunchpakete Wlan / Wäscheservice ♿ rollstuhlgerecht Hühner, Enten, Gänse, Tauben, Truthähne, Pfaue stilvoll eingerichtet @ bougainvilla@mweb.com.na #www.pensionbougainvilla.com

Caleta Flat (A126)

▲ [SC-Flat] Windhoek, Klein Windhoek, Nelson Mandela Road 91 ☞ Sylvia Bessinger (Deutsch) ✉ Windhoek P.O.Box 21241 ✆ 061-2909278 ℻ 061-2909277 📱081-2414007 🛏 1 SC Flat 5P Vokü, Geschirrspüler, aircon $ (2012) 300N$ / Rabatt für >4P Wäscheservice @ sylvia@agra.com.na #www.caleta.iway.na

Capbon (A159)

▲ [Gästehaus][SC] Windhoek, Klein Windhoek, Friedrich-Giese Street 10 ☞ Caroline Wiedenroth (Deutsch) ✉ Windhoek P.O.Box 31825 ✆ 061-230043 📱081-1281020 💻 088-6518031 🛏 7 Komfort SC-DZ + 3 Standard SC-DZ / mit Kitchenette, aircon $ (2013) Standard SC-EZ/DZ 400N$ pP, Komfort SC 500N$ pP ⓘ Kiwi Frühstück 50N$ Wlan (frei) / Wäscheservice "im Haus 2 liebe Hunde" @ caros@iway.na #www.natron.net/capbon/

Cardboard Box Backpackers (A84)

ⓘ siehe „The Cardboard Box Backpackers (A84)“ S. 69

Carolus House (A140)

▲ [B&B][SC] Windhoek, Windhoek West, Johann Albrecht Street 72 ☞ Mr. Mahevo (Otjiherero) ✉ Windhoek P.O.Box 22266 ✆ 061-308830, 061-236317 & 081-4355654 📱081-1281287, 060-8029732 🛏 9 SC mit Vokü / aircon $ (2012) B&B: EZ 350N$, DZ 450N$, TZ 550N$ @ opp@mweb.com.na

Casa Africana (A38)

▲ [Hotel/Pension] Windhoek, Central, Luxury Hill, Heinitzburg Str. 21 ☞ Familie Hagen Förtsch (Deutsch) ✉ Windhoek P.O.Box 23054 ✆ 061-306633 061-306634 11DZ max 24P / 2 Sc Units $ (2012) B&B: EZ 710N$, DZ 445N$ pP //SC-Units: 450N$ pP, 1P 650N$ / Spezialpreise für Sportteams ⓘ Rauwi / von vielen Geschäftsleuten besucht "so grün wie möglich": Solarenergie, Bioprodukte, Abfallrecycling, Recycled Shampooflaschen Restaurant à la carte ♿ 2Z behindertengerecht keine HausT @ info@casa-africana.com # www.casa-africana.com

Casa Bem Vindo (A124)

▲ [SC Gästehaus] Windhoek, West, Pavlov Str. 23 ☞ Meronisa van Wyk (Portugiesisch, Französisch) ✉ Windhoek P.O.Box 90453, Klein Windhoek ✆ 061-249249 081-1290084 Haupthaus 5DZ, Gemeinschaftküche, 20Chalets $ (2012) Haus: 300N$ pP, Gruppen 200N$ pP / Chalet: 1P 400N$, 2P 550N$ Billardtisch / Pool ♿ leichter Zugang, flach HausT ok @ azim@iway.na, gh-bemvindo@iway.na

Casa Blanca (A12)

▲ [Gästehaus][SC-Flat] Windhoek, Pionierspark, Fritsche-Str. 5 2 ☞ Elke & Peter Young (Deutsch, Englisch) ✉ Windhoek P.O.Box 30547 ✆ 061-249623 061-249622 6DZ + 7TwZ, aircon / 35P $ (2012) B&B: DZ 1.100N$, EZ 770N$ ⓘ KonferenzZ 25P dem Fort Namutoni nachempfunden Gym Restaurant à la carte Laundry HausT ok @ casablanca@mweb.com.na # www.casablancahotelnamibia.com

Casa Onganga (A13)

▲ [B&B] Windhoek, Pionierspark, Fritschestr. 63 ☞ Roswitha & Sigi Horsthemke ✉ Windhoek P.O.Box 30044 ✆ 061-242622 061-242622 081-2756954 4DZ $ (2012) B&B: DZ 400N$, EZ 270N$, K2-8 50% ⓘ Fama, Kiwi, NRZ Frühstück 40N$ (auch für Besucher) auf Anfrage @ rosigi@mweb.com.na

Casa Piccolo (A14)

▲ [Pension] Windhoek, Klein Windhoek, Barella Str. 6 ☞ Claudia & Thomas Horn (Deutsch) ✉ Windhoek P.O.Box 11728 ✆ 061-221155 061-221187 16Z: 14DZ, 1FZ (2E+2K), 1TZ (2E+1K) / aircon $ (2013) B&B: EZ 640N$, DZ 900N$, TZ 1.000N$, QZ 1.300N$ / K6 frei ⓘ Kiwi Lunchpakete auf Anfrage (45N$), Frühstückspakete anstatt Frühstück (frei) Wi-Fi / sicheres Parken, schattig ♿ 2Z rollstuhlfreundlich @ casapiccolo@iafrica.com.na # www.natron.net/tour/casapiccolo

Cela, Hotel Pension (A16)

▲ [Hotel] Windhoek, Central, Dr Frans Indongo str. 82 ☞ Mr. Esmeralda & Manahi Rafid / Mrs. Hipee (manageress) ✉ Windhoek P.O.Box 767 ✆ 061-223322[5] 061-226246 081-2003000 20DZ (aircon) $ (2012) B&B: EZ 480N$, DZ 660N$, TZ 840N$, QZ 1.020N$ / K2-5 50% ⓘ Mr. Rafit gehört auch Schwalbenheim u. Pension Handke @ info@hotelcela.com # www.hotelcela.com

Chameleon City Backpackers (A17)

▲ [Back-Packer][B&B][SC][Camping] Windhoek, Central, Voigt Str. North 5, in der Nähe der DHPS ☞ Jackie Burton & Bossie Coetzer (Englisch) ✉ Windhoek P.O.Box 6107 ✆ 061-244347 061-220885 088-639275, skype: chameleon.backpakkers ▲ 1 Platz für Zeltdach $ (2013) 50N$ pP ensuite: 4 LuxDZ, 5DZ, 1TZ, 1FZ / mit gemeinsames Bad: 3EZ, 3DZ / 2 Schlafräume 6P / "the commune: 3 flats für einen längeren Aufenthalt > 3 Monate $ (2013) Schlafraum B&B 120N$ pP / B&B Ez/DZ 350N$, TZ 470N$, QZ 590N$ ⓘ NRZ Township Tour /Solar beheizter Pool Vokü, Bar Waschmaschine, Wlan keine HausT @ info@chameleon.com.na, chamnam@mweb.com.na, chameleonbackpackers@iway.na # www.chameleonbackpackers.com

Christoph, Hotel Pension (A18)

[Pension] Windhoek, Central, Heinitzburgstr. 33 Amanda Goldbeck & Louis Heath (Deutsch) Windhoek P.O.Box 6116 061-240777 061-248560 10DR $ (2013) B&B: EZ 585N$, DZ 819N$, TZ 936N$ @ christoph@mweb.com.na # www.natron.net/tour/christoph

Cori, Hotel Pension (A19)

[B&B] Windhoek, Windhoek West, Puccinistr. 8 Rini (Afrikaans) Windhoek P.O.Box 80698 061-228840 061-225806 081-1277397 3EZ + 3DZ + 6 TwZ+6FZ $ (2013) B&B EZ 450N$, DZ 335N$ pP, FZ 3P 250N$ pP, FZ 4P 212N$ / K3-11 90N$ Dinner (80N$) auf Anfrage @ cori@iway.na # www.pension-cori-namibia.com

Daniel´s Guesthouse (A106)

[B&B] Windhoek, Windhoek West, Galen Str. 17 Vinicia & Daniel Horstmann (Schweizer-Deutsch, Spanisch, Portugiesisch) 061-236644 081-2982903 5DZ (2-5 Betten) +2DZ SC Vokü $ (2012) EZ 350N$, DZ 470N$ / SC EZ 400N$, DZ 520N$ / K5-9 60N$, K10-18 120N$ Poolbillard Frühstück 50N$ @ danielsguesthouse@hotmail.com # www.-danielsguesthouse.com

Desert Eden (A107)

[SC-Flat] Windhoek, Eros / Toermalynstr. 70 / Erosweg Monika Hammerstein (Deutsch) 061-225268 061-225268 081-2447378 SC- Räume für längeren Aufenthalt ⓘ kein B&B mehr @ monikah@mtcmobile.com.na, monikah@iway.na

De Vagebond (A85)

[B&B] Windhoek, 29-31 Stein Str. (gegenüber von J.S.Guesthouse) Barbara & Friedolf Sturm (Deutsch) Windhoek P.O.Box 22028 061-225500 081-1274301 3TwZ mit Kitchenette, 1 Flat mit Vokü, 2EZ, 6DZ / aus 2DZ kann ein FZ werden (=12Z) $ (2013/2014) B&B: EZ 570N$, DZ 395N$ pP // Flat: 1P 1.200N$, 2P 1.000N$ pP // K2-12 250N$ / Guide B&B 500N$ ⓘ vorher The Guest House (Steinstraße) / gleicher Besitzer wie Namib Naukluft Lodge F26 Tagb. Für Frühstück willkommen / Bar Wlan (frei) / Wäscheservice rollstuhlfreundlich keine HausT @ barbaras@afex.com.na African Extravaganza, Tel061-372100, 061-215356

DRN International, Pension (A21)

[B&B][SC] Windhoek, Central, Liszt Str. 16 / Erf 1617 David R. Namwandi (Oshiwambo) Windhoek P.O.Box 8582 061-254144 061-235004 3SC-DZ, 3DZ, 1FZ, 1 LuxuryZ $ (2013) SC 561N$ / DZ 397N$ pP, FZ 357N$ pP/ Lux R 680N$ pP @ bookings@drn-nam.com

Ekundu Guesthouse (A22)

[B&B] Windhoek, Windhoek West, Johann Albrechtstr. 10 Mr. Esmeralda & Manahi Rafid (Englisch) Windhoek P.O.Box 767 061-253440 061-230729 8 TwZ 18P $ (2013) B&B: EZ 480N$, DZ 660N$, FZ 840N$ ⓘ KonferenzZ 28P (500N$) @ rosist@iafrica.com.na, ekundu@mweb.com.na

Elegant (A114)

ⓘ siehe „The Elegant (A114)“ S. 69

Elonga Internship (A165)

(zur Zeit zu) [Back-Packer][SC] Windhoek, Pionierspark, 32 Gousstreet Gerda Schuler (Deutsch) 061-231115 081-3626207 20 Betten / Gemeinschafts-Vokü / WohnZ / 2 geschützte Parkflächen / großer Pool $ (2013) SC 125N$ pP ⓘ auch längerfristige Unterkunft für Praktikanten / Vermittlung von Praktikantenstellen in Namibia (inkl. Visa) einmal die Woche Trommelkursus Wlan / Wäscheservice HausT auf Anfrage @ info@elonga-internship.com # www.elonga-internship.com

Eros, Hotel Pension (A24)

[Pension] Windhoek, Eros / General Murtala Muhammed 21, Erospark (ehemals

Omuramba Str.) ☞ Cornelia Operhausen (manageress) (Afrikaans) ✉ Windhoek P.O.Box 9607 ✆ 061-227020 📠 061-242919 🛏 11DZ+10EZ /aircon $ (2007) Sonntag bis Donnerstag: B&B EZ 330N$, DZ 430N$ (Kommission nicht enthalten), Freitag bis Samstag: B&B EZ 240N$, DZ 340N$ 📎 großes englisches Frühstück ♿ 4 Z rollstuhlgerecht @ eros@iway.na

Etambi, Hotel Garni (A25)

▲ [Hotel][B&B][SC] 🏠 Windhoek, Pionierspark, Gous Str. 6 ☞ Michael Meyer / (Deutsch) ✉ Windhoek P.O.Box 31530 ✆ 061-241763 📠 061-242916 🛏 11DZ mit Badewanne&Dusche, aircon // SC-Unit 6P $ (2013) B&B: EZ 660N$, DZ 945N$ / SC-Unit 1.000N$ / K7-12 70N$ ⓘ Shuttle-Service in die Stadt nach Absprache ♕ großer Garten 📎 Wlan 🐕 keine HausT @ etambi@mweb.com.na # www.etambi.com

Felsenblick (A27)

▲ [SC-Flat] 🏠 Windhoek, Klein-Windhoek, Gutsche Str. 8, ☞ Monica Sentefol (Deutsch) ✉ Windhoek P.O.Box 6000 ✆ 061-232739 📠 061-250318 🛏 1 Flat SC 2P, 2 Flats SC / Vokü $ (2013) 1P 394N$, 2P 533N$, 3P 689N$ 4P 829N$ / K4 frei / Zusatzpreise: Frühstück 40N$ auf Anfrage ⓘ Kiwi / sicheres Parken mit Schatten ♕ große Terasse mit Pool und Blick auf Windhoek 📎 Wlan frei 🐕 keine HausT @ monica@namibiastay.com # www.namibiastay.com

Four Seasons Guest House (A141)

▲ [B&B] 🏠 Windhoek, Khomasdal, Geelsysie Street 820 ☞ Emily Katamba ✉ Windhoek P.O.Box 1547 ✆ 061-223838 📱 081-4112997 🛏 7DZ $ (2012) Standard: EZ 250N$, DZ 350N$ / Luxury EZ 300N$. DZ 400N$ 🍽 Frühstück auf Anfrage 📎 WiFi 🐕 keine HausT

Franck Stones Guesthouse Windhoek (A142)

▲ [B&B] 🏠 Windhoek, West, Stephenson Str 42, neben dem Rhino Parc ☞ Francisco Kassango (owner), Litompo Itanga (manager) (Portugiesisch, Französisch) ✉ Windhoek P.O.Box 8909 ✆ 061-239212 📱 081-2554675 🛏 16DZ $ (2012) EZ 300N$, DZ 360N$ / B&B: EZ 350N$, DZ 450N$ ⓘ siehe auch „Franck Stones Guest House (N80)" S. 372 *auf Seite 372* 🐕 keine HausT @ franckstones@iway.na

Fürstenhof, Hotel (A28)

ⓘ siehe „Protea Hotel Fürstenhof (A28)" S. 66

Gamams Training Centre (A100)

▲ (Zukunft ungewiß) [Back-Packer] 🏠 Windhoek, Hochlandpark, Huseo Kutako Drive, gegenüber des Friedhofs, am Rande des südl. Industriegebiets ☞ TransNamib (owner) / Rosita Hamases ✉ Windhoek P/Bag 13287 ✆ 061-2982525[8] 📠 061-2982529 🛏 110 EZ mit Gemeinschaftsbad, 16 Luxus EZ, 3 Luxus DZ $ (2013) Normal EZ 173N$pP, Luxus EZ 285N$ pP, Luxus DZ 320N$ pP / Rabatt bei längeren Aufenthalt ⓘ 7 KonferenzZ 25P (210N$ pTag) + 1 Tagesraum 60P (280N$ pTag) mit guter Ausrüstung: TV, OVH Projektoren, usw 🍽 Frühstück 35N$, Lunch 63N$, Dinner 63N$ @ gamams@transnamib.com.na, rosita.hamases@transnamib.com.na # www.transnamib.com.na/gamams-training-and-conference-centre.html

Gecko, Guesthouse (A109)

ⓘ siehe „J.S.Guesthouse (A109)" S. 57

Handke, Hotel Pension (A34)

▲ [Pension] 🏠 Windhoek, West, Rossinistr.3 ☞ Mr. Esmeralda & Manahi Rafid ✉ Windhoek P.O.Box 20881 ✆ 061-234904 📠 061-225660 📱 081-2003000 🛏 15Z = 25B (möglichst mehrere Nächte) $ (2012) B&B: EZ 550N$, DZ 750N$, TZ 950N$, QZ 1.150N$ / K2-6 100N$ ⓘ Kiwi 📎 sicheres Parken im Hof ♿ nein, viele Treppen 👍 ruhig, trotz Stadtnähe: verwinkelte Anlage / kleiner schattiger Garten @ pensionhandke@iafrica.com.na, rafidmanahi@gmail.com # www.natron.net/handke

Hartmann Suites (A158)

▲ [SC-Flat] 🏠 Windhoek, Central, Ecke Burg/Ballot Straße ☞ Katharina Dierkes (Deutsch) ✉ Windhoek P.O.Box 86774 ✆ 061-229755 ☎ 061-230257, skype: Hartmann Suites 🛏 2X 2DZ-Flat + 2X1DZ Flat mit vokü $ (2013) 1DZ Flat 850N$, 2 DZ Flat 1.200N$ 📎 Wlan frei 🐕 HausT ok @ inquiry@hartmannsuites.com # www.hartmannsuites.com

Haus Bodensee (A9)

▲ [B&B][Gästehaus][SC] 🏠 Windhoek, Klein-Windhoek, Uhlandstr. 40 (Dr.Kenneth-David Kuanda) ☞ Dorothea Kaupp (Deutsch) ✉ Windhoek P.O.Box 11545 ✆ 061-239158 🛏 2 DZ / 1 Ferienwohnung mit 2DZ, Vokü, Bad, WohnZ / min 2 Nächte $ (2013) B&B EZ 460N$, DZ 360N$ pP / Ferienwohnung (min 2 Tage): 1P 400N$, 2P 650N$, 3P 850N$, 4P 990N$ / K3-11 50% ♛ großer Garten / Salzwasserpool 🐕 keine HausT, ausgenommen Blindenhunde @ dkaupp@mweb.com.na # www.namibia-gaestehaus-kaupp.de

Haus OL-GA (A55)

▲ [B&B] 🏠 Windhoek, West, Bachstr. 91 ☞ Gesa Oldach (Deutsch, Otjiherero, etwas Portugisisch) ✉ Windhoek P.O.Box 20926 ✆ 061-235853 ☎ 061-255184 ⓘ Bungalow + Flat+DZ im Haus / FZ mit Kinderbetten $ (2012) B&B: EZ 350N$, DZ 500N$ @ olgaguest@iway.na # www.olga-namibia.de

Haus Sonneneck (A77)

▲ [B&B] 🏠 Windhoek, Eros / Robyn Str. 1, Erospark ☞ Gisela & Rudolf Grubert (Deutsch) ✉ Windhoek P.O.Box 86234 ✆ 061-225020 ☎ 061-225020 📱 081-1273353 🛏 7DZ + 1FZ $ (2012) B&B: EZ 660N$, DZ 1.040N$, TZ 1.410N$, QZ 1.650N$ // Tageszimmer 520N$ 🐕 keine HausT @ haussonneneck@mweb.com.na # www.-haussonneneck.com

Haus zum Morgenstern (A35)

▲ [B&B][SC] 🏠 Windhoek, Erospark, Sodalietstr.2 ☞ Horst Gruhn, Ursula Serrer (owner) (Deutsch) ✉ Windhoek P.O.Box 9373 ✆ 061-227989 ☎ 061-220758 📱 081-1297130 🛏 2DZ, aircon $ (2012) B&B 450N$ pP / SC 400N$ pP 🐕 HausT ok @ ghi@africaonline.com.na

Heinitzburg, Relais & Chateaux Hotel (A36)

▲ [Hotel] 🏠 Windhoek, Central, Heinitzburgstr. 22 ☞ Mrs. Beate Raith (owner), Mr. Tibor Raith (manager) (Afrikaans) ✉ Windhoek P.O.Box 458 ✆ 061-249597 ☎ 061-249598 🛏 16 Z = 4 Pool Side + 12 Twin DeluxeFZ = 2 DZ + 2 Bäder $ (2012) Twin Deluxe B&B: EZ 1.150N$, DZ 1.755N$ / Pool Side B&B: EZ 1.373N$, DZ 2.289N$P / FZ B&B 3.154N$ ⓘ Konferenzen bis 20P im Ritterraum / Kiwi ♛ von der Terrasse Blick auf Windhoek / ehemalige Heinitzburg (hist. Gebäude) / Felsenweinkeller 🚶 beheizter Pool im Winter 🍽 Restaurant, Feinschmecker-Restaurant für Dinner, ausgezeichneter Weinkeller / Frühstücksbüfett 105N$ 📎 Wi-Fi 👍 sehr gediegen, schöner Platz mit Blick über Windhoek, auch zum Kaffeetrinken, Frühstücken oder als Treffpunkt auf ein Glas Wein, aber sehr teuer @ heinitzburg@heinitzburg.com # www.heinitzburg.com

Hillside (A157)

▲ B&B 🏠 Windhoek, Klein-Windhoek, Nelson Mandela Av. 93A ✉ Windhoek ✆ 061-248300 ☎ 061-248301 📱 081-7483558 🛏 Studio App. (2E+2K), „One Bedroom" App. (3P) / „Two Bedroom App.“ (6P) // alle mit Kitchenette & aircon $ (2013) Studio: EZ 650N$, DZ 700N$, 3te P 100N$ / K3-14 50N$ / "One": EZ 850N$, DZ 900N$, 3te P 100N$ / "Two" 4P 1.300N$, 5te P 100N$ 📎 Wlan / Wäscheservice @ management@hillsidewindhoek.com, admin@hillsidewindhoek.com # www.hillsidewindhoek.com

Hilton - Hotel (A143)

▲ [Hotel] 🏠 Windhoek, Central, African Pride Eliakim Namundjebo Plaza ☞ Roman

Kopacek (Englisch) ✆ 061-2962929 🛏 150 Z **$** (2013) billigster Preis 1.500N$ pP ⓘ eröffnet Juni 2011 ♔ Dachterasse mit Blick über die Stadt mit Pool, Wellness, Fitnessstudio, Bar. Nicht nur für Hotelgäste. (Tagb. pT 50N$) 📎 3 Restaurants

Jan Jonker Apartments Windhoek (A40)

▲ {*zur Zeit zu*}[SC-Flat] 🏠 Windhoek, Central, Jan Jonker Weg 183 ✉ Windhoek P.O.Box 90760 ✆ 061-221236, 061-370120 & 081-1280001 📠 061-228218 📱 081-1290002[1] 🛏 16 SC Suites: 2 Standard, 6 Luxus, 2 Exclusive, 1 Studio / alle mit Vokü, Bad+Dusche, Wohnz./ WLan ⓘ Wurde Juni 2013 an einen Angolaner verkauft. Wiedereröffnung unter anderem Name geplant. 📎 Wlan / Wäscheservice 🐕 keine Tiere bis auf Blindenhunde

Jordani (A110)

▲ [B&B] 🏠 Windhoek, Olympia, 55 Hamutenya Wanehepo Ndadi Street ☞ Pam & Ulf Grünewald (Deutsch) ✉ Windhoek P.O.Box 80448 ✆ 061-220141 📠 061-238007 📱 081-1240090 🛏 1FZ 4P, 2EZ, 2DZ (12P) / aircon **$** (2013) B&B: EZ 590N$, DZ 810N$, TZ 1.080N$, FZ 338N$ pP / K3-12 100N$ ⓘ Kiwi 🍽 Mahlzeiten (B 55N$, D (vorbuchen) 160N$), Lunch Pakete 60N$ 📎 Wlan (frei) / Wäscheservice 🐕 keine HausT @ reservations@jordanistay.com, grunewald@iway.na, jordani@iway.na # www.jordanistay.com

J.S.Guesthouse (A109)

▲ [B&B] 🏠 Windhoek, Central, Steinstr. 18 ☞ Madeleine & Jochen Schindler (Deutsch) ✉ Windhoek P.O.Box 80887 ✆ 061-248571 📠 061-248572 🛏 11DZ **$** (2012) B&B: DZ 750N$, EZ 570N$ / K6-12 50% ⓘ Kiwi / vormals Haus Gecko 📎 Wlan ♿ 1Z rollstuhlfreundlich @ j.s.guesthouse@iway.na

Kalahari Sands Hotel (A41)

▲ [Hotel][Casino] 🏠 Windhoek, Central, Independence Av., Gustav Voigts Centre 129 ☞ Sun International / Managing: Patricia Pickering & Rudi Putter ✉ Windhoek P.O.Box 2254 ✆ 061-2280-0000 (switch board), 2800661 📠 061-222260 🛏 172 Zimmer **$** (2013) B&B: Standard DZ 1.380N$ / Suite 3.600N$ / Präsidenten-Suite B&B 4.800N$ // für „Regierungsoffizielle": B&B: Standard DZ 975N$ / Luxury 1.165 N$ / Suite 2.014N$ / „presidential" 2.803$ / ⓘ KonferenzZ / Babysitter auf Anfrage ♔ Casino (137 slot machines) 🚶 Spa & Wellness, Sauna 🍽 Restaurant (B (Buffet) 150N$, L (Buffet) 150N$, D (à la carte)) / Frühstück 6-10Uhr, Abendessen 18-23(!) Uhr ♿ 3Z behindertengerecht 🐕 keine HausT 👍 Buffets zum Lunch & Frühstück sehr zu empfehlen @ ksands@sunint.co.za # www.suninternational.com/resorts/kalahari/

Hilton Hotel

Kamho`s Hochland Pension (A56)

⅄ [Pension] Windhoek, Dorado Parc, Papageien Road 61 ☞ Risto Ndaumbwa 081-6984004, 081-1293146 $ (2013) EZ 350N$, DZ 400N$ @ wanahedabedandbreakfast@gmail.com

Kamma Kastag (A42)

⅄ [Pension] Windhoek, Windhoek West, Johann Albrechtstr.133 ☞ Mrs. Lorenz (owner) (Deutsch, Französisch) ✉ Windhoek P.O.Box 21828 ✆ 061-220706 ℻ 061-220706 081-1282825 1EZ + 2DZ @ nockhuizen@transnamib.com.na, nenbrecht@transnamib.com.na

Kashima B&B (A128)

⅄ [B&B] Windhoek, Windhoek West, Chopin Str. 1 ☞ Jeanette Swart ✉ Windhoek P.O.Box 96046 ✆ 061-257254 ℻ 061-257928 3DZ $ (2012) B&B: DZ 550N$, EZ 450N$ ⓘ Internet / geschlossener Parkplatz keine HausT @ kashima@africaonline.com.na, info@kashima-namibia.com # www.kashima-namibia.com

Klein Windhoek Guesthouse (A43)

⅄ [B&B][SC] Windhoek, Klein-Windhoek, Hofmeyer Street 2 ☞ Mara & Floures Marx (Afrikaans) ✉ Windhoek P.O.Box 86396 ✆ 061-239401, 271397 ℻ 061-234952 081-3668216, 081-2262883 Maroela Guest House, Lemon tree Guest House: 10DZ / SC flats mit Vokü $ (2013) B&B: Budget EZ 498N$, DZ 590N$ / Standard EZ 690N$, DZ 790N$, TZ 950N$, QZ 1.010N$ / Luxus EZ 850N$, DZ 950N$ / SC flats: 1DZ: 2P 1010N$, 2DZ 2-3P 1.125N$, 4P 1.300N$ Frühstück 50N$ @ kwgh@iway.na # www.kleinwindhoekguesthouse.com

Kleines Heim (A44)

⅄ (Zukunft ungewiss)[Pension] Windhoek, West, Volans Str. 10 ☞ Polytec of Namibia ✉ Windhoek P.O.Box 22605 ✆ 061-248200 ℻ 061-248203 14 Z mit 20 Betten ⓘ wird renoviert ♛ Haus von Architekt Sander entworfen, gebaut 1911 ♿ 1Z rollstuhlgerecht @ info@kleinesheim.com # www.kleinesheim.com

Kubata Lodge (A45)

⅄ [Lodge] Windhoek, Klein-Windhoek, Nelson Mandela Av. 151, neben Restaurant O´Portuga ☞ Lionel Bivo (Portugiesisch) ✉ Windhoek P.O.Box 6824 ✆ 061-224608 ℻ 061-224610 081-2403713 7DZ + 3 Suiten + 10VIP Zimmer $ (2012) alle B&B: Standard: EZ 480N$ pP, DZ 580N$ / Suite: EZ 580N$, DZ 690N$ / VIP 1P 580N$, 2P 690N$ / K03-60N$ ♛ Die Lodge widmet sich speziell den "portugiesisch & angolanisch &namibischen" Beziehungen Restaurant "Kubata" (Seafood, portugiesische Küche) keine HausT @ kubata@iway.na # www.kubata.com.na

Kutako Guesthouse & Backpackers (A46)

⅄ [Back-Packer][Gästehaus] Windhoek, Windhoek West, Hosea Kutako Drive 143 ☞ Nicolene van Zyl (Afrikaans) ✉ Windhoek ✆ 061-259804 ℻ 061-259180 081-1282720 4 EZ + 3 DZ + 6 BudgetZ (gemeins. Bad) +2FZ + Schlafsaal (18Betten) / Vokü $ (2012) ensuite: EZ: 1P 160N$, 2P 260N$ / DZ: 1p 180N$, 2 p 280N$ / Budget 100N$ pP, Dorm 65N$ pP, Sportgruppe 60N$ SC mit Küche + Speisesaal / Mahlzeiten für große Gruppen @ kutako@iway.na # www.kutakoguesthouse.com

Lemon Tree Guesthouse (A113)

ⓘ siehe „Klein Windhoek Guesthouse (A43)“ S. 58

Lokeinge B&B (A144)

⅄ [B&B] Windhoek, Whk West, Pasteur Str. 63 ☞ Hendrik Ndilimeke (manager) ✉ Windhoek P.O.Box 24756 ✆ 061-309441 ℻ 061-309442 081-2322843 3 DZ/EZ+ 3FZ $ (2012) B&B: EZ 355N$, DZ 455N$ ⓘ Konferenzmöglichkeit 10P Wellness Spa, Pool, "Laufband" Restaurant, auch traditionelles Essen erhältlich, Tagb. ok HausT ok @ ndilimeke.hendrik@gmail.com

Londiningi (A67)

▲ [Gästehaus] Windhoek, Eros / Winterberg Str. 11, bei Medicity ☞ Nathalie Nosjean & Alexander Bond (Französisch) ✉ Windhoek P.O.Box 9354 ✆ 061-242378 061-226201 081-1281017 9Z (6 DZ + 2 TZ + 1 FZ (5P)) $ (2013) alle B&B: EZ 502N$, DZ 748N$, DZ (1E+1K) 594N$, TZ 1.122N$, TZ (1E+2K) 813N$, TZ (2E+1K) 968N$, FZ (4P) 1.188N$, FZ (5p) 1.407N$ / Zusatzpreise: Transport City Centre 40N$, Airport 200N$ (einfach) ⓘ geschlossen vom 8.Dez bis 8.Jan ♛ Französisches Flair / arbeiten mit „Peri Naua“ (Erziehungs- & Gesundshilfe für Kinder in Otjiwarongo) zusammen. (www.peri-naua.com) Mahlzeiten auf Anfrage, namibische & französische Küche Craftshop @ londiningi@mweb.com.na # www.londiningi.com

Loufie´s Guesthouse (A108)

▲ [Ferienhaus] Windhoek, Pionierspark, Prinsloo Str. 45 ☞ Sienei Dron (owner) (Afrikaans) ✉ Windhoek P.O.Box 450 ✆ 061-242630 061-247654 081-2459005, 081-3754055 4DZ $ (2012) EZ 480N$, DZ 650N$ pP, FZ 720N$ ⓘ vormals Galpinii ♛ Salon für Maniküre, Pediküre, Fingernägel, kosmetische Gesichtsbehandlung, Färben, Makeup) (Lizette Coetzee 081-2997161, coetzee.lizette@yahoo.com) Jakuzzi Wlan / Wäscheservice @ loufiesguesthouse@iway.na # www.loufiesguesthouse.com/Contact.html

Maila Guest House (A145)

▲ [B&B] Windhoek, Windhoek West, Schönlein Street 32 (Oshiwambo) ✆ 061-305554 & 061-247178 081-2702541 einige Zimmer $ (2012) DZ ensuite 350N$ pP / gemeinsames Bad 300N$ pP

Taxi, Taxi - Transport in der Hauptstadt

„Hallo, Taxi...“

Es gibt Länder, in denen es üblich ist, auf zwei Fingern schrill zu pfeifen, um ein Taxi herbeizurufen. Das würde in Windhoek nicht funktionieren. Hier ist es umgekehrt. Da der gesamte Autoverkehr in der Stadt durch Hunderte von Taxen bestimmt wird, die das einzige öffentliche Verkehrsmittel darstellen, sind sie auf allen Hauptstraßen immer präsent, man muß sie nicht herbeirufen, sondern sie drängen sich jedem, der zu Fuß (noch) unterwegs ist, mit einem kurzem Hupen auf. Seit 2011 sind die Taxen mit Buchstaben und Nummern an Fenster und Türen deutlich erkennbar. Die Kennzeichnung wurde zunächst vehement von den Taxifahrern abgelehnt, da bis 2011 jeder anhalten und vorgeben konnte, ein Taxi zu sein und sie mit der Registrierung daher Einbußen und Kontrollen in ihrem Geschäft befürchteten. Ob allerdings für die Passagiere dadurch die Sicherheit erhöht wird, da sie wissen, sie steigen nunmehr in ein registriertes Taxi ein, ist fraglich. Die Unfallrate und die kriminellen Fälle, in denen Taxis verwickelt sind, steigen ständig.

Das Ärgerliche an dieser Art des öffentlichen Verkehrs ist, daß die Taxifahrer viele Verkehrsregeln mißachten. Sie beginnen ihre Arbeit damit, daß sie durch die Straßen schleichen, um sich an Fußgänger „heranzupirschen“, um sie mit einem kurzen Hupen zum Einsteigen zu bewegen. Erst wenn sie mindestens vier Fahrgäste eingeladen haben, fahren sie mit voller Geschwindigkeit los. Um ihre Fahrgäste abzuladen, halten sie irgendwo, auch mitten auf der Kreuzung. Sie müssen also, wenn Sie hinter einem Taxi herfahren, damit rechnen, daß es plötzlich irgendwo hält und jemanden aussteigen läßt, dann aber vielleicht mit voller Geschwindigkeit vor Ihnen einen U-Bogen fährt, um auf der gegenüber liegenden Straßenseite jemanden aufzuladen. Es gibt bislang keine vorgeschriebenen Haltestellen für die Taxis.

Kosten

Die Preise von Katutura in das Zentrum werden von dem Taxigewerbe zentral festgelegt, 2013 kostete eine Fahrt 9 N$. Auch für jede kürzere Fahrt wird dieser festgelegte niedrigste Preis verlangt, eine Fahrt, die über das Zentrum von Windhoek oder in die Randgebiete von Katutura führt, wird mit dem doppelten Preis berechnet. Benzinpreiserhöhungen, die staatlich festgesetzt werden, führen regelmäßig auch zur Erhöhung der Tarife im Taxigewerbe.

Von der Township ins Zentrum muß jeder, der im Zentrum arbeitet, mit dem Taxi fahren, um die etwa 5km täglich zur Arbeit auch rechtzeitig hin- und zurücklegen zu können. Die Bewohner Katuturas müssen also „Taximoney“, wie es so schön heißt, griffbereit in der Tasche haben, denn Mehrfahrtenkarten oder gar Wochen- bzw. Monatskarten gibt es nicht, so daß als Erklärung für das Zuspätkommen oder Gar-nicht-Ankommen das fehlende „Taximoney“ immer sehr plausibel ist - besonders am Monatsende.

Busverkehr

Es gibt einige Busse, auch einige Haltestellen, aber an denen sind weder Nummern der Linien, noch ein Fahrplan ausgehängt. Busse verkehren nur morgens und abends und nicht an Wochenenden. Außerdem zahlt man für eine Busfahrt von Katutura in die Innenstadt von Windhoek fast denselben Preis wie mit einem Taxi. Nach offiziellen Angaben von 2013 sind 60% der arbeitenden Bevölkerung daher allein auf den Transport mit Taxis angewiesen. Nur größere Betriebe organisieren morgens und abends den Transport ihrer Angestellten auf LKWs oder Bakkies, die hoffnungslos überladen sind und regelmäßig zu Unfällen führen

In Windhoek wird man als Besucher also unweigerlich zu einem Autofahrer. Andere Fortbewegungsmittel wie Fahrradfahren, Rollern oder zu Fußgehen sind nicht vorgesehen worden. Sie werden deshalb auch weder Rollstuhlfahrer, noch Eltern mit Kinderwagen, noch Schüler auf Fahrrädern, mit Cityrollern oder Inlinern in den Straßen entdecken. Die Bewohner in Katutura allerdings legen viele Strecken in der Township zu Fuß zurück, vor allem die Schüler machen sich zu Fuß auf den odt weiten Weg, was in Windhoek Central wegen der Entfernungen kaum denkbar ist. Die gut verdienenden Eltern fahren hier daher täglich ihre Kinder zur Schule oder heuern einen festen Taxifahrer dafür an.

Call a Cab

Mit den Stadttaxen werden Sie es kaum schaffen, irgendwo zu einer physikalischen Adresse zu gelangen.Die Fahrer kennen nämlich keine Straßennamen und haben kein Taxometer. Man kann nur markante Punkte in der Nähe des Zieles angeben und muß dann in der Regel mit der Verdopplung des Preises rechnen. „Call a Cab" ist eine Lösung für den Besucher, z.B. um zurück zu seiner Unterkunft zu gelangen, d.h. der Fahrgast ruft ein Taxi per Telefon herbei, verhandelt den Preis und erreicht sicherlich das in gemeinsamer Anstrengung herausgefundene Ziel. Diese Art der Taxen haben sogar einen festen Standort an der Ecke Independence/Castro Str. Innerhalb Windhoeks muß man dafür mit etwa 50N$ rechnen, zum Flughafen werden bis zu 500N$ fällig, andere Randgebiete werden überhaupt nicht angefahren.

Hitch-Hiking

Es ist in dieser Situation nicht erstaunlich, daß an den Ausfallstraßen die Hitch Hiker stehen, die in die nächste Ortschaft mitgenommen werden wollen. Für etwa 10 N$ können sie damit rechnen, in einem Umkreis von 20 bis 30km einen Lift von einem Privatauto zu erhalten. Vor allem Frauen mit Kleinkindern und oftmals vielen Taschen und Tüten sind auf diesen Transport angewiesen, um zu den umliegenden Farmen, auf denen sie wohnen und arbeiten, zu kommen. Es ist eindeutig ein Versäumnis der namibischen Behörden, in keiner Hinsicht für einen öffentlichen Nahverkehr gesorgt zu haben.

Maison Ambre (A47)

▲ [B&B][SC] ⌂ Windhoek, Central, Irle Str. 5 / Luxushügel ☞ Beate Bergmann (Deutsch) ✉ Windhoek P.O.Box 2149 ✆ 061-233834 ☎ 061-233834 ▯ 081-1281044 ▬ 5DZ + 1SC-Appartement 1DZ mit Kitchenette $ (2013) B&B: EZ 550N$, DZ 688N$, FZ 888N$ / K5-11 253N$ / SC Flat 888N$ ⓘ wenn möglich „closing time" gegen Sonnenuntergang / Kiwi ⚘ gute Vogelbeo. im Garten / beheizter Pool ⚲ Wäscheservice ⚲ keine HausT @ maisona@iway.na # www.maisonambre.de

Maroela Guesthouse (A112)

ⓘ see Klein Windhoek Guesthouse

Melrile Guesthouse (A146)

▲ [B&B] ⌂ Windhoek, Windhoek West, Mayo Street 5 ☞ Melvina & Ronald Nicol-Wilson (Otjiherero, Kwangali) ✉ Windhoek P.O.Box 2826 ✆ 061-222433 ☎ 061-222433 ▯ 081-1286492, 081-1279484 ▬ 10DZ + 1FZ / Vokü $ (2012) B&B: Standard EZ 390N$, DZ 250N$ pP ⓘ Kiwi: Kaninchen, Hühner, Enten, Meerschweinchen ⚲ Frühstück auch für Tagb. (50N$) ⚲ Wlan / Wäscheservice ⚲ HausT ok an der Leine @ info@melrileguesthouse.com # www.melrileguesthouse.com

Merwe´s Inn Guesthouse (A147)

▲ [SC Zimmer] ⌂ Windhoek, Old Pioniers-park, van Aswegen 4 ☞ Elna van der Merwe ✆ 061-230288 ☎ 061-230288 ▯ 081-1498719 ⚲ 088-64001 ▬ SC Familienzimmer + SC Standardzimmer $ (2012) Standard: 1P 300N$, 2P 350N$ / FZ: 550N$ / K12 80N$ ⓘ Kiwi ⚲ Waschmaschine ⚲ keine HausT @ elnav@iway.na

Moclair (A160)

▲ [B&B][SC] ⌂ Windhoek, Wanaheda (Katutura), Tugelastreet 1174, gegenüber Woerman&Brock ✆ 061-260305 ☎ 061-260305 ▯ 081-2044003 (Clara) ⓘ Kiwi ⚲ SC-Küche ⚲ Wäscheservice, WiFi @ jonmyp@yahoo.com

Moni, Hotel Pension (A49)

▲ [Hotel/Pension] ⌂ Windhoek, Central, Rieks van der Walt Str. 7 (Querstr. Zur Feld Str.) ☞ Marita Schneider & Andries le Grange ✉ Windhoek P.O.Box 2805 ✆ 061-228350 ☎ 061-227124 ▬ 13Z (Twin- + Doppelbetten) $ (2014) B&B: EZ 665N$, DZ 957N$, / K5-12 290N$ / Tageszimmer 440N$ ⓘ Kiwi ♛ Fahrräder zu mieten / viele einheimische Pflanzen im Garten ⚲ Lunchpakete ♿ 4Z rollstuhlfreundlich ⚲ auf Anmeldung, abhängig von der Größe des Hundes und der Aufenthaltsdauer @ reswhk@monihotel.com # www.monihotel.com

Motown Formula Inn (A50)

▲ [Ferienwohnung] ⌂ Windhoek, Central, Independence Av. / Brandbergstr., Computerland Building ☞ Brian Ross ✉ Windhoek P.O.Box 3661 ✆ 061-234646 ☎ 061-234646 ▯ 081-1281871 ▬ 37DZ $ (2012) Standard (gemeins. Bad) EZ 406N$, DZ 508N$ / Luxus DZ 631N$ ⓘ 2 KonferenzZ @ reservation@motown.namib.com

Mountain View Windhoek (A120)

▲ [SC-Flat] ⌂ Windhoek, Klein-Windhoek, Berkerstr 10 ☞ Val & Ian Gallagher ✆ 061-384800 ☎ 061-303568 ▯ 081-1290430 ▬ SC 3DZ (min 5 Tage), aircon $ (2013) EZ 799N$, DZ 919N$, FZ 1.229N$ ⓘ minimum 5 Tage ⚘ Solar beheizter Pool ⚲ Wlan @ val@mviewapartments.com # www.mviewapartments.com

N/a´an ku sê Guesthouse (A130)

ⓘ neuer Name siehe „The Utopia Boutique (A163)" S. 69

Namibia Hotel & Tourism School (A125)

▲ [Hotelfachschule] ⌂ Windhoek, Windhoek West, Beethoven/ Brahmsstr. ☞ Helmi Hitula (manageress), Polytechnic of Namibia (Oshiwambo, Deutsch) ✉ Windhoek P.O.Box 13388 ✆ 061-2072233 ☎ 061-229313

Wein & Delikatessen
Let yourself be spoiled in one of Windhoeks oldest historic houses situated in the centre of town.
We offer exquisite cuisine, a selection of excellent South African Wines combined with a personal service.
RESTAURANT
Gathemann
Open Monday to Saturday.
Tel:++264(0)61 22 38 53, Fax:++264(0)61 22 38 53
E-mail: gatheman@mweb.com.na
Independence Avenue, P.O.Box 9245, Windhoek, Namibia

19DZ (davon 3FZ) $ (2012) B&B: EZ 560N$, DZ 900N$ / K6-12 39N$ K12 210N$ / Rabatt für Senioren und Stundenten (mit Ausweis) ⓘ 4 KonferenzZ 15-60P Ausbildungsstätte des Polytechnikums:Schule für das Hotelwesen und Tourismus (80 + 80 Studenten) Restaurant à la carte: „Aloe Restaurant" / Bufett für Events (150N$-200N$) Wlan 2 Zimmer rollstuhlgerecht keine HausT @ hotel@politechnic.edu.na

Namibia Star Hotel (A78)

[Hotel][SC] Windhoek, Khomasdal, Chrysler Road , Ecke Richard Dean Kloppers Str. Mr. Mbutu (Afrikaans) Windhoek P.O.Box 10319 061-213205[6] SC Zimmer: 22DZ+2EZ $ (2012) EZ 240N$, DZ 290N$ keine HausT

Napwu Guest House (A148)

[Hotel/Pension] Windhoek, Suiderhof, Diaz Str. 163-165 Napwu (owner), Ms. Vistorina, Mr. Titus, Mrs. F. Boeren (manager) Windhoek P.O.Box 25930 061-222915 061-222963 Titus: 081-2417037, Vistorina: 081-2995566 8DZ, 24 TwinBetten, 2 FZ // 3/4 Quarters 17 ensuite, 1 Standard / $ (2012) B&B: EZ 380N$, DZ 600N$ ⓘ Konferenz Z / gehört der Namibian Public Workers Union = Napwu / Sitzungssaal "Heroes Acre nur 7km entfernt" Wlan / Wäscheservice keine HausT @ guesthouse@napwu.org.na

New Nouveau B&B, Pension (A52)

[B&B] Windhoek, Eros / Heliodor Str. 1, nahe der Mediclinic Cathleen Goedeman (owner) (Afrikaans) Windhoek P.O.Box 8047 061-264319 (reception) 061-269212 Cathleen: 081-1248958,081-2714870 9DZ + 1FZ (20P)/ alle mit aircon $ (2013) B&B: EZ 750N$, DZ 1.000N$, FZ (3P)1.600N$, K3 350N$ ⓘ kleines KonferenzZ 18P / Kiwi Agentin für Paßangelegenheiten (Re-Entry Visa, Permanent Residence etc.) Jakuzzi, splash pool Mahlzeiten auf Anfrage Wlan, WiFi @2N$ p/Mbyte 1Z behindertenfreundlich kleine & große Hunde an der Leine ok @ admin@newnouveau.com, nouveau@iway.na # www.natron.net/nouveau

O Nosso Quintal (A134)

[SC-Flat] Windhoek, Windhoek West, Johann Albrecht Str Mr. Esmeralda & Manahi Rafid (Portugiesisch) 061-223322 081-2003000 @ info@onossoquintal.com

Okarusuvo Guest House (A54)

[Gästehaus][SC] Windhoek, Windhoek West, Beethoven-Str. 17 Erda Iben (Deutsch) Windhoek P.O.Box 96337 061-232252 061-232252 081-2417817 Gästehaus 3DZ + 1 SC FZ 4P $ (2013) B&B 185N$ pP, extra Bett 90N$ / SC-FZ 2P 365N$, extra Bett 90N$ ⓘ Kiwi @ riben@mweb.com.na # www.natron.net/tour/okarusuvo/index.html

Okavango Guesthouse Windhoek (A127)

[Gästehaus][SC] Windhoek, Suiderhof, 124 Andimba Toivo Ya Toivo Street Rudi, Natascha and Anne-Marie (Englisch) 081-1245566 (Natasha) 9 Zimmer: 3DZ+4TwZ+2EZ / 1SC-Unit (1/2 DZ+Vokü) / aircon $ (2012) comfort: B&B: EZ 450N$, DZ 600N$ / Familien SC: 1P 450N$, 2P 600N$, 3-4P 1.100N$ Wlan keine HausT @ info@windhoekcarhire.com, info@okavangoguesthouse.com, info@windhoekguesthouse.com # www.-okavangoguesthouse.com

OL-GA (A55)

ⓘ siehe „Haus OL-GA (A55)" S. 56

Olive Exclusive Boutique Hotel (A161)

[Hotel] Windhoek, Klein-Windhoek, Promenaden Road 22 Roger Fussell (owner) Windhoek P.O.Box 90590 061-239199 061-234971 7DZ $ (2012) Junior Suites: B&B: EZ 2.4200N$, DZ 2.140N$ / Hp: EZ 2.520N$, DZ 2.260N$ // Premier Suites: B&B: EZ 2.800N$, DZ 2.475N$ / Hp: EZ 3.080N$, DZ 2.755N$ ⓘ Tagb. willkommen mit Anmeldung

🍽 Koch Karel Menz / große Auswahl an Whiskeys // @ info@theolive-namibia.com #www.theolive-namibia.com

Olive Grove Guesthouse (A98)

⅄ [B&B] 🏠 Windhoek, Klein Windhoek, Promenaden Road 20 ☞ Roger Fussell, Lindy van den Bosch (Englisch) ✉ Windhoek P.O.Box 90590 ✆ 061-239199 📠 061-234971 📱 081-1280951 🛏 3 Standard Z, 7 LuxusZ, 1 Executive Suite / $ (2013) B&B alle: Standard: EZ 735N$, DZ 630N$ pP, Lux: EZ 1.130N$, DZ 1.015N$ pP, Exec: EZ 1.995N$, DZ 1.780N$ pP // K6-12 50% ⓘ Olive Grove Guesthouse und Erongo Wilderness Lodge firmieren unter: BigSky Lodges / WLan ♛ Spa-Bad auf dem Dach, Wellnes Centre luxuriös ausgestattet: Bettwäsche u. Federbetten 100% Baumwolle, „Style in abundance" 🍽 Lunchpakete 75N$ / Dinner 3 Gänge 260N$ @ info@olivegrove-namibia.com #www.olivegrove-namibia.com

Onganga, Hotel Pension (A58)

⅄ [Pension] 🏠 Windhoek, Avis, Schuckmannstr. 11, Nähe Avisdamm ☞ Marion & Steff & Sven Heussen (owner), Katie & Natie Hoth (Deutsch) ✉ Windhoek P.O.Box 90668 ✆ 061-241701 📠 061-241676 📱 081-1273494 🛏 4DZ + 5 TwZ + 1 FZ $ (2012) B&B: EZ 600N$, DZ 834N$ ⓘ Kiwi ♛ schwimmende Bar auf dem Avisdamm 🍽 Restaurant (Dinner mit Anmeldung für nicht Hotelgäste) 📎 Wlan ♿ 1Z behindertengerecht 🐕 HausT ok @ onganga@mweb.com.na #www.onganga.com

Paaltjies Accommodation (A60)

ⓘ siehe „Aloë Travel Lodge (A60)" S. 48

Penduka „Wake up" (A63)

⅄ [SC-Bungalow][Camping] 🏠 Windhoek, Katutura, 12km vom Zentrum, am Goreangabdam, Katutura / von Windhoek Central: Independance Av, am Katutura Hospital vorbei, über die Otjimuise Str. in die Eveline Str., links in die Green Mountainstr., Schild ☞ Hans Van der Windt (manager) (Englisch) ✉ Windhoek P.O.Box 7635 ✆ 061-257210 📠 061-241445 Λ Plätze $ (2013) 50N$ pP 🛏 6 Bungalows, 5 Hütten Backpacker für 5P mit Kochmögl. $ (2013) Lux 2P 550N$, 1P 290N$ / Standard 2P 480N$, 1P 260N$ / Backpacker 110N$ pP, B&B 150N$ ⓘ Community Based Tourism / Am Goreangab Damm gelegen, früher Vereinshaus des Windhoeker Segelclubs, am Rand von Katutura / Transfer vom Flughafen 1P 229N$, jede weitere 100N$ ♛ Frauenprojekt gegen Arbeitslosigkeit / Kunsthandwerk - Werkstatt / Traditional Village / Laden / „penduka" = „wake up" / *Taubstummenunterricht* / TB Krankenhaus: Tel: 061-301099, Fax: 061-309856 🚶 „Kulturabend" mit Essen, Campfire, Singen & Tanzen 173N$ pP 🍽 kleines Restaurant, Dinner auf Bestellung 🐕 keine HausT 👍 aufschlußreiche Führung durch die Werkstätten, Lunch empfehlenswert @ info@penduka.com, tbhealth@penduka.org #www.penduka.com

Taubstummenunterricht in Penduka

Pabeanta´s (A61)

ⓘ siehe „Anjo Villa Guesthouse (A61)" S. 48

Palmquell, Hotel Pension (A62)

▲ [Pension] Windhoek, Central, Jan Jonker Str. 60 ☞ Trude & Fritz Pfaffenthaler & Sohn Florian (Österreichisch) ✉ Windhoek P.O.Box 6143 ✆ 061-234374 061-234483 16 DZ $ (2013) B&B: EZ 608N$, DZ 982N$, TZ 1.191N$, QZ 1.452N$ sicheres Parken beheizter Pool, Palmengarten Restaurant (auch österreichische Küche) Wäschedienst @ info@palmquell.com # www.palmquell.com

Pelican B&B (A149)

▲ [B&B] Windhoek, Hochland Park, Pelican Str. 6 ☞ Titus Ngula (owner) (Oshiwambo) ✆ 061-220045 081-1299797, 081-8137969 8 Z (3EZ, 3DZ, 2FZ) $ (2012) B&B: EZ 350N$, DZ 440N$, FZ 600N$ keine HausT @ pelican@mtcmobile.com.na

Penduka „Wake up" (A63)

▲ siehe Seite 65

Pensao Pandeinge (A150)

▲ [Gästehaus] Windhoek, Khomasdal, Hanekom Street, Erf 4029 ☞ Erickson Nangolo (Portugiesisch) ✉ Windhoek P.O.Box 25290 ✆ 061-269832 081-2492482 6DR $ (2012) EZ 250N$, DZ 330N$, FZ 400N$ pool

Promenaden Heights (A64)

▲ [SC-Flats] Windhoek, Klein-Windhoek, Promenadenweg 9B ☞ Anita Schmid-Pieters & David Pieters (Deutsch) ✉ Windhoek P.O.Box 861 ✆ 061-222889 (office), 061-223169 061-239382 081-1283169, 081-2568190 2 DZ SC / Kitchenette + 1 SC-Flat $ (2013) EZ 3.500N$ pMonat / K2-16 50% / Sondertarife für die Woche, Studenten, Kinder mit Eltern ⓘ Kiwi: (Hunde, Katzen, Vögel) sicheres Parken Gästelounge mit Pooltable / Pool / BBQ Wlan / internet HausT auf Anfrage @ travel@mweb.com.na

Protea Hotel Fürstenhof (A28)

▲ [Hotel] Windhoek, Central, Frans Indongo Str. 4 ☞ Protea Hotels, Frans van der Bigel (manager) ✉ Windhoek P.O.Box 2330 ✆ 061-237380 061-237855 15 Superior DZ, 16 Deluxe DZ, Executive DZ / aircon $ (2012) alle B&B: Superior: DZ 1.750N$, EZ 1.350N$ / Deluxe DZ 1.984N$, EZ 1.584N$ / Executive DZ 2.376N$, EZ 1.976 ⓘ KonferenzZ 120P Restaurant à la carte Wlan 1Z rollstuhlfreundlich keine HausT @ furstenhof@proteahotels.com.na # www.proteahotels.com

Protea Hotel Thüringer Hof (A88)

▲ [Hotel] Windhoek, Central, Ecke Independence Av./Bahnhof Str. ☞ Protea Hotels Namibia / Tryphos Nghitewa (manager) ✉ Windhoek P.O.Box 112 ✆ 061-226031 061-232981 088-640984 9EZ + 23TwZ + 4DZ + 2Suites + 2Junior Suites + 3FZ =43Z / aircon $ (2012) Alle B&B: EZ 955N$ / Double/Twin DZ 1.190N$ / Family Unite 1.600N$ / Suit+Junior Suit EZ 1.395N$, DZ 1.550N$ ⓘ Konferenzmöglichkeiten 120P Restaurant: Frühstück 60N$, Lunchpacks 60N$, Lunch&Dinner 110-136N$ / Biergarten Wi-Fi keine HausT, aber "Blindenhunde" @ gm.thuringerhof@proteahotels.com.na # www.proteahotels.com/thuringerhof.html

Puccini Guest House (A65)

▲ [B&B][Camping][SC] Windhoek, Windhoek West, Puccini Str. 4 ☞ Christelle & Jaco Reed (owner) / Schalk & Nardia Cotzee (manager) (Afrikaans) ✉ Windhoek P.O.Box 31396 ✆ 061-236355 061-245332

▲ Camping für ***Fahrradfahrer auf Tour.*** (frei für die ersten 4 Tage) 1DZ + 1FZ / 3DZ + 3TZ + 1EZ mit Gemeinschaftsbad / Vokü + WohnZ (18 Betten) $ (2013) Ensuite: EZ 481N$, DZ 550N$, TZ 787N$, FZ 4P 900N$, FZ 5P 1.012N$ / Zimmer mit

Gemeinschaftsbad EZ 300N$, DZ 420N$, TZ 520N$, kleines EZ 215N$ ⓘ Wlan ♛ 4 Jack Russell Hunde ✎ Wlan @ enquiry@puccini-namibia.com # www.puccini-namibia.com

Pumula (A162)

▲ [SC-Flat] Windhoek, Pionierspark, Nissen-Lass Str. 22 ☞ Christine & Ian Mitchell ✉ Windhoek P.O.Box 32701 ☏ 061-240857 ▯ 081-2478282 ▬ 5 SC DZ ♛ sicheres Parken Mahlzeiten auf Bestellung @ mitch@mweb.com.na # www.pumula-accommodation-namibia.com

Rivendell (A66)

▲ [B&B][SC-Flat] Windhoek, Windhoek West, Beethoven Str. 40 ☞ Charlotte & David Cartwright (Englisch) ✉ Windhoek P.O.Box 97059 ✆ 061-250006 ☏ 061-250258 ▬ 4DZ / 3DZ+ 1TZ mit Gemeinschaftsbad / 1 SC Flat: DZ + WohnZ + Vokü / NRHaus $ (2013) ensuite: DZ 310N$ pP / gemeins. Bad: DZ 230N$ pP / SC-Flat 2P 840N$ mit Kitchenette / Frühstück +80N$ / K7-12 70N$ ⓘ Kiwi Sauna ✎ Waschmaschine @ rivendell@infotour-africa.com, rivendel@info-africa.com # www.rivendellnamibia.com

Rixis Rest (A67)

ⓘ siehe „Londiningi (A67)“ S. 59

Roof of Africa Hotel (A68)

▲ [Hotel][SC] Windhoek, Klein Windhoek, Nelson Mandela Ave. 124-6, Ecke Caprivi Str. ☞ Terri & Torsten Krumnow (Deutsch) ✉ Windhoek P.O.Box 11745 ✆ 061-254708 ☏ 061-248048 ▯ 081-1244930, skype: roof.of.africa.hotel ▬ 24DZ, 1FZ (aircon), 1 DeluxeZ (aircon) / 1 Schlafraum 9P $ (2013) alle B&B: EZ 656N$, DZ 859N$, TZ 1.059N$ / Deluxe EZ 808N$, DZ 1.114N$, TZ 1.364N$ / Budget 1P 452N$, 2P 605N$ // Schlafraum 9P 96N$ pP // Dinner +120N$ ⓘ Kiwi: großer Garten, kleiner Zoo: Ziegen, Meerschweinchen / KonferenzR 100P ♛ interessante Architektur, von "Wandergesellen" (Zimmerleute) erbaut mit Fachwerk und Ried / Wasser-recycling+Solarsystem / Herberge für wandernde Zimmerleute beheizter Pool / Sauna SC-Vokü / Restaurant / Spezialmenüs ✎ Wlan (frei) / Wäscheservice ♿ rollstuhlfreundlich HausT auf Anfrage ☝ Schlafraum sehr klein: 3-Stockbetten 9P für Männer und Frauen zusammen, SC-Küche sehr gut / nicht leise / preiswert, aber für den Schlafraum zu teuer @ helen@roofofafrica.com, info@roofofafrica.com # www.roofofafrica.com

Rosahoff B&B (A69)

▲ [B&B] Windhoek, Whk Nord, Schweizer Str. 20 ☞ Maggie & Pit van der Waalt (Afrikaans) ✉ Windhoek P.O.Box 50205 ✆ 061-227379 ☏ 061-227379 ▬ 27Z $ (2012) B&B: EZ 450N$ DZ 700N$ ♿ rollstuhlfreundlich keine HausT @ rosahoff@iway.na

Safari, Hotel (A71)

▲ [Hotel] Windhoek, Akademia, Eros Flughafen: Auas/Aviation Road ✉ Windhoek P.O.Box 3900 ✆ 061-2968000 ☏ 061-235652 ▬ 98 BudgetZ, 76 TouristZ, 18 SonderZ / aircon $ (2012) Buffet B&B: Budget EZ 668N$, DZ 409N$ pP, TZ 323N$ pP / Buffet B&B: Business EZ 810N$, DZ 480N$ pP / Rabatt für SADC ⓘ in denselbem Komplex wie Safari Court & Conference Centre und die gleichen Angebote, aber zwei Hotels ✎ 2 Restaurants, Biergarten @ safari@safarihotelsnamibia.com, marketing@safarihotelsnamibia.com # www.safarihotelsnamibia.com

Safari Court & Conference Centre (A72)

▲ [Hotel] Windhoek, Akademia, Eros Flughafen, Auas/Aviation Road ☞ Mr. Jon. Hamman & Mr. A.L. Pimenta (manager) (Englisch) ✉ Windhoek P.O.Box 3900 ✆ 061-2968000 ☏ 061-223017 ▬ 190 LuxusZ, 14 DeluxeZ, 9 Executive Suites, 1 Presidential Suite $ (2012) Buffet B&B: Luxus: DZ 560N$ pP, EZ 920N$ / Deluxe: DZ 650N$ pP, EZ 1.100N$ / Exec. DZ 1750N$ pP, EZ 3.300N$ ⓘ Freier Transport Stadt-Hotel jede 1/2 Std / Shuttle zum/vom Flughafen / 15 Konferenzmöglichkeiten und Empfänge von 10 bis 2.400P / Wellness, Oukulele Day Spa (www.oukuleledayspa.com.na) 3 Restaurants à la carte, Büfett / 2 Bars behindertengerecht, auch für Gruppen keine HausT @ safari@safarihotelsnamibia.com #www.safarihotelsnamibia.com

Sarfhope (A151)

▲ [B&B][SC] Windhoek, Windhoek West, Behring Str. 16 ☞ Sara (owner), Fred (manager) ✆ 061-244018, 061-401014 081-1271961, 085-6021071 088-632884 Budget B&B Zimmer / SC $ (2012) EZ 350N$, DZ 380N$, FZ 450N$ Krankenschwester anwesend Wlan ein Zimmer rollstuhlgerecht keine HausT @ sarfhope@gmail.com, info@sarfhope.com #www.sarfhope.com

Schwalbenheim (A74)

▲ [SC-Flat] Windhoek, Central, Bismarck Str. 14 ☞ Mr. Esmeralda & Manahi Rafid ✉ Windhoek P.O.Box 767 ✆ 061-222829 & 061-223322 (Rafid pers.) 061-222829 8 Appartements SC (1, 2, 4 und 6-Bett) / alle mit Vokü, Waschmaschine, Telefon, TV, Terrasse und Garten $ (2013) 1P 450N$, 2P 550N$, 3P 650N$, 4P 750N$, 6P 850N$ ⓘ Rezeption 24Std / Kiwi: abgeschlossener Garten / Parken im Hof / Mr Rafit hat auch Pension Cela, Pension Handke Tischtennis keine HausT große Räume @ info@hotelcela.com #www.schwalbenheim.com.na

Sekira Guesthouse (A75)

▲ [SC-Flat][B&B] Windhoek, Windhoek West, Best Str. Haus Nr. 20 ☞ Chris Kaputu (owner). Docter (guesthouse manager) (Otjiherero) ✉ Windhoek P.O.Box 8888 ✆ 061-238888 061-238888 081-2715959 3DZ, 5EZ / Gemeinschafts-Vokü $ (2012) EZ 200N$, DZ 150N$ pP / N$50 pStd bei zu später Ankunft / Zusatzpreise: Pool 10N$ pSchwimmer SC ok / kleines Frühstück & Mahlzeiten auf Anfrage keine HausT @ sekiragh@gmail.com

Sharon-Rose Guest House (A152)

▲ [B&B] Windhoek, Windhoek Nord, Stephenson Street 3 ☞ Abraham Usasa (Portugiesisch) ✉ Windhoek P.O.Box 22141 ✆ 061-226422 081-2557586 6DZ+1FZ $ (2012) 1P 300N$, 2P 350N$, 3-4P 400N$ Wlan / Wäscheservice keine HausT @ sharonroseguesthouse@gmail.com

Shumba (A76)

▲ [B&B] Windhoek, Pionierspark, Jordanstr. 14 ☞ Althea van Wyk & Family ✉ Windhoek P.O.Box 98340 ✆ 061-240774 081-2457167 6DZ, 1FZ 4P, alle mit Klimaanl., TV, watercooler / TagesZ $ (2013) B&B: EZ 550N$, DZ 750N$, FZ 1.990N$ großer Schwimmingpool Büfettfrühstück @ info@shumbanamibia.com

Sonneneck (A77)

ⓘ siehe „Haus Sonneneck (A77)“ S. 56

Steiner, Hotel Pension (A80)

▲ [Hotel/Pension] Windhoek, Central, Wecke Str. 11 ☞ Leopolde Steiner, Yvonnne Gruhn (manageress) (Deutsch) ✉ Windhoek P.O.Box 20481 ✆ 061-414400 061-224234 10DZ + 1QZ + 1TZ + 2EZ + 2DZ Doppelbetten $ (2012) B&B. EZ 440N$, DZ 840N$, TZ 990N$, QZ 1.100N$ / K5-12: FZ 2E+1K 920N$, FZ 2E+2K 1.010N$ Wlan @ steiner@iafrica.com.na #www.natron.net/tour/steiner/

Swiss Chalets (A81)

▲ [B&B][SC-Flat] Windhoek, Avis Damm, Avisweg / Chris Davids 31 ☞ Natasha Fernandez (Portugiesisch) ✉ Windhoek P.O.Box 86484 081-4333185 Gästehäuser B&B mit 3DZ, 1 F-Flat bis 4P SC: Küche, 2DZ $ (2012) B&B: EZ 450N$, DZ 600N$ / SC Flat 2P + 2K 800N$ in der Nähe des Avisdamm: Vogelbeo. keine HausT @ swisscha@iway.na #www.swisschaletsbnb.com/index.htm

Tamboti Gästehaus (A82)

▲ [Gästehaus] Windhoek, Central, Kerbystr.

9, Nähe „Game" ☞ Sigrid Pack (Deutsch) ✉ Windhoek P.O.Box 40377 ✆ 061-235515 ℻ 061-259855 🛏 11DZ+2EZ+1TZ+1QZ / aircon / einige mit Fußbodenheizung **$** (2012) B&B: EZ 415N$, DZ 620N$, TZ 700N$, FZ 800N$ ♛ 2 Schwimmbäder, Hofparkplatz ♿ rollstuhlfreundlich keine HausT 👍 großzügige Zimmer @ tamboti@mweb.com.na #www.guesthouse-tamboti.com/

Terra Africa Guesthouse (A83)

▲ [Gästehaus] Windhoek, Olympia, Kenneth Mc Arthur Str. 6 ☞ Family Rolf-Jürgen Hansen & Locher (Afrikaans, Holländisch) ✉ Windhoek P.O.Box 86186 ✆ 061-252100 ℻ 061-252020 📱 081-2403806 💻 088-618517, skype: rolfjhansen 🛏 8DZ+1FZ+2TZ / max 22P **$** (2013) B&B: EZ 745N$, DZ 635N$ pP ⓘ Kiwi, aber Achtung viele Kunstwerke / gehört zur Terra Africa Hospitality, aber geführt von den Familien: siehe auch PebbleStoneHouse Swakopmund (G182), F1 Waterfront Estate Swakopmund (172), Paua Holidays SC Villa's, Swakopmund ♛ Kunstgalerie (auch von Helena Brandt und Kizito Maria Kasule aus Uganda) / auf einem Hügel / Themengarten 🍽 SC Küche / Essen auf Vorbestellung: Dinnerplatte 📎 Wlan (frei), Wäscheservice @ info@terra-africa.com, rolf@terra-africa.com #www.terra-africa.com

The Cardboard Box Backpackers (A84)

▲ [Back-Packer][SC][Camping] Windhoek, Windhoek West, Johann-Albrechtstr. 15 ☞ Aulden Harlech-Jones (Englisch) ✉ Windhoek P.O.Box 97313 ✆ 061-228994 ℻ 061-245595 ⛺ einige Plätze im Innenhof **$** (2012) 70N$ pP 🛏 DZ, TZ, QZ / Privatzelt / Schlafraum 6-8Betten **$** (2012) B&B: DZ 300N$, TZ 370N$, QZ 470N$ / Schlafraum 95N$ pP ⓘ keine "Polizeistunde" ♛ "Backpacker Treffpunkt in Windhoek" Internetcafe 🍽 Restaurant 📎 volleingerichtete Gemeinschaftsküche, Waschmaschinen HausT ok @ info@cardboardbox.com.na #www.cardboardbox.com.na

The Elegant (A114)

▲ [Gästehaus][B&B] Windhoek, Klein-Windhoek, Zieglerstr. 48, Ecke König Str. / Nelson Mandela Av. ☞ Birke & Jörn Dedig (Deutsch) ✉ Windhoek P.O.Box 22810 ✆ 061-301934 ℻ 061-301933 📱 081-3028255 🛏 2 Plätze: The Elegant Guesthouse (6DR) aircon, & The Elegant B&B (5DZ mit SC) **$** (2013) Elegant B&B; B&B: 1.350N$, EZ 800N$, K2 95N$, K2-12 354N$ / TagesZ bis 16:00 195N$ pP// Guesthouse DZ 1.200N$, EZ 695N$, K2 95N$, K2-12 300N$ ⓘ gehört zur „Elegant Collection: The Elegant Farmstead C31 , Zebra Lodge F34 / 3 mal täglich kostenloser Transport in die Stadtmitte und zurück 📎 Wlan / Wäscheservice @ the_elegant@iway.na, info@the-elegant-collection.com #www.the-elegant-collection.com

The Guest House (Steinstraße) (A85)

ⓘ siehe „De Vagebond (A85)" S. 54

The Utopia Boutique (A163)

▲ [Lodge] Windhoek, Klein-Windhoek, Nelson Mandela Av. Nr. 64 ☞ Rita & Dr. Rudie van Vuuren / Rhona Strauss (manageress) (Afrikaans) ✆ 061-411+2710, 061-211299 (lodge) 🛏 7DZ, 6 Familienhäuser ⓘ vormals N/a´an ku sê Guesthouse ♛ "Medi Spa": bei der Lodge: Ärzte, Biokenetic, Massage, Gym 🍽 Restaurant @ reservations@utopiaboutique.com, naankuseguesthouse@iway.na # www.utopia-medispa.org

The Village Boardrooms (A111)

ⓘ siehe „The Village Courtyard Suites (A111)" S. 69

The Village Courtyard Suites (A111)

▲ [B&B] Windhoek, Central, Liliencron Str. 18 ✆ 061-400510 ℻ 061-400512 🛏 9 Suiten **$** (2012) DZ "executive" 1.250N$ pP, DZ "corporate" 950N$ pP ⓘ Konferenzräume 📎 Restaurant @ suites@village.com.na, thesuites@mweb.com.na

Thule, Hotel (A87)

▲ [Hotel] Windhoek, Eros / Gorges Street 1 / Olaf Palme Street Wolfgang Egerer (ownwer), Wolfgang Balzar (manager) (Deutsch) Windhoek P.O.Box 166 061-371950 & Fax: 061-250759 / 061-371967 061-371967 25DZ (3EZ+1FZ+21DZ) $ (2012) B&B: EZ 845N$, DZ 1.190N$ / / Zusatzpreise: Konferenzpaket: Lunch, Kaffee,Tee, KonferenzZ: 230N$ pP ⓘ Konferenzraum / ***lokale Gäste sehr willkommen*** ehemalige Luxusvilla von Edmund & Liselotte Lafrenz auf einem Hügel in Klein-Windhoek, Rundblick über die Stadt / Wolfgang Balzar wurde 2013 zum Hotelier des Jahres gewählt Restaurant 80P: Frühstück 7-10Uhr, Lunch, Dinner á la carte Wlan / Wäscheservice 1Z behindertengerecht keine HausT sehr empfehlenswert @ thule@mweb.com.na, reservations@hotelthule.com #www.hotelthule.com

Thüringer Hof (A88)

ⓘ siehe „Protea Hotel Thüringer Hof (A88)" S. 66

Ti Melen (A153)

▲ [B&B] Windhoek, Avis Damm / Schuckmannstr. 21 Bianca von Lieres & Gwendal Cochet (Deutsch, Französisch) Windhoek P.O.Box 1190 061-254846 061-259042 081-1491478, 081-1286200, 081-1467233 2x2BettZ+1FZ (alle Betten 2m lang) $ (2013) Standard: B&B: EZ 680N$, DZ 495N$ pP plus 75N$ für ein Z mit Aussicht / Suite: B&B: 1P 895N$, 2P 1.390N$, 3P 1.641N$, 4P 1.892N$ / K12 mit 2E 250N$ ⓘ Kiwi Ti Melen = gelbes Haus auf Bretonisch Poolbillard, Tischtennis, Bibliothek / in der Nähe des Avis Damms Frühstück ab 4:00 Uhr morgens auf Anfrage / Dinner & Lunch 1 Tag vorausbuchen / Spezialmenüs Internet, wifi frei / Waschmaschine, Trockner nicht geeignet keine HausT @ timelen@iway.na #www.timelen.com

Tourmaline Guesthouse (A89)

▲ [Gästehaus][SC] Windhoek, Eros, Tourmalyn Str. 10 Patricia & Mike Olles (Englisch, Deutsch) Windhoek P.O.Box 224 061-228922 061-229128 081-2831646 5DZ, Klimaanl. + 1SC $ (2012) B&B: EZ 529N$, DZ 690$, TZ 822N$, K3-10 95N$ nur Frühstück @ olles@iway.na

Uhland, Hotel Pension (A90)

▲ [Hotel/Pension] Windhoek, Central, Uhlandstr. 147 (Dr.Kenneth-David Kuanda) Irmgard & Jürgen Rannersmann (Deutsch, Französisch) Windhoek P.O.Box 9789 061-389700 061-389713 12TwZ, 2EZ / Superior mit aircon $ (2014) B&B: EZ 588N$, DZ 723N$, TZ 858N$ / Superior EZ 728N$), DZ 863N$, TZ 998N$) / K6-11 95N$ / auch ein Studentenzimmer ⓘ Kiwi Bar / Wlan / à la carte dinner HausT ok @ info@hoteluhland.com #www.hoteluhland.com

UrbanCamp (A154)

▲ [Camping] Windhoek, Klein Windhoek, Schanzenstr 2 / am Klein Windhoek Rivier Bernhard Stadtherr (owner), Marina (manageress) (Deutsch, Russisch, Italienisch, Oshiwambo) 061-244251 061-370797 ▲ 8 Plätze jeder mit eigenem Waschhaus, schattige Tische, Strom, Geschirrspülbecken $ 140N$ pP, K12 frei ⓘ 24 Std. Sicherheitsdienst / geeignet für Overlander / Tagb. Ok beheizter Pool Bar, kleine Mahlzeiten Wi-Fi gut erzogene HausT ok gutes Camping in der Stadt / siehe *Anzeige Urban Camp auf Seite 71* @ info@urbancamp.net #www.urbancamp.net

Uzuri (A132)

▲ [Gästehaus] Windhoek, Klein Windhoek, Jan Jonker Road 45 Lolita Kintscher Windhoek P.O.Box 90023 061-300760 061-300760 12DZ + 1SC-DZ mit Vokü $ (2013) B&B: EZ 550N$, DZ 690N$ / SC 2E+2K 950N$ 1-2 Z rollstuhlfreundlich

@ uzuri@iway.na, info@uzuri-namibia.com # www.uzuri-namibia.com

Vee´s Guest House (A91)

▲ [SC-Flat] Windhoek, West, Elephant Street 7311 , Rhino Park ☞ Victoria Siphiwe Mamvura-Gava (Englisch, Shona) ✉ Windhoek P.O.Box 2993 ✆ 061-221598 ☏ 061-237137 ▯ 081-1295773 ▬ 3 DZ, SC mit Vokü ⓘ keine Infos angegeben auf Anfrage @ vikki@iway.na

Villa Ambiente (A164)

▲ [Gästehaus] Windhoek, Klein Windhoek, Brits Street 9 ☞ Ruanda Muller (Afrikaans) ✉ Windhoek P.O.Box 86046 (Eros) ✆ 061-301714 ▯ 081-1283224 💻 088-6515297 ▬ 6DZ 📎 Wlan / Wäscheservice @ villa.ambiente@iway.na

Villa Moringa (A117)

▲ [Gästehaus] Windhoek, Ludwigsdorf, 111A Joseph Mukwayu Ithana Street, (former Gloudina Str.) ☞ Rosalina & Pedro Ribeiro, Janine Heinz (manageress) (Portugiesisch, Spanisch, Französisch) ✉ Windhoek P.O.Box 86470 ✆ 061-231179, 061-224472 ☏ 061-231957 ▯ 081-3178174, 081-1240617 💻 088-640389 ▬ 6 Standard DZ, 1Familien -Unit, 3 VIP-Zimmer 1 Executive Suite $ (2012) B&B: DZ 360N$ pP, EZ 600N$ / 1x HuR zur City ⓘ . Restaurant (portugiesische Spezialitäten auf Anfrage) 📎 Wäscheservice keine HausT @ mybvillamoringa@iway.na, info@villa-moringa.com #www.villa- moringa.com

Villa Verdi (A92)

▲ [Gästehaus][SC-Flat] Windhoek, Windhoek West, Verdistr. 4 ☞ Paul van Wejard / Delicia & Lydia (manageress) ✉ Windhoek P.O.Box 6784 ✆ 061-221994 ☏ 061-225108 ▬ 13 StandardZ, 1 Suite, 3 Appartements(2P, 3P, 4P) / $ (2012) Low (Nov - Jun): B&B: Standard B&B: DZ 579N$ pP, EZ 645N$ / Budget DZ 378N$ pP, EZ 441N$ / High: B&B: Standard: DZ 965N$ pP, EZ 1.075N$ / Budget DZ 630N$ pP, EZ 735N$ / K3-12 B&B 50% ♔ afrikanischer

Stil ✎ Restaurant @ villaverdi@leadinglodges.com # www.leadinglodges.com/villaverdi.htm 📖 Leading Lodges of Africa

Villa Violet (A155)

▲ [B&B] 🏠 Windhoek, Klein Windhoek, Ziegler Street 48 ☞ Heidi & Benoît Dassac (Deutsch, Französisch) ✉ Windhoek P.O.Box 90188 📠 061-256141 📱 081-4756379 (Ben), 081-4333080 (Heidi) 🛏 5DR + 1TZ $ (2013) EZ 725N$, DZ 1.150N$ / Tagraum 600N$ ⓘ Kiwi 🍽 Farmprodukte, selbstgemachte Marmelade ✎ WiFi (frei) / Wäscheservice 🐕 keine HausT @ villaviolet@iway.na # www.villaviolet.info

Villa Vista Guesthouse (A156)

▲ [B&B] 🏠 Windhoek, Central, Lutherstr 5 ☞ Fransette & Koos Vollgraaff (Afrikaans) ✆ 061-222602 📠 061-226469 🛏 14DZ davon 3SC, aircon $ (2013) B&B EZ 840N$, DZ 1.300N$ // SC 1P 720N$, >1 1.140N$ 🚶 Sauna, Gym ✎ Wlan ♿ 1Z rollstuhlfreundlich 🐕 keine HausT @ villavista@iway.na, reservations@villavista.com

Vineyard Country B&B (A133)

▲ [B&B] 🏠 Windhoek, Avis, B6, 2km östl., Richtung Flughafen ☞ Noelene & Colin Bassingthwaighte (Englisch) ✉ Windhoek P.O.Box 194 ✆ 061-224144 📠 061-233337 📱 081-2739363 ▲ 8 Plätze für Zeltdachcamper, eigener Ablution Block $ (2013) 150N$ pP 🛏 7DZ + 1FZ 4P, (1TourguideZ) $ (2013) B&B: EZ 550N$ pP, DZ 425N$ pP, FZ 300N$ pP ⓘ Konferenzräume (35P) ♛ extra große Betten / altes Steinhaus im Weingarten mit Weinkeller 🍽 Weinkeller - honest bar / Dinner auf Absprache / Lunchpaket an Stelle von Frühstück 🐕 "HausT ok, falls sie ihre eigenen Betten mitbringen" @ info@vineyardcountrystay.com # www.vineyardcountrystay.com

Vondelhof (A99)

▲ [Gästehaus] 🏠 Windhoek, Windhoek West, Puccini Str. 2, ☞ Yvonne Schadee (Holländisch, Deutsch) ✉ Windhoek P.O.Box 40730 ✆ 061-248320 📠 061-240373 🛏 7DZ+1TZ $ (2013) B&B Buffet: EZ 650N$, DZ 940N$, TZ 1.130N$ / K3-11 150N$ / SADC, Namibier 30% Rabatt / Sonderpreise Dez-Jun, über 7 Tage / Guide 469N$ /Tagraum 469N$ ⓘ Kiwi: Spielplatz 🍽 Light Lunch auf Anfrage / Lunchpakete ✎ Wlan / Wäscheservice 🐕 "Wir haben 2 Hunde & 2 Katzen, die Aufmerksamkeit lieben" @ vondelhof@mweb.com.na, reservations@vondelhof.com # www.vondelhof.com

Windhoek Country Club Resort (A93)

▲ [Hotel] 🏠 Windhoek, Pioneers Park, Western Bypass ☞ Legacy Hotels & Resorts International ✉ Windhoek P.O.Box 30777 ✆ 061-2055911 📠 061-252797 🛏 105 TwZ, 39Z LuxusZ, 6 Suiten, 1 PresidentalSuite und RZ / TagesZ / 1Paraplegik Z, $ (2013) B&B Standard EZ ab 1.290N$, DZ ab 1.540N$, Studio 2.000N$, Präs. Suite 4.200N$ ⓘ Kiwi (Kidsmenü, Geburtstagsparties, Babysitter) ♛ Casino 🚶 Innengarten mit Wasserfällen und Liegewiese / Tennisplatz mit Flutlicht / 18 Loch Golfkurs ✎ 2 Restaurants (à la carte, Büfetts, Chinesisch), mehrere Bars, 24Std Room Service, Curioshop, Frisör, Wäscherei ♿ 1 Z behindertengerecht, Luxusräume sind groß, Rampen @ windhoek@legacyhotels.co.za 📖 Legacy Hotels

Windhoek Town Lodge (A94)

▲ [Ferienzimmer][SC] 🏠 Windhoek, Central, Ballotstr. 6 (Nähe Maerua Mall) ☞ Melanie Lowrens (manageress) (Afrikaans) ✉ Windhoek P.O.Box 6586 ✆ 061-252536 📠 061-246515 🛏 6 TwZ, 8DZ, 4FZ, 2SC DZ $ (2013) EZ 480N$, DZ 580N$, TZ 610N$, FZ 680N$ / Deluxe: EZ 520N$, DZ 620N$, TZ 630N$ / Frühstück für 2P eingeschlossen, extra P 60N$ // SC 4p 780N$ / ♛ große Räume ✎ laundry service @ info@windhoeklodge.com # www.windhoeklodge.com

Zum Morgenstern (A35)

ⓘ siehe „Haus zum Morgenstern (A35)“ S. 56

Region B: Windhoek Umzu = „Großstadt“ Windhoek

Karte siehe Seite 76

Diese Region umfaßt die Umgebung Windhoeks in einem Radius von etwa 60km. Man findet in diesem Umkreis keine weitere Ortschaft und nur abgegrenzte kommerzielle Farmen mit Ausnahme des Nationalparks Daan-Viljoen, der staatlichen Schule Baumgartsbrunn, der ältesten Kupfermine des Landes, Matchless Mine, der landwirtschaftlichen Fakutät Neudamm und natürlich des Flughafens.

Neue „Großstadt Windhoek“

Doch wozu gerade dieser Umkreis , den TRUMMI Region B nennt? Es ist nur ein Zufall, daß das Ministerium für Lokal- und Regionalwaltung 2012 bestimmt hat, daß Windhoek ab sofort in einem Umkreis von 60km in allen Richtungen zu erweitern sei, und hat dieses neue Windhoek tatsächlich als Kreis vorgegeben. Die Stadtverwaltung Windhoek, die dieses Konzept mitträgt, hat stolz verkündet, Nambia hätte jetzt die größte Hauptstadt Afrikas in Hinblick auf die Ausdehnung. Die neue Gesetzgebung wird das Kuriosum regeln, daß Namibia auch die einzige Hauptstadt der Welt haben wird, in der Viehhaltung und Jagd erlaubt und die Haupteinnahmequelle in diesem Teil der Stadt sein werden. Alle betroffenen Farmer rechnen derzeit mit erhöhten Abgaben, die nunmehr an Stadt Windhoek zu entrichten sein werden und möglichen Enteignungen für die geplanten Siedlungen. Mit Vorteilen rechnen sie nicht, da strikt abgelehnt wurde, daß die Stadt für irgendwelche Dienste wie Feuerbekämpfung, Abfallbeseitigung, Straßenbau, medizinische Notversorgung, Strom- und Wasserversorgung, Bekämpfung von Kriminalität zuständig sei. Diese Kosten werden bei den Farmern bleiben

Die Hauptsorge der kommerziellen Farmer gilt deshalb der geplanten Ausdehnung von formellen und informellen Armutssiedlungen, die bei den jetzigen Zuständen in diesen Siedlungen zu erhöhter Kriminalität führen könnte. Noch ist nicht abzusehen, ob Farmer ihre Gästebetriebe auf Grund der neuen Situation aufgeben werden oder deshalb bereits aufgegeben haben.

Erholungsmöglichkeiten um Windhoek?

Von allen angegebenen Unterkünften gibt es gute Straßenverbindungen auf Teerstraßen oder Gravelroads nach Windhoek. In der hügeligen Busch- und Baumsavanne des Khomas Hochlands im Westen wird mit Rindern und Wild gefarmt. Fast alle Farmen in diesem Gebiet wurden erst im Zuge des

Laufende Rivier im Khomas Hochland 2011

Odendaal-Plans ab 1968 zu Privatfarmern,; viele von ihnen waren im Damaraland enteignet worden. Das Land um Windhoek war bis dahin zum großen Teil Staatseigentum. Die meisten Installationen wie Zäune, Wasserstellen, Häuser, Wohnungen sind daher immer noch in einem recht gutem Zustand.

Das besondere Ausflugsziel der Windhoeker war hier der Daan-Viljoen-Park (B51) mit Camping, Wandermöglichkeiten, Schwimmbad, Angeln, Wildbeobachtung und vielen Grillplätzen. Nach mehrjähriger Schließung ist dieser attraktive Park als luxuriöse Unterkunft 2012 wieder eröffnet worden. Weiter westlich kann man den Friedenau-Damm erreichen, wo es, natürlich mit einer Eintrittsgebühr an den Pächter, Möglichkeiten zum Schwimmen und Bootfahren gibt (B50). Nördlich von Windhoek bietet die Farm Düsternbrook seit Jahren ihre großen Raubkatzen bei Fütterungen zum Fotografieren an (B10). Die Lodge Okapuka, ebenfalls nördlich der City, ist bekannt für ihre Löwenfütterungen (B7). Ein Teil dieser Farm wurde leider verkauft, um die erste Massentierhaltung von Hühnchen in Nambia zu errichten Sie werden jetzt mit dem Label „Okapuka" in den Supermärkten verkauft. Die höchst gelegene Farm Namibias, westlich von Windhoek, Amani (B39) als Regenstein in der Zeit der noch grassierenden Pferdesterbe als sicherer Hort für die Pferde bekannt, war viel besuchtes Ausflugsziel mit einem guten Restaurant, Astrophotographie und zahmen Geparden. Sie schloß 2013 leider ihre Tore für die Besucher.

Da der Wanderweg um Windhoek, der über verschiedene Farmen führen sollte, nicht realisiert worden ist, alle sonstigen möglichen Freizeitaktivitäten auf den Farmen stattfinden und mit hohen Kosten verbunden sind – nur die Gästefarm Melrose hat ihre Gebühren 2013 erheblich gesenkt (B40) -, gibt es für die Windhoeker kaum Erholungsmöglichkeiten wie in anderen „Hauptstädten" der Welt – auch nicht in diesem neuen Radius von über 60km!

Literatur

- siehe „Namibia": Landesmitte, Windhoek S. 306ff.

Region B - Windhoek Umzu

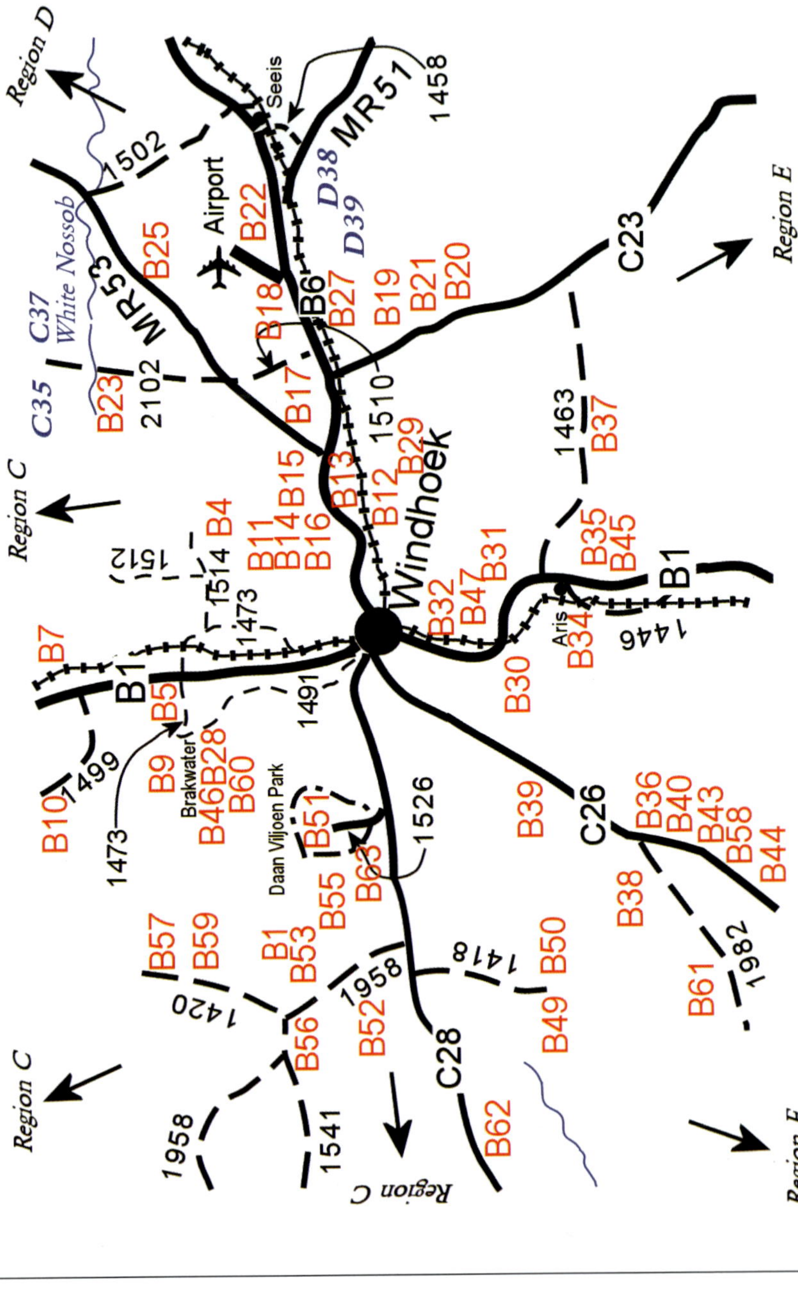

Region B auf der Karte: ROT
B1 Sunrock
B4 Elisenheim
B5 Immanuel Wilderness Lodge
B7 Okapuka Ranch
B9 Greiter´s Hotel & Conference Centre
B10 Düsternbrook Gästefarm
B11 Bellerode Gästefarm
B12 Finke`s Sicht Guest House
B13 Finkenstein Gästefarm
B14 Heja Game Lodge
B15 Amkela Lodge
B16 Trans Kalahari Inn
B16 Trans Kalahari Caravan Park
B17 Airport Lodge
B18 Afrika Farm Ondekaremba
B19 Bismarck
B20 Hohenau
B21 Hohewarte Gästefarm
B22 Airport Farm
B23 Burg Gusinde
B25 N/a´an ku sê Lodge
B26 NAREC Bird Centre
B27 Autohotel
B28 Umti Lodge
B29 River Crossing Lodge
B30 Monteiro
B31 Harmony Center
B32 Windhoek Mountain Lodge
B34 Sârima Krumhuk
B35 GocheGanas Nature Reserve
B36 Panorama Hunting Ranch
B37 Auas Game Lodge
B38 Hohenhorst Guest Farm
(B39 Amani Lodge)
B40 Melrose
(B43 Farm Hoffnungsfeld)
(B44 CamelCamp / Farm Hilton)
B45 Out of Nature Country Lodge
B46 Windhoek Game Camp
B47 Bergheim Country Estate
B49 Hochland Nest Lodge
B50 Friedenau Damm
B51 Daan-Viljoen-Wildpark
B52 Eagles Rock Leisure Lodge
B53 Hochfels
B55 Onduno
B56 Berlin/Okamita
B56 Valsdam / Oryxhunt
B57 Godeis
B58 Prospect
B59 Okatore Lodge
B60 Big 5 Mini Lodge
B61 Hefner
B62 Khomas Highland Game Hunting
B63 Augeixas Camp
B64 Eden Chalets

auf der Karte aus Region C:
C35 Otjozonjati
C37 Leopard Lodge Okanjanga

auf der Karte aus Region D:
D38 Weideland
D39 Etango Ranch Gästefarm

Afrika Farm Ondekaremba (B18)

▲ [Farm][Gäste][Camping] 37km östl. Windhoek / Anfahrt: B6, Schild,4km Farmpad // 7km vom Intern. Flughafen entfernt ☞ Familie Caroline & Joachim Rust (owner), Karin & Ralph Hornung (manager) (Deutsch) ✉ Otjiwarongo P.O.Box 1609 ✆ 062-540424 ☏ 062-540133 ▲ 6 Plätze mit Extrapool und Lapa /können an allen Aktivitäten teilnehmen $ (2012) 120N$ pP 8DZ + 2TZ + 1FZ(= 2DZ, 2 BadZ, WohnZ, kleine Küche) + 2 LuxusApp (= DZ, WohnZ mit Kamin, Vokü) $ (2012) Hp: Standard: EZ 850N$, DZ 1.400N$, TZ 1.680N$ / Familien Suite 4P 700N$ pP, Luxus App. EZ 950N$ pP, DZ 1.700N$ / alle inkl. Nachmittags-Kaffee und Kuchen / Zusatzpreise: Game Drive 200N$ pP ⓘ Kiwi: Spielplatz, viele Haustiere / Fama / Tagesgäste vor Abflug willkommen; Duschen für Tagesgäste, Kaffee und Kuchen bestellbar Garagenplätze {longterm undercover parking}/ Nankuse soll 2014 ein Wildhundprojekt auf der Farm starten Wanderung, großer Garten, Baumtrail Restaurant (B 65N$, L (Set Menue) 50N$, D 150N$) Wlan rollstuhlfreundlich Kuhantilope (Hartebeest), großer Kudu, Oryx, Warzenschwein, Strauß, Camping mit Picknicktischen im Rivier, sehr schön angelegt @ ondekaremba@iway.na # www.ondekaremba.com

Airport Farm (B22)

▲ [Farm][Jagd][Gäste][Camping] 9km östl. Hosea Kutako International Airport / Anfahrt: B6 4km, braunes Schild nach links, 5km Farmpad ☞ Janet & Uwe Trümper (Deutsch) ✉ Windhoek P.O.Box 90690 ✆ 062-540475 ☏ 062-540475 081-1288288 ▲ 1 Platz $ (2013) 50N$ pP 5DZ $ (2013) B&B DZ 498N$ pP, EZ 610N$ / Hp: DZ 615N$ pP, EZ 726N$ / Vp DZ 696N$ pP, EZ 806N$ / K3-12 50% // Guide Unterk. frei // Jagdtag 1:1 320US$, 2:1 260US$, Begleitperson 125US$, K12 55US$ / Zusatzpreise: Gamedrive 100N$ pP ⓘ Rinderfarm / Fama, Kinder sehr willkommen / Tagb. / auch Bogenjagd / nahe beim Flughafen / Autounterstand (PKW, Minbus 8€ pW, 30€ pM) Wandern / Reiten / Farmbetrieb Restaurant (B 70N$, L 80N$, D 120N$),Lunchpakete // Werkstatt gemeines Impala, Duiker, Kuhantilope (Hartebeest), Springbock, Steinböckchen, Eland, großer Kudu, Oryx, Wasserbock, Warzenschwein, Giraffe, Gepard, Wüstenluchs (Karakal, Rotkatze), @ info@airportfarm-namibia.com # www.airportfarm-namibia.com

Airport Lodge (B17)

▲ [Rastlager][Camping][SC] 23km östl. Windhoek / Anfahrt: B6 Richtung Flughafen (22km), MR 53, 1km Schild ☞ Hermine & Brian Black (owner) (Englisch) ✉ Windhoek P.O.Box 5913 ✆ 061-231491 ☏ 061-236709 081-1226101, 081-1245923 ▲ 6 Plätze mit Strom, von der Lodge gestelltes Zelt für Backpacker / auch für Dachzeltautos $ (2013/2014) 80 [86]N$ pP, K6-11 50% / Zelt 30N$ pP 2, 3, 6-Bett Bungalows, kleine Küche für SC / RaucherZ $ (2014) Bungalows 1Z: 1-Bett 540N$, 2-Bett 599N$, 3-Bett 685N$, 4-Bett 540N$ / Bungalows 2Z: 4-Bett 1.160N$, 6-Bett 1.320N$, 7-Bett 1.370N$ / Zelt 2-Bett 400N$ / Zusatzpreise: SC-Gebühr für Vokü 50N$ / Frühstück 70N$ ⓘ Konferenzmögl. für 50 P / zum Flughafen 165N$ pGruppe / Kiwi "owned by indigenous Namibian" Restaurant à la carte (B 70N$, Snack Box 70N$) / eigenes Braai unter der Boma möglich 2Z rollstuhlfreundlich keine HausT @ reservations@airportlodgenamibia.com # www.airportlodgenamibia.com

Amani Lodge (B39)

▲ *{geschlossen}*[Lodge] 25km südwestl. Windhoek / Anfahrt: C26 (Kupferbergpaß) ☞ Alain Houalet (owner) (Französisch) ✉ Windhoek P.O.Box 9959 ✆ 061-239564 ☏ 061-221334 081-1285242 11 reetgedeckte Bungalows (5 Tw, 2 DZ, 1 Honey Moon, 1 FZ = 20P) ⓘ geschlossen seit April 2013 / KonferenzZ / Tagb. Ok / auf 2150m Höhe gelegen, frühere Regensteinfarm ohne Pferdesterbe / Löwen, Leoparden und Geparden in großen Gehegen, 5 Geparden ausgewildert auf Namibrand Jan. 2013 // 4 zahme Geparden Wanderung in den Bergen, Raubtierfütterung Löwen, Geparden, Leoparden (350N$ pP) / geführte Wanderung im Busch Restaurant (französisch) 3 Gang menü 165N$, Kinder 2 Gang menü 100N$ / Wochenende: Barbecue Internet keine HausT Kuhantilope (Hartebeest), großer Kudu, Oryx, Warzenschwein, @ info@amani-lodge-namibia.com, alain@amani-lodge-namibia.com # www.amani-lodge-namibia.com

Amkela Lodge (B15)

[Farm][Gäste][Jagd] 15km östl. Windhoek / Anfahrt: B6, bei Kapps Farm MR 53 Sonja & Kay (Deutsch) Windhoek P.O.Box 22271 061-256528 081-7503441 088-645071 10DZ $ (2013) B&B: EZ 800N$, DZ 1.050N$, K6-18 200N$ 2 KonferenzZ / auch Biltong Jagd "Amekela" soll "Welcome" heißen Reitclub "Kap Stable": Ställe für 23 Pferde (550N$ pMonat), auch Pferdetransporter, Club Haus (mit Bar, Tanzfläche, auch für private Veranstaltungen) / Springreiten // Tauchen im Otjikoto See @ info@amkela-namibia.com # www.amkela-namibia.com

Auas Game Lodge (B37)

[Lodge] 45km südöstl. Windhoek / Anfahrt: B1 Richtung Rehoboth (22km), D1463 (22km), Schild Dr. H-J. Adler (owner), Pächter Danie Holloway (Deutsch) Windhoek P.O.Box 80887 061-240043 061-248633 081-1279097 Lodge 15DZ $ (2013/2014) Hp: EZ 1.150N$, DZ 1.750N$ / Zusatzpreise: Gamedrive (2Std) 265N$ pP Kiwi / KonferenzZ / Tagesgäste auf Anmeldung / keine Kinder unter 16J / verbunden mit Desert Breeze (G169) & The Stiltz (G116) Tennisplatz, Wanderwege, Quadbikes (2Std 370N$ pP), Naturspaziergänge (215N$ pStunde) Restaurant (B 95N$, L 130N$, D 200N$, Dinner -Braai 215N$), Lunchpakete 75N$ gemeines Impala, Kuhantilope (Hartebeest), Springbock, Eland, großer Kudu, Oryx, Wasserbock, Warzenschwein, Giraffe, Steppen-Zebra, Leopard, Krokodil, @ auas@iafrica.com.na # www.auasgamelodge.com The Stiltz: 064-400771

Augeixas Camp (B63)

{geschlossen} [Camping] 25km westl. Windhoek / Anfahrt: C28, D1526, direkt am Eingang des Daan Viljoen Game Park, links Kim Rautenbach (Afrikaans) 081-1242384, 081-1295149

Autohotel (B27)

[Farm][B&B] 5km westl. Hosea Kutako International Airport / Anfahrt: B6, Schild links Andrea Giel (Deutsch) Windhoek P.O.Box 81212 061-223340 081-3034939, 081-2368998 3 Bungalows $ EZ 450N$, DZ 350N$ pP, extra Bett 120N$ / Tagbenutzung 150N$ // guide 300N$ Rinderfarm nach dem Savoury Prinzip / Farmfleisch, Farmers Brot Autounterstellplatz: 150N$ pWoche, 450N$ pMonat, 3.600N$ pJahr / Transport zum/vom Flughafen 50N$ pFahrt Sundowner Drive (160N$) B 50N$, L 140N$, D 140N$ Katzenfreundliche Hunde ok Kuhantilope (Hartebeest), Steinböckchen, großer Kudu, Oryx, Warzenschwein, Berg-Zebra, @ kgiel@iway.na

Bellerode Gästefarm (B11)

[Farm][Jagd] 20km östl. Windhoek / Anfahrt: B1, bei der Otjihase Mine Schild Harald van Biljon (Deutsch) Windhoek P.O.Box 5185 061-235485 061-235485 2 DZ + 3 EZ $ individuelle Jagdpakete Rinderfarm / Fama Wandern Streifengnu, Kuhantilope (Hartebeest), Springbock, großer Kudu, Oryx, Warzenschwein, Steppen-Zebra, Berg-Zebra, @ keine

Düsternbrook Gästefarm (B10)

[Farm][Gäste][Camping] 45km nordwestl. Windhoek / Anfahrt: B1 nach Norden (27km), D1499 (10km), Schilder 18km Farmpad mit Toren Johann Vaatz / Mrs. Solastiker (Deutsch, Französisch) Windhoek P.O.Box 870 061-232572 061-257112 081-1241662 A) Bush Platz: 6 Plätze, Strom, Schatten, B) 5 Pioneer Platz : im Rivier (weitläufig) mit einfachen Sanitäranlagen // Müll bitte mitnehmen $ (2013/2014) A) 150N$ pP, B) 120N$ / Campingpackage nur mit Hp ⓘ A) Felsenhaus, B) Kolonialhaus, C) Safarizelte D) Chalet am Damm $ (2013/2014) Package Hp (Hp, 1 Aktivität, min 2 Nächte): A) 988[904]N$ pP, B) 901[816]N$ pP, C) 813[728] N$ pP, D) 728N$ pP, Bush camping 631N$ pP // B&B: A) 785N$ pP, B) 650N$ pP, C) 515N$ pP, D) 385N$ pP // SC: D) 300N$ pP // in Klammern 1.12-30.6 // K4-12 50% / Zusatzpreise: Conservation Gebühr 60N$ pP ⓘ nur Individualtouristen / Tagb. auch in kleiner Gruppe willkommen (60N$ Conservation Gebühr) / erhielt 4 "Ecowards" / 42 Solarpanels / Praktikanten müssen zahlen und arbeiten Haus im Kolonialstil / ***Leoparden- u. Geparden-Infozentrum /*** Kindergarten /

3 Hippos im "Damm" 3km vom Haus Cats Unlimited (Beo. Von Leoparden&Geparden 1Std) 280N$ pP / Gamedrive (Wildbeo. 1,5-2Std) 280N$ pP / Mountaindrive (1,5Std mit Kaffee&Tee) 280N$ pP / Ausritte (mit Wildbeo. 1,5Std) 280N$ pP Frühstück (85N$), Lunch (98N$), Dinner (198N$) auf Vorbestellung rollstuhlfreundlich auf Anfrage möglich gemeines Impala, Streifengnu, Kuhantilope (Hartebeest), Klippspringer, Springbock, Steinböckchen, Eland, großer Kudu, Oryx, Wasserbock, Warzenschwein, Giraffe, Steppen-Zebra, Berg-Zebra, Gepard, Leopard, Nilpferd, Strauß, Breitmaul-Nashorn (weißes), auch Leoparden- u. Gepardengehege guter Blick von der Boma, schöner Garten / sehr gut für Fotos von Leoparden und Geparden / äußerst empfehlenswert /

@ dbrook@mweb.com.na, info@duesternbrook.net # www.duesternbrook.net

Bergeck Mission Lodge (B40)

▲ [Lodge] / Anfahrt: von Melrose 8km ☞ Nello Joao (owner), Tom (manager) (Portugiesisch, Afrikaans) ✆ 061-400172 ☏ 061-400173 ▯081-7897705 🛏 19DZ $ (2013) B&B: 350N$ pP, K12 50% / Zusatzpreise: Game Drive & Sundowner 100N$ ⓘ KonferenzZ // liegt auf der Farm Melrose, Shuttle zum Farmhaus 8km, weitere Einzelheiten siehe „Melrose (B40)" S. 86 ♔ Burgähnlicher Bau 🚶 18m Salzwasser-Pool 🍽 Restaurant (40P) @ info@cartrack.com.na, bergeckmission@iway.na # www.bergeckmissionlodge.com

Bergheim Country Estate (B47)

▲ [B&B] 🚗14km südl. Windhoek / Anfahrt: B1 ☞ Louna Reinders ✉ Windhoek P.O.Box 80249 ✆ 061-252662 ☏ 061-252662 ▯081-1247662 Δ 1 Platz schattig mit Gras $ (2012) 150N$ pP 🛏 Gästehaus 4DZ $ (2012) B&B DZ 400N$ pP @ info@hinterland-safaris.com, hinter@hinter.com.na # www.hinterland-safaris.com

Berlin/Okamita (B56)

▲ [Farm][Jagd] 🚗80km westl. Windhoek / Anfahrt: C28, D1958 ☞ Hans Georg Deloch (Deutsch) ✉ Windhoek P.O.Box 276 ✆ 061-233903 ☏ 061-233903 🛏 auf jeder Farm ein Gästehaus $ (2012) Jagdtag 1:1 250€, 1:2 150€, Ruhetag 80€ ⓘ Farmverbund: Berlin = 80km westl. von Windhoek und Okamita = 70km nördl. von Windhoek / auch Bogenjagd

Big 5 Mini Lodge (B60)

▲ [Lodge][Camping] 🚗15km nördl. Windhoek / Anfahrt: B1, bis Brakwater, Schild 1,5km nach Westen: Nubuamis Hills 34 ☞ Hardie & Magaretha van Wyk (Afrikaans) ✉ Windhoek P.O.Box 80441 ✆ 061-252761 ☏ 061-252217 ▯081-2914445 Δ 2 Plätze 🛏 4 Zelt Chalets $ (2012) B&B: EZ 300N$, Chalet 550N$ @ hardie@mweb.com.na

Bismarck, Jagdparadies (B19)

▲ [Farm][Jagd] 🚗40km östl. Windhoek / Anfahrt: B6, Farmpad ☞ Hans Brummund (Deutsch) ✉ Windhoek P.O.Box 6016 ✆ 062-540492 ☏ 061-227174 ▯081-2222600 🛏 2 separate Gästehäuser mit 2DZ $ (2012) Jagdtag 1:1 200€, Begleitperson/Ruhetag 100€ ⓘ 10 Hochsitze an Wasserstellen 🚶 Bergsteigen in den Bismark Bergen 🐕 HausT ok, "stört nicht" 🐘 gemeines Impala, Bleßbock, Duiker, Streifengnu, Kuhantilope (Hartebeest), Springbock, Steinböckchen, Eland, großer Kudu, Oryx, Wasserbock, Warzenschwein, Giraffe, Steppen-Zebra, Berg-Zebra, Gepard, @ keine

Burg Gusinde (B23)

▲ [Farm][Jagd] 🚗80km östl. Windhoek / Anfahrt: B6, D1510, D2102, am Nossob Schild ☞ Hans Ziller (Deutsch) ✉ Windhoek P.O.Box 90252 ✆ 061-257107 ☏ 061-257269 🛏 Burg Gusinde (auf Anhöhe): 4DZ +1FZ / Ousema altes Farmhaus (im Tal) 2DZ (langfristig) $ (2012) Burg Gusinde: DZ Vp (inkl. 1 Farm Drive, Sauna, n.a.Getränke) 1.800N$ pP, EZzuschlag 20%, K10 frei / Osema Farmhaus: DZ Vp 900N$, K10-12 600N$ / Ezzuschlag 25% / Jagdtag 1:1 320€, 2:1 270€, Begleitperson 190€ / Zusatzpreise: Game-Drive 230N$ pP, ⓘ Kiwi / Bogenjagd / Seminarraum ♔ moderne Burg im alten Stil, Farmhaus Ousema von 1920 / weltweite Trophäensammlung, Sammlung geschnitzter Elefanten 🚶 Fischen 220N$ pP, Reiten 2Std 250N$ / Helikoptertour 1.500N$ pP, Quadbike 2Std 240N$ / Wandern / Teleskop, Bibliothek ♿ rollstuhlfreundlich 🐕 HausT ok 🐘 Bleßbock, Streifengnu, Weißschwanzgnu, Kuhantilope (Hartebeest), Klippspringer, Steinböckchen, Eland, großer Kudu, Oryx, Warzenschwein, Giraffe, Steppen-Zebra, Berg-Zebra, Gepard, Leopard, Wüstenluchs (Karakal, Rotkatze), @ hansziller@hotmail.com # www.safaricorp.com

CamelCamp / Farm Hilton (B44)

▲ {*zur Zeit zu*}[Farm][Gäste] 🚗65km südwestl. Windhoek / Anfahrt: C26 ☞ Albert (Lumpi) & Christine Fritzsche (Deutsch) ✉ Windhoek P.O.Box 20706 ✆ 061-257465 ▯081-1271321 ⓘ abgebrannt 2011 (wahrscheinlich durch Diebe), 2014 wieder in Betrieb ♔ Kamelzucht ungefähr 30 Tiere: Hengste, Stuten und Fohlen 🚶 Kamelreit-Touren: 2Std, Tages-Touren, 24-Std-Touren mit einer Übernachtung & VP im Veld / Farmfahrt (ab 4 P) mit Besichtigung der Kamelzucht keine HausT 🐘 Kuhantilope (Hartebeest), großer Kudu, Oryx, Berg-Zebra, @ desertfox@iway.na # www.cameltrails.com

Düsternbrook (B51)

ⓘ *siehe „Düsternbrook Gästefarm (B10)" S. 80*

Daan-Viljoen-Wildpark (B51)

▲ [Lodge][Camping] 25km westl. Windhoek / Anfahrt: C28, Schild D1528 ☞ Sun Karros Life Style Safaris ✉ Windhoek P.O.Box 22927 ✆ 061-232393 📠 061-226806 ⛺ 12 Plätze (keine Küche mehr) $ (2013) 180N$ pP (Winter Spezial 2012) 🛏 19 Chalets 2P, 1 Familien Chalets 4P $ (2013) "Other (=andere)" B&B: Chalets DZ/EZ 995N$ pP, Suites 1.095N$ pP / SADC B&B: Chalets DZ/EZ 895N$ pP, Suites 995N$ pP / Namibier B&B: Suites EZ/DZ 895N$ pP, Chalets EZ/DZ 795N$ pP // (vor dem Verkauf: DZ 250N$ pP, EZ 350N$) / Zusatzpreise: Eintritt: 40N$ pP, SADC: 30N$ pP, Namibier: 10N$ pP // +10N$ pAuto ⓘ geöffnet: von Sonnenaufgang bis -untergang für Tagb. / Restaurantbes. auch später / ♔ Stausee / Parken ohne Schatten 🚶 ausgeschilderte Wanderwege von 2 und 9km / Tierbeobachtungen auf Rundfahrt 6,5km (nicht Ordnung) / Mountain Bikewege (keine Bikes zu leihen) / Pool nur für Gäste 🍽 Restaurant (Frühstück 165(!!!)N$, Sonntags 12-15Uhr Buffet 175N$pP / Kiosk / kein SC Wlan frei 🐘 Weißschwanzgnu, Kuhantilope (Hartebeest), Springbock, Eland, großer Kudu, Oryx, Warzenschwein, Steppen-Zebra, Wasservögel 👎 früher viel besuchtes Ausflugsziel der Windhoeker, jetzt kein Picknick & Braaiplatz mehr: So ging wieder eine Erholungsstätte für den Normalbürger verloren! fast teuerstes Camping & teuerstes Frühstück in Namibia @ info@sunkarros.com.na # www.sunkarros.com.na

Eagles Rock Leisure Lodge (B52)

▲ [Farm][Gäste] 35km westl. Windhoek / Anfahrt: C28 (Richtung Daan-Viljoen-Park), D1958, 4km Schild, Farmpad ☞ Ariane Wendt & Karsten Friese (manager) (Deutsch) ✉ Windhoek P.O.Box 3667 ✆ 061-257187 📱 081-6220162 🛏 9 Bungalow = 10 TwZ (18P) $ (2013) Hp: DZ 690N$pP, EZ 750N$ ⓘ Konferenzmöglichkeit 30P ♔ ehemalige Farm von Helmut Bleks (gestorben 2006) & Gertrud Bleks (gestorben 2008): Gründer, Leiter u. Sponsoren der Farmschule Baumgartsbrunn (jetzt Regierungsschule) und des Instituts for Home Science (Baumgartsbrunn Haushaltsschule). ein hoffnungsvolles Projekt, das leider nur mit Unterbrechungen funktionierte und seit 2012 aufgehört hat zu existieren. 🚶 auf der Farm Hochfels (Game Drive 150N$ pP) ♿ 1 DZ rollstuhlfreundlich HausT ok @ info@eaglesrock.com, aw@buchaw.de # www.eaglerock.de

Eden Chalets (B64)

▲ [SC-Flat] 16km östl. Windhoek / Anfahrt: B6, vor Kapps Farm Farmpad nach Norden ✆ 061-234836 📠 061-234877 📱 081-1240750 (Ronnie), 081-1282044 (Elizma) 🛏 4 SC Chalets, aircon $ (2013) 300N$ pP ♔ Alpacas (!), Enten, Gänse, Truthähne, Pfaue, Kampfhühner / ***größte Papageienzucht von Namibia*** 🚶 Game drive @ reservations@edenchalets.com # www.edenchalets.com

Elisenheim (B4)

▲ [Farm][Gäste][Camping] 15km nördl. Windhoek / Anfahrt: B1 nach Okahandja, D1473, Schild ☞ Christina & Andreas Werner (Deutsch) ✉ Windhoek P.O.Box 3016 ✆ 061-264429 📠 061-264429 📱 081-1244373 ⛺ 1 Platz: "Lake in the Mountains" 4X4, 5km vom Haus / 5 schattige Plätze auf Rasen, einfaches Camping ohne richtigen Sanitärblock (2012) $ (2012) "Lake": 100N$ pP / 80N$ pP, K12 40N$ 🛏 8 TwZ, 1 FZ / SC Berghütte mit Vokü für 6-12P nur 4X4-Zugang SC $ (2012) B&B EZ 490N$, B&B

DZ 770N$ / 160N$ extra für zusätzliches Kinderbett / Berghütte 1.600N$ / Zusatzpreise: Farmrundfahrt bei 4P 120N$ pP / 4X4 Tour 180N$ pro Auto ⓘ vom 15.12. Bis 15.1. geschlossen / Rinderfarm / Konferenzräume 80P mit Ausrüstung (OVH-Projektor, Leinwand u.a.) / Gruppen für Grillabende / Kiwi ♛ zahmes Kudu ist leider gestorben 🚶 Wandern in der Tiger-Schlucht, großes Außenschwimmbad / Wasserloch 🍽 Lunch und Dinner auf Bestellung 📎 Wlan 🐕 HausT eigentlich nein 🐘 Steinböckchen, großer Kudu, Warzenschwein, @ awerner@mweb.com.na # www.natron.net/tour/elisenheim/index.html

Farm Hoffnungsfeld (B43)

▲ *{zur Zeit zu}*[Farm][Jagd] 🚗 50km südwestl. Windhoek / Anfahrt: C26 ☞ Susanne Wellik & Dr. Wolfgang Jamnik (Österreichisch) ✉ Windhoek P.O.Box 5507 ✆ 062-572100 📠 062-572100 📱 081-1270588 ⓘ 2013: zur Zeit keine touristischen Aktivitäten mehr // Rinderfarm ♛ Dr. Jamnik war vorher Besitzer von Okaverumendu. 🐘 Springbock, großer Kudu, Oryx, Warzenschwein, @ hoffnungsfeld@iway.na

Finke`s Sicht Guest House (B12)

▲ [Farm][Gästehaus][Camping] 🚗 18km östl. Windhoek / Anfahrt: B6 Richtung Flughafen, Schild ☞ Ute Finke (Deutsch) ✉ Windhoek P.O.Box 90671 Klein Windhoek ✆ 061-257232 📠 061-255025 📱 081-1244714 ⛺ 5 Stellplätze, Strom, Vokü

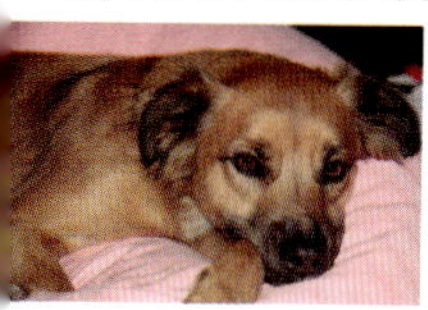

$ (2012) 100N$ pP 🛏 Gästehaus 2DZ, 2TwZ, 2 FZ, max 18P / 1 Flat 4-5P / beide mit Vokü $ (2012) B&B 599N$ pP, Hp 699N$ pP, K3 109N$, K3-12 50% / Zusatzpreise: Gamedrive 250N$ mit Vorbuchung ⓘ Kiwi viele Haustiere / Fama / KonferenzZ / 1902m hoch gelegen: Rundblick von 180°, Sternegucken ♛ ***Hundepension*** (Vp 200N$ pTag) / Wasserloch am Haus / Mineralwasserproduktion 🚶 Wanderungen / Stadtbesuchstour auf Anfrage 🍽 Biogarten & produkte: viele selbstgemachte Lbm wie Biogemüse-und Früchte, Bio-Eier, Bio-Käse, Senf, Mayonaise // Lunch Packs, Braai Packs // Vp auf Nachfrage 📎 Waschmaschine / Curio Shop / ♿ 1Z behindertengerecht 🐕 HausT ok @ utefinke@iway.na # http://finkes-sicht.de/

Finkenstein Gästefarm (B13)

▲ [Farm][Gäste][Jagd] 🚗 20km östl. Windhoek / Anfahrt: B6 ☞ Annegret Finke (Deutsch) ✉ Windhoek P.O.Box 167 ✆ 061-234751 📠 061-238890 📱 081-1247067 🛏 5DZ $ (2013) DZ Vp 650N$ / Zusatzpreise: Farmdrive 50N$ pStd ⓘ Wild & Rinderfarm / Fama / Farmarbeitern sind „hunting guides" / nur auf Anmeldung / Kiwi: viele Haustiere wie Enten, Gänse, u.a. ♛ Langzeitparken inkl. „Pflege" (1€ pT) 🚶 Hiking auch guided, Wandern, Vogelbeo. 🍽 Ernährung größtenteils von der Farm: Biogemüse und -früchte, Fleisch, Milch usw 🐘 Schwarznasen Impala, Streifengnu, Weißschwanzgnu, Kuhantilope (Hartebeest), Eland, großer Kudu, Nyala, Oryx, Wasserbock, Warzenschwein, Steppen-Zebra, Berg-Zebra, Strauß, @ finke@iway.na

Friedenau Damm (B50)

▲ [Camping] 🚗 50km westl. Windhoek / Anfahrt: C28, nach Baumgartsbrunn links 18km D1418 / beim Youth Centre ☞ Hochland Nest Lodge (B49) ⛺ 13 Plätze + 8 Privatplätze (nicht geeignet für Dachzelte) $ (2013) 70N$ pP, Privat 90N$ pP, K 50% ⓘ Adresse siehe Hochland Nest Lodge (B49) / Tagb. 60N$ pP / ♛ am Friedenau Damm / eigene Boote erlaubt (Motorboot: 150N$ pT, Paddel 100N$ pT) / Stausee des Kuiseb, für die Matchless Mine erbaut 🚶 zum Leihen: 7 Elektromotorboote (2P 350N$ pT), Kanus (100N$ pT / Angeln (Rute 25N$ pT): catch and release (Permit aus Windhoek erforderlich) / Wasservögel wie Pelikane und Kormorane / Schwimmen im klaren Süßwasser 🍽 Kiosk (Braai Pakete, Biltong, Holz) 🐕 keine

HausT 👍 sehr schöner See und reizvolle Anfahrt 📖 siehe Hochland Nest Lodge

GocheGanas Nature Reserve (B35)

▲ [Gesundheitsfarm] 29km südl. Windhoek / Anfahrt: B1 nach Süden, D1463 (9km) ☞ Udo Stritter, Reinhold Risser (manager) (Deutsch) ✉ Windhoek P.O.Box 40770 ✆ 061-224909 ✆ 061-224924 🛏 16 Chalets (32P) **$** (2013) 1.1.-31.3.13: DZ 1.900N$, EZ 2.200N$ / 1.4.-31.5.13: DZ 2.195N$, EZ 2.541N$ / 1.6.-30.613 1.900N$, EZ 2.200N$ / 1.7.-31.10.13 DZ 2.195, EZ 2.541N$ / K3-12 1.039N$ // inkl. Hp + Nutzung der Spa-Möglichkeiten / Winter Special 2013: Hp 990N$ pP inkl. Massage + Gamedrive / Zusatzpreise: Game Drive 285N$, geführte Wanderung 220N$ ⓘ KonferenzZ ♛ Wellness Centre: Massage unter freiem Himmel, Spa, Yoga, Fitness Training, u.a. (250N$ -500N$ pAnwendung) / Gocheganas Nature Reserve / Bibliothek 🚶 Motivationstraining, geführte Wanderung, Tour zu Steinzeithöhlen / Mountain Bike (3h 125N$) / ***Sternebeo. Mit dem Astronomer Robert Johnstone*** (081-4756455) 🍽 Wellness-Menü, Fasten, Vegetarisch ♿ 2 Chalets rollstuhlfreundlich keine HausT 🐘 Weißschwanzgnu, Kuhantilope (Hartebeest), Springbock, Steinböckchen, Eland, großer Kudu, Oryx, Wasserbock, Giraffe, Löffelhund, Gepard, Leopard, Strauß, ***Breitmaul- (weißes),*** 👍 "Die Anlage erscheint wie ein menschlicher Körper, die Gebäude markieren die Energiepunkte." @ info@gocheganas.com # www.gocheganas.com 📖 reservations@gocheganas.com

Godeis (B57)

▲ [Farm][Gäste][Biltong Jagd][Camping] 70km westl. Windhoek / Anfahrt: C28, D1958, D1420 (neben Okatore) ☞ Anja & Frank Eichhorn (manager), Ursel & Horst Kock (owner) (Deutsch) ✉ Windhoek P.O.Box 22273 ✆ 061-259266, 061-232650 ✆ 061-2560305 📱081-2560305 Λ Platz für eine Gruppe, Schatten **$** (2007) 50N$ pP, K12 25N$ 🛏 3DZ **$** (2007) Vp DZ 300-500N$ ⓘ Rinder & Ziegenfarm / Biltong-Jagd / Fama / 🚶 Wanderreiten, Wandern 🐘 Klippspringer, Springbock, Steinböckchen, Eland, großer Kudu, Oryx, Warzenschwein, Berg-Zebra, Gepard, Leopard, Wüstenluchs (Karakal, Rotkatze), Braune Hyäne @ u-kock@gmx.net, camping@godeis.com # www.godeis.com 📖 Reinhard Kock, Tel +49-241-93678158, Achen

Greiter´s Hotel & Conference Centre (B9)

▲ [Rastlager][Konferenz Zentrum] 14km nördl. Windhoek / Anfahrt: B1, Plot 30 Nubuamis Hills, Brackwater ☞ Cynthia & Edwin Haihambo ✉ Windhoek P.O.Box 11976, Klein Windhoek ✆ 061-255011 ✆ 061-255011 📱081-3377531 🛏 70DR **$** (2012) Standard B&B: EZ 310N$, DZ 280N$ pP ⓘ Kiwi: jumping castle, Kindergeburtstage usw / Konferenzmöglichkeiten: 6-400P (450N$ pDay)/ Hochzeiten u. andere Events ♛ Dampfraum, Sauna, 2 Schwimmbäder 🚶 Spa: Thai Massage, Indische Kopfmassage, Meditation usw / Wanderungen, Bücherei 🍽 Vegetarische Gerichte / Alkoholische Getränke können mitgebracht werden ♿ rollstuhlfreundlich @ greiters@mweb.com.na

Harmony Center (B31)

▲ [Rastlager] 10km südl. Windhoek / Anfahrt: B1 nach Süden ☞ Mrs M. Moster ✉ Windhoek P.O.Box 62026 ✆ 061-278800 ✆ 061-233815 📱081-3453755 🛏 32DZ **$** (2012) DZ 350N$ / Zusatzpreise: Miete Konferenzraum 650N$ pT ⓘ 3 Konferenzräume für 15-100 Teilnehmer @ harmony@iway.na

Hefner, Jagdfarm (B61)

▲ [Farm][Jagd] 78km südwestl. Windhoek / Anfahrt: C26, D1282 (2km), 9km Farmpad ☞ Hefner Farming CC (Deutsch) ✉ Windhoek P.O.Box 90328 ✆ 061-257283 ✆ 062572105 📱081-1277767 **$** (2012) Jagdtag 1:1 245€, 2:1 195€, Begleitperson 95€,

Anreisetag 75€ ♔ Nachempfindung der ersten Jäger 20ger Jahre mit Camp, Essenkochen, Kleidung, Waffen: "Erlegen Sie ihr Nachtmahl selbst und lassen Sie es durch unsere Jagdbegleiter in ein typisch namibisches Dinner verwandeln." Wasserstelle am Haus, großer Pool Blcßbock, Duiker, Streifengnu, Weißschwanzgnu, Kuhantilope (Hartebeest), Springbock, Eland, großer Kudu, Oryx, Warzenschwein, Berg-Zebra, Gepard, Leopard, Strauß, @ jf.hefner@africaonline.com.na # www.huntinglifestyle-hefner.com/

Heja Game Lodge (B14)

▲ [Farm][Lodge][Jagd] 20km östl. Windhoek / Anfahrt: B6 zum Flughafen, 20km großes Schild ☞ Tanya Dresselhaus (manageress) (Afrikaans) ✉ Windhoek P.O.Box 588 ✆ 061-257151 [2] 061-257148 44 Standard-Bungalows + 5 Luxus-Bungalows / aircon $ (2013) Standard B&B: DZ 730N$, EZ 420N$ / Luxus EZ 640N$, DZ 950N$ / 20% Discount für Namibier / Zusatzpreise: Gamedrive 250N$ (2-3 Std) ⓘ Rinderfarm / Bogenjagd / auch Zimmer für Tagb. / Konferenzräume 120 P / Hochzeiten ♔ Wasserloch Reiten für Kinder, Kinderspielplatz, Aktivitäten / Wandern, Reiten Restaurant à la carte, Kiosk Wäschereidienst gemeines Impala, Bleßbock, Duiker, Kuhantilope (Hartebeest), Springbock, Eland, großer Kudu, Oryx, Wasserbock, Warzenschwein, Steppen-Zebra, Gepard, Leopard, Strauß, Sitatunga @ info@hejalodge.com # www.hejalodge.com

Hochfels, Farm (B53)

▲ [Farm][Jagd][SC-Wochenendhaus] 40km westl. Windhoek / Anfahrt: C28 (Richtung Daan-Viljoen-Park), D1958, nach 6km Schild ☞ Simone & Heiner Kieckebusch (Deutsch) ✉ Windhoek P.O.Box 40132 ✆ 061-232625 061-232625 Gästehäuser 3DZ // neu: Wendy Haus (Holzhaus), SC, für 2P +2K / Solarlicht / 1km vom Farmhaus / Farmrundfahrt auf Anmeldung / Wildfleisch fürs Braai / $ (2013) Jagdtag 1:1 280€, 2:1 200€, Begleitperson 100€ / Vp 640N$, K 50% ⓘ Rinderfarm / Bogenjagd / Kiwi: viele "Haustiere": Strauße, Hunde, Ponys ♔ Pferde: Haflinger Zucht, American Quarter Horses / Felsmalereien / Waffenschmiede auf der Farm *Westernreiten, Reitausflüge auf der Farm,* Bogenschießen, Squashraum Bleßbock, Streifengnu, Kuhantilope (Hartebeest), Klippspringer, Springbock, Steinböckchen, großer Kudu, Oryx, Warzenschwein, Steppen-Zebra, Gepard, Leopard, Wendy Haus: sehr empfehlenswert, besonders für ein lekker naweek // hügelige Landschaft mit tief eingeschnittenen Schloten: ausgezeichnet zum Reitwandern, sehr "geländegängige" und liebe Pferde, auch für Kinder geeignet @ hochfels@iway.na # www.hochfels.iway.na

Hochland Nest Lodge (B49)

▲ [Lodge] 49km westl. Windhoek / Anfahrt: C28 (33km), D1418 (12km), nach Überquerung des Kuiseb Schild nach links, 3,4km Farmpad (beim Friedenau Damm) ☞ Rosa & Gys Louw (owner) (Afrikaans / Deutsch) ✉ Windhoek P.O.Box 3367 ✆ 061-257006 061-244099 088-623805 ▲ siehe Friedenau Damm (B50) 6 Chalets bis zu 4P, 1 FZ $ (2013) Hp: EZ 990N$, DZ 990N$ pP / Zusatzpreise: Farmdrive 120N$ pP ⓘ Kiwi / Tagb. (30N$ pP, K 2-12 15N$) / Konferenzraum (900N$ pTag, 25P) ♔ beleuchtetes Wasserloch / Hochzeiten geführte Lehrpfade, markierte Wanderungen 6km zu Aussichtspunkten / Game Drive Restaurant (3 Gänge Menue 190N$ pP) Wlan / Wäscheservice keine HausT Streifengnu, Springbock, großer Kudu, Oryx, Warzenschwein, Berg-Zebra, Leopard, Erdmännchen, Wildkatze, Fischadler @ hochlandnest@iway.na # www.hochlandnestnamibia.com

Hohenau (B20)

▲ [Farm][Jagd] 42km östl. Windhoek / Anfahrt: B6, C23, 18km Schild, 10km Farmpad ☞ Rainer Halenke (Anke & Helmut) (Deutsch) ✉ Windhoek P.P.S. 13050 ✆ 062-540422 062-540422 3DZ $ (2012) Jagdtag 1:1 240€, 2:1 190€ pP, 3:1 180€ pP, 4:1 160€ pP, Ruhetag 110€, Begleitperson

80€ / K12 50€ / Transfer Flughafen HuR inkl. bei 4 JagdT ⓘ Rinderfarm / Kinder herzlich willkommen, Fama über 100 Jahre altes Farmhaus, "Schlachtfeld" zwischen Nama & Herero, historischer Friedhof Wandern, Bergsteigen, Reiten nur Vp / Farmprodukte Wäscheservice Duiker, Weißschwanzgnu, Kuhantilope (Hartebeest), Steinböckchen, großer Kudu, Oryx, Warzenschwein, Berg-Zebra, Gepard, Leopard, Wüstenluchs (Karakal, Rotkatze), @ hohenau@africa-hunting.com # www.africa-hunting.com "Die Keiler"

Hohenhorst Guest Farm (B38)

▲ [Farm][Jagd] 56km südwestl. Windhoek / Anfahrt: C26, D1982 ☞ Dawid Muller (Englisch, Afrikaans, Deutsch) ✉ Windhoek P.O.Box 3041 ✆ 061-234328 081-1281215 088-616308 Farmhaus 4DZ, Jägerflügel 5DZ $ (2013) Jagdtag 1:1 300€, 2:1 250€, Begleitperson/Ruhetag 120€ ⓘ Fama / "Daggaboy Hunting Safaris" Billardtisch, Wandern Duiker, Kuhantilope (Hartebeest), Springbock, Steinböckchen, großer Kudu, Oryx, Warzenschwein, Berg-Zebra, @ damuller@iway.na, laurenza@iway.na

Hohewarte Gästefarm (B21)

▲ [Farm][Gäste][Camping] 45km östl. Windhoek / Anfahrt: B6, C23, 13km Schild ☞ Heike Köhler (manageress) (Deutsch) ✉ Windhoek P.O.Box 90899 081-3545290, 081-4261893 historisches Gästehaus 3DZ+1FZ / 2 bungalows 2Z $ (2013) B&B: EZ 922N$, DZ 728N$ pP / Hp +150N$ / Vp +205N$ / K2-12 50% / Zusatzpreise: Farmrundfahrt 1,5Std 115N$, 2,5Std 225N$ ⓘ Rinderfarm / Fama, Kiwi / Unterstellmöglichkeit für Autos (auch für längere Zeit) ehemalige Polizeistation der "Deutschen Schutztruppe" Wandern (geführt 150N$), Bismark Bergwanderung (geführt 580N$), Reiten (Ausritt 350N$, Ausritt mit Frühstück 500N$) Essen aus dem Farmbetrieb keine HausT Duiker, Kuhantilope (Hartebeest), Steinböckchen, großer Kudu, Oryx, Warzenschwein, Steppen-Zebra, Gepard, Leopard, Wüstenluchs (Karakal, Rotkatze), @ info@hohewarte.com # www.hohewarte.com

Immanuel Wilderness Lodge (B5)

ⓘ siehe Seite 87

Khomas Highland Game Hunting (B62)

▲ [Farm][Gäste][Jagd][B&B][SC] 50km westl. Windhoek / Anfahrt: C28 ☞ Dr. Dietmar Hennings (Deutsch) ✉ Windhoek P.O.Box 21044 ✆ 061-232633 061-257279 081-2601415 gekachelte Bungalows mit SC $ (2013) Jagdtag 1:1 250€, 2:1 200€, Begleitperson 80€, Ruhetag 100€ ⓘ Farmname: Heusis Ranch / Groenkloof // Rinderfarm / Ranch-Horses Zucht, Herde von 20 Pferden / auch "junge" Jäger willkommen Buschmannzeichnungen, historische Plätze Reiten: 8 Pferde für erfahrene Reiter, Ausritte / Tontaubenschießen / Wandern / Snooker Pool nur Vp oder SC, Bar, Fleisch von der eigenen Farm, Spezialdiäten Wlan / Wäscheservice // Benzin, Reifenrep. keine HausT Duiker, Weißschwanzgnu, Kuhantilope (Hartebeest), Klippspringer, Springbock, Steinböckchen, großer Kudu, Oryx, Warzenschwein, Steppen-Zebra, Berg-Zebra, Gepard, Leopard, @ heusis@mweb.com.na, info@khomas-highland-hunting.com # www.khomas-highland-hunting.com

Melrose (B40)

▲ [Lodge][Camping][SC] 43km südwestl. Windhoek / Anfahrt: C26 ☞ Nello Joao (owner), Tom (manager) (Portugiesisch, Afrikaans) ✉ Windhoek P.O.Box 21079 ✆ 061-234298 061-234606 081-7897705 Λ 10 Plätze am Damm $ (2013) 100N$ pP, K 50N$, Holz 30N$ 9DZ / SC Flat (2P+2K), 1Z mit Jaccuzzi $ (2013) B&B: 350N$ pP, K12 50% / Zusatzpreise: Gamedrive (150N$ pP 3Std.) ⓘ Kiwi: 2 Spielplätze / Tagb. (Campingplatz 50N$ pP) / siehe auch Mission Lodge/Bergeck beleuchtetes Wasserloch / altes Farmhaus von Frank James Bassingthwaighte 1820-1880, der erste Wagenbauer in der Kolonie Wanderung

Immanuel Wilderness Lodge (B5)

▲ [Lodge] 20km nördl. Windhoek / Anfahrt: B1 nach Norden, D1477, 1.2 km Schild ☞ Sabine & Stephan Hock (Deutsch) ✉ Windhoek P.O.Box 3305 ✆ 061-260901 ☏ 061-260903 ⓘ reetgedeckte Bungalows: 2 DZ, 5 TwZ, 1TZ, 1FZ, 1VZ max 22P **$** (2012) B&B (großes Frühstück, Kaffee&Kuchen): EZ 590N$, DZ 450N$ pP / K3-11 50% geführtes Reiten (2Std 450N$) Restaurant für Dinner: 3 ½ course set menu 185,-N$ pP keine HausT gemeines Impala, Springbock, Strauß, schöner Garten / ruhige Lage, obwohl dicht bei der B1 / "Dreieinhalb" Gängemenüs von Trummilesern gepriesen @ office@immanuel-lodge.de # www.-immanuel-lodge.de

/ Billard, Tischtennis Restaurant (Breakfast (50N$), Lunch 80N$, Dinner (100N$)), Buffet 100N$ / Tagb Kuchen Kiosk HausT ok, wenn sie nicht zu groß sind Streifengnu, Kuhantilope (Hartebeest), Springbock, Steinböckchen, Eland, großer Kudu, Oryx, Warzenschwein, Steppen-Zebra, Berg-Zebra, Wasservögel Tom: "Lodges soll für Namibier sein" / Geparden sollen freigelassen worden sein nach dem Eigentümerwechsel, ein alter ist noch übrig. @ melrose@mweb.com.na, tomcat@mweb.com.na # www.melrosegamefarm.com

Monteiro (B30)

▲ [SC-Gästehaus][Zelte][Camping] 11km südl. Windhoek / Anfahrt: B1 nach Rehoboth ☞ Hannelie & Wessel Swanepoel (Afrikaans) ✉ Windhoek P.O.Box 20458 ✆ 061-241345 ☏ 061-241345 081-1291172, 081-1400981 088-617852 ▲ 6 schattige Plätze: Gemeinschaftsküche, Rasen, Strom **$** (2013) 90N$ pP K10 60N$ 2 SC-Chalets, 3 DZ Gästehäuser + 8SC-Zelte **$** (2013) Chalets: 1P 390N$, 2P 490N$, 3P 590N$, 4P 690N$, K 10 120N$ // 3-DZ-Haus: 1P 400N$, 2P 550N$, 3P 670N$, 4P 790N$, 5P 910N$, 6P 1.030N$, K 10 120N$ // Zelt: 1P 230N$, 2P 330N$, 3P 430N$, K10 120N$ ⓘ Kiwi, Tagb. Ok (60N$ pP) Wanderung, Vogelbeo. / *Volleyball* Frühstück 95N$ / Essen, Lunchpakete auf Anfrage,

Kiosk Waschmaschine, Bügeln HausT an der Leine ok @ monteiro@iway.na # www. monteironamibia.com

N/a´an ku sê Lodge (B25)

[Lodge][Wildlife Sanctuary] 49km nordöstl. Windhoek / Anfahrt: auf der Farm Frauenstein / B6 24km, MR53 (14km), links Farmpad 13km ☞ Marlice & Dr. Rudie van Vuuren / Chris Heuniss (Afrikaans, San) ✉ Windhoek P.O.Box 99292 ✆ 061-307338 (lodge) 061-307337 (lodge) 081-2612709, 081-8594608 6 Bungalows: Villas/Vistas und Main Lodge / 4 Investoren Häuser $ (2012) Hp: EZ 1.700N$, DZ 1.400N$ pP / Vp: EZ 2.300N$, DZ 2,000N$ pP, Tourguide 400N$ / K3-11: Hp 700N$, Vp 1.000N$ / Zusatzpreise: Große Fütterungstour 500N$ pP, Halbe Tour 250N$, ⓘ Tagb./ Kiwi / siehe auch Neuras F35 und The Utopia Boutique Windhoek A163 "Wildlife Sanctury" („Tierheim" für verletzte Tiere u. Waisen) ***mit Löwen, Leoparden, Geparden, Wildhunden & Caracals*** / Voluntäre willkommen mit „pay for work" Naturspaziergang, Raubtierfütterung / verschiedene Touren für Photographen: „Behind the Scenes" (950N$ pP), Vogelbeo Walk (250N$ pP), Sternebeo. (450N$ pP), Geparden Walk (500N$ pP), Kinder Streichelzoo (125N$ pKid) B 115N$, L (Set Menue) 150N$, D (3 Gang) 195N$), Lunchpakete 75N$ keine HausT Kuhantilope (Hartebeest), Springbock, großer Kudu, Oryx, Warzenschwein, Giraffe, Steppen-Zebra @ naankuselodge@iway.na, bookingsnaankuse@iway.na,, lodge@naankuse. com # www.naankuse.com

NAREC Bird Centre (B26)

[Vogelzentrum mit Camping] 20km nördl. Windhoek / Anfahrt: Valley of Angels ☞ Liz Komen (Afrikaans) ✉ Windhoek P.O.Box 11232 ✆ 061-264409 081-1290565 Plätze für Besucher des Zentrums Animal Rehabilitation Centre speziell für Vögel @ liz@narec.net

Okamita (B56)

ⓘ siehe „Berlin/Okamita (B56)" S. 81

Okapuka Ranch (B7)

[Lodge] 28km nördl. Windhoek / Anfahrt: B1, Schild nach rechts ☞ Fam. Flachberger, Claus Haberl (manager) (Deutsch) ✉ Windhoek P.O.Box 5955 ✆ 061-234607 061-234690 30Z in Bungalows / Berglodge 10km von der Lodge entfernt 4DZ $ (2012) B&B: EZ 870N$, DZ 1.485N$, FZ 1.485N$+ 380N$ pP / K6-12 395N$ / inkl. Löwenfütterung / Zusatzpreise: Gamedrive 120N$ pP ⓘ Tagb. / KonferenzZ 35P Hubschrauberflüge (950N$ pP 15min max 3P, min3P) / manchmal zahme wilde Tiere am Haus / Stop vom Desert Train nach Swakop incl. Löwenfütterung // Touren bis 90P / beleuchteter Tennisplatz (keine Schläger) / Reiten u. Reitsafararis 061-257087 / Sauna / Teil des Windhoek-Okahandja 4X4 Trail: 120km, falls der noch unterhalten wird Restaurant à la carte / Weinkeller im Löwenfelsen (auch Portwein) viele Zimmer rollstuhlgerecht gemeines Impala, Bleßbock, Streifengnu, Springbock, Eland, Rappenantilope, Warzenschwein, Giraffe, Steppen-Zebra, Löwe, Strauß, Breitmaul- (weißes), Interessanter Platz, die Zimmer haben Originalzeichnungen von Aschenborn an den Wänden // Flachberger verkaufte einen Teil seiner Farm an die Okapuka Massenproduktion von Hühner @ okapuka@iafrica.com.na # www.okapuka-ranch.com

Okatore Lodge (B59)

[Farm][Gäste][Jagd] 75km nordwestl. Windhoek / Anfahrt: C28, D1958, D1420 (19km) ☞ Imke Pape (Deutsch) ✉ Windhoek P.O.Box 96394 ✆ 061-232840 061-246890 081-1244227 5 reetgedeckte Bungalows + 2DZ (=16P) $ (2012) Bungalow Hp: DZ 85€ pP, EZ 100€ / Familien-Bungalow Hp: 2P 85€

Ausritt im Khomas Hochland

pP, 3P 75€ pP, 4P 60€ pP / K6 frei // Jagdtag 1:1 300€, 2:1 220€, Ruhetag 100€, K12 20€ / Zusatzpreise: Game Drives für "Touristen" 20€ pP ⓘ Rinderfarm / Kiwi: "Ein Blick in die Pferdeboxen oder ein Besuch beim Jungvieh ist sicherlich nicht nur für Kinder interessant." Wandern, Mountainbike, Tennis, Billard, ***Volleyball***, Reiten: " ***Können Sie reiten? Dann sollten Sie nicht versäumen, diese außergewöhnliche Landschaft auf dem Rücken eines edlen Pferdes zu erobern.***" Bleßbock, Duiker, Streifengnu, Weißschwanzgnu, Springbock, Steinböckchen, großer Kudu, Oryx, Warzenschwein, Berg-Zebra, Gepard, Leopard, Wüstenluchs (Karakal, Rotkatze), Erdwolf, Stachelschwein, Stachelschwein @ info@okatore.com # www.okatore.com

Ondekaremba (B18)

ⓘ siehe „Afrika Farm Ondekaremba (B18)" S. 78

Onduno (B55)

▲ [Farm][Gäste][Jagd] 45km westl. Windhoek / Anfahrt: C28, 20km Schild: Augeigas 34 mit Giraffe rechts, Farmpad 25km ☞ Thodo & Anka Garbade (Deutsch) ✉ Windhoek P.O.Box 850 ✆ 061-231054 ℻ 061-221206 🛏 4 DZ $ verhandelbar ⓘ Rinderfarm / Fama, Kiwi // Jagd zu Fuß, zu Pferd, Bogenjagd // Onduno heißt Oryx in den Bantusprachen ♔ ***Pferdezucht*** Hannoveraner+Holsteiner für Springturniere / erster San-Jagdführer in Namibia Wandern, Tischtennis, Mountainbikes, Angeln im Damm, Reiten gemeines Impala, Bleßbock, Kuhantilope (Hartebeest), großer Kudu, Oryx, Warzenschwein, Steppen-Zebra, Gepard, Leopard, @ onduno@iway.na # www.onduno.com

Oryxhunt (B56)

ⓘ siehe „Valsdam / Oryxhunt (B56)" S. 93

Out of Nature Country Lodge (B45)

35km südl. Windhoek / Anfahrt: B1 nach

Süden ✉ Windhoek P.O.Box 40749 ✆ 061-248266 ☏ 061-248062 📱 081-2440696, 081-1294055 ⛺ Plätze $ (2013) 200N$ pPlatz, max 6P 🛏 14Z // Gruppen: Dormitory: 2X16 Betten ensuite & Bettwäsche // Zelt (40 Betten) $ (2013) B&B: EZ 675N$, DZ 400N$ pP, Honeymoon 800N$ pP, K4-12 200N$ ⓘ 1 KonferenzZ ♛ Kosmetische Produkte (www.vasernamibia.com) "jungle gym trampolines" / Golfplatz bei "Omeya Golf Estate" auf der anderen Seite der Straße / Quadbike Restaurant Kuhantilope (Hartebeest), Springbock, Eland, auf 200ha @ outofnature@mweb.com.na, reservations@outofnature.com.na # www.outofnature.biz

Panorama Hunting Ranch (B36)

⛺ [Farm][Jagd] 35km südwestl. Windhoek / Anfahrt: C26 ☞ Marlies & Reinhard Rusch (Deutsch) ✉ Windhoek P.O.Box 2992 ✆ 061-233345, 061-257468 ☏ 061-233345 📱 081-1492394 088-618387 🛏 2 separate Gästehäuser $ (2013) Jagdtag 1:1 280€, 1:200€, Ruhetag 120€

ⓘ Rinderfarm: Simmentaler u. Brahmanen / Pferdezucht: Alpha Warmblood Stud / Farm Lichtenstein West ♛ "Akirinyaga Ridgeback Kennel" (Club zur Erhaltung der Laufhunde des Südlichen Afrikas e.v. (Rhodesien Ridgeback) Dr.Gerhard Lüsse: www.akirinyaga.de Reiten / Photogruppe / Vogelbeo. / Wandern keine HausT gemeines Impala, Schwarznasen Impala, Bleßbock, Streifengnu, Weißschwanzgnu, Kuhantilope (Hartebeest), Damara Dik Dik, Klippspringer, Springbock, Steinböckchen, Eland, großer Kudu, Oryx, Pferdeantilope, Rappenantilope, Wasserbock, Warzenschwein, Steppen-Zebra, Berg-Zebra, Gepard, Leopard, @ panorama@mweb.com.na # www.farm-lichtenstein.com

Prospect (B58)

⛺ [Farm][Camping] 50km südwestl. Windhoek / Anfahrt: C26 ☞ Helena Steenkamp / Bennie Steenkamp Trust / Sandra & Jürgen Tegethoff (manager) (Afrikaans) ✉ Windhoek P.O.Box 3383 ✆ 061-303995 & 081-1283383 (Helena) 📱 081-1290619 (Sandra), 081-1290619 (Jürgen) 088-643567 ⛺ 2 große Plätze auf Gras neben dem Damm (15-20P), 1 Platz auf Sand / Boma, Kameldornbäume / Strom $ (2012) 100N$ pP / für Gruppen Rabatt ⓘ Rinderfarm / Kiwi (Pferde für K) / Tagb. ♛ Friedhof der Familie Bassingthwaighte von 1880 (siehe Melrose)

Eselskarre / Wanderweg 2Std / Ponyreiten für Kids, Reiten mit Araberpferden / ***Volleyball*** / Schwimmreifen im Damm / Game Drive Herstellung von Biltong& Boerewors HausT auf Anfrage Bleßbock, Kuhantilope (Hartebeest), Springbock, großer Kudu, Oryx, Warzenschwein

River Crossing Lodge (B29)

⛺ [Lodge] 5km südöstl. Windhoek / Anfahrt: B6, nach der Eisenbahnbrücke östl. / in den Auas Bergen ☞ Mrs. Simonetta Mosso (manageress) ✆ 061-246788 ☏ 061-243079 📱 081-1498239 🛏 20 Chalets, aircon, Federbetten mit Leinen $ (2012) B&B: EZ 950N$, DZ 1.550N$, TZ 2.200N$ / K4-8 450N$ ⓘ für Feiern & Ausbildung ♛ hist. Farmhaus Wellnes mit Massage+Schönheitsbeh. / Reiten / Gamedrive / Mountainbikes Internet Streifengnu, Pferdeantilope, Giraffe, Gepard, Leopard, @ lodge@rivercrossing.com.na # www.rivercrossing.com.na 📖 Tel: 061-246788, Fax: 061-243079

Sârima Krumhuk (B34)

⛺ [Farm][Gäste][Jagd] 25km südl. Windhoek / Anfahrt: B1 nach Rehoboth, Schild 5km Farmpad ☞ Kine & Ulf-Dieter Voigts und Christiane & Ralph Ahlenstorf (Deutsch) ✉ Windhoek P.O.Box 2630 ✆ 061-234085 (Ahlenstorf), 061-233645 ☏ 061-234085 🛏 3 Bungalows

mit je 2DZ + Aufenthaltsraum / Vokü, Veranda $ (2013) Bungalow 1P 300N$, 2P 400N$, 3P 500N$, 4P 600N$ / Wochenendspezial für

Sunrock (B1)

▲ Trummis Zuhause 40km westl. Windhoek / Anfahrt: C28 (Richtung Daan-Viljoen-Park), D1958, nach 6km Schild, Kiekebusch Straße (zum Toröffnen anrufen) ☞ Wendula, Lientjie, Wolfgang, Reien, Jacky (Deutsch, Französisch) ✉ Windhoek P.O.Box 8692 Bachbrecht ✆ 061-236250, 061-228512 061-236250 081-1273450 ⓘ Tagb. willkommen HausT willkommen @ sunrock@iway.na # www.trummisliste.com

Sundowner auf Sunrock

Namibier 1 Bungalow 750N$ / Farmer Suite 2E+2K 500N$ // Jagdtag 1:1 220€, 2:1 180€, Begleitperson/Ruhetag 80€ / Zusatzpreise: Farmdrive 300N$ + 80N$ pP (1,5Std mit Picknick) ⓘ Rinder-& Gemüsefarm / Familien willkommen Biologisch-Dynamischer Anbau / Farmschule Aris + Kindergarten Wandern, Besuch der Farmschule Aris, Exkursionen mit Abendfondue im Potjie / Besuch der nahen Sternwarte / Reiten in kleinen Gruppen möglichst Selbstversorgung mit Biodynamischen Lbm: Gemüse, Milchprodukte, Fleisch, Brot / auch zum Verkauf erhältlich / Sonntags Kulturelles mit Cafe Und Kuchen (30N$ pP) 1 Bungalow rollstuhlfreundlich Duiker, Kuhantilope (Hartebeest), Springbock, Steinböckchen, großer Kudu, Oryx, Warzenschwein, Steppen-Zebra, Gepard, Leopard
@ sarimakrumhuk@iway.na # www.jagdfarm-krumhuk.de/krumhuk.html

Sérénité (B35)

ⓘ siehe „GocheGanas Nature Reserve (B35)" S. 84

Trans Kalahari Caravan Park (B16)

[Camping] 20km östl. Windhoek / Anfahrt: B6, 20km vom Intern. Flughafen entfernt Wil Bouwers (owner) (Afrikaans) Windhoek P.O.Box 90516 061-222877 061-226100 081-1223220 10 Plätze unter Bäumen mit Gras, Strom $ (2013) 100N$ pPlatz + 50N$ pP / K12 50% DR $ (2013) Standard EZ 490N$, DZ 690N$ ⓘ Plot 10 von Kapps-Farm / Werkstattplatz mit Werkzeug zum Vermieten für Eigenarbeit, 90 Unterstellmöglichkeiten für Autos und Caravans, auch für längere Zeit, unter Dach, mit Alarm, Wartung (Auto Normalgröße 400N$ pMonat, >4,50m 480N$ pMonat) / Transfer zum Flughafen 125N$ pP Restaurant / Kiosk für Getränke HausT unter Kontrolle ok Gute Aufenthaltsmöglichkeit, um früh am Intern. Flughafen zu sein. @ namibia@bobocampers.com # www.transkalahari.com

Trans Kalahari Inn, Hotel (B16)

[Hotel] 20km östl. Windhoek / Anfahrt: B6, 20km vom Intern. Flughafen entfernt

Valsdam / Oryxhunt (B56)

[Farm][Jagd] 80km westl. Windhoek / Anfahrt: C28, D1958 Hans Peter & Luise Deloch (Deutsch) 061-235698 061-231200 081-3248150 3DZ $ (2012) Jagdtag 1:1 250€, 2:1 185€, Begleitperson/Ruhetag 85€ ⓘ Rinderfarm ***Massage und Relaxen mit Kalahari Beauty Produkten*** @ oryxhunt@iway.na

Relaxen nach der Pirsch auf Valsdam mit Kalahari Beauty Produkten

☞ Wil Bouwers (owner) ✉ Windhoek P.O.Box 90516 ✆ 061-222877 ☏ 061-226100 📱 081-1223220 (Wil) ⛺ siehe Trans Kalahari Caravan Park 🛏 22 Betten = 9DZ $ (2013) EZ 525N$, DZ 765N$, FZ 855N$ ⓘ KonferenzZ ♛ Solarhallenbad für Gäste 🍽 Restaurant à la carte / Frühstück 70N$ (vor dem Flug) 📎 Souvenirs 🐕 HausT ok @ grimm@transkalahari.com, namibia@bobocampers.com # www.transkalahari.com

Umti Lodge (B28)

▲ [Lodge] 🚗 20km nördl. Windhoek / Anfahrt: B1 ☞ Mr. Thinus Cloete (managing owner) (Afrikaans) ✉ Brakwater P.O.Box 98331 ✆ 061-303977 ☏ 061-304977 📱 081-2895223 ⛺ 4 Plätze $ 75N$ pP 🛏 10DZ+ 4Familien Chalets ⓘ Konferenzräume (40P) 🍽 Restaurant 🐕 kleine Hunde sind ok @ umti@iway.na # www.umtinam.com

Valsdam / Oryxhunt (B56)

▲ siehe Seite 92

Windhoek Game Camp (B46)

▲ [Zeltlodge][SC] 🚗 15km nördl. Windhoek / Anfahrt: B1, nach der Weigh Bridge abbiegen, 800m zurück, 2km Gravelroad ☞ Carla Feely ✉ Brakwater P.O.Box 87 ✆ 061-233138 ☏ 061-231596 📱 081-2721594 💻 088-627918 🛏 8 SC-Chalets Vokü $ (2013) SC: EZ 850N$, DZ 1.100N$, K4-12 275N$ ⓘ keine Tagb. 🚶 Wanderweg / Wasserloch // Grillplatz 500N$, Schadensgebühr 500N$ rückerstattbar 🐘 gemeines Impala, Bleßbock, Springbock, Nyala, Oryx, Wasserbock, Giraffe, @ whkgamecamp@iway.na, carla@windhoekgamecamp.com, reservations@windhoekgamecamp.com # www.windhoekgamecamp.com

Windhoek Mountain Lodge (B32)

▲ [Lodge][Camping] 🚗 19km südl. Windhoek / Anfahrt: B1 nach Rehoboth, 15km D1504, 4km Farmpad ☞ Ralf Möglich / Secilia (manageress) (Deutsch) ✉ Windhoek P.O.Box 80603 ✆ 061-257053 ☏ 061-250147 📱 081-1270666, 081-2306049 🛏 8DZ, 1reetgedeckte Suite $ (2013) B&B: DZ 450N$ pP, EZ 575N$ / Hp: DZ 590N$ pP, EZ 725N$ ⓘ Kiwi ♛ ***Ralf Möglich: internationale Motorraderfahrung im Moto Cross. Teilnahme an der Rallye Paris-Kapstadt. Motorradtouren mit Anette Tollkühn*** durch Gravel Travel Tours: www.motorradreisen.de 🚶 Sundowner, Farm Tour 📎 Transfer Flughafen 1-6P 450N$ 🐕 HausT ok @ reservations@windhoek-lodge.de, wmlodge@mweb.com.na # www.windhoek-lodge.com

Region C
Zwischen Okahandja & Usakos / Khomas Hochland

Karte siehe Seite 97

Diese Region beginnt nördlich von Windhoek bei Okahandja und erstreckt sich sich über Wilhelmstal, Karibib bis Usakos, nordöstlich bis Hochfeld. Die Angebote an Unterkünften liegen vor allem links und rechts der B2, die parallel zum Swakoprivier verläuft.

Beim Aufenthalt in diesem angrenzenden Hochland westlich von Windhoek genießt man die Ruhe und den Tierreichtum des Buschvelds und ist zugleich nicht weit entfernt von der Hauptstadt. Das Klima unterscheidet sich nicht viel von dem in Windhoek: Die Temperaturen sind wegen der Höhenlage noch etwas extremer als in der Stadt, sie schwanken um 20 Grad Celsius zwischen Tag und Nacht, weshalb man auch im Sommer noch recht gut schlafen kann; der Regen fällt im Sommer, dann fließen auch die vielen Schlote und Riviere, und es grünt und blüht; im Winter ist es nach Sonnenuntergang empfindlich kalt.

Bei Okahandja beginnen auch die Termitenbauten, die neben der Straße je nach Bodenbeschaffenheit in verschiedenen Farbtönen und in bizarren Formen aus den Boden ragen. Die großen Termitenpilze (Omajeva), die im Geschmack den Champignons gleichen, werden nach guten Regen an der Straße feilgeboten.

Das Buschveld zwischen den Rivieren Kuiseb und Swakop wird vor allem als kommerzielles Farmland für Rinderzucht und Wild benutzt. Neben der Rinderzucht haben die Farmer sich zu Gäste- und Jagdfarmen entwickelt.

Okahandja

Okahandja ist der größte Ort der Region mit allen Versorgungsmöglichkeiten, aber mit geringerem Angebot als Windhoek. Es ist ein historisch wichtiger Platz mit besonderer Bedeutung für die Herero, die ihr Fest zu Ehren der Ahnen am ersten Sonntag nach dem 23. August feiern. Große Souvenirmärkte vor allem mit Holzarbeiten entstanden nach der Unabhängigkeit im Ort entlang der Hauptstraße. Allerdings brannte der beliebte Markt direkt im Zentrum 2011 ab, und es ist unklar, wie und wann er wieder aufgebaut wird. Der eigentliche Holzschnitzermarkt liegt am Ortseingang direkt an der B1 bei der Ausfahrt nach Windhoek. Es wird immer wieder gefordert, daß die Lebensbedingungen der Holzschnitzer, die hier in Zelten hausen, verbessert werden sollten. Aber wann?

Bedeutsam für die ökonomische Grundlage sind der Schlachthof in Okahandja, die Marmorwerke und die Goldmine Navachab bei Karibib

Otjimbingwe – der vergessene Handelsplatz

Die alte Missions- und Handelsstation Otjimbingwe, im 19.Jahrhundert Versorgungsplatz der Jäger, Händler, dann auch der Kolonialtruppen, liegt heute völlig abseits und ist von kommunalem Farmland umgeben. Der Bau der Eisenbahn und später dann der B2, weit nördlich von Otjimbingwe, nahmen diesem Ort jegliche Möglichkeit einer weiteren wirtschaftlichen Entwicklung.

Groß Barmen – die Zerstörung eines traditionsreiches Bades

Zu Ende des 19.Jahrhundert war Groß Barmen der wichtigste Missionsplatz der Rheinischen Mission (s. Namensgebung), doch nur noch einige Lehmziegelmauern, kaum noch sichtbar im Buschveld, sind erhalten. Der südafrikanische Naturschutz baute um die heiße Quelle herum das „Bad Groß Barmen“ aus. Es wurde ein beliebtes Ausflugsziel der lokalen Bevölkerung zum Baden und Grillen. Im Jahr 2010 wurde es geschlossen und komplett demontiert. Auch der Campingplatz mit seinen schattigen Bäumen und der großzügigen Anlage von gemauerten

Grillplätzen, von Küchen und Waschhäusern wie auch die Flutlichtanlage der Tennisplätze wurden zerstört. Es soll eines Tages als „Upper Class“ Resort neu eröffnet werden. In Groß Barmen zeigt sich besonders schmerzhaft die Folge des staatlichen Desinteresses an bezahlbaren Erholungsmöglichkeiten für die eigene Bevölkerung.

Die großen Dämme: Wasserversorung für Windhoek

Bei Okahandja liegen auch die zwei großen Stauseen (von Bach-Damm/Tungeni Dam Resort C17 und Swakoppoort-Damm), die für die Wasserversorgung Windhoeks wichtig sind. Wegen der hohen Verdunstung, der Verschmutzung aus den Zuläufen und dem ungeplanten rasanten Wachsen von Windhoek werden inzwischen schwere Bedenken geäußert, ob die Dämme noch die Wasserversorgung in den nächsten Jahren gewähren werden können.

Der Bosua Paß = C28

Der Bosua-Paß ist der nördlichste Paß, der in die Namibwüste hinunterführt und wird daher bei TRUMMI in dieser Region eingeschlossen. Die kurvenreiche Straße C28 ist die kürzeste Verbindung von Windhoek zur Küste nach Swakopmund. Sie ist landschaftlich viel reizvoller als die nördlicher verlaufende B2, aber man braucht, da es eine Gravelroad ist, mindestens 2 Stunden länger als über Okahandja und Karibib, um zur Küste zu gelangen. Sie verläuft streckenweise auf dem alten Baiweg, und zwar auf der Wasserscheide zwischen den Rivieren Swakop und Kuiseb. Das Liebighaus und das alte Curt von Francois Fort liegen direkt an der Pad. Auf dem höchsten Punkt des Bosua Passes mit weitem Blick über die meistens bläulich schimmernde Namib und je nach Jahreszeit bunt sich färbenden Combretumbäumen sollte man einen Stop einlegen und sich für die steile Abfahrt rüsten. Caravans mit Anhänger sind zu Recht nicht gestattet. Es wäre der ideale Picknickplatz, wenn er nicht so vermüllt wäre.

Eines der ältesten Restcamps Tsaobis, am Fuße des Passes im Namib-Randgebiet, wurde, nachdem es an die Regierung verkauft worden war, 2012 von einem neuen Pächter wieder eröffnet. Das Camp hat zwar keine Geparden wie früher mehr, aber es ist ein Eldorado für die Geologen (C56).

Literatur:

☞ siehe „Namibia“: Landesmitte nördlich u. nordwestlich von Windhoek S.306 – 315, zum Odendaalplan ausführlich S.128, über die Omajova S. 273

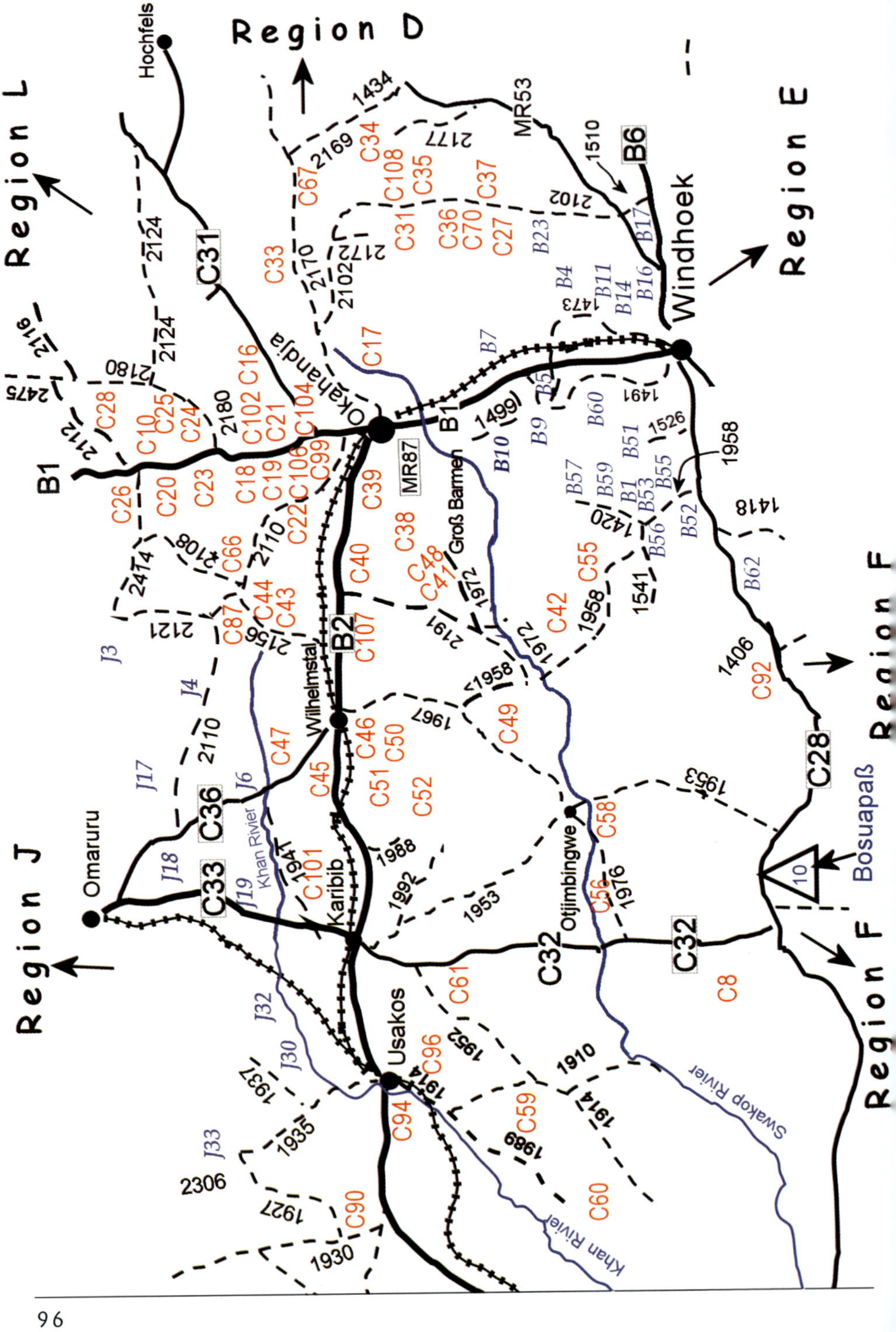
Region L
Region D
Region E
Region F
Region J
Hochfels
Omaruru
Okahandja
Windhoek
Groß Barmen
Wilhelmstal
Karibib
Usakos
Otjimbingwe
Bosuapaß
Khan Rivier
Swakop Rivier
B1
B2
B6
C28
C31
C32
C33
C36
MR87
MR53

Region C - Okahandja - Khomas Hochland - Usakos

Region C

In der Liste sind alle Nummern schwarz, die nicht in Ortschaften sind

C1 Andreas Kukuri Centre (in Okahandja)
C2 Okahandja Country Hotel (in Okahandja)
C3 King´s Highway Rest Camp (in Okahandja)
C4 Reitclub (in Okahandja)
C5 Sylvanette B&B (in Okahandja)
C6 Villa Nina (in Okahandja)
C8 Wilsonfontein
C10 Reveille
C12 Tommy´s Lodge (in Karibib)
C13 Klippenberg Country Club & Guesthouse (in Karibib)
C14 Half Way Overnight (in Karibib)
C16 Okahandja Cultural Village
C17 Tungeni Dam Resort
C18 Omatako Ranch
C19 Bio Farm
C20 Outeniqua Gästefarm
(C21 Okakango Nord)
C22 Okatjiho
C23 Matador
C24 Omongongua
C25 Hüttenhain
C26 Tiefenbach
C27 Omujeve Farm
C28 Otjinuke Hunting Ranch
C31 The Elegant Farmstead
C33 Otjiruze
C34 Hummelshain
C35 Otjozonjati
C36 Midgard Country Estate
C37 Leopard Lodge Okanjanga
[C38 Groß -Barmen-Thermalbad zZz]
C39 The Rock Lodge
C40 Ozombanda Safari Hunting Ranch
C41 Otjiruse
C42 Westfalenhof
[C43 Oropoko Lodge-zZz]
C44 Moringa
C45 Wilhelmstal-Nord
C46 Kaliombo
C47 Okajo Safari Lodge
C48 Sney Rivier Lodge
C49 Okomitundu
C50 Okondura Nord
C51 Kànsimba Game Lodge
C52 Albrechtshöhe
C55 Glynberg Gästefarm
C56 Tsaobis Nature Park
C58 Okanduka Seibe
C59 Sphinxblick
C60 Wüstenquell Private Nature Reserve
C61 Etusis Lodge
C62 Namib Oasis Farmstall (in Usakos)
C63 Bahnhof Hotel Usakos (in Usakos)
C66 Farm Felseneck
C67 Onjona Lodge
C68 Auberge Omulonga (in Okahandja)
C70 Okarumuti Game Lodge
C71 The Place (in Okahandja)
C87 Ozongwindi Lodge
C90 Harnas Namib
C92 Harmonie Campsite
C94 Okambishi´s Rest
C95 Jodo B&B (in Usakos)
C96 Achab Rest Camp
C98 Khaya Guesthouse (in Okahandja)
(C99 Ardilla)
C100 1000 Olives Guesthouse (in Okahandja)
C101 Otjimbojo Wildfarm
C102 Okatjeru Game Farm
C104 Ombo Rest Camp
C106 Omatozu
C107 Buschhotel Lodge
C108 Otjiterazu Guest Farm

auf der Karte - Region B
B1 Sunrock
B4 Elisenheim
B5 Immanuel Wilderness Lodge
B7 Okapuka Ranch
B9 Greiter´s Hotel & Conference Centre
B10 Düsternbrook Gästefarm
B11 Bellerode Gästefarm
B14 Heja Game Lodge
B16 Trans Kalahari Inn
B16 Trans Kalahari Caravan Park
B17 Airport Lodge
B23 Burg Gusinde
B51 Daan-Viljoen-Wildpark
B52 Eagles Rock Leisure Lodge
B53 Hochfels
B55 Onduno
B56 Berlin/Okamita
B57 Godeis
B59 Okatore Lodge
B60 Big 5 Mini Lodge
B62 Khomas Highland Hunting Ranch

auf der Karte - Region J
J3 Ovita Game & Hunting
J4 Haasenhof
J6 Khan River Lodge
J17 RB Farm Omapyu
J18 RL - Farm
J19 Onduruquea Lodge
J30 Ameib
J32 Kuduberg
J33 Spitzkoppe

Groß-Barmen-Thermalbad (C38)
geschlossen & alles demontiert

Bis 2010 ein beliebtes Ausflugsziel der Namibier (stundenlanges Baden im warmen Wasser, schattiger Camping- und Braaiplatz). Im Jahr 2010 wurde es geschlossen und komplett demontiert. Auch der Campingplatz mit seinen schattigen Bäumen und der großzügigen Anlage von gemauerten Grillplätzen, von Küchen und Waschhäusern wie auch die Flutlichtanlage der Tennisplätze wurden zerstört. Es soll eines Tages als „Upper Class" Resort neu eröffnet werden. In Groß Barmen zeigt sich besonders schmerzhaft die Folge des staatlichen Desinteresses an bezahlbaren Erholungsmöglichkeiten für die eigene Bevölkerung.

Unser Text in der Ausgabe von 2008:

Groß-Barmen Thermalbad 2008

Groß-Barmen Außenbad 2013 nach 3 Jahren „Bauzeit"

Groß-Barmen Camping & Grillplatz 2008

Groß-Barmen Camping & Grillplatz 2013

⅄ [staatl. Rastlager][Camping] 26km südwestl. Okahandja / Anfahrt: MR87, ausgeschildert ☞ Namibia Wildlife Resort (NWR) ✉ Okahandja P/Bag 2161 ✆ 062-501091 [2] 062-501091 [2] ▲ 40 Plätze unter alten Akazien, / Küchenhaus mit Herd / pro Platz 8 P, 2 Fahrzeuge, 1 Wohnwagen oder 1 Zelt / $ (2010) 50N$ pPlatz + 50N$ pP ⓘ Chalets: 24 "Bush Small" (A) 1DZ 2P / "Bush Big" (B) 2DZ 4P / 4 "Family" (C) 2DZ, 4P $ (2010) (A) sharing 300N$ pP, single 450N$ / (B) sharing 350N$ pP, single 600N$ / (C) sharing 400N$ pP, single 800N$ / Frühstück inkl. / K6-12 50% ♛ Letzte Ruinen der ehem. Rheinischen Missionsstation westl. vom Campingplatz im Veld Thermal Bad mit großem warmen Außenschwimmbecken unter Palmen und heißem Bad innen / Kinderplanschbecken / Spielplatz / Tennis mit Flutlicht / Wanderungen um einen kleinen See / viele Wasservögel Restaurant / Laden mit etwas Lbm. + Feuerholz, Tankstelle.

1000 Olives Guesthouse (C100)

[Gästehaus] Okahandja, D2110 / Voortrekker Road Elsie Schrader (Afrikaans, Deutsch) Okahandja P.O.Box 257 062-500464 062-500464 081-1242369 Plätze 4DZ, 1FZ $ (2013) B&B: EZ 400N$, DZ 600N$, FZ 800N$ (4 Betten) Kiwi Olivenhaine Dinner auf Anfrage (100N$ 3 Gänge) keine HausT @ autoconnection25@gmail.com, 1000olivesbb@gmail.com #www.1000olives.com

Achab Rest Camp (C96)

[Camping] 9km südl. Usakos / Anfahrt: D1914 Ben van Zyl (Afrikaans) kein Telefon 081-2433412 Plätze / Zelt / Rasen mit Schatten $ 90N$ pP, K3-12 45N$, Pensionäre 50% / Zelt 330N$ Tagb. ok (60N$ pP) Quiver trees / natürliche Felsenquellen & Pools / ***2 endemische Vögel: Rockrunner, Herero Chat*** Wanderung, Vogelbeo., Gamedrive mit dem eigenen Auto, Mountainbike (Leihen 50N$ pT) HausT ok Steppen-Zebra, Leopard, @ achab.nature@gmail.com, info@achabnamibia.com #www.achabnamibia.com

Albrechtshöhe (C52)

[Farm][Gäste][Jagd] 26km östl. Karibib / Anfahrt: B2 (22km) in Richtung Okahandja, D1988/F1943 (2km) bis Schild Ingrid & Paul-Heinz Meyer (Deutsch) Karibib P.O.Box 124 062-503363 062-503363 4DZ + 1EZ in 2 Gästehäuser $ (2013) Vp 120€ pP / Jagdtag 1:1 280€, 2:1 220€ Fama / Pirsch und Autojagd / Kiwi Haus wurde von der "Schutztruppe" erbaut: Station Albrechtshöhe / Orangenhaine Wandern keine HausT gemeines Impala, Duiker, Streifengnu, Weißschwanzgnu, Damara Dik Dik, Klippspringer, Springbock, Steinböckchen, Eland, großer Kudu, Oryx, Warzenschwein, Giraffe, Steppen-Zebra, Berg-Zebra, Wüstenluchs (Karakal, Rotkatze), @ meyer@iafrica.com.na #www.safariwest.de

Andreas Kukuri Centre (C1)

[Konferenz Zentrum][Backpacker] Okahandja, Kolbe Str. 126 (Evangelisches Zentrum) Egon /Nanub (manager) (Nama/Damara) Okahandja P.O.Box 1219 062-503331 062-504099 7DZ (14P), Backpacker (87 Betten) 140P $ (2012) Bett (Backpacker) 130N$, DZ: 1P 240N$, 2P 330N$ Konferenzmöglichkeiten: 4 Räume für 20P (290N$), 1 Raum für 40P (580N$), 1 Halle für 400P (895N$) Frühstück 31N$, Lunch 45N$, Dinner 45N$ @ akcc@iway.na

Ardilla (C99)

{*zur Zeit zu*}[B&B] 10km nördl. Okahandja / Anfahrt: B1 nach Norden, C31 (600m) Veronika & Ronny Ratheiser (Deutsch) Okahandja P.O.Box 213 062-504090 081-3686444 6DZ+ 2FZ = 20 Betten / Zusatzpreise: Avorie Eintritt 20N$ pP zur Zeit geschlossen, aber Tochter wird das B&B demnächst wiedereröffnen Art and Craft Market "Avoiry" mit Finken, Enten, etc Restaurant @ info@ardillanamibia.com, electrol@mweb.com.na #www.ardillanamibia.com

Auberge Omulonga (C68)

[B&B] Okahandja, Dr. Vetter Str 458 Christine & Jean Paul Rosana (Französisch) Okahandja P.O.Box 1149 062-500340 062-500341 3 DZ+1 FZ = 10P $ (2012) B&B: EZ 310N$, DZ 500N$, K5-11 50% Kiwi / geschlossen Dez+Jan Christine versucht, die lokalen Künstler zu unterstützen: viele Kunstwerke in den Räumen / Holzschnitzer Markt Lunch&Dinner auf Anfrage (L 75N$, D 120N$), Picknick Pack 50N$ Wäscheservice keine HausT @ omulonga@iway.na #www.omulonga.iway.na

Bahnhof Hotel Usakos (C63)

▲ [Hotel] Usakos, Theo Ben Gurirab Str. 72 ☞ Martie McDonald (owner) Corrie Smith (Manager) (Englisch) ✉ Usakos P.O.Box 43 ✆ 064-530444 064-530765 10 DZ (Luxus), 4 DZ (Standard) / aircon $ (2012) Luxury B&B: EZ 420N$, DZ 595N$ / Standard B&B: EZ 330N$, DZ 495N$, K2 frei Restaurant à la carte, traditionelles afrikaanses Essen Wlan @ websmith@iway.na #erongo.50megs.com/bahnhof (ohne "www." !)

Bio Farm (C19)

▲ [Bio Farm Projekt] 20km nördl. Okahandja ☞ Trudi & Marco Simoni (Deutsch) ✉ Windhoek P.O.Box 40778 ✆ 062-518378 ⓘ Übernachtung kann arrangiert werden / Flat mit Vokü ⓘ auch für Schulklassen "Permakultur" ("sustainable living"): Biofarmkonzept: eigene Versorgung mit nichtgespritztem Obst u.ökologischem Anbau / Key Äpfel Kultur / Verwendung erneuerbarer Energie usw. / auch Massage, Antistreß Behandlung / EHA= active health awareness @ simonim@mweb.com.na Tel 061-251338, Fax 061-251388

Bobbejaan Chalets (C102)

ⓘ siehe „Okatjeru Game Farm (C102)" S. 108

Buschhotel Lodge (C107)

▲ [Lodge] 45km westl. Okahandja / Anfahrt: B2 ☞ Odette & Jaco van der Westhuizen (Afrikaans) ✆ 062-500429 081-3550859 ▲ 9 Plätze 3 Bungalows ⓘ Haupthaus mit Türmchen Restaurant @ reservations@buschhotel.com, info@buschhotel.com #www.buschhotel.com

Etusis Lodge (C61)

▲ [Lodge][Camping][SC] 35km südwestl. Karibib / Anfahrt: C32 (19km), P1954 (16km) ☞ Susanne & Volker Ledermann (owner), Monika & Herbert Lauenroth (manager) (Deutsch) ✉ Karibib P.O.Box 5 ✆ 064-550826 064-684056 ▲ 20km von der Lodge: Plätze im Rivierbett, großzügig Platzangebot $ (2012) 100N$ pP 7 Chalets jedes für 2E+2K / 2 Zelte jedes für 2P mit Gemeinschaftsbad / 3 Zelte jedes für 2P ensuite / altes SC-Farmhaus 7P $ (2012) Chalets: DZ Hp 1.090N$ pP, EZzuschlag 360N$ / Zelt: DZ Hp 850N$ pP, EZzuschlag 240N$ / K2-6 25%, K6-12 50% / Senioren 10% Rabatt // Farmhaus: 300N$ pZimmer / Zusatzpreise: Farmrundfahrt 200N$ pP, Reiten 1.Std. 200N$ pStd ⓘ Kiwi, Fama, KonferenzZ, Gemüsegarten, Milchkühe privates Wildreservat / Etusis-Wasserfall / ***Etusis Foundation: Hartmann Mountain Zebra*** geführte Wanderungen, markierte Wanderwege, Bergsteigen (Otjipatera-Berge) / Reiten (Pferde aus Lesotho, Tölter), Ausritte mehrere Tage / Kutschfahrten / beleuchtete Wasserstelle mit Beobachtungshaus Büfett, Lunchpakete // Farmhaus SC Internet keine HausT gemeines Impala, Bleßbock, Duiker, Klippspringer, Springbock, Steinböckchen, großer Kudu, Oryx, Warzenschwein, Berg-Zebra, Löffelhund, Gepard, Leopard, Erdwolf, Strauß, @ etusis@iway.na #www.etusis.com res-dest

Farm Felseneck (C66)

▲ [Farm][Gäste][Jagd][Camping][SC] 48km nordwestl. Okahandja / Anfahrt: D2110 ☞ Hella & Marco Pfeifer (Deutsch) ✉ Okahandja P.O.Box 115 ✆ 062-503545 062-503546 ▲ Plätze 3-5 SC-DZ / 1 SCHaus 4-7P mit Vokü $ (2012) DZ: B&B 500N$ pP, Hp 680N$ pP, Vp 900N$ all incl. / Haus 4P 700N$ + 100N$ pP // / Jagdtag 1:1 180€, 2:1 130€, Ruhetag 100€, k6-12 20€ / Reduktion für Namibier auf Anfrage / Zusatzpreise: Transfer Flughafen - Farm 280€ pGruppe ⓘ Wildfarm / Kiwi: am Haus: Kälber, Pferde, nette Hunde Hochsitze an den Wasserlöcher ♿ 1Z rollstuhlfreundlich HausT auf Anfrage gemeines Impala, Duiker, Kuhantilope (Hartebeest), Damara Dik Dik, Springbock, Steinböckchen, Eland, großer Kudu, Oryx, Warzenschwein, Giraffe, Steppen-Zebra, Gepard, Leopard, Strauß, keine Jagd auf kleine Antilopen & Raubkatzen @ hella1963@yahoo.com, fels-eck@iway.na #www.farmfelseneck-namibia.com

Bosuapaß im trockenen Winter

Glynberg Gästefarm (C55)

▲ [Farm][Gäste][Jagd][SC] 74km nordwestl. Windhoek / Anfahrt: C28, D1958 Dr. Francois Burger (owner), Bertus de Lange (Afrikaans) Windhoek P.O.Box 35084 061-257257 061-257257 4 Bungalows SC $ (2012) 250N$ pP ⓘ Farm: Bonsmara Rinder, Damara Sheep, Ziegen/ Tagb. / Kiwi / KonferenzZ 30P Wanderwege SC möglich / Gruppe von 15P kann verkostet werden keine HausT Bleßbock, Streifengnu, Weißschwanzgnu, Kuhantilope (Hartebeest), Klippspringer, Springbock, Eland, großer Kudu, Oryx, Wasserbock, Giraffe, Steppen-Zebra, Berg-Zebra, Gepard, Leopard, Strauß, Surikate @ glynberg@africaonline.com.na

Groß-Barmen-Thermalbad >2013 (C38)

▲ *{zur Zeit zu}* 26km südwestl. Okahandja / Anfahrt: MR87, ausgeschildert NWR ⓘ November 2013 noch geschlossen / siehe „Groß-Barmen-Thermalbad (C38)“ S. 98

Half Way Overnight (C14)

▲ [SC Zimmer] Karibib, 500m von der Hauptstraße, Schild Liza & Theunis Koetze (Afrikaans) Karibib P.O.Box 179 064-550040 064-550040 081-2578115 Λ im Notfall campieren möglich 2DZ mit Kitchenette $ (2013) EZ 330N$, DZ 470N$ ⓘ Kiwi rollstuhlfreundlich "ok, aber nicht zu groß" @ theunislisa@iway.na

Harmonie Campsite (C92)

▲ [Camping] 95km westl. Windhoek / Anfahrt: C28, Schild Mike Jacobs (Afrikaans) Windhoek P.O.Box 30086 061-681065 088-6520347 Λ 2 Plätze, Kameldornbäume $ 70N$ ⓘ Fama, Kiwi 4X4 Touren Selbstfahrer (150N$ pAuto) / Wandern, Vogelbeo. kleine Hunde ok Klippspringer, großer Kudu, Oryx, Steppen-Zebra, schöne Lage im Khomas Hochland @ harmonie@iway.na

Harnas Namib (C90)

▲ [Lodge][Camping] 50km westl. Usakos / Anfahrt: B2 Harnas Λ Plätze 12km von der Lodge entfernt am Khan Rivier ⓘ Farm Vergenoeg am Khan River Canyon, vorher "I Dream Africa Lodge" / Farm für Voluntäre hist. Kupfermine @ info@harnas.org, bookings@harnas.org # wwww.harnas.org

Bosuapaß nach gutem Regen

Hummelshain (C34)

▲ [Farm][Jagd] 90km östl. Okahandja / Anfahrt: D2170, D2169 ☞ Walter Sibold (Deutsch) ✉ Windhoek P.O.Box 22334 ✆ 062-503735 ℻ 062-682107 Gästehaus 3DZ mit ReserveZ, Bungalow 1FZ $ (2009) Jagdtag: 1:1 160€, Ruhetag 80€ ⓘ Rinderfarm Vogelbeo., Wanderungen namibische und bayrische Spezialitäten (selbstgebackene Brezen) Duiker, Kuhantilope (Hartebeest), Klippspringer, Springbock, Steinböckchen, großer Kudu, Oryx, Warzenschwein, Steppen-Zebra, Gepard, Leopard, Tüpfelhyäne, Strauß, @ siboldw@iway.na #www.jagdfarm-hummelshain.com

Hüttenhain (C25)

▲ [Farm][Jagd] 50km nördl. Okahandja / Anfahrt: B1 nach Norden, D2180, 18km Schild ☞ Sebastian & Vanessa von Koenen (Deutsch) ✉ Okahandja P.O.Box 899 ✆ 062-518335 ℻ 062-518334 Gästehaus 2DZ mit Bad, 2 DZ (4P) $ (2012) Jagdtag 1:1 250€ pP, 2:1 200€ pP alles inkl., Ruhetag 100€ ⓘ erster & letzter Tag keine Jagd / Jagd auch auf umliegenden Farmen (18 Arten) zahme Tiere am Haus nur Vp Internet MTC ♿ rollstuhlfreundlich keine HausT Duiker, Kuhantilope (Hartebeest), Steinböckchen, großer Kudu, Oryx, Warzenschwein, @ svkoenen@mweb.com.na #www.huettenhain-namibia.com

I Dream Africa Lodge (C90)

ⓘ siehe „Harnas Namib (C90)“ S. 102

Jodo B&B (C95)

▲ [B&B][SC-Flat] Usakos, Victoria Street 93 ☞ Tina Weiwadel (owner), John (manager) (Deutsch) ✉ Usakos P.O.Box 306 ✆ 064-530578 ℻ 064-530579 081-2402333, 081-2402330, 081-1290611 1DZ+ 2TwR+1SC-Haus (8P) $ (2013) B&B: EZ 330N$, DZ 490N$ / SC 900N$ pHaus ⓘ Kiwi, Fama Restaurant Treehouse (schwäbisch) 30P, Biergarten (50P) 064-530678 ♿ rollstuhlfreundlich @ jodotours@mweb.com.na

Kaliombo (C46)

▲ [Zeltlodge][SC] 4km westl. Wilhelmstal / Anfahrt: B2 Richtung Karibib, nicht Einfahrt von Kansimba, 7km Farmpad ☞ Hans Dieter Herzig (owner), Henriette Feddersen (manageress) (Deutsch) ✉ Swakopmund P.O.Box 442 ✆ 062-503975, 062-404561 ℻ 062-404561 081-2474825 5 Safarizelte

$ (2007) SC: DZ 360N$, EZ 200N$ / B&B: EZ 220N$, DZ 480N$ / Hp: EZ 350N$, DZ 650N$ / Vp: EZ 400N$, DZ 760N$ / Zusatzpreise: Farmrundfahrt 50N$ pP ⓘ Wildfarm / Jagd möglich Wandern SC möglich Duiker, Damara Dik Dik, Eland, großer Kudu, Oryx, Warzenschwein, Berg-Zebra, Gepard, @ sunrisetours@iafrica.com.na # www.sunrisetours.com.na/kaliombo.htm SunriseTours, P.O.Box 442, Swakopmund, Tel 064-404561, Fax 064-404923, Cell 081-2474825

Kànsimba Game Lodge (C51)

[Farm][Gäste][Jagd] 17km westl. Wilhelmstal / Anfahrt: B2 nach Westen, Schild Farmpad 13km Gisela & Helmut Herbst & Hanelie Lipman (owner) (Deutsch) Windhoek P.O.Box 23556 062-503966 062-503967 3 Luxux DZ + 4 Standard DZ +1 FZ +1EZ $ (2012) Standard: B&B 750N$, Hp 890N$, Vp 1.000N$, Ezzuschlag 250N$ / FZ: B&B 870N$, Hp 1.020N$, Vp 1.120N$, Ezzuschlag 280N$ / Luxus: B&B 1.1990N$, Hp 1.370N$, Vp 1.500N$, Ezzuschlag 410N$ / Zusatzpreise: Game Drive 160N$ pP ⓘ KonferenzZ, Jagd per Fuß, Bogenjagd / Fama, Kiwi Felszeichnungen / Eigner der Firma Optima Hydraulics Südafrika geführte Wanderung Kiosk, Farmstall Landebahn gemeines Impala, Bleßbock, Streifengnu, Weißschwanzgnu, Kuhantilope (Hartebeest), Damara Dik Dik, Klippspringer, Springbock, Steinböckchen, Eland, großer Kudu, Oryx, Wasserbock, Giraffe, Steppen-Zebra, Berg-Zebra, Gepard, Leopard, Strauß, @ kansimba@africaonline.com.na, hherbst1@optima.co.za # www.kansimbahunting.com

Khaya Guesthouse (C98)

[Gästehaus] Okahandja, Voortrekker Road 507 / Ecke River Road Odette & Jaco van der Westhuizen (Afrikaans) 062-500429 062-500729 081-2148056 DZ, aircon $ (2010) B&B: DZ 495N$, EZ 295N$ Wlan @ info@khayaguesthouse.com, odette@khayaguesthouse.com # www.khayaguesthouse.com

King´s Highway Rest Camp (C3)

[Rastlager][Camping] Okahandja, direkt an B1 Richtung Swakopmund Cecilie van Schalkwyk Okahandja P.O.Box 282 062-504086 062-504086 7 Plätze, Strom $ (2013) 80N$ pP 6 Rondavels mit gemeins. Bad/WC / 5 Bungalows en-suite + kitchenette $ (2013) Rondavels 1-6: 1P 220N$, 2P 300N$ / Bungalow Nr 6-10: 1p 320N$, 2P 400N$, 3P460N$ ⓘ King's Highway ist Teil der Foundation for Cross-cultural Education (FCE) // alter Name: Okahandja Rastlager laut wegen der Nähe der B1 @ kingshighwaynam@mweb.com.na, okahandja@kingshighway.co.za # www.kingshighway.co.za

Klippenberg Country Club & Guesthouse (C13)

[Gästehaus][Camping] Karibib, Nachavab Mine, in der Ortsmitte Schild Navachab Mine / George Dirsuwei (manager) (Afrikaans) Karibib P.O.Box 150 064-550693 George 081-1248730 5 Plätze $ (2013) 85N$ pP 5DZ+5EZ $ (2013) B&B: EZ 480N$, DZ 680N$ Tennisplatz, *Volleyballfeld*, Golf 9 Loch Restaurant HausT ok @ kcc@iway.na

Leopard Lodge Okanjanga (C37)

[Farm][Gäste][Jagd] 72km nordöstl. Windhoek / Anfahrt: B6 (22km), MR 53 (13km), D2102 (35km), Schild Mr. Muller (Englisch, Russisch) Okanjanga P.O.Box 90049 062-540409 062-540444 081-1282886 (Michelle) Gästehaus 6DZ $ (2013) Vp: EZ 800N$, DZ 1.000N$, K3-12 400N$ / Hp: EZ 700N$, DZ 900N$, K3-12 350N$ // Jagdtag 1:1 300€, 2:1 180€ / Reduktion für Namibier / Zusatzpreise: Gamedrive 150N$, K3-12 50N$ ⓘ Kiwi: Kinderspielplatz, Kleintiere / Tagb. ok *Krokodil*, Hyänen und *Leoparden* in der Nähe des Hauses (Fütterung) Reiten, Tennis, geführte Wanderungen, Tontaubenschießen,

Tischtennis gemeines Impala, Kuhantilope (Hartebeest), Springbock, Steinböckchen, Eland, großer Kudu, Wasserbock, Giraffe, Steppen-Zebra, Leopard, Tüpfelhyäne, Krokodil, Strauß, @ leopardcrawl@yahoo.com #www.leopardlodge.com Fax 061-251882

Matador (C23)

[Farm][Gäste][Jagd] 42km nördl. Okahandja / Anfahrt: B1 nach Norden (40km) R.M. & P. Brase (Deutsch) Okahandja P.O.Box 214 062-518363 062-518362 3DZ + 2EZ $ (2007) DZ Vp 60€ pP inkl. Farm Drive / Jagdtag 150€, Ruhetag 60€ ⓘ Rinderfarm, Pferde + Schafe / Fama ***großer Kaktusgarten*** Hochsitz nicht geeignet, viele Treppen Kuhantilope (Hartebeest), Damara Dik Dik, Steppen-Zebra, @ phbrase@mweb.com.na # www.farm-matador.com

Midgard Country Estate (C36)

[Gästefarm Lodge][Camping] 85km nordöstl. Windhoek / Anfahrt: B6 (22km), MR53 (13km), D2102 (55km) Laurance McGrath (Manager), Family List (owners) Windhoek P.O.Box 16 062-503888 062-503818 081-1249327 14 Plätze, 8km von der Lodge entfernt im Wildpark $ (2013) 30-80N$ pAuto + 30N$ pP, K2-12 15N$ 46DR, aircon $ (2013) alles B&B: Standard EZ 1.215N$, DZ 820N$ pP Luxury: EZ 1.290N$, DZ 1.000N$ pP // Hp +210N$ pP / Zusatzpreise: Game Drive 3Std 250N$

pP ⓘ bis Dezember 2012 ein Kempinski Hotel, jetzt Teil der Olthaver&List Leisure Gruppe // Kiwi: Spielplatz, Streichelzoo, Baby Pool, Babysitter / Tagb. / Konferenzraum: moderne Medieneinrichtung / Gym, Sauna Kulturzentrum: Kulturveranstaltungen mit Amphitheater, Konzerte (Ankündigungen in den Zeitungen), Kunst- und Töpfereiausstellungen / Zucht von Hannoveraner Pferden / Sammlung alter Autos großes Angebot mit Leihmöglichkeit der Geräte u.a.:Badminton, Fahrräder,Criqut, Croquet, Petanque, Tischtennis, Tennis mit Flutlicht, ***Volleyball,*** Kegeln (150N$ pStd pro Bahn), Bowling, Billard // 4X4 "Experience" Selbstfahrer 150N$ pAuto, 30km Restaurant à la carte auch vegetarisch, am Sonntag Lunch Büffett / kein SC 2Z behindertengerecht Weißschwanzgnu, Eland, großer Kudu, Oryx, Warzenschwein, Giraffe, Steppen-Zebra, seit 2008: keine kulturellen Angebote mehr öffentlich / letzte Unterkunft, die noch als Namibsun firmierte / kulturelles Zentrum, vor allem von dem Unternehmer Hilda&Werner List ins Leben gerufen und gefördert @ reservations@ol-leisure.com #www.midgard.na 061-2075376

Moringa (C44)

[Farm][Gäste][Jagd] 66km westl. Okahandja / Anfahrt: B2, D2156, Schild Farmpad 20km Maxie, Peter & André Boehmcker (Deutsch) Okahandja P.O.Box 65 081-2688939, 081-2415600 088-617244 Rundbungalows: 4DZ+1FZ+1EZ $ (2012) Vp EZ 95€, DZ 150€, FZ 90€ pP K2-5 50% / Zusatzpreise: Transfer Farm-Airport HuR 290€ ⓘ Rinder-& Schaffarm (Senta Getrudis) / Fama, Pfeil&Bogen-Jagd, Kiwi Sauna rollstuhlfreundlich keine HausT @ mybvillamoringa@iway.na, moringa@iway.na #www.moringasafaris.com

Namib Oasis Farmstall (C62)

[B&B][Camping] Usakos, am Ortsausgang B2 Richtung Swakopmund Jan Swarts (owner), Chantal (manageress) (Afrikaans) Usakos P.O.Box 196 064-530283 064-530283 12 Plätze mit Schatten $ (2012) 80N$ pP ⓘ Spielplatz / Rauwi / Kiwi: Ponys, Pfau Restaurant / Farmstall: Biltong, frisches Fleisch, Holz HausT ok @ namib@oasis.deli.iway.na

Okahandja Country Hotel (C2)

[Lodge][Camping] Okahandja, an der B1 Richtung Otjiwarongo, rechts Gretel & André van Dyk (owner), Bianca & Ikus Conradie (manager) (Afrikaans) Okahandja P.O.Box 1524 062-504299 062-502551 Plätze (50P) am Okakango Rivier $ (2012)

100N$ pP / K12 frei 22DZ + 2 FZ (6P) alles reedgedeckt $ (2012) B&B: EZ 520N$, DZ 880N$ ⓘ kein Lodgecharakter mehr, sondern Konferenzzentrum, keine extra Aktivitäten mehr // Konferenzraum 80P // Kiwi: Kidsmenü ehemaliges Zooparkgelände mit schönen Akazien am Okakango Rivier, Fischteiche, viel Rasen Biergarten, Restaurant à la carte, Büfett, 150P Lodge Rollstull freundlich HausT ok empfehlenswert, schöne Campingplätze @ okalodge@africaonline.com.na #www.okahandjalodge.com

Okahandja Cultural Village (C16)

▲ [Kommunales Camping] 10km nordöstl. Okahandja / Anfahrt: Hochfeld Road ☞ Bertha Mbundu ✉ Windhoek P.O.Box 24612 061-246681 081-1240620 088-61329 ▲ 6 Plätze $ 110N$ pP SC-Hütten mit der Zeit sollen die Homesteads aller ethn. Gruppen von Namibia nachgebaut werden / auch das Mitmachen ist eingeplant / Bertha will Rinder, um Schlangen abzuhalten Village Touren: für jede Gruppe und jede Aktivität muß extra bezahlt werden: z.B. "Bushman" Dance 121N$ pP, Fire making 121N$ pP, Abendaktivitäten 231N$ pP" Kiosk für Gemüse @ okavillage@iway.na #www.okavillage.com

Okahandja Rastlager (C3)

ⓘ neuer Name siehe „King´s Highway Rest Camp (C3)" S. 104

Okajo Safari Lodge (C47)

▲ [Farm][Gäste][Jagd] 20km nördl. Wilhelmstal / Anfahrt: C36, 20km Schild ☞ Berndt Högel (Deutsch) ✉ Omaruru P.O. Box 80 ✆ 062-503961 062-503961 5DZ $ (2013) Jagdtag 1:1 190€, 2:1 170€, Begleitperson/Ruhetag 95€ / Gäste 95€ pP ⓘ nur mit Anmeldung / Landebahn (S21°44'07", E016°11'78") Schwimmbad im Haus, beheizt Kuhantilope (Hartebeest), Springbock, großer Kudu, Oryx, Warzenschwein, @ okajolodge@iway.na #www.natron.net/okajo

Okakango Nord (C21)

▲ [Farm][Jagd] 14km nördl. Okahandja / Anfahrt: B1 nach Norden ☞ van Aardt (Afrikaans) ✉ Okahandja P.O.Box 21 ✆ 062-503807 ⓘ nur noch Jagdgebiet, keine Unterkunft gemeines Impala, Bleßbock, Duiker, Kuhantilope (Hartebeest), Springbock, Steinböckchen, Eland, großer Kudu, Oryx, Wasserbock, Warzenschwein, Giraffe, Steppen-Zebra

Okambishi´s Rest (C94)

▲ [SC-Bungalow] 6km südwestl. Usakos / Anfahrt: B2, Plot 28 ☞ Brigitte Förster & Jürgen Weidner (Deutsch) ✉ Usakos P.O.Box 310 ✆ 064-530230 081-3152808 1 Bungalow 50qm 2P+1 / 1 Bungalow 100qm 4P mit Vokü $ (2013) pro Bungalow pTag: 2P 500N$, 4P 900N$ ab 2 Tagen Rabatt möglich ⓘ liegt am Khan Rivier, Fama, Kiwi ***zahmer Gepard mit dem Namen Kambishi*** / Blog von Brigitte: www.kambishi.wordpress.com SC außergewöhnlich gut eingerichtete Bungalows @ okambishi@email.de #www.okambishi.com

Okanduka Seibe (C58)

▲ [Farm][Gäste][Jagd] 55km südl. Wilhelmstal / Anfahrt: D1967 (32km), Schild, 23km Farmpad ☞ Claudia & Peter von Seck (owner), Carin & Michael Gräfin/Graf zu Bentheim (Deutsch) ✉ Okahandja P.O.Box 306 ✆ 064-684019 064-684020 081-1241453 4DZ + 1EZ (10P) $ (2013) DZ Vp 100€ pP inkl. aller Aktivitäten, K12 50% / Jagdtag 1:1 220€, 1:2 200€, Ruhetag 80€ ⓘ Fama Canyon, prähist. Fundstelle / am Swakop gelegen Reiten, Wandern, Night Drives incl. frische Farmprodukte HausT ok gemeines Impala, Bleßbock, Duiker, Streifengnu, Kuhantilope (Hartebeest), Damara Dik Dik, Klippspringer, Springbock, Steinböckchen, Eland, großer Kudu, Oryx, Wasserbock, Warzenschwein, Giraffe, Berg-Zebra, Gepard, Leopard, Erdwolf,

Okomitundu (C49)

▲ [Farm][Gäste][Jagd][SC] 35km südl. Wilhelmstal / Anfahrt: B2 nach Osten, D1967 (34km) ☞ Daniela & Cornelius Kemp (Deutsch) ✉ Okahandja P.O.Box 285 ✆ 062-503901 ✆ 062-503902 081-1281964 Δ 6 Plätze mit Schatten 8DZ + 2EZ + Camp im hergerichteten Hirtenposten $ (2013) Economy Hp: EZ 660N$

pP, DZ 525N$ pP / Standard Hp EZ 845N$, DZ 715N$ / Luxus Hp: EZ 1.000N$, DZ 890N$ pP / K7-12 450N$ / Tourguide Z 1-4 Gäste 450N$, mehr als 4P frei / Zusatzpreise: Farmrundfahrt 200N$ pP, Sundowner Drive 220N$ pP ⓘ Rinderfarm / KonferenzZ / Kiwi / Landebahn ♛ ***Hauseigene Käserei mit Butter & Rauchfleisch*** (siehe Anzeige DANI´S) // Koloniales Farmhaus/ Rock Paintings / Forschung: Zoologische Forschungsmuseum Alexander Koenig: Carnivores and Farming (Teilnahme 1Tag 500N$) / ***Gepardengehege*** nahe beim Haus Reiten: Arena, 10 Hanoveraner (200N$ pStd) // Sternebeo., kleines Observatorium mit beweglichen Dach (mit professioneller Hilfe), 8“ Telescope Celestron 6X30 auf Vixen GP Mounting (Telescope 150N$ pNacht, Plattform 20N$ pNacht) // Wandern / Mountainbikes / geheizter Pool / Bogenschießene (150N$ pP) // Gamedrive, Vogelbeo. / ***Papageienpark*** / Sight Seeing Flights Lunch (Voranmeldung) 75N$, Lunchpaket 70N$, Dinner 3 Gänge 180N$ Internet, Wäscheservice / Souvenir Shop keine HausT gemeines Impala, Bleßbock, Duiker, Streifengnu, Weißschwanzgnu, Kuhantilope (Hartebeest), Damara Dik Dik, Klippspringer, Springbock, Steinböckchen, Eland, großer Kudu, Oryx, Wasserbock, Warzenschwein, Giraffe, Berg-Zebra, Gepard, Leopard, Wüstenluchs (Karakal, Rotkatze), Tüpfelhyäne, Erdferkel, Stachelschwein, Strauß, @ info@okomitundu.com, cdkemp@iway.na #www.okomitundu.com

Strauß, @ mail@huntingnamibia.de # www.huntingnamibia.de

Okanjanga Leopard (C37)

ⓘ siehe „Leopard Lodge Okanjanga (C37)" S. 104

Okarumuti Game Lodge (C70)

▲ [Jagd Lodge][Photographic Safaris] 70km nordöstl. Windhoek / Anfahrt: B6 (22km), MR53 (13km) D2102 (34km) Farm No 141 ☞ Nadia Savoldelli (Italienisch) ✉ Windhoek P.O.Box 5093 ✆ 062-682096 [7] 📠 062-682098 📱 081-1272819, skype: nadiasavodelli 🛏 5 Chalets, Doppelraum für Familien $ (2013) Jagdtag 1:1 350€, 2:1 300€, Begleitperson/Ruhetag 150€ ⓘ Rinderfarm (Simbra) mit Schafen, Hühnern, Pferden und Hunden / Rauwi 🚶 *Kiwi*: Nintendo Wii, X-Box, Trampolin, Videospiele, Hüpfburg (Jumping Castle), Fahrrad, Pool / Gamedrive 🍽 Italienische Küche 📎 Wlan / Wäscheservice 🐕 zahme HausT ok 🐘 gemeines Impala, Bleßbock, Streifengnu, Weißschwanzgnu, Kuhantilope (Hartebeest), Springbock, Eland, großer Kudu, Oryx, Wasserbock, Warzenschwein, Giraffe, Steppen-Zebra, Berg-Zebra, Wüstenluchs (Karakal, Rotkatze), @ info@okarumutigamelodge.com, savojack@africaonline.com.na # www.okarumutigamelodge.com

Okatjeru Game Farm (C102)

▲ [Farm][Gäste][Jagd][SC] 18km nördl. Okahandja / Anfahrt: B1 ☞ Royston Wright (Englisch) ✉ Windhoek P.O.Box 9658 ✆ 062-540411 📠 062-540411 📱 081-1221720 🛏 Bobbejaan Dam: 5 SC - Zelte (permanent) (Solarlicht) à 2P $ (2013) SC 150US$ pZelt, Vp 250US$ pZelt / Namibia+RSA: SC 580N$ pZelt / / Zusatzpreise: Transfer Flughafen 10€ pP / Game Drive 8US$ pP, Namibians 50N$) ⓘ Rinder-& Wildfarm / auch Biltongjagd / Kiwi, Rauwi 🚶 markierte Wanderwege, Reiten (3Std.: 20US$ pP, Namibier (100N$ pP), Game Drive (8US$ pP, Namibier 50N$ pP), Vogelbeo. 🐕 Hunde willkommen 🐘 gemeines Impala, Kuhantilope (Hartebeest), Klippspringer, Springbock, Eland, großer Kudu, Oryx, Wasserbock, Warzenschwein, Giraffe, Steppen-Zebra, Löffelhund, Gepard, Leopard, Erdwolf, Strauß, @ okatjeru@mweb.com.na, info@okatjeru.com # www.natron.net/bobbejaandam-chalets

Okatjiho (C22)

▲ [Farm][Gäste][Jagd] 25km nordwestl. Okahandja / Anfahrt: D2110 ☞ Maja & German Fug, Tessa & Frigel Steinwenter (manager) (Deutsch) ✉ Okahandja P.O.Box 475 ✆ 062-503835 & 062-503877 📠 062-503835 🛏 5DZ, Extrabetten $ (2013) Vp: EZ 100€, DZ 80€ / Jagdtag 1:1 200€, 2:1 160€ ⓘ Wildfarm / keine Jagd vom Auto // Fama / Kiwi: sehr viele Videos 👑 Herero Gräber / Zebramangusten, Caracal, Schildkröten am Haus 🚶 Farmbetrieb / Mountainbike, Wandern, Bogenschießen, Schießstand 🐕 keine HausT 🐘 gemeines Impala, Kuhantilope (Hartebeest), Springbock, Eland, Wasserbock, Warzenschwein, Giraffe, Gepard, Leopard, Strauß, Sekretär, Bateleur, Flamingos & Pelikane wenn Damm voll @ okatjiho@iway.na # www.okatjiho.iway.na 📖 Erika Gutheil, BRD +49-741-44102, egutheil@multisports-rheinmain.de

Okomitundu (C49)

ⓘ siehe „Okomitundu (C49)" S. 107

Okondura Nord (C50)

▲ [Farm][Gäste][Jagd] 21km südwestl. Wilhelmstal / Anfahrt: B2 nach Osten (1km), D1967, 500m Schild nach rechts, 19km Farmpad (manchmal schlecht) ☞ Martina & Gerhard Liedtke (Deutsch) ✉ Karibib P.O.Box 186 ✆ 062-503983 📠 062-503968 📱 081-1285039 ⛺ Camping auf der Kamelbaum-Farm $ (2013) 80N$ pP 🛏 6DZ + 1Gästehaus für Familien m.2DZ (11P) $ (2013) Vp inkl. Farm-Aktivitäten 70€ pP, K6-12 50%, Prozente für Namibier ⓘ Gamefarm mit Milchkühen / Fama, Kiwi: Rivierbett zum Sandspielen, Farmleben,

Spezialmenüs, Farmtiere (Kaninchen, Enten, Ziegen, Hühner ...): "ganze Familie willkommen .." / Bauernhof mit Biodünger ♕ Khomas Hochland: bergig & Höhlen / ***zahmer Kudu*** 🚶 Wanderungen / Nachtwanderung / Farmleben 🍽 Farmstall mit Zitrusfrüchten und Fleisch / Wurst & Fleischwaren nur aus eigener Herstellung / auch vegetarisch 📎 Wlan ♿ willkommen 🐕 HausT auf Anfrage 🐘 Duiker, Kuhantilope (Hartebeest), Damara Dik Dik, Klippspringer, Springbock, Steinböckchen, großer Kudu, Oryx, Warzenschwein, Berg-Zebra, Gepard, Leopard @ okondura@mweb.com.na # www.okonduraguestfarm.com/guestfarm.okondura-namibia.com

Omatako Ranch (C18)

▲ [Farm][Jagd] 🚗 50km nördl. Okahandja / Anfahrt: B1 ☞ Elfie & Johan Kotzé, Johan

Kotzé (Afrikaans) ✉ Okahandja P.O.Box 290 ☎ 062-518358 📠 062-518357 🛏 strohgedeckte Gästehäuser 6DZ $ (2013) Jagdtag 1:1 380US$, Nichtjäger 120US$ ⓘ Bogenjagd ♕ ***zahmer Gepard*** (nicht zum Streicheln) 📎 Wlan /frei) / Wäscheservice (frei) 🐘 Bleßbock, Duiker, Streifengnu,

Weißschwanzgnu, Kuhantilope (Hartebeest), Damara Dik Dik, Springbock, Steinböckchen, Eland, großer Kudu, Oryx, Wasserbock, Warzenschwein, Giraffe, Steppen-Zebra, Berg-Zebra, Wüstenluchs (Karakal, Rotkatze), Braune Hyäne, Strauß, ***Spitzmaul-Nashorn*** (schwarzes), Breitmaul-Nashorn (weißes), @ omatakoranch@iway.na # www.omatakohunting.com

Omatozu (C106)

▲ [Farm][Gäste] 🚗 25km nördl. Okahandja / Anfahrt: B1, 4km Farmpad, ausgeschildert ☞ Carla & Arthur Meyer, Chris (camp manager) (Englisch, Deutsch) ✉ Okahandja P.O.Box 155 📱 081-6437100, 081-2537081 (Carla) 💻 088-634064 ▲ 4 Plätze mit eigenem Sanitärblock, am kleinen Farmdamm, Strom $ (2013/2014) 110N$ [130N$] pP, K6-11 50% 🛏 3 Luxus Zelte, aircon/heater $ (2013/2014) Hp: EZ 600N$ [700N$], DZ 500N$ [650N$] pP // Tourguide 500N$ / Preise in Klammern 2014 / Zusatzpreise: Farmdrive 150N$ ⓘ Rinder & Ziegenfarm / Produktion von "Eco-Woodlocks", Grillblocks aus "Invader"-Busch ♕ Arthur ist pensionierter Veterinär ("fliegender Vet"), arbeitete auch für den Cheetah Conservation Fund // Granitaufschlüsse 🚶 geführte Wanderung (100N$), game drive / ***Volleyball*** / 🍽 Mahlzeiten bei Vorausbuchung, auch für Camper / Spezialmenüs 📎 Wäscheservice

🐕 keine HausT 🐘 gemeines Impala, Duiker, Kuhantilope (Hartebeest), Springbock, Steinböckchen, Eland, großer Kudu, Oryx, Wasserbock, Giraffe, Steppen-Zebra, Gepard, Leopard, Wüstenluchs (Karakal, Rotkatze), Braune Hyäne, Erdwolf, Ameisenbär, Stachelschwein, Strauß, endemische Vögel: Klippensänger (Rockrunner), Wießschwanztyrann (White tailed Shrike) @ info@omatozu.com # www.omatozu.com

Ombo Rest Camp (C104)

▲ [Rastlager][Camping][SC] 🚗 12km nördl. Okahandja / Anfahrt: B1, C31 rechts ☞ Ires Döring (manageress) (Deutsch) ✉ Okahandja P.O.Box 368 ☎ 062-502003 📠 062-503768 📱 081-2062791 ▲ 10 Plätze mit Strom, Schattenbäume, großes Gelände, eigener Pool, Räume für Camper im Bau $ (2012) 65N$ pP, K8 foc 🛏 4 Bungalows mit SC, aircon (12P) $ (2012) SC Bungalow 2E+2K: 715N$, 1DZ 2P 380N$, 1 SC-DZ 520N$ / Zusatzpreise: geführte Tour zu den Straußen/Krokodilen 20N$ pP ⓘ Straußenfarm, Straußenkükenverkauf ♕ Wasserloch bei den Häusern / zahme Strauße, 2 zahme Warzenschweine zum Streicheln 🚶 ***Strauß- u. Krokodiltour*** 🍽 Restaurant à la carte (mit Omajeva Pilzen, Straußen+Krokodilfleisch) 📎 Farmstall für SC & Farmprodukte 🐕 HausT an der Leine ok 🐘 Springbock, Wasserbock,

Giraffe, @ omborestcamp@africaonline.com.na # www.ombo-rest-camp.com

Omongongua (C24)

▲ [Farm][Jagd] 42km nördl. Okahandja / Anfahrt: B1 nach Norden, D2180 (8km), Schild ☞ Gabi & Hellmut Fischer (Deutsch, Otjiherero, Portugiesisch) ✉ Okahandja P.O.Box 84 ✆ 062-502993 ✆ 062-243993 2DZ +1TZ $ (2013) Jagdtag 1:1 160€, 2:1 140€, Ruhetag 85€ ⓘ Rinder-u. Ziegenfarm / Fama Wanderung ♿ 1 Z behindertengerecht Duiker, Kuhantilope (Hartebeest), Steinböckchen, großer Kudu, Oryx, Warzenschwein, @ nazimbo@mweb.com.na # www.jagd-namibia.net, www.natron.net/omongongua

Omujeve Farm (C27)

▲ [Farm][Jagd] 60km nordöstl. Windhoek / Anfahrt: B6 (22km), MR53 (13km), D2102 (18km), Schild, Farmpad 7km ☞ Corne & Nic Kruger (Afrikaans) ✉ Windhoek P.O.Box 9453 ✆ 061-234437 ✆ 061-230202 081-1293986 (Corne), 081-1280041 (Nic) Oujeva Lodge, Schonbrunn Farmstead, Omatendeka Zeltcamp $ (2007) Jagdtag 1:1 253€, 1:2 230€, Beobachter 115€, K5-12 59€ Bleßbock, Kuhantilope (Hartebeest), Springbock, @ omujeve@mweb.com.na # http://omujevesafaris.com

Onjona Lodge (C67)

▲ [Farm][Jagd] 72km östl. Okahandja / Anfahrt: D2170 ☞ Familie Happel (Österreichisch) ✉ Okahandja P.O.Box 226 ✆ 062-503711 ✆ 062-503711 6DZ Wlan / Wäscheservice Bleßbock, Duiker, Streifengnu, Weißschwanzgnu, Kuhantilope (Hartebeest), Springbock, Steinböckchen, Eland, großer Kudu, Oryx, Warzenschwein, Berg-Zebra, Gepard, Leopard, Wüstenluchs (Karakal, Rotkatze), @ info@onjona.com # www.onjona.com 🕮 Irmgard Neidhard, Österreich, email: i.neidhard@onjona.com, +43-676-5384228

Oropoko Lodge (C43)

▲ *{geschlossen}*[Lodge] 60km westl. Okahandja / Anfahrt: B2, D2156, Farmpad 18km nach Norden ☞ Kurt Steinhausen (Deutsch) ✉ Okahandja P.O.Box 726 ✆ 062-503871 ✆ 062-503842 081-1242652 36DZ, 3 Suiten $ (2013) B&B: EZ 990N$, DZ 1.480N$, TZ 2.165N$ / Suite B&B: 1.700N$ / K6-15 50% // Jagdtag 1:1 230€, 2:1 190€, Begleitperson/Ruhetag 90€ / Zusatzpreise: Game drive 210N$ ⓘ wurde am 1.6.2013 geschlossen, weitere Zukunft auch der Schießanlage ungewiß //Konferenzräume 60P / Flugfeld / dazu gehört auch die Otjisemba Farm geführte Wanderungen (2P 35N$ pStd) / Schießstand für Sportschützen für olymp. Training Restaurant (B 100N$, L (Set Menue) 140N$, D (Buffet) 250N$), Lunchpakete 80N$ Springbock, Eland, großer Kudu, Oryx, Wasserbock, Warzenschwein, Giraffe, Strauß, ***Breitmaul-Nashorn (weißes)***, @ oropoko@iafrica.com.na # www.oropoko.com.na

Otjimbojo Wildfarm (C101)

▲ [Farm][Jagd][Reiten] 30km nordöstl. Karibib / Anfahrt: C33, D1941 ☞ Sylvia & Hans Ritter von Bleyle ✉ Okahandja P.O.Box 541 ✆ 064-550803 ✆ 064-550880 081-2554907 3 DZ, 1 EZ, 2 Suiten mit 2DZ (=15P) $ (2007) Relaxen: 1 Woche Vp DZ 580€ pP, Verlängerungswoche DZ +350€ pP / Reiten: 7 T Sternritte + 1 Ganztagsritt Vp DZ 850€, verschiedene Verlängerungen möglich / EZzuschlag 50€ // Jagdtag 1:1 120€, 2:1 100€, Begleitperson 50€ / Zusatzpreise: Game Drive 15€ pGruppe ♛ ***Reiturlaub*** (Sternritte, 7Tage, u.v.m): 23 Pferde ("namibische Landrasse", trittfest, Stockmaß 1,55 bis 1,62 m). Wir reiten mit Western,- Vielseitigkeits- und Mc Lallensaetteln sowie einer Wassertrense. Reiten / Whirlpool (20Euro), Sauna (15Euro), Sundowner Fahrt (20Euro), geführte Wanderung (10Euro), geführter Minenbesuch (10Euro) / alle Preise per Gruppe @ dreamfar@iafrica.com.na (ohne/without m!) # www.dreamfarm.com.na

Otjiterazu Guest Farm (C108)

▲ [Farm][Gäste] 85km nordöstl. Windhoek / Anfahrt: B6 (22km), MR53 (13km),

D2102 (58km) ☞ Monika Lewis (owner), Anza von Vuuren (manageress) (Afrikaans) ✉ Windhoek P.O.Box 21363 ✆ 062-502441, 062-501640 ℻ 062-501640 📱 081-2900656 (Monika), 081-1246985 (Anza) ▲ Plätze, jeder mit eigenem Waschhaus 🛏 6 DZ, 1EZ ⓘ Fama / gleicher Besitzer wie Kaisosi Safari Lodge N12 Sternebeo., Gamedrive, Quadbike fahren, Reiten / *Juskei spielen (Namibisches / südafrikanisches Wurfspiel)* / Golf-drive @ otjiterazu2@iway.na, info@otjiterazu.com # www.otjiterazu.com

Otjinuke Hunting Ranch (C28)

▲ [Farm][Jagd] 70km nordöstl. Okahandja / Anfahrt: B1 nach Norden, D2112, D2116 ☞ Gert Muller (Englisch) ✉ Okahandja P.O.Box 521 ✆ 062-518372 ℻ 062-518372 📱 081-2606468 🛏 2 Gästehäuser 3DZ $ (2013) Jagdtag 1:1 300US$, 2:1 250US$, Ruhetag 150US$ plus 15% VAT / bow hunter 320US$ ⓘ Rauwi Wandern SC ok gemeines Impala, Bleßbock, Duiker, Streifengnu, Weißschwanzgnu, Kuhantilope (Hartebeest), Springbock, Steinböckchen, Eland, großer Kudu, Oryx, Wasserbock, Warzenschwein, Steppen-Zebra, Berg-Zebra, @ gmuller@mweb.com.na, gertmuller50@huntatrophy.com # www.huntatrophy.com 📖 contact in Boston MA (USA): Jim Muller: info2007@huntatrophy.com, Tel: +16172165079

Otjiruse (C41)

▲ [Farm][Jagd] 55km südwestl. Okahandja / Anfahrt: D1972 ☞ Gudrun & Frank Heger (Deutsch) ✉ Okahandja P.O.Box 202 ✆ 062-503778 ℻ 062-503778 🛏 8DZ $ (2012) Jagdtag 1:1 240€, 1:2 200€, Ruhetag/Begleitperson 95€ ⓘ min. Buchungszeit für Jäger 3T ♛ Farmhaus war früher eine Missionskirche Duiker, Damara Dik Dik, Klippspringer, Steinböckchen, großer Kudu, Oryx, Warzenschwein, Steppen-Zebra, @ otjiruse@mweb.com.na # www.natron.net/tour/otjiruse/jagdd.htm

Otjiruze (C33)

▲ [Farm][Gäste][Jagd] 67km östl. Okahandja / Anfahrt: D2101 (27km), D2170 (17km), Schild, nach links Farmpad 13km ☞ Alexander Rogl (Deutsch, Holländisch) ✉ Okahandja P.O.Box 297 ✆ 062-503719 ℻ 062-503712 📱 081-1270719 088-362640 🛏 8 DZ davon 2 Z rollstuhlgerecht, $ (2013) B&B: EZ 845N$, DZ 715N$ pP / K2-11 50% / Zusatzpreise: Nature Drive 100N$ pP ⓘ Rinderfarm / Fama, Kiwi (Farmtiere: Truthähne, Enten,u.a.) / Bogen-Jagd / keine Tagb. / Farm Schenkswerder wurde dazu gekauft ♛ Otjiruze Children fund www.weeshuisbamibie.nl / *zahmer Gepard* Reiten, Wanderungen, Tennisplatz, Pool Billard, Darts / Besuch eines Hererodorfs / aktive Teilnahme am Farmbetrieb Dinner 170N&, Lunch 110N$, Lunchpaket 75N$ ♿ 2 behindertengerechte Z u. Umgebung rollstuhlgerecht HausT ok Duiker, Kuhantilope (Hartebeest), Steinböckchen, großer Kudu, Oryx, Warzenschwein,

Wüstenluchs (Karakal, Rotkatze), @ alexrogl@gmx.de, otjiruze@mweb.com.na #www.otjiruze.com

Otjisazu (C31)

ⓘ siehe „The Elegant Farmstead (C31)“ S. 113

Otjozonjati (C35)

▲ [Farm][Jagd] 85km nordöstl. Windhoek / Anfahrt: B6 (22km), MR53 (13km), D2102 (50km) Schild ☞ Sitta & Gunnar Voigts (Deutsch) ✉ Okahandja P.O.Box 18 ✆ 062-501379 ℻ 062-501379 🛏 5DZ $ (2013) Jagdtag 1:1 200€, 2:1 180€ , Ruhetag 90€, K12 frei / Transfer Flughafen inkl. ⓘ Kiwi: Farmtiere, manchmal zahme Wildtiere / Bogenjagd, höchstens 10 Jäger pJahr / Pferdezucht von Sitta Voigts (sitta@huntandhorse.com) ♕ Parcour 🚶 Reiten mit Reitunterricht HausT ok Damara Dik Dik, Steinböckchen, großer Kudu, Oryx, Gaukler @ gvoigts@iway.na, gunfire-africa@gmail.com #www.jagdnamibia.de

Outeniqua Gästefarm (C20)

▲ [Farm][Gäste][Jagd][Camping][SC] 70km nördl. Okahandja / Anfahrt: B1 ☞ Peter & Lois Runds (Englisch) ✉ Okahandja P.O.Box 1325 ✆ 062-518324 ℻ 062-518324 📱081-3810104 ▲ 5 Plätze 🛏 Gästehaus 2DZ + Farmhaus 2DZ + 1 Familienwohnung mit Vokü (=12E+6K) $ (2013) Gästehaus : B&B 45€ pP, Vp 70€ pP/ Farmhaus DZ 2E: B&B 45€ pP, Vp 70€ pP / Wohnung 2E+2K: B&B 50€ pP, Vp 75€ pP / K7-14 50% / Ezzuschlag 10€ // Jagdtag 1:1 120€, 2:1 85€ ⓘ Rinderfarm / Kiwi: Spielplatz / Tagb. ok / Landepiste (S 21°18’26’, E 016°49’28”, 1408m) 🚶 Poolbillard, Reiten, großer Swimmingpool 10X4 m / Farmleben 🍽 Restaurant Farmstall kleine HausT erlaubt Springbock, großer Kudu, Oryx, @ info@namibia-privat.de, outeniqua@iway.na # www.namibia-privat.de 📖 in der BRD: Olaf Clausen, Tel. 0049-9562-400249

Ozombanda Safari Hunting Ranch (C40)

▲ [Farm][Gäste][Jagd] 33km westl. Okahandja / Anfahrt: B2, 30km Schild (Höhe 1416m) ☞ Monika & Volker Thieme (Deutsch) ✉ Okahandja P.O.Box 449 ✆ 062-503870 ℻ 062-503996 🛏 3 reedgedeckte Bungalows DZ $ (2012) Jagdtag 1:1 200€, 2:1 160€, Ruhetag 90€ ⓘ Rinderfarm / Hochsitze ♕ Granitschlucht 🚶 12mX5m Schwimmbad mit Salzanlage / Wanderungen Wäschedienst Duiker, Damara Dik Dik, Klippspringer, Steinböckchen, großer Kudu, Oryx, Warzenschwein, Gepard, Leopard, Braune Hyäne, Gaukler @ ozombanda@iway.na

Ozongwindi Lodge (C87)

▲ [Lodge][B&B] 86km westl. Okahandja / Anfahrt: D2110 (80km), 6km Farmpad ☞ Janet & Paul Tew Tap ✆ 062-503990, 062-503991 ℻ 062-503995 📱081-2768021, 081-1297602 🛏 Farmhaus 4DZ auch SC / 10 Bungalows am Khanrivier $ (2013) Farmhaus Hp: DZ 699N$ pP, EZ 835N$, K6-12 350N$ // Namibier & SADC Hp: DZ 550N$ pP, EZ 660N$, K6-12 275N$ // Lodge Hp: DZ 911N$ pP, EZ 1.096N$, K9-12 50% // Namibier: Lodge Hp: DZ 690N$ pP, EZ 830N$, K6-13 350N$ // Guides 320N$ / Zusatzpreise: Gamedrive 150N$ pP ⓘ auf der Farm Claustal Ost ♕ altes Farmhaus 1900 🚶 Vogelbeo / Gamedrive 🍽 Lunch 80N$ @ info@ozongwindi.com #www.ozongwindi.com

Reitclub (C4)

▲ [Camping] Okahandja, Voortrecker Road, nördliches Ende ☞ Henrik Joubert (Afrikaans, Englisch, Deutsch) ✉ Windhoek P.O.Box 80781 Olympia 📱081-2234005 ▲ einfache Plätze mit Strom, bis zu 70 Zelte / Waschplätze im Reitclub $ (2013) 80N$ pP 🛏 ab August 2013 neue Unterkünfte ⓘ Kiwi, Spielplatz // Vorsitzender vom Reitverein: Detlef Fischer, Swartkops Hardware (062-501229) ♕ auf dem Gelände des Reitclubs Okahandja 🍽 Restaurant (Steakhaus,

Sportbar, Biergarten), rollstuhlfreundlich HausT ok @ hendrikjoubert@yahoo.co.uk

Reveille, Jagdfarm (C10)

▲ [Farm][Gäste][Jagd] 55km nördl. Okahandja / Anfahrt: B1 nach Norden ☞ Sakkie & Tuckies & Botha Jansen (Deutsch) ✉ Okahandja P.O.Box 493 ✆ 062-518333 ✆ 062-518333 5 DZ + 1EZ ⓘ Kiwi / "Reveille bietet ein ideales Arrangement für kombinierten Jagd- und Familienurlaub". Wasserloch am Haus / ***weiße Nashörner*** gemeines Impala, Bleßbock, Duiker, Streifengnu, Weißschwanzgnu, Damara Dik Dik, großer Kudu, Nyala, Oryx, Rappenantilope, Giraffe, Steppen-Zebra, Berg-Zebra, Breitmaul-Nashorn (weißes), Cape-Eland @ reveille@iafrica.com.na # www.reveille-hunting.coml

River Lodge (C48)

▲ [Farm][Gäste][Jagd] ☞ Blaser Safaris / Marc Lüke / Silke (manageress) (Deutsch) ✉ Okahandja P.O.Box 511 ✆ 062-500590 ✆ 062-500590 081-1247505 ⓘ siehe Sney River Lodge C48 @ 7riverlodge@mweb.com.na, lueke@twe.de

Rock Lodge (C39)

ⓘ siehe „The Rock Lodge (C39)" S. 114

Sney Rivier Lodge (C48)

▲ [Lodge][nur Jagd] 55km südwestl. Okahandja / Anfahrt: D1972 ☞ Blaser Safaris (Deutsch) ✉ Okahandja P.O.Box 511 ✆ 062-500590 ✆ 062-503741 081-2597430 ▲ Plätze an heißen Quellen / Zelte 2 Chalets, 2DZ +FZ Gästehaus $ (2013) Jagdtag 1:1 450€, 2:1 390€, Begleitperson/Ruhetag 280€ / K8-14 90€ heiße Quellen / endemische Gazania-Art (Mittagsgoldblume) dort / beleuchtete Wasserstelle rollstuhlfreundlich gemeines Impala, Bleßbock, Kuhantilope (Hartebeest), Eland Wasserbock, Giraffe, Steppen-Zebra, Gepard, @ reservations@sneyrivier.com, info@blaser-safaris.com # www.blaser-safaris.com/index.php?id=27 Deutschland, D88316 Isny, +49-7562-9145414

Sphinxblick (C59)

▲ [Farm][Gäste][Jagd] 65km südl. Usakos / Anfahrt: D1914 ☞ Doris & Günther Kleemann (Deutsch) ✉ Swakopmund P.O.Box 249 ✆ 064-530809 ✆ 064-402930 081-1244088, 081-2034210, 081-1472989 ▲ siehe Wüstenquell C60 5DZ $ (2013) Vp: DZ 60€ pP, EZ 70€ // Jagdtag 1:1 180€, 2:1 150€, 3:1 120€, Reittag 210€, Begleitperson/Ruhetag 75€ alte Eisenbahnstation, in der Nähe des alten Baiwegs am Swakop gelegen / Zusammenarbeit mit Wüstenquell (C60) 20 Pferde, Reiten, Ausritte mehrere Tage 5-6 Tage Kuhantilope (Hartebeest), Klippspringer, Springbock, großer Kudu, Oryx, Warzenschwein, Giraffe, Löffelhund, Leopard, Tüpfelhyäne, Strauß, @ gts@mweb.com.na, gjk@spinxblick.com # www.reiterreisen-namibia.com

Sylvanette B&B (C5)

▲ [B&B][SC] Okahandja, Hoogenhout Str. 311 ☞ Hantie de Beer (Afrikaans) ✉ Okahandja P.O.Box 1443 ✆ 062-505550 ✆ 062-505560 081-1273759 4DZ+3TwZ+4EZ / Vokü / aircon $ (2012) B&B: EZ 400N$, DZ 600N$ / Namibier: B&B: EZ 350N$, DZ 500N$ ⓘ Kiwi Mahlzeiten auf Anfrage Wlan / Wäscheservice HausT ok @ sylvanette@iway.na # www.sylvanette.com

The Elegant Farmstead (C31)

▲ [Farm][Gäste] 26km östl. Okahandja / Anfahrt: D2102 (26km) ☞ Jörn Dedig, Wilfried Dedig (manager) (Deutsch) 8DZ, 1FZ, 2TZ (27P) $ (2013) Hp: EZ 1.202N$, DZ 1.687N$, zusätzliche P 290N$ / K2-12 217N$ / Zusatzpreise: Gamedrive 2,5Std 275N$ ⓘ vorher Otjisazu / gehört zur Elegant Collection (The Elegant A114, Zebra Lodge F34) // Konferenzen mit Büfett historische Missionsstation (Jakob Irle) von 1872 ("Otjisazu - Von der Mission zur Gästefarm", Ein Stück Zeitgeschichte aus Namibia von Gerhard Friedl) beleuchtetes Wasserloch

Python Formation auf Tsaobis

/ Wandern, geführt 45N$ / kulturelle Tour Ovitoto (Schule & Waisenhaus, Markt) 5Std. 520N$ 🍽 Essen für spezielle Diäten 🐘 gemeines Impala, Bleßbock, Duiker, Kuhantilope (Hartebeest), Springbock, Eland, großer Kudu, Oryx, Wasserbock, Giraffe, Gepard, Leopard, Strauß, @ info@the-elegant-collection.com # www.the-elegant-collection.com 📖 The Elegant Collection 061-301934, 061-301933, 081-3028255

The Place (C71)

▲ [B&B] Okahandja, B1 Ausfahrt nach Otjiwarongo, Schild ☞ Mrs. P Coetzee (Afrikaans) ✉ Okahandja P.O.Box 1004 ✆ 062-500751[2] 062-500044 081-2618639 @ theplace@iway.na

The Rock Lodge (C39)

▲ [Konferenz Lodge] 12km westl. Okahandja / Anfahrt: B2 ☞ David Fourie (owner), Merien Erasmus (manageress), Esme (Afrikaans) ✉ Okahandja P.O.Box 1297 ✆ 062-503840 062-503170 081-7255991 🛏 16DZ / Rock Lodge Youth Training Centre: Zelte, Holzhäuser $ (2013) Conference Package: EZ Vp 710N$ // DZ Vp 400N$ pP ⓘ reines Konferenzzentrum und Jugendlager für Schulen und Leadership Training / Konferenzmögl. bis 50P / 100P beim Youthcamp ♛ Food Production Project Abseiling, Hindernispfade u. Survival Games / Wanderwege / Paintball 🍽 Restaurant @ therocklodge@gmail.com

Tiefenbach (C26)

▲ [Farm][Jagd][SC] 43km nördl. Okahandja / Anfahrt: B1 nach Norden ☞ Hettie & Dirk Kotze (Afrikaans) ✉ Okahandja P.O.Box 460 ✆ 062-518331 062-518331 081-2624506 🛏 Gästehaus 2DZ mit Vokü ⓘ Rinderfarm / Bogenjagd ♛ Wasserloch am Haus Farmleben 🐘 Duiker, Kuhantilope (Hartebeest), Springbock, Steinböckchen, großer Kudu, Oryx, Warzenschwein,

Gepard, Leopard, @ kotzedj@iway.na # www.-bowhuntnamibia.com

Tommy´s Lodge (C12)

[B&B][SC] Karibib, Hidipo Hamutenya St. H.N. Amdhil (Oshiwambo) Karibib P.O.Box 164 064-550081 064-550081 088-6503665 6 DZ + 5 BackpackerZ / SC-Flats für Langzeitgäste $ (2013) B&B: EZ 380N$, DZ 590N$, FZ 722N$ / Backpacker 4P 152N$ pP Kiwi: Spielraum / Konferenzraum im ehemaligen Stroblhof Hotel, vormals Irmi´s Lodge Besuch der Goldmine Navachab kann arrangiert werden / Granit und Marmorbrüche in der Nähe HausT ok @ ihnamadhila@gmail.com

Tsaobis Nature Park (C56)

[Rastlager][Camping][SC] 63km südl. Karibib / Anfahrt: C32 Ralf-P. Schneider (manager) (Deutsch) Karibib P.O.Box 191 064-684060 081-4449911 5 Plätze unter schattigen Bäumen $ (2013) 100N$ / "Naturplatz" 120N$ 8 Chalets SC $ (2013) SC: DZ 350N$ pP, QZ 200N$ pP, zusätzliches P 200N$ K6-14 150N$ / Reiseleiter 150N$ pP früher Tsaobis Lepard Nature Park /Tagb ok (30N$ pP) am Swakop-Rivier / ***interessante geologische Formationen: Damaraformation, Pythonvalley*** / "Alte Zollstation" der Deutschen "Schutztruppe" Scenic Drive, 4X4 Trails (geführt 300-350N$ pP, Gäste frei, Tagb. 40N$ pP), supported vehicle 600N$ pTrip / markierte Wanderwege (10N$ pP) Mahlzeiten auf Anfrage (B 40N$, L 60N$, D 100N$) Wlan frei alle HausT ok Klippspringer, Springbock, großer Kudu, Oryx, Berg-Zebra, @ tsaobis@live.de # www.facebook.com/TsaobisNatureParkRestcamp

Tungeni Dam Resort (C17)

[Rastlager][Camping] 10km südöstl. Okahandja / Anfahrt: B1 south, D2102 PPP Tungeni Africa + NWR / Mr Molsover (resort manager) Okahandja P.O.Box 690 062-501475 062-504587 081-2850676 Plätze 22 Chalets, aircon $ (2013) alles B&B: Luxury: EZ 780N$, DZ 1.200N$ / Deluxury EZ 580N$, DZ 900N$ // K6-12 400N$ // 40% Rabatt für Namibier ehemaliges Namibia Wildlife Resort (NWR)Von-Bach-Damm-Restcamp, verkauft an Tungeni / KonferenzZ / Braai Plätze für Tagb. (30N$ pP) // Wasserreservoir für Windhoek / von Bach Game Park Spa / Baden, Angeln, Bootfahren auch Motorboote erlaubt, aber kein Verleih. / Ferry Boot 200N$ 45min Daw Restaurant (Dinner 155N$) gemeines Impala, Kuhantilope (Hartebeest), großer Kudu, Warzenschwein, Giraffe, Berg-Zebra, Noch ein Naherholungsplatz für den namibischen Normalbürger zu teuer! @ info@tungeniafrica.com # www.tungeniserenity.com/vonbach/index.htm Tungeni Africa Investments

Villa Nina (C6)

[B&B][SC Ferienhaus] Okahandja, Conradie Str. 327 / Peter Brandt Weg Friedrich Dörr (owner), Mr. Charles (manager) (Englisch) Okahandja P.O.Box 1497 062-502497 062-504896 081-2683753 10DZ +2 SC-Flats mit Vokü $ (2012) B&B: EZ 450N$, DZ 350N$, FZ 700N$ / Flats 1.400N$ pTag ⓘ Kiwi, Rauwi HausT ok @ villa-nina@okahandja.com, info@NamibiaTouristik.de # www.NamibiaTouristik.de

Von-Bach-Damm-Restcamp (C17)

ⓘ neuer Name: siehe „Tungeni Dam Resort (C17)“ S. 115

Westfalenhof (C42)

[Farm][Jagd] 71km südwestl. Okahandja / Anfahrt: MR 87, D1972, D1958 Uta & Friedrich Redecker (Deutsch) Okahandja P.O.Box 31 062-503769 062-503769 Gästehaus mit 3 DZ +1EZ $ (2012) Jagdtag 1:1 240€, 2:1 190€ pP, 3:1 180€ pP, 4:1 160€ pP, Ruhetag 110€, Begleitperson 80€ / K12 50€ / Transfer Flughafen HuR inkl. bei 4 JagdT ⓘ Jagd / direkt am Swakop Duiker, Weißschwanzgnu, Klippspringer, Steinböckchen, großer Kudu, Oryx, Warzenschwein, Steppen-Zebra, Gepard, Leopard,

@ westfalenhof@africa-hunting.com 🕮 "Die Keiler"

Wilhelmstal-Nord (C45)

▲ [Farm][Gäste][Jagd] 1km nördl. Wilhelmstal / Anfahrt: C36 / Omaruru Pad ☞ Vera & Rolf Haase (Deutsch) ✉ Okahandja P.O.Box 641 ✆ 062-503977 062-503977 Gästehaus 5DZ ⓘ Rinderfarm (Kreuzung Simmentaler+Brahmanen), Kiwi, Fama Wandern Internet ♿ rollstuhlgerecht gemeines Impala, Bleßbock, Duiker, Streifengnu, Weißschwanzgnu, Springbock, Steinböckchen, Eland, großer Kudu, Oryx, Wasserbock, Warzenschwein, Giraffe, Berg-Zebra, Gepard, Leopard, Strauß, @ rolfhaase@iway.na # www.wilhelmstal-haase.com

Wilsonfontein (C8)

▲ [Farm][Jagd][Camping] 89km südl. Karibib / Anfahrt: C32, P1978 (10km) ☞ Ingo Gladis ✉ Karibib P.O.Box 40 ✆ 064-550890 064-550890 081-3003857 Λ viele Plätze ohne sanit. Einrichtungen auf der Farm / nur wenn keine Jäger da sind $ (2013) 7€ pP 2 DZ + 2DZ mit gemeinsamem Bad/ WC $ (2013) Jagdtag 1:1 160€, 2:1 140€, Ruhetag 70€, Transfer Airport 175Eur ⓘ Jagdverbund mit Otjikoko J42 & Ozombanda C40 Felszeichnungen, hist. Höhlen / 30km des alten Baiwegs (Jonker Afrikaner 1843) sind auf der Farm und entlangzulaufen markierte Wanderungen, Mineraliensuche / Bergsteigen möglich HausT ok (7 Hunde+2 Katzen auf der Farm) Klippspringer, Springbock, Steinböckchen, großer Kudu, Oryx, Warzenschwein, Giraffe, Berg-Zebra, Gepard, Leopard, Wüstenluchs (Karakal, Rotkatze), Strauß, Wildkatze @ namibhunt@hotmail.com # www.wilsonfontein.de 🕮 BRD: Ingo Gladis, Ampfing, +49-8636-986030, igladis@hotmail.com

Wüstenquell Private Nature Reserve (C60)

▲ [Farm][Gäste][Camping] 90km südwestl. Usakos / Anfahrt: D1914 (70km), nach dem ersten Tor nach links 19km Farmpad, Schilder / auch zu erreichen über den Welwitschia Drive in der Namib-Wüstensektion: 3km von der Großen Welwitschia in einer 90°Kurve geradeaus, verschlossenes Farmtor, Schlüssel hängt an der Kette am Tor, 30km Farmpad, Schilder ☞ Verena & Oliver Rust (manager & owner)), Dr. H. Leibersperger (owner) (Deutsch) ✉ Swakopmund P.O.Box 8377 ✆ 064-530811 & 088-648879 064-530092 081-1405987 Λ schattige Plätze an verschiedenen Stellen auf dem Farmgelände: 1 Platz mit Dormitory, Feldküche, Sanitärblock / 2 Plätze mit Duschen/WC $ (2013) 130N$ pP, K12 50% 6DZ mit Zusatzbett / 2 Bergchalets $ (2013) B&B: EZ 712N$, DZ 590N$ pP, K3-12 50% / Bergchalets B&B: EZ 1.190N$, DZ 885N$ pP / Zusatzpreise: Farmrundfahrt für Selbstfahrer 180N$ pAuto ⓘ "Hobbyfarm", Kiwi : Farmtiere / Rauwi Granitformationen, Höhlen, Quellen, Tafuni Erosionen, Honigberg / Namibflora / Felszeichnungen / hist. Jakkalswater Bahnstation auf Nachbarfarm Wandern (frei) kleines Restaurant (auch für Camper, Tagb.) (L 60N$, D 150N$) Wlan (beim Haupthaus) frei keine HausT Springbock, großer Kudu, Oryx, Berg-Zebra, Strauß, Trummi Leser sind sehr beeindruckt. @ info@wustenquell.com # www.wustenquell.com 🕮 Eden Travel

Region D: Um Gobabis

Karte siehe Seite 121

Diese Region erstreckt sich vom Internationalen Flughafen entlang der B6 und der Eisenbahnlinie nach Osten bis zur botswanesischen Grenze.

Nicht nur Rinderzuchtgebiet

Der Osten wird durch den roten Kalaharisandboden geprägt. Der Regen reicht für eine Busch- und Baumsavannenlandschaft und damit auch für eine Groß- und Kleinviehhaltung traditioneller Art aus., Aber auch neuere Versuche für ökologisch orientierte Agrarwirtschaft sind zu verzeichnen wie den Anbau von Oliven (s. Heisers Olivenfarm D22) das Holistic Farming, ökologische Hühnerhaltung („Happy Hens" ehemals KAINAS) ohne die gesundheitsgefährdende Massentierproduktion, weißer Spargel auf Ombeameiata (D23), Biopools (= Schwimmen mit Goldfischen statt mit Chlor) uam. Die Gästebetriebe müssen sich schon etwas einfallen lassen, um am Tourismus teilhaben zu können, da es keine besonderen Attraktionen gibt und die private Haltung von Raubkastzen immer mehr vom Staat restringiert wird.Eine Ausnahme bildet die Tierklinik Harnas, auch durch Fernsehserien bekannt gemacht. (D14), die so erfolgreich ist, daß sie neuerdings sogar Dependanzen bei Etoscha (Aufkauf von Naua Naua als Harnas Etoscha und von I dream Africa als Harnas Namib) aufziehen kann.

Als „Omaheke" bekannt

Die Kleinstadt Gobabis ist das Zentrum dieses Rinderzuchtgebiets und einziger Versorgungsort. Im Nordosten liegt das kommunale Gebiet der Herero, weshalb Sie zwischen Epukiro, Waterberg und Tsumkwe kaum kommerzielle Gästefarmen finden werden. Die wenigen Gästebetriebe, die alle abseits der gewöhnlichen Touristenrouten liegen, sind vor allem Jagdfarmen.

Traurige Berühmtheit hat dieses Gebiet als „Omaheke" dadurch erhalten, daß 1904 die deutsche Kolonialtruppe eine für beide Seiten verlustreiche Verfolgung der fliehenden Reste des Hererovolkes aufnahm. Bis heute wird der umstrittene Schießbefehl des damaligen Befehlshaber der Truppe, von Trotha, als „Genozid" am Volk der Herero diskutiert und mit Reparationsforderungen an die Bundesrepublik Deutschland verbunden. Eindrucksvoll dargestellt wurde das Leben und Sterben der Herero unter dem bezeichnenden Titel „Die schweigenden Feuer" von Giselher Hoffmann, 1994. (Vgl. dazu auch das Kapitel „(Keine) Schlacht am Waterberg" im

Band Namibia S. 369ff)

International bekannt wurde der Versuch, den Bewohnern von Omitara ein BIG (=Basic Income Grant), also ein „bedingungsloses Grundeinkommen" zukommen zu lassen. Führende Persönlichkeiten des öffentlichen Lebens in Deutschland – wie der ehemalige Bürgermeister von Bremen, Henning Scherf, oder der Unternehmer der DM-Kette, Erich Harsc, - setzten sich dafür ein. Ohne weitere Evaluation ist das Projekt 2012 mehr oder weniger beendet worden, da es dafür trotz zahlreicher Spendenaufrufe keine weiteren Mittel mehr gab. "Omitara" war als Pilotprojekt mit Signalwirkung gedacht, erst für diese namibische Region, dann für das ganze Land und für andere Projekte weltweit. (Liegt es an dieser Initiative, daß es in Namibia DM = Denk Mit Hausreinigungs – Produkte gibt, deren Einsatz schonender für die Umwelt sind als andere? Erhältlich im Spar Windhoek, s. *Anzeige Superspar siehe Seite 459*

4x4 Route und Rundreisen

In Gobabis beginnt auch die 4x4 Route nach Norden bis nach Tsumkwe, von dem engagierten Naturschützer und 4x4 Enthusiasten Jan Joubert propagiert, der tragischerweise entlang dieser Route im Juni 2006 einem Raubmord zum Opfer fiel. Die Rote Tonne bei der Einfahrt zum Marienfluß wurde vor einigen Jahren seinem Andenken gewidmet. Leider ist sein Buch nur schwer zu bekommen.

Über den Grenzposten Buitepos erreicht man auf einer Teerstraße durch die botswanesische Kalahari Johannesburg in der RSA und den Kgalagadi International Park im Süden. Besonders attraktiv ist eine Rundreise über Maun durch die Okavango Feuchtgebiete, durch den tierreichen Chobe und zurück nach Windhoek über das nordöstliche Namibia, den Zambezi/ Caprivi, und durch den Kavango. Einige Unterkünfte in Grenznähe hat TRUMMI auch für Botswana gelistet, ohne jedoch den Anspruch auf Vollständigkeit zu verfolgen. (s. Region W)

Literatur:

☞ siehe „Namibia": Landesmitte, Östlich von Windhoek, S. 316-322

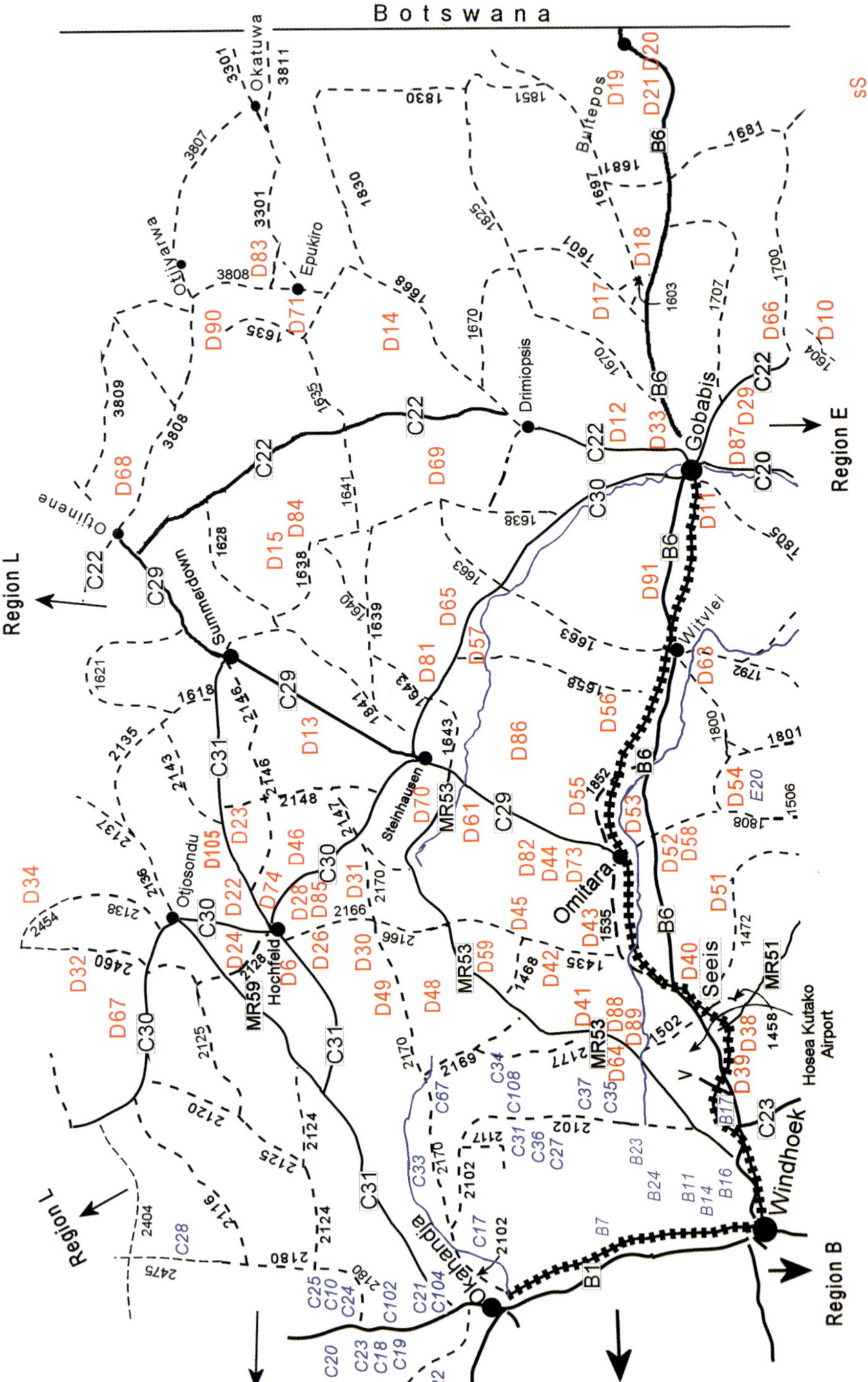

Botswana
Region L
Region C
Region B
Region E
Okatuwa
Otjiyarwa
Epukiro
Otjinene
Drimiopsis
Buitepos
Gobabis
Summerdown
Steinhausen
Otjosondu
Hochfeld
Omitara
Witvlei
Seeis
Windhoek
Okahandja
Hosea Kutako Airport
B1
B6
C20
C22
C23
C29
C30
C31
MR51
MR53
MR59

Region D - Um Gobabis

D2 Erni´s Bistro (in Gobabis)
D3 Gobabis Guest House (in Gobabis)
D4 Goba-Goba River Lodge (in Gobabis)
D5 Onze Rust Guest House (in Gobabis)
D6 Hochfeld Lodge (in Hochfeld)
D8 Kalahari Convention Centre (in Gobabis)
D9 TransKalahari End Resort (in Gobabis)
D10 Ben Hur Rural Development Centre
D11 Xain Quaz Camp
D12 Ohlsenhagen
D13 Halseton
D14 Harnas Wildlife Foundation
(D15 Okavarumendu)
D17 Good Hope Country House
(D18 Quinta Safari House)
D19 Zelda Game & Guest Farm
D20 East Gate Rest Camp
D21 Kalahari Bush Breaks
D22 Heiser`s Olivenhain B&B
D23 Ombeameiata
D24 Otjimbuku
D26 Okatjuru
D28 Kataneno
D29 SanDüne Game Lodge
D30 Okamapu Guest Farm
D31 Okowiruru Süd
D32 Farm Eureka
D33 Khagarib Rus
D34 Farm Wildernis
D38 Weideland
D39 Etango Ranch Gästefarm
D40 Mecklenburg
D41 Onjala Lodge
D42 Ombuerendende
D43 Silversand
D44 Hunters Namibia Safari Lodge
D45 Okahua Selfcatering
D45 Okahua Jagdfarm
D46 Kataneno Bushcamp
D48 Kamab Gästefarm
D49 Kashjuna Hunting Lodge
D51 Frischgewaagt / Großvlei
D52 Osombahe
D53 Astra / Büschow
D54 Okambara Elephant Lodge
D55 Otjivero Jagdfarm
D56 Ottawa
D57 Hetaku Safari Lodge
D58 Dorka
D59 Onganja
D61 Wronin
D63 Grünental
D64 Aurora Guest Farm
D65 BoetNel Hunting Safaris
D66 Neuhof Safari CC
D67 Woltemade
D68 Kaumbangere Centre
D69 Owingi
D70 Lindenhof Gästefarm
D71 Epukiro Campsite
D73 Nossob Jagd
D74 Hochfeld Guesthouse & Camping (in Hochfeld)
D75 Steps Guest House Gobabis (in Gobabis)
D81 Africa Awaits
D82 Apex
D83 Tjiri Lodge
D84 Exito
D85 Farm Königsberg
D86 Farm Marigold
D87 Getaway Kalahari Safari
D88 Kivo Lodge
D89 Okuje
D90 Omuramba Hunting Lodge
D91 West Nest Lodge
D105 Etemba Jagd

auf der Karte Region B
B7 Okapuka
B11 Bellerode Gästefarm
B14 Heja Game Lodge
B16 Trans Kalahari Inn
B16 Trans Kalahari Caravan Park
B17 Airport Lodge
B23 Burg Gusinde
B24 Otjimukona

auf der Karte Region C:
C10 Reveille
C17 Tungeni Dam Resort
C18 Omatako Ranch
C19 Bio Farm
C20 Outeniqua Gästefarm
C21 Okakango Nord
C22 Okatjiho
C23 Matador
C24 Omongongua
C25 Hüttenhain
C27 Omujeve Farm
C28 Otjinuke Hunting Ranch
C31 Otjisazu
C33 Otjiruze
C34 Hummelshain
C35 Otjozonjati
C36 Midgard Lodge
C37 Leopard Lodge Okanjanga
C67 Onjona Lodge
C102 Okatjeru Game Farm
C108 Otjiterazu
C104 Ombo Rest Camp

auf der Karte Region E:
E20 Arnhem Cave

Carola Kronsbein-Goldbeck - Geparden

Africa Awaits (D81)

▲ [Farm][Jagd] 70km nordwestl. Gobabis / Anfahrt: C30, 20 km vor Steinhausen ☞ Barbara Wiesner & Bertus Pretorius (Afrikaans) ✉ Gobabis P.O.Box 830 081-2148082 (Bertus), 081-2922438 (Barbara) luxury Zelte $ (2013) Jagdtag 1:1 390€, 2:1 350€, Begleitperson/Ruhetag 150€ ⓘ Kiwi HausT ok @ africaawaits@yahoo.com # www.africa-awaits-hunting.com

Apex, Jagdfarm (D82)

▲ [Farm][Jagd] 27km nördl. Omitara / Anfahrt: C29 nach Steinhausen, ☞ Carola Kronsbein-Goldbeck & Kurt Kronsbein (Deutsch) ✉ Omitara P.O.Box 34 ✆ 062-560243 081-2868606 2 Rondavels $ (2013) Jagdtag 1:1 210€, 2:1 180€, Begleitperson/Ruhetag 85€ / K6-16 50€ ⓘ Rinderfarm (Charolais-Rinder) / Fama ♕ ***Carola ist Kunstmalerin vor allem von Wildtieren*** Malkurse, Photosafaris HausT auf Anfrage gemeines Impala, Duiker, Streifengnu, Weißschwanzgnu, Kuhantilope (Hartebeest), Springbock, Steinböckchen, Eland, großer Kudu, Oryx, Wasserbock, Warzenschwein, Steppen-Zebra, @ info@apex-safaris.eu # www.apex-safaris.eu 🕮 Tel: +49-2309-7847127, Fax: +49-2309-7847128

Astra / Büschow (D53)

▲ [Farm][Jagd] 13km südl. Omitara / Anfahrt: C29 nach Süden, B6 nach Osten (13km) ☞ Stephan Goldbeck (Deutsch) ✉ Windhoek P.O.Box 86152 ✆ 062-560222 Stefan 081-2007716 ▲ Bushcamp Hängouwer an der D1808 Gästehaus mit 3DZ $ (2012) Jagdtag 1:1 190€, 1:2 160€, Ruhetag 90€ / K2-14 40N$, K14-18 80€ ⓘ Kiwi: Eselskarre, Spielplatz / Fama ♕ auch für ältere Jäger möglichst keine HausT gemeines Impala, Bleßbock, Duiker, Kuhantilope (Hartebeest), Springbock, Steinböckchen, Eland, großer Kudu, Oryx, Wasserbock, Warzenschwein, Gepard, @ astra@iway.na # www.astra-jagdfarm.co.za

Aurora Guest Farm (D64)

▲ [Farm][Gäste] 80km nordöstl. Hosea Kutako International Airport / Anfahrt: B8, D1502, M53 ☞ Helga & Josef Schubert und Christian Schubert & Grace (Österreichisch) ✉ Windhoek P.O.Box 40199 ✆ 062-503728 062-503728 081-1286459 3 Gästehäuser $ (2013) Jagdtag 1:1 220€, Jagdtag 2:1 200€,

Begleitperson 100€ @ aurora@jagdfarm-aurora.com # www.jagdfarm-aurora.com

Ben Hur Rural Development Centre (D10)

⅄ [Farm][Rastlager][SC] 50km südöstl. Gobabis / Anfahrt: C22, D1604, Schild ☞ Komeho Namibia (managing NGO), Gabriel Hangara (Otjiherero) ✉ Gobabis P.O.Box 925 ✆ 062-568465[6] 062-568467 081-2550448 4 SC Chalets 4P, 5 Luxury 1P, 6 Schlafsaalhäuser 6P =57P $ (2012) SC Chalets: 153N$ pP, Luxury: 122N$ pP / Schlafsaal 71N$ pP ⓘ Rinderfarm / KonferenzZ (100N$ pTag) / Kiwi / Tagb. / Institution der namibischen Regierung / Schule auf der Farm / viele Haustiere wie Kaninchen, Schafe, Esel, Guinea Fowls Poolbillard Mahlzeiten auf Bestellung (Breakfast 40N$, Lunch 50N$, Dinner 50N$) @ ghangara@gmail.com

BoetNel Hunting Safaris (D65)

⅄ [Zeltlodge][Camping][Jagd] 60km nördl. Witvlei / Anfahrt: D1663, C30 Richtung Steinhausen, 15km Camp ☞ Karen & Boet Nel (Afrikaans) ✉ Windhoek P.O.Box 97453 ✆ 062-561480 062-561480 081-1270134 Δ 2 Plätze, Strom $ 50N$ pP, K12 frei 1 Chalet + 4 Luxuszelte ⓘ Jagdverbund von 15 Farmen mit dem Hauptcamp BoetNel / Tore schließen zu Sonnenuntergang / auch Begleitpersonen willkommen Familie von 7 Jack Russels Terrier (kinderfreundlich) Wäschedienst keine HausT @ boetnel@iway.na # www.namibiansafari.com

Dorka, Farm (D58)

⅄ [Farm][Jagd] 76km östl. Hosea Kutako International Airport / Anfahrt: B6, D1808 (Achtung kein Schild), Richtung Nina, nach 10km Schild ☞ Angela von Leipzig (Deutsch) ✉ Windhoek P.O.Box 6049 & 081-2574446 081-2485497 Gästehaus 2DZ $ (2013) Jagdtag 1:1 180€, 2:1 160€, Ruhetag/Begleitperson 80€ / K7-12 35€ ⓘ Rinderfarm, Fama, Kiwi / Rauchen erlaubt ♿ rollstuhlfreundlich @ dorkahuntingfarm@iway.na

Epukiro Campsite (D71)

⅄ [Kommunales Camping] 95km nordöstl. Gobabis / Anfahrt: C22 (58km), D1635 nach Epukiro (auf dem Gelände der katholischen Missionsstation, Platz Melsweding) ☞ Euphrosine Mbuende (manageress) (Tswana) ✉ Gobabis P.O.Box 1480 ✆ 062-567304 081-2184266 Δ Plätze unter Bäumen / Zelte & Hütten $ (2013) 30N$ pP / Zelt 60N$ pP / Hütte 80N$ ⓘ Tagb. (10N$ pP, K18 5N$) / auch Boiteko Campsite genannt angeschlossen an das Hererodorf Epukiro, Sitz des Ovambanderu-Rates (siehe Photos Klaus Dierks: http://www.klausdierks.com/Namibia_Photos_Deutsch/Namibia.Omaheke.htm) / am Epukiro Rivier / alte Missionsstation Dorftour 50N$ pP, Tänze 100N$ pP

East Gate Rest Camp (D20)

[Rastlager][Camping][SC] 110km östl. Gobabis / Anfahrt: B6,in Buitepos Rita & Deon van Vuuren (Afrikaans) Gobabis P.O.Box 422 062-560405 062-560406 15 Zeltplätze mit Küchenplatz u. Strom / 10 Caravanplätze mit Strom / Bushcamp (70N$ pP) $ (2013) 60N$ pP 8 SC Bungalows 2P, 4 SC Bungalows 3P, 1 SC Luxus Bungalow 3-4P / 14 Cabins 2P mit Sanitärblock $ (2013) Luxus 950N$, Standard 1-2P 450N$, 3-4 700N$ / Cabins 130N$ pP an der Grenze zu Botswana (Grenzübergang derzeit offen 7:00 bis 22Uhr) Gamedrive Restaurant / Braaipack 1kg (Grillfleisch): 45N$ / Frühstück 45N$ / Lunchpakete 40N$ / Spitbraai min 15P 100N$ pP / Potjiekos 85N$ 24 STd. Tankstelle, Reifenrep. / Laden, Take Away rollstuhlfreundlich keine HausT religiös orientiert eastgate@namibnet.com, eastgate@iway.na #www.eastgate-namibia.com

Erni´s Bistro (D2)

[B&B] Gobabis, Quito Cuanavale 29 Jay Lewis (Afrikaans) Gobabis P.O.Box 437 062-565222 062-565221 081-2819223 2DZ+3EZ / aircon $ (2013) B&B: EZ 350N$, DZ 500N$, K6 120N$ Kiwi: Kindergarten von 7-17 Uhr Restaurant à la carte, Pub keine HausT ernisbistro@iway.na

Etango Ranch Gästefarm (D39)

[Farm][Gäste][SC] 2km südl. Hosea Kutako International Airport Carmen & Robert Grellmann (Deutsch) Windhoek P.O.Box 90161 062-540451 062-540452 081-1293007 22P $ (2013) DZ Hp für 2P 1.350N$, 1P 900N$ / SC Rondavel 2P 540N$, Zusatzbett 125N$ Rinderfarm / Tagesraum für Gäste, die auf Flüge warten (2P 660N$) / KonferenzZ 30P ***Ornithologe / auf der Farm wurden bisher über 200 Vogelarten gesichtet*** Wandern, Farmdrive, ***Vogelfrühstück***, Farmalltag Internet Kuhantilope (Hartebeest), Springbock, Steinböckchen, großer Kudu, Steppen-Zebra, etangoranch@mweb.com.na, "Etango Ranch - Grellmann" <etangoranch@mweb.com.na> # www.etangoranch.com auch Reservation - Destination

Etemba Jagd (D105)

[Farm][Jagd] 30km nordöstl. Hochfeld / Anfahrt: C31 Karen & Armin Fietz / Jochen & Heike Neubrech (Deutsch) Windhoek P.O.Box 11630 062-549020 081-2692406, 081-1246409 1 Gästehaus 3 DZ $ (2013) Jagdtag 1:1 230€, 2:1 180€, Ruhetag 100€, Begleitperson 80€, K12 40€ Fama, Rauwi / Bogenjagd (1:1 250€, 2:1 210€) / Farm 125/126 Wandern, Reiten keine HausT Bleßbock, Streifengnu, Weißschwanzgnu, Kuhantilope (Hartebeest), Springbock, großer Kudu, Oryx, Warzenschwein, Steppen-Zebra, Gepard, Leopard, 125 Vogelarten info@etemba-hunting.com, fietz@iway.na #www.natron.net/etemba-jagd/ Tel&Fax:Tiptours 061-227440

Eureka (D32)

siehe „Farm Eureka (D32)“ S. 125

Exito (D84)

[Farm][Jagd] 100km nördl. Gobabis / Anfahrt: B6, C30, D1638 Kalla & Sigi Heimstädt (Deutsch) Gobabis P.O.Box 505 062-561663 088-634840 2DZ, 2EZ mit einem Badezimmer $ (2013) Jagdtag 1:1 1.500N$, 2:1 1.200N$, Begleitperson/Ruhetag 700N$ Farm Arcadia Farm No 260 / Rinderfarm Simbrazucht und Fleischproduktion auch Safariunternehmen Farmleben, Gamedrive viele Produkte von der Farm Wlan / Wäscheservice rollstuhlfreundlich, ebenerdige Zimmer Duiker, Kuhantilope (Hartebeest), Steinböckchen, Eland, großer Kudu, Oryx, Warzenschwein, Löffelhund, Erdwolf, Erdferkel, Stachelschwein, Strauß, exito@iway.na #www.exito.iway.na

Farm Eureka (D32)

[B&B] 40km nördl. Hochfeld / Anfahrt: C30, bei Imkerhof D2460 (12km), Schild 4km Farmpad Monika & Hellmut Förtsch (Deutsch) Okahandja P.O.Box 252 062-518139 081-2536976 088-625246 2DZ (5P) $ (2013) B&B 350N$ pP, Vp 550N$ Tagb., Kiwi, Fama / Landepiste / Rinderfarm (Bonswara), Heuproduktion "Schutztruppen" Friedhof 20km entfernt Farmleben, Gamedrive, Botanische Führung, Tischtennis, *Volleyball* / Fußreflexzonentherapie und Molkebäder eigene Farmprodukte Wlan / Wäscheservice // www.caleta.iway.na HausT auf Anfrage www.caleta.iway.na Duiker, Kuhantilope (Hartebeest), Steinböckchen, großer Kudu, Oryx, Warzenschwein, Gepard, Strauß, @ eureka@mweb.com.na # www.sandveld.com/farms/eureka.htm

Farm Königsberg (D85)

[Farm][Gäste][Jagd] 45km nordöstl. Hochfeld / Anfahrt: C30, am Schwarzen Nossob Irmgard & Arno Böhmer (Deutsch) Windhoek P.O.Box 40873 062-561460 062-561460 081-1291405 (Arno), 081-1481904 (Irmgard) 2 Bungalows (2-3 Betten, 2 EZ) / Buschcamp Rinderfarm / Jagen zu Pferd Photo Safaris auf der Farm / Reiten Duiker, Kuhantilope (Hartebeest), Springbock, großer Kudu, Oryx, Warzenschwein, @ arno@koenigsberg-safari.com # www.koenigsberg-safari.com

Farm Marigold (D86)

[Farm][Gäste][Jagd] 49km nordöstl. Omitara / Anfahrt: C29 (22km), Farmpad nach Osten (27km) Petra & Hans-Wolf von Schumann (Omupanda Jagd Safaris) (Deutsch) 062-561469 062-561469 4 Bungalows $ (2013) Jagdtag 1:1 170€, 2:1 160€, Begleitperson/Ruhetag 70€ / K12 frei Rinder- & Schaffarm "Familie und Begleitpersonen sind natürlich auch herzlich willkommen." Ultralight Flug / Vogelbeo. / Farmleben rollstuhlfreundlich @ info@omupanda.de # www.namibiajagd.com

Farm Wildernis (D34)

[Farm][Gäste][Jagd][Camping] 58km nordöstl. Hochfeld / Anfahrt: C30 nach Norden, D2138, D2454 30km Schild Anette & Emil Diekmann (Deutsch, Otjiherero, Französisch, Spanisch) Windhoek P.O.Box 6136 062-518044 062-518044 Plätze $ (2004) 40N$ pP 2DZ+1EZ $ (2004) Jagdtag 1:1 120€, Begleitperson 70€ / Hp 50 € / Zusatzpreise: Transfer Flughafen 150€ pAuto HuZ Rinder & Schaffarm / Holzkohleproduktion / Fama, Kiwi / Bogenjagd, Jagd zu Pferd afrikanischen Massage und Aromatherapie incl. Molkebad Reiten, Tennis, Naturlehrpfad, Radeln, Bogenschießen, Amateurfunk Duiker, Kuhantilope (Hartebeest), Eland, Gepard, Leopard, @ wildernis@iway.na # www.sandveld.com/farms/wildernis.htm

Frischgewaagt / Großvlei (D51)

[Farm][Jagd] 30km südöstl. Seeis / Anfahrt: D1472 (30km), Schild Marion & Rolf Barth (Deutsch) Windhoek P.O.Box 11303 062-560016 062-560063 3DZ $ (2012) Jagdtag 1:1 160€, Ruhetag 80€ Pferdezucht / Kiwi, Fama HausT auf Anfrage Duiker, Kuhantilope (Hartebeest), Springbock, Steinböckchen, großer Kudu, Oryx, Warzenschwein, @ mrbarth@iway.na # www.frischgewaagt.com/

Getaway Kalahari Safari (D87)

[Farm][Jagd] 30km südl. Gobabis / Anfahrt: C20 Louis Botha / Adalene & Jannemann & Family (Afrikaans) 062-571769 062-571769 081-2603355 2DZ am Wasserloch $ (2013) Jagdtag 1:1 420US$, 2:1 340US$, Begleitperson/Ruhetag 120US$ Louis Botha Game Ranch Gobabis @ info@kalahari-safari.com # www.kalahari-safari.com

Gobabis Guest House (D3)

▲ [B&B] Gobabis, Lazarett Str. 8 ☞ Kobus Pienaar (Afrikaans) ✉ Gobabis P.O.Box 125 ✆ 062-563189 ☏ 062-564125 📱 081-2925086, 081-2401828 🛏 4 DZ, 1 EZ, 1 SC Familienwhg für 6P / aircon $ (2012) B&B: EZ 330N$, DZ 500N$, FZ 250N$ pP ⓘ Kiwi / Parken im Hof / Rauwi ♿ 2 Z rollstuhlfreundlich 🐕 gut erzogene Hunde ok #www.gobabis.net/accommodation/gobabis-guesthouse

Goba-Goba River Lodge (D4)

▲ [Lodge][Restcamp][Camping] Gobabis, Elim Str. ☞ Louise & Dewaal Louw / Jeanine Bezuidenhout (receptionist) (Afrikaans, Französisch) ✉ Gobabis P.O.Box 599 ✆ 062-564499 ☏ 062-564466 ⛺ Plätze am Rivierbett, Schattenplatz 30P $ (2012) 2P 180N$, +1P 90N$, K6-12 70N$ 🛏 Lodge 10DZ+2 doppelstöckige Chalets 3P & 5P, aircon // Restcamp 9DZ gemeinsame(r) Tv Raum, Küche, Bad+WC $ (2012) Lodge B&B: 1P 535N$, 2P 790N$ 3P 930N$, 4P 1.070N$ 5P 1.170N$ / Restcamp 1P 190N$ 2P 310N$, Frühstück 40N$ pP // K6-12 80N$ ⓘ Kiwi: Spielplatz / große KonferenzZ ♔ am Black Nossob Rivier / "Stadtfarm" / 2 Oryxe (Spießböcke) in einem kleinen Park 🚶 Wandern, Tennisplatz, Vogelbeobachtung 🍽 Restaurant / Breakfast 45N$ 📎 Wlan 🐕 HausT ok @ goba@mweb.com.na #www.gobalodge.com

Good Hope Country House (D17)

▲ [Farm][Gäste][Jagd] 44km östl. Gobabis / Anfahrt: B6 Richtung Botswana (36km), D1601 (8km), Schild, 15km zum Haus ☞ Christine & James Chapmann (Englisch, Deutsch) ✉ Gobabis P.O.Box 1100 ✆ 062-563700 ☏ 062-563700 📱 081-1273700, 081-1273711 🛏 4DZ+ 1 Familien-Unit $ (2012) Hp: EZ 530N$, DZ 990N$ / K16 frei / Aktivitäten inkl. ⓘ Rinderfarm "Beefmaster" / Bogenjagd ♔ San Gemeinde auf der Farm 🚶 San-Kultur: Tänze & Jagd, 2-Tagesprogramm 🐘 Streifengnu, Springbock, großer Kudu, Oryx, Warzenschwein, @ goodhope@sanworld.com.na #www.sanworld.com.na

Grünental (D63)

▲ [Farm][Gäste][Jagd] 10km westl. Witvlei / Anfahrt: B6, 2km Farmpad ☞ Sonja & Wilfried Pack (owner), Gabi & Jürgen Matthaei (Deutsch) ✉ Witvlei P.O.Box 21 ✆ 062-570312 & 061 234823 📱 081-1244774 (Matthaei), 081-2740250 📠 088-640795 🛏 5DZ $ (2013) Jagdtag 1:1 200€, 2:1 160€, Ruhetag 95€ ⓘ Rinderfarm / Bogenjagd / Fama ♔ Jürgen Matthaei war Heimleiter der DHPS 🚶 Wandern 🍽 Farmprodukte 📎 Wlan / Wäscheservice 🐕 keine HausT 🐘 gemeines Impala, Duiker, Kuhantilope (Hartebeest), Springbock, Steinböckchen, Eland, großer Kudu, Oryx, Wasserbock, Giraffe, Steppen-Zebra, Berg-Zebra, Strauß, @ info@namsafcon.com #www.gruenental.com.na 📖 Namibia Safari Connection, Windhoek, P.O.Box 6286

Halseton, Jagdfarm (D13)

▲ [Farm][Gäste][Jagd] 90km nordöstl. Omitara / Anfahrt: C29 ☞ Falko Schwarz (Deutsch) ✉ Omitara P.O.Box 8 ✆ 062-561439 ☏ 062-561470 🛏 8DZ $ (2013) Vp DZ 60 € / Jagdtag 1:1 150 €, 2:1 120 €, Ruhetag 60€ / K14-18 Vp 30 €, ⓘ Fama, Kiwi, Rauwi 🚶 Reiten, Tontaubenschießen 🍽 nur Vp 🐘 gemeines Impala, Duiker, Kuhantilope (Hartebeest), Springbock, Steinböckchen, Eland, großer Kudu, Oryx, Wasserbock, Warzenschwein, Giraffe, Steppen-Zebra, @ halseton@iway.na #www.halseton.de 📖 P.O.Box 11990, Klein Windhoek

Harnas Wildlife Foundation (D14)

☞ siehe Seite 127

Harnas Wildlife Foundation (D14)

[Tierklinik-Farm] 95km nordöstl. Gobabis / Anfahrt: B6 (5km), C22 (40km), D1668 (45km), Schild 8km Farmpad ☞ Marieta van der Merwe (Afrikaans) ✉ Gobabis P.O.Box 548 ✆ 062-568828 & 062-568838 ℻ 062-568842 📱 081-1600432 Δ 4 Plätze mit Sanitärblock, Strom, wenig Schatten $ (2013/2014) 200N$ pP 🛏 3 Häuschen (Nachbildungen von Lehmbauten) und 8 Holzchalets, Cottages(2-4p) $ (2013/2014) Standard Iglo DZ: Hp +2 Touren 1.540N$ pP, Hp 1.030N$ pP, SC 825N$ pP / Cottages: DBB + 2 tours 1.760N$ pP, DBB 1.250N$, SC 1.055N$ // EzZuschlag 495N$ (Guide: Igloo 385N$, Cottage 495N$, Camping 75N$) / K3-12 50% / Zusatzpreise: 2 Fütterungstouren (8 Uhr: 275N$ pP + 16Uhr: 165N$ pP, Radiotracking Geparden, Wildhunde 275N$ pP ⓘ Tagesbesuch (165N$ pP)/ SOS für Wildtiere (Animal Rescue Line) 081-9081 ♛ Animal Sanctuary: „Tierheim für wilde Tiere aller Art", „Waisenhaus", „Krankenpflege" / in großen Gehegen (pro Raubtier 1 ha Land): alle Wildkatzen (Löwen, Geparden, Leoparden, Karakal), Hyäne, Schakal, Krokodil / mehr als 30 Wildhunde = größtes Rudel in Namibia // Tierbestand wechselt. Tierfütterung,"Tier-Führungen" / Minigolf, Volleyball 🍽 Restaurant (mit Vorausbuchung) B 60N$, L 75N$, D 150N$ Curio Shop 🐘 gemeines Impala, Bleßbock, Duiker, Streifengnu, Weißschwanzgnu, Kuhantilope (Hartebeest), Eland, großer Kudu, Oryx, Warzenschwein, Giraffe 👍 Ein Besuch lohnt sich sehr / Teil einer dt. Soap 2007. 2013 ARD-Staffel Tieralltag in Namibia, gefilmt bei Harnas @ harnas@iway.na, info@harnas.org # www.harnas.org 📖 Windhoek: 061-224629, Fax 061-228545

Heisers Oliven

In Namibia scheint die Sonne 300 Tage im Jahr. Warum sollte man hier nicht das beste Olivenöl der Welt machen? Das fragte sich Rolf Heiser 1991 und begann auf der Farm Hartebeestteich-Süd bei Hochfeld mit den ersten Anpflanzungen. Dank guten Wassers wachsen inzwischen 6000 Bäume auf 20 h der „Olea europaea“.

Mit 700 Bäumen hatte er angefangen. Was sind schon 6000 Bäume in Anbetracht von 800 Millionen weltweit von dieser alten Kulturpflanze?

Aber das Besondere ist, daß hier die Oliven von Januar bis Mai handgepflückt werden, dann werden die Tischoliven langsam während 7 Monaten in leichter Lake in frei stehenden Tragen der Fermentation überlassen. In der eigenen Mühle werden Oliven für das Öl kalt gepreßt, in dunkle Flaschen gefüllt, wird es als „Extra Virgin Olive Oil“ verkauft. Die Tischoliven schmecken fruchtig, das Öl hat unter 0.8% Säure. Natürlich gibt es auch eine würzige Olivenpaste als Brotaufstrich.

Man kann alles im Farmladen bei Familie Heiser kaufen. Um es in den Läden zu finden, muß man derzeit noch Glück haben. (siehe „Heiser`s Olivenhain B&B (D22)“ S. 129

Heiser`s Olivenhain B&B (D22)

▲ [Olivenfarm][B&B] 10km nördl. Hochfeld / Anfahrt: C30 nach Norden (7km), Einfahrt rechts, Schild ☞ Karin & Rolf Heiser (owner) (Deutsch) ✉ Windhoek P.O.Box 24162 ✆ 062-549073 ✆ 062-549071 ▯ 081-1245940 ▲ siehe Hochfeld Guesthouse D74 ▬ 5DZ max 15P $ (2012) B&B: EZ 534N$, DZ 682N$ / Zusatzpreise: Olive Tour, Sundowner Tour, Game Drive 100N$ pP ⓘ Pioniers Farm mit Olivenbäumen / Bonsmara-(Rinder)zucht / Fama / Kiwi / Tagb. ♛ ***Oliven und Olivenöl Herstellung siehe „Heisers Oliven" S. 128*** / Willkommen sind auch behinderte Kinder: Therapeutin im Haus 🚶 Olivenernte Feb-Mai ♿ 2 Z rollstuhlgerecht 🐘 Duiker, Streifengnu, Kuhantilope (Hartebeest), Steinböckchen, großer Kudu, Oryx, Warzenschwein, Strauß, @ heiser@namibnet.com # www.heiserolives.com

Hetaku Safari Lodge (D57)

▲ [Farm][Gäste][Jagd] 62km nördl. Witvlei / Anfahrt: B6 nach Westen, D1658 (51km), Schild ☞ Helga Steinbrück (manageress) (Deutsch, Spanisch) ✉ Windhoek P.O.Box 24575 ✆ 062-561441 ✆ 062-561441 ▬ Farmhaus (Holzhaus) 3 DZ + 3 Bungalows mit DZ $ (2012) Jagdtag 1:1 180€, Ruhetag 80€ / Zusatzpreise: Game drive für Nicht-Jägern mit Guide 150N$ pStd, 1 Ausritt inkl. ⓘ Jagd auf drei verschiedenen Jagdfarmen: Hetaku bei Gobabis, Waterberg beim Waterberg, Riverqueen bei Bloemfontein ♛ ***Sabine Stephanie ist Kutschfahrerin in Wettkutschenfahren*** 🚶 Reiten / Kutschenfahrt / Jagd von der

Kutsche aus 🐘 Bleßbock, Duiker, Streifengnu, Weißschwanzgnu, Kuhantilope (Hartebeest), Springbock, Steinböckchen, großer Kudu, Oryx, Warzenschwein, Giraffe, Steppen-Zebra, Gepard, @ hetaku@iway.na # www.hetaku.de

Hochfeld Guesthouse & Camping (D74)

▲ [Gästehaus][Camping] Hochfeld ☞ Rolf Heiser (owner) (Deutsch) ✉ Windhoek P.O.Box 24162 ✆ 062-549073 ✆ 062-549071 ▯ 081-1245940 ▲ 8 Plätze, Schatten $ (2013) 60N$ pP ▬ 3EZ, 4TwZ, 1DZ $ (2013) EZ 486N$, DZ 585N$ / ab 14 Tage EZ 374N$, DZ 468N$ ⓘ in der Nähe der Heiser Olivenfarm siehe Seite 129 🍽 B 50N$, L 63N$, D 75N$ 📎 Wlan / Waschmaschine 🐕 keine HausT @ heiser@namibnet.com, heiserolives@iway.na # www.heiserolives.com

Hochfeld Lodge (D6)

▲ [Lodge] Hochfeld, Kreuzung C30/C31 ✉ Hochfeld P.O.Box 2 ✆ 062-549133 ✆ 062-549138 ▬ 6DZ $ (2013) B&B: EZ 561N$, DZ 332N$ pP ♿ rollstuhlfreundlich @ hochfeld@mtcmobile.com.na

Horizon´s (D8)

ⓘ siehe „Kalahari Convention Centre (D8)" S. 130

Hunters Namibia Safari Lodge (D44)

▲ [Jagdlodge] 60km östl. Hosea Kutako International Airport / Anfahrt: Rooikraal Game Ranch, Omitara ☞ Joof Lamprecht ✉ Omitara P.O:Box 1443 ✆ 062-560266 ▯ 081-3033010 ▬ 5DZ $ (2008) Jagdtag 1:1 575US$, 2:1 475US$, Ruhetag 275US$ K12 145US$ / PhotographenTag 300US$ pP / + 15% VAT ⓘ keine Tagb. / Kiwi ♛ Photosafaris @ huntersn@mweb.com.na 📖 USA Mobile (Jan/Feb): +1-615-975-6169

Kalahari Bush Breaks (D21)

▲ [Farm][Gäste][Camping] 87km östl. Gobabis / Anfahrt: B6 ☞ Elsabie & Ronnie

Barnard (Deutsch) ✉ Gobabis P.O.Box 1367 ✆ 062-568936 📠 062-569001 ▲ 10 "Luxury" Plätze, schattig, Strom / +10 Plätze unter Kameldornbäumen mit offenen sanit. Anlagen $ (2013) Luxus 95N$ pP / 75N$ pP 🛏 8DZ + 2 LuxusZ $ (2013) B&B: DZ 690N$ pP, EZ 770N$, K2-12 350N$ // Luxus B&B EZ 1.020N$, DZ 950N$ pP ⓘ Rinderzucht, Wildfamerei / Fama / Kiwi: Spielplatz / Landepiste (S22°19,835' E 19°44,965) // auch Bogenjagd, nur 15 Jäger pro Jahr ♕ Felsgravuren / beleuchtetes Wasserloch 🚶 geführter Spaziergang max 6P (150N$ pP) / 4X4 Trail 20km (150N$ pAuto) / alle Aktivitäten kostenlos für Lodgegäste // Reiten (nur für erfahrene Reiter) 350N$ pP pStd 🍽 Frühstück 100N$, Dinner 210N$, Lunchpakete 100N$ 🐘 gemeines Impala, Duiker, Streifengnu, Weißschwanzgnu, Kuhantilope (Hartebeest), Springbock, Steinböckchen, Eland, großer Kudu, Oryx, Wasserbock, Warzenschwein, Giraffe, Steppen-Zebra, Berg-Zebra, Strauß, @ enquiries@kalaharibushbreaks.com, rbarnard@iway.na # www.kalaharibushbreaks.com 📖 auch Logufa

Kalahari Convention Centre (D8)

▲ [Hotel/ Pension] 🏠 Gobabis, Heroes Lane / Markstraat 12 ☞ Natalia Goagoses ✉ Gobabis P.O.Box 933 ✆ 062-564878 📠 062-564879 📱 081-2837893 🛏 13Z, 6DZ, 7EZ $ (2012) B&B: DZ 440N$, EZ 220N$ ⓘ 1 KonferenzZ 250N$, >30P 350N$ 🍽 Restaurant à la Carte (L 70N$, D165N$, Biergarten @ kalaharicc@iway.na

Kamab Gästefarm (D48)

▲ [Farm][Gäste][Jagd] 🚗 90km nördl. Seeis / Anfahrt: B6 nach Norden, D1502 (16km), MR 53 Richtung Norden (43km), Schild ☞ Katja & Diethelm Metzger (Deutsch) ✉ Windhoek P.O.Box 9818 ✆ 062-503732 💻 088-644113 🛏 Gästehaus 5DZ $ (2013) Vp DZ 950N$ pP / Jagdtag 1:1 390US$, 2:1 280US$, Ruhetag 800N$ pP ⓘ Rinderzucht: Simbra / Fama / Kiwi / Rauwi // Farm Neu Otjisauona // Bogenjagd 🚶 Wandern, Reiten 🍽 nur organische Lbm., nur Fleisch von der Farm, 📎 Wlan, Internet ♿ rollstuhlfreundlich 🐘 Duiker, Kuhantilope (Hartebeest), Springbock, Steinböckchen, Eland, großer Kudu, Oryx, Wasserbock, Warzenschwein, Giraffe, Steppen-Zebra, Gepard, Leopard, @ katja@makadi-safaris.com, diethelm@kamab-simbra.com

Karivo Lodge (D41)

ⓘ Hans Ivo Lühl hat verkauft, neuer Name siehe „Onjala Lodge (D41)" S. 135

Kashjuna Hunting Lodge (D49)

▲ [Farm][Jagd] 🚗 89km östl. Okahandja / Anfahrt: B1 nach Süden, D2102, D2170 60km Schild "Schweizerland" ☞ Gerrit Utz (Deutsch) ✉ Windhoek P.O.Box 90354 ✆ 062-682088 📠 062-682100 🛏 Gästehaus 5Z $ (2012) Jagdtag 1:1 390€, 2:1 240€, Ruhetag, An-u. Abreisetag 100€ ⓘ Rinder- & Wildfarm / spezialisierte Jagdfarm, Bogenjagd, nur eine Gruppe von Gästen / Fama, Kiwi 🐘 gemeines Impala, Bleßbock, Duiker, Streifengnu, Weißschwanzgnu, Kuhantilope (Hartebeest), Springbock, Steinböckchen, großer Kudu, Oryx, Pferdeantilope, Rappenantilope, Wasserbock, Warzenschwein, Giraffe, Steppen-Zebra, Berg-Zebra, Gepard, Leopard, Wüstenluchs (Karakal, Rotkatze), Strauß, @ gerrit@mweb.com.na, utz@kashjuna-lodge.de, african-safari-trails@mweb.com.na # www.kashjuna-lodge.de/

Kataneno (D28)

▲ [Farm][Jagd][Gäste][SC] 🚗 40km südöstl. Hochfeld / Anfahrt: C30, Schild ☞ Karin & Heiko Binding (Deutsch) ✉ Windhoek P.O.Box 11215 ✆ 062-549085 📠 062-549085 ▲ Kataneno Bushcamp D46 siehe Seite 131 🛏 2DZ+2EZ $ (2013) Vp DZ 125€ pP, K18 60€ / inkl. Aktivitäten ⓘ Rinder- u. Wildfarm / Bogenjagd / Kiwi, Fama ♕ Keramikproduktion 🚶 Keramik infos / Reiten, Eselskarren, geführte Wanderung, Vogelbeo. / Kanufahren u. Schwimmen, wenn Wasser im Damm 🍽 Spezialmenüs 📎 Reifenrep., Benzin / Wäschedienst ♿ 1Z rollstuhlfreundlich 🐕 HausT ok 🐘 Bleßbock, Duiker,

Streifengnu, Weißschwanzgnu, Kuhantilope (Hartebeest), Springbock, Steinböckchen, großer Kudu, Oryx, Warzenschwein, Gepard, Strauß, Aasgeierkolonie @ kataneno@iafrica.com.na

Kataneno Bushcamp (D46)

[Ferienhaus][Camping] 61km südöstl. Hochfeld / Anfahrt: auf Kataneno (C30, ausgeschildert) / 21km entfernt vom Haupthaus ☞ Karin & Heiko Binding (Deutsch) 1 Platz $ (2012) 100N$ pP 1 SC Farmhaus mit 3DZ max 8P / Vokü $ (2012) 275N$ pP ⓘ gehört zur Kateneno Jagdfarm / Aktivitäten siehe dort / auch geeignet für kleine Konferenzen und "team building" Seminare Wildfleisch für Braai erhätlich HausT ok Kuhantilope (Hartebeest), Springbock, Steinböckchen, großer Kudu, Oryx, Gepard, Aasgeierkolonie siehe Kataneno D28

Kaumbangere Centre (D68)

[Kommunales Camping&Bungalows] 5km südl. Otjinene / Anfahrt: D3808 ☞ Billy Katjatenja (Otjiherero) ✉ Otjinene P.O.Box 100 ✆ 062-567879 062-567879 081-2185649 Plätze und Zelte $ (2013) 45N$ pP / Zelt 80N$ pP / K6-12 50% 4 Bungalows + 1 Rondavel $ (2013) B&B 145N$ pP / K6-12 50% angeschlossen an das Dorf Otjinene / 20 km entfernt: Ozombu Zovindimba: Platz, an dem Trotta den "Vernichtungsbefehl" proklamiert hat, Heute Friedhof und Gedenkschrein Dorftour 40N$ pP / Besuch von Ozombu Zovindimba (30N$ pStd) / Touren zu Hochzeiten

Khagarib Rus (D33)

[Farm][Jagd][SC-Chalet] 10km östl. Gobabis / Anfahrt: B6 nach Osten, Schild Farmpad 1km ☞ Ohna & Stevie Pretorius (Afrikaans) ✉ Gobabis P.O.Box 830 ✆ 062-563072 062-563072 081-1483705 SC Chalets: 1FZ+ 1QZ, Vokü $ (2012) SC 350N$ pP ⓘ Bogenjagd / Kiwi // Farm Wendelstein No.1026 Wanderung keine HausT Bleßbock, Springbock, Oryx, Strauß, @ ohnapret@iway.na

Kivo Lodge (D88)

[Farm][Gäste] 36km nördl. Seeis / Anfahrt: B6 nach Osten, D1502 (14km), M53 (21km) ☞ Hans Ivo Lühl (Deutsch) ✉ Windhoek P.O.Box 11420 ✆ 061-254926 081-3254360 Plätze mit Bungalow (4 Schlafplätze innen, 4 Schlafplätze unter freiem Himmel) $ (2013/2014) Bungalow 150N$, 100N$ pAuto, 50N$ pP (eigenes Bettzeug) 12DZ (groß mit Panorama) $ (2013/2014) Hp: EZ 695N$, DZ 585N$ pP / Zusatzpreise: Gamedrive (2Std) 150N$ pP ⓘ KonferenzZ // Kiwi, Rauwi / auch Tagesreitgäste neuerbaute Burg auf einem Hügel mit Indoor Pool

Reiten (2Std 200N$), Gamedrives / beleuchtetes Wasserloch Restaurant / Fleisch von der Farm Internet / Wäscheservice Hunde an der Leine ok Streifengnu, Weißschwanzgnu, Kuhantilope (Hartebeest), großer Kudu, Oryx, Warzenschwein, Berg-Zebra, Leopard, @ kivo@iway.na # www.kivo-namibia.com

Lindenhof Gästefarm (D70)

[Farm][Jagd] 30km nördl. Omitara / Anfahrt: C29, MR53 ☞ Jacomien & Jaco Levin ✉ Windhoek P.O.Box 166 ✆ 062-561401 062-561401 081-1291530 5DZ, 1FZ $ (2012) Jagdtag 1:1 300€, 2:1 190€, Nichtjäger 120€ ⓘ Bogenjagd @ lindenhof@mweb.com.na # www.lindenhof-hunting-ranch.com Lindenhof Safaris 061-253825

Mecklenburg (D40)

▲ [Farm][Jagd] 10km östl. Seeis / Anfahrt: B6 ☞ Hans Christian Denk (Deutsch) ✉ Windhoek P.O.Box 721 062-560059 062-560059 Gästehaus 3DZ+1FZ $ (2013) Jagdtag 1:1 240€, 2:1 170€, Begleitperson/Ruhetag 120€ / K 50€ ⓘ Rinderfarm / Bogenjagd / Fama / Kiwi / keine Tagb. / Reiten / Wandern / Surfen, Wasserski, Tretboot, wenn genügend Wasser im Damm / Vogelbeo. keine HausT Duiker, Streifengnu, Kuhantilope (Hartebeest), Steinböckchen, großer Kudu, Oryx, Warzenschwein, Steppen-Zebra, Gepard, Leopard, Strauß, @ denk@iway.na #www.jagdfarmmecklenburg.com

Neuhof Safari CC, Guestfarm (D66)

▲ [Farm][Gäste][Jagd][Camping][SC] 45km südöstl. Gobabis / Anfahrt: B6, C22 nach Süden (40km), D1700 (5km) ☞ Dr. Hannes & Annemarie Nel, Hannes Nel (manager) (Afrikaans, Spanisch) ✉ Gobabis P.O.Box 795 062-562837 062-563650 081-2723780, 081-1240285 Δ 5 Plätze mit Schatten 2DZ(2 Betten+2 Couches), 3 EZ-Chalets / aircon $ (2013) Jagdtag 1:1 280€, 2:1 220€, Begleitperson 160€ / Spezialpreise für Namibier &SADC ⓘ Wildfarm, Kiwi

Geier Rettungs Projekt auf Farm Neuhof und Farm Oas / Veterinär Fotografieren, Reiten, 4 X4 Motorbikefahren, Gamedrives, Wandern, Vogelbeo., Spezialdinner Organische Lbm, Fleisch nur von der Farm / auch SC möglich Wlan / Wäscheservice 1Z rollstuhlfreundlich gemeines Impala, Bleßbock, Duiker, Streifengnu, Weißschwanzgnu, Kuhantilope (Hartebeest), Springbock, Steinböckchen, Eland, großer Kudu, Oryx, Wasserbock, Warzenschwein, Giraffe, Steppen-Zebra, Strauß, @ drhnel@mweb.com.na, neuhof@mweb.com.na #www.neuhofsafaris.com

Nossob Jagd (D73)

▲ [Farm][Jagd] 1km nördl. Omitara / Anfahrt: C29, Richtung Steinhausen ☞ Ute & Horst Jacobi (Deutsch) ✉ Windhoek P.O.Box 90248 062-560220 062-560220 081-2621407 Gästehaus 2DZ $ (2012) Jagdführung 1:1 200€ ohne Begleitperson 1:1 180€ mit Begleitperson 2:1 160€ pJäger, Begleitperson/Ruhetag 80€ (Spezialpreise Okt, Nov) ⓘ Fama, Kiwi Umbau des alten Omitara Hotels Gamedrives außerhalb des Jagdgebietes (5N$ pkm) Farmprodukte Wlan, Waschmaschine keine HausT, aber Kids können Irish Terrier Hunde streicheln. Duiker, Streifengnu, Kuhantilope (Hartebeest), Springbock, Steinböckchen, großer Kudu, Oryx, Warzenschwein, Steppen-Zebra, Strauß, Vogelreichtum @ info@nossobjagd.com #www.nossobjagd.com direkt oder über Achim von Bremen, BRD, Tel 0049-2994-908499, Email: achim.vonbremen@t-online.de

Ohlsenhagen (D12)

▲ [Farm][Jagd] 20km nördl. Gobabis / Anfahrt: B6 Richtung Botswana, C22 (21km), Schild Farmpad 600m ☞ Willie Serfontein (Afrikaans) ✉ Gobabis P.O.Box 1002 Gästehaus mit 4DZ, Flat 2-4P ⓘ Rinderfarm / Kiwi: Spielplatz markierte Wanderwege zu Wasserstellen gemeines Impala, Bleßbock, Kuhantilope (Hartebeest), Springbock, Eland, großer Kudu, Oryx, Warzenschwein, Giraffe, Steppen-Zebra, @ serfontein@sssafaris.com #www.sssafaris.com

Okahua Jagdfarm (D45)

▲ [Farm][Gäste][Jagd] 60km nordöstl. Hosea Kutako International Airport / Anfahrt: B6 nach Osten (9km), D1535 (19km), D1435 (17km) ☞ Andrea & Jürgen Baas (Deutsch) ✉ Windhoek P.O.Box 90294 061-257824 061-257824 081-2442228 3DZ / 2 SC Bungalows mit 2DZ Vokü, WohnZ $ (2013) Jagdtag 1:1 190€, 2:1 165€, Ruhetag 100€ ⓘ Rinderfarm / Landebahn ein Zimmer behindertenfreundlich Duiker, Kuhantilope (Hartebeest), Springbock, Steinböckchen, Eland, großer Kudu, Oryx, Warzenschwein, Giraffe, Steppen-Zebra, Löffelhund, Gepard, Leopard, Erdwolf, Erdferkel, Strauß, Kapfuchs, afrik. Wildkatze, Streifeniltis, Mangunsten, Steppenschuppentier @ okahua@iway.

Okambara Elephant Lodge (D54)

▲ [Lodge] 59km südl. Omitara / Anfahrt: C29, B6, D1808 (15km), D1800 (6km), Schild Farmpad 8km durch Tore ☞ Uschi & Christian Schmitt (Deutsch) ✉ Windhoek P.O.Box 11864 ✆ 062-560264 062-560269 081-4676448 3 Familien-Appartements + 2 Rondavels

+ 1 Berghaus (4P) + 1 Poolhaus (4P) / max 25P $ (2013) Hp DZ 750N$, K6-12 50% / Spezialpreis für Namibier / Zusatzpreise: Gamedrive 250N$ pP

ⓘ Kiwi: viele Tiere beim Farmhaus (Katzen, Hunde, Papageien, Ziegen, Esel, Pferde, Kälber) / Fama // verbunden mit Orange House Swakopmund (G32) ♛ Elefantenherde: das siebte Baby wurde 2012 geboren / ***Geparden & Leoparden*** // Felszeichnungen// Literatur: „Okambara - Eine afrikanische Reise ... "von Sabine Leopold.

Raubtierbeobachtung, ***Elefantensuche*** // Vogelbeo. SC auf Anfrage Wlan / Wäscheservice keine HausT Klippspringer, großer Kudu, Oryx, Wasserbock, Warzenschwein, Giraffe, Steppen-Zebra, Gepard, Leopard, Tüpfelhyäne, ***Breitmaul-Nashorn (weißes)***, Elefant, sehr empfehlenswert. Wenn man Elefanten nicht nur im Norden sehen will. @ info@okambara.de, okambara@iway.na # www.okambara.de 🕮 BRD: Tel: 0049-9502-49090, 0049-9502-490911

Elefant auf Okambara

na # www.okahua-jagdfarm.com 🕮 Walter Berghaus, Tel +49-6192-935072

Okahua Selfcatering (D45)

▲ [Ferienhaus][SC] 60km nordöstl. Hosea Kutako International Airport / Anfahrt: B6 (9km), D1535 (19km), D1435 17km Schild / vom Farmhaus 5,5km entfernt ☞ Andrea & Jürgen Baas (Deutsch) ✉ Windhoek P.O.Box 90294 ✆ 061-257824 081-2442228 SC Gästehaus 2DZ + 4 Bett Ferienbungalow, Vokü, Solarlicht $ (2013) 1-4P 230N$ pP, 5-6P 200N$ pP, 7-8P 160N$ pP, K12 80%, Pensionäre 20% weniger ⓘ Familientreffen u. Geschäfttreffen bis zu 14P ♛ Wildtränke am Haus Quadbike 250N$ pStd / 3 Std Game Drive 100N$ pP / 4X4 Game Drive für Selbstfahrer siehe auch „Okahua Jagdfarm (D45)" S. 132 @ okahua@iway.na

Okamapu Guest Farm (D30)

▲ [Farm][Gäste][Jagd] 120km nordöstl. Okahandja / Anfahrt: D2102, D2170, südl. von Hochfeld ☞ Birgit & Mike Linder (Österreichisch) ✉ Windhoek P.O.Box 6826 ✆ 062-549122 062-549124 081-1247478 (Birgit), 081-3593717 (Mike) im Farmhaus: 2Suiten + 2DZ + 4Bungalows $ (2013) DZ Vp 90€ pP, K14 50€ / Jagdtag 1:1 190€, Jagdtag 1:2 160€, / Zusatzpreise: für Nicht-Jäger: Farm Drive 50€ pAuto pro halbem Tag, Sport&Freizeitaktivitäten 70€, ⓘ Kiwi: Kinderanimationsprogramm ♕ altes Farmhaus von 1898 / Beautysalon - Birgit ist "gelernte Kosmetikerin, Fusspflegerin und Friseusin" Tennisplatz mit Flutlicht, Reiten, Moutainbike, Tischtennis, Tontaubenschießen @ okamapu@namibnet.com, okamapu@okamapu.com.na # www.natron.net/okamapu 📖 Klaus Lassenberger, Österreich/Austria Tel: 0043-463-418012

Okambara Game Ranch (D54)

ⓘ siehe „Okambara Elephant Lodge (D54)" S. 133 (neuer Name)

Okatjuru (D26)

▲ [Farm][Gäste][Jagd][Wild Zentrum] [SC] 16km südl. Hochfeld / Anfahrt: C31 Richtung Okahandja (8km), D2166, 8km Schild

☞ Nico & Jean Roux (owner) / Ulrike & Jochen Hein (Afrikaans, Deutsch) ✉ Windhoek P.O.Box 90608 (Klein Windhoek) ✆ 062-549121 062-549120 081-1478070 5 reedgedeckte Häuser $ (2013) DZ Vp 800N$ pP / Zusatzpreise: Gamedrive (60N$), Fußpirsch (60N$ pP) / *Rhino Fußpirsch* 120N$ ⓘ Bogenjagd / Tagb. ok / Kiwi ♕ Tierhändler: Auktionen in Namibia & RSA / Helikopter zum Tierefangen, Tiere in Bomas zu betrachten / *2 zahme Löwen +2 Karakal* / beleuchtes Wasserloch am Haus / Nashörner Löwenfütterung (frei) / Besucher können den Tierfang beobachten, evtl. auch Teilnahme am Heliokopterflug / Gamedrive, Tontaubenschießen, Vogelbeo, Fotosafaris SC möglich, Bar / Tagb. auch für Lunch&Dinner Wlan / Wäscheservice / Reifenrep. gemeines Impala, Bleßbock, Streifengnu, Weißschwanzgnu, Springbock, Eland, großer Kudu, Nyala, Oryx, Rappenantilope, Wasserbock, Warzenschwein, Giraffe, Steppen-Zebra, Berg-Zebra, Gepard, Löwe, Wüstenluchs (Karakal, Rotkatze), Strauß, Lechwe @ jhein@iway.na, niciroux@iway.na

Okavarumendu (D15)

▲ *{geschlossen}[Farm][Gäste][Jagd]* 117km nördl. Gobabis / Anfahrt: C22 nach Norden, D1641, D1638 ⓘ Dr. Jamnik hat die Farm über die Regierung an einen Politiker verkauft, im Rahmen der Landreform. Keine Jagd und keine Gästefarm mehr.

Okowiruru Süd (D31)

▲ [Farm][Gäste] 132km nordöstl. Okahandja / Anfahrt: D2170, Schild Farmpad 6km ☞ Brigitte & Berti Klose (Deutsch) ✉ Windhoek P.O.Box 6885 ✆ 062-549080 062-549089 081-4702996 (Berti), 081-2458489 (Brigitte) 088-6527920 Gästehaus 2DZ + 1EZ $ (2013) Vp: DZ 100€ pP Farm Drive inkl. ⓘ Rinderfarm / Fama / auch "Farmurlaub B&B" genannt Biopool / Skatspieler willkommen keine HausT Duiker, Kuhantilope (Hartebeest), Steinböckchen, großer Kudu, Oryx, Warzenschwein, viele Vogelarten @ kloseaar@iway.na, 264811222310@mtcmobile.com.na

Okuje (D89)

▲ [Farm][Gäste] 30km nördl. Seeis / Anfahrt: B6, D1502 (16km), MR 53 Richtung Norden ☞ Kristin & Richard Lühl (Deutsch) ✉ Windhoek P.O.Box 3556 ✆ 061-257245 081-2896790 @ okuje@iway.na

Ombeameiata (D23)

▲ [Farm][Gäste][Jagd][Camping] 19km östl. Hochfeld / Anfahrt: C31 (19km), Schild ☞ Elke Zwar (Deutsch) ✉ Okahandja P.O.Box 237 ✆ 062-549023 062-549029

081-2523014 5 Plätze (nur auf Anmeldung) $ (2013) 75N$ pP 4DZ, 1FZ $ (2013) Vp DZ 800N$, EZ 700N$, Hp DZ 750N$, EZ 650N$ / K6-15 300N$ / Zusatzpreise: Farmrundfahrt 350N$ pAuto ⓘ Rinderfarm // Anpflanzung von Gemüse und weißen Spargel // Kiwi / Voranmeldung wegen geschlossenem Tor Bioschwimmbad Wandern 2Z behindertengerecht 5 eigene Hunde aber HausT ok gemeines Impala, Bleßbock, Duiker, Kuhantilope (Hartebeest), Springbock, Eland, großer Kudu, Oryx, Wasserbock, Warzenschwein, Steppen-Zebra, Gepard, Leopard, Die Farm war bekannt für ihre zwei sehr zahmen Cheetas, die vor zwei Jahren gestorben sind, aber sie versucht seit langen wieder ein „permit" zu erhalten. @ zwar-ombe@iway.na

Ombuerendende (D42)

[Farm][Jagd] 43km nördl. Seeis / Anfahrt: B6, D1535, D1435, 15km Schild Heide & Sigi Baas (Deutsch) 062-560229 062-560229 088-638308 Gästehaus 2DZ $ (2012) Jagdtag: 135€, Ruhetag 80€ ⓘ Rinder-u. Schaffarm / Jagd: möglichst Pirsch / Fama / nur eine Gruppe Wandern, Wildbeo. @ sigib@iway.na

Omuramba Hunting Lodge (D90)

[Farm][Gäste][Jagd] 140km nordöstl. Gobabis / Anfahrt: C22, D1635 nach Westen, nach 10km nach Norden A. & Gert Koekemoer Gobabis P.O.Box 526 062-568880 062-568886 $ (2012) Jagdtag 1:1 190€, 2:1 170€, Begleitperson/Ruhetag 80€ Jaccuzzi / Reiten Wäscheservice Streifengnu, Weißschwanzgnu, Kuhantilope (Hartebeest), Springbock, Eland, Kudu, Oryx, Warzenschwein, Giraffe, @ info@omuramba.com #www.omuramba.com

Onganja (D59)

[Farm][Jagd] 60km östl. Hosea Kutako International Airport / Anfahrt: B6 (15km), D1502 (16km), MR 53 Richtung Norden (40km) Mrs. & Mr. Hamman (Afrikaans, etwas Spanisch) Windhoek P.O.Box 23010 062-560023 4DZ = 10P (max15P) $ (2013) Jagdtag 1:1 250€, 2:1 200€, Bogen 1:1 250€, Ruhetag/Nicht-Jäger 90€ / K12 frei ⓘ Kiwi / Tagb. Ok / auch "Fotojäger" willkommen Wandern, 4X4 Touren / Küstentour: Boot & Küstenangeln Bleßbock, Duiker, Kuhantilope (Hartebeest), Springbock, Steinböckchen, Eland, großer Kudu, Oryx, Rappenantilope, Berg-Zebra / Pachtgebiet in Aranos: beide Springböcke, beide Impalas, beide Bleßböcke, beide Gnus, drei Elands, Tsessebes, Rappenantilopen. @ info@onganja-hunting.com #www.onganja-hunting.com

Onjala Lodge (D41)

[Farm][Gäste] 32km nördl. Seeis / Anfahrt: B6, D1502 (16km) / oder bei Kapps Farm auf MR 53 Richtung Norden (53km), Farm Orumbungo Zelda & Heiner Soltau (Manager) (Deutsch) Windhoek P.O.Box 90938 061-259432 061-259442 081-1229350 (Heiner), 081-1242544 (Zelda) 11 Standard DZ, 8 Bungalows DZ, 4 Panorama Suiten $ (2013) Lodge&Bungalow: Hp: DZ 1.000N$ pP, EZ 1.170N$, K6-15 320N$ / Tagraum 480N$ pP // Panorama: Hp: EZ 2.070N$, DZ 1.300N$ pP, K6-15 640N$ // Dez bis Feb 30% Rabatt / Zusatzpreise: Gamedrive (2,5Std) 250N$, Geführte Wanderung (2Std) 150N$, Mountainbike (1T) 180N$, geführter Reitausflug (2Std) 200N$ ⓘ Kiwi, Fama

Private Nature Reserve / ***Sternwarte*** // Wasseraufbereitungsanlage, Solarwarmwasser Reiten, Wandern, Wellness mit Spa / Botanischer Spazierweg mit Erklärungen über Namibias Ökosystem / Sternebeo. mit neuer Sternwarte / Mountainbike / Vogelbeo Restaurant Duiker, Streifengnu, Weißschwanzgnu, Kuhantilope (Hartebeest), Klippspringer, Springbock, Steinböckchen, großer Kudu, Oryx, Warzenschwein, Giraffe, Berg-Zebra, Strauß, alles mögliche Kleingetier @ res@onjala.com #www.onjala.com 061-259325

Onze Rust Guest House (D5)

[B&B] Gobabis, Rugby Street 95 Diana & Conrad Vermaak (Afrikaans) Gobabis P.O.Box 1121 062-562214 062-565060 081-1284668 088-619038 5Z = 13Betten + Matratzenlager (max 20P) $ (2013/2014) B&B: EZ 390N$, DZ 490N$, TZ 630N$ // Matratzenlager 90N$ pP Zugang 24Std // Kiwi, Tagb.ok an der Durstlandtreckroute Lbm-Verkauf für die Treckroute, Tagb. / Bistro @ onzerust@iafrica.com.na # www.natron.net/tour/onzerust

Osombahe (D52)

[Farm][Jagd] 6km südl. Omitara / Anfahrt: D1808, Schild, 3km Farmpad Erika & Chris Köhler (owner), Harald Jacobs (Jagdführer) (Deutsch) Omitara P.O.Box 33 062-560235 062-560235 3DZ + Buschlager $ (2012) Jagdtag 2:1 200€, Begleitperson/Ruhetag 75€ Rinder & Wildfarm, nur begrenzte Anzahl Jäger im Jahr / Fama viele Wasserstellen Duiker, Kuhantilope (Hartebeest), Steinböckchen, großer Kudu, Oryx, Warzenschwein, Steppen-Zebra, Gepard, Strauß, @ osombahe@iafrica.com.na, chriskoehler@iway.na # http://koehler.homestead.com/

Otjimbuku (D24)

[Farm][Jagd] 14km nordwestl. Hochfeld / Anfahrt: D2128 (14km) Christiane & Reimer Thiessen (Deutsch) Okahandja P.O.Box 765 062-549060 062-549060 Farmhaus 2 DZ $ (2013) Jagdtag 1:1 150€, 1:2 120€, Begleitperson 100€, K12 50% Rinderfarm auf ganzheitlicher Prinzipien (Holistic), Holzkohlenproduktion / Fama, Kiwi Savoury Farmer / hist. Farmhaus Farmalltag nur Vp Internet / Waschmaschine Kuhantilope (Hartebeest), Oryx, Gepard, Webseite: "In gemütlicher Runde werden nicht nur jagdliche Erfolge gefeiert, sondern man tauscht sich aus über Land und Leute, über die Reize Afrikas, aber auch über seine Probleme." @ otjimbuk@iway.na # www.natron.net/otjimbuku

Otjivero Jagdfarm (D55)

[Farm][Jagd][Gäste] 10km östl. Omitara Ruth & Ernst Held Windhoek P.O.Box 90374 062-560205 062-560205 1DZ + 1 reedgedeckter Bungalow 1DZ

Steps Guest House Gobabis (D75)

[Gästehaus] Gobabis, Tumana Street Steps for Children / Michael Hoppe / Sonja Schneider-Waterberg Gobabis P.O.Box 159 067-317003 067-317061 081-3149623 088-632975 4 SC DZ $ (2012) mit Bad: EZ 200N$, DZ 300N$ / Gemeinschafts-Bad EZ 150N$, DZ 230N$ / „Projektpaket“ 450N$ siehe Steps Guest House Okakarara @ sonja@stepsforchildren.org, marianne.dentlinger@yahoo.com # www.stepsforchildren.de/sfc-projekte/gaestehaus/gaestehaus-in-gobabis.html

Gästehaus

Fahrradwerkstatt

Kuhantilope (Hartebeest), Springbock, großer Kudu, Oryx, Warzenschwein, Gepard, Wüstenluchs (Karakal, Rotkatze), Strauß, #www.natron.net/otjihunt/index.html

Ottawa, Jagdfarm (D56)

[Farm][Jagd] 22km nordwestl. Witvlei / Anfahrt: B6 nach Westen, D1658 (15km) Erika & Harald Pack (Deutsch) Witvlei P.O.Box 16 062-570327 4DZ $ (2012) Jagdtag 1:1 210€, 1:2 165€, Ruhetag 100€ inkl. Transfer Airport / Rabatt für Kinder Rinderfarm / Bogenjagd / Fama // nicht-jagende Freunde und Familien willkommen, / Kiwi (Spielplatz)// Farm No.150 Tour zu schwarzen Nashörnern in der Nähe Reiten nur Vp Wlan / Wäscheservice 1 Z behindertengerecht gemeines Impala, Bleßbock, Duiker, Kuhantilope (Hartebeest), Springbock, Steinböckchen, Eland, großer Kudu, Nyala, Oryx, Rappenantilope, Warzenschwein, Giraffe, Steppen-Zebra, Gepard, Leopard, @ 264811247165@mtcmobile.com.na, ottawa@iway.na

Owingi (D69)

[Farm][Gäste][Jagd] 70km nördl. Gobabis / Anfahrt: B6 nach Westen, C30, D1638, Kreuzung D1638/D1663 Pangeni Erkane (Oshiwambo) Windhoek P.O.Box 21867 062-568027 061-223877 081-1291008 5DZ Rinderfarm / Farm No. 246 Duiker, Kuhantilope (Hartebeest), Springbock, Steinböckchen, Eland, großer Kudu, Oryx, Warzenschwein, Giraffe, Steppen-Zebra, Strauß, @ terkana@iway.na

Quinta Safari House (D18)

{*zur Zeit zu*}[Farm][Gäste][Jagd][SC] 46km östl. Gobabis / Anfahrt: B6, D1603 (5km), Schild Ena & Jan Wiese (Afrikaans) Gobabis P.O.Box 22 062-568911 062-568911 081-2728996 möglich 4DZ+FZ / 2 "Zeltdachhaus" SC = 22P / Kinder eigene Zelte $ (2007) B&B: EZ 225N$, DZ 325N$, FZ 4P 375N$ / Frühstück + 25N$ // SC-Haus 2P 375N$ / Kidszelt 75N$ pP, B&B 100N$ / / Zusatzpreise: Game Drive 2 Std 40N$ pP keine Infos 2013 // Rinderfarm / Kiwi Biltong Jagd Juni/Juli eigene Fleisch- u. Wurstherstellung / Braaipack Kuhantilope (Hartebeest), Springbock, Oryx, Gepard, @ quintas@iway.na

SanDüne Game Lodge (D29)

[Lodge] 20km südöstl. Gobabis / Anfahrt: B6 3km nach Osten, C22 Richtung Aminuis, 17km Schild Durant Snyman / Andrew (manager) (Afrikaans) Gobabis P.O.Box 426 062-563559 & 0027-824477804 081-2300834, 081-4195169 Gästehaus 9DZ + 3Zelte 6P in der Nähe des Gästehauses, Zeltcamp 4km entfernt 4 Zelte 6P / Safari Villa 6P $ (2013) Gästehaus: B&B: EZ 782N$, DZ 567N$ pP / Zelte B&B: DZ 450N$ pP / Villa 6P 2.710N$ / Zusatzpreise: Gamedrive 200N$ pP Konferenzen / Kiwi Holzdeck am Wasserloch am Haus Bushman Tanz 1Std 200N$ Restaurant (B 65N$, L 80N$, D 160N$) rollstuhlfreundlich keine HausT großer Kudu, Oryx, Giraffe, Steppen-Zebra, schöner Platz mit gut gemachten Zelten @ sandune@mweb.com.na #www.sandune.co.za auch Exclusive Reservations & Marketing

Silversand (D43)

[Farm][Gäste][Jagd] 10km westl. Omitara / Anfahrt: D1535 (10km) Regine & Marco Seefeldt (Deutsch) Windhoek PPS 13161 062-560200 062-560200 081-2695802 (Marco), 081-1280148 (Regine) 3 Luxus Bungalows + 2DZ $ (2013) DZ Vp 650-750N$ pP // Jagdtag 1:1 250€, 2:1 190€, Begleitperson/Ruhetag 95€ "traditionelle Rinderfarm" (Charlolais & Brahmanen Zucht), Fama ***zahme Klippschiefer*** Wandern Bleßbock, Duiker, Kuhantilope (Hartebeest), Springbock, Steinböckchen, großer Kudu, Oryx, Warzenschwein, Steppen-Zebra, Strauß, @ seefeldt@iway.na #http://www.silversand-hunting.com

Steps Guest House Gobabis (D75)

siehe „Steps Guest House Gobabis (D75)" S. 136

Tjiri Lodge (D83)

[kommunales Gästehaus] 100km nordöstl. Gobabis / Anfahrt: C22 (58km), D1635 nach Epukiro, 10km nordöstlich von Epukiro Pos3 Justus Tjrimuje (Otjiherero) 081-6243490, 081-261649 Plätze Restaurant Wäscheservice tjirilodgenamibia@gmail.com, sky-rise@iway.na # http://tjirilodge.com

TransKalahari End Resort (D9)

[Rastlager][Camping] Gobabis, 1km außerhalb, am Tilda Viljoen Damm Zandra & Lappies Labuschagne (Afrikaans) Gobabis P.O.Box 1021 062-565656 & after hours: Tel 062-563033 062-562390 081-2418811 7 Plätze auf Rasen mit Schatten / überdachte Plätze $ (2013) 55N$ pP + 10N$ pPlatz / K7-15 28N$ // 60N$ pP+30N$ pPlatz 6 SC- Chalet 4P / Zelte $ (2013) 1P 300N$, 2P 500N$, 3P 675N$, 4P 828N$ / K3-8 90N$, K9-15 110N$ // Zelte: 1P 180N$, 2P 300N$, 3P 400N$, K3-15 60N$ ⓘ läuft auch unter dem Namen "The Dam" Minigolf (8N$ pRunde)/ Angeln Restaurant (Breakfast 40N$) sehr schöne Chalets gobabisdam@mweb.com.na # www.transkalahariendresort.com/

Weideland, Jagdrevier (D38)

[Farm][Jagd] 30km südl. Hosea Kutako International Airport / Anfahrt: M51 Heidi & Claus & Kurt & Kate Düvel (Deutsch) Windhoek P.O.Box 5937 062-560002 & 062-560004 062-560002 081-1279468 2 DZ + Haus mit 3DZ gemeinsames Bad $ (2013) Jagdtag 1:1 210€, 2:1 150€, 3-4 bei 2:1 130€ / Begleitperson 100€ Duiker, Kuhantilope (Hartebeest), Springbock, Steinböckchen, großer Kudu, Oryx, Warzenschwein, Gepard, Leopard, cduvel@mweb.com.na, kate.kurt@mweb.com.na # www.jagdrevier-weideland.com

West Nest Lodge (D91)

[Lodge][Camping][SC] 23km östl. Witvlei / Anfahrt: B6, 5km Farmpad Farm Kleinbegin Monika & Awie van der Westhuizen (Deutsch, Afrikaans) Windhoek P.O.Box 22515 062-570343 062-570363 081-1283236 (Monika), 081-1245295 (Ina) 5 Plätze jeder mit eigenem Badhaus $ (2013/2014) 130N$ [145N$] pP / B&B 200N$ [240N$] pP, Hp 330N$ [385N$] pP 6 Chalets (4P), Vokü, aircon, 20 Zeltchalets (2-3P), 4 Strohdach Z (2P) $ (2013/2014) Tented SC: EZ 365N$ [400N$], DZ 275N$ [305N$] pP / Thatched: SC: EZ 470N$ [520N$], DZ 385N$ [425N$] pP / Luxury: SC: EZ 590N$ [650N$], DZ 530N$ [580N$] pP / Honey Moon Couple SC 1.600N$ [1.760N$] // für B&B plus 80N$ [85N$]pP, für Hp plus 210N$ [240N$]pP // in Klammern Preise 2014 // K6-12 50N$ / Zusatzpreise: Game Drive 150N$ pP (min 4P, 45min) / Tagb 50N$ pP ⓘ Konferenzraum (50N$ pP) Hochzeiten (Kirche 3.000N$)/ Erste Unterkunft für Polizeiangehörige der IPA (International Police Association) Wildbeo. / Minigolf, Golf-driving Range, Paintball, Wandern, Vogelbeo. Restaurant à la carte / Buffet >10P // Weinkeller 1 Zeltchalet ist behindertengerecht eingerichtet, auch für Aktivitäten wird gesorgt keine HausT Bleßbock, Weißschwanzgnu, großer Kudu, Strauß, info@westnestlodge.com # www.westnestlodge.com

Woltemade, Jagd-u. Gästefarm (D67)

[Farm][Gäste][Jagd][Camping] 55km nordöstl. Hochfeld / Anfahrt: C30 nach Norden Marion & Rolf Ritter (Deutsch) Okahandja P.O.Box 239 062-518075 088-614631 8 Plätze unter Kameldornbäumen $ (2012) 50N$ pP K10 frei 5DZ $ (2012) DZ Vp 750N$ pP inkl. Game Drive ⓘ Fama, Kiwi: Spielplatz, Baumhaus / bow hunting Badminton, Tischtennis, Mountain Bikes Jaccuzzi, Bücherei / Exkursion zu einer Halbedelsteinmine o. zu einem San-Dorf Reifenrep., Farmstall keine HausT gemeines Impala, Bleßbock, Duiker, Kuhantilope

(Hartebeest), Springbock, Steinböckchen, großer Kudu, Oryx, Wasserbock, Giraffe, Steppen-Zebra, Gepard, arbeiten mit CCF zusammen woltemad@iway.na # www.namibia-jagd.com

Wronin (D61)

[Farm][Gäste][Jagd] 75km nordöstl. Omitara / Anfahrt: C29 Richtung von Steinhausen Annika & Martin Horenburg, Karen & Götz Horenburg (Deutsch) Windhoek P.O.Box 11482 062-561490 062-561415 5DZ $ (2013) Jagdtag 1:1 250€, 2:1 200€, Ruhetag 95€ / K6-16 50% Rinderfarm / Kiwi: Kleintiere hist. Gebäude von 1904 Teilnahme am Farmbetrieb, Reiten / Donkey-Karre / Massage / Sternkunde Duiker, Kuhantilope (Hartebeest), Springbock, Steinböckchen, großer Kudu, Oryx, Warzenschwein, "auch für Nicht-Jäger bzw. Angehörige von Jägern und deren Kinder gibt es viel zu erleben" info@jagdfarm-wronin.com # www.jagdfarm-wronin.com Kontakt BRD: 0049-4209-931007, sven.hommann@jagdfarm-wronin.com

Xain Quaz Camp (D11)

[Rastlager][Camping][SC] 10km westl. Gobabis / Anfahrt: B6, Schild Cathy & Danie Oppermann (Afrikaans) Gobabis P.O.Box 1282 062-562688 062-562824 081-2189800 10 Plätze $ (2013) 70N$ pP 3DZ + 1FZ / 2 SC Bungalows $ (2013) FZ (3-5P) 135N$ pP, DZ 340N$, EZ 220N$ / Bungalow 450N$ kleine Schweinezucht (ökologisch ernährt) zahme Tiere auf dem Platz: Springbock, Strauß, Bleßbock Wandern, Gamedrive, Reiten (am Wochenende auf Anfrage) / Boma für Festivitäten Restaurant B (Büffet) 70N$ Wäscheservice rollstuhlfreundlich HausT ok Bleßbock, Springbock, großer Kudu, xainquaz@iway.na

Zelda Game & Guest Farm (D19)

[Farm][Gäste][Camping] 92km östl. Gobabis / Anfahrt: B6, 20km vor dem Grenzposten Buitepos Bianca van Niekerk (manageress) (Afrikaans) Gobabis P.O.Box 75 062-560427 062-560431 10 Plätze mit Gras $ (2013) 70N$ pP 12DZ + 4FZ $ (2013) Hp: EZ 550N$, DZ 440N$ pP, K4-11 50% / Zusatzpreise: Game Drive 140N$ pP bush walks (110N$): !Xhananga Village der Naro-San auf der Farm (Bushmann Tanz) Wanderungen; Fütterung von Leoparden u. Geparden (frei) // / "Be wild experience" (Hp + Bushman Aktivitäten) 1P 1.490N$, 2-3P 1.290 pP, >4P 870N$ pP Restaurant 1Z rollstuhlfreundlich keine HausT gemeines Impala, Bleßbock, Streifengnu, Kuhantilope (Hartebeest), Springbock, Eland, großer Kudu, Oryx, Warzenschwein, Giraffe, Steppen-Zebra, Gepard, Leopard, zelda.guestfarm@iafrica.com.na, zeldaguestfarm@iway.na # www.zeldaguestfarm.com

Cattle Land Gobabis

Region E: Rehoboth bis Mariental

Karte siehe Seite 142

Diese Region umfaßt das Gebiet entlang der B1 nach Süden von Rehoboth bis in die Umgebung von Mariental und nach Osten südlich der B8 bis zur schnurgeraden Grenze mit Botswana.

Von Rehoboth bis Mariental

Die durchschnittliche Menge von 400mm Regen um Windhoek reichen gut für die Rinderzucht. Auf der Fahrt weiter nach Süden kann man feststellen, wie der Bewuchs immer spärlicher wird, aber zunächst nicht nur auf Grund klimatischer Bedingungen: Um Rehoboth herum ist durch die traditionelle Teilung der Farmen in winzige Betriebe – jeder Rehobother hat Anspruch auf Land - das Veld überweidet und erholt sich auch nach gutem Regen nur schlecht.

Der Sommerregen fällt im Süden dieser Region etwas später als in Windhoek, aber es kann selbst in Mariental und Keetmanshoop zu Überschwemmungen kommen, vor allem dann, wenn der Fischfluß stark „abkommt" und vom Hardap Damm aus das Wasser nicht rechtzeitig reguliert wird. Weiter flußabwärts wird mit dem Neckartalprojekt der größte Stausee Namibias geplant; er war bereits zur deutschen Kolonialzeit entworfen, aber nicht mehr realisiert worden.

Der Fischfluß, der den Hardap Damm speist, ist das einzige Rivier Namibias zwischen den Grenzflüssen Okavango und Kunene im Norden und dem Oranje im Süden, das immer Wasser führt, das allerdings im trocknen Winter streckenweise nur unterirdisch fließt und in Pools zutagetritt.

Wichtigster Versorgungsort ist Mariental, dessen Umgebung zugleich etwas Landwirtschaft und Straußenzucht aufweist. Die Felder werden durch das Wasser vom Hardap Damm bewässert. Der Hardap Damm selbst (E32) bietet Unterkünfte und Wassersportmöglichkeiten - wenn man dazu seine eigene Ausrüstung mitbringt. Er ist aber seit 2011 geschlossen, und man kann nur hoffen, daß er eines Tages den Touristen, vor allem auch den einheimischen, wieder offensteht.

Attraktionen – ohne Highlights

Leider ist die Fahrt entlang der B1 sehr langweilig und stark befahren, man sollte also möglichst viele Abstecher ins Landesinnere machen und dabei Umwege in Kauf nehmen. Eine Touristenroute „Vom Kap nach Windhoek" wurde 2010 aus aktuellem Anlaß zwar propagiert, da man Fans der Fußballweltmeisterschaft 2010 in

Konzertprobe de Universitäts Cho res Bremen (2008 in der Catholic Church

Kunst aus Rehoboth:
Chantelle van Wyk:
„Acasia Bos“

der RSA für einen Besuch Namibias gewinnen wollte, aber es ergab sich außer des Titels nichts Neues an Angeboten. Im folgenden geben wir einige Hinweise beidseitig der B1,

Im Sommer ist die Arnhem Cave (E20) mit ihren Fledermäusen besonders besuchenswert, die Bitterwasser Lodge (E27) zieht Segelflieger aus aller Welt an,

Die sehr eigene Geschichte Rehoboths kann man vor Ort in dem kleinen Museum studieren. Es war der erste größere besiedelte Platz im 19. Jahrhundert, da die Baster-Gemeinde aus der Kapprovinz mit ihrem Missionar hierher floh. Die erste europäische Sprache in Namibia war ihr Afrikaans. Die bis heute praktizierte Religösität der nur 50.000 Einwohner zeigt sich in insgesamt 105 sehr großen und kleinsten Kirchen. Südlich von Rehoboth ist ein richtiger, wenn auch lichter Akazienwald an der B1 noch bemerkenswert. Der Oanobdamm (E3) westlich vor den Toren des Ortes ist ein beliebtes Ausflugsziel nicht nur der Rehobother, sondern auch der Windhoeker. Wo kann man sonst in diesem trocknen Land schwimmen, Bootfahren und sogar noch Wild beobachten? Kaum ein Besucher unterläßt es, sich vor dem Tropic of the Capricorn, dem südlichen Wendekreis, eben südlich von Rehoboth, in Pose zu werfen.

Die Farmen um Dordabis haben sich durch die Förderung der Teppichweberei, der Stikkerei und des Kunsthandwerks einen Namen gemacht. Wegen sinkender Nachfrage nach den Karakulteppichen haben hier Farmen nunmehr zusätzlich auf den Anbau von Bio-Gemüse gesetzt. Auf der Teufelskrallen Tented Lodge bei Kalkrand (siehe Seite 161) hat der Pharmazeut Dr. Rohlfs mit dem systematischen Anbau von Teufelskrallen begonnen. Die Quellen in Stampriet bieten genügend Wasser für Gemüse- und Obstanbau. Im großen Superspar-Markt (siehe Seite 459) sollte man auf die Angebote aus Stampriet achten.

Nach Osten führt die Pad über hohe längs gelagerte Wellen, die bewachsenen Kalahari-Dünen. Abseits der Hauptpads braucht man dort meistens Allrad, um durch den lockeren Sand fahren zu können. Die Kalahari-Dünen sind für das Outdoorlife besonders attraktiv, so daß Dinner, Campen oder auch Touren in den Dünen angeboten werden.

Der Grenzübergang bei Mata-Mata zum Kgadagali Nationalpark, ehemals Kalahari-Gemsbok-Park, ist wieder geöffnet! Dadurch haben Ortschaften wie Gochas, Aranos, Stampriet ein wenig an Bedeutung gewonnen. Vor allem entlang des Riviers Auob gibt es zahlreiche neue Unterkünfte.

Literatur:

- ☞ siehe Kasten Kgalagadi Transfrontier Park S. 254
- ☞ siehe: „Namibia“, Landesmitte: Südlich von Windhoek, S. 350-360
- ☞ Rehoboth, Namibia, Past & Present, Dr. Cornelia Limpricht, Windhoek 2012

Region E - Rehoboth bis Mariental

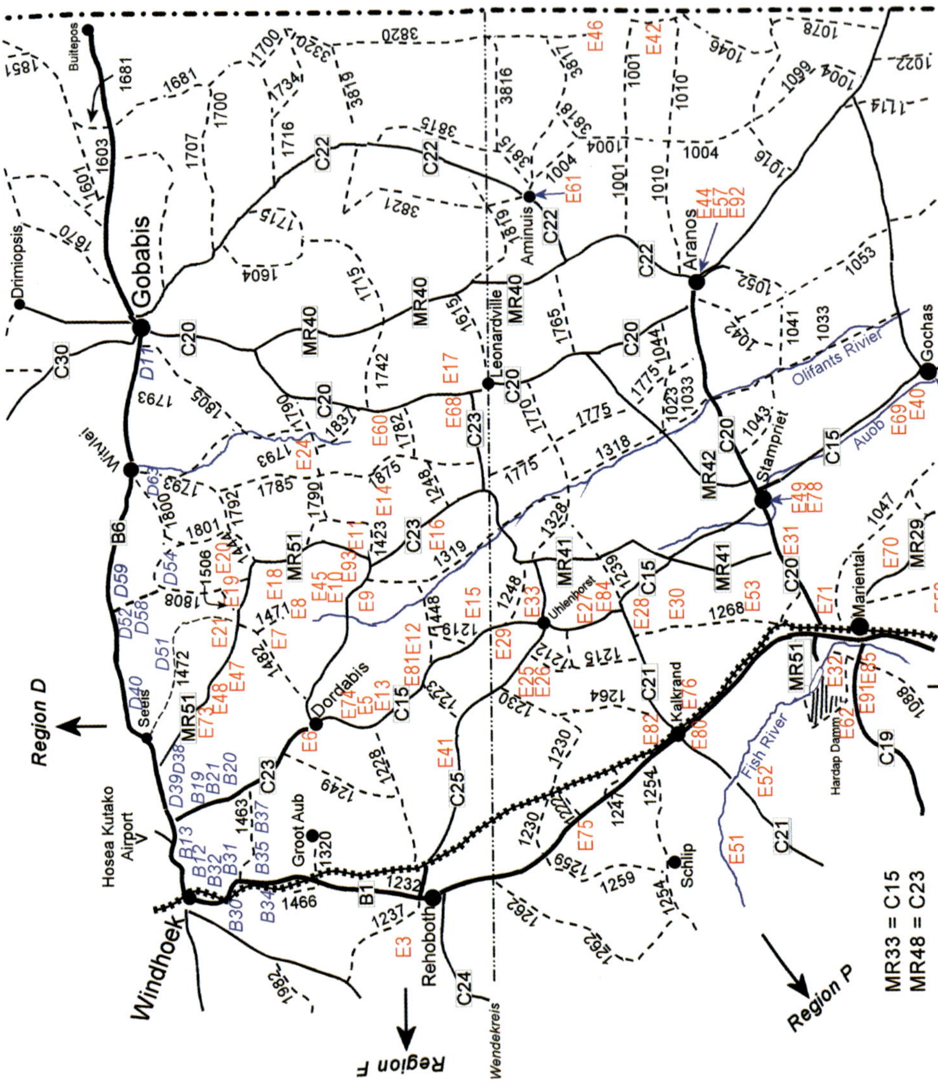

(E1 Reho-Spa-Thermalbad (in Rehoboth))
E3 Lake Oanob Resort
E5 Garib
E6 Ibenstein (in Dordabis)
E7 Mountain View Game Lodge
E8 Farm Heimat
E9 Kowas Adventure Safaris
E10 Achenib-Süd
E11 Hope Game Lodge
E12 Kiripotib
E13 Ganeib
E14 Kuzikus Wildlife Reserve
E15 Tivoli Southern Sky Guest Farm
E16 Aru Game Lodges
E17 Rus en Vrede Hunting Ranch
E18 Eningu Clay House Lodge
E19 Scheidthof Guestfarm & Fotosafaris
E20 Arnhem Cave / Namibia Cave Lodge
E21 Kleepforte Farm
E24 Ellenfriede Guestfarm
E25 Cowdray
E26 Pokweni
E27 Bitterwasser Lodge & Flying Centre
E28 Panama Kalahari Guest Farm
E29 Beenbreck
E30 Suricate Tented Camp
E30 Camelthorn Lodge
E30 Intu Africa Kalahari Game Reserve
E30 Zebra Kalahari Lodge
E31 Kalahari Anib Lodge
(E32 Hardap Recreation Resort)
E33 Uhlenhorst
(E34 Guglhupf Restaurant (in Mariental))
E35 Mariental Hotel (in Mariental)
E36 River Chalets (in Mariental)
E38 Stoney´s Hotel Gochas (in Gochas)
E39 Rest Nest (in Mariental)
E40 Auob Country Lodge
E41 Gravenstein Panorama
E42 Goedehoop Guestfarm & Game Ranch
E43 Red Dune Camp
E44 Aranos Hotel (in Aranos)
E45 Keerweder Safaris
E46 Saa Ta Ko
E47 Klawerberg
E48 Panorama Rock Game Ranch
E49 Stampriet Historical Guesthouse (in Stampriet)
E51 Gras Game Lodge
E52 Nababis
E53 Bagatelle Kalahari Game Ranch
E54 Villa Volla (in Mariental)
E55 Kamelruhe Guest House (in Gochas)
E56 Anandi Guest House Mariental (in Mariental)
E57 Blue Bull Lodge (in Aranos)
(E58 Oppikopi (in Mariental))
E60 Georgia West
E61 Kambahoka
E62 Koha Guesthouse
E65 La Vida Inn (in Mariental)
E66 Tahiti (in Mariental)
E68 Noasanabis
E69 Wildmoor Camping
E70 Lapa-Lange Lodge
E71 Bastion Farmyard
E72 Aleen´s B&B (in Rehoboth)
E73 Eitaalo Hunting Safaris
E74 Autabib Safari Lodge
E75 Tias Guesthouse
E76 Kalahari Red Dunes Lodge
E78 Kalahari Farmhouse (in Stampriet)
E79 Eden (in Mariental)
E80 Kalkrand Restcamp & Teagarden (in Kalkrand)
E81 Omatako Hunting Safaris
E82 Teufelskrallen Tented Lodge
E83 Xclusive Accommodation (in Mariental)
E84 Hoachanas Campsite
E85 Tikhai-Soreis
E86 Accommodation Lesley´s Place (in Mariental)
E87 Toela´s Guest House (in Mariental)
E88 Thea´s Guesthouse (in Mariental)
E89 Kameeldoring (in Rehoboth)
E90 Hobasen Montana Lodge (in Rehoboth)
E91 Africa Safari Lodge
E92 Kriekie Steyl (in Aranos)
E93 Lorraine Hunting

Region D auf der Karte:
D11 Xain Quaz Camp
D38 Weideland
D39 Etango Ranch Gästefarm
D40 Mecklenburg
D51 Frischgewaagt / Großvlei
D52 Osombahe Jagdfarm
D54 Okambara Elephant Lodge
D58 Dorka
D59 Onganja
D63 Grünental

Region B auf der Karte:
B12 Finke`s Sicht Guest House
B13 Finkenstein Gästefarm
B19 Bismarck
B20 Hohenau
B21 Hohewarte Gästefarm
B30 Monteiro
B31 Harmony Center
B32 Windhoek Mountain Lodge
B34 Sârima Krumhuk
B35 GocheGanas Nature Reserve
B37 Auas Game Lodge

Accommodation Lesley´s Place (E86)

▲ [B&B] Mariental, Prosopies Street 333 ☞ Lesley van der Westhuizen (Afrikaans) ✆ 063-244555 081-1248762 13P @ lesley.vdw@hotmail.com

Achenib-Süd (E10)

▲ [Farm][Jagd] 60km südöstl. Dordabis / Anfahrt: C23 nach Südosten ☞ Detlev Lüsse (Deutsch) ✉ Windhoek P.O.Box 746 ✆ 062-581611 062-581612 Gästehaus 3DZ + 1EZ + JägerZ $ (2012) Jagdtag 1:1 230€, 1:2 184€, Ruhetag 80€ / Reduktion für Kinder ⓘ Kiwi, Rauwi Tontaubenschießen, Bogenschießen ♿ rollstuhlfreundlich gemeines Impala, Bleßbock, Duiker, Kuhantilope (Hartebeest), Springbock, Steinböckchen, Eland, großer Kudu, Oryx, Warzenschwein, Steppen-Zebra, Gepard, Leopard, Flugwild @ achenib@iway.na

Africa Safari Lodge (E91)

▲ [Lodge] 25km westl. Mariental / Anfahrt: B1 nach Süden, C19 ☞ Duan (manager) (Afrikaans) ✉ Windhoek P.O.Box 9174 ✆ 063-243412 063-243410 16 Chalets, 4 Familienchalets $ (2013) Hp: EZ 960N$, DZ 1.760N$ / Sonderangebote können bis zu 70% billiger sein: z.B. Wochenmitte: 60% weniger = Hp DZ 380N$ pP, incl. Farm Drive + Spa ⓘ KonferenzZ 200P / Wildfänger / 40% des Energiebedarfs mit Solar weißes Rhino Spa Restaurant gemeines Impala, Schwarznasen Impala, Bleßbock, Streifengnu, Weißschwanzgnu, Kuhantilope (Hartebeest), Springbock, Eland, großer Kudu, Nyala, Oryx, Pferdeantilope, Wasserbock, Giraffe, Steppen-Zebra, Berg-Zebra, Breitmaul-Nashorn (weißes), @ info@africasafarilodge.com.na, jarcher@iway.na # www.africasafarilodge.com.na

Aleen´s B&B (E72)

▲ [B&B] Rehoboth, B1 rechter Hand, wenn man von Windhoek kommt ☞ Maybeline Graegoentja (Afrikaans (Deutsch)) ✉ Rehoboth P.O.Box 4002 ✆ 062-523018 062-523017 081-2095833 2 große Z, 2 kleine Z / 1 SC $ (2012) DZ 300N$, EZ 250N$ ⓘ Kiwi keine HausT

Anandi Guest House Mariental (E56)

▲ [B&B] Mariental, Riverstreet 15 ☞ Yolandi & Johan André Fourie (owner), Elsa (manageress) (Afrikaans) ✉ Mariental P.O.Box 345 ✆ 063-242220 063-242223 081-2411822 30 Betten, aircon $ (2012) Budget: 1P 200N$, 2P 300N$, >2P 300N$+100N$ pP / Standard: 1P 250N$, 2P 350N$, >2P 350N$+100N$ pP / Luxus: 1P 300N$, 2P 400N$, >2P 400N$ + 100N$ pP // K7-12 50N$, K13-16 70N$ ⓘ Kiwi / KonferenzZ / die selben Besitzer wie Ocean View Guest House G162 sicherer Parkplatz Restaurant (B 50N$) Wlan / Kreditkarte / Kühltruhe ♿ rollstuhlfreundlich guterzogne HausT sehr willkommen empfehlenswert: Familienfreundlich @ anandi@iway.na # www.anandiguesthouse.com

Anib Lodge (E31)

ⓘ siehe Kalahari Anib Lodge

Aranos Hotel (E44)

▲ [Gästehaus] Aranos, Nossobstr. 125 ☞ Nora & Janni Strauss (Afrikaans) ✉ Aranos P.O.Box 161 ✆ 063-272031 063-272300 081-3307014, 081-1281063 (Janni) 11DZ aircon, davon 3 mit Gemeinschaftsbad $ (2012) B&B: DZ 345N$ pP ⓘ früher Tanduwe Guesthouse Casino hübscher Pool Restaurant HausT ok @ strauss@iway.na

Aru Game Lodges (E16)

▲ [Farm][Gäste][Jagd] 99km südöstl. Dordabis / Anfahrt: Veronica: C23 (54km), D1319 (45km) vor Blumfelde / Kalakwa: D1482, D1472 ☞ Estelle & Andre Swanepoel (owner) / Danene & G. van der Westhuyzen (manager) (Englisch, Deutsch) ✉ Windhoek P.O.Box 9222 ✆ 062-560055 (Lodge) / 062-560045 (Danene) 081-1289222 (Andre), 081-1295536 (Danene) zwei Lodgen: Veronika (24P) & Kalakwa (12P) (Danene van der Westhuyzen) $ (2013) DZ Vp 2.200N$ pP / Jagdtag 1:1 350€, 2:1 280€, Ruhetag

Arnhem Cave / Namibia Cave Lodge (E20)

[Lodge][Camping][SC] 66km östl. Hosea Kutako International Airport / Anfahrt: B6 Richtung Gobabis (4km), MR 51 (50km), D1506, D1808 nach Süden, 1km Schild ☞ Ben Bauer, Colin Hart (owner) ✉ Windhoek P.O.Box 22226 ✆ 062-581885 081-2077708 (Ben) 5 Plätze mit Rasen, Stromanschluß, Küchenplatz, schattigen Bäumen $ (2013/2014) 90N$ pP, K 70N$ 4 Chalets 2 B + 2 Kinderbetten auf der Empore + Kochecke $ (2013/2014) Chalet SC 550N$ / Hp 570N$ pP / Zusatzpreise: Höhlenführung 1 bis 2 Std 80N$ pP, >2Std 100N$ pP ♕ ***4,5km lange Höhle mit der größten Fledermaus Population in Afrika / Gepardenfütterung*** Besuch der Höhle mit Fledermäusen. (Taschenlampe mitbringen, altes Zeug: sehr staubig)

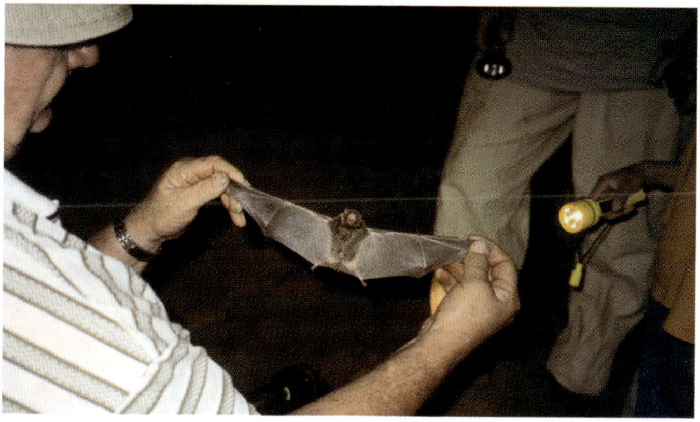

Sommer ist die beste Besuchszeit / Gamedrive 150N$ pP, Geführte Wanderung 50N$ pP Mahlzeiten auf Vorbestellung keine HausT sehr empfehlenswert:spannende Höhle, gediegener Campingplatz und schöne Chalets, auch Kinder ab 6 J. lieben den Platz und den Höhlenbesuch! @ arnhem@mweb.com.na # www.arnhemcave.com/index.htm

180€ ⓘ Fama / Bogenjagd ♕ Schlachterei bei "Veronika" Sauna, Fitnessraum, Spa // Reiten (2Std 120N$)/ Wandern / Sternebeo. / 4X4 Trail / Quadbike (1Std 180N$) / sunset drive (2Std 170N$) / Tontaubenschießen (10 Tauben 200N$) ♿ Bei Kalakwa ist allles rollstuhlfreundlich, auch die Jagdwagen! keine HausT, weil eigene Jagdhunde Bleßbock, Kuhantilope (Hartebeest), Springbock, Eland, Giraffe, Strauß, @ info@arugamelodge.com # www.arugamelodge.com

Auob Country Lodge (E40)

[Game Farm, Lodge][Camping] 6km nördl. Gochas / Anfahrt: C15 nach Norden, Schild ☞ Maureen de Villilers (manageress) / Familie de Beer (owner) (Afrikaans) ✉ Gochas P.O.Box 17 ✆ 063-250101 063-250102 17 Plätze, auch Caravanplätze $ (2012) 95N$ pP 25DZ / 6 Bungalows auf einer Dünen $ (2012) B&B: EZ 550N$, DZ 478N$ pP / Zusatzpreise: Game Drive 2Std 221N$ pP ⓘ Ehemals "Namibia Country Lodges", Der ehemalige Eigentümer von Namibia Country Lodges und Eigentümer von Auob, De Beer starb 2012, die Familie führt die Lodge weiter / Konferenzraum 50 P ♕ Trust für Waisenkinder aus Gochas. Namakinderchor Wandern / Gamedrive (2,5Std 250N$) / sehr großer Pool Restaurant (B 94N$, L (3 course) 183N$, D (Buffet) 204N$), Lunchpakete 119N$ / Dinner auf der Düne (233N$ pP) ♿ 2 Zimmer rollstuhlgerecht HausT ok auf dem Campingplatz gemeines Impala, Bleßbock, Streifengnu, Weißschwanzgnu, Kuhantilope (Hartebeest), Klippspringer, Springbock, Eland, großer Kudu, Oryx, Wasserbock, Warzenschwein, Giraffe, Berg-Zebra, @ auob@iway.na # www.namibialodges.com 📖 Namibia Country Lodges

Autabib Safari Lodge (E74)

[Lodge] 10km südl. Dordabis / Anfahrt: C15 ☞ Jacomi Niehaus (Afrikaans) ✆ 062-581853 ✆ 062-581853 ▯ 081-2987065 🛏 4 Chalets (3DZ+1FZ) $ (2012) Vp DZ 1.200N$ pP alles inkl. ⓘ Ecofreundlich (heißes Wasser & Strom mit Solar) ♛ *zahme Geparden* Gyro Helicopter Flüge Eland, großer Kudu, Oryx, Wasserbock, Giraffe, @ reservations@autabib.com # www.-autabiblodge.com

Bagatelle Kalahari Game Ranch (E53)

[Farm][Gäste][Camping] 50km nördl. Mariental / Anfahrt: B1 (11km), C20 (12km), D1268, nach 25km Schild ☞ Onie & Fred Jacobs ✉ Mariental P.O.Box 212 ✆ 063-240982 ✆ 063-241252 ⛺ 5 Plätze $ (2012) 125N$ pP 🛏 4 Chalets auf einer Düne, auf Stelzen und aus Holz + 6 Chalets aus Strohballen $ (2012) Düne: B&B 1.250N$ pP / Stroh: B&B 1.150N$ pP, Zusatzbett B&B 600N$, // Hp +100N$ pP, K 6-14 +50N$ // Ezzuschlag 350N$ // K6-14 300N$ / Zusatzpreise: Farm drive 245N$ pP (2Std.), Sundowner Drive 275N$ pP, Hide Wildbeo. 140N$ / Transfers zum Flughafen HuZ 1.700N$-1.850N$ pAuto max 4P ♛ zahme(s)(r) Zebra, Kudu, Oryx, ***Geparden // Geparden des CCF: Geparden-Fütterung*** (165N$ pP) Bibliothek, geführte Wanderungen (215N$ pP) Restaurant, großer Weinkeller keine HausT Kuhantilope (Hartebeest), Giraffe, Geparden in Zusammenarbeit mit CCF @ reservations@resdest.com, bagatelle@resdest.com # www.bagatelle-kalahari-gameranch.com 📖 reservation-destination

Bitterwasser Lodge & Flying Centre (E27)

[Segelflieger Centrum] 60km nordöstl. Kalkrand / Anfahrt: C21 Richtung Uhlenhorst (54km), C15 (8km) Schild ☞ Olaf Henrion (Manager) (Deutsch) ✉ Mariental P.O.Box 909 ✆ 063-265300, 063-265390 [1] ✆ 063-265355 ▯ 081-1240053, 081-8039023 🛏 22 Luxusbungalows (BW = [B], Luxe = [C], Halb Deluxe = [D], Deluxe = [E]), 13 Standard Rondavels mit Gemeinschaftsduschen (Rondavel = [A]) / 1 Landhaus in den Dünen / =max 80P / alle Preise VP / in Klammern: 1.2. bis 31.10. / K6-12 50% $ (2013) [A]: 1P 79€ (55€), 2P 68€ (45€) / [B]: 1P 156€ (109€), 2P 111€ (78€), 3P 99€ (72€) / [C]: 1P 166€ (119€), 2P 119€ (85€), 3P 108€ (74€) / [D]: 1P 156€ (109€), 2P 111€ (78€), 3P 99€ (74€) / [E]: 1P 221€ (157€), 2P 156€ (109€), 3P 138€ (96€), 4P 116€ (81€) ⓘ Bitterwasser Segelflugclub, Start- u. Landebahn, Flugzeug Service der Motor & Kunstoffspezialisten / während der Segelflugsaison ist die Lodge reserviert für Segelflieger ♛ Farmschule der Baumgartsbrunnstiftung Segelfliegen / ***Volleyball*** / Tischtennis / Ballonfahren // Flugzeug Miete (Twin Astir, DG 500M, DG 800M, ASH 25M = 140€ (100€) pTag) Restaurant / eigene Versorgung aus der Farm / Essen auch für Tagb. Oryx, Strauß, @ info@bitterwasser.com # www.bitterwasser.com 📖 Lydia Casper, BRD, Tel 0049-7951-5154, 0049-7951-8799 / Web: www.segelflug.de, Email caflug@gmx.de

Bastion Farmyard (E71)

▲ [B&B][SC] 14km nördl. Mariental / Anfahrt: B1 nach Norden, MR93, nach Westen am Schild "Bastion Farmyard" (1km), über den Kanal (700m): Farm 223, Hardap Irrigation Scheme ☞ Salomé & Deon Schoeman (Afrikaans) ✉ Mariental P.O.Box 63 ✆ 063-240827 063-240827 081-2745574, 081-1240827 088-630431 Λ Schattenbäume für autarke Camper Farmhouse 16B in 4Z, Vokü **$** (2013) B&B: 1P 350N$, 2P 550N$, 3P 700N$, 4P 850N$, 5P 1.000N$ / SC: 1P 300N$, 2P 400N$, 3P 500N$, 4P 600N$, 5p 750N$ ⓘ Kiwi Shop mit Farmprodukten, Braaipacks, Holz, Getränke, Bier Curio Shop / Wlan (foc) / Innenparkplatz / Wäscheservice keine HausT @ bastion@iway.na #www.bastionfarmyard.com

Beenbreck (E29)

▲ [Farm][Gäste][Jagd] 75km südl. Dordabis / Anfahrt: MR33=C15, bis Klein Nouas dann nach rechts, nach 20km Schild, 2,3km Farmpad ☞ Corrine & Waldo van Wyk (Deutsch) ✉ Windhoek P.O.Box 86529 (Eros) ✆ 063-265376 062-581433 081-3380633 3DZ mit Kitchenette (10P) **$** (2008) DZ B&B 375N$ / Jagdtag 1:1 220€, 2:1 190€, Ruhetag 90€ ⓘ Schaf-u. Rinderfarm / Bogenjagd / Holistic Farming / Kiwi Farmschule / Weberei "Karamat" / Teppichbestellung / Schmuck Rundflüge, Reiten, Tennis, Eselskarre Bleßbock, Duiker, Streifengnu, Weißschwanzgnu, Kuhantilope (Hartebeest), Springbock, Steinböckchen, großer Kudu, Oryx, Warzenschwein, Strauß, 65 Vogelarten @ wvw@mweb.com.na, w.hauffe@mweb.com.na #www.huntnamibia.info

Bitterwasser Lodge (E27)

▲ siehe Seite 146

Blue Bull Lodge (E57)

▲ [SC-Flat] Aranos, Hoogenhoot Street 331 ☞ Malherbe (Afrikaans) ✆ 063-272450 081-1227120 (Anita) 088-617711 4 SC-Units = 3x6P+1x4P = 22P **$** (2013) 230N$ pP, K 105N$ @ bloubu@iway.na #www.bluebull-aranos.com

Camelthorn Lodge (E30)

▲ [Lodge] 51km nördl. Mariental / Anfahrt: B1 (11km), C20 (12km), D1268 (23km), Schild Farmpad 5km ☞ Intu Afrika ✆ 063-683218 063-683219 10 Bungalows, aircon **$** (2013) Hp: DZ 780N$ pP, EZ 1.020N$ / Vp: DZ 1.080N$ pP, EZ 1.320N$ // Vp 1 Game Drive inkl. ⓘ im Intu Afrika Kalahari Game Reserve gelegen, siehe auch Infos dort (E30) 4X4 Gamedrives @ intu@leadinglodges.com #www.leadinglodges.com 🕮 Leading Lodges

Cowdray (E25)

▲ [Farm][Jagd] 90km südöstl. Rehoboth / Anfahrt: C25, D1230 ☞ Reinhild & Rainer Ling (Deutsch) ✉ Rehoboth - Station P.O.Box 575 ✆ 062-581414 062-581437 Gästehaus 2 DZ, 1 EZ **$** (2012) Jagdtag 1:1 240€, 2:1 190€ pP, 3:1 180€ pP, 4:1 160€ pP, Ruhetag 110€, Begleitperson 80€ / K12 50€ / Transfer Flughafen HuR inkl. bei 4 JagdT ⓘ Fama, jeweils nur 1 Gruppe Bleßbock, Duiker, Kuhantilope (Hartebeest), Springbock, Steinböckchen, großer Kudu, Oryx, Warzenschwein, @ cowdray@iway.na 🕮 "Die Keiler"

Eden, Guesthouse (E79)

▲ [B&B] Mariental, East Plot 723 Av. ☞ Kobus Beukes (Afrikaans) ✉ Mariental P.O.Box 400 ✆ 063-242077 063-242077 081-2898104 4DZ **$** (2013) 300N$ pP Zucht von Malteser Hunden. 2012: "8 kleine süße Puppies im Haus" nur kleine Hunde @ edenbedbreakfast@gmail.com

Eitaalo Hunting Safaris (E73)

▲ [Hunting Lodge] 50km südöstl. Hosea Kutako International Airport / Anfahrt: B6, MR51, bei den Kleebergen ☞ Anel & Andre Rousseau (Afrikaans) ✉ Windhoek P.O.Box 90682 ✆ 062-560111 (lodge), 062-560006 (farm) 062-560006 081-2599660, 081-2156557 **$** (2012) Jagdtag 1:1 390US$, 2:1 330US$, Begleitperson 190US$, K5-12 70US$ Bleßbock, Streifengnu, Weißschwanzgnu, Kuhantilope (Hartebeest), Springbock, großer

Kudu, Oryx, Steppen-Zebra, Berg-Zebra, Wüstenluchs (Karakal, Rotkatze), @ farm.hhqs@iway.na #www.eitaalohuntingsafaris.com

Ellenfriede Guestfarm (E24)

[Farm][Gäste][SC] 85km südwestl. Gobabis / Anfahrt: C20, D1790 (20km), T-Anschluß links 500m Haus Mrs. Ryno Janiin (Afrikaans) Gobabis P.O.Box 271 062-571708 062-571708

3DZ $ (2013) Hp: DZ 450N$ pP, SC: 200N$ (wie 2007) Rinderfarm (Brahmanen) / Gästefarm im alten Sinne: Teilnahme am Farmbetrieb, keine neumodische "Übernachtungslodge" Wenn jemand mit einer guten Flasche Rotwein kommt, dann kann Ryno auch Deutsch." Informationen über die Landwirtschaft und Viehzucht !!! / Wanderungen im White Nossob Rivier keine HausT Springbock, großer Kudu, Oryx, @ rynovdm@iway.na

Eningu Clay House Lodge (E18)

[Lodge] 65km südöstl. Hosea Kutako International Airport / Anfahrt: B6 nach Osten, MR51, D1482, D1471 (1km) Schild 10km Farmpad Bettina Spoerndli-Frey (owner) (Schweitzerdeutsch) 062-581880 062-581577 2DZ+5TZ+1FZ $ (2012) Hp: DZ 920N$ pP, Ezzuschlag 130N$,

K3-12 50% / Tagesraum = late checkout 50% "Stachelschwein-Lehmhaus-Lodge" auf der Farm Peperkorrel, erbaut aus 120.000 Lehmziegeln / ökologische Energie u. Wasserversorgung / Garten mit Kalahari-Pflanzen / beleuchtete Wasserstelle / Objekte von Dörte Berner ***Volleyball*** / Bogenschießen, beheizter Whirlpool, Wanderungen , 19km Wanderung mit einer "Berghütte" / botanischer Lehrpfad mit Informationstafeln // Besuch bei der Bildhauerin Dörte Berner (10km) Restaurant / gut sortierter Weinkeller / Spezialdiäten möglich Souvenir Shop, Wäscheservice, Wlan HausT ok, wenn sie die Gäste in Ruhe lassen gemeines Impala, Bleßbock, Duiker, Streifengnu, Kuhantilope (Hartebeest), Springbock, Steinböckchen, Eland, Kudu, Oryx, Warzenschwein, In den letzten Jahren häufiger Besitzerwechsel @ Info@EninguLodge.com, bettina.spoerndli@bluewin.ch #www.eningulodge.com reservations@eninguelodge.com / auch Logufa

Farm Heimat (E8)

[Farm][Gäste][Camping][SC] 57km östl. Dordabis / Anfahrt: C23 nach Osten, C1482, D1471 am Ende Marianne & Rainer Seifart (Deutsch) Klein-Windhoek P.O.Box 11186 062-581650 062-581650

Plätze $ (2013) 60N$ pP 5DZ $ (2013) Vp 695N$ pP, Hp 650N$ pP / K6-12 50% /

SC 1-5 T 800N$ pTag, 6-19 T 760N$ pT // kein Ezzuschlag: " Einzelreisende sollen nicht noch zusätzlich bestraft werden" / Zusatzpreise: Rahmenprogramm incl. bei Vp Rinderfarm / Tagb. / Fama / Kiwi am Rande der Kalahari / Farmmuseum / Amateurfunk: ein Turm für Antennen steht permanent / 7 zahme Strauße / Laden für lokales Kunsthandwerk "Rahmenprogramm": "Teilnahme am normalen Farmbetrieb": Farmrundfahrt, Reiten, ***Eselskarrenfahrt,*** usw (für Tagb. + Camper 190N$ pP) Wlan rollstuhlfreundlich auf Anfrage HausT auf Anfrage gemeines Impala, Springbock, Steinböckchen, großer Kudu, Oryx, Warzenschwein, Geier nette Internetseite @ info@farm-heimat.com #www.farm-heimat.com

Ganeib (E13)

[Farm][Gäste][Jagd] 30km südl. Dordabis / Anfahrt: C15, Schild 6km Helen & Wolfgang Sternagel (Deutsch) Windhoek P.O.Box 20758 062-573565 061-243669

5DZ (6-12P) $ (2012) VB 94€ / Jagdtag 1:1 180€ ⓘ Kiwi: Enten, Gänse, Meerkatzen ***zahme Gepardin*** Wandern, Reiten / ***Gepardenfütterung 2X/Woche*** / Tontaubenschießen / Billardtisch / Dart Waschmaschine incl. rollstuhlgerecht auf Anmeldung HausT auf Anfrage, Hunde an der Leine gemeines Impala, Bleßbock, Duiker, Streifengnu, Weißschwanzgnu, Kuhantilope (Hartebeest), Springbock, Steinböckchen, Eland, großer Kudu, Oryx, Rappenantilope, Wasserbock, Warzenschwein, Giraffe, Steppen-Zebra, Berg-Zebra, Gepard, Leopard, Strauß, @ ganeib@iafrica.com.na, cdf@iway.na # www.ganeib.com Tel: 061-244268, Fax 061-243669

Garib (E5)

[Farm][Camping][Jagd] 22km südl. Dordabis / Anfahrt: C15 Jule (Lühl) & Sigurd Hess (Deutsch) Dordabis P.O.Box 33 062-573568 062-573562 Gästehaus 3DZ mit WohnZ, 2 EZ $ (2013) Jagdtag 1:1 295€, 2:1 195€, Ruhetag oder Familienmitglieder 90€, K12 50% ⓘ Rinderzucht, Holistic Farming (ganzheitliches, biologisches Farmen, s. auch Savoury) / Fama nur Vp Wäscheservice Duiker, Kuhantilope (Hartebeest), Springbock, Steinböckchen, großer Kudu, Oryx, Warzenschwein, @ info@farm-garib.com, luehl@mweb.com.na # www.farm-garib.com

Georgia West (E60)

[Farm][Gäste] 40km nördl. Leonardville / Anfahrt: C20 nach Norden, D1782, Schild "A.G: Binnemann" Annegret & Andries Binnemann (Deutsch) Windhoek P.O.Box 9522 062-569429 081-1292287 (Annegret) noch nicht fertig (2011), aber am Haus unter Bäumen möglich, auch "wildes Campen" in den Dünen / Feuerholz $ (2011) 50N$ pP 4DZ, 1FZ (4P) max 10P $ (2011) B&B + Farmrundfahrt: DZ 200N$ pP, EZ 300N$ / Vp: DZ 320N$ pP, EZ 500N$ inkl. Farmrundfahrt und allen Aktivitäten / ab 3 Tagen Vp: DZ 250N$ pP, EZ 400N$ / K6-12 50% ⓘ Rinder-& Schafffarm / Kinder erwünscht (viele Farmtiere), Fama / Anmeldung notwendig Kalahari Dünen Reiten, Quadbike, Wandern Braai 80N$ pP, Mittagessen auf Bestellung rollstuhlfreundlich, alles eben HausT mit Anmeldung Bleßbock, Springbock, Steinböckchen, großer Kudu, Oryx, Strauß, Möchten gerne auch Besucher, die mehr als eine Nacht bleiben. @ annegret@iway.na, abinneman@meatco.com.na Tel 061-228745, Fax 061-302622

Goedehoop Guestfarm & Game Ranch (E42)

[Farm][Gäste][Jagd][Camping] 82km östl. Aranos / Anfahrt: grenzt an Botswana Elfie & Johan Moolman (Afrikaans) Aranos P.O.Box 82 063-275057 063-272026 viele schattige Plätze unter Bäumen „in the bush" 3DZ $ (2013) Jagdtag 1:1 350US$, 2:1 290US$, Begleitung 150US$ / inkl.: Transport Flughafen HuR, Aktivitäten / Phototourist: DZ Vp 150US$ ⓘ Rinderfarm Sussex / Fama / Bogenjagd / Spielplatz mit Trampolin / Tagb. "Buschmann" - Mitarbeiter (Khoi & Kalagari -sprachig) (Spurensuche, Tierpräparation, Jagd) Tenniscoach auf der Farm / Wanderungen / Reiten / Picknick im Busch / Vogelbeo. / Eselskarrenfahrt Mahlzeiten für Tagb. gemeines Impala, Bleßbock, Duiker, Kuhantilope (Hartebeest), Springbock, Steinböckchen, Eland, Giraffe @ ghgame@mweb.com.na # http://goedehoophuntingsafaris.com/contact_us.html

Gras Game Lodge (E51)

[Lodge][Jagd] 54km südwestl. Kalkrand / Anfahrt: C21 nach Maltahöhe, 37km Schild, 17km schlechte Farmpad Jannie & Anri Spangenberg, Melanie & Bollie Liebenberg (Afrikaans) Kalkrand P.O.Box 54 063-264141 081-1271311 088-617755 6TwZ + 1QZ / aircon $ (2013) B&B 670N$ pP, Hp 820N$ pP / K6-12 50% / Spezialpreise für Namibier (495N$ pP) / Guide B&B 170N$ // Jagdtag 1:1 400€, 1:2 300€, Nichtjäger 150€ / Zusatzpreise: Game Drive 175N$ ⓘ Schaf-& Ziegenfarm / Tagb. mit Anmeldung / Kiwi / Fama historisches Farmhaus von Woermann, erbaut 1906: das größte und schönste aller (alten) Farmhäuser in Namibia (s. Bild in "Gesichter..." S.74) / 28km Fish River auf der Farm Fischen im Fish-River / Pools vom Fischfluß zum Baden ganzjährig Lunchpakete / Spezialmenues / Lunch 60N$, Dinner 150N$ Wlan / Wäscheservice keine HausT gemeines Impala, Bleßbock, Kuhantilope (Hartebeest), Springbock, Steinböckchen, Eland, großer Kudu, Oryx, Wasserbock, Warzenschwein, Giraffe, Steppen-Zebra, Berg-Zebra, Frühere Farmschule "Gras" auf der Farm. Seit dem Anton von Wietersheim die Farm verkauft hat, mehrere Wechsel von Eigentümern @ grasgame@iway.na, greenleaf.iway.na #www.zingelasafaris.com

Gravenstein Panorama (E41)

[Farm][Gäste][Jagd][Camping][SC] 45km östl. Rehoboth / Anfahrt: C25, 5 km Farmpad Miemie & Bryan O'Linn (owner), A.A. Du Toit (manager), Jamie Strauss (Jagdführer) (Afrikaans) 062-581408 062-581440 6 Plätze mit Solarlicht, Küche $ (2012) Caravan 120N$, Zelt 100N$ inkl. 4P verschiedene Zimmer im und am umgebauten Farmhaus mit vielen Betten und WCs: DZ mit/ohne Vokü, 2 Bungalows für 4-6P, Chalets in den Bergen / = max 60P $ (2012) DZ 170N$ pP, Bungalow 400N$ oder 1.000N$, Rabatt Senioren, Studenten10%, Rabatt ab 2T / K14 50% / Bergcamp 4P 250N$ Kiwi: Spielplatz und Kleintierzoo / Fama / Bogenjagd // A.A. ist zurück nach Krankheit gut geeignet für Firmen-, Vereins- und Klassenausflüge / am Haus viele Kleintiere wie Schafe, Ziegen, kleine Strauße, 20 Schildkröten, Vögel, Eulen usw. Wandern, Reiten, Esel- und Pferdewagen, Poolbillard, Tischtennis, Yacuzzi in einem "Turmzimmer", einfacher Kraftraum Mahlzeiten auf Anfrage Bleßbock, Duiker, Streifengnu, Kuhantilope (Hartebeest), Springbock, Steinböckchen, Eland, großer Kudu, Oryx, Giraffe, Strauß, Geier, 1.000 Springböcke Keine Lodge. Uriges Ambiente und Mr. du Toit ist ein namibisches Original. @ o-linn@mweb.com.na #www.gravensteinghf.com

Guglhupf Restaurant (E34)

{zur Zeit zu}[B&B] Mariental, Park Str. Ecke Market Str. Lizane & Ursula Blaauw Mariental P.O.Box 671 063-240718 063-242525 11DZ aircon Wiedereröffnung 2014 HausT ok @ ursulablaauw@gmail.com

Hardap Recreation Resort (E32)

{zur Zeit zu}: [staatl. Rastlager][Camping][SC] 20km nordwestl. Mariental / Anfahrt: B1 Richtung Norden (11km), MR 93 (9km) Namibia Wildlife Resort (NWR) Mariental P/Bag 2020 063-683470 063-683472 20 Plätze mit Strom $ (2010) pro Platz 8 P, 2 Fahrzeuge, 1 Wohnwagen oder 1 Zelt: 50N$ pPlatz + 50N$ pP / K6-12 50% 3 Familien Chalets (A): 2DZ, 4P / 17 Bush Chalets groß (B): 2DZ 4P / 30 Bush Chalets klein (C): 1DZ 2P Seit 31.5.11 geschlossen. Soll nach eventuell 2 Jahren Bauzeit als Super Spa neu eröffnet werden. Hier wurde wieder eine Erholungsstätte für die namibische Bevölkerung zerstört. Wir lassen die ursprünglichen Angebote, um zu informieren, was es alles gab großer Swimming Pool / Naturreservat rund um den Stausee / Süßwasser-Fischzucht Bootsfahrten (kein Verleih), Tennis / mit einem „Fährboot" zur Vogelinsel Restaurant Tankstelle / Laden Duiker, Klippspringer, Springbock, Steinböckchen, großer Kudu, Oryx, Warzenschwein, viele Vögel, auch Pelikane & Raubvögel Nette Picknickplätze im Reservat: Auf der Dammauer in den Park hineinfahren Zentrale Buchungsstelle Windhoek

Heimat (E8)

siehe „Farm Heimat (E8)" S. 148

Hoachanas Campsite (E84)

[Kommunales Camping] 20km östl. Kalkrand / Anfahrt: C21 in Hochanas, rotgemauertes Büro Namibia Development Trust 063-240790, 063-223572 6 Plätze, Picknicktische / 2 Waschhäuser Namibian Development Trust "Rote Nation" der Nama war die erste Gruppe, die nach Norden

Ibenstein (E6)

Karakulteppich
Auftragsarbeit der Bank of Namibia
(gewebt von Ibenstein)
Bild: www.ibenstein.com

▲ [Farm][Gäste][Jagd][B&B] Dordabis, C23, gegenüber der Tankstelle ☞ Ilona & René Krafft (Deutsch) ✉ Dordabis P.O.Box 88 ✆ 062-573507 [35] 062-573536 Stauch Haus: 3DZ, Gästehaus 2DZ+1FZ, Old Hotel: 1SR+1FR, Haus-Haus: 1 Familieneinheit **$** (2012) B&B: EZ 500N$, DZ 760N$ / Hp: EZ 530N$, DZ 880N$ / Vp: EZ 590N$ DZ 940N$ ⓘ Kiwi ♛ Besuch der Ibenstein Teppichweberei von Anne & Wolfgang Ramdohr, P.O.Box 90613, Windhoek, Tel 062-573524, info@ibenstein-weaver.com.na: Verarbeitung von namibischer Wildseide Tennis, Reiten / Rundflüge Waschmaschine ♿ rollstuhlfreundlich HausT auf Anfrage gemeines Impala, Bleßbock, Streifengnu, Weißschwanzgnu, Kuhantilope (Hartebeest), Springbock, Eland, großer Kudu, Nyala, Oryx, Wasserbock, Giraffe, Steppen-Zebra, Berg-Zebra, Strauß, @ rkrafft@mweb.com.na # www.ibenstein.com

kam und bei der Quelle von Hoachanas siedelte @ davids@ndt.org.na

Hobasen Montana Lodge (E90)

▲ [Kommunales B&B] Rehoboth, B1 2km, Plot 58 ✉ Rehoboth P.O.Box 3556 ✆ 062-525704 062-525705 081-2569962 (Vicky), 081-1243973 4 Chalets mit 2P **$** (2013) B$B: EZ 350, DZ 450N$ / "locals": DZ 300N$ @ hobasen@mweb.com.na # www.natron.net/hobasen

Hope Game Lodge (E11)

▲ [Farm][Gäste][Jagd] 65km südöstl. Dordabis / Anfahrt: C23 nach Südosten, MR51 (15km) nach Norden, Schild ☞ Chamel & Manfred Zamuee (Englisch, Otjiherero) ✆ 062-581609 062-581752 081-1294340, 081-1296960 Gästehaus 3 DZ, 3 EZ (9P) ⓘ Wildfarm / Manfred Zamuee ist der Eigentümer von Ondero Investment. Quadbike HausT ok gemeines Impala, Bleßbock, Streifengnu, Weißschwanzgnu, Kuhantilope (Hartebeest), Springbock, Eland, großer Kudu, Oryx, Warzenschwein, Giraffe, Berg-Zebra, @ chamel@iway.na, mrzam@iway.na # www.hopegamelodge.com/ 📖 Tel 061-248721 061-418500

Intu Africa Kalahari Game Reserve (E30)

▲ [mehrere Lodges] 51km nördl. Mariental / Anfahrt: B1 (11km), C20 (12km), D1268 (23km), Schild Farmpad 5km ☞ Intu Afrika / Hayes Hogo (owner) ✆ 063-683218 063-683219 ⓘ siehe Camelthorn Lodge / siehe Zebra Kalahari Lodge / siehe Suricate Camp / Zusatzpreise: Gamedrive 515N$ pP, Bushman Walk 280N$ pP ♛ in den Kalahari Dünen / Ansiedlung der !kung San auf der Farm Onze Rust / ***Kalahari Lion Project*** ***Leopardenfütterung*** / 2-3 Tage Wanderung geführt von Buschmann-Spurenleser Restaurant Sehr unterschiedliche Bewertungen von Lesern @ intu@leadinglodges.com # www.namibweb.com/intuafrica.html 📖 Leading Lodges

Kalahari Anib Lodge (E31)

[Lodge][Camping] 35km nordöstl. Mariental / Anfahrt: B1 nach Norden (10km), C20 Richtung Stampriet (24km), Schild Gondwana Collection / manager: Rudi Deck (Deutsch) Mariental P.O.Box 912 063-240529 063-240516 4 Plätze, je eigener Sanitärblock, Strom $ (2013/2014) 150N$ pP 36DZ für Gruppen, 19DZ für Individualreisende $ (2013/2014) [High 1.7.-31.12]: alles B&B: Low: EZ 815N$, DZ 650N$ pP / High: EZ 1.075N$, DZ 860N$ pP / Zusatzpreise: Game Drive 365N$ pP 3Std auch siehe Seite 36 // ehemalige Anib Lodge / keine Delikatessen mehr Alter Familiensitz von Friedrich Hermann zu Solms Baruth - siehe Recherche von Manfred Goldbeck / David Seoun, namib. Künstler, dekorierte 2 markierte Wanderungen / beleuchtete Wasserstelle Dinner Set Menü 230N$ Curio Shop 2Z rollstuhlfreundlich Klippspringer, Springbock, Steinböckchen, Oryx, Löffelhund, große Busgruppen anib@iway.na #www.gondwana-collection.com Gondwana

Kalahari Farmhouse (E78)

[Lodge][Camping] Stampriet Gondwana Collection 50m von der Lodge entfernt / 8 Plätze $ (2013/2014) 150N$ pPlatz 12DZ Bungalows, aircon, Cape Dutch Style $ (2013/2014) B&B: Low 2013: EZ 815N$, DZ 650N$ pP / B&B High 2014: EZ 1.075N$, DZ 860N$ pP / B&B Low 2014: EZ 685N$, DZ 855N$ auch siehe Seite 36 Restaurant (Dinner 220N$) Versorgungsgärten & -ställe für alle Gondwana-Unterkünfte HausT ok

Kalahari Red Dunes Lodge (E76)

[Lodge] 11km südl. Kalkrand / Anfahrt: B1 (8km), Schild, 3km Farmpad (Farm Gurus No150) Hermann Rohlfs (owner), Cilas Wilders (manager), Rita van Wyk (manageress) (Deutsch) Kalkrand P.O.Box 113 063-264003 063-264029 081-4272147 12 Zeltbungalows auf Stelzen um ein "Vlei" $ (2013) Hp EZ 1.850N$, DZ 1.350N$ pP, K4-12 675N$ nur mit 2 Erwachsenen Projekt: Plantage von 30.000 Teufelskrallenpflanzen / (Harpago) / www.teufelskrallenstiftung.de / Tagb. ok, Kiwi / Ilustrationen und Kacheln von der Malerin Anita Steyn / Haupthaus auf einer natürlichen Insel in einem trockenen Vlei, zu erreichen über einen 120m langen Holzsteg / siehe auch Teufelskrallen Tented Lodge I82 Mehrtageswanderungen (2T, 3 Nächte 3.930N$ pP) / Nature & Game Drives / Beo. des Wildes im Vlei vom Zelt aus / Besuch der "Teufelskrallenplantage" (2 Std, frei) / Dinner auch in den Dünen / Restaurant Wlan / Wäscheservice rollstuhlfreundlich: Rampen & Barrierfreie Zugänge keine HausT gemeines Impala, Bleßbock, Streifengnu, Weißschwanzgnu, Kuhantilope (Hartebeest), Springbock, Eland, großer Kudu, Nyala, Oryx, Giraffe, Steppen-Zebra, Berg-Zebra, info@redduneslodge.com, ritavanwyk@redduneslodge.com #www.redduneslodge.com 0049-5571-3026940

Kalkrand Restcamp & Teagarden (E80)

[Rastlager] Kalkrand, Main Road Rudi Hansen (owner), Estelle (Afrikaans) Kalkrand P.O.Box 53 063-264166 081-2453125 (Maureen) Plätze auf dem Hof $ (2012) mit Strom 70N$, ohne 50N$ / K12 50% 4DZ+1EZ+1FZ $ (2012) 200N$ pP großes rotes Tor Teegarten mit Imbiß keine HausT kalkrandservicestation@iway.na #www.kalkrand.com

Kambahoka (E61)

[Kommunales Camping] 80km nördl. Aranos / Anfahrt: MR91=C22, D3821, in Aminuis, nur kleines Zeichen, sandige Pad zum Platz Christophine & Ismael Kazongominja (chairperson) (Otjiherero) Aranos P.O.Box 386 081-2104721 7 Plätze mit Picknickplatz, Wasser im Container / Gemeinschaftküche $ (2013) 60N$ pP, K6-12 25N$ Tagb. ok Name kommt von dem Chief Kambahoka, der sich nach dem 1904 Krieg sich dort niederließ geführte Tour zur Salzpfanne 35N$ pP, "Kultur-Aufführung: Heiliges Feuer" 25N$ pP / Tanz&Gesang von San & Batswana kleiner Kiosk

Kameeldoring (E89)

[B&B] Rehoboth, Plot 16 Rehoboth Community Trust / Dina Strauß (manager) Rehoboth P.O.Box 3498 062-523440 062-523441 081-1238114 $ (2013) B&B 400N$ pP rehtrust@iway.na #www.rehotrust.com

Kamelruhe Guest House (E55)

[B&B] Gochas Karmen & Phil van Wyk (Afrikaans) Gochas P.O.Box 91 063-250224 063-250225 081-8411841 (Karmen), 081-3482613 (Phil) Plätze (etwas abseits vom Hotel) $ (2013) 60N$ pP, 150N$ pPlatz 5DZ $ (2013) B&B: DZ 350N$ pP Blick über den Auob Dünendrive (2Std 100N$ pP) / Dinner in den Dünen (240N$ pP) HausT ok info@kamelruheguesthousenamibia.com #www.kamelruheguesthousenamibia.com

Keerweder Safaris (E45)

[Farm][Jagd][Gäste] 50km südöstl. Dordabis / Anfahrt: C23 Ina & Brian Miller, Esmarie & Bennie Beukes (Afrikaans, Deutsch) Windhoek Klein Windhoek P.O.Box 90974 062-581661[9] 088-642502 auf Anfrage möglich 3DZ $ (2012) Jagdtag 1:1 260€, 2:1 200€, 3:1 180€ / Begleitperson 100€ / Jagdgruppen Spezialpreise / auch Photosafarigäste und Vogelinteressierte willkommen / Kiwi, Biltongjagd und Vogeljagd (Sandgrouse, Guinea-Fowl), Bogenjagd, Ansitz Jacuzzi Nachtsafari / Tour zu den lokalen Webern auf Diätpläne wird Rücksicht genommen tägl. Wäscheservice / Wimax internet keine HausT gemeines Impala, Bleßbock, Duiker, Streifengnu, Weißschwanzgnu, Kuhantilope (Hartebeest), Steinböckchen, Eland, großer Kudu, Oryx, Warzenschwein, Steppen-Zebra, Berg-Zebra, Gepard, Leopard, Wüstenluchs (Karakal, Rotkatze), Strauß, afrik. Wildkatze, viele Vogelarten Webtext: "Ganz privat in der unverschmutzten, gesunden und gering besiedelten Umwelt Namibias lesen und entspannen." keerwedersafaris@iway.na #www.keerwedersafaris.com

Klawerberg (E47)

[Game Farm][Jagd] 53km südöstl. Hosea Kutako International Airport / Anfahrt: B6 nach Osten, MR 51 Jan H. Visser (Afrikaans) Windhoek P.O.Box 661 062-560007 062-560007 081-2275030 5DZ + 1EZ, aircon $ (2012) Jagdtag 1:1 350US$, Begleitperson 150US$ / Kombinierte Spezialangebote erhältlich auch Bogenjagd ***Skulpturen von Dörte Berner*** Wandern, professionelle Spa Behandlung / Gamedrives im eigenen Wildlife Sanctuary Wäscheservice gemeines Impala, Bleßbock, Duiker, Streifengnu, Weißschwanzgnu, Kuhantilope (Hartebeest), Klippspringer, Springbock, Steinböckchen, Eland, großer Kudu, Oryx, Wasserbock, Warzenschwein, Giraffe, Steppen-Zebra, Löffelhund, Gepard, Leopard, Wüstenluchs (Karakal, Rotkatze), Erdwolf, Ameisenbär, Stachelschwein, Strauß, Schuppentier klawer@namibiahunting.net #www.namibiahunting.net

„Guinea Fowls" in der Levinson Arcade in Windhoek von Dörte Berner

Kiripotib (E12)

▲ [Farm][Gäste] 65km südöstl. Dordabis / Anfahrt: MR33=C15, D1448 (10km) Schild ☞ Claudia & Hans Georg von Hase (Deutsch) ✉ Windhoek P/Bag 13036 ✆ 062-581419 062-581429 088-614348 2 Chalets 3P + 10DZ im Gästehaus + 2Zelte $ (2013) alle B&B: Chalet: EZ 1.125N$, DZ 945N$ pP, TZ 855N$ pP / Gästehaus: EZ 900N$, DZ 765N$ pP / Zelt: EZ 720N$, DZ 615N$ pP / TagesZ: 430N$ pP // K3-13 430N$ // Besichtigung der Farmwerkstätten inkl. // 20% Rabatt für SADC Mitglieder / Zusatzpreise: Gamedrive 230N$ ⓘ geschlossen 1.2.13 - 28.2.13 / "Gebürtige Namibianer in der 3. Generation auf aktiver kommerzieller Farm in Schaf- und Rinderhaltung." / Kiwi ♔ Kunstwerkstätten African Kirikara: Schmuck, Teppiche, Anin-Stickerei, Goldschmiede (www.kirikara.com) / Farmgalerie mit Schautafeln / Kalahari Trüffel nach gutem Regen Mai - Juni alle Preise pP: 2 markierte Wanderwege, Führungen durch die (selbständigen) Werkstätten, Kalahari Drive (315N$) / geführte Bergwanderung (210N$) / Tour zur Sternwarte (Mai bis Sept.260N$) / Eselskarrenfahrt (185N$) Frühstück 85N$, Lunch 90N$, Dinner 165N$ / Lunchpakete 65N$ / Wlan / Wäscheservice keine HausT Bleßbock, Kuhantilope (Hartebeest), Springbock, Steinböckchen, Kudu, Warzenschwein, Steppen-Zebra, Strauß, architektonisch interessante neue Bungalows nach anthroposophischer Bauweise / schattiger blühender Garten @ hans@kiripotib.com #www.kiripotib.com

Klawerberg (E47)

▲ siehe Seite 153

Kleepforte Farm (E21)

▲ [Farm][Gäste][Jagd] 52km südöstl. Hosea Kutako International Airport / Anfahrt: B6, MR 51, nach 50km Schild ☞ Nicole & Karl-Heinz Bohn (Deutsch) ✉ Windhoek P.O.Box 9609 ✆ 062-560000 altes reetgedecktes Natursteinhaus mit 2DZ +WohnZ / Afrika Haus $ (2012) Jagdtag 1:1 180€, 2:1 160€, Ruhetag 75€ ⓘ Rinderfarm (Simmenthaler, Brahmanen) / Fama, Kiwi. Wanderungen, Baumlehrpfad HausT auf Anfrage Duiker, Kuhantilope (Hartebeest), Klippspringer, Springbock, Steinböckchen, großer Kudu, Oryx, Warzenschwein, @ kleepforte@mweb.com.na #www.kleepforte.com

Koha Guesthouse (E62)

▲ [Gästehaus][Camping] 6km nordwestl. Mariental / Anfahrt: B1 nach Norden, Schild Keikanachab-Hardap D1080, Schild Koha / oder B1 südl., D1103 ☞ Zaryda & Johan Loubser ✉ Mariental P.O.Box 667 ✆ 063-242140 063-240863 088-614456 ▲ 7 Plätze $ (2013) 70N$ pP, K 25N$ 6DZ $ (2013) EZ 300N$, DZ 500N$ ♔ in Weingärten gelegen Wandern Frühstück 60N$ ♿ rollstuhlfreundlich HausT ok @ quepasa@iway.na

Kowas Adventure Safaris (E9)

▲ [Farm][Gäste][Jagd] 42km südöstl. Dordabis / Anfahrt: C23 nach Südosten (42km), Schild ☞ Ansie & Danie Strauss (Afrikaans) ✉ Windhoek P.O.Box 9625 ✆ 062-581558 088-624544 5 TwZ+ 2FZ $ (2012) Jagdtag 1:1 322€, 2:1 288€ pP, Ruhetag 110€ / Rabatt für Namibier ⓘ auch Photogäste sehr willkommen / Jagd zu Fuß, Bogenjagd // Familien, Pärchen und Gruppen willkommen / kleine Konferenz Möglichkeit / Anmeldung notwendig / Kiwi ♔ Jakuzzi / *zahme Geparden* Beob. des Wildlife Management / Wandern / geführte Naturlehrpfade / Poolbillard Spezialmenüs auf Anfrage Wäscheservice / Wlan ♿ ein Zimmer rollstuhlgerecht keine HausT gemeines Impala, Bleßbock, Duiker, Streifengnu, Weißschwanzgnu, Kuhantilope (Hartebeest), Springbock, Steinböckchen, Eland, großer Kudu, Oryx, Warzenschwein, Giraffe, Steppen-Zebra, Berg-Zebra, Löffelhund, Gepard, Leopard, Strauß, @ kowasadv@iafrica.com.na #www.kowasadventure.com

Kriekie Steyl (E92)

▲ [Pension] Aranos ✆ 063-272274 081-2007513 25P @ aratotal@iway.na

ake Oanob Resort (E3)

[Resort][Camping][SC] 7km westl. Rehoboth / Anfahrt: B1 Richtung Windhoek, D1237 oder 1280 Helena & Christie Benade (Company Acacia Oanob Ltd) (Afrikaans, Schweizer Deutsch) Rehoboth P.O.Box 3381 062-522370 062-524112 31 Plätze (mit u. ohne Schatten, am Vasser) $ (2013/2014) ohne Schatten 70N$ pP / mit Schatten 90N$ pP / am Wasser + Schatten 130N$ P / K 50% 4 SC-Luxus-Chalets 2DZ mit Vokü + 2 SC-Chalet 3DZ + 1SC FZ + Haus (mit 6 paraten DZ + 2FZ) $ (2013/2014) Luxus Chalet SC: 2DR Chalet: 2P 1.209N$, extra E +135N$ P, extra K2-12 +68N$ // 3DR Chalet 4P 1.934N$, extra E +135N$ pP, extra K2-12 68N$ / Zimmer &B: EZ 620N$, DZ 467N$ pP, FR 1.170N$ / SC 2E+2K 1.141N$ / 20% Rabatt für Namibier /

usatzpreise: Eintritt 15N$ pP, K13 frei / Preise der Aktivitäten varieren je nach Benzinpreis! Tagb. Spielplatz, Rasen, Schatten / gute schattige Plätze mit Blick auf den See vorausbuchen Gamepark 000ha) angeschlossen / „Fish Eagle Boat" für Feste (60P) mit Restaurant / Besuch der Staumauer vom anob Rivier (55m hoch) Schwimmen, Rutsche, Fischen, Paddelboote + Kanus zum Ausleihen, 0N$ pP pStd), Wasserski (1 pull 300N$), Bootsfahrt (1Std 140N$ pP) / Game Drive (1Std 100N$ pP, 50N$ min. 280N$), 4X4 Self drive (50N$ pP K25N$), Wandern (30N$ pP, K15N$ pP) Restaurant a carte am See mit Pool für Kinder kleiner Laden für Lbm, Curioshop, Internetzugang HausT / im Chalet 50N$ pHund gemeines Impala, Bleßbock, Streifengnu, Kuhantilope (Hartebeest), ringbock, großer Kudu, Oryx, Giraffe, Steppen-Zebra Sehr empfehlenswert: Auch gut zum cknicken, Ideal für Kinder / zu wenige gute Paddel / wunderschöne Häuser mit Blick über den See / ele Wochenendbesucher / 1480m hoch gelegen reservations@oanob.com.na # www.oanob.com.na

Kuzikus Wildlife Reserve (E14)

▲ [Wildfarm][Gäste][Jagd] 90km südöstl. Dordabis / Anfahrt: C23 nach Südosten, M51 (1km), D1423 (15km), Schild Farmpad (15km) ☞ Hiltrud & Dr.F.G. Reinhard, Berend Reinhard / Alina & Dieter Reisenauer (Deutsch, Französisch) ✉ Witvlei P/Bag 13112 ✆ 062-581614 [63] 062-581664 081-4757957 (Alina) 5DZ+1EZ $ (2013) Vp: DZ 115€ pP, EZ 145€, K7-15 90€ // reduziert: Gruppe>4, Gäste innerhalb der Outdoor Adventure Safaris: DZ 99€ pP, EZ 129€, K7-15 90€ / Zusatzpreise: weitere Pirschfahrten 25€ ⓘ private Wildfarm: Wildfarm für bedrohte Tierarten, keine Rinder / Kiwi: Kinderbetreuerin, Spielplatz / keine Tagb.

♔ ***Basis des Regierungsprojekts für das Spitzmaulnashorn*** / Biological Research Station in the Kalahari (BRinK): www.brink-namibia.com Reitunterricht, geführter "Wildnis"-Ausritt (1Std, 25€), ***Tracking mit Pferden*** (1/2T 50€) / Kalahari Wildniskurs (pro Tag 50€)/ Rhino Drive (2Std, 15€) // Wanderungen // sehr großes Schwimmbad nur Vp / Souvenir Shop Wlan / Wäscheservice // Transfer Windhoek Flughafen 165€ pAuto keine HausT: am Haus: 7 Pferde, 2 Ponies, 2 Hunde, Hühner & Enten gemeines Impala, Bleßbock, Duiker, Streifengnu, Weißschwanzgnu, Kuhantilope (Hartebeest), Springbock, Steinböckchen, Eland, großer Kudu, Oryx, Giraffe, Steppen-Zebra, Löffelhund, Wüstenluchs (Karakal, Rotkatze), Erdferkel, Strauß, Spitzmaul-Nashorn (schwarzes), Kapfuchs, Erdwolf, Schuppentiere, Felsengeier @ info@kuzikus-namibia.de, berend@kuzikus.de # www.kuzikus-namibia.de 📖 Tel: 061-253076, Fax: 061-255508

La Vida Inn (E65)

▲ [SC-Flat][Camping] Mariental, Centre Road bei der Engen Fuel Tankstelle ☞ Riaan van Zyl (Afrikaans) ✉ Mariental P.O.Box 366 ✆ 063-242121 086-6256539 085-1299148 (Riaan) Δ 4 schattige Plätze $ (2012) 80N$ pP 3DZ+2FR, aircon $ (2012) EZ 260N$, DZ 380N$, FZ 580N$ ⓘ Kiwi keine HausT @ lavidainn@iway.na

Lake Oanob Resort (E3)

▲ siehe Seite 155

Lapa-Lange Lodge (E70)

▲ [Lodge][Camping][SC] 35km südwestl. Mariental / Anfahrt: MR29 ☞ Ems & Pieter de Lange (Afrikaans) ✉ Mariental P.O.Box 750 ✆ 063-241801 063-240384 081-1291085 088-612347 Δ Plätze auf Rasen am Wasserloch, Strom $ (2012) 85N$ pP + 100N$ pAuto 5 SC-Chalets (20P), 18DR $ (2012) SC- Chalets 600N$ pP / DZ 800N$ pP ⓘ Farm mit Karakul / weiße Dorperschafzucht ♔ Sukkulenten Garten mit Hodias / beleuchtetes Wasserloch Game Drive, Dünen-Fahrten / Rock Pool / Armbrust Schießen Frühstück 80N$, Restaurant, leichte Mahlzeiten für Gruppen HausT ok ***weißer und schwarzer Springbock*** reichhaltiges Frühstück als 5 Gängemenü @ lapalange@iway.na, charfarm@mweb.com.na # www.lapalange.com 📖 Exclusive Marketing

Lorraine Hunting (E93)

▲ [Farm][Jagd] 100km südöstl. Hosea Kutako International Airport / Anfahrt: B6 4km nach Osten, MR 51 ☞ Vicky & Gert Hamman (owner) (Englisch (Deutsch)) ✉ Windhoek P.O.Box 20382 ✆ 062-581662 081-1298460 (Vicky) DZ für Jagdgäste ⓘ Rinderfarm / Trophäenjagd & andere Jagd, Bogenjagd / Tagb. ok / Fama / Rauwi ♔ viele Felszeichnungen / ***Fütterung der Nyalas am späten Nachmittag*** Wandern (frei) "mit uns besprechen" gemeines Impala, Bleßbock, Duiker, Streifengnu, Weißschwanzgnu, Springbock, Steinböckchen, Eland, großer Kudu, Nyala, Oryx, Wasserbock,

Giraffe, Steppen-Zebra, @ hunt.loraine@iway.na # www.hunt-namibia.com

Mariental Hotel (E35)

▲ [Hotel] Mariental, Mainstr./Hendrik Witbooi Av ☞ Ernst A. Simon (owner), Steencamp (man (Afrikaans) ✉ Mariental P.O.Box 619 ✆ 063-242466 ℡ 063-242493 🛏 4EZ + 3DZ + 4TwZ + 7TZ (44 Betten) $ (2012) B&B: EZ 350N$, DZ 480N$, TZ 550N$, FZ 700N$ / K6 frei ⓘ KonferenzZ (40-50P, 30P) ♛ Spielhalle / großer Schwimmingpool / Kraftraum 🍽 Restaurant à la carte / Bar HausT ok 👍 sehr gut renoviert nach der Flut @ mrlhotel@iafrica.com.na # www.marientalhotel.com

Mountain View Game Lodge (E7)

▲ [Jagdfarm] 39km nordöstl. Dordabis / Anfahrt: C23 nach Osten, D1482 (32km) ☞ Johann van Niekerk (manager) (Afrikaans) ✉ Windhoek P.O.Box 9061 ✆ 062-560008 ℡ 062-560009 🛏 6DZ ⓘ Landebahn gemeines Impala, Bleßbock, Duiker, Streifengnu, Kuhantilope (Hartebeest), Klippspringer, Springbock, Steinböckchen, großer Kudu, Oryx, Warzenschwein, Giraffe, Berg-Zebra, Strauß, @ mountain@iway.na # www.-mountainviewnamibia.com

Nababis (E52)

▲ [Farm][Jagd] 70km südwestl. Kalkrand / Anfahrt: C21 nach Südwesten, 70km Schild nach links ☞ Michael Fechter (Deutsch) ✉ Windhoek P.O.Box 20667 ✆ 060-110-0373 📱 081-2405364 💻 088-618347 🛏 Gästehaus mit 3DZ + 2EZ $ Pauschalangebote ⓘ Bogenjagd / Zeltjagdcamp kann arrangiert werden Bleßbock, Streifengnu, Weißschwanzgnu, Kuhantilope (Hartebeest), Springbock, Steinböckchen, großer Kudu, Oryx, Warzenschwein, Giraffe, Steppen-Zebra, @ mfph@iway.na # http://nababis-hunting.com/Offers_de.htm

Noasanabis (E68)

▲ [Farm][Jagd][Rastlager][Jagd][Camping] 4km nördl. Leonardville / Anfahrt: C20, C23 ☞ Gussie & Justus Muller (Afrikaans) ✉ Leonardville P.O.Box 19 ✆ 062-569436 ℡ 062-569436 Δ 3 Plätze, Schatten, Küche $ (2013) 70N$ pP 🛏 3 Chalets $ (2013) Jagdtag 1:1 170€, 2:1 130N$, Ruhetag 75N$ ⓘ Holistic Farming / Bogenjagd / Vogeljagd ♛ erste Polizeistation in Leonardsville / Wasserlöcher / Golf: Nossob Golf Club 🚶 Golf / Wandern / Vogelbeo. / Angeln / Tischtennis, Poolbillard, Darts / Reiten keine HausT Bleßbock, Streifengnu, Kuhantilope (Hartebeest), Eland, Kudu, Oryx, Warzenschwein, Steppen-Zebra, @ justus@iway.na # www.noasanabis.iway.na

Omatako Hunting Safaris (E81)

▲ [Farm][Jagd] 40km südl. Dordabis / Anfahrt: C 15, auf der Farm Tigerpforte ☞ D. & S. Manusakis (Österreichisch) ✉ Windhoek P.O.Box 11926 ✆ 062-581444 ℡ 062-581445 🛏 Bungalow @ namibia@omatako-safaris.com # www.omatako-safaris.com 📖 Dez-Mär: Österreich: Tel&Fax +43-2634-8665

Oppikopi (Mariental) (E58)

▲ {*zur Zeit zu*}[SC Chalets][Camping] 20km südl. Mariental / Anfahrt: B1 Richtung Keetmanshoop ☞ Irene Leeb (Afrikaans) ✉ Mariental P.O.Box 272 ✆ 063-240682 ℡ 063-245401 📱 081-2454062 Δ 15 Plätze, davon 7 mit Schatten $ (2013) 100N$ pP 🛏 Bungalows (SC blokkie houses) 4P (nur mit 4X4 zu erreichen) $ (2013) Bungalow 680N$ ⓘ wird renoviert, soll 2014 wiedereröffnet werden ♛ Bungalows liegen auf einem Felsen // Rinder-, Schaf-, Ziegenfarm / Torschluß: Winter 17 Uhr, Sommer 18 Uhr (weil die Bungalows 2km vom Haus entfernt sind) 🚶 Wanderungen / Reiten (frei) 🖇 Holzbündel 10N$ keine HausT Springbock, @ oppikopi@iway.na

Panama Kalahari Guest Farm (E28)

▲ [Farm][Jagd][SC][Camping] 50km östl. Kalkrand / Anfahrt: C21 nach Osten, D1268 (6km) ☞ Hentie & Luise Jansen (Afrikaans) ✉ Mariental P.O.Box 453 ✆ 063-265323 ℡ 066-265323 Δ 10 Plätze unter Kameldornbäumen, Gras $ (2012) 110N$ pP 🛏 4 Betten im Farmhaus, 2 Zelte je 2P mit SC

Reho-Spa-Thermalbad (E1) {*zur Zeit zu*}:

[staatl. Rastlager] Rehoboth, hinter der katholischen Kirche (kleine Schilder) Namibia Wildlife Resort (NWR) 2 Bungalow A: Schlaf-u. WohnZ, Herd, 6B / 20 Bungalows B: Schlaf-u. WohnZ, 2B, Herd / Bungalows mit Bettzeug und Handtücher ohne Kochutensilien ⓘ geschlossen, Zukunft ungewiß / NWR bemüht sich um Privatisierung Platz wurde bereits von den Nama als Dampfbad genutzt. Hallen-Thermalbad mit imposanter Holzarchitektur, großes, aber kaltes Außenschwimmbecken, viele Grillplätze unter hohen Akazien, Rasen in der Vergangenheit beliebtes Bad und Rastlager am Wochenende Zentrale Buchungsstelle Windhoek

Rehoboth Thermalbad innen 2008

Haus $ (2012) EZ 400N$, DZ 360N$ pP, K10 frei ⓘ Schaf- u. Rinderfarm / Fama, Kiwi geführte und ungeführte Wanderungen, ***Volleyball***, Quadbike / 4X4 Touren / Besuch des Namadorfes Hoachanas keine HausT Springbock, Strauß, @ panhari@mweb.com.na

Panorama Rock Game Ranch (E48)

[Farm][Gäste][Jagd] 40km südl. Hosea Kutako International Airport / Anfahrt: B6, MR51 38km Schild links Marinda & Gunnar Jensen (owner) / Sandri & Gert Olivier (manager) (Deutsch) Windhoek P.O.Box 5289 061-251862 081-1441515 5 Bungalows (je 4P) mit Kitchenette $ (2013) Hp DZ 1.300N$ pP , EZzuschlag 1.200N$ / Zusatzpreise: Game Drive 130N$ ⓘ Farm mit Rinder, Wild und Pferden / ***Pferdezucht („Friesen", „Black Beauties")*** / Fama / Jagen zu Fuß, Bogenjagd (auch für Behinderte) / Buchung notwendig Lodge & Bungalow auf einem großen Hügel, 150m hoch 4 ausgeschilderte Wanderwege / Reiten / Tontaubenschießen / Sternebeo. / Poolbillard / Wellness // Exkursion nach Arnhem Wlan / Wäscheservice rollstuhlfreundlich keine HausT gemeines Impala, Streifengnu, Weißschwanzgnu, Springbock, Eland, großer Kudu, Oryx, Pferdeantilope, Rappenantilope, Wasserbock, Warzenschwein, Giraffe, Berg-Zebra, Gepard, Strauß, Luchs, Eulen @ jensen@iafrica.com.na, panoramarock@africaonline.com.na # www.panoramarock.com

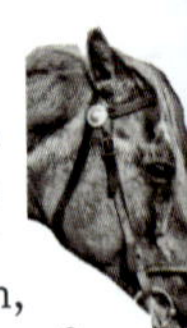

Pokweni (E26)

▲ [Farm][Gäste][Segelclub Centre] 108km südl. Dordabis / Anfahrt: C15 (53km), D1223 (19km), C25 (19km), D1230 (10km) ☞ Annelie & Jos van der Merwe (Afrikaans) ✉ Windhoek P.O.Box 2554 ✆ 063-265608 ✆ 063-265608 Δ 1 Platz neben dem Flugplatz 17 Appartements / aircon (32P) $ (2012) Vp DZ 75€ pP ⓘ Schaffarm / Kiwi (K12 frei) ♔ auf der Lodge: Pokweni Soaring Namibia (Segelflugclub von Namibia): Saison von Nov. bis Jan. Segelfliegen (10-14 Segelflugzeuge) / Tennis Sauerstoff, Avgas, Mogas und Zweitaktöl sind erhältlich. Fahrzeugbenutzung, kleine Reparaturen und Internetkosten für die OLC-Meldungen sind kostenfrei. ♿ rollstuhlfreundlich Springbock, Steinböckchen, Oryx, Strauß, @ pokweni@mtcmobile.com.na # www.pokweni.de Pokweni Soaring Namibia, Sabine Holthausen, 41749 Viersen, Tel: 0049-2162- 6242 ab 17:00 Uhr / Mail: sabine.holthausen@web.de

Red Dune Camp (E43)

▲ [B&B][Camping] 35km südl. Gochas ☞ Marieta & Pieter Liebenberg (Afrikaans) ✉ Gochas P.O.Box 73 ✆ 063-250164 081-2756164, 081-2854711 088-617718 Δ Camping Plätze: Lawa|gowa Red Dune Camp, |goweb (Rote Düne), 4X4 nötig: 15P, Holzplattformen, Matratzen+Bettzeug auf Anfrage / Plätze am Farmhaus: 20P, auf Gras, schattige Bäume (Vorausbuchng) $ (2013) Farm: 80N$pP / Düne: 75N$ pP, mit Schlafsachen 150N$ pP, ohne Schlafsachen 125N$pP 2 DZ Gemeinschaftsbad $ (2013) B&B: EZ 300N$, DZ 600N$, aircon / LuxTent 125N$ pP / K6-12 50% ⓘ Schaffarm, Wildfarm Wanderungen in den Dünen / Star gazing breakfast 75N$, Dinner 150N$ / Farmstall mit Wildfleisch von der Farm Wlan Springbock, Oryx, Trummi Leser: Camping in den Dünen außerordentlich schön. @ reddunecamp@iway.na # www.reddunecamp.com

Rest Nest (E39)

▲ [Pension][SC] Mariental, Longstreet 334 ☞ Adri & Jaco van der Westhuizen (Afrikaans) ✉ Mariental P.O.Box 5 ✆ 063-242219 ✆ 063-242219 081-1275175 (Jaco), 081-1249892 (Adri) 8DZ mit Klimaanl. / davon 2 DZ SC $ (2013) DZ 350N$, EZ B&B 250N$ ⓘ Tagb. ok ♿ rollstuhlfreundlich: großes Badezimmer, ramps HausT auf Anfrage @ hardpmrl@iway.na

River Chalets (E36)

▲ [SC-Chalets][Camping] Mariental, an der B1 ☞ S.C. & Elrien Garbers (Afrikaans) ✉ Mariental P.O.Box 262 ✆ 063-240515 ✆ 063-242601 081-1282601 Δ 2 Plätze mit je einem Sanitärblock $ (2013) 80N$ pP, K12 50% SC Chalet: 2x5Betten, 4x3Betten / 4DZ / aircon $ (2013) 1P 420N$, 2P 520N$, 3P 600N$, 4P 700N$, 5P 800N$, 6P 880N$, 7P 990N$ / K12 50N$ Rabatt / Frühstück Voucher 60N$ für die Staft Frühstück auf Anfrage HausT auf Anfrage @ garbers@iway.na # www.riverchalets.com

Rus en Vrede Hunting Ranch (E17)

▲ [Farm][Jagd][Camping][SC] 113km südl. Gobabis / Anfahrt: C20, M40 Richtung Aranos ☞ Johan Schalk, Wilma & Deon de Waal (Afrikaans) ✉ Gobabis P.O.Box 62 ✆ 062-581034, 062-682108 ✆ 062-682108 Δ 1 Platz $ (2012) 100N$ pP 5DZ Jagdhaus SC (4km vom Haus) / in der Nähe auf Schaffarm Bungalow 2P $ (2012) B&B: DZ 400N$, EZ 300N$ / Jagdtag 1:1 200US$, Ruhetag 175US$ / K12 50% / Zusatzpreise: Game Drive 50N$ pP ⓘ Trophäen u. Biltongjagd / Jagd auf Farmgebiet ohne Rinder / Kiwi / Fama falls gewünscht ♔ Rinder&Schaffarm / Unterricht der Frauen der Farmarbeiter in Kunst und Handarbeit Reiten, Wanderung Vp wenn gewünscht / Farmprodukte: Boerewurst & Biltong gemeines Impala, Bleßbock, Duiker, Streifengnu, Weißschwanzgnu, Kuhantilope (Hartebeest), Springbock, Steinböckchen, großer Kudu, Oryx, Wasserbock, Warzenschwein, Giraffe, Steppen-Zebra, Strauß, schwarzer Springbock (selten) @ jdewaal@iway.na # www.rus-en-vrede.com

Saa Ta Ko (E46)

▲ {*zur Zeit zu*}[Kommunales Camping] 172km nordöstl. Aranos / Anfahrt: C22 bis Aminuis, D1004, D3817, D3820 37km / gelegen am Corridor 17 an der Botswana Grenze ☞ Omaheke San Trust (San) ✉ Gobabis P.O.Box 1017 Δ 5 Plätze mit Wasser, Solarpumpe $ (2013) 60N$ pP, K6-12 20N$ ⓘ Tagb. / Benzin in der Nähe 20km San Dorf ist mit eingebunden / San Kunsthandwerk // sa ta ko = 3 verschiedene San Dialekte = ausruhen traditionelles Dorf (Besuch 60N$ pP), Campfire dancing: Corridor Dance Group 180N$ pGruppe <=10), Buschspaziergang (35N$ pP) keine HausT 4x4 wird empfohlen @ thimbi@mweb.com.na

Scheidthof Guestfarm & Fotosafaris (E19)

▲ [Farm][Gäste][Jagd][Camping] 80km südöstl. Hosea Kutako International Airport / Anfahrt: B6 Richtung Gobabis, MR51, D1506 (6km) ☞ Barbara & Otto Rudolf Grahl (Deutsch) ✉ Windhoek P.O.Box 6292 ✆ 062-581884 062-581884 081-2956571, 081-2496333 088-627023, skype: barbara.grahl Δ 3 Plätze unter Kameldornbäumen / Waschhaus beim Farmhaus $ (2012) 60N$ pP 4DZ+1EZ $ (2012) DZ: B&B 550N$, Hp 653N$ pP, Vp 756N$ pP / Zusatzpreise: Farmrundfahrt 500N$ pAuto, sundowner 150N$ pP, Wanderung 50N$ pP ⓘ Rinder-, Schaffarm / tel. Anmeldung unbedingt erforderlich Game/Sundowner Drive B 60N$, L 80N$, D 120N$ Duiker, Klippspringer, Springbock, Steinböckchen, großer Kudu, Oryx, Warzenschwein, Berg-Zebra, Gepard, Leopard, Klippschiefer @ grahl@iway.na # www.natron.net/scheidthof / www.scheidthof.wordpress.com

Stampriet Historical Guesthouse (E49)

▲ [Landgasthaus] Stampriet, Ortsmitte ☞ Irene & Anton Zondagh (owner) / Kobus & Petro Hayman (Host) (Englisch) ✉ Stampriet P.O.Box 61 ✆ 063-260013 063-260215 081-4131062 9DZ + 2FZ, aircon (26P) $ (2013) B&B: EZ 600N$, DZ 550N$ pP / Hp: EZ 750N$, DZ 700N$ / Vp: EZ 860N$, DZ 800N$ pP / K12 60% Rabatt / Tourguide 300N$, Gruppe >10 foc ⓘ liegt an der neu/alten Route zum Kgalagadi Transfrontier Park (Kalahari Gemsbok Park siehe Region P) // Tagb. Ok, Kiwi, Rauwi nostalgisch eingerichtet, alle Zimmer mit hist. Gegenständen, alten Fotos der Pioniere teilweise aus der Vorkolonialzeit großer Garten mit vielen Vögeln, Schildkröten, Enten & Koi-Fischen Biolebm. / Gemüse und Fleisch von der eigenen Farm, Zitronengarten Wlan / Wäscheservice Sehr zu empfehlen, liebevolle Details in den Räumen @ stampriet@iway.na # www.stamprietguesthouse.com

Stoney´s Hotel Gochas (E38)

▲ [Hotel][SC] Gochas ☞ Freddy Simon / Chris Theart (lease) / Ernest (manager) (Afrikaans) ✉ Gochas P.O.Box 80 ✆ 063-250237 063-250236 081-2795655, Simon 081-1240550 Δ Plätze im kleinen Hof des Hotels $ (2012) 80N$ pP 9Z = 20P / 1 DZ mit Kitchenette $ (2012) B&B: EZ 450N$, DZ 325N$ pP, FZ 300N$ pP / K6-10 150N$, K10-15 200N$ ⓘ heißt auch “Stoney's Country Hotel” Dünendinner Breakfast 50N$, Lunch 75N$, Gamedrive + Braai in den Dünen 250N$ pP ein Zimmer rollstuhlgerecht HausT ok, wenn nicht agressiv schönes FZ @ gochashotel@mweb.com.na # www.gochashotel.com/

Suricate Tented Camp (E30)

▲ [Zeltlodge] 51km nördl. Mariental / Anfahrt: B1 (11km), C20 (12km), D1268 (23km), Schild Farmpad 5km ☞ Intu Afrika ✆ 063-683284 & main building: 063-683218 12 Zelte $ (2013) Low (Dez - Jun13): Hp: DZ 1.120N$ pP, EZ 1.520N$, Vp: DZ 1.620N$ pP, EZ 2.020N$ // High (July13 - Oct13): Hp: DZ 1.400N$ pP, EZ 1.800N$ / Vp: DZ 1.900N$ pP, EZ 2.300N$ // Vp 1 Gamedrive inkl. ⓘ siehe Intu Afrika Kalahari Game Reserve (E30), siehe Intu Afrika Kalahari Game Reserve @ intu@leadinglodges.com # www.leadinglodges.com Leading Lodges

Tahiti (E66)

▲ [Gästehaus] Mariental, Main Rd (B1)

Teufelskrallen Tented Lodge (E82)

[Zeltlodge] 1km östl. Kalkrand / Anfahrt: B1,C21 ☞ Hermann Rohlfs (owner), Sabine Hoppe (manageress) (Deutsch) ✉ Kalkrand P.O.Box 113 ✆ 063-264288 6 Luxus-Zelte $ (2012) B&B: EZ 760N$, DZ 590N$ pP, K4-12 mit 2E 295N$ / Zusatzpreise: Game/Nature Drive (Am Morgen 2Std) 200N$, Sundowner Drive 250N$ (2,5Std) , geführte Wanderung (2-6Std)150N$ ⓘ Tagb. ok, Kiwi // // Hermann Rohlfs ist Eigentümer von 4 Apotheken in Uslar: http://www.ratsapotheke-uslar.de/ Teufelskrallen Plantage (2012: 1.000 Planzen, 120.000 geplant) (Besuch frei) geführte & ungeführte Wanderungen / Game Drive am Morgen Restaurant à la carte: "das Alte Farmhaus" / Lunchpackete 40N$ Wlan frei / Wäscheservice gut erzogene HausT ok, an der Leine Springbock, @ info@teufelskrallenlodge.com # www.teufelskrallenlodge.com Namibia Travel Consultants

Bilder von der Teufelskrallenstiftung

☞ Andries Pretorius (Afrikaans) ✉ Mariental P.O.Box 412 ✆ 063-240636 063-240636 081-1270195 17DZ $ (2012) 1P 260N$ DZ 350N$ Restaurant à la carte HausT ok @ tahiti@iway.na

Tanduwe Guesthouse (E44)

ⓘ siehe „Aranos Hotel (E44)" S. 144

Teufelskrallen Tented Lodge (E82)

siehe Seite 161

Thea´s Guesthouse (E88)

[B&B] Mariental, Aub Street 3 ☞ Dorothea ✆ 060-8056401 081-1430564 5DZ $ (2013) SC: EZ 350N$, DZ 400N$ @ cloetejd@iway.na, cloetejd@telecom.na

Tias Guesthouse (E75)

[Rastlager] 80km nördl. Kalkrand / Anfahrt: B1, direkt an der Straße ⓘ keine Infos 2013

Tikhai-Soreis (E85)

[Camping] 20km westl. Mariental / Anfahrt: C19 ☞ Namibia Development Trust ✆ 063-240790 Plätze $ 60N$ pP ⓘ "Quiver Camping Trail"

Tivoli Southern Sky Guest Farm (E15)

[Gästefarm][SC][nur Astronomen] 90km südöstl. Dordabis / Anfahrt: C15(=M33), D1448, D1219 ☞ Kirsten & Reinhold Schreiber (Deutsch) ✉ Windhoek P.O.Box 11854 ✆ 062-581405 088-630449 Gästehaus SC: 4DZ, 4EZ + Vokü $ (2012) Hp: EZ 920N$/1.080N$, DZ 740N$/860N$ pP, TZ 740N$ pP / kleines

Nachtessen inkl. // SC 300N$ pP / low season Oct. - Apr. B&B DZ 500N$ ⓘ Karakulschafzucht, Rinderfarm / nur Vorausbuchungen, Neumondphasen rechtzeitig buchen nur für in Astronomie Interessierte / ***7 Sternwarten*** / weitere Geräte siehe Internet microLight (1.200N$ pStd), Farm Drive (400N$ pStd) SC möglich Wlan (foc), Wäscheservice Bleßbock, Springbock, großer Kudu, Oryx, Warzenschwein, @ tivoli@iway.na # www.tivoli-astrofarm.de

Toela´s Guest House (E87)

▲ [B&B] Mariental, Charmey/Riverstreet ☞ Maritza & Gerd van Wyk (Afrikaans) ✉ Mariental P.Bag 2100 081-2768255 3DZ (8P) $ B&B: DZ 250N$, EZ 350N$ keine HausT @ toelasguesthouse@gmail.com

Tranendal B&B (E43)

ⓘ siehe „Red Dune Camp (E43)“ S. 159

Uhlenhorst (E33)

▲ [Farm][Gäste][Jagd][Camping] 98km südöstl. Rehoboth / Anfahrt: C25 ☞ Connie & Hoekus Sr. & Hoekus jr. Van Niekerk (owner) (Afrikaans) ✉ Windhoek P/Bag 13066 ✆ 063-265336 063-265364 Δ 1 Platz $ (2013) 100N$ pP 5 LuxusZ (10P) $ (2013) B&B: EZ 650N$, DZ 950N$ / Jagdtag 1:1 340US$, non hunting day 170US$ ⓘ Kiwi / Ort Uhlenhorst ist auf der Farm / ***2 zahme Geparden*** ♿ rollstuhlfreundlich keine HausT gemeines Impala, Bleßbock, Duiker, Streifengnu, Weißschwanzgnu, Kuhantilope (Hartebeest), Springbock, Steinböckchen, großer Kudu, Oryx, Giraffe, schwarzer Springbock (selten) @ hoecon@mweb.com.na

Villa Volla (E54)

▲ [SC-Flat] Mariental, von Lindequist Str. 11 ☞ Boy Vollgraaf (Afrikaans) ✆ 063-240864 063-242216 081-2516980 2 SC Wohnungen mit Vokü +2 DZ+ WohnZ (10P) $ (2011) 1P 250N$, 2P 350N$, 4P 200N$ pP Wlan HausT ok @ boysuper@iway.na

Wildmoor Camping (E69)

▲ [Camping] 20km nördl. Gochas / Anfahrt: C15, im Auob Canyon Schild ☞ Anja & Francois Junius (Deutsch) ✉ Gochas P.O.Box 24 ✆ 063-250222 063-250299 081-2408811 Δ 3 Plätze: 2 unter Kameldornbäumen, 1 am Uferrand $ (2012) 100N$ pP, K12 frei ⓘ Die Email kann nur in Windhoek aufgerufen werden, also nicht jeden Tag // Schaffarm / Fama möglich, Kiwi, Spielplatz (Pferde, Schweine, Schafe, Ziegen, Springbock zum Streicheln) / Tagb. ok / Rauwi ***2 zahme Springböcke /*** alter deutscher Soldatenfriedhof Wandern, Farmbetrieb, Quadbike, Gamedrive, Sterne Frühstück auf Anfrage Benzin, Internet, Waschmaschine HausT auf Anfrage Trummi Leser: sehr empfehlenswert @ wildmoor_camping@live.co.za, rigging@iway.na

Xclusive Accommodation (E83)

▲ [B&B] Mariental, Erf 250 Langstreet ✉ Mariental P.O.Box 607 ✆ 063-242178 063-242179 081-2916893 ⓘ englische Kette @ xclusiv@iway.na

Zebra Kalahari Lodge (E30)

▲ Lodge] 51km nördl Mariental / Anfahrt: B1 (11km), C20 (12km), D1268 (23km), Schild Farmpad 5km ☞ Intu Afrika & main camp: 063-683218 13DZ aircon $ (2013) Low (Dez 12- Jun 13): Hp: DZ 1.360N$ pP, EZ 1.860N$, Vp: DZ 1.850N$ pP, EZ 2.360N$ / High (July - Oct 13): Hp: DZ 1.700N$ pP, EZ 2.200 N$ / Vp: DZ 2.225N$ pP, EZ 2.725N$ // Vp 1 Game Drive inkl. ⓘ infos siehe Intu Afrika Kalahari Game Reserve siehe Intu Afrika Kalahari Game Reserve @ intu@leadinglodges.com # www.leadinglodges.com 🕮 Leading Lodges

Lake Oanob Resort
Come and enjoy our:
Camping facility
Game Drives & Wateractivities
or stay in one of our self-catering Chalets
Lake Oanob Resort
Body and Soul in Harmony with Nature
www.oanob.com.na
Phone +264(0)62 522370
Fax +264(0)62 524112
reservations@oanob.com.na
P.O.Box 3381 Rehoboth Namibia

Region F: Pässe & Namibwüste

Karte siehe Seite 166

Das Gebiet umfaßt die Unterkünfte westlich von der B1 bis zum Wildzaun des Namib-Naukluft-Parks und die Namibwüste, im Norden ist es begrenzt von der Straße C28, die über den Bosua-Paß (s. Region C) nach Swakopmund führt, im Süden bezieht es noch Teile des Gebiet von Rehoboth und das Naukluft-Gebirge mit ein. Man sollte hier nicht nur hindurchrasen, weil die weltberühmten Dünen von Sossusvlei auf dem Programm stehen, denn die Gästefarmen bieten viele Aktivitäten in reizvoller Landschaft an. Der Gästebetrieb ist in diesem Randgebiet des Hochlands und der beginnenden Namib eine wichtige ökonomische Ergänzung zur Viehwirtschaft, da der Regenfall sukzessive nach Westen hin abnimmt. Sie können, von Windhoek kommend, daher auch beobachten, wie die Vegetation von einer Hochlandsavanne mit bestem Weidegebiet über die Kurzstrauchsavanne bis in die Wüstenvegetation übergeht. Manche Farmen waren früher nur als Notweidegebiet gedacht. Die Gästefarmen/ Lodges bieten heute schöne Campingplätze, Wandermöglichkeiten, Fotosafaris, Jagd, Reiten, Baden in Dämmen, Sternegucken, Touren, Klettern uam an. Die Farmen liegen entweder noch auf dem steilen Randstufengebiet des Hochlands oder am Fuße der Pässe.

Die Pässe in die Namib

Südwestlich von Windhoek führen alle interessanten Gravelwege (= Pads /gravelroads) über steile Pässe abwärts zur Wüste Namib. In der Regenzeit können einige Senken (Dips) und Rivierdurchfahrten schwierig sein. Der Us-Hoogte Paß überquert mehrmals den Kuiseb. An seinem Fuß liegt die traditionsreiche Gästefarm Niedersachsen (F1). Der imposante Tafelberg Gamsberg, der dem Gamsberg Paß seinen Namen gab, ist den Besuchern zugänglich, allerdings nur über privates Farmgebiet, was u.a. auch die Gästefarm)Hakos (F5) (siehe Seite 175 organisiert. Der Aufstieg bzw. die Auffahrt lohnen sich. Die klare Luft und die fehlende Lichtverschmutzung haben hier auf dem platten Tafelberg selbst wie auch auf den umliegenden Farmen das „Stargazing" besonders attraktiv gemacht. Der Spreetshoogte-Paß ist der steilste und bietet die schönste Aussicht von allen Pässen in die 600m tiefer liegende Namib. Besonders die Farmen Namibgrens (F13) und die Camp Gecko Farm (F15) bieten schöne Wanderungen an. Leider sind die Aussichtsplätze am höchsten Punkt der Pässe, also kurz, bevor der Abstieg beginnt, nicht unterhalten und völlig verdreckt.

In der Regenzeit können einige Pässe gesperrt sein. Die steileren Pässe – Bosua, Gamsberg, Us, Spreetshoogte – sind nicht mit Anhängern zu befahren, besonders der Spreetshoogte-Paß mit seinem Gradient von 1:4 ½ könnte die Kraft des Autos mit Anhänger überfordern. Ein 4x4 Wagen gibt auf jeden Fall größere Sicherheit, ist aber nicht unbedingt erforderlich. Der Remhoogte-Paß ist mit einem Gradiernt von 1:10 immer noch eine Ausweichmöglichkeit, obwohl in der Regenzeit die vielen mit Wasser gefüllten Senken (Dips) ein sehr langsames Fahren verlangen. Alle Straßen werden unterhalten, alle Pässe werden wiederholt befestigt, allerdings kann es nach Ende der Regenzeit einige Monate dauern, bis die Schlaglöcher beseitigt werden.

Einziger Ort: Solitaire

Nur in dem Flecken Solitaire von nur wenigen Gebäuden gibt es eine minimale Grundversorgung - und die einzige Tankstelle. Obwohl die Country Lodge in Solitaire 2012 verkauft worden ist, gibt es dort auch in Zukunft den landesweit bekannten gedeckten Apfelkuchen und gutes selbst gebackenes Brot, und zwar in der benachbarten Bäckerei mit einem Café, neben der Solitaire Country Lodge (F21).

Nationalparks Naukluft Gebirge und Namib Wüste

Der eminente Gebirgszug ist das Naukluft-Gebirge, der auch auch Teil des Namib-Naukluftparks ist.In dem Gebirge ist eine der anspruchsvollsten Treckingtouren im südlichen Afrika ausgelegt. – natürlich wie immer mit

Vorausbuchung und Restriktionen, die für den europäischen Bergfreund befremdlich wirken mögen. Aber es werden in diesem Nationalpark auch Tageswanderungen angeboten. Alle Farmen am Fuße des Gebirges ermöglichen ebenfalls kleinere oder größere Touren zu Fuß, zu Pferde oder per 4x4. Denn, wie Sie wissen, man kann in Namibia nicht einfach in einer reizvollen Gegend sein Auto verlassen und das Land selbständig zu Fuß erkunden, da alles (außer in den Kommunalgebieten) Privatbesitz oder staatlich reglementierter Nationalpark ist.

Der Wüstenteil von dem weitläufigen Nationalpark Namib-Naukluft kann auf zwei Durchfahrtstraßen allerdings ohne Anmeldung bereist werden. Wenn Sie auf die Karte schauen, werden Sie feststellen, daß die C14 von Helmeringhausen bis Walvisbay die kürzeste Verbindung aus dem Süden an die Küste darstellt. Sie ist 200km kürzer als der „Umweg" über Windhoek. Ein Ausbau dieser Strecke wird daher immer wieder diskutiert, auch um die unfallträchtige B2 zu entlasten. Diese Straße ist derzeit eine breit angelegte Gravelroad. Attraktiver ist es, wenn man sich das entsprechende Permit (!) in Windhoek, an der Küste oder den südlichen Naturschutzstationen holt und auf den ausgewiesenen Picknick- und Übernachtungsplätzen in der Wüste Namib kleine Umwege und Halts für Picknick und Übernachtungen einplant. Sie bergen gegenüber der Eintönigkeit der Durchfahrtstraße an jedem Platz eigene Überraschungen (F40), Obwohl Namibia besonders auf seine „älteste Wüste der Welt" stolz ist, werden leider diese Plätze derzeit stark vernachlässigt. Vorrang hat der Ausbau der Zufahrtswege zu den Minen am Swakop, Langer Heinrich und Trekkoppe.

☞ Siehe auch: „Namibia", Landesmitte: Westlich von Windhoek und der Westen, S. 553-573 und Kasten F40 S. 122

Im Namib Naukluft Park nach gutem Regen

Region F - Pässe

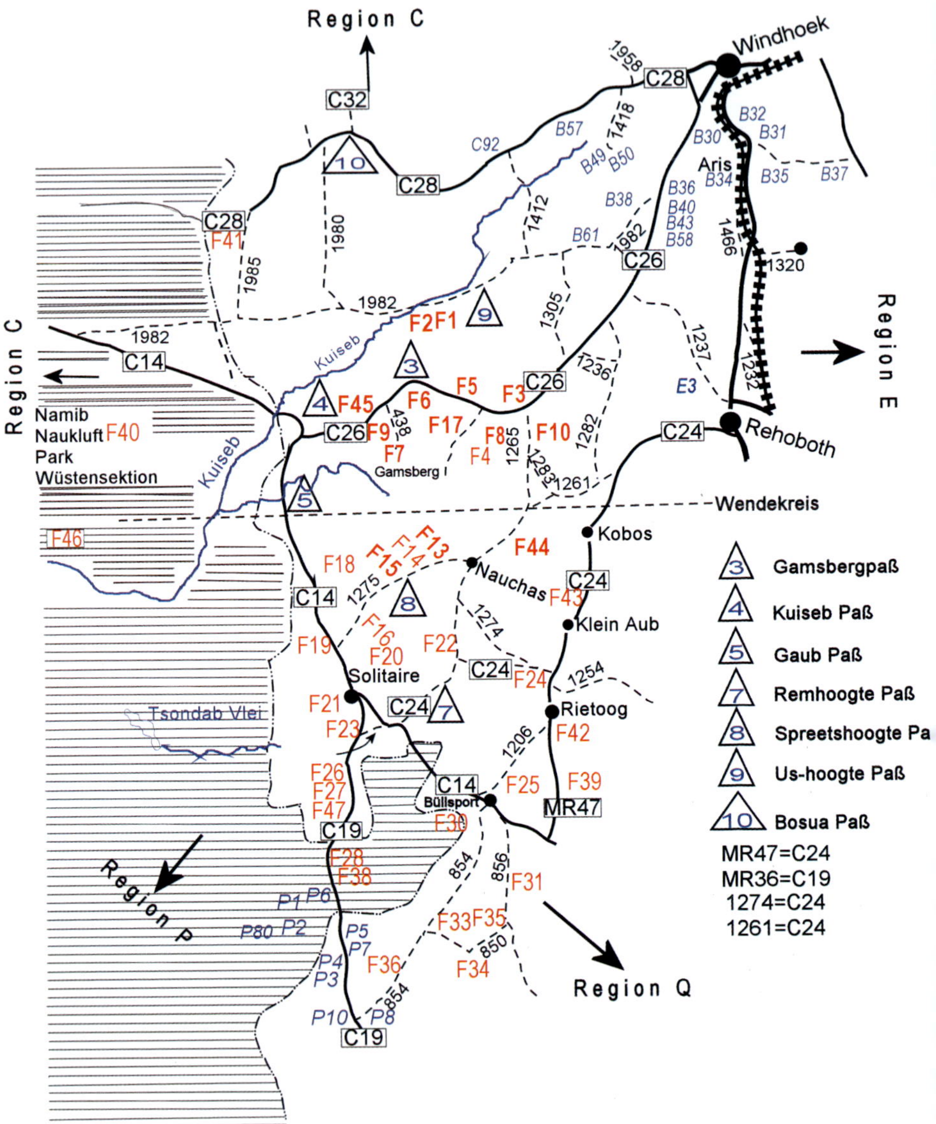

In der Liste sind alle Nummern schwarz, die nicht in Ortschaften sind

F1 Niedersachsen
F2 Khomas (Bastos)
F3 Weissenfels
F4 Weener
F5 Hakos Gästefarm
F6 Rooisand Desert Ranch
F7 Corona
F8 Kubitzhaus
F9 Rooiklip
F10 Isabis 4X4 Trail
F13 Namibgrens Guest Farm
F14 Spreetshoogte Guestfarm
F15 Camp Gecko Tented Camp
F16 Kuangukuangu - Luxury Cabin
F16 Barchan Dune Retreat
F17 Groot Gamsberg Ranch
F18 Rostock Ritz Desert Lodge
F19 Tsondab Valley Scenic Reserve
F20 Solitaire Gästefarm
F21 Solitaire Country Lodge (in Solitaire)
F22 Swartfontein Guest Lodge
F23 Ababis
F24 Garies Lodge & Camping
F25 Büllsport
F26 Namib Naukluft Lodge
F27 Namib Desert Lodge
F28 Weltevrede Guest Farm
F30 Naukluft Camping Site
F31 Haruchas
F33 Tsauchab River Camping
F34 Zebra River Lodge
F35 Neuras Estate
F36 Hauchabfontein
F38 Agama River Camp
F39 Capricorn Restcamp
F41 Kobo Kobo Hills
F42 Tismaree Guestfarm
F43 Conny´s Restaurant
F44 Nauams Mountain Campsites
F45 Ilala
F46 Gobabeb
F47 Moon Mountain Lodge

F40 siehe Karte Namib Wüstensektion

F40 Aruvlei
F40 Blutkoppe
F40 Ganab
F40 Groot Tinkas
F40 Homeb
F40 Kriess-se-Rus
F40 Kuiseb Brücke
F40 Mirabib
F40 Namib-Desert-Camping-Plätze
F40 Rock-Arch
F40 Swakop River Campsite
F40 Vogelfederberg
F40 Welwitschia Campsite

auf der Karte Region B

B30 Monteiro
B31 Harmony Center
B32 Windhoek Mountain Lodge
B34 Sârima Krumhuk
B35 GocheGanas
B36 Panorama Hunting Lodge
B37 Auas Game Lodge
B38 Hohenhorst Guest Farm
B40 Melrose
B43 Farm Hoffnungsfeld
B49 Hochland Nest Lodge
B50 Friedenau Damm
B57 Godeis
B58 Prospect Guest Farm
B61 Hefner

auf der Karte Region C

C92 Harmonie Campsite

auf der Karte Region P

E3 Lake Oanob Resort

auf der Karte Region P

P1 Sossusvlei Lodge
P2 Sesriem Rest Camp
P3 Kulala
P4 Le Mirage Lodge
P5 The Desert Homestead & Horse Trails
P6 Desert Camp
P7 A Little Sossus Lodge
P8 Betesda Lodge & Camping
P10 Namib Sky Camp (Mwisho Camp)
P80 Sossus Dune Lodge

Blutkoppe (F40)

▲ [Camping] / Anfahrt: innerhalb des Namib Naukluft Parks Wüstensektion, siehe Karte ⓘ allgemeine Infos siehe „Namib-Desert-Camping-Plätze“ Seite 166 ☞ NWR Δ 10 Plätze um die Blutkoppe herum / auf der Nordseite ist 4x4 notwendig, weil die Plätze im sandigen Rivier am Fuße des Berges zu erreichen sind, sie liegen besonders schön ♕ Baden im Damm auf der Westseite nach gutem Regen / lohnender Aufstieg auf den Granitfelsen zum Sonnenuntergang / neben der Blutkuppe Einfahrt zu der neu/alten Uranium-Mine Langer Heinrich 🚶 leichter Aufstieg auf die Blutkoppe mit weitem Blick auf die Namib / in der Nähe der Blutkoppe bei Tinkas: Wanderung durch bizarre Felsformationen 2Std, Wanderung 4Std Rundweg entlang eines Riviers bis zum Swakop, ausgeschildert 👍 sehr empfehlenswert / neue Open-Pit- Uranmine nördlich 2007 wieder eröffnet. Weitere Minen sind in Planung, wobei auf die Zerstörung der Namib keine Rücksicht genommen wird. Aber Rückzug von Areva.

Ababis (F23)

▲ [Farm][Gäste][SC][Camping] 🚗 12km südl. Solitaire / Anfahrt: C14 Richtung Büllsport, an der Kreuzung von C14 / C24 (90km bis Sesriem) ☞ Kathrin & Uwe Schulze Neuhoff (Deutsch) ✉ Maltahöhe P.O.Box 1004 ✆ 063-293362 📠 063-293364 Δ 3 Plätze mit Küchen-& Sanitärblock $ (2013/2014) 100N$ pP 🛏 5DZ, 1FZ mit 2DZ, 1 SC Haus mit 2DZ, 2 Bäder, Vokü, Veranda $ (2013/2014) Hp: DZ 1.840N$ pP, EZ 1.020N$, / Komfort Hp 2DZ 2.040N$, TZ 2.622N$, K6-14 50%, K15-18 25%, Rabatt für Namibier 15% / SC Haus 1.000N$ für 2P / Tourguide 390N$ / Zusatzpreise: Farmrundfahrt 160N$ pP ⓘ Rinder & Ziegen / Kinder sehr gern gesehen: Spielplatz, Kinderbücher, Spielsachen, Kinderbetreuung / Fama ♕ historische Farm (1904), Farmhaus im Kolonialstil / Farmverbund Naukluft Experience: Ababis, Büllsport 🚶 ausgeschilderte Wanderwege (frei) / Rundflüge / großer Garten / Fahrsicherheitstraining (ADAC) (700N$ pP, 4Std) 🍽 auch Vp / gute Weinkarte, nur Fleisch von der Farm / B 100N$, L 80N$, D 180N$), Lunchpakete 80N$ 📎 Wlan / Wäscheservice 🐕 HausT im SC ok 🐘 Springbock, Steinböckchen, großer Kudu, Oryx, Berg-Zebra, Strauß, Geier, 👍 oft empfohlen von Trummilesern @ info2@ababis-gaestefarm.de #www.ababis-gaestefarm.de

Agama River Camp (F38)

▲ [Lodge][Camping] 🚗 35km südl. Solitaire / Anfahrt: C19, am Dieprivier (grenzt an Weltevrede) ☞ Monique van Zyl & Jon Leach (Afrikaans) ✉ Windhoek P.O.Box 803210 ✆ 063-683245 📱 081-2055515, 0811270177 Δ 7 Plätze, unter schattigen Akazien / Wasser am Platz, Grill, Waschräume / Licht über Autobatterie $ (2012) 120N$ pP 🛏 10 Chalets (extra Matratzen für Kids) $ (2012) Hp DZ 985N$ pP ⓘ Kiwi: kleines Bad 🐕 keine HausT @ naf@iway.na 📖 auch Reservation - Destination

Aruvlei (F40)

▲ [Camping] / Anfahrt: innerhalb des Namib Naukluft Parks Wüstensektion, siehe Seite 176siehe ☞ NWR ⛺ 2 Plätze ⓘ Zugang und Preise siehe Namib-Desert-Camping-Plätze, siehe Seite 176 ♕ große Picknicktische unter schattigen Büschen, windgeschützt

Barchan Dune Retreat (F16)

▲ [Farm][Gäste] 25km nordöstl. Solitaire / Anfahrt: C14 nach Norden, D1275, Schild / 15km vor dem Spreetshoogte Paß (Farm 398 im Gebiet Namibgrens) ☞ Hannetjie & Willem van Rooyen (Afrikaans) ✉ Windhoek P.O.Box 9679 ✆ 062-682031 ℻ 062-682032 🛏 4 Bungalows (DZ, davon 2 SC) + 2DZ=12P $ (2013) DZ: Vp 796N$ pP, Aktivitäten inkl. (kein Ez-zuschlag), Hp 766N$ / Zusatzpreise: Tour nach Sossusvlei 2.000N$ für max 4P ⓘ Spielplatz / Tagb. / siehe auch Kuangukuangu - Luxury Cabin ♕ zahme Surikate / Häuser dünenähnlich in die Landschaft gebaut Wanderungen, Farmdrive (13€ pP) ♿ 1Z rollstuhlgerecht, rollstuhlfreundliche, gepflasterte Wege keine HausT Klippspringer, Springbock, Steinböckchen, großer Kudu, Oryx, Warzenschwein, Berg-Zebra, Strauß, @ barchan@iway.na # www.natron.net/tour/barchan-dunes

Blutkoppe (F40)

▲ siehe Seite 168

Büllsport (F25)

▲ [Farm][Gäste][Camping] 56km südöstl. Solitaire / Anfahrt: C14 nach Südosten, zwischen D1206 und D854 ☞ Johanna & Ernst Sauber (Deutsch) ✉ Windhoek P.O.Box 97457, Maerua Mall ✆ 063-693371 ℻ 088-625749 ⛺ 2 Plätze 4km auseinander, 3km vom Haupthaus, jeweils mit Küche , überdachter Sundowner Platz / exklusiver Platz $ (2013) 150N$ pPN$, exklusiver Platz 750N$ pGruppe 🛏 Gästehaus 6 DZ, 1FZ, 1TZ / 3 Luxury DZ /Solar Boden Heizung/Kühlung $ (2013) Luxus Hp: DZ 1.930N$, EZ 1.100N$, TZ 2.650N$ / Standard Hp: DZ 1.680N$, EZ 965N$, TZ 3.210N$ / K6-14 mindestens 2K 420N$ ⓘ Farmverbund Naukluft Experience mit Ababis (Blässkranz gehörte bis 2007 dazu) / Rinderfarm / Kiwi, Babysitting / Fama / Tagb. (50N$ für Wanderungen) / Jagd zur Bestandsregulierung ♕ Gräber der Schutztruppe / ***Pferdezucht*** Reiten (180N$ pStd, K6-14 75N$ pStd) / ***auch Reitunterricht, Longierplatz, Ponys für Kinder, Reit-Touren 1-3 Tage,*** auf das Naukluft-Plateau / 6 markierte Wanderwege 1-6 Std. / Ausflug zum Naukluft Plateau 245N$, zum Bogenfels 122N$, K6-14 50% / Farm Drive 80N$ pP, K6-14 35N$ 🍽 auch Vp möglich / Lunchpakete // F 95N$, L 95N$, D 195N$ / Frühstückspaket 85N$ 📎 Laden, Auto-und Reifenrep. evtl. möglich, kein Tanken /Wifi ♿ 1 behindertengerechtes Z mit Rampen: extra großem Bad, Dusche rollstuhlgeeignet, unterfahrbares Waschbecken

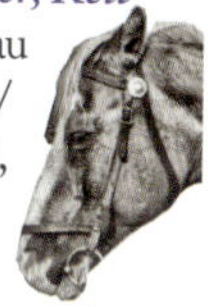

Conny´s Restaurant (F43)

▲ [B&B] 80km südl. Rehoboth / Anfahrt: MR47=C24 Schild, vor Klein Aub ☞ Conny (Afrikaans) ✉ Klein Aub P.O.Box 74 ✆ 062-539014 📱 081-3558801 ⛺ möglich $ (2013) 50N$ pP 🛏 einfache 4DZ = 8P $ (2013) B&B 150N$ pP ⓘ Kinderspielplatz / Kiwi 🍽 kleines Café mit Malzkaffee ok

Klippspringer, Springbock, Steinböckchen, großer Kudu, Oryx, Warzenschwein, Berg-Zebra, Löffelhund, Touristisch-strategisch gut gelegen, wird den vielen Anforderungen lt. Trummilesern unterschiedlich gut nachgekommen. @ info@buellsport.com, ernst@buellsport.com #www.buellsport.com/start.html Compass Marketing

Camp Gecko Tented Camp (F15)

siehe Seite 171

Capricorn Restcamp (F39)

siehe Seite 170

Conny´s Restaurant (F43)

siehe Seite 170

Corona (F7)

[Farm][Gäste] 185km südwestl. Windhoek / Anfahrt: C26 über den Gamsberg Paß, D1438 (18km) Dr. Wolfgang Petri (owner), Janus Joubert (owner+manager) (Afrikaans) Windhoek P.O.Box 11958 061-681045 061-681046 3 Suiten FZ, 6DZ / FernsehZ / 4 Zelte $ (2013/2014) Suiten/Luxus: Hp DZ 1 Nacht 998N$ pP, 2Nächte 1.804N$ / Zelte 1 Nacht 696N$ pP, 2 Nächte 1.264N$ / K9-16 50% / Berghaus 450N$ pP min 1 Woche / Guide Hp 350N$ oder 200N$ Kiwi / keine Zäune Mineralien, Felszeichnungen / am Fuße vom Gamsberg Tafelberg Bergsteigen / 4X4 Tour / 4 Mountainbikes / markierte Wanderwege / Farmdrive (200N$) einige Z rollstuhlfreundlich gut erzogener Hund auf Nachfrage Klippspringer, Springbock, Steinböckchen, großer Kudu, Oryx, Warzenschwein, Berg-Zebra, Löffelhund, Gepard, Leopard, Braune Hyäne, viele Vogelarten @ corona@iway.na #www.natron.net/tour/corona/start.html auch Reservation - Destination

Ganab (F40)

[Camping] / Anfahrt: innerhalb des Namib Naukluft Parks Wüstensektion, siehe Karte alle allgemeine Infos siehe Namib-Desert-Camping-Plätze S166 NWR 4Plätze

Capricorn Restcamp (F39)

[Rastlager] 125km südl. Rehoboth / Anfahrt: B1, MR 47 / zwischen Rietoog und Nabaseb (C14) Yvonne & Karsten Sodmann (Deutsch, Nama) Klein Aub P.O.Box 200 081-3642931 088-641407 4 Plätze $ (2013/2014) 60N$ pP / Plätze allein für eine Gruppe 600N$ 4 Bungalows mit Blick $ (2013/2014) B&B 2-3P 350N$ pP, K3-12 50% / Preise 2014 plus 10% / Ezzuschlag 100N$ / Rabatt: buche 3 Tage, bezahle 2 Tage Kiwi Ausnutzung von Solar-u. Windenergie Botanischer Spaziergang Lunch und Dinner buchen / B 45N$, L 65N$, D 100N$, Lunchpakete 65N$ Waschmaschine / Travelshop / Internet an der Reception HausT ok ausgesprochen gut anlegter Garten @ capricorn@iway.na #http://capricorn-naukluft.weebly.com/

Camp Gecko Tented Camp (F15)

⅄ [Tented Camp Lodge][SC][Camping] 20km nordöstl. Solitaire / Anfahrt: C14 nach Norden, D1275, kurz vor dem Spreetshoogte Paß ☞ Dr. Klaus Roman Hoer (Owner), Heidi Fink & René Aebi (manager) (Schweizer-Deutsch, Französisch, Italienisch) ✉ Windhoek P.O.Box 31277 ✆ 062-572017 ℻ 062-57Bild2017 📱 081-2709064 Δ 5 Plätze: 4 unter den Orangenbäumen, 1 "Wild One", 1 auf einem Hügel $ (2013) 80N$ pP oder 140N$ pP 🛏 5 Busch-Zelte Twin oder Doppelbett / 1 SC Familien-Zelt / DREIstöckiges Buschzelt, Stock 1: Bad, Stock 2: Betten, Stock 3: Matratzen unterm Sternenhimmel $ (2013) Busch DZ: SC 330N$ pP, B&B 550N$ pP, Hp 610N$ pP, Vp 700N$ pP / SC-Unit 260N$ pP / Hide away DZ: SC 380N$ pP, B&B 650N$ pP, Hp 710N$ pP, Vp 800N$ pP // K7-12 50% / Zusatzpreise: Farm Drive (2Std) 150N$ ⓘ Kiwi, Fama / private Feiern, Flitterwochenangebote / Landebahn ♛ Zitronen-, Grapefruit- u. Orangenhaine / Heidi & René fertigen Messer und Schmuck aus einheimischen Materialien 🚶 3 markierte Wanderwege, Pflanzenlehrpfad / Reiten, Mountain-Biking / Felsenpools / Schlangenterrarium / Bogenschießen-Parcour (14 Ziele, 150N$ pP) / nach gutem Regen See zum Paddeln & Campen 🍽 Mittagessen auf Bestellung, Mahlzeiten für Vegetarier, selbstgemachte Marmelade, Chutney 🐘 Springbock, Steinböckchen, großer Kudu, Oryx, Warzenschwein, Steppen-Zebra, Löffelhund, Gepard, Leopard, Erdwolf, Stachelschwein, Strauß, 👍 sehr empfehlenswert: schöne Boma, außergewöhnliche Lage, nette Einrichtung @ geckonam@iway.na #www.campgecko.net

Garies Lodge & Camping (F24)

⅄ [Kommunales Restcamp & Camping] 95km südl. Rehoboth / Anfahrt: MR47 (=C24), 27km nach Klein Aub, nach Lepel abbiegen Richtung Remhoogte Paß ☞ Mabry & Lilly Mouton (Afrikaans) ✉ Kalkfeld P.O.Box 144 ✆ 062-572007 ℻ 062-539222 📱 081-6124719, 081-4092829 Δ 3 Plätze $ (2013) 75N$ pP 🛏 5 Rondavels + 2 Bungalows $ (2013) Rondavel Hp 350N$ pP ♛ Felsmalereien / Höhlen 🚶 Reiten (80N$ pP) 1Std., Eselskarre (1Std 60N$ pP), geführte Tour zu Buschman Gravuren 30N$ pP, geführte Tour zu Buschmann-Zeichnungen mit dem Auto 150N$ pP 🍽 Mahlzeiten auf Anfrage: F 45N$, Lunch 55N$, Dinner 75N$ 📎 Wlan 🐕 HausT ok @ bookings@garies-restcamp.com #www.garies-restcamp.com

Gobabeb (F46)

[Wüstenforschungsstation][SC] 110km südöstl. Walvis Bay / Anfahrt: C14 50km, nach rechts abbiegen Schild, 60km Schotterstraße Marie Seely 064-694199 SC Chalets & Zelte (=80P) $ (2012) SC 350N$ pP KonferenzZ 80P / mit Voranmeldung Wüstenforschungsstation am Kuiseb in der Namib @ gobabeb@gobabeb.org #www.gobabeb.org

Groot Gamsberg Ranch (F17)

[Jagdlodge] 130km südwestl. Windhoek / Anfahrt: C26, D1278 Robin & Pauline Hurt & Daniel Mousley (Englisch) Windhoek P.O.Box 6908 062-572109 & 062-572188 062-572185 081-1479033 5DZ Aloenwald (Aloe Dichotoma forests) Photosafari, Wildbeo. / Wandern, auch auf dem Gamsberg Wlan / Wäscheservice keine HausT Bleßbock, Weißschwanzgnu, Kuhantilope (Hartebeest), Klippspringer, Springbock, großer Kudu, Oryx, Warzenschwein, Steppen-Zebra, Berg-Zebra, Löffelhund, Erdwolf, @ gamsbergranch@iway.na, hurttanz@africaonline.co.ke #www.robinhurtnamibia.com Robin Hurt Safari Co. (Pty) Ltd, P.O. Box 24919, Karen 00502, Nairobi, Kenya

Groot Tinkas (F40)

[Camping] / Anfahrt: innerhalb des Namib Naukluft Parks Wüstensektion, siehe Karte alle allgemeine Infos siehe Namib-Desert-Camping-Plätze S166 NWR 6 Plätze Tinkas Tour nur 4X4 Gräber deutscher Soldaten / Damm von Tinkas manchmal mit Wasser Wanderung zwischen Tinkas u. Rock Arch: Rock Sculpture Trail s. Blutkuppe Eröffnung neuer Uranminen in der Nähe seit 2007, weitere geplant: Langer Heinrich, Husab, Rössing von verschieden ausländischen Firmen

Hakos Gästefarm (F5)

siehe Seite 174

Haruchas (F31)

[Farm][Gäste][Jagd] 60km südöstl. Solitaire / Anfahrt: C14 Richtung Büllsport, D855, nach 25km Schild Dr. Georg Thaler (Österreichisch) Windhoek P.O.Box 80127 063-683071 063-683072 081-2427543 6DZ $ (2012) B&B DZ 530N$, Hp DZ 680N$ pP, Vp DZ 770N$ pP, EZ-zuschlag 100N$ / K7-12 50% / Zusatzpreise: Farmrundfahrt 180N$ pP / Transfer Flughafen ab 7 Tage inkl. / Reduktion für längere Aufenthalte Frau Milena Sauber hat ihre Farm

Hauchabfontein (F36)

[Camping] 55km südwestl. Büllsport / Anfahrt: D854, zwischen Naukluft und Sesriem Irmi & Immo (gest. 2013) Foerster (Deutsch) Windhoek P.O.Box 5719 063-293433 081-2334436 8 schattige Plätze unter Akazien $ (2013) 120N$ pP, K10 frei / Zusatzpreise: Trip zum Köcherbaumwald / Farmdrive 200N$ pP Köcherbaumwald >2.000 Bäume 3 Std markierter Wanderweg (7km): zu dem „Geheimen Tal" (mit riesigen Moringa-, wilden Feigen- und *Köcherbäumen*, Buschmannskerzen, Wüstenkohlrabies und Wundertee) (50N$) / Wandern auch im Tsauchab Rivier, *Baden in Pools des Tsauchab* HausT ok, wenn sie die anderen Gäste nicht stören, nicht zugelassen an langen Wochenenden Trummi Leser: begeistert, mehr davon @ infodesk@hauchabfontein.com #www.hauchabfontein.com

im Mai 2012 an Dr. Georg Thaler verkauft. Herr Thaler will den Gästebetrieb und die Jagd weiterführen. Zarisberge, Naukluft Wanderungen, Vogelbeo., 4X4 Trail, Poolbillard, Darts HausT ok Springbock, großer Kudu, Oryx, Warzenschwein, Berg-Zebra, Strauß, Wildkatze @ haruchas@iway.na # www.haruchas-namibia.de/

Hauchabfontein (F36)

siehe Seite 172

Homeb (F40)

[Camping] / Anfahrt: innerhalb des Namib Naukluft Parks Wüstensektion, siehe Karte alle allgemeine Infos siehe Namib-Desert-Camping-Plätze S166 NWR Plätze am Kuiseb gelegen / unter einem dichten Akaziendach / manchmal Wasser an einem Wasserhahn bei den Hütten Nachbarschaft zu einer Topnaar Gemeinde / Akazienwäldchen in der Wüste, am anderen Ufer des Riviers Galeriewald & Sanddünen, deren natürliche Grenze der Kuiseb bildet, da er bei jedem Abkommen den Sand fortspült. Spaziergänge u. Dünenbesteigung Picknicktische unter schattigen Bäumen, vom Zerfall bedroht sehr empfehlenswert, wegen der besonderen Landschaftsformen

Ilala (F45)

[B&B][Jagd] 170km südwestl. Windhoek / Anfahrt: C26 (nach Rooisand noch 9km), 4km Farmpad Julika Schmidt / Katja & Diethelm Metzger (Deutsch) Windhoek P.O.Box 11876 062-682115, 062-572124 062-572182 081-4549842 3DZ $ (2012) Vp 830N$ pP, Hp 760N$ pP / Guide 402N$ // Jagdtag 1:1 1:1 420US$, 1:2 330US$, Begleitperson/Ruhetag 190US$ / Zusatzpreise: Fotosafari mit dem Geländewagen 250N$ pP privates Reservat, keine Zäune, nur Wild Felszeichnungen Reiten (150N$ pP 1-2 Std, vorher buchen) Wandern, Bergsteigen 1Z rollstuhlfreundlich HausT auf Anfrage Springbock, großer Kudu, Oryx, Berg-Zebra, Leopard, @ julika@makadi-safaris.com # www.ilala.de

Isabis 4X4 Trail (F10)

[Camping][SC-Ferien südwestl. Windhoek / Anfahrt: C26, D1265 Joachim Cranz (Deutsch) Windhoek P.O.Box 40350 062-572133 081-1245588 Platz innerhalb der Farm, Zugang nur mit 4X4, nur eine Gruppe / kalte Dusche $ (2013) 80N$ pAuto + 50N$ pP / K12 frei SC Ferienhaus: "Green House" 2P Wandern, Klettern in der Leopardenschlucht, Mountainbike / ***gradierte 4x4 Trails nach Schwierigkeit*** keine HausT Besucher empfehlen besonders das Camping @ info@isabis4X4.com # www.isabis4X4.com Tel/Fax 061-248682

Khomas (Bastos) (F2)

[Jagdfarm] 180km südwestl. Windhoek / Anfahrt: C26, D1982, beim Us-Paß Gerda + José Luis Bastos (Österreichisch, Spanisch, Oshiwambo) Walvis Bay P.O.Box 954 064-550895, 064-204726 3 reedgedeckte Bungalos mit je 2DZ obwohl reine Jagdfarm, ist auch eine Übernachtung (B&B) möglich / arbeitet mit Niedersachsen zusammen Besichtigung des Affenlochs der Odyssee von H.Martin u, H.Korn möglich, s. die Autobiographie von H.Martin "Wenn es Krieg gibt, gehen wir in die Wüste" (Bestseller in Namibia) Bleßbock, Streifengnu, Kuhantilope (Hartebeest), Springbock, großer Kudu, Oryx, Steppen-Zebra, Tüpfelhyäne, Bungalows liegen auf einer Anhöhe mit weitem Rundblick @ bastos.foundation@iway.na, kukibastos@mweb.com.na Fax 064-206850

Kobo Kobo Hills (F41)

[Farm][Gäste][ohne Jagd] 191km westl. Windhoek / Anfahrt: C28, D1985 Kirsten Behrens (manageress) (Deutsch) Walvis Bay P.O.Box 1616 064-204400 064-204297 081-1274712 strohgedeckte Bungalows EZ,DZ + Bungalow nordafrikanischer Stil 3DZ = 16P / min 6P $ (2012) Vp 1.156N$

Hakos Gästefarm (F5)

▲ [Farm][Gäste][Camping] 135km südwestl. Windhoek / Anfahrt: C26 (123km), kurz vor dem Gamsbergpaß ☞ Waltraud Eppelmann & Friedhelm Hunt, Johann Walter Straube (Deutsch) ✉ Windhoek P.O.Box 5056 ✆ 062-572111 062-572111 Δ 4 einfache Plätze mit überdachtem Windschutz und weitem Blick, oft sehr windig $ (2013) 100N$ pP, K12 50% Farmgebäude mit 14 Z= 1FZ, 3TZ, 10DZ $ (2013) DZ: Vp 789N$ pP, Hp 720N$ pP, B&B 582N$, Bett 515N$, Ezzuschlag 155N$, K6-12 50% / Zusatzpreise: Sternbilderführung 360N$ (45min) pGruppe / Farmrundfahrt 360N$ pStd bis zu 4P ⓘ siehe Anzeige / Tagb. / Fama / Kiwi ♔ ***Sternwarte mit Celesteron C8 und Refraktor auf Zeiss-Montierung&andere Geräte***, verschiedene Säulen zur Befestigung eigener Geräte / HESS-Projekt / IAS (= Intern. Amateur Observatory = Hans Vehrenberg Sternwarte) / Köcherbaumwald Wandern, Sterne angucken / Tagestour auf den nahen Gamsberg mit Aufstiegsmöglichkeit zu Fuß oder mit 4X4 durch den Farmer (2.190N$ bis zu 6P, >6P + 360N$ pP), Innenschwimmbad im Restaurant / Planetenweg SC möglich / Tankstelle, Reifenreparatur / Kiosk / Wäschedienst / Tagb. ok Hunde nur auf dem Campingplatz großer Kudu, Oryx, Berg-Zebra, sehr empfehlenswert. Besonders schöner ***Eßraum mit Weitblick und Pool*** (!) Unübliche Essenszeiten wegen der nächtlich aktiven Astronomen @ info@hakos-astrofarm.com # www.hakos-astrofarm.com

pP / K5-12 50% ⓘ Kiwi, Anmeldung 1 Woche vorher // 2 Gäste min 3 Nächte, 6 Gäste 1 Nacht ♔ keine Jagd / "Wir sind offen für viele Aktivitäten, die vorgeschlagen werden" Yoga / Wandern / Abseiling / Trommel-Sessions / Maltrips / Reiten (nicht direkt bei der Lodge) / Team-Entwicklungs Wochenende nur Vp Klippspringer, Springbock, Steinböckchen, großer Kudu, Oryx, Warzenschwein, Berg-Zebra, Leopard, Black Eagle, viele Vogelarten @ behrensg@iafrica.com.na, kirsten@kobokobo.com.na # www.kobokobo.com.na

Kriess-se-Rus (F40)

▲ [Camping] / Anfahrt: innerhalb des Namib Naukluft Parks Wüstensektion, siehe Karte ⓘ alle allgemeine Infos siehe Namib-Desert-Camping-Plätze S166 ☞ NWR Δ 3Plätze

Kuangukuangu - Luxury Cabin (F16)

▲ [Lodge][SC] 50km nordöstl. Solitaire / Anfahrt: C14, D1273, zur Barchan Dune Lodge fahren, dort einchecken ☞ Olivier Luciani (Englisch, Deutsch, Französisch) ✉ Windhoek P.O.Box 9679, skype: olivierluciani 1 "Cabin Bungalow" 2 P $ (2013) 120€ pNacht pZ ♔ Aktivitäten siehe Barchan Dune Retreat (F16) Versorgung in der Gästefarm Barchan Dune (Frühstück 7€, Dinner in der Barchan Dune Farm 23€ inkl. Getränke & Wein, Braaipack 7€) // auch SC @ filanciu@kuangukuangu.com # www.kuangukuangu.com Barchan Dune Retreat

Namib Naukluft Park Wüstensektion Campingplätze

Im Trummi sind die 14 Übernachtungsplätze in der Wüstensektion des Namib-Naukluft-Parks immer mit F40 ausgezeichnet, und zwar mit dazugehörigen Kurzbeschreibungen, die auf die Besonderheiten des jeweiligen Platzes verweisen. Die abgedruckte Karte und GPS Namibia geben die genaue Lage an: Aruvlei, Blutkoppe, Ganab, Goanikontes, Groot Tinkas, Homeb, Kriess-se-Rus, Kuiseb-Brücke, Kuiseb Canyon (nur Picknick), Mirabib, Rock-Arch, Swakop-River, Vogelfederberg, Welwitschia Campsite.

Auch dieser Wüstenpark feierte 2007 sein 100jähriges Bestehen, doch es wurde weder hier in der Wüste besonders gefeiert, noch wurde etwas geändert oder verbessert. Die ausgewiesenen Plätze zeigen dem Reisenden erst die Schönheit und Vielfalt des Wüstengebiets der Namib und sollten daher mit eingeplant werden, so daß die eher eintönige Fahrt über die Staubpisten bis zur Küste unterbrochen werden kann. Alle Plätze sind ohne Guide und ohne Buchung aufzufinden und zu benutzen.

Permits

Einerseits wird dieser Teil des Nationalparks auf öffentlichen Gravelroads (C14 nach Walvis Bay, C28 nach Swakopmund) durchfahren, andrerseits muß man für Übernachtung und Picknicks, Spaziergänge, Wanderungen an den ausgewiesenen Plätzen an NWR eine Gebühr vorab bezahlen, um dann das Permit zu erhalten. Ein derartiger Erlaubnisschein gilt dann für den ausgewiesenen Tag, das Auto und die Anzahl der Personen für alle Plätze. Der ausgewählte Platz muß also nicht angegeben werden, und man kann sich unterwegs immer noch spontan entscheiden, wo man bleiben möchte. Entlang der öffentlichen Straßen sind im Park unübersehbar Schilder aufgestellt, die auf die Notwendigkeit der „Permits" hinweisen. Sollte man ohne Permit erwischt werden, können die Strafen pro Person mehrere hundert N$ betragen.

Die Permits gibt es bei NWR in Windhoek (zentrale Buchungsstelle), in den Büros von NWR Sesriem, bei NWR in Swakopmund und manchmal auch bei ausgewählten Tankstellen in Walvis Bay (CWB Garage), Swakopmund (Hans Kriess Garage) oder auserwählten Gästefarmen am Rande der Namib wie Niedersachsen. Man kann sich leider nicht darauf verlassen, wer gerade (noch, wieder) Ausgabestelle sein darf, da wegen angeblicher Unregelmäßigkeiten in der Abrechnung die Lizenzen dafür entzogen worden sein könnten.

Elefantenfuß (Adenia pechuelii)
gehört zur Familie der Passionsblumen

Art und Preise

Alle Plätze sind einfache Campingplätze mit Picknicktischen, Grillplatz, Abfalltonne, Buschtoilette, meistens schattig unter Akazien oder einem Felsvorsprung angelegt und sauber gefegt. Man muß also alles selbst mitbrin

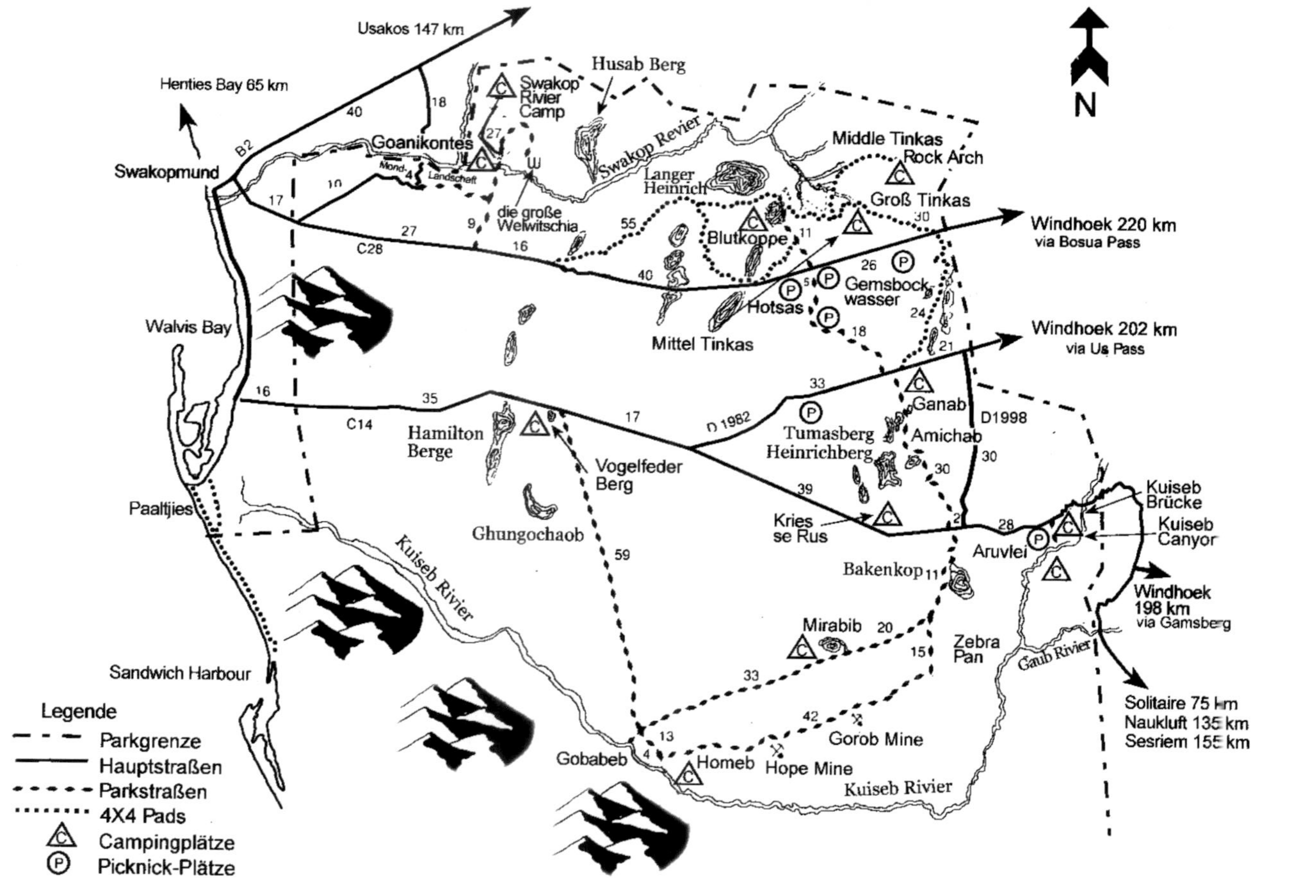
Usakos 147 km
Henties Bay 65 km
Swakopmund
Goanikontes
Swakop Rivier Camp
Husab Berg
Swakop Revier
Mond-Landschaft
die große Welwitschia
Langer Heinrich
Middle Tinkas
Rock Arch
Groß Tinkas
Blutkoppe
Windhoek 220 km
via Bosua Pass
Gemsbockwasser
Hotsas
Mittel Tinkas
Windhoek 202 km
via Us Pass
Walvis Bay
C28
C14
B2
D 1982
D1998
Ganab
Tumasberg
Heinrichberg
Amichab
Hamilton Berge
Vogelfeder Berg
Ghungochaob
Kries se Rus
Aruvlei
Kuiseb Brücke
Kuiseb Canyon
Windhoek 198 km
via Gamsberg
Paaltjies
Kuiseb Rivier
Bakenkop
Zebra Pan
Mirabib
Gaub Rivier
Solitaire 75 km
Naukluft 135 km
Sesriem 155 km
Sandwich Harbour
Gorob Mine
Hope Mine
Homeb
Gobabeb
Legende
Parkgrenze
Hauptstraßen
Parkstraßen
4X4 Pads
Campingplätze
Picknick-Plätze

gen, auch Wasser und Feuerholz.

Die Stellplätze sind für jeweils ein Zelt, Wohnwagen, 8 Personen und zwei Autos angelegt und berechnet: 50N$ pPlatz + 50N$ pP / K6-12 50%. Eintrittsgebühr: Eintritt: Auto (Sitze: >50: 500N$, >25: 300N$, >10: 40N$, sonst: 10N$) + pPerson (Ausländer: 40N$, SADC 30N$, Namibier 10N$). Damit addiert sich eine Übernachtung für ein auswärtiges Ehepaar auf etwa 300N$ auf einem dieser Plätze.

Leider gibt es nur einen einzigen öffentlichen Picknickplatz mit etwas Schatten, und zwar an der C28 mit der Kreuzung zur Blutkoppe.

4X4 und No entry

Einige Wege und auch Plätze zeigen „4X4 only" an, was unbedingt zu beachten ist. Die „No entry"- Schilder sind ebenfalls ernst zu nehmen: Die Wege führen zu Minen, von denen derzeit immer mehr neue Lizenzen erhalten - vor allem bei der Blutkoppe/Tinkas - , zu Gebäuden des Naturschutzes oder zur berühmten Forschungsstation Gobabeb, die lange nur an wenigen Tagen im Jahr besucht werden durfte und zwar am „Tag der offenen Tür". Jetzt bietet die Station jedoch auch Übernachtung privat an. Man sollte unbedingt vorher anrufen.

Attraktionen

Zwei ausgeschilderte Wanderungen (Blutkoppe und Tinkas), die größte Welwitschia und ausgedehnte Welwitschia-Flächen (Welwitschia und Swakop), Pfad zum Unterstand von H.Martin&H. Korn (Abzweig: Kuiseb Canyon, Look-out), Schwim

nen in Dämmen nach guten Regen (Blutkop-
›e und Tinkas), Dünenbesteigen (Homeb), Jnterstand und/oder evtl. Wasser bei einer Vildtränke (Ganab, Zebra Pan, Hotsas, Gems-
›ockwasser).

Für die Strecke Goanikontes – Welwitschia gibt es eine eigene Karte mit klei-
ıen, numerierten Sehenswürdig-
:eiten. Bei der Anmeldung sollte nan auch nach einem Lageplan ler Übernachtungsplätze fragen, ler aber häufig vergriffen ist; er ist dentisch mit der im Trummi abge-
lruckten Karte.

.andschaft

Die Sektion Namib Wüste be-
innt etwa am Fuße der Randstufe ei 600 Höhenmetern und senkt ich zum Meer; auf etwa 100km andeinwärts können morgens och die Küstennebel hineinziehen, ie sich aber im Verlauf des Tages uflösen. Sie speisen den vielfälti-
en Bewuchs der Namib und damit uch die Tierwelt. Trotz der langen radition als Naturschutzpark und agdverbot ist das Wild sehr scheu nd wird vor dem herannahenden uto flüchten: Strauße, Oryxe, teppen-Zebras, Springböcke, chakale, Klippspringer, War-
:nschweine, Kapfuchs, Trappen. eoparden gibt es, wird man aber aum zu Gesicht bekommen. Die flanzen- und Tierwelt wird zum leer hin immer weniger.

Bei dem Kuiseb Outlook und bei :r Abfahrt zum Platz Homeb kann an sehen, wie der Kuiseb tiefe Tä-
r eingeschnitten hat, ein Paradies für Geolo-
:n und auch Fotografen. Er bildet die südliche renze des Parks. Er ist zugleich der Grenzfluß r das „Wüstenmeer“, das 2013 zum Weltna-
rerbe erklärt worden ist. Auf der gegenüberlie-
:nden nördlichen Seite bildet der Swakop die renze der Wüstensektion und bietet mit seinem Moonvalley ein geologisches Bilderbuch. In der Regenzeit können beide Riviere „abkommen“ und manchmal sogar das Meer wieder erreichen.

Die liebevoll illustrierten Bücher von Christine Marais über diese Plätze in der Namib sind zugleich ein gutes Bestimmungsbuch. Für Kinder empfiehlt sich das von ihr gezeichnete Kinderbuch “Leonhard, der Landrover“, der in der Wüstenforschungsstation Gobabeb spielt. Es ist auf Deutsch und Englisch immer noch erhältlich.

Kubitzhaus (F8)

▲ [Farm][Jagd][Camping][SC] 125km südwestl. Windhoek / Anfahrt: C26, D1283, beim Gamsberg Paß, 3km Farmpad, ☞ Dr. Arnold Olivier (owner) (Afrikaans) ✉ Windhoek P.O.Box 23633 081-1243248 Λ Plätze ohne Einrichtungen **$** (2007) 50N$ pP 2Z-Wohnung **$** (2007) SC DZ 250N$, B&B DZ 370N$ ⓘ Kiwi, Fama wenn man will / Mutter spricht Deutsch ♕ ***Pferdezucht: Warm- u. Kaltblüter*** Wandern / Reiten (nicht für Anfänger) HausT ok beim Camping gemeines Impala, Schwarznasen Impala, Springbock, Steinböckchen, großer Kudu, Oryx, Strauß, @ arnold@mtcmobile.com, aanwo@iway.na 🕮 Veterinärpraxis von Dr. Olivier Tel: 061-248447, Fax 061-248287

Kuiseb Brücke (F40)

▲ [Camping] / Anfahrt: innerhalb des Namib Naukluft Parks Wüstensektion, siehe Karte ⓘ alle allgemeine Infos siehe Namib-Desert-Camping-Plätze siehe Seite 176 ☞ NWR Λ Plätze direkt an der Straße neben dem Rivier. Häufig zerstört oder verdreckt durch das abkommende Wasser des Kuisebs, durch Straßenarbeiten als Materialablageplatz, nicht mehr unterhalten / nicht zu empfehlen

Kuiseb Canyon Picknick Platz (F40)

▲ [Camping] / Anfahrt: innerhalb des Namib Naukluft Parks Wüstensektion, siehe Karte, 1km steile Anfahrt vor dem Abzweig nach Aruvlei ⓘ alle allgemeine Infos siehe Namib-Desert-Camping-Plätze, (Permit!) siehe Seite 176 ☞ NWR ♕ Picknicktische oberhalb des Kuiseb Canyons / Weg zum Versteck zu Henno Martin & Herman Korn ("Wenn es Krieg gibt, gehen wir in die Wüste") empfehlenswert, sehr schöner Platz

Mirabib (F40)

▲ [Camping] / Anfahrt: innerhalb des Namib Naukluft Parks Wüstensektion, siehe Karte ⓘ alle allgemeine Infos siehe Namib-Desert-Camping-Plätze, (Permit!) siehe Seite 176 ☞ NWR Λ 3Plätze, auf einem Felsen in den Nischen. schöne Aussicht

Moon Mountain Lodge (F47)

▲ [Lodge] 30km südl. Solitaire / Anfahrt: C19 (Farm Diepriver East) ☞ Michelle & Nicolas Pienaar (owner), Henrick Gariseb & Paul Freyh (duty manager) (Englisch (Deutsch)) ✉ Swakopmund P.O.Box 8316 ✆ 063-683361 063-683363 081-1298444, 081-1270867 11 Luxuszelte, 6 Honeymoon Suiten / 4 TourguideZ **$** (2012) alles Hp: 16.11.-30.6.: Lux: EZ 1.550N$, DZ 1.350N$ pP, Suite: EZ 1.850N$, DZ 1.650N$ pP, K6-12 50% // 1.7. - 15.11.: Lux: EZ 2.100N$, DZ 1.900N$ pP, Suite: EZ 2.300N$, DZ 2.100N$ pP, K6-12 50% // Tourguide 750N$, >10P 375N$ / Zusatzpreise: Sunset Drive 275N$ ♕ "ecofriendly": Recycled Plastik anstelle von Holz / Wasserwiederaufbereitung für den Garten // Versteinerte Dünen Restaurant (L 3 Gänge 165N$)(46P) Wäscheservice, Wlan (foc) keine HausT Springbock, Oryx, @ bookings@moonmountain.biz # www.moonmountain.biz 🕮 Journeys Namibia, Frans Du Raan, 061-228104, reservations@journeysnamibia.com

Namib Desert Lodge (F27)

▲ [Lodge] 27km südl. Solitaire / Anfahrt: MR36=C19, Schild, Farmpad (Dieprivier Farm) ☞ Gondwana Collection / manager: Anja von Reeken, Jörg Fischer (Deutsch) ✆ 063-693376 063-693377 Λ Plätze **$** (2013) 150N$ pP 55DZ **$** (2013) B&B: Low 650N$ pP, High 860N$ pP ⓘ siehe Seite 36 // ehemals "Petrified Dune Camp" / Kiwi ♕ versteinerte Dünen Informativer Wanderweg an den versteinerten Dünen entlang mit Broschüre (45min) / Dünenfahrt Restaurant HausT ok Klippspringer, Springbock, Steinböckchen, großer Kudu, Oryx, Steppen-Zebra # www.gondwana-collection.com 🕮 Gondwana

Namib Naukluft Lodge (F26)

▲ [Lodge][Camping] 17km südl. Solitaire / Anfahrt: MR36=C19 ☞ Friedolf Sturm (Deutsch) ✉ Windhoek P.O.Box 22028 Λ Plätze **$** (2013) 250N$ pPlatz 14DZ, 2EZ / Out of Africa Desert Camp auf der

Farm Abendruhe: Zelte für 50P / Soft Adventure Camp: 15 Zelthäuser $ (2013) B&B: EZ 1.075N$, DZ 1.800N$, TZ 2.745N$, QZ 3.000N$ // Hp add 175N$ pP / K2-11 50% / Namibier 20% Rabatt / Zusatzpreise: Sundowner Drive (175N$ pP) ⓘ KonferenzZ 30P keine Jagd / Marmorberge geführte Zebra Wandertour (2Std 250N$ pP) / Golf / Nature Drive (4-5Std 750N$ pP) / Ausflug nach Sossusvlei 950N$ pP Restaurant (B 75N$, L 100N$, D 175N$) / Lunchpakete auf Anfrage, Spezialdiäten, Besucher für Lunch ok alle Räume sowie Speiseraum, Lounge sind für Rollstühle zugänglich keine HausT Klippspringer, Springbock, Oryx, Steppen-Zebra, Löffelhund, Tüpfelhyäne, Silberfuchs @ afex@afex.com.na # www.natron.net/nnl // www.namib-naukluft-lodge.com/ African Extravaganza: P.O.Box 22028, Windhoek, Tel: 061-372100, Fax: 061-215356

Namib-Desert-Camping-Plätze (F40)

ⓘ siehe Kasten: Namib Naukluft Park Wüstensektion auf siehe „Namib Naukluft Park Wüstensektion Campingplätze“ S. 176

Namibgrens Guest Farm (F13)

[Gästefarm][Camping][SC-Bungalows] 60km nordöstl. Solitaire / Anfahrt: C14 nach Norden, D1275 / 7km nach dem Spreetshoogte Paß ☞ Jeanie & John Rabie (junior) (Afrikaans) ✉ Windhoek P.O.Box 21587 ✆ 062-572021 4 Plätze am Farmhaus, „Kinderschlafzelt“ / am Mountaincamp 12 Plätze mit eigenem Pool $ (2013/2014) 150N$ pP / mit Zelt zum Leihen 210N$ pP Farmhaus 6DZ+1EZ+1FZ / 4 SC Villas / SC Haus innerhalb der Farm (Bushman´s Rest) 3DZ $ (2013/2014) Farmhaus: B&B: DZ 575N$ pP, EZ 625N$, FZ 525N$ pP / K3 130N$, K4-11 290N$ // Villas SC: 700N$ pP, K3 180N$, K4-11 350N$ // Bushman: 1.470N$, K4-11 880N$ / Rabatt für Namibier 30% weniger / Tourguide 250N$ pP / Zusatzpreise: Wanderung 65N$ pT, Kurzwanderung 55N$ pP Farmdrive 240N$ pGruppe, Selbstfahrer 4X4 80N$ pAuto ⓘ Kiwi / *Rinderfarm Nguni Rinder* an der Plateau-Abbruchkante zur Namib gelegen (1850m) / Gartenanlage markierte Wanderungen von 3 Std bis 3 Tage, Übernachtungshütten, Rockcamp 75N$pP, Bootfahren nach gutem Regen / 4X4 Self-drives Restaurant: Dinner (210N$), Lunchpakete (110N$), Grillfleisch 105N$ / Frühstück 100N$ HausT ok auf dem Campingplatz Bleßbock, Duiker, Kuhantilope (Hartebeest), Klippspringer, Steinböckchen,

Nguni Rind auf Namibgrens

Eland, großer Kudu, Oryx, Steppen-Zebra, *große Herde Eland, die gut zu beochbachten ist*. Sehr empfehlenswert! Viele Dämme. Die Wanderungen sind mit „Dassies“ markiert, aber Verlaufen möglich. Blick von der Randstufe in die Namib nicht verpassen. Das Mountaincamp ist sehr schön zwischen die Felsen mit eigenem natürlichen Pool gesetzt!

@ sonja@netfin.info, enquiry@namibgrens.com # www.namibgrens.com Sonja Burger, Tel: 061-304051, Cell: 081-1278659, Windhoek, 24 Hyper Motor City, Maxwell Street

Nauams Mountain Campsites (F44)

[Camping][B&B] 10km östl. Nauchas / Anfahrt: C26 ☞ Dr. Jacques A. van Lill, Annemarie & Jan Meyer (manager) (Deutsch) ✉ Windhoek P.O.Box 31495 ✆ 062-572006 081-1286642, 081-1274425 3 Plätze mit eigener Dusche und WC, etwa 200m von einander entfernt, 1km vom Farmhaus / eigener Pool $ (2012) 130N$ pP, K5-11 50% / Zelt+Schlafsachen 170N$ pP 3DZ im Farmhaus / Zusatzpreise: Wanderung kurz 50N$, lang 60N$ / Farmdrive 50N$ pP, Selbstfahrer 4X4 70N$ pAuto ⓘ Farm mit Nguni-Rindern, einheimische Ziegen vom Kaokoland, Bersy Schafe 🚶 extra Pool für die Camper in einer Gartenanlage mit Schatten ♿ 1Z rollstuhlfreundlich 🐕 HausT willkommen 🐘 Springbock, 👍 in die Felsen gebaute Plätze @ nauamscamp@gmail.com, vanlill@iway.na, maritavanlill@gmail.com

Naukluft Camping Site (F30)

▲ [staatl. Rastlager][Camping] 🚗 70km südöstl. Solitaire / Anfahrt: C14 über Büllsport, D854,Schild ☞ Namibia Wildlife Resort (NWR) ✉ Maltahöhe P.O.Box 299 ✆ 063-293245 ℡ 063-293244 Δ 10 Plätze / pro Platz 8 P, 2 Fahrzeuge, 1 Wohnwagen oder 1 Zelt $ (2013) 100N$ pP, K6-12 50% / Zusatzpreise: Eintritt: Auto (Sitze: >50: 500N$, >25: 300N$, >10: 40N$, sonst: 10N$) + pPerson (Ausländer: 40N$, SADC 30N$, Namibian 10N$) ⓘ 4X4 Trail: 73km, Zweitagestour mit Unterkünften in alten Farmhäusern mit Wasser (220N$ pro Fahrzeug) / Abfahrt vor 14Uhr / enge Passagen ♛ Buchung des 4x4 Trails in Windhoek ist obligatorisch 🚶 Wanderungen: 2 gut markierte Tagestouren 10km & 17km. / 4 bzw 8 tägige Tour über 60 bzw 120km: Start jeweils Di, Do, Sa in den ersten 3 Wochen des Monats, vom 1.März bis zum dritten Freitag im Oktober, min 3P max 12P, 220N$ pP, Unterkunft in alten Farmhäusern bzw Sheltern mit Wasser. Gesundheitszeugnis notwendig für die große Wanderung. Man muß sich erkundigen über den Zustand der großen Wanderung, z.B. über die Seile. 📎 kein Kiosk, nur Wasser 🐘 Duiker, Klippspringer, Springbock, großer Kudu, Oryx, Warzenschwein, Berg-Zebra, Leopard, Strauß, 👍 sehr empfehlenswerte Wanderungen / die Tageswanderung auch ohne Buchung und ohne Übernachtung / erster Teil des Waterkloof-Trails: gutes Baden in den Gumpen / Achtung: Paviane auf dem Platz; Gebirgsbäche sind gefährlich in der Regenzeit 📖 Zentrale Buchungsstelle Windhoek

Neuras Estate (F35)

▲ siehe Seite 183

Niedersachsen (F1)

▲ [Farm][Gäste][Camping] 🚗 160km südwestl. Windhoek / Anfahrt: C26, D1982 (118km)kurz nach dem Us-Paß ☞ Kristin & Volker Ahlert (Deutsch) ✉ Windhoek P.O.Box 3636 ✆ 062-572200 ℡ 062-572201 📱 081-2445958 Δ einfache Plätze, 2km vom Haus / Plätze mit 4X4 Zugang, 11km vom Haus $ (2013) 80N$ pP 🛏 5 DZ (3.tes Bett möglich) $ (2013) Hp DZ 625N$ pP, EZZuschlag 90N$ / K3-12 50% ⓘ Fama / Swakara (Karakul)farm / Jagd auf Anfrage / Kiwi ♛ Besichtigung der ehemaligen "Wohnung N 2" von Henno Martin und Herman Korn ("Wenn es Krieg gibt, gehen wir in die Wüste") 🚶 Wandern, ***Astronophotographie (C-8 auf einer Vixen SP-DX Montierung)*** 🐘 Klippspringer, großer Kudu, Oryx, Warzenschwein, Berg-Zebra, 👍 Farm mit Hunden und hohem Zaun gesichert, eine der ältesten Gästefarmen Namibias @ info@farm-niedersachsen.com, sachsen@iway.na # http://www.guide.com.na/niedersachsen/

Petrified Dunes Camp (F27)

ⓘ siehe Namib Desert Lodge

Rock-Arch (F40)

▲ [Camping] / Anfahrt: innerhalb des Namib Naukluft Parks Wüstensektion, siehe Karte ⓘ alle allgemeine Infos siehe Namib-Desert-Camping-Plätze, (Permit!) siehe Seite 176 ☞ NWR Δ 2 Plätze 👍 Spektakulärer Platz, aber wenig windgeschützt. Evtl. nur 4X4.

Rooiklip (F9)

▲ [Farm][nur SC][Camping] 🚗 180km südwestl. Windhoek / Anfahrt: C26 unterhalb des Gamsbergpasses, D1438 (9km), Schild nach rechts: Farmpad 9km ☞ Hannelore Neuffer & Frans van Biljon (Deutsch, Afrikaans) ✉ Windhoek P.O. Box 40522 ✆ 061-681031 ℡ 061-681032 📱 081-1292126, 081-1287844 Δ 3 Halbhöhlen (1-3 Autos) am Felsüberhang, jeder Platz mit Dusche, WC,

Neuras Estate (F35)

▲ [Gäste][Weingut][SC] 40km südl. Büllsport / Anfahrt: D854, D850 ☞ N/a´an ku sê Lodge / Christa & Dawi Mannaar (manager) (Afrikaans) ✆ 063-293417 4 SC-DZ Chalets, 1FZ (10P) $ (2013) DZ Hp 900N$ pP / SC 275N$ pP ⓘ Sylvia & Allen Walkden-Davis gründeten 1996 das Weingut Neuras, das 2003 den ersten NamibRed (Shiraz +Merlot) und Dry Rosé produzierte. 2010 kam ein Shiraz dazu (245N$ pFlasche 2012) / 2012 an N/a´an ku sê verkauft. Sie wollen die Tradition fortsetzen. 2013 ist die

Anbaufläche vergrößert worden. ♔ eingefasste Quellen unter Palmen // gehören jetzt auch zu Nambia Carinivore Conservation Centre (NCCC) siehe Solitaire Guestfarm Weingutführungen & hist. Garten (2Std.) + Weinverkostung 250N$ pP SC & Vp / Weinverkauf Tierfreundlich Berg-Zebra, @ neuras@mweb.com.na, neuras@naankuse.com auch N/a´an ku sê Lodge

Spülplatz, Warmwasser / etwa 500m vom Haus $ (2013/2014) 95N$ pP + 50N$ pPlatz 1 Gästehaus mit 2DZ+1EZ, 1 Gästehaus mit 1TZ+2DZ+Wohnzimmer, 2 Zusatzbetten // alle Räume SC $ (2013/2014) SC 300N$ pP / Zusatzpreise: Farmrundfahrt 250N$ pP ⓘ Kiwi / Farm mit Schafen, Ziegen, Pferden / Fama, wenn gewünscht / Tagb. Ok ♔ "Selfcatering unter dem Motto „ECO“: Warmwasser aus Solarenergie, Photovoltaic / Garten für die Selbstversorgung, Abfalltrennung Pool 14X6m, markierte Wanderungen (frei), auch geführt / Gamedrive, 4X4 Trail / ***Geocache*** / viele zahme Tieren: Warane, Mungos, Strauß, Bergzebra, Esel, Oryx nur SC / viele Lbm im Farmstore, Fleisch von der Farm, Gemüse, Obst aus dem eigenen Garten Wlan / Wäscheservice / Handyempfang rollstuhlgerecht HausT an der Leine ok Springbock, Steinböckchen, großer Kudu, Oryx, Warzenschwein, Berg-Zebra, Stachelschwein @ rooiklip@iway.na # www.rooiklip.iway.na

Rooisand Desert Ranch (F6)

[Lodge][Camping][SC] 165km südwestl. Windhoek / Anfahrt: C26, nach dem Gamsberg Paß Yrida & Axel Dainat (Deutsch) Windhoek P.O.Box 25005 062-549085 062-572161 081-1277629 5 Plätze $ (2012) 100N$ pP (2012) 5DZ + 2EZ+ 5 Budget-Z $ (2012) B&B: DZ 840N$ pP, 1 P im DZ 924N$, EZ 720N$ / Haus SC 4P: 2.880 / K6-12 50% / Zusatzpreise: Farmrundfahr 200N$ pP neue Besitzer 2012 /KonferenzZ / Airstrip: (S23.17.23 O 016.06.38) unterhalb des Gamsbergs / Felszeichnungen / Schießplatz: Trap und Skeet / 15m Pool Tennisplatz mit Flutlicht, Wanderwege, Halbedelsteinsteinbruch Tour (200N$ pP) / Poolbillard / Sternwarte (200N$ pP) [bei allen Preisen: min 2P] Kaffee&Kuchen auch für Durchreisende (30N$) / Mahlzeiten auch für Camper / Lunchpakete (60N$), Dinner (120N$) Benzin Klippspringer, Springbock, Steinböckchen, großer Kudu, Oryx, Warzenschwein, Berg-Zebra, info@rooisand.com # www.rooisand.com

Rostock Ritz Desert Lodge (F18)

siehe „Rostock Ritz Desert Lodge (F18)“ S. 185

Solitaire Country Lodge (F21)

[Lodge][Camping][SC] Solitaire Simone & Walter Swarts (owner), Benette & Gideon Coetzer (manager) (Afrikaans) 063-2936211 063-293620 20 Plätze mit Schatten $ 80N$ pP 23TwZ + 2FZ, aircon $ B&B: DZ 401N$ pP, EZ 574N$ / K5-11 50% Simone & Walter Swarts haben Lodge von Country Lodges gekauft. (früher Solitaire Restcamp) Restaurant (B 94N$, L (buffet) 149N$, D (buffet) 189N$), Lunchpakete 111N$ Tankstelle / Souvenir Shop mit Grundnahrungsmitteln / nebendran verkauft die Bäckerei 9kg Apfelkuchen täglich und frische Brote keine HausT reservations@solitairecountrylodge.com #www.solitairecountrylodge.com Solitaire Gästefarm

Oldtimer Solitaire Country Lodge

Solitaire Gästefarm (F20)

[Farm][Gäste][Camping] 6km nördl. Solitaire / Anfahrt: 500m nördlich von Soltaire auf der C14, 6km Farmpad Simone & Walter Swarts, Caroline (manageress) (Deutsch, Afrikaans) Windhoek P.O.Box 30729 062-572024 088-635507 3 Plätze mit eigenem Waschhaus und kleinem Dach $ (2013) 120N$ pP Gästehäuser 16DZ / 1 SC-Haus 4-6P $ (2013) Hp: EZ 850N$, DZ 750N$ pP, FZ 750N$ + K3-12 375N$ / SC-Haus 1-2P 1.100N$, 3-6P 1.600N$ / Zusatzpreise: Game Drive 100N$ pP, Nacht Drive 120N$ Rinder & Schaffarm: Nguni-Rinder Tierheim für verletzte Tiere / zahme Erdmännchen, Zebra / ***NCCC= Namib Carnivor Conservation Centre in Zusammenarbeit mit Naankuse (http://namibconservationcentre.blogspot.com/p/cheetah-tracking-safari.html)*** markierte Wanderwege (2-6Std.) / mit Praktikanten von NCCC Geparden tracking Klippspringer, Springbock, großer Kudu, Oryx, Berg-Zebra, solgf@iway.na, reservations@solitaireguestfarm.com #www.-solitaireguestfarm.com

Spreetshoogte Guestfarm (F14)

[Gästefarm][Camping] 40km nordöstl. Solitaire / Anfahrt: C14 nach Norden, D1275, vor dem Spreetshoogte Paß // Camping auf dem Paß Lizelle Knipe & Johan Cloete

Rostock Ritz Desert Lodge (F18)

[Lodge][Camping] 52km nördl. Solitaire / Anfahrt: C14 nach Norden (46km), Schild Farmpad 7km Wolfgang Kühhirt (Kücki) (owner), Lara Knickel & Walter (manager) (Deutsch) Swakopmund P.O.Box 536 064-694000 064-694001 081-1282407, 081-2585722 088-616556 4 Plätze mit eigener Dusche / großer Grillplatz für 25P / Küche $ (2013/2014) Gruppe bis 8P: 128N$ pP, Gruppe 9-15P 1.107N$ pGruppe, Gruppe 16-25P: 1.384N$ pGruppe / K12 frei 11 Bungalows mit 18 StandardDZ + 2 LuxusDZ/VIP Zimmer $ (2013/2014) Standard B&B: EZ 1.280N$, DZ 1.035N$ pP / VIP B&B 2.720N$ pSuite / Budget DZ 520N$ pDZ / Abschlag: ab 2 Tage 15%, „3 Tage bezahle für 2" Flugpiste (S23°33'25,3", E015°49'37,5") / Tagb. Willkommen auf einem Hügel mit Blick über die Namib / besondere Architektur der Chalets: igluförmig gegossen / "*The Meerkat Rescue Project*" - Sonja 081-2409645, Walter 081-2861264 / Buschmannzeichnung / *zahmes Zebra* 10 markierte Ein-u. Mehrtageswanderwege, 2Std Sunset Drive (300N$ max 9P), 3Std 4X4 Drive zu den Felszeichnungen (500N$, max 9P) Restaurant à la carte (Lunch, Dinner), Camper für Frühstück willkommen Wlan 2Z behindertengerecht keine HausT Klippspringer, Springbock, Steinböckchen, Oryx, Berg-Zebra, Löffelhund, Strauß, Erdhörnchen Empfehlenswert. *WC und Pool mit nicht alltäglicher Aussicht über die Namib* rostock@iway.na #www.rostock-ritz-desert-lodge.com Tel: 064-406622, Fax 064-403623

(Afrikaans) Windhoek P.O.Box 32037 062-572010 062-572011 081-2688912, 081-2688259 088-6517719 2 Plätze (1400m hoch) direkt auf dem Spreetshoogte Paß (1700m hoch). Nicht am Campingschild vorbeifahren, wenn man konzentriert auf die kurvige Passstraße aufpasst! Keine Anhänger am Paß! $ (2013) 100N$ pP, K6 50% 1 Bungalow 4P $ (2013) Bungalow 225N$ pP Lodge ist bei Anfahrt von Osten nach der steilen Abfahrt unten in der Ebene zu finden. Bei Anfahrt von Westen: kurz vor Auffahrt auf den Paß. / Tagb. Ok Höhlen, Canyon Wandern im Canyon auf der Farm, viele Köcher- u. Moringabäume Lunchpakete auf Bestellung / Braaipack (90N$) / Dinner auf Bestellung am Campingplatz Klippspringer, Springbock, Steinböckchen, Eland, großer Kudu, Berg-Zebra, spreetshoogte@iway.na #www.natron.net/tour/spreetshoogte/

Swakop River Campsite (F40)

[Camping] / Anfahrt: innerhalb des Namib Naukluft Parks Wüstensektion, siehe Karte alle allgemeine Infos siehe Namib-Desert-Camping-Plätze siehe Seite 176 NWR Plätze Guter Ausgangspunkt, um viele Welwitschien zu sehen. Außerordentlich hartes Wellblech bei der Fahrt zur großen Welwitschia. Nördlich der Wüstensektion kann man noch viele Welwitschien finden: Messum, Brandberg, Springbockfontein, sogar bei Khorixas

Swartfontein Guest Lodge (F22)

▲ [Farm][Gäste][Jagd][SC] 50km östl. Solitaire / Anfahrt: C14 Richtung Büllsport, D1261, Schild 10km Farmpad ☞ Suzi & Frank Coetzee (Afrikaans) ✉ Windhoek P.O.Box 240 081-4094384 Λ im Bau 10DZ $ (2012) DZ 500N$ ⓘ Spreetshoogte Paß teilt die Farm / Kiwi: Papageien, Gänse, Kaninchen / Fama / Tagb. möglich geführte Wanderung (1-2Std frei) Frühstück 50N$, Vp +250N$ / SC ok ♿ alle Z rollstuhlfreundlich HausT ok Weißschwanzgnu, Kuhantilope (Hartebeest), Klippspringer, Springbock, Eland, Oryx, Giraffe, Steppen-Zebra, Berg-Zebra, Leopard, Wüstenluchs (Karakal, Rotkatze), Tüpfelhyäne, Strauß, Schwarzadler @ frankcoetzee51@gmail.com

Swartfontein Mountain Lodge (F22)

ⓘ siehe „Swartfontein Guest Lodge (F22)" S. 186

Tismaree Guestfarm (F42)

▲ [Gästefarm][Camping] 106km südwestl. Rehoboth / Anfahrt: MR47=C24, Farm Rietoog, 5km nach dem Rietoog Dorf ☞ Mary-Anne & Henry Peter Tise (Afrikaans) ✆ 062-539351 081-3792317 Λ 6 überdachte Plätze $ (2012) 50N$ pP 2DZ+3FZ mit 2 Doppelbetten / Schlafraum 20P $ (2012) B&B DZ 250N$ pP, K7-12 150N$, Senior 10% Rabatt ⓘ Fama, Rauwi, Tagb. Für das Restaurant ok, ohne Anmeldung / Farm Rietog ♛ Golf: "driving range" mit Bunker und Putting / Schläger und Bälle können gemietet werden (70N$) Wanderung (20N$), Mountainbike / Eselskarrenfahrt Restaurant / Curio Shop / home made products / Spezialmenüs auf Bestellung Internetzugang ♿ große Zimmer HausT ok, aber in den Räumen nicht erlaubt @ tismaree@iway.na # www.tismareeguestfarm.com (2013: "coming soon")

Tsauchab River Camping (F33)

▲ siehe Seite 187

Tsondab Valley Scenic Reserve (F19)

▲ [Camping][Lodge] 9km nördl. Solitaire / Anfahrt: Tor an der Kreuzung C14/D1275 Schild, 18km Farmpad ☞ Kristin & Hans Schreiber (Deutsch) ✉ Windhoek P.O.Box 1751 081-1283266 088-636266 Λ 3 Plätze oberhalb des Camelthorn Tals, Windschutz, ein wenig Schatten (Duschen im Felsen mit Dünenblick) / max 10P $ (2013/2014) 180N$ [200N$] pP, K4-12 130N$ 5 Bungalows mit Dachterrasse $ (2013/2014) Hp: DZ 1.295N$ [1.495N$] pP, EZ 1.695N$ [1.845N$] ⓘ Landepiste, Hangar ♛ Secret Canyon mit versteinerten Dünen Rundflüge über die Namib (nur mit Voranmeldung), viele Wanderwege (frei) / Dünenfahrten (2Std 450N$ pP) / Photo Sundowner 3Std 490N$ pP Lunchpakete 75N$ Wi-Fi keine HausT Springbock, Oryx, Strauß, Ohrengeier Dachterrasse schattenlos @ africanbluesky@iafrica.com.na # www.tsondab.com African Blue Sky Safaris, Tel&Fax 061-681030, Cell: 081-1283266

Vogelfederberg (F40)

▲ [Camping] / Anfahrt: innerhalb des Namib Naukluft Parks Wüstensektion, siehe Karte ⓘ alle allgemeine Infos siehe Namib-Desert-Camping-Plätze, (Permit!) siehe Seite 176 ☞ NWR Λ Plätze um den Vogelfederberg herum Oft sehr windig. WCs waren schon 2007 alle zerstört! Viele Fliegen.

Weener (F4)

▲ [Camping] 130km südwestl. Windhoek / Anfahrt: C26, D1278 kurz vor dem Gamsberg Paß ☞ Van Heerden family/Familie (Afrikaans) ✉ Windhoek P.O.Box 31273 ✆ 062-572108 081-2862373 Λ 2 Plätze mit Aussicht, mit sehr einfachen sanit. Anlagen, Schattendach $ (2012) Eintritt 50N$, 50N$ pP / K12-16 30N$ ♛ Gamsberg (schlechte Farmpad bis zum Fuß zum Gamsberg), / ehem. Observatorium der Max Planck Gesellschaft, leere Häuser, die vielleicht wieder an Astronomen vermietet werden sollen: Keine Lichtverschmutzung, kein Staub, weiter Horizont von 360° Wanderung auf den Gamsberg + am Rand des Plateaus / 4X4 Trails auf der Farm (100N$ pAuto), Picknickplatz mit Schattendach am Rand des Plateaus oben /Aufstieg

Tsauchab River Camping (F33)

▲ [Farm][Gäste][Camping][SC] 42km südl. Büllsport / Anfahrt: D854, Kreuzung D850 (30km südwestl. vom Naukluft Park Eingang), Farm Urikos ☞ Nicky & Johan Steyn (Afrikaans) ✉ Maltahöhe P.O.Box 221 ✆ 063-293416 088-617808 ▲ 13 Plätze im Rivierbett, Gruppen haben jeweils einen eigenen Platz mit Sanitärblock / zusatzliches 4X4 Camping an einer Quelle, 12km vom Haupthaus, eigener Manager zwischen falschem Ebony Bäumen, 12 Plätze verteilt auf 15km $ (2013) 150N$ pPlatz +100N$ pP, K6-12 +65N$ / SADC: 80N$ pP + 135N$ pSite, K6-12 50N$ / Wanderung & 4X4 Trail inkl. 6 Chalets (12P), zwischen schattigen hohen Büschen mit einem Wasserloch in der Nähe $ (2013) Chalet: B&B: EZ 760N$, DZ 650N$ pP, K6-12 400N$ / SADC: EZ 400N$, DZ 300N$ pP, K6-12 150N$ / alle nicht geführten Aktivitäten inkl. ⓘ Kiwi: Kinderspielplätze an mehreren Campingplätzen / von Kerzen beleuchtete Pfade, kann im Winter sehr kalt sein ♔ ***am Haus interessante Exponate gestaltet von Johan: alte Ackerbaugerätschaften, Holzwerkzeugen, Flaschen und Kisten zu Kunstwerken gestaltet*** / zahmes Kudu, Dik-Dik / Futterplätze für Hyänen, Leoparden & Geparden, Schakale 4X4 Gebirgstrail als Rundkurs, Wanderwege (21km, 6km, 4km, 2.8km, 2,5km) kleiner Farmshop mit Fleisch, frischem Brot u.a. / reichhaltiger Picknickkorb mit (Staußen)fleisch zum Selbstgrillen, mit Geschirr und Grillbesteck wird ausgeholfen. Restaurant nur auf Bestellung / sehr gutes Frühstück Autoreparaturhilfe ♿ 1 Z rollstuhlgerecht HausT ok, aber keine HausT am Farmhaus Springbock, großer Kudu, Warzenschwein, Strauß, 186 verschiedene Vogelarten 👍 sehr empfehlenswert: liebevolles Ambiente, sehr schöner Wanderweg / "Bester privater Campingplatz in Namibia, sagen viele." Zu recht! Gut ausgebildete Angestellte / Man sollte länger bleiben!

@ tsauchab@iafrica.com.na # www.tsauchab.com
📖 auch Logufa

etwa 60 Min. zu Fuß 🐘 Klippspringer, großer Kudu, Steppen-Zebra, 👍 der steile Anstieg zum Gamsberg lohnt sich, auch von Hakos F5 organisiert per Auto @ farmweener@gmail.com

Weissenfels (F3)

▲ [Farm][Wellness][Pferdezucht][Camping] [SC] 112km südwestl. Windhoek / Anfahrt: C26 (109km), vor dem Gamsberg Paß, Schild ☞ Rosi Rohr & Winston Retief (Englisch, Deutsch) ✉ Windhoek P.O. Box 2907 ✆ 062-572112 📠 062-572102 📱 081-1241818 Δ 6 Plätze $ (2004) 120N$ pP 🛏 6 DZ +1 Kiddy's Room + 1FZ + 6 BudgetZ mit Gemeinschaftsbad $ (2004) SC Cottage 2P 655N$ (HausT willkommen) / Zusatzpreise: z.B. Reiki Session 0,5Std 240N$, Sandawa 1Std 240N$, Labyrinth Walks 150N$ / Farm Drive 100N$ pP ⓘ Kiwi: Ferienprogramm für Kinder: Reiten ♛ *Pferdezucht: Cherubim Nooitgedachter Stud, Araber, QH* // Vortex Wellness Centre: Therapeutische Massage, Reiki-Massage, Sandawa, Detox -Programm, "Labyrinth im Tal von DaHa", uam 🚶 Reiten (265N$ pStd), Reitschule, Reitausflüge 1Std bis 3T / markierte Wanderungen / Wellness 🍽 Dinner 85N$, Lunchpakete 52N$ 🐕 keine HausT 🐘 Bleßbock, Kuhantilope (Hartebeest), Springbock, großer Kudu, Oryx, Berg-Zebra, Gepard, Leopard, 👍 empfehlenswert @ rowins@iafrica.com.na # www.orusovo.com/weissenfels

Weltevrede Guest Farm (F28)

▲ [Gästefarm][Camping][SC] 38km südl. Solitaire / Anfahrt: MR 36 (C19), Schild, Farmpad 1km ☞ Zanne & Willie Swarts (owner), Marletta & Andre Swarts (Hosts) (Afrikaans) ✉ Walvis Bay P.O. Box 4119 ✆ 063-293208 📠 063-293209 📱 081-6853433 Δ 4 Plätze, 2 unter einem großen Baum, Strom $ (2013) 120N$ pP, K12 50% 🛏 Bungalows 7DZ+4FZ+4TZ / SC in der Nebensaison $ (2013) Hp: DZ/TZ/FZ 765N$ pP, EZ 895N$ / K4-12 50% // SC 495N$ pP ⓘ Schaffarm / Kiwi, Fama / in der Nähe von Sesriem: 47km ♛ Felszeichnungen / beleuchtetes Wasserloch 🚶 Wandern / Quadbike / Ballonfahren wird vermittelt / Flüge / Sunset Drive / Geparden Tracking auf der Guestfarm Solitaire / Wasserloch / 4X4 Drive (frei) / jeden Morgen Hunderte von Namaqua Sand-Moorhühner 🍽 Restaurant (B 70N$, L 70N$, D 140N$) / Mahlzeiten auch für Camper / möglichst alle Lebensmittel aus eigener Produktion ♿ 1Z & Restaurant rollstuhlfreundlich 🐕 HausT auf Anfrage 🐘 Streifengnu, Kuhantilope (Hartebeest), Springbock, großer Kudu, Oryx, Warzenschwein, Giraffe, Berg-Zebra, Gepard, Leopard, Tüpfelhyäne, Strauß, Löffelhund / viele Vogelarten @ aswarts@mweb.com.na # www.weltevredeguestfarm.com

Welwitschia Campsite (F40)

▲ [Camping] / Anfahrt: innerhalb des Namib Naukluft Parks Wüstensektion, siehe Karte ⓘ alle allgemeine Infos siehe Namib-Desert-Camping-Plätze, (Permit!) S166 ☞ NWR Δ Plätze ♛ auf dem Weg zur "Großen Welwitschia" / alle Welwischas dieser Gegend wurden auf einer Karte erfaßt / alle Infos s. "Namibia" S. 41ff

Zebra River Lodge (F34)

▲ [Lodge][SC] 98km südl. Solitaire / Anfahrt: C14 Richtung Büllsport, D854 (42km), D850 (19km), Farmpad 5km ☞ Thomas Ehbracht (owner), Luis Fourier & Jörn Dedig (managing) (Englisch) ✉ Windhoek P.O.Box 30547 ✆ 063-693265 📠 063-693266 Δ 7 Plätze 🛏 13DZ+3 SC Bungalows $ (2013) Vp: EZ 1.000N$, DZ 1.850N$, TZ 2.350N$, K5-11 420N$ / Zusatzpreise: Sundowner Drive 120N$, Fahrten zu Quellen 130N$-450N$ ⓘ gehört zu Elegant Collection (The Elegant B&B A114, The Elegant Farmstead C31) ♛ In den Tsaris Mountains, 3 Schluchten, Höhlen, Quellen 🚶 Wanderungen verschiedener Länge bis zu 7 Std. / 4X4 Trail / kleines Teleskop 🍽 Lunchpakete 65N$ 📎 Wäscheservice 🐘 Klippspringer, Oryx, Steppen-Zebra, @ zebrariverlodge@gmail.com # www.zebra-river-lodge.de 📖 The Elegant Collection 061-301934, 061-301933, 081-3028255

Über die Dünen schweben
mit der Weltmeisterin im Ballonfahren
(Namib Sky Ballon Safaris,
siehe „Namib Sky Camp (Mwisho Camp) (P10)“ S. 410

Region G: Stadt Swakopmund & Küstennamib

Die Region G umfaßt den Küstenstreifen am Atlantik von Sandwich-Harbour bis zum Ugab mit den Ortschaften Walvis Bay, Swakopmund und Henties Bay. Da sich das Touristische fast nur auf diese 3 Ortschaften konzentriert, haben wir auf eine eigene Karte verzichtet. Die Unterkünfte werden in der Übersichtstabelle im TRUMMI alphabetisch diesen 3 Orten und ihrer Umgebung zugeordnet.

Küstenklima

Die Küste ist nach dem im Winter trocknen und oft staubigen, im Sommer auch besonders heißen Hochland immer erholsam. Die Namibier, die es sich leisten können, verbringen daher auch die langen Sommerferien über Weihnachten bevorzugt an der Küste. Es ist auf Grund des Klimas und der Infrastruktur auch kein Zufall, daß viele sich Swakopmund zu ihrem Alterssitz wählen, daß Weihnachten für den Küstentourismus High Season ist, alle Quartiere an der Küste dann erhöhte Preise verlangen und trotzdem ausgebucht sind.

Das gemäßigte Küstenklima kann allerdings tageweise auch sehr ungemütlich werden: Wenn der Wüstenwind aus dem Osten mit heftigen Sandstürmen und vielleicht sogar Horden von Heuschrecken die Küste erreicht, dann schließen die Küstenbewohner möglichst alle Türen und Fenster vor dem Sand und der feuchten Hitze von bis zu 40° C. Wenn andrerseits der dichte Nebel durch die Straßen wabert, dann frösteln alle und wünschen sich die Sonne und den fast täglichen Morgennebel zurück.

Regen aus NO, unter bestimmten Konstellationen auch aus NW, erreicht die Küste nur selten, so daß die durchschnittliche Regenmenge mit 15 mm/Jahr angegeben wird. Es kann aber auch in der Sommerzeit plötzlicher Platzregen einsetzen, so daß die Ortschaften unter Wasser stehen und die Salzstraßen gefährlich aufgeweicht sind.

Die Unterkünfte

Die offiziell registrierten und spontanen Angebote an Zimmern sind weit höher als im Trummi angegeben, da es eine ständige, aber auch wechselnde, vor allem saisonale Nachfrage gibt: Ganzjährig und saisonal von Gast- bzw. Wanderarbeitern in Walvis Bay, die im Hafen und in den Fischfabriken arbeiten, von Sommergästen in Swakopmund, von Anglern und Austerfischern – vor allem auch aus Südafrika - entlang der gesamten Küste bis Terrace Bay. Die Südafrikaner nehmen gern die weite Anreise auch in ihren Weihnachtsferien in Kauf, um Anglerrekorde zu übertreffen. Die großen Minengesellschaften, die in gewaltigen Open Pits Urandioxyd aus der Namib herausholen und in Walvis Bay verschiffen wie die Minen–Husab, Langer Heinrich, Rössing ua. attrahieren je nach Geschäftslage unregelmäßig namibische ungelernte Kräfte und internationale Facharbeiter. Da die Zeiten vorbei sind, wo ein Konzern wie Rössing eine eigene Stadt – Arandis – für die Arbeiter in der Namib errichtete, sind diese auf meistens billigen Wohnraum in den Küstenorten angewiesen. Neuerdings buchen auch internationale Filmteams, die die grandiose Dünenlandschaft und die Wüste als Hintergrund brauchen, nicht nur für die vielen Schnulzen und Farmerschicksale, sondern auch – wie z.B. 2007 - für einen Film über den Krieg im Irak immer wieder viele Quartiere des gehobenen Standards. 2012 hatte Mad Max die Dünen bei Walvisbay zur Filmproduktion okkupiert. Langstrand, ein Nest zwischen Swakopmund und Walvis Bay, hatte das Glück, sich einige Monate mit dem Namen der derzeit bekanntesten Schauspielerin, Angelina Jolie, schmücken zu dürfen.

Die Attraktionen

Die Attraktionen der Region sind die Namib-Wüstenflora, die durch den Nebel von 200 Tagen im Jahr gespeist wird, die Wasservögel der Feuchtgebiete, die Robbenkolonie bei Cape Cross und die Lichenfelder an der nördlichen Küste. Sandwich Harbour südlich von Walvis Bay allerdings versandet immer mehr, und die Dünen noch weiter südlich davon mit ihren

Open Pit Mine Rössing

vielen Wracks sind nur schwer zu erreichen.

Der kalte Benguelastrom kühlt die Luftmassen über dem Atlantik derart ab, daß es einerseits nicht regnet, andrerseits daß auch nur kurz gebadet wird. Insofern gibt es weder mondäne Badeorte, noch ein attraktives Strandleben. Dennoch werden in bescheidenem Maße Wassersportmöglichkeiten angeboten. Berühmt sind die Meisterschaften im Kiten in der Bay von Walvis Bay im November. Die täglichen Ausfahrten mit kleinen Motorbooten und/oder Catamaranen haben mit 2 Booten erst 1992 begonnen, inzwischen (2013) fahren täglich etwa 25 Boote vormittags von Walvis

2011: Der Kuisib stößt bis zum Meer durch und überschwemmt die Küstenstraße.

Bay hinaus, und die Bootsführer erklären die Sehenswürdigkeiten der Bay: Einige Robben haben die Gewohnheit angenommen, die Boote zum großen Gaudi aller zu entern, Pelikane und Delphine begleiten Sie, wenn man zwischen Mai und November Glück hat, sehen Sie die Fontänen von Walen; die auf Reede liegenden Schiffe, aber auch alte und neue Wracks, die noch bei ihrer Verschrottung ein Geschäft darstellen, werden sachkundig erklärt, Quallen aus dem Wasser gefischt, der besondere „Duft" von Guano entschuldigt – und vor allem frische Austern mit Sekt für die verwöhnteren Besucher gereicht, aber auch belegte Brötchen und Cooldrinks für alle offeriert. Es lohnt sich für Jung UND Alt! Der geplante Hafenausbau von Walvis Bay könnte diese Attraktion in Zukunft erheblich gefährden.

Eine größere Attraktion für den Freizeitsport als das kalte Meer sind die Dünen, vor allem zwischen Swakopmund und Walvisbay, allerdings sind die Angebote vom Quadbikefahren über Fallschirmspringen, Kamelreiten bis zu Microlightflügen auch nicht billig.

Kulturelles und Infrastruktur

Landesweit beliebt sind die Musikwochen in Swakomund Anfang Dezemeber. Die Gastronomie ist über die Jahre vielfältiger geworden; vor allem Swakopmund hat durch Fußgängerbereiche, Festivals, Ausstellungen, Konzerte und Kunstmärkte viel an Attraktivität gewonnen und ist nicht mehr nur für deutschtümelnde Beschaulichkeit von Jugendstilhäusern und die überall erwähnte Schwarzwälder Kirschtorte bekannt. Dennoch ist das koloniale Erbe noch immer spürbar : In Swakopmund wird traditionsgemäß viel Deutsch gesprochen, in Walvis Bay mehr Englisch, in Henties Bay Afrikaans, und in den Townships, die es wie in Apartheidszeiten immer noch als (inoffiziell) getrennte Wohngebiete der Armut gibt, hört man alle autochthonen Sprachen des Landes. In Wlotzkasbaken, dem verrücktesten Sommerort Namibias, ganz auf Sand gesetzt, hört man nur Anglerlatein. Nicht gerade zur Freude der Angler wurde die erste Entsalzungsanlage für den Wasserbedarf der großen Uranmine von dem Konzern Areva etwas nördlich von Wlotzkasbaken 2011 in Betrieb genommen. Obwohl der Konzern zu Ende 2012 die Produktion eingestellt hat, soll die Entsalzungsanlage weiterhin Wasser liefern.

Verladen von Simmentaler Kühen an der Mole

Die Küste ist mit Windhoek und Kapstadt durch Air Namibia – Flughafen Walvis Bay -, die sehr langsam fahrende Eisenbahn, durch komfortable Überlandbusse und tägliche Taxen verbunden. 2013 konnte man für etwa 150 N$ auf irgendeine Weise von Swakopmund per Taxe nach Windhoek reisen. Innerhalb der Ortschaften gibt es keine öffentlichen Verkehrsmittel, so daß man auf seinen eigenen Wagen oder auf Taxen angewiesen ist. Vor allem in Walvis Bay sind die Entfernungen, möchte man etwas zu Fuß erledigen, sehr groß. Zur Freude vieler Jugendlicher und auch der Besucher haben die Stadtverwaltungen in bescheidenem Maße angefangen, auch Fahrradwege anzulegen. In Swakopmund gibt es daher das erste und bislang einzige namibische Verkehrszeichen, das auf Fahrradfahrer hinweist!

Die Einkaufsmöglichkeiten sind in allen drei Ortschaften vorzüglich, da alle südafrikanischen Läden und namibischen Supermärkte Filialen hier haben; auch „Fruit&Vegetable-Markets" haben ihre Tore seit 2006 geöffnet. Die Werkstätten sind gut ausgerüstet, und das Benzin ist an der Küste immer deutlich billiger als landeinwärts. Swakopmund hat auch eine kleine attraktive Fußgängerzone, die geliebte Jetty ist

An der Mole in Swakopmund -
Steg leider abgerissen!

ebenfalls wieder betretbar, und das Restaurant an ihrem Ende bietet vor allem zum Sonnenuntergang ein besonderes Sundowner-Vergnügen – mit Seafood. Hingegen hat die Mole durch den Abriß des Traditionshauses „Strandhotel" und des Schwimmbads – mit Olympiamaßen und aufschiebbaren Dach – viel an Attraktivität verloren.Ob der Neubau mit einer 25m Bahn eines Indoorbades das ersetzen kann? 2014 sollen auch Erdarbeiten für den Neubau des Strandhotels und eine Waterfront gestartet werden.

☞ siehe auch „Namibia“: Westen: Swakopmund S.509-552

Region G: Stadt Swakopmund & Küstennamib

keine Karte

nördlich von Henties Bay
G131 Cape Cross Lodge
G101 Meile 72 / 108
G136 Fisherman´s Inn
G142 Sea Side

In Henties Bay
G61 Buck´s Camping Lodge
G62 De Duine Country Hotel
G164 Desert Rendezvous
G63 Desert Rose Holiday Resort
G70 Die Oord
G64 Eagle Holiday Flats
G138 Elshoekie
G66 Fisherman´s Guesthouse
G109 Gamsberg Accommodation
G65 Haus Estnic B&B
G68 Huis Klipdrift
G146 Ietsiemeer Beach House
G77 Namib Shore Guesthouse
G71 Trenckner (H&H Accommodation)

zwischen Henties Bay und Swakopmund
G173 Boat House
G103 Jakkalsputz Camping
G102 Meile 4 Caravan Park
G178 Meile 14
G150 Royal Benguela Guesthouse

In Swakopmund
G1 A Home Away from Home
G2 À La Mer
G3 Adler
G4 Alte Brücke Resort
G9 Am Strand
G170 Amanpuri
G126 An der Welle
G162 Anandi Ocean View Guesthouse
G127 Atlantic Villa
G172 Beach Hotel
G7 Beach Lodge
G9 Brigadoon Guest House
G6 Bundu n See
G19 Bush Babies´Inn
G174 By The Beach
G147 Central Guest House
G148 Chala-Kigi SC Vacation Accommodation
G10 Charlotte´s Guest Home)
G163 Cornerstone Guesthouse
G12 d´Avignon
G13 Dahoa´m
G169 Desert Breeze
G14 Desert Sky Backpackers Lodge
G15 Deutsches Haus
G16 Drifters Inn
G43 Dunedin Star
G140 Dünenblick
G17 Duneside Guesthouse
G18 Eberwein Hotel Garni
G20 Erholungsheim ELK
G21 Europahof
G176 F1 Waterfront Estate
G125 Fischreiher
G128 Footprints
G23 Grüner Kranz Guesthouse
G24 Hansa Hotel
G22 Haus Garnison
G50 Haus Veronika
G59 Indongo
G27 Intermezzo Guest House
G28 Jan Jonker Apartments Swakopmund
G29 Kolb
G177 La Sirenetta
G130 Marietjie´s Guest House
G30 Meike´s Gästehaus
G180 Namib Guesthouse
G31 Namibia Holiday Services CC
G32 Orange House B&B
G181 Organic Square Guesthouse
G182 Paua Holidays
G182 Pebble Stone House
G35 Prinzessin Rupprecht
G36 Rapmund
G37 Sam´s Giardino Hotel
G9 Sand&Sea
G60 Sandcastle Apartments
G151 Sandfields Guesthouse
G38 Schweizerhaus
G39 Sea Breeze Guesthouse
G166 Shevita Self-Catering
G168 Stay@Swakopmund Guesthouse
(G41 Strandhotel)
G42 Strauss Holiday & Overnight Flats
G183 Swakop Strand
G161 Swakopmund Guesthouse
G44 Swakopmund Hotel & Entertainment Centre
G45 Swakopmund Rest Camp
G184 Swakopmund Waterfront
G56 Swakopmund Youth Hostel - Alte Kaserne
G185 The Alternative Space B&B
G119 The Sea Horse
G46 The Secret Garden
G116 The Stiltz (Die Stelzen)
G48 Tina´s B&B
G155 Villa Margherita
G51 Villa Schmö
G120 Villa Wiese
G143 Vogelstrand Guesthouse
G135 Zi Wu No 8
G152 Zum Kaiser

östl. von Swakopmund
G114 Gecko Ridge
G111 Goanikontes
G110 Gut Richthofen
(G105 Nonidas)
G107 Okakambe Trails
G104 Rossmund Lodge
G108 Sophia Dale Base Camp

südlich von Swakopmund / Langstrand
G175 Cape Point
G98 Crayfish Creek
G192 Dolphin Beach Eco Village
G121 Dolphin Park Resort

G122 Langstrand / Long Beach
G179 Meransha
G113 Protea Hotel Long Beach Lodge
G112 Protea Hotel The Burning Shore

in Walvis Bay

G72 Ana´s Inn Accommodation
G81 Atlantic Hotel
G73 Bay Self Catering
G191 Busch Trommel
G82 Casa Mia Hotel
G83 Casa Yeovella
G187 Egumbo Lodge
G84 Esplanade Park
G80 Feathers Inn Guesthouse
G86 Kleines Nest B&B (Walvis Bay)
G87 Lagoon Chalets
G88 Lagoon Loge
G89 Langholm Hotel Garni
G79 Loubser´s
G188 Menuchah
G99 Namibia Coast SC
G90 Ngandu at Sea
G85 Oyster Box Guest House
G189 Pelican Point Lodge
G91 Protea Hotel Pelican Bay
G96 Protea Hotel Walvis Bay
G92 Seagull´s Inn
G74 Spindrift Guesthouse & Art Studio
G190 SunnySide Guest House
G94 The Courtyard (Walvis Bay)
G123 The Dune Chalets
G158 The Shifting Whispering Sands
G95 Walvis Bay Lagoon Cottages

östl. von Walvis Bay

G137 Aonin Cultural Camp

A Home Away from Home (G1)

▲ [SC-Flat] Swakopmund, Windhuker Str. 4 ☞ Erna Wojtas (Deutsch) ✉ Swakopmund P.O.Box 781 ✆ 064-402402 ☎ 064-402402 📱081-3473148 🛏 1EZ SC, 1SCFlat mit 2DZ $ (2012) 365N$ pP / K3-13 200N$ / > 30 Tage 20% Reduktion 2 Fahrräder + 1 Kinderfahrrad zu leihen, Sonnenschirme ♿ Flats sind groß genug für Rollstühle keine HausT @ wojtas@mtcmobile.com.na

À La Mer, Hotel Pension (G2)

▲ [Hotel] Swakopmund, Libertina Amathila Str. 4 ☞ Tina Sturenberg (manageress) (Deutsch) ✉ Swakopmund P.O.Box 478 ✆ 064-404130 ☎ 064-404170 🛏 12Z $ (2013) B&B: EZ 620N$, DZ 877N$, TZ 1.146N$, FZ (2E+1K) 1.076N$, FZ (2E+2K) 1.216N$, DZ (1E+1K) 748N$, DZ (1E+2K) 877N$ / K6 frei ⓘ Kiwi Wäscheservice, Wlan keine HausT @ alamer@iway.na # http://pension-a-la-mer.com

Adler, Hotel Garni (G3)

▲ [Hotel] Swakopmund, Strandstr. 3 ☞ Erika & Herbert Adler (owner), Nicole Adler (manageress) (Deutsch, Französisch, Spanisch) ✉ Swakopmund P.O.Box 1497 ✆ 064-405045 ☎ 064-404206 🛏 8 Standard DZ + 5 LuxusDZ + 1 Studio $ (2012) Standard B&B: EZ 755N$, DZ 1.028N$, TZ 1.249N$, QZ 1.469N$ / Luxus B&B: EZ 870N$, DZ 1.205N$ / Studio B&B: EZ 1.028N$, DZ 1.425N$ ⓘ Kiwi / Parken im Hof ♕ Dachterrasse Innenschwimmbad, Sauna, Bibliothek Wlan frei keine HausT @ adler@iafrica.com.na # www.hotel-garni-adler.com

Alte Brücke Resort (G4)

▲ [SC-Chalets][B&B][Camping] Swakopmund, Strand Str. Süd, Erf 447 ☞ Margaret & Albie van Biljon / Isabelle (Englisch) ✉ Swakopmund P.O.Box 3360 ✆ 064-404918 ☎ 064-400153 ▲ 36 Plätze mit eigenem Sanitärblock+Waschplatz, Strom, Gras / max 6P/Platz $ (2013) 1P 200N$, jede weitere P 90N$, K5-12 80N$ 🛏 31 SC-Chalets mit 1 o.2 DZ, Vokü $ (2013) 1-DZ-Chalet: 1P 707N$, 2P 986N$ / Exklusive 1-DZ-Chalet: 1P 737N$, 2P 1.047N$ // 2-DZ-Chalet: 2P 1.281N$, 3P 1.419N$, 4P 1.790N$ // K5-12 254N$ (16.12.-5.1. höhere Preise) ⓘ bewacht u. eingezäunt / Konferenzräume (85P+16P) / Kiwi ♕ Strandnähe Lunch für Gruppen 15P, Dinner 20P keine HausT Leser: sehr empfehlenswert: alles funktioniert bestens / Camping etwas eng @ info@altebrucke.com # www.altebrucke.com

Alte Kaserne (G56)

ⓘ siehe „Swakopmund Youth Hostel - Alte Kaserne (G56)" S. 221

Am Strand (G9)

▲ [SC-Flat] Swakopmund, Ludwig Koch Str. ☞ Bruce Burns ✆ 064-406064 🛏 Gardenappartement: 3DZ mit 2 BadeZ, WohnZ, Vokü ⓘ siehe „Brigadoon Guest House (G9)" S. 198

Amanpuri (G170)

▲ [Travellers Lodge] Swakopmund, Ecke Moses Garoeb Str. / Anton Lubowski Str. ☞ Noemy & Craig Milne (Afrikaans) ✉ Swakopmund P.O.Box 3058 ✆ 064-405587, 064-404597 ☎ 064-403446 🛏 20DR $ (2012) B&B: EZ 410N$, DZ 640N$, Tr 740N$, QZ 910N$, dorm 180N$ pP / Flat (6P) B&B 1.200N$ im Haus: Sky Drive Zentrum: Ground Rush Adventures (081-1245167, freefall@iafrica.com.na; www.skydiveswakop.com.na): Tandem Skydive 1.950N$ @ info@amanpurinamibia.com, amanpuri@mweb.com.na # www.amanpurinamibia.com

An der Welle (G126)

▲ [SC-Flat] Swakopmund, Ludwig Koch Str. 9 ☞ Bruce Burns (Englisch) ✆ 064-406064 🛏 keine Tagesmiete: 1 SC Flat mit 2DZ, Vokü / Seeblick $ (2013) SC 1.300N$ (Weihnachten. 1.500N$) ⓘ siehe „Namibia Coast SC (G99)" S. 212 # www.brigadoonswakopmund.com/self-catering.htm 📖 siehe Brigadoon Guest House

Ana´s Inn Accommodation (G72)

▲ [SC-Flat] Walvis Bay, Atlantikstr 26 ☞ André Burger (Englisch) ✉ Walvis Bay P.O.Box 3327 ✆ 064-209164 André 081-1220813 3 SC Flats 8-10P / Vokü $ (2012) EZ 330N$, DZ 430N$, FZ 550N$ @ paburger@iway.na # www.anas-inn.iway.na/

Anandi Ocean View Guesthouse (G162)

▲ [Gästehaus] Swakopmund, Ocean View, Nelken Street 14 ☞ Yolandi & Johan André Fourie (owner) (Afrikaans) ✉ Swakopmund P.O.Box 2992 ✆ 064-406553 064-406550 081-1477922 30 Betten / SC mit Kitchenette $ (2013) B&B: EZ 450N$, DZ 650N$, DZ>2P 120N$ pP extra / K7-12 50N$, K13-16 70N$ / SC Unit 6P 1.000N$ // Hochsaison: B&B DZ/EZ 750N$ pP / SC Unit 6P 1.200N$ / Zusatzpreise: Garage 100N$ pT ⓘ gleiche Eigner wie Anandi Guest House Mariental E56 Lunch, Dinner auf Anfrage Wlan ♿ 1 Z rollstuhlfreundlich gut erzogene HausT ok @ anandiswakop@iway.na # www.anandiguesthouse.com

Aonin Cultural Camp (G137)

▲ [Rastlager][Camping] 33km östl. Walvis Bay ☞ Rudolf Dausab ✆ 064-207208 Δ Plätze Chalets ⓘ Topnaar Community keine Infos 2013

Atlantic Hotel (G81)

▲ [Hotel] Walvis Bay, Sam Nujoma Av. / Town Centre ☞ Ms. Savva (owner), Ruutha (supervisor) (Griechisch) ✉ Walvis Bay P.O.Box 46 ✆ 064-202811 & 064-204501 064-205063 12 Standard, 20 LuxusZ $ (2012) B&B: EZ 550N$, DZ 700N$ / Luxus B&B: EZ 700N$, DZ 900N$ 2012: öffentlicher Pool in Bau Restaurant: Sonntag Buffet für alle 12-14Uhr, Fischspezialitäten ♿ Parterre rollstuhlfreundlich keine HausT @ reservations@atlantichotel.com.na

Atlantic Villa (G127)

▲ [Boutique Guesthouse][SC] Swakopmund, Ploverstr. 24 / Vogelstrand ☞ Gerhard van der Merwe (owner), Gerrie Kok (manager) (Englisch) ✉ Swakopmund P.O.Box 552 ✆ 064-463511 064-463510 5DZ + 4 Suiten / 3SC-Appartements / 16 Delux DZ $ (2013/2014) alles B&B: Luxury Suite: EZ 1.600N$, DZ 1.150N$ pP / Standard: EZ 800N$, DZ 550N$ pP / Deluxe: EZ 650N$, DZ 450N$ pP) / Luxury Zimmer: EZ 1.000N$, DZ 700N$ pP / K2-11 50% ⓘ Konferenz Z (60P) viele Glasdächer, um den Himmel sehen zu können SC möglich (nach Preisen fragen) Wlan / Wäscheservice keine HausT @ atlanticvilla@iway.na, booking@atlantic-villa.com # www.atlantic-villa.com

Bay Self Catering (G73)

▲ [SC-Flat] Walvis Bay, 1te Str. Nord Nr. 5, Meersig ☞ Claudia Ramos & Ruan De Canha (Portugiesisch) ✉ Walvis Bay P.O.Box 3213 ✆ 064-212440 064-212450 081-1277783 Jungesellen Flats, 2-Bett-Z Flats, 3-Bett-Z Haus / alle mit Vokü, Bad $ (2012) Bachelor: 250N$ // 1st Street North Flat: No.2 - 2P: 250 / No.1,3 - 2P: 450N$ / No.4 - 4P: 500N$ / No.5 - 6P: 1.200N$ / No.7 - 5P: 950N$ // Olympia: 2P 450N$, 4P 650N$ // verschiedene Flats 4P: 650N$ // 2 x Nujoma 6P: 1.000N$ // 2 x Lagoon House 6P: 1.200N$ // Praia de lagosta 5P: 950N$ // Penthouse 6P: 2.000N$ ⓘ Kiwi, Rauwi Waschmaschine keine HausT @ novaolym@iway.na # www.-selfcatering.com.na

Beach Hotel (G172)

▲ [Hotel/Pension] Swakopmund, Suedstrand Straße 1 ☞ Julie & Peter Weichhart (Deutsch) ✉ Swakopmund P.O.Box 274 ✆ 064-417700 085-5502402 088-6521199 4 Standard DZ, 16 Luxury DZ, 5 FZ, 8 Appartements / aircon $ (2013) B&B DZ: Standard Family 495N$ pP, Standard 695N$ pP, Comfort Room 895N$ pP, Comfort App. 995N$ pP, Luxury 1.295N$ pP / K12 350N$ ⓘ eröffnet September 2012 ("Pit" war vorher Manager der Etosha Aoba Lodge) Terrasse auf dem Dach mit geheiztem Pool Restaurant & Bar "The Galley"

Beach Lodge (G7)

▲ [B&B][SC] Swakopmund, Stintstr. 1 / 5km nördl. der Stadt, Vogelstrand an der C34 ☞ André Van Rensburg (owner), Ariane Van Rensburg (manageress) (Englisch) ✉ Swakopmund P.O.Box 79 ✆ 064-414500 064-414501 081-1273397 2 Luxus FZ + 1 Luxus DZ + 8TwinZ + 5FZ / einige mit Kitchenette $ (2012) alle B&B: Luxury: EZ 940N$, DZ 770N$ pP, FZ: 2P 1.700N$, 3P 2.350N$ 4P 2.990N$ / K3-12 420N$ // Standard: EZ 860N$, DZ 630N$ pP, FZ 3P 1.760, 4P 2.250N$ / K3-12 380N$ / Reiseleiter Cottage 380N$ ⓘ Kiwi ♛ *direkt am Strand / interessante Architektur* SC möglich / Restaurant für alle: The Wreck Wlan / Wäscheservice keine HausT @ reservations@beachlodge.com.na # www.beachlodge.com.na

(064-417707) @ info@beach.na # www.beach-hotel-swakopmund.com

Beach Lodge (G7)

▲ siehe Seite 198

Boat House (G173)

▲ siehe „Boat House (G173)" S. 216

Brigadoon Guest House (G9)

▲ [B&B] Swakopmund, Ludwig Koch Str. 16 ☞ Bruce Burns (Englisch) ✉ Swakopmund P.O.Box 1930 ✆ 064-406064 064-464195 081-1270911 2 SC Flats 4P, 7 SC-Cottages 2P / 1 SC Familen Appartement 3TwZ $ (2013) Brigadoon: DZ 1P 925N$, 2P 1.390N$, FZ 3P 1.656N$, K8-16 50% ⓘ zum Brigadoon Guest House gehören: SC: 9 An der Welle (G126), Sand & Sea (G9), Am Strand (G9) ♛ altenglisch eingerichtet (victorian style) / Bilder & Skulpturen namibischer Künstler @ brigadoon@iway.na # www.brigadoonswakopmund.com

Buck´s Camping Lodge (G61)

▲ [Camping] Henties Bay, Light Industrial Area ☞ G.L.Strydom, Estelle Gray (manageress) (Afrikaans) ✉ Henties Bay P.O.Box 519 ✆ 064-501039 064-501039 081-2932212 Λ 45 Plätze, 5 Sanitärblocks Küche, Strom $ (2012) Feb - Nov: 1Platz für 4P oder 2 P+4K: 250N$, plus 40N$ pP 3 Chalets vermietet bis 2014 $ (2012) 120N$ pP / K4-16 50N$ pK ♛ 24 Std. Sicherheitsdienst, 550m vom Strand, ♿ rollstuhlfreundlich keine HausT @ buckcamp@mweb.com.na

Bundu n See, Hotel (G6)

▲ [Hotel] Swakopmund, Hendrik Witbooi Street 6 ✉ Swakopmund P.O.Box 456 ✆ 064-402360 064-405649 5FZ + Familienbetten, 2DZ, 1FZ = 15P $ (2012) EZ 420N$, DZ 290N$ pP / B&B: EZ 475N$, DZ 690N$, FZ 345N$ pP+200N$ pK3-12 / ⓘ Wlan ♛ Das Atlanta Hotel (G6) mit neuem Namen wiedereröffnet. Restaurant Ombo keine HausT @ res@bundunsee.co.na # www.bundunsee.co.na

Burning Shore (G112)

ⓘ siehe „Protea Hotel The Burning Shore (G112)" S. 215

Busch Trommel (G191)

▲ [SC-Flat] Walvis Bay, 2te Straße West 13 ☞ Fam. Stein (owner), Brigitte

Burger (manageress) (Deutsch) ✉ Walvis Bay P.O.Box 447 ✆ 064-202208 📱 081-1292094 🛏 SC $ (2013) DZ 1P 350N$, 2P 450N$ / SC (2E+2K) 1P 400N$, 2P 600N$ / Namibier 10% Rabatt 🐕 HausT ok @ siggi@buschtrommel-tours.com # http://www.buschtrommel-tours.com/uebernachtung.htm

Bush Babies´Inn (G19)

▲ [SC-Flat] 🏘 Swakopmund, Ecke Tobias Hainyeko u. Anton Lubowski Str. ☞ Mrs. Inki Smit (Deutsch) ✉ Swakopmund P.O.Box 186 💻 088-640577 🛏 1 Gästehaus 3 DZ, 2 Bäder Vokü / 1 Appartement Khumib 1DZ+Couch, Vokü / 5 Cottages à 2P, Kitchenette $ (2012) Kunene 4P 1.300NN, 6P 1.500N$ / Khumib 1P 750N$, 2P 850N$ / Cottages 1P 450N$, 2P 600N$ / K6-13 50% 📎 Wlan @ bookings@bushbabies-inn.com # www.bushbabies-inn.com

By The Beach (G174)

▲ [Ferienhaus] 🏘 Swakopmund, Swanlamer Complex, unit 12 ☞ Danielle Bruckert (owner), Nita Vissa (manageress) (Afrikaans) ✆ 064-403992 📱 Nita: 081-1240773 🛏 2 SC (DZ + Twin Z +Doppel Couch), Vokü $ (2012) bis zu 6P: Nebensaison, Mitte der Woche 800N$, Wochenende 1.100N$, Ferienwochenende + Dez/Jan 1.300N$ ⓘ Kiwi 🐕 gut erzogenen Tiere mit Anmeldung @ redskyventures@gmail.com # swakopseaviewapartement.com

Byseewah Guest House (G66)

ⓘ siehe „Hoodia Desert Camp (P21)“ S. 405

Cape Cross Lodge (G131)

▲ [Lodge][Camping] 🏕 60km nördl. Henties Bay / Anfahrt: C34 nach Norden, 4km nördl. Robbenkolonie ☞ Adri & Gustav Holz, Leon Swanepoel (manager) (Afrikaans) ✉ Henties Bay P.O.Box 259 ✆ 064-694012 📠 064-694013 📱 081-1271221 ▲ Plätze (Sanitärblock mit warmer Dusche, Elektrizität vom Generator), max 6P $ (2012) 4p 380N$, 5P 440N$, 6P 500N$ 🛏 20DZ $ (2012) Luxury Hp: EZ 1.835N$, DZ 1.350N$ pP / Standard Hp: EZ 1.280N$, DZ 975N$ pP / K3 11 50% ⓘ Tagb. ok ♛ Walfischfänger-Museum ins Hotel integriert / Wasserstelle für Braune Hyäne und Schakale / direkt am Strand 🚶 Quadbike (200N$ pStd), Mountain Bike (250N$ pT), Fischen (1.180N$ pPpT), Ausflug zur Salt-Lagune (215N$) / Touren zu den Robben incl. Lunch (270N$ pP), Messumkrater 🍽 Restaurant à la carte (Dinner 120N$, Lunch 65-85N$, Breakfast 55N$, Lunchpaket 65N$) / Curio Shop / Kindermenü 50% ♿ 6Z rollstuhlfreundlich, 1Z behindertengerecht mit Spezial-Toilette 🐕 keine HausT 🐘 Braune Hyäne, Schackale, Robben @ bookings@capecross.org, frontoffice@capecross.org # www.capecross.org 📖 Kai-Koro Reservations

Cape Point (G175)

▲ [SC-Flat] 🏘 Langstrand / Longbeach, 96 Kuiseb Av. ☞ Kim Swan-Bordin & Maurizio Bordin (Italienisch) ✉ Walvis Bay P.O.Box 3455 ✆ 064-205714 📠 064-200726 📱 081-3688259 (Kim) 🛏 1 Cottage, 3DZ/FZ (2E+2K) alle mit Kitchenette, DZ können verbunden werden $ (2013) Cottage 450N$ pP [in der Saison 550N$ pP] / Normal: 350N$ pP, [in der Saison 450N$ pP] // K10 frei, extra Kind 100N$, extra Erwachsener 200N$ ⓘ Kinder sehr willkommen 🍽 SC 📎 Wäscheservice 🐕 nur kleine gut trainierte Hunde @ kim@capepointnam.com # www.capepointnam.com

Casa Mia Hotel (G82)

▲ [Hotel] 🏘 Walvis Bay, Sam Nujoma Avenue 224/228 ☞ Conny Becker (Deutsch, Spanisch) ✉ Walvis Bay P.O.Box 1786 ✆ 064-205975 [6] 📠 064-206596 📱 081-1242978 🛏 23Z, 41 Betten $ (2012) B&B: EZ 561N$, DZ 807N$, FZ 994N$, großes FZ 1.220N$ / 20% Rabatt für Pensionäre & HAN-members ⓘ Kinder sehr willkommen / Konferenzraum 30P & 20P 🍽 Galerie-Restaurant 📎 Wäscheservice, Wlan 🐕 HausT auf Anfrage @ hotel@casamia.com.na

Casa Yeovella (G83)

▲ [SC-Flat] 🏘 Walvis Bay, Mandume Ndemufayo Circle 16, Meersig ☞ Sonia &

Kurt Grünschloss (Afrikaans, Portugiesisch) ✉ Walvis Bay P.O.Box 1880 ✆ 064-200502 📱 081-2426713, 081-2588899 💻 088-614592 🛏 6DZ mit kleiner Küche + 1SC-Flat 3P **$** (2012) 1P 3.500N$ p/Monat / 2P 4.000N$ p/Monat (Reinigung+Nbk inkl.) / Parken im Hof ⓘ "Rent out monthly" gehört zu "Sleeping out" (USA) ♿ rollstuhlfreundlich 🐕 keine HausT @ yeovella@iway.na

Central Guest House (G147)

▲ [Gästehaus] 🏠 Swakopmund, Ecke Lüderitz Str & Leutwein Str. ☞ Monica & Jockel Gruettemeyer (Deutsch) ✉ Swakopmund P.O.Box 129 ✆ 064-407189 📠 064-407197 🛏 7DZ (2 Doppel, 4 Twin, 1 FZ) extra lange Betten, Orthopädische Matrazen **$** (2012) B&B: EZ 797N$, DZ 580N$ pP / K3-12 50% ⓘ Kinder und Senioren willkommen / Rauwi 📎 Wäscheservice, WiFi, Parken im Hof ♿ 2Z rollstuhlfreundlich 🐕 keine HausT @ info@guesthouse.com.na # www.guesthouse.com.na

Chala-Kigi SC Vacation Accommodation (G148)

▲ [SC-Flat] 🏠 Swakopmund, Riverside Av. 16 ☞ Trudi Gsteu (Deutsch (Holländisch)) ✆ 064-407033 📠 064-407033 📱 081-1282481 🛏 2 SC- Appartements **$** (2012) ab 850N$ pAppartement ⓘ kleines KonferenzZ (8P) / Kiwi 📎 Internet, Waschmaschine, Geschirrspüler ♿ rollstuhlfreundlich 🐕 HausT freundlich auf Anfrage @ gsteu@iway.na

Charlotte´s Guest Home (Swakopmund) (G10)

▲ [B&B][SC] 🏠 Swakopmund, Libertine Amathila Ave 121 ☞ Charlotte Schaaf (Afrikaans) ✉ Swakopmund P.O.Box 943 ✆ 064-405454 📠 064-405454 📱 081-1274545 🛏 SC: 6 DZ, 4 mit Bad / 2 DZ-Flats mit Vokü (14P) **$** (2012) DZ 300N$ pP / Flat ab 300N$ pP / K10 50% ⓘ Kiwi, NRZ, Fama 🍽 Frühstück 50N$ 📎 Wäscheservice (extra Kosten), Wlan 🐕 keine HausT @ charlottesbb@iway.na # www.charlottesswakopmund.com

Cornerstone Guesthouse (G163)

▲ [B&B] 🏠 Swakopmund, Hendrik Witbooi Street 40 ☞ Margo & Peter Bassingthwaighte (Afrikaans) ✉ Swakopmund P.O.Box 447 ✆ 064-462468 📠 064-462363 📱 081-1290026 🛏 5 B&B DZ / 3 SC-Flats (Ludwig Koch Street) **$** (2013) B&B: 1P 750N$, 2P 590N$ pP / Flat "An der Mole" + "Atlantik Sicht": 2P 1.400N$, 3-4P 2.000N$, 5-6P 2.400N$ / Moringa 2P 1.200N$, 3-4P 1.800N$, 5-6P 2.000N$ 📎 Wlan @ info@cornerstoneguesthouse.com # www.cornerstoneguesthouse.com

Cottage No 12 (G95)

ⓘ siehe „Walvis Bay Lagoon Cottages (G95)“ S. 223

Courtyard (Walvis Bay) (G94)

ⓘ siehe „The Courtyard (Walvis Bay) (G94)“ S. 221

Crayfish Creek (G98)

▲ [SC-Flat] 🏠 Langstrand / Longbeach, Kuiseb Av. 98 ☞ Nadia Coetser (Afrikaans, Deutsch) ✉ Swakopmund Vineta, P.O.Box 4095 ✆ 064-221440 📠 064-221441 📱 081-3172613 🛏 3 SC-Wohnungen mit 2Z, 5 Betten, 6P, Vokü **$** (2013) Flat 1-2P 550N$, plus 170N$ pP ⓘ 200m vom Strand 🍽 SC 🐕 keine HausT @ crayfishcreek@iway.na # www.crayfishcreek.com

d´Avignon, Hotel Pension (G12)

▲ [Pension] 🏠 Swakopmund, Libertine Amathila Str. 25 ☞ Margit d'Avignon (Deutsch) ✉ Swakopmund P.O.Box 1222 ✆ 064-405821 📠 064-405542 🛏 6 DZ + 2TZ + 1QZ (22P) **$** (2013) B&B: EZ 350N$, DZ 550N$ (als EZ 480N$), TZ 720N$, QZ 840N$ ♛ großes Schwimmbad 🍽 Frühstücksbüffett mit Bio-Produkten: selbstgebackenes Brot, Kefir, Kei-Apfel-Marmelade (Dovyalis caffra, Umkokola), Pesto, Oliven 📎 Wlan frei / Wäscheservice / sicheres Parken ♿ einige Duschen mit Sitz @ hotel.davignon@iafrica.com.na, davignon@iway.na # www.natron.net/tour/davignon

Dahoa´m (G13)

[SC-Flat] Swakopmund, Topaas Str. 41, Vineta Ester & Günter Sacha (Österreichisch, Afrikaans) Swakopmund P.O.Box 4001 064-461536 064-461536 081-2708002 Appartement SC (2DZ, Wohnküche)2-4 P $ (2013) 1P 350N$, 2P 500N$, 3P 650N$, 4P 800N$ / Weihnachten, Ostern = Hauptsaison: 1.000N$ pApartment @ dahoam@mtcmobile.com.na #www.dahoamswakopmund.com

De Duine Country Hotel (G62)

[Hotel] Henties Bay, Duine Str. 34 Pierre Looverier (ownwer), Colette Avangist (manageress) Henties Bay P.O.Box 1 064-500001 064-500724 20DZ $ (2013) B&B: EZ 300N$ [400N$], DZ 475N$ [300N$] pP / / kleines FZ 550N$, großes FZ 675N$ / in Klammern Hochsaison / Guide frei, K6-12 100N$ Kiwi, KonferenzZ Squash Restaurant: Büfett 125N$, Set-Menü 115N$, Breakfast 65N$, Lunchpack 75N$ WiFi frei für Gäste / Wäscheservice @ reservation@deduinehotel.com, deduinehotel@iway.na #www.deduinehotel.com

Desert Breeze (G169)

siehe „Desert Breeze (G169)“ S. 203

Desert Rendezvous (G164)

[B&B] Henties Bay, Strandloper Street 238 Mariet & Hugo van Niekerk (Afrikaans) Henties Bay P.O.Box 31 064-500281 064-500281 081-4545546 2DZ + 1 FZ $ DZ 700N$, FZ 350N$ pBett Internet keine HausT @ reservations@desertrendezvous.co.za, desertrendezvous@iway.na # www.-desertrendezvous.co.za

Desert Rose Holiday Resort (G63)

[SC-Flat] Henties Bay, Elf Street 1522 Club Leisure Group / Marietta van der Berg (Deutsch) Henties Bay P.O.Box 190 064-500181 064-500181 081-2273704 10 Flats 4X3DZ, 6X2DZ, Vokü $ (2012) 3DZ bis 8P: 950N$ pFlat / 2DZ bis 6P: 950N$ pFlat/ keine HausT @ desertrose1@iway.na #www.firstresorts.com

Desert Sky Backpackers Lodge (G14)

[Back-Packer][SC][Camping] Swakopmund, Anton Lubowski 35 / Nathaniël Maxuilili Betsy Lofty-Eaton / Talita & Christel (Afrikaans) Swakopmund P.O.Box 2830 064-402339 064-403329 081-2721128 20-40P / große Plätze mit Küche, Lounge $ (2012) 100N$ pP 1 3-Bett Dorm, 1FZ + 1DZ en-suite, 1FZ mit Gemein.Bad, 5DZ mit Gemein.Bad / 2 Vokü $ (2012) Dorm 130N$ pP, DZ ensuite 440N$, DZ mit GemeinBad 390N$ pP Kiwi / Buchungsbüro im Haus Elektrozaun SC Hunde ok, wenn sie gut erzogen sind Verkehrslärm @ talital@iway.na

Deutsches Haus, Hotel (G15)

[Hotel/Pension] Swakopmund, Lüderitzstr. 13 Cynthia & Andreas Munkelwitz (Deutsch) Swakopmund P.O.Box 1948 064-404896 064-404861 28DZ+2EZ $ (2012) B&B: EZ 850N$, DZ 1.250N$ Schwimmbad im Haus, Sauna Restaurant Wlan frei / Laundry @ deuhaus@iway.na, reservations@hotel.na #www.hotel.na

Die Oord (G70)

[SC-Flat] Henties Bay, Robstr. Mrs. Elmarie Bekker (manageress) (Afrikaans) Henties Bay P.O.Box 82 064-500239 064-500239 SC - Bungalows (3x6-Bett+ 2x5-Bett+ 1x3-Bett), alle mit Vokü $ (2012) Bungalow mit 3DZ 6P: 650N$, mit 2DZ 5P 520N$, mit 1DZ (3-4P) 360N$ / Rabatt zwischen Jun - Okt voll eingezäunter, bewachter Parkplatz keine HausT @ dieoord@iway.na

Dolphin Beach Eco Village (G192)

[SC-Flat] 2km südl. Langstrand / Longbeach / Anfahrt: B2 Mrs. De Klerk (Afrikaans) 064-202408 081-1277359 3DZ @ nc_elect@iway.na

Dolphin Park Resort (G121)

▲ [Rastlager][SC] 2km südl. Langstrand / Longbeach / Anfahrt: B2 ☞ Municipality Walvis Bay ✉ Walvis Bay Private Bag 5017 ✆ 064-204343 ℡ 064-204528 ▬ A: 8 Flats mit 1DZ, Doppelcouch, Bad, (Blick auf das Meer) / B: 12 Flats mit DZ + Schlafboden / C: 1 VIP Chalet mit 3DZ 1Doppelbett + 4 Einzelbetten // alle SC mit Bettwäsche aber ohne Handtücher $ (2012) A: 2P 220N$(350N$), B: 4P 312N$ (500N$) C: 6P 750N$ (1.300N$) (in Klammern: High Apr-Jul, Dez-Jan) großes Schwimmbekken, Rutschbahn, windgeschützter Innenhof mit Rasen / viele Seevögel / Beobachtung der Schiffe auf Reede Geräumige SC-Zimmer in den App. 24 Std. bewacht keine HausT @ dolphinpark@iway.na

Drifters Inn (G16)

▲ [B&B] Swakopmund, Werftstr. 6 ☞ Drifters Company, Andy Dott (owner), Agnes (manageress) (Englisch) ✉ Swakopmund P.O.Box 2612 ✆ 064-462386 ℡ 064-462386 081-3890099 ▬ 4 TwDZ ensuite + 8 TwZ (mit gemeinsamer Badnutzung) max 27P $ (2012) B&B: DZ 295N$ (345N$) pP (in Klammern Hochsaison) ⓘ Waschmaschine gehört zu Drifters, African Adventure Touroperator, vor allem Overlander Touren, Drifters Inns in Südafrika, www.drifters.co.za HausT auf Anfrage @ driftersswakop@iway.na

Dunedin Star (G43)

▲ [B&B] Swakopmund, Windhoeker Str. / Tjongarero Str. 50 ✉ Swakopmund P.O.Box 2460 ✆ 064-403437 ℡ 064-403437 ▬ 10DZ + Schlafsaal $ (2012) B&B: DZ 500N$, EZ 400N$, TZ 600N$, Schlafsaal: 110N$ pP / K2-6 50%, K7-12 80% ⓘ gehört zu Villa Wiese Spa / Fallschirmspringen kann organisiert werden Wäschedienst @ inquiry@dunedinestar.com # www.dunedinstar.com

Dünenblick (G140)

▲ [SC-Flat] Swakopmund, Rhode Allee 29, Riverside Av., Allee la Mer ☞ Heidi Müller (owner) & daughter Bronwin Ockhuys (Deutsch) ✆ 064-463979 ℡ 064-463979 081-1290489, 081-1490449 ▬ SC Appartements: Boutique 4 DZ, f-e-kitchen / 3x Riverside 1DR + f-e-kitchen // Alle la Mer 6 2DZ+2 BadeZ $ (2012) Boutique 3.825N$ // Riverside 760N$ / 591N$ / 1.020N$ // Allee 1.000-1.600N$ ⓘ siehe auch Organic Square Guesthouse SC, Frühstückskorb auf Anfrage Wlan @ gogga4@mweb.com.na, duenenblick@selfcatering-swakopmund.com # www.selfcatering-swakopmund.com/

Duneside Guesthouse (G17)

▲ [SC][B&B] Swakopmund, Kramersdorf, Aukasstraße 13 ☞ Marjika & Helmar Runge (Deutsch) ✉ Swakopmund P.O.Box 2687 ✆ 064-464012 ℡ 064-464012 081-1277240 ▬ 1DZ + 1EZ + 1Flat (SC, VoKü) für 3-5P $ (2012) Flat: 2P 520N$, Familie 620N$ / DZ 470N$, EZ 270N$ ⓘ Kiwi SC / Frühstück 100N$, Mahlzeiten können arrangiert werden Wi-fi HausT ok @ runge@iway.na # www.duneside.com

Eagle Holiday Flats (G64)

▲ [SC-Flat] Henties Bay, neben Tankstelle, Ortseingang ☞ G.Y. Eagleton (Afrikaans) ✉ Henties Bay P.O.Box 20 ✆ 064-500032 (auch abends) ℡ 064-500299 ▬ 10 große Ferienwohnungen (4P, 3Z mit Vokü, Badewanne, Tiefkühlschrank, Bettzeug) = 40P // Eagle Overnight Accommodation: 2-3 Bett Zimmer (mit Kühlschrank, Bettzeug): $ (2012) 170N$ pP, min 270N$ pFlat, K4-12 50% // Overnight: 2-Bett 220N$ pZ, 3-Bett: 330N$ pZ ⓘ Rauwi Angeln in der Nähe: Eagles Steak Restaurant keine HausT gut eingerichtet, geräumig @ eaglesc@iafrica.com.na # www.eagleholiday.com

Eagle Overnight Accommodation (G64)

ⓘ siehe „Eagle Holiday Flats (G64)“ S. 202

Knut Hüneke

esert Breeze (G169)

[Gästehaus] Swakopmund, Kramersdorf, am Ende der Aukas Road ☞ Danie Holloway Afrikaans) 064-406236 064-406237 081-1494979 12 bungalows $ (2013/2014) bungalow: EZ 1.500N$, DZ 2.000N$ / the villa 1p 3.010N$, 2 p 3.680N$, add. Adult 670N$ ⓘ wurde Oktober 2012 eröffnet / verbunden mit Auas Game Lodge (B46) & The Stiltz (G116) / keine Kinder unter 16J ***Bildhauerzentrum (www.knuthueneke.org/)*** Ballonfahren (www.africanballoons.com/) Wlan @ info@desertbreezeswakopmund.com #www.desertbreezeswakopmund.com

Knut Hüneke

Eberwein Hotel Garni (G18)

[Hotel] Swakopmund, Sam Nujoma Av. / Otavistr. ☞ Mrs. Eberwein (Deutsch) ✉ Swakopmund P.O.Box 2594 064-414450 064-414451 16 DZ, 1 EZ, 1Honeymoon Suite, 1 VIP / alle mit Du+Badewanne $ (2012) B&B: Standard: EZ 755N$, DZ 1.095N$, TZ 1.325 / Victorian: EZ 860N$, DZ 1.295N$, TZ 1.425N$ / Honeymoon 1.425N$ // K5 95N$, K5-12 175N$, K13-18 225N$ ⓘ Kiwi renovierte hist. Villa Wille von 1909 (Architekt Herman Wille) Restaurant, Lunchpakete Wäscheservice, Wlan @ eberwein@iafrica.com.na, enquiry@hotel-eberwein.com #www.eberwein.com.na

Egumbo Lodge (G187)

[Lodge] Walvis Bay, Kovambo Nujoma Road 42 ☞ Xana Garcia, Toni Renecle ✉ Walvis Bay P.O.Box 9041 064-207700 064-207707 9DZ (mit Wäscheservice, Expressomaschine) $ (2012) B&B: EZ

1.600N$, DZ 2.400N$ / Suite: B&B 3.000N$ / Rabatt für Namibier & SADC / K3-12 300N$ beheizter Pool Restaurant / Weinprobe / Whisky Ecke Wäscheservice frei info@egumbolodge.com #www.egumbolodge.com Finesse

ELCRN (G20)

siehe „Erholungsheim ELK (G20)" S. 204

Elshoekie (G138)

[SC-Flat] Henties Bay, Marsbanker Str. 476 (Nordende) Dolly Els Henties Bay P.O.Box 137 064-500177 064-500177 081-2712111 3 SC Flats: 12P+6P+7P $ (2012) 120N$ pP Reduktion auf Anfrage . Unterstellmöglichkeiten für Autos 1 Einheit rollstuhlfreundlich keine HausT ltheron@polytechnic.edu.na

Erholungsheim ELK (G20)

[SC-Flat] Swakopmund, Bäckerstr.10 Lutheran Church, Tebby (manager) (Afrikaans) Swakopmund P.O.Box 779 064-402093 064-400297 081-2422528 6 Flats mit 3DZ + Flat 7P + Vokü, mit Geschirr und Bettwäsche / 10Z, 65P $ (2013) 7P: 770N$ / 4P: 575N$, 3P: 465N$, 2P: 440N$ oder 380N$, 1P 250N$ heim@iway.na

Esplanade Park (G84)

siehe „Esplanade Park (G84)" S. 204

Estnic B&B (G65)

siehe „Haus Estnic B&B (G65)" S. 208

Europahof, Hotel (G21)

[Hotel] Swakopmund, Bismarck Str. 39 Veronica Townsend (general manageress) (Deutsch) Swakopmund P.O.Box 1333 064-405061[2] 064-402391 26DZ, 5 EZ, 4TR $ (2012) B&B: EZ 855N$, DZ 1.271N$, TZ 1.628N$ / K6 frei / Pensionäre + Flugangestellte 10% Rabatt Kiwi: Spielplatz, Kindermenü / KonferenzZ Restaurant (L 120N$, D 190N$), Lunchpakete 90N$ / Setmenü für Tourgruppen freier Internetzugang 5 Z rollstuhlfreundlich, Restaurant Rollstuhl zugänglich HausT ok, wenn sie sich gut benehmen und ruhig sind. veronica@europahof.com, info@europahof.com #www.europahof.com

Esplanade Park (G84)

[Ferienhäuser][SC] Walvis Bay, an der Wavis Bay Lagune Municipality Walvis Ba Walvis Bay Private Bag 5017 064-206145 & 064-206145 (office), Cell 081-3114184 064 204528 Bungalows (A) für 3P / Bungalows (B) für 5P. VIP cottage (C) für 6P / alle mit gut ausgestatteter Küche und Geschirr, Tiefkühlschrank, Handtücher auf Anfrage / abschließbare Garage =27 bungalows $ (2012) A: 250N$ (400N$) / B: 406N$ (650N$) / C: 652N$ (900N$) / (Preise in Klammern: Hochsaison Apr-Jul, Dec-Jan) Spielplatz / liegt an der Lagune, ***Blick auf die Flamingos*** Vogelbeo. keine HausT empfehlenswert: sehr schöner Platz #www.walvisbaycc.org.na

Meersalzproduktion bei Walvis Bay

F1 Waterfront Estate (G176)

▲ [SC-Flat] Swakopmund, NamibStr. 9 ☞ Terra Africa Hospitality (Rolf-Jürgen Hansen), manageress Anel Zabel (Deutsch) 081-2406841 2 Schlafzimmer Flat $ (2013) Flat 800N$ 980N$ ⓘ gehört zur Terra Africa Hospitality: siehe auch Pebble Stone House Swakopmund, Terra Africa Guesthouse Windhoek, Paua Holidays SC Villa's, Swakopmund keine HausT @ ajzabel@iway.na, info@terra-africa.com

Feathers Inn Guesthouse (G80)

▲ [Pension][SC] Walvis Bay, Hanna Mupetami (18th) Road 61 ☞ Cecilia Idriaanse (Spanisch, Portugiesisch, Deutsch) ✉ Walvis Bay P.O.Box 2119 ✆ 064-209799 064-209737 081-2523245

6DZ mit Kitchenette + 4SC mit Vokü / auch Raucherzimmer!!!! (21P) / einige Zimmer sind klein $ (2012) DZ 510N$, EZ 330N$, FZ 750N$ / SC: 2P 500N$ / K12 50N$ / Frühstück 30N$ / Senioren Rabatt Sprachgenie: lernt die Sprachen ihrer Gäste, zur Zeit Russisch, Chinesisch, Japanisch, auch afrikanische Sprachen Lunch & Dinner auf Bestellung Wäscheservice, Wlan / sicheres Parken HausT auf Anfrage empfehlenswert: uriger Platz, frequentiert von internationalen Werftarbeitern / nettes Frühstück im Hof @ feathers@iway.na

Ferienhäuser Swakopmund (G45)

ⓘ siehe „Swakopmund Municipality Bungalows (G45)" S. 220

Fischreiher, Guesthouse (G125)

▲ [B&B] Swakopmund, Fischreiher Str.78 ☞ Betsie van Rensburg (Afrikaans) ✉ Swakopmund P.O.Box 2531 ✆ 064-462930 064-462954 7DZ / SC Flat $ (2012) B&B: EZ 450N$ pP, DZ 730N$, K5-12 95N$, K12-18 180N$ / Flat 600N$ Wäschedienst keine HausT @ fischreiher@iway.na

Fisherman´s Guesthouse (G66)

▲ siehe Seite 206

Fisherman´s Inn (G136)

▲ [Rastlager][Camping][SC] 30km nördl. Henties Bay / Anfahrt: C34 ☞ Christa & Rocco Albrightson (Afrikaans) ✉ Henties Bay P.O.Box 323 ✆ 064-500219 064-500219 081-1298162 (Christa), 081-4112148, 081-2333675, skype: christa.albrightson ▲ 8 Plätze, max 4P pPlatz $ (2012) 75N$ pP, K13 50% 3DR + 2SC-Units (kein Strom, max 6P) $ (2012) SC-Unit 600N$ pT / Z: B&B 250N$ pP / K13 125N$ ⓘ KonferenzZ altes Büro der Salzwerke, museal ausgestattet Angeln an der Küste Restaurant à la carte, Lunchpakete, "frischer Fisch vom Ozean" / / Sports bar nur Handyempfang @ fishermansinn.henties@gmail.com, calbrightson@yahoo.com #www.fishermansinnnamibia.com

Footprints (G128)

▲ [SC-Flats] Swakopmund, Vineta, Turmalin Str. 100: Hage Heights (Afrikaans) ✉ Swakopmund P.O.Box 3162 ✆ 064-403043 064-403132 081-2513111 8 SC-DZ mit Vokü $ (2012) SC: 1P 462N$ (715N$), 2P 605N$ (715N$), Lux 715N$ (825N$), FZ bis 6P 1.045N$ (1.200-1.500N$ // B&B: 1P 495N$ (735N$), 2P 715N$ (792N$), Lux 792N$ (902N$) // Preise in Klammern: Hochsaison Wlan @ info@footprints2swakop.com # www.footprints2swakop.com

Free Air Sport Centre B&B (G85)

ⓘ neuer Name: siehe „Oyster Box Guest House (G85)" S. 214

Gamsberg Accommodation (G109)

▲ [SC-Flat] Henties Bay, Brukaros Street 1847, South Dune ☞ Kotie & Schalk van der Merwe (Afrikaans) ✆ 064-501912 & 064-500505 064-501912 081-2951899, 081-1273800 Haus mit 3 SC-Einheiten mit 6DZ (16P), 3 Vokü $ (2012) 150N$ pP, Rabatt für längeren Aufenthalt, K6-15 50N$ @ kotie@iafrica.com.na, kotie2010@live.com #http://www.hentiesbaytourism.com/accom-Gamsberg.htm Gamsberg Safaris, Tel. 064-501912, Fax 064-501912 / Fax 061-238167

Garnison (G22)

ⓘ siehe „Haus Garnison (G22)“ S. 208

Gecko Ridge (G114)

▲ [Gästehaus][SC-Chalets] 15km östl. Swakopmund / Anfahrt: B2, D1901, Plot 120 Swakop River ☞ Zandré Ruch ✆ 064-406332 ▯081-2146567 Δ 6 Plätze ab September 2013 ▬ 6DZ, 2 SC-Chalets mit eigenem geschlossenen Garten $ (2013) SC 1P 599N$, 2P 450N$ pP, extra P 225N$, K7-12 // B&B Zimmer: 1P 865N$, 2P 650N$ pP, K7-12 325N$ ⓘ Kiwi, Rauwi Gym Wlan / Wäscheservice, Shuttle Service "stolz, HausT freundlich zu sein", geschlossener Garten @ geckoridge.nam@gmail.com, geckoridge@resdest.com #www.-geckoridgeguesthouse.com

Goanikontes (G111)

▲ [Rastlager] 38km östl. Swakopmund / Anfahrt: B2 (3km), C28 (35km) (ohne Permit zu erreichen, auch durch den Swakop) ☞ Winfried Metzner (owner), Antoinette, Claudia, Lonacordes (manageress) (Deutsch (Oshiwambo)) ✉ Windhoek P.O.Box 11733 ✆ 064-405976 & 064-464150 ▯081-2354138 Δ 15 Plätze $ (2013) 100N$ pP ▬ 3 Rondavals, 2 A-Frame Chalets, 3 Bungalows $ (2013) B&B. 600N$ ⓘ Picknickplatz 20N$ pP hist. Platz / s. "Namibia" S. 560 / siehe auch AZ vom 5.5.2011 // Kunstausstellung // interessante Farmgeschichte, z.B. Hagenbecks Straußenfarm Salzwasserpool Kaffee&Kuchen am Wochenende: 9 verschiedene Kuchen / Lunch+Setmnue Dinner auf Anfrage (siehe Anzeigen in der Tageszeitung) HausT sehr ok Ziegen, Enten, Hühner @ goanikontes-oasis@iway.na, metzger@mweb.com.na #www.goanikontes-oasis.com

Golfdorf Swakopmund (G104)

ⓘ siehe „Rossmund Lodge (G104)“ S. 217

Grüner Kranz Guesthouse (G23)

▲ [Backpacker][SC] Swakopmund, Nathaniël Maxuilili Street 42 ☞ Francois Tromp (owner), Doreen Tromp (manageress) (Englisch) ✉ Swakopmund P.O.Box 438 ✆ 064-402030 064-405016 ▬ 10DZ, 4TZ, 6QZ, 10 Schlafsäle (4,6,8 P) $ (2013) B&B: EZ 635N$, DZ 820N$, TZ 945N$,

Fisherman´s Guesthouse (G66)

▲ [Gästehaus] Henties Bay, Auas Str. 1854, südl. Ortsrand, 200m vom Strand ☞ Anneke Cloete & Louis Fenaux (owner) (Englisch) ✉ Henties Bay P.O.Box 635 ✆ 064-501111 064-501177 ▯081-3032694 (Anneke), 081-4536324 (Louis) ▬ 9DZ $ (2013) Standard: B&B EZ 610N$, DZ 448N$ pP / Luxury EZ 813N$, DZ 499N$ pP / K6-12 300N$ ⓘ alter Name: Byseewah Guest House Angeln 3-Gänge Menü 150N$, Mit frischer "Seafood" 195N$ / ***Louis war lange Jahre Chefkoch in verschiedenen Michelin-Sterne-Restaurants*** Wlan / Wäscheservice ♿ 3Z rollstuhlfreundlich, keine Treppen gut erzogene HausT ok @ reservations@huntandfishnamibia.com, anneke.cloete@huntandfishnamibia.com, http://huntandfishnamibia.com/wordpress/

QZ 1.050N$, dorm 270N$ / Dorm 1p 170N$, SC dorm 190N$ // K6-16 150N$ // nach Spezialangeboten fragen: z.B. Februar 2013 DZ 630N$ ⓘ früher: "Dunes Backpackers" und "Swakop Lodge", am 1.5.2012 als Grüner Kranz wiedereröffnet Gruniz Night Club, KonferenzZ 30P Buffet Frühstück 95N$ / Restaurant Wlan / Wäscheservice nachts evtl. laut @ bookings@grunerkranz.com # www.grunerkranz.com

Gut Richthofen (G110)

[Ferienhäuser] 20km östl. Swakopmund / Anfahrt: B2 nach Windhoek, D1901, 8,5km Schild Susanne & Michael Adler-Florin (Deutsch) Swakopmund P.O.Box 796 064-404309 064-405553 081-2564588 5 Appartements SC = 2X1Z+ 3X2Z = 14P $ (2012) Appartment SC:1DZ (1-2P) 460N$, 2 DZ (1-4P) 600N$ ⓘ Kiwi, Spielplatz / KonferenzZ Rittersaal für Festlichkeiten und Hochzeiten / erbaut 1991 4X4 im Swakop / Reit u. Kamelfarm + Golfplatz + Straußenzucht nebenan / Spaziergang in das vom Swakop, Volleyball SC, Frühstück 80N$ Waschmaschine+Trockner / ebenerdig HausT auf Anfrage @ richthofen@iway.na # www.natron.net/gut-richthofen

Hansa Hotel (G24)

[Hotel] Swakopmund, Hendrik Witbooi Str. 3 Mr. Stephan Wacker Swakopmund P.O.Box 44 064-414200 064-414299 58 Z mit Bad, 4 Executive Suites $ (2012) B&B: EZ 1.360N$, DZ 1.990N$, K5-12 mit 2 Erwachsenen 120N$ / Suite 2.390N$, extra Erwachsener 325N$, K5-12 mit 2 Erwachsenen 180N$ ⓘ KonferenzZ, Cocktail Party Räume hist. Gebäude 1905, Meisterfriseur Paul Miersch begann hier sein Geschäft und erweiterte es auf Unterkünfte, 1954 modernisiert durch Ehepaar Rummel Restaurant à la carte, Lunchpakete, Spezialmenüs Wlan / Wäscheservice @ info@hansahotel.com.na # www.hansahotel.com.na

Haus Estnic B&B (G65)

[B&B] Henties Bay, Omatako Str. 1417 Annetjie & Kobus Beukes (Afrikaans (Deutsch, Niederländisch)) Henties Bay P.O.Box 627 064-501902 064-501902 081-2012381 3DZ = 6P / Braaiplätze $ (2012) B&B: DZ 650N$, EZ 650N$ @ hausestnic@iway.na # www.hentiesbaytourism.com/accomEstnic.htm

Haus Garnison (G22)

[Pension] Swakopmund, Tobias Hainyeko Street, vormals Garnisonstr. 4 Berndt Müller (Deutsch) Swakopmund P.O.Box 2188 064-404456 064-403340 081-1243340 3 FZ (3B + 5B) + 8DZ = 25B / separates Strandhaus 5P SC Vokü $ (2012) B&B: EZ 430N$, DZ 315N$ pP / K4-6 110N$, K7-12 140N$ ⓘ Kiwi, Rauwi Wäscheservice, Wlan / Handtücher @ garni@africaonline.com.na # www.hausgarnison.com

Haus Veronika (G50)

[B&B][SC] Swakopmund, Dolphin Str. 5 Nicole & Hans-Jürgen Sauer (Deutsch) Swakopmund P.O.Box 981 064-404915 064-404930 5 ensuite Z (DZ, TwZ, TZ, QZ) $ (2013) B&B: NashornZ, LeopardZ 2P 620N$, 3P 720N$, 4P 820N$ / ElefantenZ: 1P 370N$, 2P 510N$ / LöwenZ 1P 370N$, 2P 620N$ / GiraffenZ: 1P 370N$, 2P 550N$ ⓘ Fama keine HausT @ holiday@veronika-bed-and-breakfast.com # www.veronika-bed-and-breakfast.com Karen Wittmann, D-90571 Schwaig, Telefon: +49-911-5065586, E-Mail: karen_wittmann@yahoo.de

Hentiesbay Guesthouse (G66)

ⓘ siehe „Fisherman´s Guesthouse (G66)" S. 207

Huis Klipdrift (G68)

[SC-Flat] Henties Bay, Kabeljou Str. 142 Valerie Latejan (Englisch) Henties Bay P.O.Box 24 064-501329 064-501330 081-1273823 2 SC-Häuser + 4 SC Flats =33P / Vokü $ (2008) 295N$- 950N$ je nach Flat pT, inkl. Reinigung ⓘ 8 große Garagen Restaurant Spitzkoppe nebenan @ val@iway.na # www.hentiesbaytourism com/houseKlipdrif.htm

Ietsiemeer Beach House (G146)

[SC-Flat] Henties Bay, (südliches Ende), Eros Street ☞ Ebeneze van Schalkwyk, Junita Tietz ✆ 064-500326 081-2930110 (Juanita) 6 DZ $ (2012) 3.000N$ pHaus mit 3Doppelschlafzimmer, zusätzliches Z 750N$ Vokü Waschmaschine, Trockner leider keine HausT @ ebeneze@derrin.co.za, hitietz@mweb.com.na #www.ietsiemeer.com Ebeneze 0027-82-8041556

Indongo, Guesthouse (G59)

[Gästehaus] Swakopmund, Moses//Garoëb Str. ☞ Frans Indongo / Protea Hotel ✉ Walvis Bay P.O.Box 30 ✆ 064-414750 064-414769 4DZ+1FZ+1 Suite $ (2013) B&B: EZ 885N$, DZ 1.035N$ / ⓘ KonferenzZ 15P, Kiwi Wi-Fi Biographie von Frans Indongo: "Vom Tellerwäscher zum Millionär", Gamsberg McMillan @ guesthouse@proteahotels.com.na # www.proteahotels.com

Intermezzo Guest House (G27)

[B&B] Swakopmund, Dolphinstr. 9 ☞ Carmen & Harald Goldbeck (Afrikaans, Deutsch) ✉ Swakopmund P.O.Box 2782 ✆ 064-464114 088-643939 6DZ+1TZ + 1X3Bett Z+ 1X4Bett FR $ (2013) B&B: EZ 576N$, DZ 897N$, TZ 1.346N$ / FZ 4P 1.320N$ Wlan frei keine HausT @ intermezzo@iway.na #www.swakop.com/intermezzo

Jakkalsputz Camping (G103)

[Ferienhäuser] 67km nördl. Swakopmund / Anfahrt: an der Küstenstraße C34 ☞ Tungeni Africa Investments ✆ 064-402172 064-403023 250 Plätze, einfache sanitäre Einrichtungen / Platz: max 6P, 2 Fahrzeuge, 1 Caravan or 1 Zelt $ (2012) 100N$ pP + 5N$ pDusche + 30N$ pAuto + 1l Wasser 1N$ ⓘ direkt am Meer / Tagb. frei Angeln ist frei, aber die zulässigen Fangmengen und Fischgrößen müssen eingehalten werden. Angeln von NWR an Tungeni verpachtet, nicht mehr richtig unterhalten, 2013 bisher nur Abrißarbeiten @ info@tungeniafrica.com #www.-tungeniserenity.com/jakkalsputz/index.htm Tungeni Africa 061-400205, 061-221333

Jan Jonker Apartments Swakopmund (G28)

[SC-Häuser] Swakopmund, Beach House: Fishreiher Street 38 / Walk House: Lumen Street 5 ☞ Angelika Koslowski & Ulf Jacobson (Deutsch) 081-1290001 alle SC mit Vokü: A) Beach House 3DZ, 2 Duschen B) SC Beach Cottage 2DZ C) Ocean House 2,5DZ D) Ocean Flat 2DZ // 2x Antonius Appartment 2DR / $ (2013) A) 1.622N$ [2.029N$] / B) 1.114N$ [1.419N$] / C) 1.419N$ [1.826N$] / D) 808N$ [1.012N$] / E) 1.014N$ [1.320N$)] / Preise in Klammern Hochsaison: 15.12-15.1. ⓘ Aufzug, Garage Anmeldung: Kiebitz Street, Mrs Emgard Katjiua HausT ok, vorher anmelden @ info@jan-jonker.com, angelika@jan-jonker.com #www.jan-jonker.com 061-221236, Fax 061_221236, P.O.Box 90760, Windhoek

Kleines Nest B&B (Walvis Bay) (G86)

[B&B] Walvis Bay, An der Lagune, Esplanade Road 76 ☞ Melani & Johann van den Berg (Afrikaans, Deutsch) ✉ Walvis Bay P.O.Box 730 ✆ 064-203203 064-206907 8DZ mit kitchenette / Luxus: zur Lagune $ (2012) Luxus: B&B: EZ 600N$, DZ 750N$ / Standard B&B: EZ 500N$, DZ 600N$ ⓘ striktes Nichtraucher Gebot "beobachte Delphine von deinem Zimmer" Wlan / Wäscheservice @ kleinnest@iway.na #www.natron.net/tour/kleines-nest/index.html

Kolb (G29)

[SC-Flat] Swakopmund, Hendrik Witbooi Str 36 ☞ Regina & H. Kolb (Deutsch) ✉ Swakopmund P.O.Box 708 ✆ 064-405888 064-405537 081-1245111 1 Flat SC 4P mit Vokü $ (2012) Flat 350N$ rollstuhlfreundlich keine HausT @ hrkolb@iway.na

La Sirenetta (G177)

▲ [B&B] Swakopmund, Vineta, Kormoran Str. 9 ☞ Fabio Chester (Italienisch, Deutsch) ✉ Swakopmund P.O.Box 1883 ✆ 064-405614 064-405614 081-1245858 4DZ + 1FZ $ (2012) B&B: FZ 1.715N$, DZ 1.100N$ Wlan (foc) HausT auf Anfrage @ la.sirenetta@rocketmail.com #www.lasirenetta.com.na

Lagoon Chalets (G87)

▲ [SC-Flat][Camping] Walvis Bay, Hage Geingob Str. 8th Street West / Mersig ☞ Nicol Ghrun (Englisch) ✉ Walvis Bay P.O.Box 2318 ✆ 064-217900 064-207469 081-1287151 15 Plätze $ (2012) Platz 200N$ bis 4P etra P 50N$ pP 27 eingerichtete Chalets bis zu 6P mit Vokü, Bettzeug + 7 StandardZ 2P / einige mit Garage $ (2012) Chalet ensuite: 1DZ 4P 530N$, 2DZ 6P 650N$, 3DZ 700N$ / StandardZ: 2P 600N$ / ab 1.4.12 10% mehr in der Hochsaison ⓘ Tiefkühlgelegenheit, Abschuppplatz für Angler / Kiosk nicht direkt an der Lagune Billard ab 1.4.12 Coffee Shop ♿ rollstuhlfreundlich keine HausT @ lagchres@mweb.com.na

Lagoon Loge (G88)

▲ siehe Seite 211

Langholm Hotel Garni (G89)

▲ [Hotel] Walvis Bay, 2te Str. west 18-24 ☞ Nic Adams (owner & host) (Englisch) ✉ Walvis Bay P.O.Box 2631 ✆ 064-209230 064-209430 2TwZ+10DZ+1TZ+1Fz+1 LuxZ+1LuxSuite $ (2012) alle B&B: StdZ: 1P 775N$, 2P 910N$, 3P 1.060N$ / LuxZ 1P 910N$, 2P 1.050N$ / Fsuite 1P 940N$, 2P 1.150N$, 3P 1.300, 4P 1.450N$, 5P 1.600N$ / LuxSuite 1P 1.000N$, 2P 1.250N$, 3P 1.400N$ // extra P 165N$ "Eine Kappen-Kollektion mit fast 1.000 Exemplaren, eine Bierdeckelsammlung 600 Stück" Restaurant ♿ 12Z rollstuhlgerecht @ desk@langholmhotel.com #www.langholmhotel.com

Langstrand / Long Beach (G122)

▲ siehe Seite 213

Levo Chalets (G123)

ⓘ siehe „The Dune Chalets (G123)“ S. 221 (von Langstrand nach Walvis Bay gezogen)

Long Beach Lodge (G113)

ⓘ siehe „Protea Hotel Long Beach Lodge (G113)“ S. 215

Loubser´s (G79)

▲ [Ferienwohnungen][Back-Packer] Walvis Bay, 3te Straße West No 11 ☞ Lala & François Loubser (Afrikaans) ✉ Walvis Bay P.O.Box 244 ✆ 064-203034 064-220434 Lala: 081-2372339, Francois: 081-1287347 1 SC Flat 6P Vokü, 1 Twin-Bett + 2 Einzelbetten + 1 Doppelcouch, / 3DZ / 2 X 4 Schlafräume: 2 Doppelbetten + Kitchenette $ (2013) SC-Unit: 650N$ / B&B: DZ 400N$ pP, EZ 250N$, Schlafraum 140N$ pP Frühstück für SC, Dinner, Lunch auf Anfrage keine HausT (großer Hund) @ falou@iway.na #www.loubseraccommodation.com

Marietjie´s Guest House (G130)

▲ [Gästehaus][SC] Swakopmund, Otavi St. 19 ☞ Marietjie Rosemund (Afrikaans (Deutsch)) ✉ Swakopmund P.O.Box 777 ✆ 064-400121 064-400168 081-3605858 6DZ $ (2013) SC 250N$ pP ⓘ sicheres Parken historisches Gebäude von 1900 Frühstück auf Bestellung Wlan keine HausT @ mghouse@iway.na, marietjie@iway.na

Meike´s Gästehaus (G30)

▲ [Gästehaus] Swakopmund, Leutwein/Windhoekerstr. 23 ☞ Meike & Klaus Wurriehausen (Deutsch) ✉ Swakopmund P.O.Box 2858 ✆ 064-405863 064-405862 5DZ + 3 FamilienZ alle mit Veranda 1SC Flat mit Vokü 5P $ (2013/2014) B&B: DZ 970N$, EZ 630N$ ⓘ Wlan Wlan free keine HausT Trummileser sind immer wieder sehr zufrieden mit dem Gästehaus @ meike@africaonline.com.na #www.meikes-guesthouse.net

Lagoon Loge (G88)

⅄ [Gästehaus] Walvis Bay, Kavambo Nujoma Drive 88, an der Lagune ☞ Helene & Wilfried Meiller (Französisch, Spanisch) ✉ Walvis Bay P.O.Box 3964 ✆ 064-200850 ☏ 064-200851 ▯ 081-1297953 ▬ 8DZ davon 4FZ $ (2012) B&B: EZ 890N$, DZ 1.380N$, FZ 2E+2K12 1.800N$, zusätzlicher E: 100N$ ⓘ „Chacune a une touche personnelle par le thème, la couleur et la déco" (Jedes Zimmer mit eigenem Dekor und eigenen Farben.) Kayak, Quadbike Franz. Restaurant geführt von Virgille Meiller: Lyon Des Sables (064-221220), Waterfront Walvis Bay, bei MolaMola / ***Chefkoch David Thomas = bester Koch 2010,2011,2013 von Namibia und Koch des Jahres von Südafrika*** Bestellen Sie doch sein Gewinnermenü 2013: Vorspeise: Seezungenfilet in Curry-Sahne, Parma-Schinken, Paprika-Salsa, Macadamia-Nüssen und Curry-Kekse. Hauptspeise: geschmorter Schweinebraten in Rotwein-Sauce, Lamm-Nieren-Eintopf und Butterkürbis-Püree. Dessert: Kiwi-, Granatapfel und Limone-Creme Brulée in einer Ingwer-Karamell-Sauce. keine HausT @ french@lagoonloge.com.na (without/ohne d) # www.lagoonloge.com.na (without/ohne d)

Meile 14 (G178)

⅄ [Camping] Swakopmund ☞ NWR Δ Meile 14: 140 Plätze ⓘ Platz ist nicht mehr unterhalten

Meile 4 Caravan Park (G102)

⅄ [SC Chalets][Camping] 6km nördl. Swakopmund / Anfahrt: C34 / Vineta ☞ Wimpie Vernooy / Goverment (owner) (Englisch) ✉ Swakopmund P.O.Box 3452 ✆ 064-461781 ☏ 064-462901 Δ 200 Plätze + 8 Plätze mit eigenen Sanitärblock (clusters) $ (2012) 55N$ pP +40N$ pAuto / Cluster 250N$ ▬ SC Zelte 2P / SC Bungalows 2DZ + SC VIP Bungalows 3DZ + SC Flats 3DZ / 2 Blöcke a 14Z = Schlafsaal mit Kitchenette $ (2012) Standard SC Bungalow 5-6p 700N$, VIP Bungalow max 6P 800N$, Lux Flat max 6P 1.000N$ / SC Zimmer 2P 320N$, 3P 410N$ / SC Zelte 250N$ // plus 40N$ pAuto ⓘ 24Std Eingangsbüro keine HausT kahler Platz, kann sehr windig sein @ m4swakop@mweb.com.na # www.mile4swkp.com

Meile 72 / 108 (G101)

⅄ [Camping] Swakopmund / Anfahrt: alle Plätze liegen entlang der Küstenstraße C34, die Namen geben die Entfernung von Swakopmund aus in engl. Meilen an ☞ Tungeni Africa Investments ✆ 064-402172 ☏ 064-403023 Δ Meile 72: 240 Plätze, Meile 108: 170 Plätze / einfache sanitäre Einrichtungen $ (2013) Meile 72: 100N$ pP + 5N$ pDusche + 30N$ pAuto + 1l Wasser 1N$ // Meile 108: 100N$ pPlatz + 30N$ pP ▬ Chalets für 4P $ (2013) Chalet 500N$, inkl. 1 Wassertank ⓘ Keinerlei Versorgung, nur WCs und Wasser, für das bezahlt werden muß, da es für die Tanks angeliefert wird. ♔ ehemals Plätze von des staatlichen NWR. 2011 wurden die Plätze an Tungeni "verkauft/geleast". Bis 2013 keine Erneuerung der Infrastruktur. Angeln einsamer Strand, rauhes Meerwetter

#www.tungeniserenity.com/mile108/index.htm Tungeni

Menuchah (G188)

▲ [SC-Flat] Walvis Bay, Sam Nujoma Av 55 Ina Eysele (Englisch) Walvis Bay P.O.Box 2063 064-203342 081-2504694 088-643132 5 Appartements 2-6P mit Vokü, Braai innen& außen $ (2012) 260N$ pP / Monatsrate erhältlich Menuchah ist die Englische Form eines hebräischen Wortes, das "Rastplatz" bedeutet. Frühstück auf Anfrage Wäscheservice keine HausT ina@iway.na #www.namibia-accommodation-guide.com/walvisbay_menuchah.html

Meransha (G179)

▲ [SC-Flat] Langstrand / Longbeach, Kuiseb Av. 5 Walvis Bay P.O.Box 01639 064-204233 081-1280300 2 App. á 6P, mit eigenem Hof, Seeblick $ (2012) SC 250N$ pP "bringen Sie Ihren Hund mit" meransha@iway.na

Namib Guesthouse (G180)

▲ [Gästehaus] Swakopmund, Anton Lubowski Straße 61 Nicolette Betts (Deutsch) Swakopmund P.O.Box 57 064-407151 064-407161 081-2856311 7DZ+1FZ $ (2013) B&B: EZ 790N$, DZ 540N$ pP / Luxus B&B: EZ 890N$, DZ 600N$ pP, FZ 600N$ pP / K6-12 350N$ / Guide 450N$ ganz neu 2012 möglichst viel "Biologisches": Bioprodukte zum Frühstück / Küchenabfall für Kompost und Wurmfarm, Wasserheizung mit Solar Wlan frei / Wäscheservice keine HausT info@namibguesthouse.com #www.-namibguesthouse.com

Namib Shore Guesthouse (G77)

▲ [B&B][SC] Henties Bay Marie von Mollendorf (Deutsch) Henties Bay P.O.Box 518 064-500182 081-1275663, 081-293231 088-617201 4DZ, davon 1 SC $ (2012) B&B: EZ 380N$, DZ 550N$ / K6-12 50% Kiwi Angelausflüge Mahlzeiten auf Anfrage Wäscheservice rollstuhlfreundlich namshore@iway.na #www.namshore.iway.na

Namibia Coast SC (G99)

▲ [SC] Walvis Bay, 1te Straße Nord 46, Meersig 46 Andrew Grane (Namibia Coast SC and Desert Tours) (Afrikaans) Walvis Bay P.O.Box 493 064-2033311 081-1295505 Cottage mit 3DZ $ (2012) SC: EZ 450N$, DZ 500N$ auch Desert Tours nahe bei der Lagune rollstuhlfreundlich gut erzogene Hunde auf Anfrage grane@mweb.com.na #www.namibiacoast.com.na

Namibia Holiday Services CC (G31)

▲ [Agentur füre SC-Flats] Swakopmund, Sam Nujoma Av. 23 Roswitha Smit (Deutsch) Swakopmund P.O.Box 3017 064-405442 (auch abends) 064-404826 081-2261394 SC-Häuser+Flats voll eingerichtet Vermittlungsstelle für "temporäre" Unterkünfte (z.B. Ferienwohnungen, die nicht dauernd benutzt werden) für Selbstversorger in Swakopmund. Preise: ab 750N$ per Appartement / Webside aufrufen um freie Flats zu finden reservations@namibiaholidayservices.com, info@namibiaholidayservices.com

Ngandu at Sea (G90)

▲ [B&B] Walvis Bay, 1te Street / 9te Avenue Cori & Oswald Theart (Englisch) Walvis Bay P.O.Box 3192 064-207327 [8] 064-207350 10 DZ + 8EZ + 1SC 4P $ (2012) B&B EZ 400N$, DZ 500N$, K6 frei / Sc-Unit 920N$ keine HausT theart@mweb.com.na

Nonidas, Burg Hotel (G105)

▲ *{zur Zeit zu}* 8km östl. Swakopmund wechselnde Besitzer bzw Pächter, zur Zeit eine kirchliche Radiostation / evtl. Information über die Garage Nonidas 064-400352 historisches Gebäude: Polizei-und Zollposten / sehr schön renoviert / am Swakoprivier gelegen, Blick auf die Wasserstellen im Rivier mit Pelikanen und anderen Vögeln eignete sich gut zum Kaffeeausflug, aber zur Zeit nicht möglich

Langstrand / Long Beach (G122)

[Rastlager][Camping] Langstrand / Longbeach, First Street Long Beach ☞ Municipality Walvis Bay ✉ Walvis Bay Private Bag 5017 ✆ 064-200163 📱081-1243537 Δ 100 Plätze für Caravan und Zelte mit Strom $ (2010) Low: 66N$ pPlatz +20N$ pP / High (Apr-Jul, Dez-Jan) 106N$ pPlatz +32N$ pP ⓘ direkt am Strand ♛ Kreditkarten / Bürozeiten Mo-Fr 8-13Uhr, 14-17Uhr; Sa-So 8-13 Uhr, 14-17Uhr / Zufahrt jederzeit möglich / bewacht Direkt am Meer / Gezeitenschwimmbecken, Strand, schattige Picknickplätze, großer Kinderspielplatz / beliebter Wochenendplatz zum Grillen / vor allem für die Walvis Bayer / manchmal laut / Kiwi: großer Spielplatz direkt am Meer Restaurant (nicht immer geöffnet), Kiosk HausT ok Architektonisch gut gelungener Freizeitplatz. Am Wochenende gut besucht von den Städtern zum Grillen. Tagesbesucher zum Strand mit Hunden möglich. Seit 1994 stark vernachlässigt. @ longbeachresort@iway.na # www.walvisbaycc.org.na

Ocean Walk SC Holiday House (G28)

ⓘ siehe „Jan Jonker Apartments Swakopmund (G28)" S. 209

Okakambe Trails (G107)

[Reiterhof][Camping][B&B][SC] 12km östl. Swakopmund / Anfahrt: B2, D1901, an der Kamelfarm vorbei, am Swakop ☞ Katrin Schäfer-Stiege (Deutsch) ✉ Swakopmund P.O.Box 1668 ✆ 064-402799 064-405258 📱081-1246626 Δ 2 Plätze unter Bäumen $ (2012) 50N$ pAuto + 30N$ pP 2DZ = 4P + Schlafsaal 6P $ (2012) B&B DZ 350N$ pP / Schlafsaal Vp 250N$ pP ⓘ Kiwi: Ponyreiten, Reitstunden, Wanderausritte / Streichelzoo (Hängebauchschwein, Kaninchen, Katzen, Hunde, Meerschweinchen, Schildkröten) / Fama / Tagb. ♛ ***Reiterhof mit Reitschule / Reittouren in die Namib*** Reitunterricht (1h 190N$), Stundenritte (2h 540N$ pP), Tagesausritte (6h 1.250N$ pP), Mehrtagesausritte mit Vp u. Organisation (3T 5.500N$ pP) / geführte Touren / Reiten ab 250N$ [alles pP für Gruppen >2P) SC möglich / Lunch auf Anfrage Curioshop / Internet / Wäscheservice ***Reiten für Behinderte*** keine HausT @ okakambe@iway.na # www.okakambe.iway.na

Orange House B&B (G32)

▲ [B&B] 🏠 Swakopmund, Richthofen Str. 22 ☞ Alex Schmitt (manager) (Deutsch) ✉ Swakopmund P.O.Box 895 ✆ 064-405157 📠 088-625692 🛏 13DZ **$** (2012) B&B: DZ 30€ pP, EZ 35€, K6-12 50% ⓘ gehört mit zur Okambara Elephant Lodge (D54) / am Meer gelegen ♔ "Turmhaus" / außergewöhnlicher Garten 📎 Wlan @ orange.house@okambara.de, info@orange-house.de # www.orange-house.de 🕮 Okambara Game Lodge (D54)

Organic Square Guesthouse (G181)

▲ [Gästehaus] 🏠 Swakopmund, Rhode Allee 29 ☞ Heidi Müller & Tochter Bronwin Ockhuys & Tanya Uys (Deutsch) ✆ 064-463979 📠 064-463979 📱 081-1490449, 081-1290489 🛏 7DZ (16P) **$** (2012) B&B: EZ 837N$, DZ 1.281N$, TZ 1.574N$, FZ (2E+2K) 1.281N$ // Guide 485N$ ⓘ siehe auch Dünenblick (G140) 🍽 hausgemachte Lbm, frisch gepresste Fruchtsäfte 📎 Wlan / Wäscheservice @ duenenblick@selfcatering-swakopmund.com, gogga4@mweb.com.na, organicsquare@guesthouse-sswakopmund.com # www.guesthouse-swakopmund.com

Oyster Box Guest House (G85)

▲ [B&B] [Guesthouse] 🏠 Walvis Bay, Esplanade 56, Ecke 2nd Street West ☞ Beate Raith (Deutsch) ✆ 064-202247 📠 064-203412 🛏 12 Z = 24P **$** (2012) B&B: EZ 742N$, DZ 1.160N$ / Standard EZ 661N$, DZ 1.017N$ TZ 1.342N$ ⓘ früher: Free Air Sport Centre B&B 🚶 in der Nähe Sportgeschäft: alles für Kiten, Windsurfen, Katamaran Segeln 🐕 HausT auf Anfrage @ oysterboxguesthouse@oysterboxguesthouse.com.na # www.oysterboxguesthouse.com 🕮 Roberto: 061-249597

Paua Holidays (G182)

🏠 Swakopmund, Namib Street 9 ☞ Terra Africa Hospitality, manageress Anel Zabel ✆ 061-252100 📠 061-252020 📱 081-2406841 🛏 2 Villen ⓘ gehört zur Terra Africa Hospitality: siehe auch PebbleStoneHouse Swakopmund G182 / Terra Africa Guesthouse Windhoek A83 / F1 Waterfront Estate Swakopmund G176 @ info@terra-africa.com, ajzabel@iway.na # www.terra-africa.com/swakop/index.html

Pebble Stone House (G182)

▲ [B&B] 🏠 Swakopmund, Namibstr. 9 ☞ Terra Africa Hospitality (Rolf-Jürgen Hansen), manageress Marianne Hansen (Afrikaans) 🛏 8 DZ / Familienoption: Schlafsofa **$** (2012) B&B 1.180N$ ⓘ gehört zur Terra Africa Hospitality: siehe auch Paua Holidays SC Villa's Swakopmund / Terra Africa Guesthouse Windhoek / F1 Waterfront Estate Swakopmund 📎 Wlan @ info@terra-africa.com, ajzabel@iway.na 🕮 Tel 061-252100, Fax 061- 252020

Pelican Bay Hotel (G91)

ⓘ siehe „Protea Hotel Pelican Bay (G91)" S. 215

Pelican Point Lodge (G189)

▲ [Lodge] 🗺 10km südwestl. Walvis Bay / Anfahrt: am Pelican Point hinter den Salzwerken ☞ Dirk Maes 🛏 9DZ **$** (2013) Suites Hp: DZ 3.020N$, EZzuschlag 320N$, K4-12 929N$ / Rabatt für Namibier, SADC 20% ⓘ Das Gebäude neben dem Leuchtturm (von 1932) ist in eine Lodge umgewandelt worden. ♔ nicht immer leicht zu erreichen 4X4 notwendig 🍽 Restaurant: Wine & Dine 📎 Wlan / Wäscheservice @ info@pelicanpointlodge.com # www.pelicanpointlodge.com

Prinzessin Rupprecht, Hotel (G35)

▲ [Hotel] 🏠 Swakopmund, Anton Lubowski Str. 15 ☞ Mr. Jens Detmold (manager) (Deutsch) ✉ Swakopmund P.O.Box 124 ✆ 064-412540 📠 064-412541 🛏 B&B: kleines EZ: 280N$, EZ 480N$ / DZ 410N$, 470N$ pP / TZ 390N$ pP / Familien Flat 2Z: 2P 940N$, 3E 1.170N$, 4E 1.400N$ / K4-10 120N$, K11-16 120N$ // >10P 10% Diskount // >7T 10% minus // Tourguide STO rate ♔ Historisches Gebäude, als Lazarett 1901 erbaut. Name seit 1914

nach der Frau des Kronprinzen Rupprecht von Bayern vom bayr. Frauenverband / 2011: Die Zimmer wurden renoviert. Unter dem Teppichboden wurde ein 100 Jahre alter Holzfußboden wieder hergestellt. Das Hotel ist immer noch Eigentum des Roten Kreuzes und finanziert das angeschlossene Altersheim und die Pflegestation mit. Lunch/Supper auf Anfrage: Lunch 60N$, Supper 40N$, Lunchpaket 50N$, extra Breakfast 45N$ keine HausT @ info@hotel-prinzessin-rupprecht.com # http://de.hotel-prinzessin-rupprecht.com

Protea Hotel Long Beach Lodge (G113)

[Hotel] Langstrand / Longbeach, Langstrand, Circle Str. Mr. van Zyl (owner) / Protea Hotel (Deutsch) Walvis Bay P.O.Box 3163 064-218820 064-218855 081-1249933 17Z (16 Standard + 1FZ), mit Balkon, Extrabetten für Kinder $ (2012) B&B: EZ 750N$, DZ 950N$, FZ 2E+2K 1.050N$ Konferenzraum, Spielplatz Sonnenbeheizter Swimmingpool Coffee Shop Wlan rollstuhlfreundlich @ longbeachlodge@iway.na # www.proteahotels.com/protea-hotel-long-beach-lodge.html

Protea Hotel Pelican Bay (G91)

[Hotel] Walvis Bay, Esplanade Road Protea Hotels / Werner Lotter (manager) , Elsei (manageress) (Deutsch) Walvis Bay P.O.Box 713 064-214000 064-200481 081-6921335 (GM) 48Z + 1 Presidential Suite + 1Junior Suite = 101 beds $ (2013) B&B: EZ 1.385N$, DZ 1.650N$] / Presidential 6.000N$ / Preise varieren je nach Belegung bis zu 1.500N$ pP 5 KonferenzZ max 200P 1.700N$ Wasserski, Segeln Restaurant, Coffee Shop Wi-Fi frei, Wäscheservice / Shuttle Service 1Z rollstuhlfreundlich HausT ok @ res.pelicanbay@proteahotels.com.na # www.proteahotels.com/pelicanbay

Protea Hotel The Burning Shore (G112)

[Hotel] Langstrand / Longbeach, 152 Ecke Forth Street Protea Hotels / Rudi Deck (manager) Swakopmund P.O.Box 1992 064-207568 064-209836 081-2422532 7 Standard + 1 Suite + 3 LuxusZ $ (2012) Standard EZ 985N$, DZ 1.600N$ / Luxury EZ 1.635N$, DZ 2.250N$ / Superior EZ 1.835N$, DZ 2.450N$ / Suite EZ 2.535N$ / DZ 3.150N$ / K4 100% Tagb. Name nach dem Roman Burning Shore von Wilbur Smith / Angelina Jolie & Brad Pit wohnten hier 2006 und bekamen ihr viertes Kind (die adoptierten eingeschlossen). / Neue Eigentümer ab 2008 Protea Hotels Fitnessraum (max 6P) 1Std 200N$ 1 Flasche Sekt+ Snacks incl. Restaurant à la carte 60P / Breakfast (hot or cold) 45N$, Lunchpack 50N$ sehr schöne Lage am Strand @ gm@burningshore.na # www.proteahotels.com/protea-hotel-burning-shore.html

Protea Hotel Walvis Bay (G96)

[Hotel] Walvis Bay, Ecke Sam Nujoma Av. / 10te Road Dr. F.A. Indongo (owner), Protea Hotels (managing company), Christian Löhner (general manager) (Englisch) Walvis Bay P.O.Box 30 064-213700 064-213701 088-642399, 086-2977619 58 Zimmer: normal + Luxus + FamilenZ with Lounge/ aircon $ (2012) B&B: EZ 795N$, DZ 515N$ pP Business Centre mit Skype+Farbdrucker (frei für Gäste) Restaurant 91P WiFi frei 4 Z rollstuhlgerecht keine HausT @ gm.walvisbay@proteahotels.com.na # www.proteahotels.com

Rapmund, Hotel Pension (G36)

[Pension] Swakopmund, Bismarckstr. 6 Sonja & Enjo Müller Swakopmund P.O.Box 425 064-402035 064-404524 18DZ + 4EZ + 2FZ + 2LuxZ $ (2012) B&B: DZ 772N$, EZ 514N$, FZ 936N$ / LuxZ 1.240N$ Kiwi, Fama nur Breakfast Wlan rollstuhlfreundlich keine HausT @ rapmund@iafrica.com.na # www.hotelpensionrapmund.com

Boat House & Sea Side
Ministry of Defence

Boat House (G173)

▲ [B&B] 7km nördl. Swakopmund / Anfahrt: C34, Mile 4, Seal Street Erf 129 ☞ Ministry of Defence / Mr. Tangeni L. Amuthenu (manager), Mrs. Thea Bosch (owner) (Englisch) ✆ 064-415900 & 064-463952 064-415599 081-1247730 5DZ + 1DelxZ + 1 Suite mit Balkon **$** (2012) B&B: EZ 999N$, DZ 1.470N$, TZ 1.800N$ / Deluxe 1.680N$ / Suite 2.100N$ / K 400N$ // Rabatt für Namibier 15% ⓘ KonferenzZ 30P / gehört zu Sea Side Hotel (G142) am Strand 17m ***langes geheizter Schwimmbecken*** /Gym / ***Beach Volleyball Net*** / Quadbike Wlan frei @ wbosch@mweb.com.na, info@seasidehotelspa.com # www.swakopmund-boathouse.com

Sea Side (G142)

▲ [Hotel & Spa] 2km nördl. Swakopmund / Anfahrt: C34, Meile 4 Dolphin Drive ☞ Ministry of Defence / Shalk van Niekerk (manager) (Afrikaans) ✉ Swakopmund P.O.Box 2765 ✆ 064-415900 064-451599 30DZ, 6 Suiten (alle mit aircon, Bidet, Seeblick) **$** (2013) Luxury / Suite: B&B 3.350N$ pZ / Standard: EZ 1.450N$, DZ 2.250N$ / K3-12 450N$ / ***Spa: Dampfraum, Sauna and Roman Bath inkl.*** ⓘ Konferenzraum 250P Spa, Wellness Beach Volleyballnetz Restaurant 130P Wlan / Wäscheservice ♿ 1Z behindertengerecht keine HausT Am Strand. Eßsaal zu groß. Klotziger Bau, aber sehr schönes Spa-Bad @ info@seasidehotelandspa.com # www.seasidehotelandspa.com

Rossmund Lodge (G104)

▲ [Lodge] 6km nordöstl. Swakopmund / Anfahrt: B2 ausgeschildert, am Swakop Rivier ☞ Louise & Sean Braine (manger), Wim van der Plaas, Graham Louw (owner) (Englisch) ✉ Swakopmund P.O.Box 86 ✆ 064-414600 064-414649 081-1285222 12 DZ-Chalets, 5 Familienchalets (3+4 Bett) + 4 VIP-Chalets = 48P $ (2013) B&B: EZ 705N$, DZ 555N$ pP, TZ 555N$ pP / B&B: EZ VIP 805N$, DZ VIP 850N$ pP / K12 355N$ // Hp plus 195N$ pP ⓘ KonferenzZ 20P (kein Projektor) 18 Loch Golfplatz - Par 72 (064-405644, rossmund@iafrica.com.na) 1/2 Tag & 1 Tag "Eco birding" (Vogelbeo.) & Wüstentouren organisiert durch Batis Birding Safaris Restaurant Dinner Buffet, Lunch, Frühstück HausT ok Springbock, @ roslodge@mweb.com.na

Royal Benguela Guesthouse (G150)

▲ [Gästehaus] Swakopmund, Tsavorite Street 16 5km nördl. Swakopmund / Anfahrt: C34, Dr. Swetering, links in die Tsavorite Street 16 ☞ Adie & Mac McGregor (Englisch) ✉ Swakopmund P.O.Box 8188 ✆ 064-402193 064-402193 081-1242567 8DZ $ (2012) B&B: DZ 980N$, EZ 590N$, FZ (DZ+EZ) 1.200N$, Suite DZ 1.600N$ ⓘ Kiwi Sightseeing / Fishing Tour (3Std) 700N$ oder 250N$ pP (max 6P) Lunch & Frühstücks Pakete (60N$) / 4 Gang Menü 175N$ (mit Vorausbuchung) @ info@royalbenguela.com # www.royalbenguela.com

Sam´s Giardino Hotel (G37)

▲ [Hotel] Swakopmund, Anton Lubowski Av. 89 ☞ Beethoven & Team: Samuel Egger (Schweizer-Deutsch, Französisch) ✉ Swakopmund P.O.Box 1401 ✆ 064-403210 064-403500 8DZ + 1TZ $ (2013/2014) B&B: EZ 1.000N$, DZ 1.400N$, FZ (Honeymoon) 4P 2.100N$ Samuel Egger ist ein Liebhaber von Berner Sennenhunden. Legendär war "Einstein", der die Gäste auf Spaziergängen durch Swakopmund begleitete und sich vor Photographen richtig in Szene setzen konnte. Heute gehört zum Team Beethoven, der seine Aufgabe als public relation manager mehr philosophisch erfüllt. Schweizer Frühstück / Raucherzimmer für Zigarrenkenner / Vinothek (über 150 Weine) u. Tabaccheria / wöchentlicher Plan für Dinner / Setmenü 5-Gang 19:30 Uhr 250N$ / 18:30 Weinprobe mit 7 RSA Weinen 150N$ / Für beides Anmeldung bis 17 Uhr / guterzogene Hunde u. Katzen können mitgebracht werden (35N$ pTier pT ohne Futter) @ request@giardinonamibia.com # www.giardinonamibia.com

Sand&Sea (G9)

▲ [SC-Flat] Swakopmund, Ludwig Koch Str. ☞ Bruce Burns ✆ 064-406064 Appartement: 3DZ mit 2 BadeZ, EßZ, Vokü ⓘ siehe Brigadoon Guest House (G9) siehe Brigadoon Guest House

Sandcastle Apartments (G60)

▲ [SC-Flat] Swakopmund, Wokerstr. 4 ☞ Silke Weber & Rainer Lisec (Deutsch) ✉ Swakopmund P.O.Box 3294 Vineta ✆ 064-403632 081-3707231 088-614230 4 Flats Vokü: Flat 1: 1DZ 2P / Flat 2: 1DZ, 2E+2K / Flat 3: 1DZ, 2P / Flat 4: 1DZ+2TwZ 6P, 2 BadeZ $ (2012) F1: 550N$, F2: 610N$, F3: 610N$, F4: 1.350N$ / Rabatt für weniger Personen als max im flat / höhere Preise im Dez. & an Ostern ⓘ Kiwi, Parken auf dem Gelände, Fama Frühstück auf Anfrage 60N$ Internet mit Voucher / Wäscheservice keine HausT @ mail@sandcastle-swakopmund.com # www.sandcastle-swakopmund.com

Sandfields Guesthouse (G151)

▲ [B&B] Swakopmund, Sphinx Street 11, Vineta ☞ Jean & Richard Downing, Paul Liechti (Englisch, Italienisch) ✉ Swakopmund P.O.Box 2044 ✆ 064-463136 064-463179 081-2004014 3DZ+2TR $ (2012) B&B: EZ 650N$, DZ 1.020N$ // FZ (K7-18): 1E+1K 710N$, 1E+2K 1.035N$, 1E+3K 1.455N$, 1E+4K 1.770N$ / 2E+1K 1.275N$, 2E+2K 1.650N$, 2E+3K 1.985N$,

2E+4K 2.280N$ / K6 frei / guide 315N$ ⓘ Kiwi 🍽 auf Anfrage: Mahlzeiten & Lunchpakete 📎 Wlan @ info@sandfieldsguesthouse.com # www.sandfieldsguesthouse.com 📖 auch Reservation - Destination

Schweizerhaus, Hotel (G38)

▲ [Hotel] 🏠 Swakopmund, Bismarckstr. 1 ☞ Heidi Snymann ✉ Swakopmund P.O.Box 445 ✆ 064-400331[2][3] 📠 064-405850 🛏 24Z $ (2013) alle mit B&B: Standard: EZ 625N$, DZ 1.020N$, Luxury: EZ 735N$, DZ 1.135N$, DeLuxe: EZ 770N$, DZ 1.210N$, Suite: EZ 790N$, DZ 1.230N$, deLuxe Suite: EZ 920N$, DZ 1.270N$ ⓘ Kiwi: babysitting 🍽 im Café Anton (berühmt durch die Schwarzwälderkirschtorte in allen TV-Sendungen) / Restaurant 📎 Wäscheservice ♿ einige Z behindertengerecht @ schweizerhaus@mweb.com.na # www.schweizerhaus.net

Sea Breeze Guesthouse (G39)

▲ [SC Flats][B&B] 🏠 Swakopmund, Vinete, Turmalin Str. 48 ☞ Charlot & Bennie Liebenberg (owner) (Afrikaans) ✉ Swakopmund P.O.Box 2601 ✆ 064-463348 📠 064-463349 🛏 6DZ / 4 Flats SC mit Vokü (20P) $ (2012) Standard B&B: EZ 700N$ pP, DZ 2P 1.000$, DZ 3P 1.320N$, K3-10 250N$ / SC-Unit 2P 900N$, 3P 1.125N$, 4P 1.425N$, 5P 1.725N$, K3-10 200N$ ⓘ Kiwi 🍽 Frühstück: 75N$ pP / Lunchpackete 📎 WiFi / Wäscheservice @ seabre@iafrica.com.na, seabre@bigfoot.com # www.seabreeze.com.na

Sea Horse (G119)

ⓘ siehe „The Sea Horse (G119)“ S. 221

Sea Side (G142)

▲ siehe Seite 216

Seagull´s Inn (G92)

▲ [Gästehaus] 🏠 Walvis Bay, Sam Nujoma Drive 199 ☞ Mr. Andreas ✉ Walvis Bay P.O.Box 98 ✆ 064-202775 📠 064-202455 🛏 9DZ + 1 SC-FZ / Gemeinschafts Vokü $ (2012) EZ 310N$, DZ 380N$, FZ 650N$ ⓘ geschlossener Parkplatz 🐕 keine HausT @ keine

Swakop Strand (G183)

▲ [SC-Flat] 🏠 Swakopmund, Vogel Strand, Tsavorite Street 9 ☞ Gunther (Deutsch) 📱 081-6386300, 081-7607428 🛏 SC-Appartement 2DZ $ (2013) SC 950N$ (high season 1.400N$) ⓘ Kiwi 👑 Man kann den österreichischen Besitzer als “Chef” buchen, für ein Feischmeckermenü bei ihm zuhause. 🚶 Jacuzzi 🍽 ***kocht auf Anfrage*** auch ***Langusten*** (saisonal) 📎 Wlan / Waschmaschine 🐕 HausT auf Anfrage 👍 sehr gut eingerichtet, Gunther ist ein phantastischer Koch @ swakopstrandrentals@iway.na

Secret Garden (G46)

siehe „The Secret Garden (G46)" S. 221

Shevita Self-Catering (G166)

[SC-Flat] Swakopmund, Ametis Street 3, Hage Heights Annemarie Fourie (Afrikaans) Swakopmund P.O.Box 4172 064-402191 064-405867 081-2757660 SC-Appartement 2DZ (max 6 P) mit Garage $ (2013) 250N$ pP, Appartement 6P 800N$ keine HausT aquila3@iway.na

Sophia Dale Base Camp (G108)

[Rastlager][Camping][SC-Bungalows] 12km östl. Swakopmund / Anfahrt: B2 Richtung Windhoek, D1901, Plot 173 Nonidas Michaela & Manfred Lütz (Deutsch, Afrikaans) Swakopmund P.O.Box 2248 064-403264 081-4130504, 081-4478198 20 Plätze mit Licht/Strom // Dachzelt Dach $ (2013) 120N$ pP, K14 45N$, Hunde 20N$ (Wasser+Strom frei) 2 SC Rondavels mit 2DZ / 3DZ im Königshaus $ (2013) SC Rondavel 2P 660N$, 4P 800N$ / Königshaus B&B DZ 940N$ Kiwi Kamel u. Pferdereiten auf der Nachbarfarm Restaurant mit Biergarten, Frühstück, Lunchpackete, kleiner Laden. Manfred Lütz ist Metzgermeister: regionale Würste. (auch zum Verkauf) Wlan / Wäscheservice 1Z behindertengerecht HausT ok auf dem Campingplatz sophia@mweb.com.na #www.sophiadale.org

Spindrift Guesthouse & Art Studio (G74)

[B&B][SC Flat] Walvis Bay, Main Road 22, Meersig Liz & Cees Visser / Kim Jansen van Rensburg (Deutsch, Holländisch) Walvis Bay P.O.Box 3481 064-206723 064-200673 081-1293940 8DZ/Twin +3FR / 1SC-Flat $ (2013) B&B: EZ 450N$, DZ/TwZ 600N$, TZ 750N$, QZ 900N$ / SC min 850N$ (4p) +150N$ pZusätzliche P (max 8p) 1 Minute von der Lagune / Art Studio Dinner auf Anfrage Wlan / Wäscheservice keine HausT spindrift@namibnet.com, spindrift@iway.na

Stay@Swakopmund Guesthouse (G168)

[B&B] Swakopmund, Kramersdorf, 173 Anton Lubowski Street Yvonne & Karsten Schwabe (Deutsch) Swakopmund P.O.Box 2903 064-403138 064-405543 081-6345212 8DZ+1FZ+2EZ $ (2013) B&B: EZ 585N$, DZ 890N$, TZ 1.335N$ / K6-14 50% bewachtes Parken Frühstück 60N$ Wlan frei 5Z rollstuhlfreundlich Info@Stay-At-Swakop.com, marina-info@stayat #www.stay-at-swakop.com

Stiltz (Die Stelzen) (G116)

siehe „The Stiltz (Die Stelzen) (G116)" S. 222

Strandhotel (G41)

{geschlossen} Swakopmund, Strandstr. Namib Sun Hotels hat das Hotel an die Kempinski Hotel Gruppe verkauft. Seit 1.4.08 geschlossen. Das Strandhotel wurde abgerissen, aber es gibt 2013 keine Bauaktivitäten. Es bleibt ein kahler Platz. 2013: Übernahme durch Olthaver&List mit neuem Entwurf

Strauss Holiday & Overnight Flats (G42)

[B&B] Swakopmund, Hidipo Hamutenya Str. 10 Andrew Fouré (owner), Meisie Le Roux (manageress) (Afrikaans) Swakopmund P.O.Box 2090 064-412350 064-412351 081-1277300 8DZ + 1EZ + 2 FZ Appartements, mit Miniküche $ (2012) B&B: 1P 474N$, 2P 660N$ geschlossener Parkplatz SC Internet frei, Wäscheservice keine HausT straussholidays@iway.na

SunnySide Guest House (G190)

[B&B] Walvis Bay, Ecke 15Street / Nangolo & Mbumba Drive Walvis Bay P.O.Box 1446 064-200199 081-2740874(Cathy), 081-2902876 (Michael) 088-615771

**$** B&B: EZ 300N$, DZ 400N$, FZ 550N$ @ sunnyside@iway.na

Swakop Lodge (G23)

ⓘ siehe Grüner Kranz Guesthouse G23

Swakop Strand (G183)

▲ siehe „Swakop Strand (G183)“ S. 218

Swakopmund Boutique Hotel (G152)

ⓘ siehe „Zum Kaiser (G152)“ S. 223

Swakopmund Guesthouse (G161)

▲ [Gästehaus] 🏠 Swakopmund, Hendrik Witbooi Str. 35 ☞ Fam. Borg (Deutsch) ✉ Windhoek P.O.Box 5048 ✆ 064-462008 ℻ 064-461008 🛏 8StandardZ, 7 LuxusZ, 1Familien Suite **$** (2013) alles B&B: Standard: EZ 850N$, DZ 680N$ pP / Lux EZ 950N$, DZ 800N$ pP / Suite min 2P 990N$ pP / Guide 450N$ // K6-12 450N$ ⓘ Kiwi 🍽 Homemade Brot 📎 Wlan frei / Wäscheservice ♿ ein Zimmer rollstuhlgerecht 🐕 HausT ok, an der Leine @ reservations@swakopmundguesthouse.com # www.swakopmundguesthouse.com

Swakopmund Hotel & Entertainment Centre (G44)

▲ [Hotel] 🏠 Swakopmund, im alten Bahnhof: Theo Ben Gurirab Ave. 2 ☞ Managed by Legacy Hotels and Resorts International, Robert Hodson (manager) ✉ Swakopmund P.O.Box 616 ✆ 064-4105200 ℻ 064-4105360[1] 🛏 90Z (43TwinZ, 44LuxuryZ, 30FZ, 2 Suites, 1 rollstuhlgerechtes Z) und RaucherZ **$** (2013) B&B: EZ 1.840N$, DZ 2.210N$ / K7-12 frei ⓘ Konferenzraum 350 P / Kindergarten / im Haus: Avis-Autovermietung, Touroperator / ♛ Entertainment Centre, Casino / im alten historischen Bahnhof, der als der schönste im südlichen Afrika gilt (wilhelminischer Baustil 1901) 1902 erster Personenzug bis Windhoek 🚶 Kraftraum, Glücksspiel, auch einarmige Banditen (Glücksspiel war bis 1990 verboten); Umbau erst 1994 🍽 Restaurant à la carte, 2 Bars / 📎 Wlan / Wäscheservice ♿ 1Z behindertengerecht @ swakopmund@legacyhotels.co.za # www.legacyhotels.co.za

Swakopmund Municipality Bungalows (G45)

ⓘ siehe „Swakopmund Rest Camp (G45)“ S. 220

Swakopmund Rest Camp (G45)

▲ [Rastlager][SC] 🏠 Swakopmund, Ecke Cordes / Nathanael Maxwilili ☞ Swakopmund Municipality ✉ Swakopmund P/Bag 5017 ✆ 064-4104618 [19], 064-4102621 ℻ 064-4104334 📱 081-1285893 🛏 2-Platten-Herd + Kühlschrank: A-E: (A) Fish Rest House 2Betten / (B) Gecko 2 Betten / (C) Welwitschia Resthouses: 2Betten / (D) Dunes Rest House 2DR, 4Betten / (E) A-Frame (Spitzkoppe) Bungalow : 6Betten (2 unten, 4 oben), Kitchenette // f-e-kitchen: F-G: (F) Brandberg Rest House: 2DR, 4 Betten+2 Couches, Dining Area / (=200P) / (G) Moon Valley Bungalow: 6 Betten, Living Room **$** (2013) Low Season: (A) 344N$ / (B) 419N$ / (C) 426N$ / (D) 621N$ (E) 766N$ (F) 871N$ (G) 948N$ // High Season (30.4.-5.5., 15.6.-15.7., 20.12.-5.1., alle öffentl, Feiertage): (A) 365N$ / (B) 451N$ / © 451N$ / (D) 707N$ / (E) 902N$ (F) 1.010N$ (G) 1.010N$ / Zusatzpreise: Schlüsseldeposit (150N$-300N$) ⓘ KonferenzR 50P 500N$ pTag / Buchungszeiten: Mo-Fr 7.30-13.00 / 14.00-16.30 / bis 22:00 Uhr Bungalow Vergabe möglich / Schlüsseldeposit / keine Handtücher / Autounterstellplätze bei MoonValley - und Brandberg - Häusern ♛ Pelikane auf dem Platz 🍽 SC / Braai Plätze bei den Häusern ♿ rollstuhlfreundlich: Dunes Rest Houses 🐕 keine HausT 👍 empfehlenswert für Gruppen @ restcamp@swkmun.com.na # www.swakopmund-restcamp.com

Swakopmund Waterfront (G184)

▲ [SC-Flat] 🏠 Swakopmund, Zone 58 North ✆ 064-405300 ℻ 064-405318 📱 081-1227528, 0812421690 🛏 3DR, Vokü ⓘ am Strand @ capricorn@realestatesnamibia.com

The Alternative Space B&B (G185)

[B&B][SC] Swakopmund, Anton Lubowski Street 16 / ☞ Sibylle & Frenuc Körich (Deutsch) ✉ Swakopmund P.O.Box 1388 064-402713 064-404027 081-3009352 5DZ+1FR max 12P $ (2014) B&B: EZ 500N$, DZ 800N$ / K 130N$ / extra Person 150N$ eigenwillige Bilder: „Erotische Architektur“ / kein Aufenthalt für Misanthropen SC möglich / WG Küche keine HausT @ nam00352@mweb.com.na # www.thealternativespace.com

Swakopmund Youth Hostel - Alte Kaserne (G56)

[Jugendherberge][SC] Swakopmund, Anton Lubowski Rd 12 ☞ Emily Haimbody (Englisch) ✉ Swakopmund P.O.Box 4332 064-404164 064-405 373 möglich 8DZ, 2 Dorm Frau/Mann $ (2013) DZ 80N$ pP / Dorm 30N$ pP, unter 18: 20N$ (keine Preissteigerung in den letzten Jahren) Samstags & Sonntags keine Aufnahme ohne vorherige Buchung / KonferenzZ 20P historisches Gebäude 1906 von der Deutschen Eisenbahngesellschaft / Jugendherbergsausweis nicht notwendig Küche bietet Essen für Gruppen an / SC: Gebrauch der Küche Internet keine HausT @ emilyhaimbodi@yahoo.com

The Alternative Space B&B (G185)

siehe Seite 221

The Courtyard (Walvis Bay) (G94)

[Hotel/Pension] Walvis Bay, 3te Str. 4 ☞ Bernd & Kallie (Deutsch) ✉ Walvis Bay P.O.Box 3127 064-213600 064-213620 081-2582060 14DZ, 4 EZ / alle DZ in Tz wandelbar $ (2012) B&B: EZ 630N$, DZ 730N$, TZ 830N$ Rauwi kleine HausT ok @ courtyrd@iafrica.com.na (ohne a, without a!) # www.thecourtyardhotelwb.com

The Dune Chalets (G123)

[SC-Flat] Walvis Bay, Tourism Centre, C/O Union Street & 5th Road ☞ Levo Dolphin Tours, Johan Geyser / Ina Havenga (manageress) (Afrikaans) ✉ Walvis Bay P.O.Box 312 064-200606 064-200605 3 SC Flats $ (2013) 2P 450N$, 3P 500N$ siehe „Anzeige Levo Tours“ S. 225 Bootstouren organisiert durch Levo Dolphin Tours 064-207555 (Tourism Centre, C/O Union Street & 5th Road), nicht mehr als 14 pro Boot, auch Rollstuhlfahrer / Abfahrt 9:00 von der Tanker Jetty, Buchung 1 Tag vorher, auch Abholdienst bis Swakopmund // Hochseeangeln 8 Std. 1.000N$ pP -1.600N$ pP nach Anzahl der Personen, Lunchpakete, Köder & Angel inkl. Die ***Bootsfahrt ist sehr empfehlenswert.*** (siehe „ad Levo Tours“ S. 218) @ "Ina - Levo Tours" <bookings@levotours.com> # www.hannamibia.com/business/dune_chalets

The Sea Horse (G119)

[SC Ferienhaus] Swakopmund, Bernstein Str. 4, nördl. des Zentrums ☞ Brigitte Fourie 064-462743 064-462743 081-2793188 088-645582 2 Appartements 2-6P , Vokü $ (2012) 1P 421N$ / 2 Bett Appartement 769N$ / 4 Bett-Appartment 1.120N$ / sea-view 1.090N$ Wäscheservice nicht direkt am Strand @ seahorse@mweb.com.na # www.seahorsenamibia.com

The Secret Garden (G46)

[Gästehaus] Swakopmund, Bismarckstr. 36 ☞ Peter Odendaal (Deutsch) ✉ Swakopmund P.O.Box 2609 064-404037 064-404037 6DZ SC + 3 KomfortZ + 2 Suiten / Küchenmitbenutzung $ (2012) alles B&B: Standard 1P 520N$, 2P 700N$, 3P 1.020N$,

4P 1.420N$ / Compfort 1P 700N$, 2P 880N$ 3P 1.230N$ / Suite 1P 860N$, 2P 1.040N$, 3P 1.130N$, 4P 1.560N$ // K0-1 165N$, K2-11 220N$ // 15% Aufschlag, wenn nur eine Nacht ⓘ Kiwi Bistro 1 Z rollstuhlgerecht gut erzogene HausT ok @ sgg@iway.na # www.natron.net/tour/secretgarden // www.secretgarden.com

The Shifting Whispering Sands (G158)

▲ [B&B] Walvis Bay, Sam Nujoma Av. 82 ☞ Tula Myburg ✆ 064-205348 064-206318 081-1275124, 081-1292923 B&B DZ (2 TwZ + 3DB) + 2 FR=15 Betten / aircon $ (2012) B&B EZ 400N$, DZ 633N$, FZ 4P 978N$ / K6-14 150N$ Wlan / Wäscheservice @ tula@mweb.com.na

The Stiltz (Die Stelzen) (G116)

▲ [Ferienhäuser][B&B][SC] Swakopmund, Strand Str. Süd ☞ Danie Holloway (owner), Margaret Moolman (manageress) (Englisch) ✉ Swakopmund P.O.Box 4045 ✆ 064-400771 064-400711 9 Bungalows auf Stelzen (3 TwZ, 4DZ, 1 Honeymoon, 1FZ), SC-Villa $ (2013) Bungalow: DZ 710/780/850N$ pP, EZ 1.065N$/1.135N$/1.205N$ // FZ: 1 p 1.350N$, 2p 1.560N$, 3p 1.980N$, 4p 2.415N$ // Villa: 1p 2.640N$, 2p 3.2752N$, 3p 3.9064N$ 4p 4.540N$, 6p 5.805N$ ⓘ Bungalows stehen am Meer, aber nicht im Meer. // verbunden mit Auas Game Lodge (B46) & Desert Breeze (G169) // Sylvester 2013 teilweise abgebrannt keine Kinder unter 16J, "da sie von den Plattformen herunterfallen könnten" Vogelbeo. @ info@thestiltz.com, reservations@thestiltz.com # www.thestiltz.com

Tina´s B&B (G48)

▲ [B&B][SC] Swakopmund, Tin Str. 217, Tamariskia ☞ Tina Schrywer (Afrikaans) ✉ Swakopmund P.O.Box 2875 ✆ 064-462017 064-407256 081-2490493 (Tina), 081-4059115 088-641657 1DZ + 3TwZ + 1Flat (SC Vokü) 4P $ (2012) B&B: DZ 650N$, EZ 450N$ ⓘ Wäscheservice SC keine HausT @ tinasuno@mweb.com.na # www.tinasbb.com

Trenckner (H&H Accommodation) (G71)

▲ [SC-Flat][B&B] Henties Bay, Spitzkoppe Str. 1616, südl. Ende ☞ Hermi & Horst Trenckner (owner/manager) (Deutsch) ✉ Henties Bay P.O.Box 489 ✆ 064-500908 064-500908 DZ für 3P / Flat SC max 3P, Vokü $ (2012) B&B 1P 380N$, 2P 520N$ / SC 1P 400N$, 2P 550N$, 3 P 650N$ (Schlafcouch) ⓘ Kiwi keine HausT @ trenckner.h@mtcmobile.com.na # www.hentiesbaytourism.com/accomHH.htm

Veronika (G50)

ⓘ siehe „Haus Veronika (G50)“ S. 208

Villa Margherita (G155)

▲ [Small Boutique Hotel] Swakopmund, Daniel Tjongarero Street 34 ☞ The Charming House, Claudine Bortulus & Partners (Italienisch, Französisch, Deutsch) ✉ Swakopmund P.O.Box 4392 064-400131 081-3324293 2 Villas in Swakopmund : Villa Margherita 8DZ, Villa Tulipano 2DZ (Villa Oleandra siehe J105) $ (2012) DZ 1.500N$, EZ 1.000N$ ⓘ in Schweizer Hand hist. Villa von 1908 Massage kann arrangiert werden kleines "slow food restaurant" Il Tulipano (nur für Gäste) / Organic Bistro Wlan / Wäscheservice keine HausT @ info@villamargherita.com.na # www.villamargherita.com.na

Villa Schmö (G51)

▲ [SC-Flat] Swakopmund, Waterbankstr. 10, Kramersdorf ☞ Waltraut von Schmettau (Deutsch) ✉ Swakopmund P.O.Box 135 ✆ 064-402143 081-1299826 1 Flat für 2P, SC, Vokü, WohnZ $ (2012) 2P 500N$ (+2 Betten im WohnZ) Wlan keine HausT @ waltraut@schmettau.alt.na, info@swakopholidays.com # www.schmettau.alt.na, www.swakopholidays.com

Walvis Bay Lagoon Cottages (G95)

▲ [SC-Ferienhaus] Walvis Bay, Esplanade / Nangolo Mbumba Drive Chalet No. 6 Trudi Dicks (owner) (Deutsch) 1 reetgedeckte Cottage 2E+2K, Vokü, Badewanne $ (2012) Cottage: 700N$ ⓘ bitte Voranmeldung

Trudi Dicks: Namibische Künstlerin (siehe "Namibia" S.232) / an der Lagune / großer Garten rollstuhlfreundlich für Erwachsene @ tdicks@iway.na # www.lagooncottages.co.za P.O.Box 11487 Windhoek, Tel 061-233353, Fax 061-220533

Villa Wiese (G120)

▲ [Back-Packer][SC] Swakopmund, Theo Ben Gurirab Str. / Windhoeker Str. Johann Wiese 064-407105 064-407106 081-2115135 (Johann) Dormitory 4 u.8 Betten, EZ, DZ, TZ $ (2012) Dormitory B&B 120N$ / B&B: EZ 400N$, DZ 500N$, TZ 600N$, FZ 700N$ ⓘ Wäscheservice alte Villa SC-Vokü @ inquiries@villawiese.com # www.villawiese.com

Vogelstrand Guesthouse (G143)

▲ [Gästehaus] Swakopmund, Tsavorite Str. 33 Hannelie & Stephan Turner (owner, manageress) Swakopmund P.O.Box 3381, Vineta 064-403287 081-6114662 (Hannelie), 081-4820778 (Stephen) 088-625451 7 DZ (1 davon ist FZ mit 2 verbundenen Z) $ (2012) alles B&B: Standard: 1P 590N$, 2P 450N$ pP / Family Suite 550N$ pP / Honeymoon: 1P 790N$, 2P 1.100N$ / Tourguide 320N$ / K3-11 350N$ ⓘ Fama, Kiwi, Rauwi Frühstück auch für Besucher, Lunchpakete, Spezialmenues, Lunch/ Dinner auf Anfrage Wi-Fi frei keine HausT @ info@vogelstrand-guesthouse.com # www.vogelstrand-guesthouse.com, http://vogelstrand-guesthouse.yolasite.com

Walvis Bay, Hotel (G96)

ⓘ siehe „Protea Hotel Walvis Bay (G96)" S. 215

Walvis Bay Lagoon Cottages (G95)

▲ siehe Seite 223

Zi Wu No 8 (G135)

▲ [Ferienhaus][SC] Swakopmund, Libertina Amathilia, 2ter Block, gegenüber Woerman&Brock Nelson Estate 064-405226 Flats, Vokü $ (2013) 4p 800N$ [850N$] pFlat keine HausT @ info@nels-estates.com.na # www.nels-estates.com.na

Zum Kaiser (G152)

▲ [Hotel/Pension] Swakopmund, Sam Nujoma Drive 4 Taleni Africa / manageress Enna George (Afrikaans) Swakopmund P.O.Box 8449 064-417100 064-417130 20DZ + 1Suite $ (2012) Standard B&B: DZ 995N$ pP, EZ 1.395N$ / Luxury B&B 2.500N$ / K2-11 im Familienzimmer 50% / Tourguide 20% Reduktion, ab 15 Gästen frei ⓘ Konferenzraum (70P) / ehemals Boutique Hotel Restaurant Wlan keine HausT, aber Blindenhunde erlaubt @ reservations@hotelzumkaiser.com # www.hotelzumkaiser.com Taleni africa

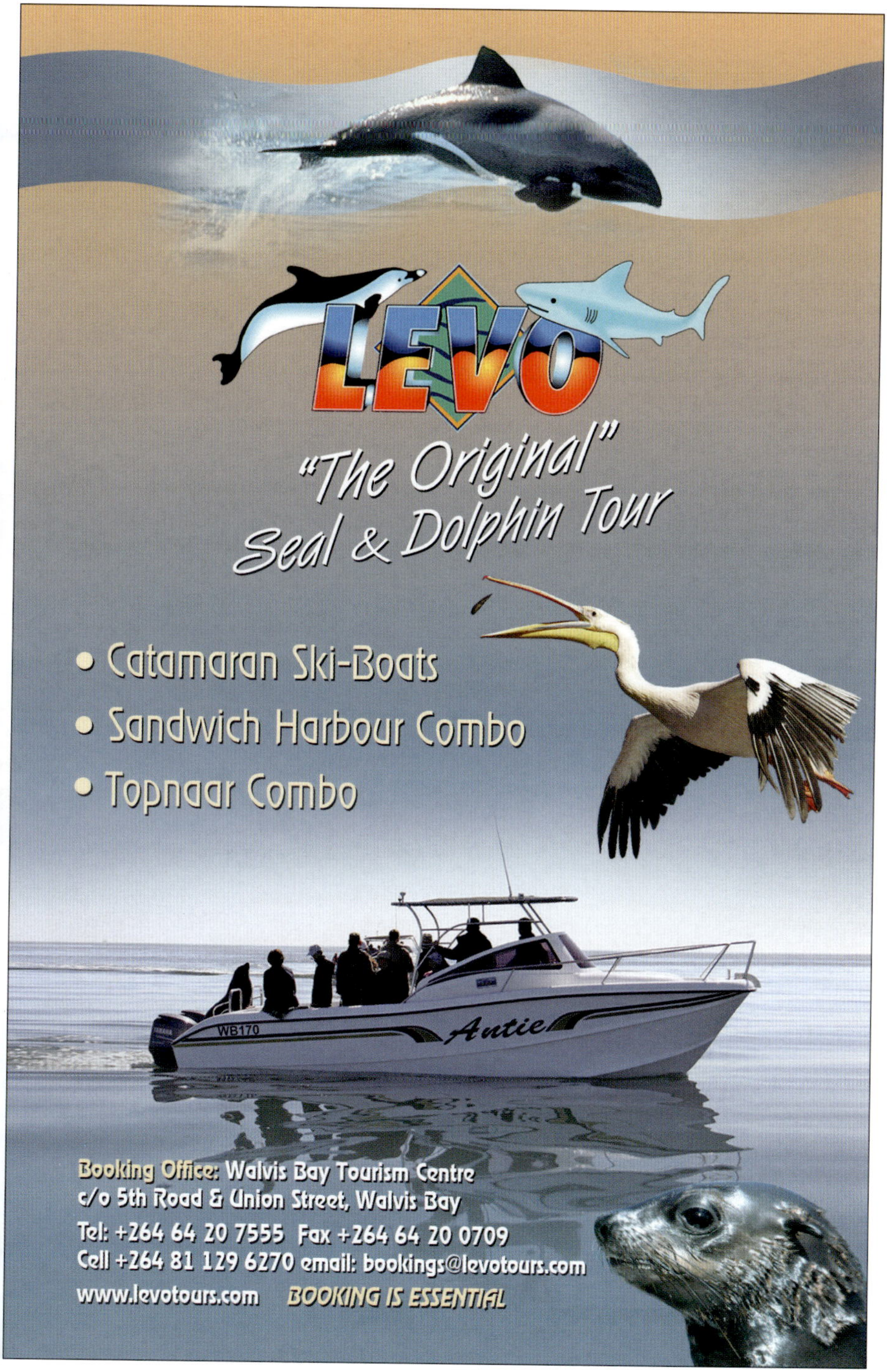
LEVO
"The Original"
Seal & Dolphin Tour
• Catamaran Ski-Boats
• Sandwich Harbour Combo
• Topnaar Combo
WB170
Antie
Booking Office: Walvis Bay Tourism Centre
c/o 5th Road & Union Street, Walvis Bay
Tel: +264 64 20 7555 Fax +264 64 20 0709
Cell +264 81 129 6270 email: bookings@levotours.com
www.levotours.com BOOKING IS ESSENTIAL

Region H: Nordwesten

Karte siehe Seite 230

Sie reicht vom Unterlauf des Riviers Ugab bis zur angolanischen Grenze am Kunene, im Westen begrenzt sie die Küste, im Osten verläuft unsere Grenzziehung von Uis über Khorixas sowie im Nordosten von Opuwo bis Ruacana.

Kommunales Gebiet

Es ist kommunales Gebiet, so daß hier keine traditionellen Gästefarmen zu erwarten sind. Nachwievor herrscht in Namibia das doppelte Landrecht, das Privateigentum in den ehemaligen Homelands und jetzigen kommunalen Gebieten untersagt, während im übrigen Namibia das Privateigentum an Grund&Boden verbürgt ist. Trotzdem sind in den letzten Jahren durch Pachtverträge und Sondernutzungsrechte (PTOs) luxuriöse Lodges und Zeltcamps entstanden, die hier vor allem durch Wilderness Safaris vermarktet werden. Interessant ist in diesem Zusammenhang das Projekt der Grootberg Lodge (H16), die irgendwann ganz in den kommunalen Besitz übergehen soll. Touristische Restcamps und Lodges, die den Kommunen gehören würden, können hier nur entstehen, wenn auswärtige Organisationen die Projekte finanzieren und die Bewohner anleiten, weil bei der Landbevölkerung weder Kapital noch touristisches Know-How vorhanden sind. Die kommunalen Camps sind meistens sehr einfach und leider oft nicht von langer Dauer.

Bevölkerung

Der Reisende wird vor allem zwei Bevölkerungsgruppen begegnen: Im Kaokoveld den otjihererosprachigen Ovahimba, die heute, halbnackt, viele Poster und Titel von Namibiabüchern zieren, sowie im südlichen Teil der Region die weniger spektakulär erscheinenden Damara, die mit der Namabevölkerung das Khoikhoigorab mit den eminenten Klixlauten als Tonsprache (!) gemeinsam haben. Im Norden, entlang des Kunene und in Opuwo trifft man seit der Unabhängigkeit auf viele Otjiwambosprachige als Mitglieder der „executive tribe" (Mehrheitsstamm), die Jobs in der Verwaltung haben. Die Ortschaften sind in südafrikanischer Zeit aus verschiedenen politisch-ökonomischen Gründen geschaffen worden, denn die ursprüngliche Bevölkerung lebte als Seßhafte in weitläufigen Siedlungen an Wasserstellen (Damara) oder zog halbnomadisch durch das Veld (Ovahimba).

Klima des Nordwesten

Die Temperaturen der Region sind im Küstenbereich gemäßigt, kühl durch die kalte Meeresströmung, die allerdings nach Norden sich weiter westwärts von der Küste entfernt, so daß es weniger abkühlt als z.B. in Lüderitz. Weiter landeinwärts ist es trocken, in den Bergen kühl im Winter, sehr heiß jedoch im Sommer; der jährliche, sehnlichst erwartete Regen kann hier noch im Mai bis Anfang Juni fallen.

Im Wüstenbereich wachsen vor allem Euphorbien, aber auch den Elefantenfuß siehe „Elefantenfuß (Adenia pechuelii)" S. 176 und die Welwitschia findet man; auf den Hochebenen herrscht Mopane vor und entlang der vielen Riviere geben Akazien und Ana-Bäume Schatten und viel Nahrung für das zahlreiche Wild. Es ist das Reich der „Wüsten"elefanten die sich vom Galeriewald ernähren, aber auch

Twyfelfontein Gravuren
Der Löwe mit dem abgeknickten Schwanz

Springböcke, Oryxe, Giraffen, Hyänen, manchmal auch Löwen sowie einige Nashörner leben hier, und zwar, was einmalig sein dürfte, in freier Wildbahn.

Durch die neu entstehenden kommunalen Hegegebiete und durch großzügige Konzessionen soll dieser Wildbestand geschützt und zugleich gewinnbringend genutzt werden sowie Lösungen gefunden werden, um Schäden durch das Wild von den verstreut liegenden Wohngebieten fernzuhalten. Wilderei ist leider mehr denn je üblich: Für das Geschäft mit dem Horn der Nashörner, für das Geschäft mit dem Wildfleisch. Bei dem letzteren sind Eigenbedarf und Geschäft nicht immer auseinanderzuhalten. Im Trockenfluß Hoanib sind Wasserstellen für die „Wüstentiere" angelegt worden, vor allem Elefanten brauchen Wasser und können sich nicht vom Sand allein ernähren.

Unterwegs

Das großflächige kommunale Gebiet ohne Zäune zieht die Outdoorfans aller Länder an. Zwischen Sesfontein, Opuwo, den Epupa Fällen und entlang der Riviere braucht man einen 4X4 und eine völlig selbstversorgende Ausrüstung zum Leben, Übernachten, Reparieren, Genießen, es sei denn, man bucht eine organisierte Safari. Nur in den unten genannten Ortschaften gibt es eine Grundversorgung.

Gutes Kartenmaterial ist erhältlich. GPSNamibia (siehe Anzeige) gibt auch die notwendigen Koordinaten an. Die Mitnahme eines Satellitentelefons möchten wir für dieses Gebiet unbedingt empfehlen, es ist in Windhoek zu mieten.(Sat-com, 061-374700, info@sat.com.na, Windhoek, Suiderhof, Jakaranda Street 2)

Für den Individualreisende ist das Gebiet deshalb so attraktiv, da wildes Campieren überall erlaubt ist, und die geländegängigen Autos – vom Dachzelt bis zum Flaschenöffner und Wagenheber – vorzüglich ausgerüstet sind. Manche Strecken verlangen gutes fahrtechnisches Können – vor allem der Van-Zyls-Paß, den man zurecht nur abwärts in Angriff nehmen sollte -, Orientierung im Gelände und sollten möglichst mit mindestens zwei Wagen unternommen werden. Wenn man Zeit genug hat und sich selbst zu helfen weiß, braucht man auch dafür keine geführte Tour zu buchen.

Die Ortschaften

Khorixas wurde in der Apartheitzeit zur Verwaltungsstadt der Damaragemeinden geschaffen, doch seit der Unabhängkeit ist das Verwaltungszentrum für diese riesige Region

Van Zyls Paß abwärts

nach Opuwo verlegt worden. Khorixas fristet seitdem nur noch ein trauriges Dasein voller Dreck und Hoffnungslosigkeit. Besonders die Jugendlichen, die hier eine Highschool besuchen, bevölkern die mit Plastik übersäten wenigen Straßen mit Langeweile. ***Ruacana*** entstand während des Baus des Elektrizitätswerks an den gleichnamigen Wasserfällen in südafrikanischer Zeit. Es war während der Bauzeit eine blühende Gartenstadt. Jetzt beschäftigt das Werk nur noch eine Handvoll von Technikern. ***Sesfontein*** ist ein über und über mit Staub bedeckter Platz (Explosionsstaub) in einem kommunalen Gebiet, das Herero und Nama/Damara zugewiesen worden war, dessen Grenzen mit einem Zirkel entlang der Bergketten geschaffen wurden. ***Uis*** lebte vom Zinn-Abbau als einstmals blühende Firmenstadt, auch jetzt leben hier noch einige kleinere Mineure, die im Brandbergbereich ihre abgesteckten Claims haben. Die meisten Gärten sind vertrocknet, und der einst schönste Golfplatz Namibias wurde schon lange nicht mehr bespielt.

Nur in den genannten Ortschaften gibt es (meistens) Benzin, einen einfachen Gesundheitsdienst, Telefonanschlüsse und mit

„Versteinertes Holz", an der C39 (ausgeschildert)

Ruacana Wasserfall nach sehr guten Regenfällen

Sicherheit genügend Wasser. Sehr gute Einkaufsmöglichkeiten gibt es inzwischen in Opuwo, kleine Supermärkte in Ruacana, Kamanjab, Uis und Khorixas. Manchmal kann man auch in Sesfontein einige Lebensmittel kaufen.

Attraktionen

Der Wasserfall von Ruacana ist nur nach starkem Zufluß aus Angola zu erleben. Sonst bleibt er trocken. Die Epupa-Fälle sind der einzige richtige Wasserfall Namibias, um ihn gab es viel Streit zwischen der namibischen Regierung, die den Kunene an dieser Stelle stauen möchte, und den Ovahimba-Gemeinden, die ihr traditionelles Weidegebiet links und rechts des Kunenes für sich erhalten möchten. Da eine Übereinkunft mit Angola notwendig ist und der Staudamm nur mit internationaler Finanzierung erbaut werden kann, ist es derzeit um dieses Projekt etwas ruhiger geworden.

Die Felsgravuren Twyfelfonteins wurden 2007 zum Weltkulturerbe erklärt; sie sind sehr gut zugänglich gemacht worden; leider ist der Straßenzustand gerade in dieser Gegend miserabel.

Um den Königstein im Brandbergmassiv, den höchsten Berg Namibias, besteigen zu können, bedarf es eines Führers, und/oder guter Karten sowie guter Ausrüstung und ausgezeichneter Kondition, denn hierbei handelt es sich um eine richtige Trekking-Tour. Bis zum Königstein rechnet man drei Tage, und man muß wissen, wann und wo Wasser zu finden ist – und die legendären Felszeichnungen. 2013 gab es um den Zugang zu diesem markanten Bergmassiv für viele überraschend polizeiliche Vorschriften und Einschränkungen, die leider viele Bergsteiger abgeschreckt haben. In Uis kann man nach örtlichen Führern fragen (s. Nr.H13), wobei es derzeit nicht sicher ist, ob deren Kenntnisse für eine derartige Bergtour ausreichend sind. Es wird empfohlen, mit dem Aufstieg nachts bei Vollmond zu beginnen, und nur in der Zeit, nachdem es geregnet hat. Ab Mai kann es wegen des fehlenden Wassers lebensgefährlich werden.

☞ siehe „Namibia“ Das Kaokoveld, S.447 – 508, Twyfelfontein S. 217

☞ siehe „Gesichter und Geschichten“ zu kommunalen Gebieten S.38

Region H - Damaraland & Kaokoveld

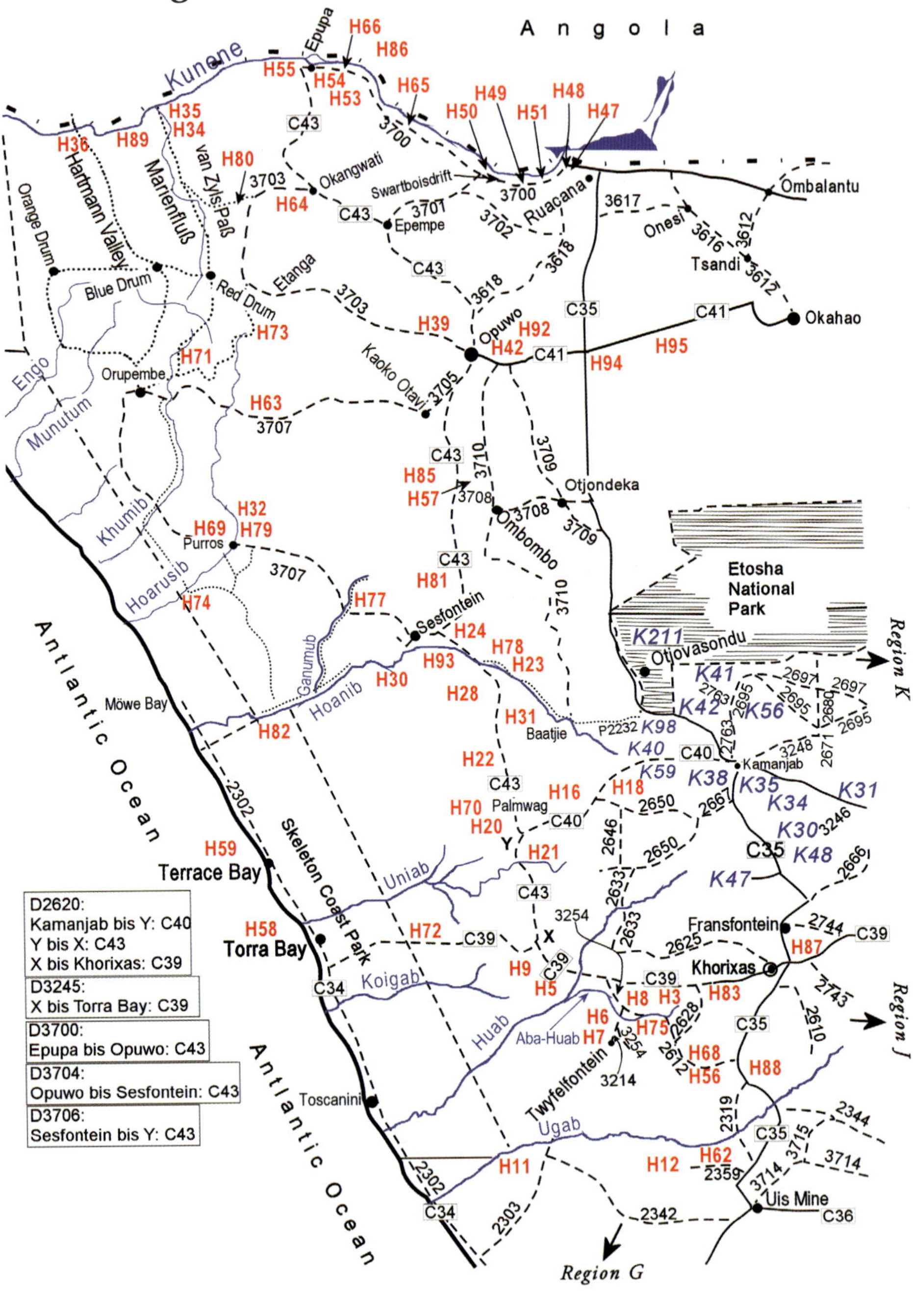

H1 iGowati Lodge (in Khorixas)
H2 Khorixas Lodge & Rest Camp (in Khorixas)
H3 Granietkop Camp
H5 Twyfelfontein-Vrede
H6 Aba Huab Camp Twyfelfontein
H7 Twyfelfontein Country Lodge
H8 Mowani Mountain Camp
H9 Damaraland Camp(
{H10 Camp Xaragu})
H11 Ugab River Camp / Save The Rhino Trust
H12 Brandberg White Lady Lodge
H13 Brandberg Restcamp (in Uis)
H14 White Lady B&B & Camping (in Uis)
H16 Grootberg Lodge
(H17 Kavita Lion Lodge)
H18 Hoada Campsite
{H19 Hobatere Lodge}
H20 Palmwag Lodge
H21 Palmwater Camp
H22 Etendeka Mountain Camp
H23 Khowarib Camp
H24 Ongongo Camp
H25 Fort Sesfontein Lodge (in Sesfontein)
H26 Camel Top Mountain Camp Site (in Sesfontein)
H28 Mbakondja River Camp
H30 Elephant Camp
H31 Waterfall Camp
H32 Purros Camp Site
H34 Okarohombo Camp Site
H35 Camp Syncro
H36 Serra Cafema
H38 Ohakane (in Opuwo)
H39 Kunene Village Rest Camp
H40 Aameny (in Opuwo)
H41 Uniting Guest House (in Opuwo)
H42 Mopane Camp
H44 Ruacana EHA Lodge (in Ruacana)
H45 Sunset Lodge (in Ruacana)
H46 Opuwo Country Hotel (in Opuwo)
H47 Hippo Pool Campsite
H48 Ominjandi Restcamp
H49 Kunene River Lodge
H50 Okuware Camp
H51 Okapupa Camp
H53 Epupa Camp
H54 Epupa Falls Camping & Lodge
H55 Omarunga Lodge & Campsite (in Epupa)
H56 Doro!Nawas Camp
H57 Camp Aussicht
H58 Torra Bay
H59 Terrace Bay
H62 Ugab Camp
H63 Camp Onganga
H64 Dreilinden Camp
H65 Enyandi
H66 Hot Spring Camp
H68 Madisa
H69 Okahirongo Elephant Lodge
H70 Desert Rhino Camp
H71 Marble Campsite
H72 Springbok Gate
H73 Otjiu
H74 Leylands Drift Camp
H75 Aabadi Mountain Camp
H76 Figtree Campsite (in Sesfontein)
H77 Ganamub Mountain Camp
H78 Khowarib Lodge
H79 Purros Bush Lodge
H80 Van Zyl`s Pass Campsite
H81 Anabeb Campsite
H82 Hoanib Skeleton Coast Camp
H83 Camp Kipwe
H84 Abba Guesthouse (in Opuwo)
H85 Exclusive(!) Herero Camp
H86 Kapika Waterfall Camp
H87 Damara Mopane Lodge
H88 Ozohere Campsite
H89 Okahirongo River Camp
H90 Epupa Falls Guest House (in Opuwo)
H91 Petra´s Gästehaus (in Uis)
H92 Opuwo Mountain Camp
H93 Red Rocks
H94 Omakange
H95 Uukwaluudhi
H96 Majaju (in Ruacana)

auf der Karte Region K
K30 Otjitambi
K31 Westfalen
K34 Otjitotongwe Cheetah Farm
K35 Jakarongo Camping Site
K38 Kamanjab Restcamp
K40 Klein Lichtenstein
K41 Rustig Toko Lodge
K42 Alpec Bushcamp
K47 Huab Lodge
K48 Ondundu Wilderness Lodge
K56 Safari Farm
K98 Blyerus Camp
K221 Dolomite Camp

Leben der Ovahimba,
aufgenommen entlang der Straße 3
2013

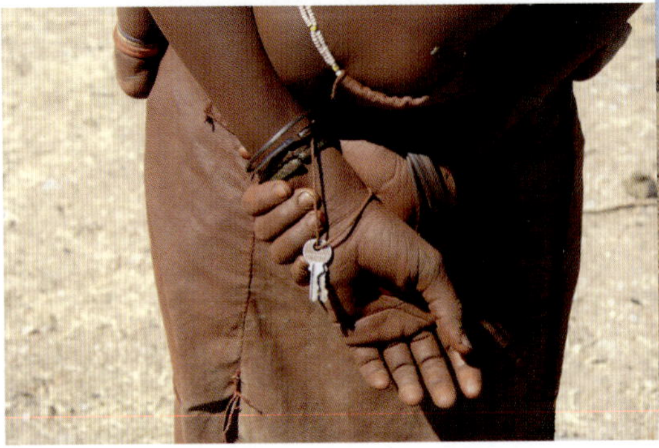

Aus Haralds Pagers Kopie der Felsmalerei: „Die Weiße Dame"
siehe „Brandberg White Lady Lodge (H12)" S. 238

Aabadi Mountain Camp (H75)

[Zeltlodge][Camping] 18km östl. Twyfelfontein / Anfahrt: D3254, D2612 (8km) Tamara Verhoef (manageress) (Deutsch, Holländisch) Swakopmund P.O.Box 8139 & 081-3425461 081-3412875 12 schattige Plätze am Aba Huab Rivier $ (2012) 75N$ pP, K12 50% 5 Zelte mit 2 Betten, ensuite open-air bathroom / extra Matratze für Kids, am Zelt der Eltern / 12P $ (2013) B&B: DZ 705N$ pP, EZ 890N$ / K12 405N$ Kiwi, Tagb. Ok "Wüsten"-Elefanten im "Garten" von Zeit zu Zeit Restaurant (Dinner 180N$), Camper im Restaurant willkommen HausT ok Springbock, großer Kudu, Gepard, Elefant, aabadi.mountaincamp@gmail.com # www.aabadi-mountaincamp.com

Aameny (H40)

[Rastlager][Camping] Opuwo, D3703, Richtung Flugplatz, ausgeschildert Mr. Westym (Otjiherero) Opuwo P.O.Box 79 065-273572 065-273230 081-2750156 4 Plätze $ (2013) 70N$ pP 3 X 3-Bett + 3 X 2-Bett Bungalows / 8DZ $ (2013) Bungalows nicht ensuite: 165N$ pP / ensuite: EZ 250N$, DZ 200N$ pP ehemals Oreness Camp / Aameny = Amen Restaurant westymelchy@yahoo.com, aamenylodge@yahoo.com

Aba Huab Camp Twyfelfontein (H6)

[Camping][Zelte] 109km westl. Khorixas / Anfahrt: C39 nach Westen, D3254 (17 km). Direkt an der Straße vor Twyfelfontein Elias A. Xoageib (owner), Joyce Gaises (manageress) (Nama/Damara) Khorixas P.O.Box 131 081-3282252 (Joyce), 081-1290410 (Elias) 19 schattige Plätze entlang des Aba Huab Riviers für bis zu 50P, 2 Sanitärhäuschen mit Du / Schlaf -"Schelter" für 2P / Overländer mit eigenem Platz $ (2012) 25N$ pAuto + 60N$

pP, K6 45N$ / 10% Discount Namibier // Exclusive Site 20-30N$ pAuto + 100N$ pP, K6 60N$ // Bus 20N$ 15 Zelte $ (2012) B&B: EZ 300N$, DZ 500N$ 6 km von den Twyfelfontein Zeichnungen und Gravuren entfernt (Führungen) / Elefantenbesuche Liederabend mit Namastaptänzen auf Anfrage / Spaziergänge im Rivier (keine Zäune!) Bar, kleines Restaurant (Breakfast 50N$, Dinner 100N$, Lunch 65N$ / Feuerholz 20N$ Katzen ok, Hunde sollten wegen der Elefanten nicht bellen Elefant, Sehr empfehlenswert. Gut in das Rivierufer eingebaut, am Kiosk Damara-Musik. Elias war der erste, der Führer für die Twyfelfontein Gravuren ausgebildet hat, die 2007 zum Weltkulturerbe erklärt wurden. @ eliaaro@mtcmobile.com.na

Abba Guesthouse (H84)

[Gästehaus][Camping] Opuwo, Mbumbiazo Muharukua Street Ursula & Pieter de Villiers (Afrikaans) Opuwo P.O.Box 30 065-273155 081-2346810 3 Plätze mit Küche $ (2013) eigenes Zelt 50N$ pP, Abba Zelt 70N$ pP 14 DZ: 4 Luxury, 4 Standard, 6 Budget $ (2013) Budget EZ 125N$, DZ 95N$ / Standard EZ 175N$, DZ 130N$ / Luxury EZ 195N$, DZ 150N$ Kiwi / Name kommt von der Bibel: "Abba Father" = "Papa Gott" "Opuwo DreamCentre" – Das Zentrum macht jeden Tag Mittagessen für 50 bis 150 Kinder. Außerdem ist ein Kindergarten angeschlossen. Himba Touren / Stadtspaziergang, um Opuwos verschiedene Kulturen zu entdecken Wlan frei einige Z rollstuhlfreundlich HausT ok Esel, Ziegen, Schweine, Rinder, Pferde am Haus @ booking@abbaguesthouse.com, ehc@iway.na # www.abbaguesthouse.com

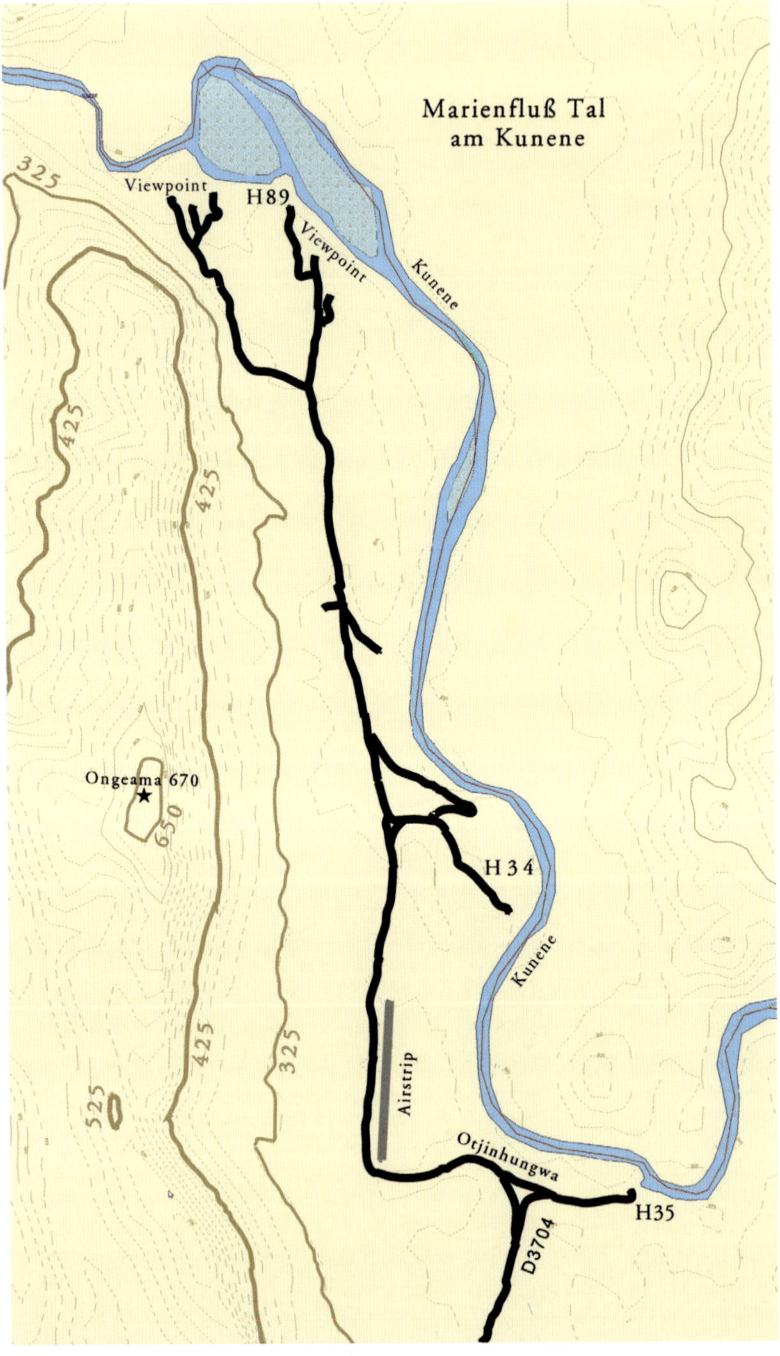
Marienfluß Tal
am Kunene
Viewpoint
H89
Viewpoint
Kunene
325
425
425
Ongeama 670
650
H34
Kunene
Airstrip
425
325
525
Otjinhungwa
H35
D3704

Kommunale Camps im Marienfluß Tal am Kunene

Camp Syncro (H35)

▲ [Camping] 110km nördl. Orupembe / Anfahrt: 70km nördl. Red Drum / am nördl. Ende des Marienflusses, am Kunene (nur 4X4) ☞ Koos Verwey (Afrikaans) P.O.Box 11580 081-1492840 ▲ Plätze $ (2013) 120N$ pP ⓘ Haus 2010 abgebrannt, nur noch Camping ♛ direkt am Kunene gelegen Angeln, Vogelbeo. Wandern HausT ok, aber an der Leine wegen der Krokodile im Fluß Springbock, Oryx, Steppen-Zebra, Strauß, Fischadler, Meerkatzen @ koos.cunene@iway.na #www.kaoko-namibia.com 065-695106[8]

Blick von den Camps auf den Kunene

Okarohombo Camp Site (H34)

▲ [Kommunales Camping] 110km nördl. Orupembe / Anfahrt: Kaokoveld - Marienfluß, am Kunene / Anfahrt Orupembe, Rooi Drum / nur mit 4X4 ☞ Community of Otjinjange ✆ 065-685993 ▲ 5 Plätze mit Du/WC + 3 Plätze ensuite / gutes Waschhaus / direkt am Fluß

$ (2013) 60N$ pP ♛ direkt am Kunene, im Marienfluß-Tal / im Weidegebiet der Ovahimba / keine Zäune, Camp aber gegen weidende Tiere geschützt kein Feuerholz, bitte auch kein Holz sammeln, sondern mitbringen empfehlenswert, 2013 gut in Ordnung / die Communty möchte gerne Besucher haben!

Anabeb Campsite (H81)

[Kommunales Camping] 30km östl. Sesfontein / Anfahrt: C43 keine Infos 2013

Brandberg Restcamp (H13)

[Rastlager mit SC][Camping] Uis, Ortsmitte, Uis Str. 3 Basil Calitz (manager) (Englisch) Uis P.O.Box 35 064-504038 064-504037 10 Plätze für Zelte + Caravan (wenig Schatten, aber Bäume gepflanzt) / Strom $ (2013) 80N$ pP, K12 50N$ 4DZ / 5 SC-Bungalows 6P voll eingerichtet (=30P) / 2 Backpacker Dorms (4P) $ (2013) B&B: EZ 500N$, DZ 400N$ pP / SC-flat 300N$ pP, K12 200N$ / back packers 200N$ pP Tagb. ok ehem. Casino der Mine lohnendes großes Schwimmbad am Restaurant, bes. auch für Tagb. mit Wasser aus eigener Quelle // Snooker / Exkursionen zum Brandberg bis zum Königsstein mit Führer 3T Trecking / geologische Touren: Halbtag 4Std 1.500N$ pP / Quadbike Restaurant (Dinner 150N$, Lunchpakete 50N$, Lunch für Gruppen 80N$) Wi-Fi frei // Benzin, Reifenrep., kleine Werkstatt rollstuhlfreundlich haustierfreundlich ("wir haben Katzen") Experten für geologische Touren, sind aber selten vor Ort, Kontakt zu lokalen Mineraliensucher möglich,z.B. Mr. Monti, Nachbar des Restcamps. @ brandberg@africaonline.com.na # www.brandbergrestcamp.com

Brandberg White Lady Lodge (H12)

[Lodge][Camping][SC] 35km nordwestl. Uis / Anfahrt: C35, D2359, 14 km Schild nach Norden // oder von Sorris Sorris auf der D2319 zum Ugab, 12km im Ugab Rivier(nur 4X4) abwärts Tina van der Merwe (manageress) (Afrikaans) Henties Bay P.O.Box 158 064-684004 064-684006 081-4857399 31 Plätze unter Bäumen, weitläufig, am Ugab Rivier $ (2013) 80N$ pP + Auto 25N$ 23Z + 6 Zelte ensuite $ (2013) Zimmer: Hp: EZ 775N$, TwZ 1.331N$, FZ (2A+2K) 1.755N$ / Zelte SC: 2 Betten 545N$, 1 Bett 363N$ Sukkulentengarten = das alte kommunale Tsibib Tent Camp, von der Kommune "gepachtet", toller Blick auf den Brandberg / zahmer Springbock Ausgangspunkt für 4X4 im Ugab / White Lady ("Weiße Dame") Felszeichnungen in der Nähe / 4x4 LKW-Tour in

Camp Aussicht (H57)

[Camping][B&B] 75km nordöstl. Sesfontein / Anfahrt: C43 = D3704, 2 Zufahrten nördl. ausgeschildert, 5km steinige Pad zum Camp (57km südl. von Opuwo) // keine Zufahrt von Ombombo Marius Steiner / Jean & Schalk (Deutsch) Opuwo P.O.Box 114 065-685125 5 Plätze $ (2012) 90N$ pP 5DZ $ (2012) DZ Hp 500N$ pP Dioptase Mine (seit 1988), Export des Minerals nach Israel und Deutschland / Aussichtspunkt Minenbesichtigung (Unter- & Tagebau) / Mineraliensuche (100N$ pP) / Wanderwege / Tour zu einem abgelegenen Himbadorf 300N$ pP, min 3P Lunch auf Anfrage (40N$) HausT ok interessante Mine / empfehlenswert @ stein@aussicht.namib.com # stein@aussicht.namibia.na, web31_stein@ausicht.namibia.na auch 61-233756 (Eltern) / Eden Travel

TRUMMIS LISTE

Ergänzungen Januar 2017

Im Kaokoveldr

Impressum: Sunrock Enterprise Windhoek, sunrock@iway.na, +264811273450 / V2017-01-17

Vorbemerkung

In diesem **UpDate** finden Sie Ergänzungen und Korrekturen zu 360 Unterkünften auf 36 Seiten.

Um TRUMMI „up to date“ halten zu können, bitten wir auch Sie **als Reisende und Gastgeber**, Ungenauigkeiten sowie Änderungen uns per Mail zukommen zu lassen **(sunrock@iway.na // dahle@uni-bremen.de)**

Wir sind auch interessiert an besonderen Erfahrungen, **die Besuche**r von Unterkünften gemacht haben; diese Infos werden jedoch nicht „ins Netz gestellt“ oder als „Likes“ gezählt, sondern mit den Angaben in unserer umfangreichen Datei abgeglichen und ggf. als eine Meinung von „Trummilesern“ zu einem Angebot der Gastgeber hinzugefügt.

Für **die Gastgeber** ist unser altes Angebot nachwievor gültig: Sie können Exemplare von TRUMMI zu einem Sonderpreis bei uns nachbestellen, und zwar auf Deutsch und demnächst auch auf Englisch.

Den Anzeigenkunden gilt unser besonderer Dank: Ohne Ihre Unterstützung wären wir nicht in der Lage gewesen, TRUMMI in dieser guten Qualität und in diesem Umfang zu drucken. TRUMMI ist inzwischen in Europa UND in Namibia weit verbreitet. Für Namibiana, dem Buchversand aller südafrikanischen Titel im deutschsprachigen Raum, steht TRUMMI seit Jahren auf Rang 1 seiner Bestsellerliste. Ihre Anzeigen könnten sich also lohnen; wir würden uns freuen, wenn Sie in Ihrem nächsten Etat 2017 wieder eine Anzeige bei uns einplanen.

Das UpDate kann Ihnen auf Anforderung per Pdf kostenlos zugemailt werden. Der Buchhandel sollte es selbst ausdrucken und seinen Exemplaren beilegen. Gegen eine Unkostenpauschale kann das UpDate auch ausgedruckt, getrennt von dem Buch, bei den Autoren bestellt werden.

Sobald ein weiteres UpDate erstellt worden ist, können Sie Ihr altes Exemplar durch das jeweils Neue ersetzen.

Korrekturen der allgemeinen Art

☞ **S. 38**

Goethe Zentrum: Francois Hartz ist nicht mehr Leiter. Das Zentrum wurde 2015 zum Goethe Institut.

Ärzte: Dr. Scholz verstarb 2015

Physiotherapeutin: Erika Brand 081-1501000 in Olympia

☞ S 39:

NWR: Die Eintrittspreise haben sich für 2016 nicht verändert.

Für Einheimische gilt: „In order to promote tourism in the country, Namibians, Namibian permanent residents qualify for a 25% discount on accommodation rack rates.“

☞ Anzeige S.63 Gathemann

Leider hört Herr Urs Gamma gegen Ende des Jahres auf und somit schließt eines der besten Restaurants Namibias seine Türen.

☞ S 41

Bildunterschrift: Der inzwischen demontierte **Reiter** steht im Hof der Alten Feste, durch ein Gestänge gestützt.

☞ S. 107

Korrektur der Anzeige:Dani´s: Die Farm **Okamitundu** ist geschlossen. Deshalb ist die Anzeige auf der rechten Spalte nicht mehr gültig.

☞ S. 107

Korrektur der Anzeige von **Hakos**: Die besten Sternführungen sind 4 Tage nach Vollmond bis 4 Tage nach Neumond.

☞ S. 176

Neue Picknickplätze in der **Namib**: Vogelfederberg und an der C14

☞ S.211

Köchebild: Das Restaurant **Lyon Des Sables** ist geschlossen.

☞ S.213

Bild von **Langstrand**: Die Freizeitanlage, die noch in Ordnung und an Wochenenden sehr gut besucht war, wurde 2015 einfach demontiert - ohne Ersatz!

☞ S. 249

Der **Terrace Mähnenlöwe** wurde Ende 2014 abgeschossen.

☞ S.439
Die **Kalahari Game Lodge** ist wieder offen - auch eine Löwenfamilie ist zurückgekehrt. (siehe Seite 18)
☞ **Buchungsbüros von NWR:**
Windhoek: Tel: 061-2857200 Fax: 061-224900, Email: reservations@nwr.com.na
Swakopmund: Tel: 064-402172, Fax: 064-40279, Email: sw.bookings@nwr.com.na
Cape Town: Tel: +27-21-4223761, Fax: +27-21-4225148, Email: ct.bookings@nwr.com.na

☞ **Ruhetag-Begleitperson-Beobachter**
Bei den Jagdfarmen wird der Tag, an dem der Gast nicht auf Jagd geht, billiger berechnet. Die Begleitpersonen oder Phototouristen bekommen ebenfalls diesen Preis
☞ ensuite
= mit eigenem Bad/WC
☞ sharing
= 2P in einem Doppelzimmer

Neue oder noch nicht aufgenommene Unterkünfte

Region A: Stadt Windhoek

Frühstückspension (A166)

[B&B] Windhoek, West, Chopin Street 20 ☞ Elize Van Wyk & Guenter Seifert (Deutsch) 061-219461 081-2621122 2DZ, 1EZ $ (2016) B&B: EZ 360N$, DZ 460N$ ⓘ „Im Grünen Bei Elize“ großer Garten Abendessen auf Anfrage Wlan / Wäscheservice @ promegx@afol.com.na

Kleines Heim (NUST) (A44)

[Hall of Residence] Windhoek, West, Volan Str. 10 ☞ Namibia University of Science and Technology (NUST) / Gerda Schuler (manageress) (Deutsch) ✉ Windhoek P.O.Box 50688 081-3626207 14Z mit 20 Betten / Dorms für 4-6P $ (2016) EZ 520N$, DZ 750N$ ⓘ KonferenzZ Haus von Architekt Sander entworfen, gebaut 1911. 2012 Henk & André Mudge haben die Lodge dem Politec geschenkt. Über zwei Jahre wurde sie nicht benutzt. Seit 2014 hat Gerda Schuler als Managerin den Platz renovieren lassen und daraus ein respektables Studentenheim gemacht. Vokü kann von allen benutzt werden / Frühstück (60N$) & Dinner auf Vorbestellung Wi-Fi frei / Waschmaschine (40N$) 1Z rollstuhlgerecht schöne geschlossene Gartenanlage mit Bäumen & Schwimmingpool / Praktikanten aller Nationalitäten @ gerda.schuler@gmail.com # www.elonga-internship.com

Shalongo Guesthouse (A76)

[B&B] Windhoek, Pionierspark, Jordanstr. 14 ✉ Windhoek Unam Post P.O.Box 99548 081-6807354, 081-4775078 9DZ, alle mit Klimaanl., TV, watercooler / TagesZ $ (2016) B&B: EZ 400N$, EZ sharing 300N$, DZ 600N$, Lux DZ 980N$, FZ 850N$ ⓘ früher Pension Shumba großer Schwimmingpool Restaurant keine HausT @ shalongoguesthouse@gmail.com # www.natron.net/shalongo

Region C: Okahanja & Usakos

Nubeb (C72)

[Ferienhaus] Usakos, Kalkstraße ☞ Martie McDonald (owner) (Afrikaans, Deutsch) ✉ Usakos P.O.Box 43 064-530765 081-1286422 6DZ, 2TwZ mit Miniküche $ (2016) EZ 500N$, DZ 600N$ ⓘ Garage für 1 Auto Frühstück auf Anfrage @ martiemcd@gmail.com

Region D: Um Gobabis

Stoetzer, Jagdfarm (D76)

[Farm][Jagd] Hochfeld ☞ Birgit & Helmut Horsthemke (Deutsch) ✉ Windhoek P.O.Box 6140 062-561445 062-561445 5DZ $ (2015) Jagdtag 1:1 280€, 2:1 250€, Begleitperson/Ruhetag 150€ ⓘ Rinderfarm / Fama liegt am Black Nossob Wandern, Reiten @ hbhorst@iway.na # www.hunting-stoetzer.com

Tutara (D35)

[Farm][Jagd] 71km nordöstl. Hochfeld / Anfahrt: C30 (22km), M112 (50km), D2135 (63km), Farmpad Karl Eichhoff (Deutsch) Okahandja P.O.Box 526 065-518120 Bungalow $ (2015 [2016]) Jagdtag 1:1 200€, 2:1 180€, Begleitperson/ Ruhetag 90€ „Tutara - eigentlich ma tutara - bedeutet in Otjiherero „wir werden sehen" bedeutet." @ info@jagdnamibiatutara.com # www.jagdnamibiatutara.com/

Region E: Rehoboth bis Mariental

Boscia, Guest-& Hunting Farm (E50)

[Farm][Gäste][Jagd] 30km nordwestl. Kalkrand / Anfahrt: B1 nach Norden (10km), D1254 (20km), Schild Gras-Schmidtia Farming PTY, Gudrun Schmidt (owner), Dr. Anja Rupperts, Derek MacKinnon (manager) (Deutsch) Kalkrand P.O.Box 243 063-264208 081-1221240 (Derek) 088636806 camping möglich Bungalows 5DZ, 2 Zelte, 3 Luxus Appartements $ (2016) Boscia Farmhaus: DZ Vp 130-100€ / Privatlodge 3DZ 500€/Tag, 2.500€ pWoche //Jagdtag 1:1 260€, 2:1 210€, Begleitperson/Ruhetag 110€, K 60€ neuer Name nach den vielen „Shephard Trees" auf der Farm / alter Name: Hoodia Hunting Ranch unterstützen eine Schulfarm / 18 neue Brunnen / Lilienblüte / Gamedrive, Fotosafari (6P: 1Tag 110€, 1/2Tag 60€) / Naturführung mit Guide (1 Tag 150€), Sundowner (10€ pP) / Reiten (2Std 20€ pP) / Besuch im Waisenheim (Mitbringsel für die Kids) Flugplatz mit Nachtbeleuchtung rollstuhlfreundlich, barrierefrei freundliche Boerbulls, pets ok gemeines Impala, Bleßbock, Streifengnu, Weißschwanzgnu, Kuhantilope (Hartebeest), Springbock, Eland, großer Kudu, Nyala, Oryx, Wasserbock, Warzenschwein, Steppen-Zebra, Berg-Zebra, Wüstenluchs (Karakal, Rotkatze), @ derek@boscia -farm.com, anja@boscia-farm # www.boscia-farm.com Deutschland: +49-2721-120630, +49-173-5479988 / 51427 Bergisch Gladbach Benzberg, Eichenheimer Allee 26

Marula Game Lodge (E94)

[Lodge] Dordabis (Russisch) 062-540088 Soll Ende 2016 fertig werden. Ab Januar 2016 will „GREENinc Landscape Architectures" Tausende von Pflanzen anpflanzen. (http://www.greeninc.co.za/blog/)

Region F: Pässe & Namibwüste

Mahonda (F48)

[Farm][nur Jagd] 85km westl. Windhoek / Anfahrt: C26, D1982 Noéla & Zane Cooper (Englisch) Windhoek P.O.Box 6347 062-572136 081-2724910 088-632102 3 Bungalows Wandern, Wild- & Vogelbeobachtungen, Fotografieren, Pirschfahrten, Bergsteigen, Scenic flights Streifengnu, Weißschwanzgnu, Kuhantilope (Hartebeest), Klippspringer, Steinböckchen, Oryx, Warzenschwein, Steppen-Zebra, Berg-Zebra @ info@mahondahunting.com # www.mahondahunting.com

Region G: Stadt Swakopmund & Küstennamib

Swakopmund Sands Hotel (G3)

[Hotel] Swakopmund, Strandstr. 3 Swakopmund P.O.Box 1497 064-405045 064-404206 25 Z $ (2016) alle B&B: Standard: 1P 1.040N$, 2P 835N$ pP / Luxury: EZ 1.750N$, DZ 1.325N$ pP / Family 2A+2K 1.225N$ pP, K12 417N$, K13-18 825N$ KonferenzZ / Kiwi / Parken im Hof / früher Garni Adler Hotel Dachterrasse Innenschwimmbad, Sauna, Bibliothek Wlan frei keine HausT @ swakopsands@iway.na, info@swakopmundsandshotel.com # http://swakopmundsandshotel.com/

The Delight Swakopmund (G193)

[Hotel] Swakopmund, Theo Ben Gurirab Street Gondwana Collection Namibia (Deutsch) 45 DZ, 10FZ $ (2016) B&B: EZ 1.202N$, DZ 962N$ pP Wi-Fi frei @ marketing@gondwana-collection.com Gondwana

Region H: Nordwesten

Hotel Le Manoir (H98)

[Hotel] 5km südl. Opuwo / Anfahrt: C41,

Main Road ☞ Jacques Rousset (Französisch) ✆ 065-685894 081-4551898 11DZ, 1FZ (=25p) $ (2015 [2016]) 1P 350N$, 2P 520N$, FZ 650N$ ⓘ hat im November 2015 neu eröffnet / Kiwi Essen auf Bestellung nur kleine Hunde @ hotelemanoir1@gmail.com

Omatendeka (H)

[Lodge] 200km nördl. Kamanjab / Anfahrt: C35 ⓘ geplant: im Kommunalen Gebiet @ reservations@namibia-exclusive.com.na siehe Namibia-Exclusive

Sorris Sorris (H97)

[Lodge] Uis / Anfahrt: C35, D2319 bis zum Ugab 9DZ, 2 GuideZ $ (2016) Vp DZ 799€ pP Inkl. 1 Aktivität (High season 1.12.-20.6.) / Low Vp DZ 544€ ⓘ eröffnet 2015 im Ugab (wilde) Elefanten, Rhino, Giraffen, Oryx, Bergzebras Restaurant @ reservations@namibia-exclusive.com.na # www.namibia-exclusive.com/namibia-exclusive-sorris-sorris siehe Namibia-Exclusive

Region J: Erongo

Camp Mara, Gästefarm (J127)

[Camping][Farm][Gäste] 13km östl. Omaruru / Anfahrt: C33 (3km), D2315 (10km), Schild ☞ Ecki Meier, Marianne Tew (Hofmeister) (Deutsch) ✉ Omaruru P.O.Box 44 ✆ 064-571190 081-1281203 (Ecki), 081-7378798 (Marianne) Plätze $ (2016) 150N$ pP 3Z $ (2016) B&B: EZ 825N$, DZ 675N$ pP, FZ 475N$ pP / DBB EZ 1.025N$, DZ 875N$ pP, FZ 675N$ pP / K5-12 B&B 410N$, DBB 520N$ // SC 2P 550N$ ⓘ geschlossen 2007, Wiedereröffnet 2015 durch Ecki Meyer Wandern, Malen, Töpfern / Vogelbeo Essen auf Nachfrage: Frühstück 125N$, Dinner 195N$ @ campmara@iway.na # www.campmara.com

Casa Forno Country Hotel (J93)

[Hotel] Otjiwarongo, Ramblers Road 21 ☞ Hendri Greeff ✉ Otjiwarongo P.O.Box 2060 081-1590000 15 DZ $ (2016[2017]) Lux: DZ 920N$, EZ 820N$ / LuxEx DZ 1.020N$, EZ 920N$ / FZ: 1P 1.100N$, 2P 1.100N$, 3P 1.200N$, 4P 1.300N$ // K5-12 50% ⓘ 7 KonferenzZ Tennisplatz Restaurant à la carte Wlan / Wäscheservice keine HausT @ casaforno@iway.na, cestsibon@iway.na # www.casaforno.com Stefanie Grobler: reservation.cestsibon@iway.na

Christinas Felsenterassen Cafe (J25)

[Picknick] 40km westl. Omaruru / Anfahrt: D2315, Zufahrt: Gate 1 auf der Farm Omandumba ☞ San Conservancy (Nama)

Ondundu Estate (J75)

[Farm][Gäste][Jagd] 50km nördl. Kalkfeld / Anfahrt: C33 (14km), M63(30km), D2505 (5km), Farmpad ☞ Fam. Kahl / Stephan Albat (Jagdführer) (Deutsch) Jagdhaus Waterberg 3DZ, Jagdhaus Nordenberg 4DZ $ (2015 [2016]) Jagdtag 1:1 200€, 2:1 180€, 3:2 150€ / Begleitperson/Ruhetag 70€ ⓘ Rinder-& Schaffarm / Heu & Grünfutter @ info@ondundu-jagd.de # www.ondundu-jagd.de Deutschland: Wolfgang Bauer& Rainer Feist, Röderbuschring 58 54239 Konz, Telefon: +49 6501 605641

Region K: Etosha & angrenzender Süden

Okutala Etosha Lodge (K13)

[Lodge] 60km nordwestl. Outjo / Anfahrt: C38, D2695 (6km), Farmpad (11km) ☞ Harnas ✆ 067-687100 / 067-333461 067-687101 081-1264324 11 Chalets $ (2016) DZ: B&B: 2P 2.900N$, 1P 1.890N$ / Hp: 2P 2.400N$, 1P 2.220N$ / Vp: 2P 2.680N$, 1P 2.390N$ // FZ: B&B 3290, Hp 3.570N$, Vp 3.720N$ ⓘ ursprünglich die NauaNaua Game Lodge, 2012 gekauft von Harnas, jetzt Okutala // zahmer Elefant „Stouter" / Elefanten Tracking mit Sendern Fütterungstour von Hyänen, Giraffen, Elefanten, Leoparden & Geparden / Endangered Species Tour / scenic drives @ info@okutala.com # www.okutala.com Office: P.O.Box 81307, Windhoek / 061-234728. Fax 061-234734

Olifants Rus (K212)

[Camping] 130km westl. Okaukuejo / Anfahrt: im Etosha Park / vom Eingang Galton Gate 60km, vom Dolomite Camp 50km, von Okaukuejo

130km entfernt ☞ Namibia Wildlife Resort (NWR) ⛺ 10 Plätze (pro Platz 8P) $ 250N$ pP ⓘ allgemeine Infos siehe Etosha National Park (K200) / auch Tagb. gegen Gebühr ♕ Wasserloch mit geschütztem Beobachtungsstand ✎ Kiosk # www.etoshanationalpark.org/accommodation/olifantsrus-camp 🕮 Zentrale Buchungsstelle Windhoek

Onkoshi Camp (K231)

⛺ [staatl. Rastlager] 40km nördl. Namutoni / Anfahrt: nur mit Abholung von Namutoni / Lage: Stinkwater Peninsula in der Pfanne ☞ Namibia Wildlife Resort (NWR) / Foibe Kapofi (manager) 067-687362 085-5502342 🛏 15 Luxus-Zeltchalets für 2P auf Holzpfählen $ (2016) Vp: sharing 2.100N$ pP, single 1.500N$ / Honeymoon sharing 2.500N$ pP / K6-12 50% ⓘ siehe Namutoni ♕ Übersetzung des Namens = „Löwe" auf Oshidonga geführte Gamedrives 500N$ pP, Nightdrive 600N$ Restaurant, Bar ✎ Souvenir Shop # www.etoshanationalpark.org/accommodation/onkoshi

Robyn (K44)

⛺ [Farm][Gäste] 30km nordwestl. Kamanjab / Anfahrt: C35 nach Norden, D2763 ☞ Jutta Harten (Deutsch) ✉ Kamanjab P.O.Box 26 ✆ 067-330280 081-298887 🛏 2 Bungalow $ (2015) SC 520N$ pP / B&B EZ 650N$, DZ 610N$ pP / Hp EZ 810N$, DZ 770N$ pP ♕ Seifenmanufaktur: Seifen aus reinem Maroela -Öl Besichtung der Manufaktur ✎ Wlan @ jharten@farm-robyn.com 🕮 Eden Travel

Sheya Suushona (K103)

⛺ [Lodge] 50km nördl. Okaukuejo / Anfahrt: am nordwestlichen Rand des Parks / nicht privat zu erreichen 🛏 4 DZ, 5 TwZ, 2 GuideZ ⓘ Im Etosha Park als exklusives privates Gebiet @ reservations@namibia-exclusive.com.na 🕮 siehe Namibia-Exclusive

The Farmhouse (K90)

⛺ [B&B] Outjo ☞ Anastasia Gabathuler (Deutsch) ✆ 067-313444 067-313444 081-2057047 🛏 3DZ, 1EZ, 1FZ $ (2016) EZ 390N$, DZ 300N$ pP, FZ 260N$ pP Restaurant & Biergarten / Café, dinnerfarmhouse@iway.na # http://farmhouse-outjo.com

Tirol (K89)

⛺ [Farm][Jagd] 75km nördl. Otjiwarongo ☞ Elke & Heiko de Fries (Deutsch) ✉ Otjiwarongo P.O.Box 666 ✆ 067-302202 067-302202 081-2616767 🛏 2 DZ $ (2015) Jagdtag 1:1 210€, 2:1 190€, Begleitperson/Ruhetag 100€ ⓘ Farmbetrieb mit Rindern @ werelk@iway.na # www.tirol-huntingsafaris.iway.na

Region L: Das „Otavi Dreieck" und Umzu

Farm Hoffnung (L128)

⛺ [Farm][Jagd] 50km südöstl. Otavi / Anfahrt: B8 nach Osten, D2804 (6km), D2825 (4km) ☞ Ilka & Detlev Jakob (Deutsch) ✉ Grootfontein P.O.Box 1026 ✆ 062-67240331 🛏 Gästehaus $ (2016) Jagdtag 1:1 160€, Begleitperson/Ruhetag 90€, K6-12 50€ ⓘ Rinderfarm, Kiwi @ idjakob@iway.na # www.hoffnunghunting.com.na

Mundulea (L129)

⛺ Buschcamp 20km südöstl. Otavi / Anfahrt: B1 nach Süden, D2809 / Otavi Berge ☞ Kate & Bruno Nebe (Deutsch) ✉ Swakopmund P.O.Box 307 🛏 Buschcamp: 4 DZ-Zelte ensuite $ (2016) siehe Besonderheiten ♕ Forschungsprogramm: Gürteltiere, Oxpecker & Wasserbock / Spitzmaulnashorn genannt „Hooker" Buschtours 4Tage/3 Nächte 16.000N$ pP, ab 4P 14.300N$ pP / Wasserloch am Camp gemeines Impala, Giraffe, Steppen-Zebra, Berg-Zebra, Gepard, Leopard, Buster Gemsbock / 7 schwarzes Nashörner / Gürteltier @ turn@iafrica.com.na # www.mundulea.com 🕮 Turnstone Tours Swakopmund (Nicole Adler) , Tel 064-403123 Fax 064-403290

Omatjete (L126)

⛺ [Farm][B&B][Jagd] 30km östl. Otavi / Anfahrt: Farm Askevold: B8, D2820 ☞ Birgit & Hagen Eggert (Deutsch, Nama) ✉ Otavi P.O.Box 80 ✆ 067-234465 067-234400 081-1279005 🛏 4DZ aircon $ (2016) B&B EZ 1.000N$, DZ 800N$ pP ⓘ Jagd, auch Bogenjagd / Farm mit

Brahmanen Zucht / Maisproduktion „Omatjete“ ist der Name einer Akazien, von der es viele auf de Farm gibt. Die Früchte sind sehr nahrhaft für das Wild und die Rinder. Photosafari, Gamedrive Speisen selbst hergestellt, Wildfleisch Wlan / Wäscheservice keine HausT hagen@omatjete.com #www.omatjete.com

Omega (L127)

[Rastlager] 82km südwestl. Grootfontein / Anfahrt: B8, D2896, D2512 (50km), linls Farmpad Tienus & Willi Louw (Afrikaans) Grootfontein P.O. Box 1001 067-231560 4 Plätze, Strom $ (2015) 110N$ pP 2 SC-DZ $ (2015) 110N$ pP Ngarangombe Conservancy / Brahmanen Rinderzucht

Shamalindi Pastoral Centre (L130)

[B&B] Grootfontein, in der Nähe von Tigerquelle Claudia Vaile (manageress) Grootfontein P.O.Box 352 067-240374 067-240374 081-4419586 15 DZ Chalets $ (2014) DZ 150 pP Konferenz Halle 800N$ pT Frühstück 40N$, Lunch 80N$, Dinner 80N$ claudiashamalindi@gmail.com

Region M: Der zentraler Norden

J´Nissi Inn (M59)

Ongwediva 065-238919 065-238909 KonferenzZ

Monte Carlo (M54)

[Gästehaus] Eenhana, in der Nähe von War Shrine Ms. Maria, Ms. Selma 081-2984642, 081-1242166, 081-2304915 24 DZ, aircon

Muharwa (M62)

[Gästehaus] Nkurenkuru, Ongava Street Nkurenkuru P.O.Box 6134 066-256051 081-4381122 32DZ Mahlzeiten auf Anfrage muharwaguesthousen.k@gmail.com

Nkurenkuru (M61)

[B&B] Nkurenkuru, SME Park 066-258088 081-3248544

Okahao Boabab National Heritage Site (M58)

[Camping] Okahao 065-252204, 065-252205 $ 60N$ pP o.shigwedha@okahaotc.com.na #www.okahaotc.com.na

Onesto (M56)

[Ferienhäuser] Okahao 081-7270929

Ongozi Guest Lodge (M22)

[Lodge] 3km westl. Okahao / Anfahrt: C41 (3km westl. Okahao) Anna (receptionist) (Oshiwambo) Okahao P.O.Box 41 081-6635239 12DZ $ (2016) EZ 200N$, DZ 300N$ kleines Restaurant keine / none

Outapi B&B (M55)

[B&B] Outapi 065-251567 081-1285835 10 sites 8 SC Appartements 20m hoher Aussichtturm bookings@outapibnb.com #www.outapibnb.com

Pahukeni River Lodge (M60)

[Hotel/Pension] Nkurenkuru0km 066-265848 081-3142821

Red Bull (M57)

[Gästehaus] Eenhana Ms. Indileni 081-6712880, 081-6712881

Roadhouse (M59)

[Gästehaus] Omuthiya P.O.Box 065-244041 081-1462829 8EZ, 8 DZ, 2 Luxury Z, 4FZ 2 DiplomatenZ KonferenzZ free Wi-Fi stay@roadhouse.com.na, jnaguesthouse@iway.na, #www.roadhouse.com.na

Simanya River Lodge (M64)

[Lodge] 16km nordwestl. Nkurenkuru / Anfahrt: D3406 (2km), B10 (13km), Abdreh rechts (1km) 066-258058 081-3282969, 081-8582994 088-6518102 Eröffnung Mai 2016 simanyariverlodge@gmail.com #www.facebook.com/simanya.river.lodge

Region N: Nordosten

Tutwa Tourism&Travel

Tutwa verkauft eine Kombi-Tour zur Tierbeobachtung: Zuerst auf einem Boot auf dem Chobe und dann mit Safariwagen im Chobe National Park. Dazwischen ein üppiges Dinner. Abholung an der Grenze. Zuverlässig. Von Trummilesern sehr empfohlen. ☞ Karen Sharpe ✆ 081-1281927 @ caprivi@tutwatourism.com, tutwaswakop@afol.com.na

Chobe Water Villas (N50)

[Lodge] 50km südöstl. Katima Mulilo / Ngweze / Anfahrt: B8 nach Ngoma, am Chobe bei Kasane ☞ Olthaver & List Leasure Group / Manager: Martin (Deutsch) ✉ Katima Mulilo P.O.Box 198 ✆ 066-686057 066-686058 $ (2016) Vp DZ: (1.1.-31.3. & 1.12.-31.12.) 3.025N$ pP / (1.7.-31.10.) 6.028N$ / (1.4.-30.6 & 1.11.-30.11): 3.790N$ inkl. 2 Boot-Aktivitäten // Pilot, Guide EZ 1.500N$ ⓘ Vorherige Namen: Chobe King´s Den Lodge / nach verschieden Besitzerwechsel 2015 wiedereröffnet von der Olthaver&List Gruppe auf der namibischen Seite des Chobe Fluß gelegen bei den Kasikili Inseln @ reservations@ol-leisure.com 061-2075111

Kaza Safari Lodge (N)

[Lodge] Katima Mulilo 8 Chalets $ (2016) DR 350US$ pP res@anthology.co.za, +27 11 568 2799

Rupara Campsite (N88)

[Kommunales Camping] 84km südöstl. Kongola / Anfahrt: C49, bei Sangwali D3518 ✆ 066-252518 081-3671677, 081-4692558 4 Plätze $ (2015) 100N$ pP ⓘ am Rande des Mamili National Park, auf dem Lupala Island

Zambezi Waterfront Tourism Park (N74)

[staatl. Rastlager] Katima Mulilo / Ngweze ✆ 066-252366 066-252423 081-1462488 Vip Plätze, für Gruppen kleine & große Plätze ⓘ Eröffnung 2016/17 @ zwtp@africaonline.com.na # http://zambeziwaterfronttourismpark.com

Region P: Südwesten

Element Riders Place (P87)

[Back-Packer][Camping][SC] Lüderitzbucht, Schinzstr. 7 ✉ Lüderitzbucht P.O.Box 142 081-2066562 4 Plätze $ (2016) 70N$ pP 2Schlafsäle 7-8P/ 1SC mit Vokü / DZ, EZ $ (2016) Dorm 90N$ pP, EZ 160N$, DZ 270N$ pZimmer, FR bis 5P 600N$ / ganzes Haus (5-6Z, 15-20 Betten) 2.000N$ // SC unit 3P 320N$ ⓘ sicheres Parken für Trucks Tischtennis SC Waschmaschine 1Z rollstuhlfreundlich HausT auf Anfrage # www.element-riders.com/Home/Accommodation.php @ info@element-riders.com

Schloß Duwisib (P37)

Achtung Neu: 5 DZ im Schloß siehe S.32

Kanaan N/a'an ku sê Desert Retreat (P44)

[Camping][Lodge] 90km nordwestl. Helmeringhausen / Anfahrt: C27, D707, Schild 8km Farmpad ☞ N/a´an ku sê // manager: Augusta & Theodor van Reensburg (Afrikaans) ✉ Windhoek P.O.Box 99292 ✆ 063-683119 Camp 707 einfach: unter Bäumen in den Dünen (Ankunft nach 14:00, Abfahrt vor 10:00) $ (2016) Camp 707: 300N$ pSite +150N$ pP, max 6P, K12 50% Zelt DZ / Ensuite DZ $ (2016) Tented & Ensuite: Hp:EZ 1.100N$, DZ 900N$ pP, K12 450N$ / Vp incl 1 Activity: EZ 1.545N$, DZ 1.325N$, K12662 / Tourguide Hp 450N$ ⓘ war früher Farm Kanäan, 2014 von N/a'an ku sê gekauft Wildfarm, am Rande der Tirasberge / Strauße am Haus Dünenfahrten / Wandern in den Tiras Bergen Spezialkost / Essen auch für Tagb. / Biltong 1 Z rollstuhlfreundlich Springbock, Oryx, Tüpfelhyäne, Strauß, Vögel, Eulen @ kanaan@naankuse.com # www.kanaannamibia.com

Simply the Best Camping (P86)

[Camping] 45km westl. Maltahöhe / Anfahrt: C14 (20km), C19 (10km) Richtung Zarishoogte Paß, Schild mit Geier, auf der Farm Nutupsdrift Nr.112 / Farmpad in der Regenzeit nur 4X4, Transport kann arrangiert werden ☞ Franziska Kerensztesi (Deutsch) ✉ Maltahöhe P.O.Box

110 ✆ 063-293470 ▲ 3 Plätze mit Schatten, 4 Betten in einer Hütte, Kinderhaus / Warme Dusche aber PlumpsKlo $ (2015) 140N$ pP, K12 50% / Hütte 450N$ ⓘ Ziegen-, Schaf- und Rinderfarm Franziska Keresztesi and Peter Woolve haben vorher bei NamibRand Nature Reserve gearbeitet. Teilnahme am Farmleben / Wandern / eigenes Feuerholz 12V Solarlicht in der Hütte / Internet im Farmhaus HausT ok Springbock, Steinböckchen, großer Kudu, Warzenschwein, Steppen-Zebra, Stachelschwein, Wildkatze @ franziska.aandster@gmail.com

Sterreprag, Farm (P85)

▲ [Camping] 23km südöstl. Helmeringhausen / Anfahrt: C14, am Konkiep ☞ Birke & André Coetze (Afrikaans) ✉ Helmeringhausen P.O.Box 48 081-1287101 ▲ 4 Plätze $ (2015) 70N$ pP + 10N$ pAuto ⓘ auf der Farm Sterreprag, sandige Farmpad

Region Q: Der Tiefe Süden

Kiriis-Ost (Q95)

▲ [Farm][Camping] 40km nördl. Aroab / Anfahrt: C11 ☞ Brenda & Henning Kotzé ✆ 063-281208 @ kalahari@iway.na

Region R: Nordkapland

Biesjesfontein (R)

▲ [SC-Haus][B&B] 7km südl. Springbock (RSA) / Anfahrt: N7, Schild ☞ Rudie Boonzaaier (Afrikaans) +27-0832613658 $ SC 950R für 2P ⓘ liegt auf einer Farm / Haus steht auf Stelzen @ boonzaaier567@gmail.com # www.springbokinfo.co.za/Biesjesfontein.htm

Region S: Zimbabwe

Gorges-Lodge (S1)

▲ [Lodge] Victoria Falls (Zimbabwe), 11 Kildare Roads / Anfahrt: Zimbabwe bei den Fällen ☞ Zimbabwe Campfire Project (Englisch) ✆ +263-245051, +263-243064 $ (2015) International: B&B: EZ 169US$, DZ 130US$ pP / Hp EZ 195US$, DZ 150US$ pP / All inclusive with 2 Aktivitäten EZ 410US$, 315US$ pP // Local & SADC B&B: EZ 130US$, DZ 100US$ pP / Hp EZ 156US$, DZ 120US$ pP / Alle inkl.mit 2 Aktivitäten: EZ 410US$, 315US$ pP / Zusatzpreise: Transfer zur Stadt 15US$ „Our lodges are part of Zimbabwe's CAMPFIRE project, a community-based natural resource management project aimed at local community involvement in tourism and wildlife conservation. CAMPFIRE is the acronym for Communal Area Management Program for Indigenous Resources. „ Sundowner Fahrt / traditionelle Tänze, Dorf- & Schulbesuch @ reservations@gorges-lodge.com # www.gorges-lodge.com

Victoria Falls Rest Camp (S2)

▲ [Rastlager][Camping] Victoria Falls (Zimbabwe), ungefähr 2km von den Fällen ✆ +263-13-40509-11 +263-773-496-695 ▲ Plätze mit Schatten, Strom, Grillplatz $ 8US$ pAuto + 10US$ pP (K16 7US$) 18 SC-Bungalows mit 2DZ // 3 Dormitories (6 bis 14 Betten) // Luxuszelt 2P $ (2016) Bungalow: 2DZ: 4P 161US$, 1-3P 127US$ / 3DZ: <4P 201US$, 4-6P 242US$ // dorm 20US$ pP. K16 17US$ // Zelt 2P 115US$, 1P 86US$ /an Feiertagen +20% in der Nähe: Reiten auf einem afrikanischen Elefanten (4Std.) / Krokodilfarm (3Std.), Canoeing / Bungi Jumping in der Mitte der Brücke über dem Zambesi / White Water Rafting @ reservations@restcamp.co.zw # www.vicfallsaccommodation.com

Region W: Botswana

Dqae Qare San Lodge (W7)

▲ [Lodge] 33km nordöstl. Ghanzi (Botswana) / Anfahrt: A3 (25km), Farmpad (7km), Schild ☞ Greg Laws (manager) ✉ Ghanzi (Botswana) P.O.Box 605 ✆ +267-7252-7321 ▲ Plätze $ (2016) 75Pula pP Gästehäuser $ (2016) DZ: DBB 655Pula pP, SC 425Pula pP Wasserloch in der Nähe der Unterkünfte Gästehäuser (mit Moskitonetzen) $ (2016) DZ: DBB 655Pula pP, SC 425Pula pP ⓘ Die Dutch Church schenkte der San D`Kar - Gemeinde zwei zusammenhängende Farmen (7.500 ha) / vollständige Selbstverwaltung der Community bis auf die Buchungen am PC. / Projekt: Solarlichter in den Weckgläsern für die Schüler, damit sie Licht in ihren Hütten haben. Wasserloch in der Nähe der Unterkünfte verschiedene Aktivitäten mit den San: geführter

„bush walk“ (75Pula pp), „story telling“ (240Pula pGruppe), „San Experience“ (ganzer Tag+Abend pGruppe 2.970Pula) // Gamedrive 70Pula pP, „Star Talk“ (75Pula pP) Dinner (150Pula), Lunch (80Pula) Kunstmarkt mit den Produkten der Gemeinde in der Nähe der Hauptstraße, ausgeschildert. / Internet - Handyempfang nur bei der Verwaltung (1km entfernt von den Bungalows) Hunde an der Leine ok Sehr empfehlenswert! Die Gemeinde demonstriert ihr historisches Können gemeinsam mit den Besuchern, ohne vorzugaukeln, noch immer so zu leben. Am besten werden die Aktivitäten als ganztägig gebucht, dann organisieren die San selbst den gesamten Tagesablauf bis zum nächtlichen Tanzen und Erzählen. @ dqaeqare@gmail.com # www.dqae.org

Drotsky Cabins (W6)

[Lodge][Camping] 11km südl. Shakawe (Botswana) / Anfahrt: A35 Schild Shakawe (Botswana) P.O.Box 115 +267-6830226 +267-6830227 +267-72122971 15 großflächige Plätze / am Nebenarm des Okavangos gelegen / schattig durch hohe Bäume / Grill, Tisch, Waschhaus für 2 Plätze mit Abwasch / Strom / inkl. Feuerholz / Meerkatzen, Buschbocks & viele Vögel in der dichten Ufervegetation $ (2016) 150Pula pP etwas monumentale große Holzchalets auf Stelzen: 2P mit Aircon & A-Frame 4P mit Fan $ (2016) Chalet 1.685Pula / A-frame 1.685Pula / Plus Trainings Abgabe 10Pula pP pN Haupthaus auf Stelzen nicht direkt am Fluß wegen der Insekten in der Regenzeit / noch 2 von der Familie geführte Lodgen: Lawdons Lodge & Xaro Camp. weitläufige Rasenflächen in denen weit ausenander die Holzchalets stehen,großer Pool in der Mitte der Anlage Bootstouren auf dem Okavango (18Fuß Boot 4P 265 pStd, 20Fuß Boot 8P 385Pula pStd, Big Boot 12P 500Pula pStd / plus Benzin 14Pula pLiter) / Angeln (Ruten 100Pula pT) Restaurant (B 150 Pula, L 190 Pula, D 250 Pula) Souvenirladen pets ok beim Camping sehr empfehlenswert - bis auf das Essen! @ drotsky@botsnet.bw # www.drotskycabins.com

Shakawe Lodge (W8)

[Lodge] 10km südl. Shakawe (Botswana) Laone +267-684 0403 Plätze $ (2016) 200Pula pP, K4-12 130Pula 7TwZ, 3DZ (aircon) $ (2016) Standard: 1.510 Pula / Honeymoon 1.620Pula Boot ausleihen: 360Pula pStd, Sunset Cruise 150Pula pP / Angeln, Vogelbeo. ((Pel's Fishing Owl, African Skimmer, White Backed Night Heron, Narina Trogon) B 160Pula, L 180Pula, D 290Pula @ info@shakawelodge.com # www.shakawelodge.com

Änderung von Unterkünften im Buch Alphabetisch

!Uris Safari Lodge (L20)

(Infos: 15.10.2016) Der Krach der Mine ist auf dem Campingplatz bis 23 Uhr sehr störend!

A Little Sossus Lodge (P7)

(Infos: 26.10.2016) kein Reiten mehr 10 Plätze weit auseinander mit “Haus”, mit Küche+Braai Areal, Strom $ (2016) 100N$ pP 15 DZ-Bungalows, 4 Familien -Bungalows (4P) $ {2016} B&B: EZ 1.300N$, DZ 2.150N$

Aan´t Zebra (Q53)

(Infos: 26.08.2014) 4 SC DZ (mit 1Doppelbett+ 1 Einzelbett) $ {2014} DZ 1P 300N$, 2P 500N$, 3P 600N$, K10 frei

Acacia B&B (B27)

(Infos: 02.10.2015) siehe Autohotel

Acacia Park Rest Camp (Crocodile Ranch) (J74)

(Infos: 15.10.2016) Restaurant geschlossen

Achab Rest Camp (C96)

(Infos: 02.05.2016) 2016: zur Zeit wegen Renovierung geschlossen. Plätze / Zelt / Rasen mit Schatten $ (2014) 100N$ pP, K3-12 50N$, Pensionäre 50% / Zelt 1P 365N$, Zelt 2P 500N$ plus Campgebühr

Adler, Hotel Garni (G3)

(Infos: 25.01.2016) ☞☞ Hotel von Familie Adler wurde 2014 verkauft: Neuer Name: Swakopmund Sands Hotel (G3)

Africa Awaits (D81)

(Infos: 24.10.2016) 🛏 luxury Zelte $ {2016} Jagdtag 1:1 390€, 2:1 320€, Begleitperson/Ruhetag 170€

African Kwela Guesthouse (A1)

(Infos: 01.08.2016) 🛏 3DZ, 2EZ, 1FZ alle Z mit aircon $ {2016} B&B: EZ 550N$, DZ 750N$

Afrika Farm Ondekaremba (B18)

(Infos: 15.10.2016) ☞☞ 2014: 2 weiße Nashörner ☞ Familie Caroline & Joachim Rust (owner), Augusta and Theo van Rensburg (manager) (Deutsch) 🛏 8DZ + 2TZ + 1FZ(= 2DZ, 2 BadZ, WohnZ, kleine Küche) + 2 LuxusApp (= DZ, WohnZ mit Kamin, Vokü) // Erioloba Village: SC Bungalows mit Pferdeställen $ {2014} Hp: Standard: EZ 790N$, DZ 1.560N$, TZ 1.940N$ / Familien Suite 4P 790N$ pP, Luxus App. EZ 960N$ pP, DZ 960N$ pP / alle inkl. Nachmittags-Kaffee und Kuchen / Zusatzpreise: Game Drive 250N$ pP

Afrika Sun (A139)

(Infos: 16.05.2015) 🛏 6DZ, aircon $ {2015} B&B: EZ 580N$, DZ 740N$

Agama River Camp (F38)

(Infos: 15.10.2016) ☞☞ keine versteinerten Dünen 🐕 HausT ok ⛺ 7 Plätze, unter schattigen Akazien / Wasser am Platz, Grill, Waschräume / Licht über Autobatterie / entlang des Riviers $ (2016) 160N$ pP 🛏 10 Chalets (extra Matratzen für Kids) $ {2016} Hp DZ 985N$ pP

Ai Ais Hot Springs Resort (Q38)

(Infos: 05.02.2016) ☞☞ Eintrittspreise siehe Kasten NWR / 2011 wiedereröffnet, Innenbad + Wellness aufwendig renoviert (großes Spa-Innenbad mit angrenzenden Zimmern), 24 Std Zugang, kein Eintritt für Außen-& Innenbad/ Außenbad Camping unverändert / Tagb. Frei ✉ Karasburg Private Bag 2012 ✆ 063-683676[7] ✆ 063-683682 ⛺ Plätze mit Strom $ (2016) 169N$ pP 🛏 7 Bush-Familien Chalet (A), 16 River View DZ (B), 20 Mountain View DZ © / (=36DZ) $ {2016} (A): nur Bett 650N$ pP [820N$ pP] / (B): B&B: 550N$ pP [730N$ pP] / (C) B&B 530N$ pP [600N$ pP] // K6-12 50% / Zusatzpreise: geführte Exkursion 500N$ pP 📖 Zentrale Buchungsstelle Windhoek

Aida, Guestfarm (E95)

(Infos: 30.04.2016) ☞☞ Auf der Farm wurden seit langer Zeit keine Gäste oder Jäger mehr empfangen. Die Familie Eichhorn hat Aida am 1.3.2016 übernommen. Bislang nur Handy: 081-1296222 und Email: eichhorn@iway.na

Airport Farm (B22)

(Infos: 12.02.2016) 🛏 5DZ $ {2016} B&B: DZ 635N$ pP, EZ 735N$ / Hp: DZ 787N$ pP, EZ 897N$ / Vp DZ 887N$ pP, EZ 997N$ / K3-12 50% // Guide Unterkunft frei // Jagdtag 1:1 230€, 1:2 190€, Ruhetag 90€, K12 40€ / Zusatzpreise: Gamedrive 150N$ pP

Airport Lodge (B17)

(Infos: 06.02.2016) 🛏 2, 3, 4-Bett Bungalows, kleine Küche für SC / RaucherZ $ {2016} Bungalows 1Z: 1-Bett 625N$, 2-Bett 660N$, 3-Bett 800N$, 4-Bett 875N$ / Bungalows 2Z: 4-Bett 1.320N$ / Zusatzpreise: SC-Gebühr für Vokü 50N$ / Frühstück 70N$ pP

Aloë Travel Lodge (A60)

(Infos: 29.07.2016) 🛏 11DZ + 2 SC Chalets 4P $ {2016} EZ 650N$, DZ 750N$, FZ: 3P 800N$ + extra P 100N$ / SC: 2P 800N$, 3P 850N$ ⓘ weites Gelände mit Picknicktischen / Buschpark mit Streichelzoo ⓘ Tagb. (20N$ pP, Grillplatz 60N$), Internet, Abreise: 17Uhr 🐕 HausT ok ♿ SC Zimmer rollstuhlfreundlich

Aloegrove Safari Lodge (L57)

(Infos: 13.05.2015) 🛏 8 Bungalows $ {2015} SC: 1P 840N$, 2P 1.480N$, 2E+1K3-18 1.880N$, 2E+2K3-18 2.180N$ / Breakfast + 140N$ pP / Tourguide 380N$ // Jagdtag 1:1 200€, 2:1 180€, Begleitperson 80€ / Zusatzpreise: Game Drive 180N$ pP,

Alpec Bushcamp Gamepark (K42)

(Infos: 17.02.2016) ☞☞ 2016: wiedereröffnet nach Renovierung und Ausbau / neue Handynummer: 081-5910040 ⛺ 7 Plätze $ (2016) 150N$ pP, K6-12 100N$ 🛏 6 Chalets + 1 Familienchalet $ {2016} SC: DZ 350N$ pP, EZ 500N$ / B&B +150N$ pP

Amanzi River Camp (Q50)

(Infos: 20.03.2015) ⛺ 17 Plätze am Fluß mit Schatten & Gras $ (2015) 90N$ pP, K18 60N$ +50N$ pAuto 🛏 chalets $ {2015} 400Rand für die 1. Person, 120Rand pZusätzlicher Person, Bettzeug 20Rand pP ⓘ alter Name: Abiqua River Camp 🐕 keine HausT 🚶 Kanu-Tagestour 150N$ pP, Rafting Tages Trip 190N$ pP / 3,5 Tage Vp Trip 2.790Rand pP, K18 2.390Rand pP / Vogelbeo., Schwimmen, Angeln / Petroglyphen

Amkela Lodge (B15)

(Infos: 07.02.2016) ☞☞ wurde zugunsten von Wohnhäusern geschlossen

Anjo Villa Guesthouse (A61)

(Infos: 05.02.2016) 🛏 6DZ + 2EZ $ {2016[2017]} B&B: SR 695N$, DR 1.030N$

Ardilla (C99)

(Infos: 07.02.2016) ☞☞ geschlossen

Astra / Büschow (D53)

(Infos: 24.10.2016) ☞☞ Stefan 081-2007716 ⛺ Bushcamp Hängouwer an der D1808 🛏 Gästehaus mit 3DZ $ {2016} Jagdtag 1:1 350US$, 1:2 260US$, Ruhetag 110US$ / K12 70US$

Auas City Hotel (A101)

(Infos: 22.10.2016) ☞☞ Das japanisches Restaurant: „Haiku" ist ausgezogen! 🛏 24Z aircon $ {2016[2017]} B&B: SR 950N$, DR 1.130N$, FR 1.425N$ / K4-14 115N$

Auas Game Lodge (B37)

(Infos: 12.02.2016) ☞☞ gehört jetzt zu „Jouneys Namibia" ☞ Dominic du Raan & Simonetta Musso 🛏 Lodge 15DZ $ {2016} B&B: EZ 1.060N$, DZ 1.480N$, K4-12, Guide room B&B 600N$ / Zusatzpreise: Gamedrive (2Std) 350N$ pP (Namibian 250N$)

Autabib Safari Lodge (E74)

(Infos: 27.10.2012) ☞☞ geschlossen seit 2014

Autohotel (B27)

(Infos: 16.05.2015) ✉ Windhoek P.O.Box 81212 ✆ 061-223340 📱 081-2368998 (Andrea), 081-1280569 (Maria) 🛏 3 Bungalows $ {2015} EZ 500N$, DZ 800N$, extra Bett 150N$ // Campingzimmer 1P 350N$, 2P 500N$ / Tagbenutzung 200N$ // Guide 300N$ @ agiel@iway.na

Avondsrus (Q55)

(Infos: 26.07.2016) ☞☞ Ist das alte Kalkfontein Hotel

Backpackers Lodge Lüderitz (P61)

(Infos: 23.01.2016) ☞☞ umgezogen in die Ringstraße

Bahnhof Hotel Usakos (C63)

(Infos: 12.02.2016) 🛏 10 DZ (Luxus), 4 DZ (Standard) / aircon $ {2016} Luxury B&B: EZ 550N$, DZ 680N$ / Standard B&B: EZ 400N$, DZ 550N$, K2 frei ⓘ Renovierung, Wiedereröffnung Ende 2016 🐕 HausT auf Anfrage

Bakenkop Game Ranch (K76)

(Infos: 19.05.2015) ✉ Outjo P.O.Box 394 ✆ 067-333409 📱 081-2807731, 081-3438338, 081-2616181 🛏 2DZ +2 Extrabetten / 1TZ $ {2015} Jagdtag 1:1 1.700N$, Begleitperson/Ruhetag 1.500N$ @ info@bakenkopgame.com & jdebruyn@bakenkopgame.com # www.bakenkopgame.com

Bambatsi Gästefarm (K50)

(Infos: 12.02.2016) ☞☞ nur noch Handy, kein Fixphone mehr: 081-2458803 und Fax: 088-615627 ⛺ 3 Plätze: „Camp Biro" auf einem Hügel + „Camp Gik" $ (2016) 130N$ pP, Privatplatz 150N$ Pp 🛏 8 Bungalows 2,3,4 Bett $ {2016} Hp DZ 950N$ pP, kein EZz.

Baobab Game Ranch (L31)

(Infos: 13.02.2016) ☞☞ neue Webseite: http://baobab-namibia.com/german/ 🛏 2DZ $ {2016} Jagdtag 1:1 350US$, 1:2 300US$, Begleitperson 150US$ K12 65US$

Bastion Farmyard (E71)

(Infos: 26.10.16) ⛺ Schattenbäume für autarke Camper $ {2016} 120N$ pP, K6-18 80N$ 🛏 Farmhouse 16B in 4Z, Vokü $ {2016} B&B: 1P 450N$, 2P 750N$, 3P 950N$, 4P 1.200N$, 5P 1.300N$ / SC: 1P 350N$, 2P 550N$, 3P 650N$, 4P 800N$, 5p 900N$

Baumgartner Holiday Apartments (A7)

(Infos: 05.02.2016) 🛏 6 SC - Flats: 4 Junggesellenzimmer, 2 DZ $ {2015} EZ 250N$, DZ 500N$ / Rabatt für Langzeitmiete über 10Tage

Bay View Hotel (P62)

(Infos: 26.07.2016) ☞☞ Schließt am 30.6.2016. Wurde verkauft, soll aber keine Unterkunft mehr sein. ☞ Cheryl Korff (Englisch, Portugiesisch) ⛺ Plätze am Diaz Point P74 🍽 Wlan

Beach Lodge (G7)

(Infos: 4.4.15) ☞☞ Das Restaurant „The Wreck" wurde am 10.4. 2015 leider geschlossen, weil der oberste Gerichtshof einer Klage recht gegeben hat & beschlossen hat, daß das Lokal nur noch Hotelgäste bewirten dürfe. Die Eigentümerin eines noch nicht erstellten Restaurants auf dem Nachbargrundstück, Cornelia Lewis, versuchte schon im „Vorfeld", den zukünftigen Konkurrenten auszuschalten. ⓘ direkt am Strand / interessante Architektur ⓘ kiwi 🐕keine HausT

Bella mia Ferienwohnungen (A8)

(Infos: 5.2.16) 🛏 2 Bachelor Hütte 2P+1 Flat mit 2DZ, WohnZ, Vokü / mit Bettwäsche, Handtücher / privater Garten $ {2015 [2016]} 2DZ Flat: 1P 650N$, 2P 750N$, 3p 850N$. 4p 900N$ / 1 DZ Flat 1P 550N$, 2 p 650N$ / >1 Monat 20% Reduktion

Bellerode Hunting Farm (B11)

(Infos: 06.02.2016) ☞ Petra & Bernhard Gruhn (Deutsch) ✉ Windhoek P.O.Box 5185 ✆ 061-235485 📠 061-235485 📱 081-2464412 (Petra), 081-2509323 (Bernhard) @ pbgruhn@iway.na # http://bellerode.com/HOME_DE.html

Belvedere Boutique Hotel (A102)

(Infos: 05.02.2016) 🛏 12Z+1FZ+1 LuxusZ $ {2016} B&B: Standard DZ 2P 1.650N$ / B&B Luxus 2P 1.875N$ / Penthouse 2P 2.035N$

Bennies Entertainment Park & Lodge (M16)

(Infos: 25.05.2015) ☞☞ Web: www.benniespark.net 🛏 52DZ, 17 TwZ, 4 TZ, 6 LuxuryZ, 8 Suiten, 2 Presidential-Z (=200P) / 2 Bunk-Z // alle mit aircon $ {2015} B&B: EZ 500N$, DZ 550N$, TZ 800N$, FR 900N$ / LuxR 600N$ / SC: SuiteR 950N$, Pres.R 1.900N$ / Stockbetten 4p 900N$

Bergeck Mission Lodge (B40)

(Infos: 06.02.2016) ☞☞ Lodges von Nello João, die zur Zeit geschlossen sind: Bergeck Mission Lodge & Otjibamba 🛏 19DZ $ {2013} B&B: EZ 995N$, DZ 800N$ pP, K12 50% / Zusatzpreise: Game Drive & Sundowner 250N$

Bergheim Country Estate B&B (B47)

(Infos: 12.02.2016) ☞☞ geschlossen

Big 5 Mini Lodge (B60)

(Infos: 06.02.2016) ⛺ 2 Plätze $ (2016) 100N$ pp 🛏 4 Zelt-Chalets $ {2016} B&B: EZ 400N$, Chalet 700N$

Bougain Villa (A11)

(Infos: 05.02.2016) ⓘ siehe The Utopia Boutique (A163). Die Pension wurde an Naankuse verkauft und ist jetzt Teil der benachbarten Utopia Lodge.

BumHill Campsite (N28)

(Infos: 22.08.2015) ☞☞ Das Camp ist abgebrannt und nicht wieder errichtet worden.

Burg Gusinde (B23)

(Infos: 6.2.16) 🛏 Burg Gusinde (auf Anhöhe): 4DZ +1FZ / Ousema altes Farmhaus (im Tal) 2DZ (langfristig) $ {2016} Burg Gusinde: DZ Vp (inkl. 1 Farm Drive, Sauna, n.a.Getränke) 1.800N$ pP, EZz. 20%, K10 frei / Osema Farmhaus: DZ Vp 900N$, K10-12 600N$ / EZz. 25% / Jagdtag 1:1 320€, 2:1 270€, Begleitperson 190€ / Zusatzpreise: Game-Drive 230N$ pP,

Buschberg Gästefarm (K18)

(Infos: 17.05.2015) 🛏 3DZ + 2TZ + 2EZ

(gemeinsames BadeZ) $ {2015} B&B: DZ 570N$ pP, K3-12 250N$ / K3-12 50% / Tourguide 300N$ / Zusatzpreise: Farmdrive 150N$ pP, geführte Wanderung 70N$

Buschfeld Park Rest Camp (K10)

(Infos: 12.12.2016) ☞☞ neue Besitzer: Katja Fischer

Buschhotel Lodge (C107)

(Infos: 07.02.2016) ☞☞ geschlossen

Bush Babies´Inn (G19)

(Infos: 30.03.2016) 🛏 1 Gästehaus 3 DZ, 2 Bäder Vokü / 1 Appartement Khumib 1DZ+Couch, Vokü / 5 Cottages à 2P, kittenette $ {2016} Kunene 4P 1.300NN, 6P 1.600N$ / Khumib 1P 750N$, 2P 880N$ / Cottages 1P 660N$, 2P 660N$ / K6-13 50%

Bush Pillow (J76)

(Infos: 22.05.2015) ☞☞ neue Inetadresse: http://bushpillow.com/ 🛏 Gästehaus 7Einheiten: 2 FZ(2DZ), 4 TwZ, 1 DZ $ {2015} B&B: 1P 620N$, 2P 820N$, 3P 1.080N$, 4P 1.180N$ / HP: 1P 790N$, 2P 1.160N$, 3P 1.760N$, 4P 1.860N$

C`est si bon (J80)

(Infos: 17.02.2016) ☞☞ B&B Falcon Nest (J77) ist seit 2015 Teil von C`est si bon. 🛏 15 TwZ in reetgedeckten Bungalows, 3 FZ (4P), 3FZ (3P) / 35 TwZ (luxus), 2 FR (4P) (luxus) $ {2016[2017]} all B&B: Standard DZ 820N$, EZ 720N$, FR (3p) 980N$, FR (4p) 1.100N$ / Luxury: DZ 920N$, EZ 820N$ / „room 60&90“: 1-4p 1.350N$, 5p 1.450, 6p 1.550N$ / „room 100“: DZ 1-2p 1.100N$, 3p 1.200N$, 4p 1.300N$ / K4 foc

CamelCamp / Farm Hilton (B44)

(Infos: 15.10.2016) ☞☞ geschlossen und verkauft

Camp Aussicht (H57)

(Infos: 25.05.2015) ☞☞ neue Webseite wird in Kürze erstellt werden / Email: camp-aussicht@iway.na 75km nordöstl. Sesfontein / Anfahrt: C43 = D3704, 2 Zufahrten nördl. ausgeschildert, 5km steinige Pad zum Camp // keine Zufahrt von Ombombo ▲ 5 Plätze $ (2015) 100N$ pP 🛏 4DZ $ {2015} DZ Hp 680N$ pP

Camp Chobe Park (N83)

(Infos: 14.02.2016) 🛏 10 Zeltchalets (=20P), 6 weitere sind geplant $ {2016} B&B: DZ 700N$ pP, 1p 800N$ / Hp: DZ 950N$ pP, 1p 1.050N$ / K4-8 50%

Camp Kipwe (H83)

(Infos: 21.05.2015) 🛏 9DZ + 1Suite $ {2015} Low: Hp: DZ 1.950N$ pP / Suite DZ 3.500N$ / EZz 750N$ // High Hp DZ 2.450N$, EZz. 850N$ / K3-12 600N$ // Vp Inkl. Aktivitäten: DZ 3.750N$ pP, Suite 8.285N$ pP

Camp Kwando (N37)

(Infos: 31.03.2015) ▲ 10-12 Plätze, schattig (ohne Strom) $ (2015) 140N$ pP, Privater Platz 190N$ pP 🛏 13 River Chalets (überdachte Zelte), 6 Luxus Chalets, 1 Familien-Unit $ {2015} Hp: Chalets EZ 1.030N$, DZ 920N$ pP / Tree Houses EZ 1.680N$, DZ 1.680N$ // 25% Rabatt für Namibier / K4-8 50% / Zusatzpreise: Bootsfahrt (cruise) 310N$ pP, Fishing Trip 1.520N$ pBoot max 4P, Mokoro Trail 220N$ pp

Camp Ndurukoro (N55)

(Infos: 09.05.2015) 🛏 Chalet $ {2015} chalets: 2P 450N$, 3-4p 450N$ +100N4 pP / K6-15 50% ⓘ wird unterstützt von „Philadelphia Foundation for Orphants“ (www.PhiladelphiaNamibia.org). Verschiedene Projekte zur Unterstützung von Jugendlichen „Pool im Fluß“ = Krokodilfrei / Fischen vom Boot aus

Camp Nkwazi (N85)

(Infos: 24.04.2015) ▲ 13 Plätze mit Vokü, 220V $ (2015) 25US$ pP 🛏 10 Luxus-Zelte mit SC Möglichkeiten, $ {2015} SC: DZ 125US$ pP / B&B: DZ 140US$ pP / Hp: DZ 175US$ pP // K4-12 SC 60US$, Hp 110US$ // Guidezimmer 2P 40US$ pP, 1P 55US$ (manchmal Spezialpreise)

Capbon (A159)

(Infos: 16.05.2015) ✉ Windhoek P.O.Box 31825 ✆ 061-230043 📱 081-1271013 📠 088-6518031 @ capbon@iway.na & caros@iway.na # www.natron.net/capbon

Caprivi Houseboat Safari Lodge (N58)

(Infos: 16.5.15) ▲ 3 Plätze, Strom, Kochgelegenheiten (Gas auf Anfrage), Schatten $ (2015) 100N$ pP, K4-12 50% 🛏 4 Chalets am Fluß + 1TwZ mit Gemeinschaftsbad (12p) $ {2015} Chalets: Hp 730N$ pP, B&B 550N$, SC 450N$ pP ⓘ mehrtägige Bootstour auf dem Zambesi / vom Boot aus zu sehen: Krokodile, Flußpferde und Rinder / Mahlzeiten auf einer Sandbank, Hundeparadies, Baden möglich // Mehrtagestour zum Chobe: erst dort kann man auch Elefanten, Vögel, Büffel, viele Antilopenarten, Reptilien sehen. ⓘ 2 SC-oder catered Safariboote mit Dachzelt (4P) max 6P, Kitchenette mit Kochutensilien an Bord, ebenso Toilette & Mini Dusche, Bettwäsche & Handtücher / 7,5m Aluminium Outback Boot, 100PS Außenbordmaschinen / an Bord ein Skipper, der an Land schläft // Boot: ca. 3000N$ pTag bis 6P + Benzin 🐕 HausT auf Anfrage, 5 kinderfreundliche Hunde an der Lodge 🚶 Angeln, Vogelbeo. / Tagestour auf dem Fluß (650N$ pP inkl. Grill) / Plattform am Fluß mit Bar 🍽 Internet / Wäscheservice

Casa Africana (A38)

(Infos: 05.02.2016) 🛏 11DZ max 24P / 2 Sc Units $ {2016} B&B: EZ 810N$, DZ 990N$ / Luxury DZ 982N$, FR (2A+1K) 1.128N$ // SC-Units: 1.123N$, 1P 853N$ / Spezialpreise für Sportteams

Casa Bem Vindo (A124)

(Infos: 01.05.2016) 🏠 Windhoek, West, Pavlov Str. 23 🛏 Haupthaus 5DZ, Gemeinschaftküche, 25 Flats Vokü $ {2016} Gruppen 200N$ pP / Chalet: 1P 500N$, 2P 600N$

Casa Blanca (A12)

(Infos: 05.02.16) ☞☞ Neu: Web: www.casablancahotelnamibia.com / casablanca@mweb.com.na 🛏 6DZ + 7TwZ, aircon / 35P $ {2016} B&B: Standard 3P 1.398N$ Lux 2P 1.890N$, EZ 1.260N$

Casa Onganga (A13)

(Infos: 21.10.2016) 🛏 4DZ $ {2016[2017]} B&B: DZ 480N$, EZ 310N$, K2-8 50%

Casa Piccolo (A14)

(Infos: 05.02.2016) 🛏 16Z: 14DZ, 1FZ (2E+2K), 1TZ (2E+1K) / aircon $ {2016} B&B: EZ 800N$, DZ 1.200N$, TZ (2E+1K) 1.450N$, QZ (2E+2K) 1.700N$ / K6 frei

Cela, Hotel Pension (A16)

(Infos: 01.08.2016) ☞☞ Alle von Herrn Manahi Rafid gekauften Unterkünfte sind geschlossen mit ungewisser Zukunft: Pension Cela, Pension Ekundu, Pension Handke, Schwalbenheim, O Nosso Quintal

Central Guest House (G147)

(Infos: 12.03.2012) 🏠 Swakopmund, Ecke Lüderitz Str & Leutwein Str. 🛏 7DZ (2 Doppel, 4 Twin, 1 FZ) extra lange Betten, Orthopädische Matrazen $ {2012} B&B: EZ 810N$, DZ 660N$ pP / K6-12 450N$

Central Lodge Keetmanshoop (Q3)

(Infos: 30.04.2016) 🛏 22DZ, 1 FZ, 4 SC 6 Bett-Flat / 4 Z haben Whirlpool-Badewannen $ {2016} Standard B&B: EZ 540N$, DZ 750N$ / Luxus B&B EZ 640N$, DZ 820N$ / GuideZ bei einer Gruppe >7DZ frei / K5 frei

Chameleon City Backpackers (A17)

(Infos: 08.02.2016) ▲ Platz für 3 kleine Zelte $ (2016) 110N$ pP 🛏 ensuite: 4 LuxDZ, 5DZ, 1TZ, 1FZ / mit gemeinsamen Bad: 3EZ, 3DZ / 2 Schlafräume 6P / „the commune“: 3 DZ für einen längeren Aufenthalt > 3 Monate $ {2016} dorm 180N$ pP / DZ 1P 450N$, 2P 500N$, 3P 680N$, 4P 860N$ / luxury 1P 550N$, 2P 600N$, 3 p 780N$ // K5-11 90N$

Christoph, Hotel Pension (A18)

(Infos: 01.08.2016) 🛏 10DZ $ {2016} B&B: EZ 672N$, DZ 940N$, TZ 1.076N$

Citrus Farm Andorra / Maori (L90)

(Infos: 16.05.2015) $ Zitrusfrüchte, Bananen, Teufelskralle / zahme Zebras & Strauße / Gärtnerei / Gemüseanbau / Hochzeit / Kindergarten für die dort lebenden Kinder ⓘ Kiwi: alle kleinen Farmtiere / Aussichtsturm mit Zimmern und Plattform + Hochzeitskapelle im Bau (2013) 🚶 Farmführung mit Besuch in der Arbeitersiedlung (San) 20-40N$ pP, Wandern, Vogelbeo.

Conny´s Restaurant (F43)

(Infos: 04.07.2014) ☞☞ Conny ist 2014 bei einem Verkehrsunfall ums Leben gekommen. Aber das B&B und das kleine Restaurant werden weitergeführt.

Cori, Hotel Pension (A19)

(Infos: 01.08.2016) ☞☞ richtig: www.pension-cori-namibia.com, ohne na, neue Email: cori@iway.na 🛏 3EZ + 3DZ + 6 TwZ+6FZ $ {2016} B&B EZ 470N$, TwZ 620N$, DZ 720N$ pP, FZ 3P 850N$ pP, FZ 4P 950N$ / K3-11 90N$

d´Avignon, Hotel Pension (G12)

(Infos: 30.03.2016) 🛏 6 DZ + 2TZ + 1 FamilienZ + 2SC $ {2016[2017]} B&B: EZ 390N$, DZ 660N$ (als EZ 560N$), TZ 840N$, QZ 990N$

Daan-Viljoen-Wildpark (B51)

(Infos: 16.2.16) ☞☞ Der Park war lange geschlossen. Er wurde zum Wellness Luxus Camp umgebaut. ▲ 12 Plätze (keine Küche mehr) / Lux-Platz mit eigenem Saniblock & Grillplatz, Strom $ (2016) Standard: 130N$ pP / Lux-Platz 2P 350N$ + 175N$ pP für jede weitere Person 🛏 19 Chalets 2P, 1 Familien Chalets 4P $ {2016} B&B: Chalets EZ 1.685N$, DZ 2.592N$, K6-15 378N$ / SADC B&B: EZ 1.053N$, DZ 810N$, K6-15 300N$ // Guide B&B 500N$ / Zusatzpreise: Eintritt: 40N$ pP, SADC: 30N$ pP, Namibier: 10N$ pP // +10N$ pAuto $ Stausee / Parken ohne Schatten ⓘ Park ist noch Teil von NWR / Lodge privatisiert // geöffnet: von Sonnenaufgang bis -untergang für Tagb. / Restaurantbes. auch später / 🐕 keine HausT 🚶 ausgeschilderte Wanderwege von 3km und 9km (Pad kaputt) / Tierbeobachtungen auf Rundfahrt / Mountain-Bikewege (keine Bikes zu leihen) / Pool nur für Gäste in den Bungalow & Restaurant // Gamedrive (2Std 2-4P 1.220N$, zusätzliche P 305N$ pP), Sundownerdrive (2-4P 1.6410N$, zusätzliche P 405N$ pP). Geführte Wanderung (163N$ pP)

Dabib (L45)

(Infos: 13.02.2016) 🛏 2DZ + 2TwZ =8P $ {2016} Jagdtag 1:1 230€, 2:1 210€, 1:3 180€, 1:4 160€, Ruhetag 100€

Daniel´s Guesthouse (A106)

(Infos: 03.08.2016) 🛏 5DZ (2-5 Betten) +2DZ SC Vokü $ {2016} EZ 450N$, DZ 550N$ / SC 600N$ // K5-9 90N$, K10 200N$

Danubé Jagd u. Gästefarm (K29)

(Infos: 20.08.2015) 🛏 5DZ $ {2016} Vp: EZ 800N$, DZ 700N$ pP, K4-12 400N$ / Hp: DZ 600N$ pP, K4-12 450N$ // Rabatt Pensionäre 10%, Studenten+Namibier 15% // Jagdtag 1:1 170€, 2:1 140€, Begleitperson/Ruhetag 70€, K4-12 40€ / Zusatzpreise: Farmrundfahrt (200N$)

Desert Rose (R22)

(Infos: 05.09.2013) 🛏 6 Gästehäuser mit aircon / 2 SC mit Kitchenette / 22P $ {2016} Guestroom 2P 1.085R, SC 4P 1.150R

Divava Okavango Lodge & Spa (N22)

(Infos: 21.10.2016) 🛏 20 Chalets $ {2016[2017]} High (Jul-Nov): Hp: EZ 3.210N$, DZ 2.460N$ pP / Vp: EZ 3.410N$, DZ 2.660N$ pP // Low (Dez-Jun): Hp: EZ 2.610N$, DZ 1.970N$ pP / Vp: EZ 2.810N$, DZ 2.170N$ pP // Vp = inklusiv: 1 Bootsfahrt / ab 2 Nächten minus 10%, K6-12 %0%

Divundu Guest House (N20)

(Infos: 16.05.2015) ☞☞ Fax: 066-259075, Handy: 081-1278565 ▲ 6 Plätze auf Gras unter großen Bäumen $ (2016) 100N$ pP max 6P pPlatz 🛏 6 Bungalows 2-3P, zusätzlich Matrazen für Kids, aircon // 30 Backpacker (Gemeinschaftsduschen), mit Lounge $ {2016} B&B: EZ 519N$, DZ 430N$ pP, K3-11 50% / Backpacker 225N$ Inkl. kleines Frühstück

Dolomite Camp (K211)

(Infos: 29.1.16) ☞☞ Tel: 065-685115, Fax 065-685116, Japhet Xoagub (manager) 🛏 18 DZ-Chalets + 2 Luxus-Chalets $ {2016} alle B&B: [in Klammern Jul-Okt], Chalets: DZ 1.300N$ pP [1.620N$ pP], EZ 1.300N$ [1.820N$] / luxury: DZ 1.600N$ pP [1.900N$ pP], EZ 1.600N$ [2.100N$] / Zusatzpreise: Game drive morgens 500N$ pP, Nightdrive 600N$ pP

Dornhügel (L22)

(Infos: 20.05.2015) 🛏 8DZ 2 davon mit extra Betten $ {2015} Hp: DZ 1.400N$ pP, EZ 1.200N$, TZ

1.100N$ pP / K4-12 600N$ / Reduktion: >65 10%, >3 Übernachtungen 10% // Tourguide Hp520N$ / Zusatzpreise: Farmrundfahrt 200N$

DRN International, Pension (A21)

(Infos: 21.10.2016) ☞☞ 2016 geschlossen

Eagle Rock Guestfarm (B52)

(Infos: 08.02.2016) ✉ Windhoek P.O.Box 28022 ✆ 061-257187, 081-6220162 🛏 7 Bungalow = 10 TwZ (14P) $ {2016} B&B: DZ 575N$pP, EZ 675N$ / bei 3 Nächten 1 Nacht gratis / K3-11 50% ♿ 1 DZ rollstuhlfreundlich großer Kudu, Warzenschwein, Löffelhund, @ namibia@buchaw.de & info@eaglerock.com # www.eaglerock-lodge.com 🕮 +49 3381 430889

Eden Chalets (B64)

(Infos: 06.02.2016) 🛏 6 verschiedene SC Chalets, aircon $ {2016} chalet A) 2P 790N$, B) 2P 600N$, C) 350N$ pP, D) 900N$

Ekongo Jagdfarm (K36)

(Infos: 12.02.2016) 🛏 2 Bungalows 5Z $ {2016} Jagdtag 1:1 280€, 2:1 220€, Ruhetag 110€, K3-12 40€ / Sonderangebote beachten / Zusatzpreise: Transfer Flughafen 500€ pAuto 6P

Eldorado (K79)

(Infos: 19.02.2016) ▲ 12 Plätze mit Strom, Schatten, Gras $ (2016) 120N$ pP, inkl. Gepardentour 🛏 10TwZ, aircon $ {2016} SC: DZ 500N$ pP, EZ 600N$ / Hp: DZ 750N$ pP, EZ 850N$, inkl. Geparden Tour

Elisenheim (B4)

(Infos: 7.2.16) 🛏 8 TwZ, 1 FZ / SC Berghütte mit Vokü für 6-12P nur 4X4-Zugang SC $ {2016} B&B EZ 510N$, B&B DZ 800N$ / 160N$ extra für zusätzliches Kinderbett / Berghütte 2.000N$ / Zusatzpreise: Farmrundfahrt bei 4P 120N$ pP / 4X4 Tour 200N$ pro Auto

Elonga Internship (A165)

(Infos: 21.08.2014) ⓘ geschlossen siehe Kleines Heim A44

Emanya@etosha (L122)

(Infos: 13.5.15) 🛏 20DZ $ {2016} Hp: DZ 1.534N$ pP, EZ 1.730N$ / Vp + 1 Aktivität: EZ 2.460N$, DZ 2.263N$ pP // Guide 520N$ // Special 2014: Vp 805N$ pP für Namibier & „Work permit holders" / Zusatzpreise: Gamedrive 540N$ pP

Epacha Game Lodge & Spa (K19)

(Infos: 19.05.2015) 🛏 18 Chalets mit Badewanne / 5 "Presidential" Suiten mit Vokü, WohnZ, EßZ, Pool / Eagle Tented Camp: 8 Zelte mit Pool $ {2015 [2016]} Lodge&Spa Hp: 1P 2.920N$, 2P 4.180N$ // Eagle Tented Camp: Standard: Hp 1P 2.150N$, 2P 3.300N$ / Luxory Hp: 1P 2.400N$, 2P 3.800N$ // K6-12 50%, Reduktion für Namibier / Zusatzpreise: Aktivitäten: Gamedrive, Nightdrive, Etoshatouren, geführte Wandertouren bei Vp inkl.

Epupa Falls Camping & Lodge (H54)

(Infos: 25.5.15) ▲ Direkt an den Fällen am Ufer gelegen. 5 Plätze unter Palmen, durch Büsche windgeschützt $ (2016) 125N$ pP + 100N$ pTrailer 🛏 5 Chalets Vokü $ {2016} Low season: Hp DZ 1.150N$ pP, K12 450N$, SC DZ 550N$ pP / SADC B&B DZ 650N$ // High (1.6.-31.10): Hp 1.300N$ pP, K12 550N$, SC 550N$ pP / SADC DZ B&B 800N$ pP

Erongo Plateau Camp (J23)

(Infos: 29.02.2016) ☞☞ Neu Email + Web: erongo@iway.na, www.erongo.iway.na / ohne Anmeldung möglich, kleiner ausgeschilderter Rundgang ▲ 4 Plätze mit Schattendach am Erongo Krater, ganz privat, Wasserhahn am Platz, Feuerplatz, Blick übers Damaraland $ (2016[2017]) 130N$ pP, K6-11 90N$

Eros, Hotel Pension (A24)

(Infos: 2017) ☞ Global Questa International / David Simata (manager) (Afrikaans) 🛏 11DZ+10EZ /aircon $ {2017} B&B EZ 630N$, DZ 800N$

Etambi, Hotel Garni (A25)

(Infos: 05.02.2016) 🛏 11DZ mit Badewanne&Dusche, aircon // SC-Unit 6P $ {2016} B&B: EZ 910N$, DZ 1.100N$, SC-unit 1.000N$

Etendero (J43)

(Infos: 21.05.2015) ☞☞ neuer Besitzer: Horst Dietz 🛏 4 KomfortDZ, 4 LuxusDZ $ {2015} B&B 750N$ pP, Hp 930N$ pP, Vp 1.020N$ pP / EZzu. 180N$, K12 375N$

Etosha Aoba Onguma Lodge (L37)

(Infos: 13.05.2015) 🛏 10 Bungalows reetgedeckt $ {2015} B&B: A: 1.250N$ / B: 2P 1.360N$ pP, 3P 1.250N$ pP, 4p 1.150N$ pP / C: 1.570N$ pP // Hp: + 270N$ pP // 3 Nächte Hp 10% Reduktion / K7-11 B: 630N$ / EZz 320N$ / Zusatzpreise: Sundowner Drive 180N$ pP, Nature Drive 3,5Std 380N$ pP / Game Drive in Etosha 4,5Std 380N$ pP

Etosha Garten Hotel (K61)

(Infos: 15.05.2015) ☞ Estell Hansen (Owner), Andre Roux (manager) ✉ Outjo P.O.Box 739 ✆ 067-313130 ☏ 067-313419 📱081-6744394 🛏 20DZ $ {2016} B&B: Standard: DZ 700N$, 1P 420N$ / luxury: 920N$, 1P 500N$ / Family = 2 Standard 250N$ pP / K3-12 50% 👍 schöne Gartenanlage @ etoshahotel@iway.na # www.etosha-garden-hotel.com

Etosha Gateway Lodge (K15)

(Infos: 19.05.2015) 🛏 21 Chalets + 3 FamilienZ + 13 Luxury Z + 6 GuideZ $ {2015} B&B: Standard EZ 990N$, DZ 725N$ pP / Luxury EZ 1.120N$, DZ 860N$ pP / FZ (2E+3K) 1.650N$ K7-12 50% // Ferienspezial: 450N$ pP / Zusatzpreise: Game Drive nach Etosha 1/2 Tag: 1-4P: 2.200N$, >4P 500N$ pP

Etosha Heights (K74)

(Infos: 08.05.2016) 🛏 2 Lodges: Etosha Safari Lodge: 11 DZ-Chalets / Etosha Mountain Lodge: 7 DZ-Chalets $ {2016} Safari & Mountain Lodge: Jagdtag 1:1 500US$, 2:1 400US$, Begleitperson 210US$ // 8 Tage Minimum // K13-18 50%

Etotongwe Lodge Outjo (K69)

(Infos: 17.05.2015) 🛏 19DZ, 2FZ =44 Betten, 1 Gemeinschaftsküche / aircon $ {2015} SC: DZ 340N$, EZ 420N$, FZ (4P) 310N$, K6 85N$, K7-12 205N$ / B&B +70N$ pP // Spezialpreise für Gruppen

Etuna Guesthouse (M36)

(Infos: 25.1.16) ▲ einfache Plätze $ (2016) 120N$ pP 🛏 21 rooms (5FR, 13 ExectiveR, 2 premierR) / alle mit aircon $ {2016} B&B: TwR 600N$, DZ 650N$, FR 1.500N$, Luxury 650N$, executicve DZ 800N$, premier 1.500N$ // K6-12 50%

Etusis Lodge (C61)

(Infos: 17.05.2015) ☞☞ Neu: Campingplätze im Rivierbett, großzügiges Platzangebot 🛏 7 Chalets jedes für 2E+2K / 2 Zelte jedes für 2P mit Gemeinschaftsbad / 3 Zelte jedes für 2P ensuite / altes SC-Farmhaus 7P $ {2014} Chalets: DZ Hp 1.134N$ pP, EZzu 360N$ / Zelt: DZ Hp 850N$ pP, EZzu 240N$ / K5-12 50% / Farmhaus: 300N$ pP // 10% Rabatt für 2 Nächte / Zusatzpreise: Farmrundfahrt 200N$ pP

Falcon Nest (J77)

(Infos: 21.05.15) ☞☞ ist jetzt Teil von C`est si bon

Farm Kanaan (P44)

(Infos: 18.08.2015) ☞☞ Farm Kanäan wurde verkauft an N/a´an ku sê. Siehe neue Lodgen: Kanaan N/a'an ku sê Desert Retreat

Farm Wildernis (D34)

(Infos: 2017) ☞ Susanne Asmus & Emil Diekmann (Deutsch, Otjiherero) 🛏 2DZ+1EZ $ {2014} Jagdtag 1:1 200€, Begleitperson 70€ ⓘ Rinder & Schaffarm / Holzkohleproduktion / Fama, Kiwi 🚶 Tennis, Naturlehrpfad, Radeln, Bogenschießen, Amateurfunk

Farm Windpoort (K9)

(Infos: 18.05.2015) ☞☞ Preise 2012=2015 / kein Fixphone mehr

Felsenblick (A27)

(Infos: 6.8.16) 🛏 1 Flat SC 2P, 2 Flats SC / Vokü $ {2016[2017]} 1P 500N$, 2P 750N$, 3P 900N$ 4P 1.200N$ / Zusatzpreise: Frühstück auf Anfrage

Finkenstein Gästefarm (B13)

(Infos: 07.02.2016) 🛏 5DZ $ {2016} DZ: B&B 750N$ pP, Hp 7830N$ pP, Vp 900N$ pP, single suppl: 60N$ / hunting day 1:1 200US$, / Zusatzpreise: Farmdrive 50N$ pStd

Fish Eagle´s Nest (N61)

(Infos: 26.08.2015) 🛏 12DZ + 2 SC-Einheiten + 1 Luxuszelt / alle mit aircon $ {2015} B&B: EZ 550N$, DZ 750N$, K10-12 200N$ extra Matratze 60N$ // Zelt 250N$

Fiume Lodge (L108)

(Infos: 13.05.2015) ☞ A. Gressmann (owner), Jörn Gressmann (manager), Bianca Bosman-Jansen (manageress) (Deutsch, San) 🛏 9DZ 2 können als Familienzimmer benutzt werden $ {2015} B&B: EZ 1.140N$, DZ 840N$ pP / K2-11 395N$ / Guide, Pilot 380N$ / Zusatzpreise: Game Drive 250N$, Buschman Exkursion 1/2T 1.140N$, Farm Exkursion 1/2T 400N$, 1T 540N$

Fort Sesfontein Lodge (H25)

(Infos: 12.02.2016) ☞☞ kein Camping mehr, aber Camping im Figtree Camp unter Feigenbäumen neben der Schule (300m von der Lodgeeinfahrt entfernt) möglich - (60N$ pP) - siehe Figtree Campsite H76 hier im Update „Neue ..." 🛏 11DZ, 2 FZ = 32 Betten $ {2016} B&B: EZ 1.495N$, DZ 1.200N$ pP, FZ 4P 3.125N$ / K6-12 730N$

Frans Indongo Lodge (L60)

(Infos: 13.05.2015) ☞☞ REST (Rare & Endangered Species Trust, www.restafrica.org) ist in die Nahe von Okonjima gezogen. 🛏 2DZ + 2FZ + 8 Bungalows / aircon $ {2016} B&B: EZ 1.068N$, DZ 1.922N$, FR 2A+1K3-18 2.457N$, FR 2A+2K 2.777N$ / Zusatzpreise: Pirschfahrt 250N$ pP

Gabus Game Ranch (L51)

(Infos: 13.05.2015) 🛏 3EZ + 11DZ + 1FZ 4P / 1 SC-Einheit // alle Z haben Blick auf ein Wasserloch für das Wild / aircon / Balkon $ {2015} B&B: EZ 880N$, DZ 730N$ pP / Spezialpreise für Gruppen >6 oder Aufenthalt >3 Nächte / K13 50% / Zusatzpreise: Gamedrive 350N$ pP

Gamkarab Horse Safaris (K4)

(Infos: 20.05.2015) ☞☞ keine Reittouren über mehrere Tage mehr / Preise 2012=2016

Gelukspoort (K51)

(Infos: 22.09.2015) 🛏 8DZ Lux Bungalow (4 können als Familienzimmer gemietet werden) $ {2015 [2016]} Standard: Hp 950N$ pP, LuxusZ Hp 1.050N$ pP, Bungalow Hp 1.270N$ pP / K3-12 50% / Zusatzpreise: Farmrundfahrt 200N$ P

Georg-Ferdinands-Höhe (J61)

(Infos: 26.08.2012) 🛏 4DZ $ {2015} Jagdtag 1:1 195€, Ruhetag 95€, K5-10 30€

Gerus Accommodations (K96)

(Infos: 25.05.2015) ⛺ Plätze / mit Kühltruhe $ (2015) 60N$ pP, K16 50% 🛏 8 Zelte / 1 Bungalow 4P 600N$ $ {2015} 150N$ pP

Ghaub, Guest Farm (L27)

(Infos: 16.04.2016) ☞☞ April 2016: Caroline & Joachim Rust haben die Lodge und Farm gekauft. 🍽 WiFi

Goanikontes (G111)

(Infos: 03.09.2014) ☞ Winfried Metzner (owner), Katjia & Holger (manager) (Deutsch) ✉ Swakopmund P.O.Box 8481 ✆ 064-405976[9], 064-464150 📱 081-2354138 ⛺ 15 Plätze $ (2014) 80N$ pPaltz + 90N$ pP, K6-12 50% 🛏 4 Rondavels, 2 A-Frame Chalets, 3 Bungalows $ {2014} SC: A-Frame: 400N$ pP, Bungalows: 300N$ pP, Rondavel 300N$ pP ⓘ hist. Platz mit renovierten altem Farmhaus / s. „Namibia" S. 560 // interessante Farmgeschichte, z.B. Hagenbecks Straußenfarm ⓘ Tagbesucher 40N$ Pp, K20N$ / gut geeignet von Swakopmund aus zum Kaffeetrinken! 🐕 HausT sehr ok 🚶 manchmal Schwimmen im Damm @ info@goanikontes-oasis.com & metzger@mweb.com.na # www.goanikontes-oasis.com

Godeis (B57)

(Infos: 28.04.2016) ☞☞ März 2016: Die Manager Anja & Frank Eichhorn sind von Godeis nach der Farm Aida gezogen. ✉ Windhoek P.O.Box 22273 ✆ 061-259266, 061-232650 📠 061-2560305 📱 081-2560305 ⛺ Platz für eine Gruppe, Schatten $ (2016) 175N$ pP, K12 50% 🛏 3DZ $ {2016} Vp DZ 800N$ ⓘ Rinder & Ziegenfarm / Biltong-Jagd / Fama / Holistic Farming / Tagb. ok 🐕 HausT auf Anfrage 🚶 Wanderreiten, Wanderrouten aus-geschildert @ info@godeis.com & camping@godeis.com # www.godeis.com 📖 Reinhardt Kock, Tel +49-241-93678158, Aachen

Groß-Barmen-Thermalbad (C38)

(Infos: 07.02.2016) ☞☞ Tel: 062-501091, Fax: 062-501094 ▲ 20 Plätze (max 8P/Platz) (kein Schatten) $ (2016) 150N$ pp 🛏 (A) premier chalets, (B) bush chalets, (C) family chalets, (D) SC bush chalets $ {2016} B&B: (A): 2.000N$ pP [2.300N$ pP], (B): 1.750N$ pP [2.000N$ pP], (C): 1500N$ pP [1.730N$ pP], (D): $ Letzte Ruinen der ehem. Rheinischen Missionsstation westl. vom Campingplatz im Veld ⓘ Wiedereröffnet 2015, Camping: nicht wieder der alte Standard, basic / keine geteerte Straße mehr auf dem Platz 🚶 Thermal Bad mit großem warmen Außenschwimmbecken unter Palmen und heißem Bad innen / Kinderplanschbecken / Spielplatz

Grüner Kranz Guesthouse (G23)

(Infos: 11.02.2015) ☞☞ Tromp eröffneten ein Guesthouse in der Bergstraße 18 und in der Anton Lubowski Street 13. Das Grüner Kranz Guesthouse wurde geschlossen.

Hakos Gästefarm (F5)

(Infos: 30.06.2013) ☞☞ Johann Walter Straube, der Vater von Waltraud, der die Farm aufgebaut hat und bis zuletzt aktiv dabei war, ist letztes Jahr gestorben. // Korrektur der Anzeige: Die besten Sternführungen sind 4 Tage nach Vollmond bis 4 Tage nach Neumond.

Halali (K220)

(Infos: 28.1.16) ▲ 40 Plätze mit/ohne Strom / pro Platz: 8 P, 2 Fahrzeuge, 1 Wohnwagen oder 1 Zelt / renovierte Waschhäuser 2007, auch behindertengerecht $ (2016) 220N$ pPlatz + 136N$ pP / K6-12 50% 🛏 Chalets: 39 (A) „Double Room“: 1Z, 2P / (B) 10 „Bush small“: 1Z, 2P / (C): 10 „Bush big“: 2Z 4P / (D) 2 „Family“: 2Z 4P / (E) 5 „Premier Bush“: Jakuzzi, 2Z 4P $ {2016} [in Klammern Jul-Okt,]: alle B&B: (A): DZ 650N$ pP [920N$ pP], EZ [1.040N$] / (B): DZ 730N$ pP [1.100N$ pP], EZ [1.390N$] / (c): DZ 730N$ pP [1.060N$ pP] / (D): 790N$ pP [1.270N$ pP], EZ []1.390N$ / Zusatzpreise: geführte Game Drives: morgens, nachmittags 500N$ pP, nachts 600N$ pP / K6-12 50% /

Hamakari (L71)

(Infos: 18.10.2014) 🛏 Gästehaus 6Z, Gästehaus SC max 4P mit Vokü $ {2014} Hp 1.350N$ pP 🍽 Wlan, Shop, Fleisch zu kaufen (wenn vorhanden)

Handke, Hotel Pension (A34)

(Infos: 6.2.16) ☞☞ geschlossen, siehe Pension Cela

Harmonie Campsite (C92)

(Infos: 07.05.2016) ▲ 2 Plätze, Kameldornbäume, Schattennetz $ 100N$ pP $ Felszeichnungen ⓘ Fama, Kiwi // Rinderfarm 🐕 kleine Hunde ok 🚶 4X4 Touren Selbstfahrer (150N$ pAuto) / Wandern, Vogelbeo. / Mountainbiken mit eigenem Bike (50N$ pT)

Hauchabfontein (F36)

(Infos: 2017) ☞ Irmi Foerster (Deutsch) ✉ Windhoek P.O.Box 11924 ✆ 063-293433 📠 063-293433 📱 081-2334436 $ 150N$ pP @ irmi@mweb.com.na # www.hauchabfontein.com

Haus Bodensee (A9)

(Infos: 12.02.2016) ☞☞ Das Gästehaus ist seit 1.3.14 geschlossen.

Haus OL-GA (A55)

(Infos: 05.02.2016) 🛏 Bungalow + Flat+DZ im Haus / FZ mit Kinderbetten $ {2016} B&B: EZ 440N$, DZ 660N$

Haus Sonneneck (A77)

(Infos: 07.05.2016) 🛏 7DZ + 1FZ $ {2016[2017]} B&B: EZ 808N$, DZ 1.322N$, TZ 1.780N$, QZ 2.009N$ // Tageszimmer 520N$

Haus zum Morgenstern (A35)

(Infos: 30.04.2016) 🛏 2DZ mit einem dritten Bett, aircon $ {2016} SC 550N$ pP, K12 250N$

Hazeldene (J70)

(Infos: 12.02.2016) 🛏 2DZ + Gästehaus 2DZ $ {2016} Jagdtag 1:1 200€, 1:2 170€, Ruhetag 80€

Hefner, Jagdfarm (B61)

(Infos: 07.02.2016) $ {2016} Jagdtag 1:1 245€, 2:1 195€, Begleitperson 95€, Anreisetag 75€

Heinitzburg, Relais & Chateaux Hotel (A36)

(Infos: 16.02.2016) 🛏 16 Z = 44 superior DR + 8 comfort TwR + 4 standard / aircon $ {2016} all B&B: superior: EZ 2.187N$, DZ 3.459N$ / comfort EZ 2.014N$, DZ 3.031N$ / standard: EZ 1.831N$, DZ 2.696N$

Hillside (A157)

(Infos: 05.02.2016) 🛏 Studio App. (2E+2K), "One Bedroom" App. (3P) / Two Bedroom App. (6P) // alle mit kleiner Küche & aircon $ {2016[2017]} Studio: 1p 900N$, 2p 1.150N$, 3te p 100N$ / "One": 1p 990N$, DR 1.250N$, 3rd p 100N$ / "Two" 4p 1.800N$, 5th p 100N$ // K3-14 50N$

Hoanib Skeleton Coast Camp (H82)

(Infos: 12.02.2016) ☞☞ Die Lodge wurde 2015 eröffnet. 🛏 7 DZ-Zelte, 1 FZ-Zelt $ {2016} „Mittelklasse Camp": Vp Inkl. alle Aktivitäten: Jan-Jun: 8.190N$ pP, Jun-Okt 11.292N$ pP, Nov-Dez 8.190N$ pP, Dez-Jan 11.322N$ pP

Hobas (Q37)

(Infos: 04.02.2016) ☞☞ WCs & Picknickplätze am Canyon kaputt oder geschlossen ▲ 14 Plätze / pro Platz 8 P, 2 Fahrzeuge, 1 Wohnwagen oder 1 Zelt / schattig & kalter Pool $ (2016) 158N$ pP / K6-12 50%

Hobatere Lodge (H19)

(Infos: 25.05.2015) ☞☞ kein Camping mehr

Hochfeld Guesthouse & Camping (D74)

(Infos: 12.02.2016) 🛏 3EZ, 4TwZ, 1DZ $ {2016} EZ 486N$, DZ 585N$ / ab 14 Tage EZ 374N$, DZ 468N$

Hoodia Hunting Ranch (E50)

(Infos: 07.02.2016) ☞☞ heißt jetzt Boscia Gästefarm. Siehe unter Neu: Boscia (E50)

Huab Lodge (K47)

(Infos: 12.02.2016) ☞☞ neue Telefonnummer: 067-312070 / sehr schnelles Wlan / kein „Nuad Thai Yoga" mehr 🛏 8 reetgedeckte Bungalows, Solarstrom / Hilfe für behinderte Personen $ {2016[2017]} Hp DZ 2.010N$ pP, EZ 2.674N$ // 2017: Hp: EZ 3.232, DZ 2.430N$ pP, >2 Nächte EZ 2.900N$ DZ 2.187N$ pP pNacht / Combo: erste Nacht DBB, zweite Vp 4.905N$ pP / bei Vp Aktivitäten inkl. / für SADC & Namibier Spezialpreise

Immanuel Wilderness Lodge (B5)

(Infos: 07.02.2016) 🛏 reetgedeckte Bungalows: 2 DZ, 5 TwZ, 1TZ, 2FZ max 22P $ {2016} B&B (großes Frühstück, Kaffee&Kuchen): EZ 720N$, DZ 620N$ pP / K3-11 50% 👍 schöner Garten / ruhige Lage, obwohl dicht bei der B1 / Auszeichnung als Gourmetkoch 2016

Immenhof (J47)

(Infos: 21.05.2015) 🛏 7DZ+1FZ +1TZ (21-25P) $ {2015} B&B: EZ 730N$, DZ 730N$ pP, TZ 621N$ pP, FZ 549N$ pP / Hp: EZ 913N$ pP, DZ 913N$ pP, TZ 804N$ pP, FZ 732N$ pP / Vp: EZ 1.010N$ pP, DZ 1.010N$ pP, TZ 901N$ pP, FZ 829N$ pP / K6-12 50% / Jagdtag 1:1 300€, 2:1 250€, Begleitperson 100€ / Zusatzpreise: Farmtour (2,5Std) 200N$ pP, Sundownertour 150N$ pP,

Island View Lodge (N39)

(Infos: 22.09.2015) ☞☞ neue Besitzer ab 1.9.15 ✉ Katima Mulilo / Ngweze P.O.Box 2095 ✆ 066-252801 ℻ 066-252573 📱081-2793892 @ tiger@islandview-lodge.com # www.islandview-lodge.com

J.S.Guesthouse (A109)

(Infos: 29.07.2016) ☞☞ neue Email: jsguesthouse01@gmail.com 🛏 7DZ + 6EZ $ {2016} B&B: DZ 770N$, EZ 672N$

Jan Jonker Apartments Windhoek (A40)

(Infos: 22.10.2016) ☞☞ seit 2015 geschlossen

Jordani (A110)

(Infos: 05.02.2016) ☞☞ neue Website: www.jordanibb.com 🛏 1FZ 4P, 2EZ, 2DZ (12P) / aircon $ {2016} B&B: EZ 680N$, DZ 980N$, FR 1.720N$ / K3-12 270N$

Kaisosi Safari Lodge (N12)

(Infos: 04.05.2015) ▲ 16 Plätze auf Gras unter

Bäumen, Strom $ (2015) 130N$ pP Chalets: 8TwDZ, 4TZ, 4FZ, aircon $ {2015} B&B: EZ 700N$, DZ 1.080N$, TZ 1.270N$, FZ 4P 1.480N$, 5tes Bett 220N$/ K3 frei

Kakumba Island Lodge (N53)

(Infos: 26.08.2015) ☞☞ wird renoviert - Wiedereröffnung 2016

Kalahari Game Lodge (Q59)

(Infos: 10.02.2016) ☞ Charmaine & Riaan (managers), Alex & Lisna (hosts) (Afrikaans) ✉ Koës P.O.Box 22 ✆ 063-252052 ▲ 6 große Plätze am Auob Rivier / jeder Platz überdacht mit Toilete, Dusche, Abwaschplatz und Solarlicht $ (2016) 150N$ pP, K3-12 50% 8 Twin Chalets $ {2016} DZ: Hp 1.025N$ pP, B&B 800N$ pP / K3 50% $ am Auob Rivier ⓘ Lodge war lange Zeit geschlossen, aber hat 2015 wieder geöffnet. Auch die Löwensuche mit Sender gibt es wieder. Löwenbeobachtung in „freier Wildbahn" (600N$ pP) / Scenic drive (385N$ pP) / Night Drive (1,5 Std. 220N$ pP) / geführte Wanderung (2-3Std 130N$ pP) / 4X4 self drive trails Wlan / Wäscheservice / kein Handyempfang Streifengnu, Kuhantilope (Hartebeest), Springbock, Eland, Oryx, Warzenschwein, Giraffe, Gepard, Strauß, Kalahari Löwen @ info@kalaharigamelodge.com.na # www.kalaharigamelodge.com.na +27 21 8809870

Kalizo Lodge (N46)

(Infos: 17.05.2015) ▲ 18 schattige Plätze $ (2015 [2016]) 125N$ [140N$] pP, K4-10 110N$ 6SC Chalets: 1X 1DR + 4X 2DR + 1X 3DR, Kitchenette / alle Reed gedeckt $ {2015 [2016]} Low (Feb-Apr): SC 520N$ [580N$] pP / B&B 620N$ [690N$] pP, Hp 800N$ [890N$] pP / High (May-Jan): SC 580N$ [640N$] pP / B&B 680N$ [750N$] pP, Hp 860N$ [950N$] pP / EZz 150N$ // K10 50%

Kalkfontein Gästefarm (L23)

(Infos: 13.05.2015) 10DZ $ {2015} EZ 450N$, DZ 580N$, TZ 750N$, QZ 1.100N$ / Reiten & Farmrundfahrt inkl.

Kamanjab Restcamp (K38)

(Infos: 15.02.2016) ☞☞ neue Webseite: www.kamanjab-camp-namibia.com ▲ 8 Plätze mit Strom unter Mopane Bäumen am Mini-Rivier mit Stuhl & Tisch & Küche / Stromanschluß (25N$) $ (2016[2017]) 90N$ pP, K6-12 50% 4 Bungalows (TwB, 9P) $ {2016[2017]} B&B: EZ 440N$, DZ 330N$ pP / K12 50% // Namibier 550N$ pBungalow / Zusatzpreise: Sundowner Fahrt, Game Drive Inkl. $ mit Farmgebiet, Wasserloch in der Nähe vom Campingplatz ⓘ Kiwi, Tagb. ok, KonferenzZ HausT sehr willkommen Wandern, Vogelbeo., Splashpool Sundowner & Game Drive Handyempfang

Kambaku Safari Lodge (L52)

(Infos: 13.02.2016) 5DZ + 2FZ+2 LuxZ / Safari Camp $ {2016} Standard: Hp: DZ 110€ pP, K3-12 70€, K13-16 90€ / VB +8€ / 7days pay 6 days // luxury: Hp 140€ pP, K3-12 110€, K13-16 140€ / VB +10€ pP / 7 days pay 6 days // Safari Camp: VB 4 Tage 630€ pP, 8 Tage VB 1.380€ / /hunting day 1:1 150€, 2:1 100€ / Zusatzpreise: Game Drive 2Std. 30€ pP

Kamma Kastag (A42)

(Infos: 22.10.2016) ☞☞ 2016: geschlossen

Kapika Waterfall Camp (H86)

(Infos: 26.01.2016) ☞☞ neuer Gastgeber: Felix Heyl ✆ 065-685111 081-6816778 10 Chalets $ {2016} B&B: EZ 1.400N$, DZ 2.120N$ / Dinner 270N$ @ kapika.epupa@gmail.com # www.epupalodge.com

Khaya Guesthouse (C98)

(Infos: 24.08.2014) DZ, aircon $ {2014} B&B: DZ 590N$, EZ 390N$

Khorixas Lodge & Rest Camp (H2)

(Infos: 04.02.2016) ▲ 20 Plätze $ (2016) 136N$ pP, K6-12 50%, max 8P 26 "Bush Chalets" 2P, 2 "Familien Chalets" 4P, 10 "Einzelzimmer" / einige SC $ {2016} in Klammern Jul-Okt, alle B&B: "Bush A": EZ [620N$], DZ 390N$ pP [520N$ pP] / "Bush B": EZ [680N$], DZ 530N$ [680N$] / "Family" DZ 350N$ pP [500N$ pP] / "Single": 330N$ [360N$] // K6-12 50%

King´s Highway Rest Camp (C3)

(Infos: 07.04.2013) 6 Rondavels mit gemeins. Bad/WC / 5 Bungalows ensuite + kitchenette $ {2016} Rondavels 1-6: 1P 270N$, 2P 380N$ / Bungalow Nr 6-10: 1p 350N$, 2P 510N$, 3P 590N$ / K6-11 50%

Kivo Lodge (D88)

(Infos: 26.04.2013) ✉ Windhoek P.O.Box 11420 ✆ 061-254926 081-2926010 (Ivo), 081-2926010 (Gaby) 12DZ (groß mit Panorama) $ {2016} Hp: EZ 830N$, DZ 700N$ pP / Zusatzpreise: Gamedrive (2Std) 150N$ pP / Reiten 2Std 200N$ @ kivo@iway.na # www.kivo-lodge.com

Klein Liechtenstein (K40)

(Infos: 19.05.2015) ☞☞ Familie Mündel hat die Farm Ende 2015 verkauft. Weitere Zukunft ungewiß: $ sehr großer schattiger Garten mit vielen verschiedenen Pflanzen&Bäumen / großes Schwimmbad ⓘ Rinderfarm mit Brahmanen & Schweizer Rindern // Kiwi / Rauwi keine HausT Eland, großer Kudu, Oryx, Warzenschwein, Giraffe, Berg-Zebra

Klein Windhoek Guesthouse (A43)

(Infos: 01.05.2016) Maroela Guest House, Lemon tree Guest House: 10DZ / SC flats mit Vokü $ {2016} alle B&B: Standard EZ 830N$, DZ 1.010N$, TZ 1.150N$, QZ 1.300N$, 5P 1.400N$ / Luxus EZ 1.015N$, DZ 1.190N$ // SC flats: 1DZ: 1P 1.050N$, 2P 1.210N$, 3-4P 1.300N$ / 2DZ 4P 1.500N$

Kleines Heim (A44)

(Infos: 14.02.2016) ⓘ siehe Kleines Heim (NUST) in der Rubrik NEU

Kristall Kellerei (J107)

(Infos: 27.05.2015) ☞☞ Die Restauration ist an Olga Kausch verpachtet, da das Ehepaar sich auch um das Naute Kristall Projekt kümmert: Obstbrände aus den Nauteplantagen. Leider kein Chalet mehr!

Kubu Cabins (N86)

(Infos: 04.05.2015) 5 SC Zelte, 1 chalets $ {2015} cabin 1-3 120US$ / family unit 6P: 235UD$ / Doll House 4P 165US$ / The Villa 6P 400US$

Kuduberg (J32)

(Infos: 23.05.2015) ☞☞ Familie Masich hat die Farm verkauft. Die Pläne des neuen Eigners sind noch nicht bekannt.

Kutako Guesthouse & Backpackers (A46)

(Infos: 06.08.2016) ☞☞ keine Email, die Webseite ist outdated! 4 EZ + 3 DZ + 6 BudgetZ (gemeins. Bad) +2FZ + Schlafsaal (18Betten) / Vokü $ {2016} ensuite: single: 1p 240N$, 2p 340N$ / Double: 1p 270N$, 2p 370N$ / Budget 1p 170N$, 2p 540 / R 170pp / SC 1p 400N$, 2p 550N$ / Honeymoon 1p 400N$, 2p 500N$ // dorm 80N$ pp, sport groups 60N$

Lagoon Loge (G88)

(Infos: 13.03.2012) ☞☞ Das Restaurant mit den „Superköchen“ ist geschlossen.

Langstrand / Long Beach (G122)

(Infos: 13.07.2016) ☞☞ Der Campingplatz wird demnächst ganz abgerissen werden. Die schattigen Picknickplätze am Strand sind bereits abgerissen worden. Die Ausflügler sollen das kostenpflichtige kleine Dolphin Beach Resort aufsuchen. / Ein monumentaler Appartmentbau wird in der Nähe erstellt. Zur Zeit aber keine Bauaktivitäten.

Leopard Lodge Okanjanga (C37)

(Infos: 02.05.2016) Gästehaus 6DZ $ {2016} Hp: Luxury: EZ 1.400N$, DZ 850N$ pP, Standard: EZ 1.200N$, DZ 720N$ pP / K3-12 50% // Jagdtag 1:1 300€, 2:1 180€ / Reduktion für Namibier / Zusatzpreise: Gamedrive 200N$, K3-12 120N$

Lions Den, B&B (J81)

(Infos: 27.05.2015) ☞☞ keine Zimmer in der Stadt mehr. 5km südl. Otjiwarongo / Anfahrt: C38 8DZ $ {2015} DZ 900N$, EZ 700N$

Little Bush Rest B&B (J9)

(Infos: 23.05.2015) ☞☞ neue Handynummer: 081-3606478

Londiningi (A67)

(Infos: 01.05.2016) ☞☞ londiningi@mweb.com.na 🛏 9Z (6 DZ + 2 TZ + 1 FZ (5P)) $ {2016[2017]} alle B&B: EZ 650[702]N$, DZ 975[1.053]N$, TZ 1.463[1.580]N$, FZ (4P) 1.550[1.674]N$, FZ (5P) 1.840[1.985]N$ / Zusatzpreise: Transport City Centre 40N$, Airport 200N$ (einfach)

Lovedale Farm Holidays (P40)

(Infos: 07.05.2015) ☞☞ sehr empfehlenswert: ausführliche Informationen über Schafzucht und Karakul @ HausT ok ▲ Plätze mit Schatten, Licht / weaver nest für 1 Gruppe / luxury campsite $ (2015) 58N$ pp, K10 50% / weaver 16p-25p 92N$ pp, 26p-40p 69N$ / luxury 115 pp, cyclist specil 69N$ pp, bikers special 92N$

Mahangu Safari Lodge (N25)

(Infos: 04.05.2015) ▲ 8 Plätze $ (2015) 90N$ pP 🛏 9 Chalets: 7DZ+2EZ / 4 Zelte / 3 Guide Bungalows $ {2015} Bungalow: Hp DZ 930N$ pP, EZ 1.075N$ / Zelt: Hp: DZ 820N$ pP // SADC 660N$ pP / Namibier DZ 580N$ pP

Maison Ambre (A47)

(Infos: 01.05.2016) ☞☞ Neu: ambre@mweb.com.na 🛏 5DZ + 1SC-Appartement 1DZ mit Kitchenette $ {2016} B&B: EZ 770N$, DZ 959N$, FZ 1.404N$ / K5-11 253N$ / SC Flat 1.404N$ / K5-11 237N$

Majaju (H96)

(Infos: 22.01.2016) 🛏 DZ / aircon $ {2016} DZ: 2P 1.000N$, 1P 600N$, FZ 4P 1.950N$ / für Namibier: EZ 400N$, DZ 600N$

Mamselle Nature Camp (K101)

(Infos: 20.05.2015) 🛏 1 SC Traditional Bungalow 2P, Vokü $ {2015} Bungalow 150N$ pP

Matunda Guest Farm (K12)

(Infos: 17.05.2015) ✉ Outjo P.O.Box 20 ✆ 067-313863 ℻ 067-313863 📱 081-3402363 🛏 6DZ, 1TZ, 1EZ = 12 betten $ {2015} B&B: EZ 665N$, DZ 485N$ pP / Hp +210N$ pP / K6-12 50% 🍽 Wlan 👍 von Trummi Lesern empfohlen: interessante Diskussionen über ökologische Themen @ matunda@iway.na # www.natron.net/matunda

Mavunje Camp (N84)

(Infos: 15.8.15) ▲ 3 Plätze, eigener Sanitärblock / mit Sand ausgelegter Untergrund / überdachter Essplatz und kleine Küche (ohne Gas) / direkt am Fluß $ (2015) 170N$ pP ⓘ liegt am Kwando (=Mashi) 🚶 Bootstour (2,5Std 270N$) / Mehrtagesbootstour mit Verpflegung

Mazambala Island Lodge (N31)

(Infos: 30.1.16) ☞☞ Andre Visser muß aus Gesudheitsgründen den Platz verkaufen. 🛏 14 2-Bett Grasdachbungalows mit Bad + 2 Familien Chalets 4P / 2 Guide Bungalows $ {2016} B&B: EZ 980N$, DZ 780N$ pP, TZ 680N$ pP, FZ 600N$ pP / K3-12 50% / Zusatzpreise: Transfer von Kongola 35N$ pP, von Katima 210N$ 👍 Ein ausgesprochen schöner Platz mit gutem Service, entgegen allen gehässigen Behauptungen im Internet!

Meile 14 (G178)

(Infos: 5.2.16) ☞☞ der bei Namibiern sehr beliebte Platz war 2004 geschlossen worden. 2015 hat die Firma „Sun Karos“ den Platz als Joint venture von NWR übernommen und renoviert. Er soll in „Windpomp 14“ umbenannt werden. ▲ 24 Plätze mit Strom & Wasser

Melrile Guesthouse (A146)

(Infos: 1.5.16) 🛏 10DZ + 1FZ / Vokü $ {2016} B&B: Standard DZ 295N$ pp // B&B: EZ 550N$, DZ 750N$, FZ 980N$ (extra Bett 100N$)

Merwe´s Inn Guesthouse (A147)

(Infos: 03.08.2016) ✉ Windhoek P.O.Box 31757 Pionierspark ✆ 061-230288 ℻ 061-230288 📱 081-1498719 💻 088-64001 🛏 SC Familienzimmer + SC Standardzimmer $ {2016} standard: 1p 450N$, 2p 600N$ / luxury SC 1p 500N$, 2p 700N$ / K<12 80N$, K>12 150N$ @ elnav@iway.na & enquiries@merwesinn.com # www.merwesinn.com

Mesosaurus Fossil Site & Quivertree Dolorite Park (Q15)

(Infos: 15.10.2014) ✉ Keetmanshoop P.O.Box 270 ✆ 063-683641 ▲ 6 einfache Plätze + 2 Bushcamp-Plätze (3km im Veld, sandige Straße) $ (2014) 120N$ pP, K12 50% 🛏 4 einfache SC-Chalets DZ / 1TZ mit Küche, BadeZ am Campingplatz (=13P)

$ {2014} DZ 280N$ pP @ mesosaurus-camp@gmail.com # www.mesosaurus.com

Meteorite Camping (L97)

(Infos: 29.10.2016) ☞☞ gut geeignet für einen Picnic Stop / Souvenirshop / Sukkulentengarten

Namib Rand Family Hideout (P14)

(Infos: 23.06.2011) ☞☞ Neu: jetzt 2 Campingplätze, beide 1km vom Haupthaus entfernt und durch eine Düne getrennt / Solarwasserpumpe und Solarduschen / Angestellter, der das Haus in Ordnung hält

Meteor Travel Inn Hotel (L4)

(Infos: 02.11.2014) 12DZ, 4EZ $ {2014} B&B: EZ 380N$, DZ 520N$ / B&B mit aircon: EZ 430N$, DZ 580N$

Mobola Lodge (N69)

(Infos: 11.5.15) ▲ 6 Plätze /schattig weitläufig, am Fluß / Grill $ (2016) 90N$ pP, K12 45N$ 4 SC Bungalows Vokü (2-3P), 2 Familieneinheiten (4-6 Gäste) $ {2016} EZ 550N$, DZ 460N$ pP, K12 260N$ $ an der "Okavango Front" gelegen / Hängebrücke für Fußgänger / Souvenirs ⓘ Preise gelten bei 2 Übernachtungen, 1 Nacht Zuschlag 50N$ pP Angeltouren (270N$ pStd. max 3P) / Mokoro Boat Trip (100N$ pP) / Sundowner/rise Boat Trip (170N$) / Pool in den Felsen mit Flußwasser Der Platz ist ideal für Selbstversorger mit moderner Küche und Terrasse. Alexander ist Dachdeckermeister!

Mondjila Safari Camp (K72)

(Infos: 19.05.2015) ☞☞ 2015: neue Webseite: www.mondjilasafaricamp.com / Anfahrt: C38 und nicht C39

Moni, Hotel Pension (A49)

(Infos: 01.05.2016) ☞☞ new owner: Marita Schneider & Andries le Grange. Vollständig renoviert. 17Z (Twin- + Doppelbetten) $ {2016} B&B: EZ 820N$, DZ 1.177N$, / K 5-12 50% / Tageszimmer 350N$

Moringa (C44)

(Infos: 27.08.2014) ✉ Okahandja P.O.Box 65 ✆ 062-501106 081-2688939, 081-2415600 088-617244 @ moringa@iway.na # www.moringasafaris.com

Mukusi Cabins (N43)

(Infos: 04.05.2015) 24 DZ + 4 EZ / Budget ohne aircon $ {2015} Budget: EZ 240N$, DZ 320N$ / Standard: EZ 280N$, DZ 400N$ / Deluxe: EZ 420N$, DZ 560N$ / Family: 3P 680N$, 4P 800N$ / Caravan 1P 420N$, 2P 560N$

Mushara Collection (L36)

(Infos: 25.11.2014) Lodge: 10 reedgedeckte Bungalows = 2EZ+1TZ+1 Family House DZ + 2 Villas / Bushcamp 12 Zelte (2P), 4Zelte (2E+2K) // Outpost Zelte auf Holzplattformen 16p $ {2015} Lodge Hp: EZ 1.520N$, DZ 3.040N$, TZ 4.560N$, Family 6.080N$, K3 frei // Bushcamp Hp: 1P 1.460N$, 2P 2.320N$, +sleeper couch 380N$, K4-12 380N$ (max 2K) // Outpost Hp 1P 2.300N$, 2P 3.700N$ nur K>12 // Villa: Hp 1P 3.300N$, 2P 5.600N$, K3 frei // 25% Discount für Namibier (Unterkunft) // Low (1.11-31.3.): 5% Diskount / Zusatzpreise: Game Drive (3 Std) 540N$ pP

N/a´an ku sê Lodge (B25)

(Infos: 16.02.2016) ☞☞ Keine Verbindung mehr zu Harnas / neu: Villas von Shareholder, die vermietet werden / alle Preise sind jenseits von Gut und Böse 6 Bungalows: Villas/Vistas und Main Lodge / 4 Investoren Häuser $ {2016} DBB: DZ 1.760N$ pP, EZ 1.980N$ / Vp: DZ 2.210N$, EZ 2.430N$ / Tourguide 500N$ / K12 DBB 1.105N$, // Namibian & SADC: B&B 950N$ / Guide 500N$ / Zusatzpreise: Große Fütterungstour 500N$ pP, Halbe Tour 300N$,

Namib Oasis Farmstall (C62)

(Infos: 02.05.2016) ☞☞ kein Camping mehr, aber noch kleines Restaurant und Farmstall

Namibia Lodge 2000 (M41)

(Infos: 25.05.2015) ☞☞ geändertes Web: www.namlodge.com 5DZ Strohdachhäuser, 2 Afrikanische Chalets DZ / Mosquito Netze / en suite $ {2016[2017]} Zimmerpreise: Luxury 550N$, Standard 450N$, Economy 300N$ / Bungalow: Standard 400N$, Economy 350N$

Namibia Star Hotel (A78)

(Infos: 31.07.2016) ✉ Windhoek P.O.Box 1148 ✆ 061-213205[6] SC Zimmer: 22DZ+2EZ $ {2016} EZ 380N$, DZ 560N$, Suite 600N$, Flat 3P 845N$ Wlan / Wäscheservice / sicheres Parken @ namstarhotel@iway.na

Namushasha River Lodge (N34)

(Infos: 14.02.2016) ▲ 15 Plätze vom Fluß $ (2016) Low 80N$ pP, high 160N$ pP 24DZ in Chalets $ {2016} B&B: EZ 1.602N$, DZ 1.281N$ pP / Zusatzpreise: Game Drive 365N$ pP

Namutoni (K230)

(Infos: 28.01.2016) ☞☞ Nach der Renovierung 2007 waren die Häuser zunächst nur über Holzstege zu Fuß zu erreichen, 2016 wurden sie wieder abgerissen. ▲ 25 Plätze / pro Platz 8P, 2 Fahrzeuge, 1 Wohnwagen oder 1 Zelt $ (2016) 220N$ pPlatz + 136N$ pP / K6-12 50% Chalets: 24 „Double room:" 1DZ, 2P / 20 „Bush": 1DZ, 2P // $ {2016} [in Klammern Jul-Okt]: alle B&B: „Double": EZ 790N$ [1.100N$], DZ 790N$ pP [980N$ pP] // Bush: EZ 980N$ [1.300N$], DZ 980N$ pP [1.176N$ pP]

Namwi Island (N60)

(Infos: 28.04.2016) ☞☞ Stompie lebt nicht mehr 9 SC Bungalows Vokü, aircon /4 Budget Bungalows $ {2016} Luxury 2P 934N$ / Familie 6P 1.200N$ / budget 2p 425N$

Napwu Guest House (A148)

(Infos: 27.05.2015) 8DZ, 24 TwinBetten, 2 FZ // 3/4 Quarters 17 ensuite, 1 Standard / $ {2015} B&B: EZ 500N$, DZ 650N$, TwR 700N$, FR 1.400N$

Naukluft Camping Site (F30)

(Infos: 04.02.2016) ▲ 21 Plätze / pro Platz 8 P, 2 Fahrzeuge, 1 Wohnwagen oder 1 Zelt $ (2016) 158N$ pP, K6-12 50% 6 Chalets $ {2016} B&B: DZ 800N$ pP, EZ 980N$ / Zusatzpreise: Eintritt: Auto (Sitze: >50: 500N$, >25: 300N$, >10: 40N$, sonst: 10N$) + pPerson (Ausländer: 40N$, SADC 30N$, Namibian 10N$)

Ndhovu Safari Lodge (N26)

(Infos: 16.05.2015) ☞☞ auch SC: 120N$ pP / Tagestrip zu den Tsodilo Hills (450N$ pP) ▲ exklusiver Platz für eine Gruppe 10P $ (2015) 140N$ pP 10 Zelte mit eigenem Bad (23P) / Hausboot: 2 Kabinen 2-4P (2-3Tage Fahrt) $ {2015} High (1.7.-31.10) Hp: DZ/EZ 1.180N$ pP, K7-12 50%, 3 nights 1.062N$ pP pN / SC 600N$ pP // Houseboat Safari Vp 2.550N$ pP alles inclusive, K7-12 50% // Low (1.11.-30.6.) Hp: DZ/ EZ 1.060N$ pP, K7-12 50%, 3 Nächte 1.062N$ pP pN // Houseboat Safari Vp 3 Nächte 6.674N$ pP alles inclusive, K7-12 50%

Neuras Estate (F35)

(Infos: 15.02.2016) 4 SC-DZ Chalets, 1FZ (10P) / SC Bungalow $ {2016} Rustic: DBB DZ 990N$ pP, EZ 1.210N$, K12 495N$ / Luxury DBB: DZ 1.300N$ pP, EZ 1.520N$ / B&B 2p 1.300N$ / SC 900N$ pP // Guide 500N$

New Nouveau B&B, Pension (A52)

(Infos: 01.05.2016) 9DZ + 1FZ (20P)/ alle mit aircon $ {2016} B&B: EZ 800N$, DZ 1.500N$, FZ (3P)1.600N$, K3-6 350N$

Ngandu Safari Lodge (N8)

(Infos: 26.08.2015) 22 LuxusDZ, 11 SemiLuxus DZ im Haupthaus $ {2015} Luxus B&B: DZ 800N$, EZ 600N$ / Semiluxus B&B: DZ 780N$, EZ 540N$ / Standard B&B: DZ 760N$, EZ 500N$ / FZ 980N$ für 4P

Ngepi (N23)

(Infos: 15.05.2015) ▲ 14 schattige Plätze mit Gras am Fluß, 6 nicht am Fluß / auch Overlander Platz $ (2015 [2016]) 110N$ pP, K5-12 50% / Overlander 40N$ pP 3 Buschhütten + 2 Zelte mit gemeins. BadeZ / 14 Baumhäuser ensuite $ {2015 [2016]} B&B: tree house: 880N$ pP / bush huts 770N$ pP / tents 190N$ pP $ liegt am Kavango, 10 km flußabwärts von den Popa-Fällen entfernt HausT ok Krokodilsicheres Schwimmbad im Fluß / Angelboote (250N$ pP), Bootsfahrten (Trips: 4P, 1/2T: 200N$ pP), River Rafting (700N$ pP pT, Angeln, Vogelbeo. / Game Drive in Mahango Nat. Park 440N$ pP / Tanztruppe auf Anfrage (500N$) // Volleyball, Frisbeegolf

Nguma Island Lodge (W4)

(Infos: 20.08.2015) ⛺ Delta Dawn Campsite: $ (2016) 175Pula, K10 142Pula 🛏 8 DZ-Zelte auf Stegen / im Delta Dawn Campsite: SC Zelte auf Plattformen $ {2016} Lodge Hp DZ 1.620Pula pP, EZ 1.887Pula // SC 1.377Pula pZelt / Zusatzpreise: community fees185Pula pT $ Delta Dawn Campsite in Eigenverantwortung des Dorfes ⓘ liegen in der Nguma Lagune / falls notwendig: Transfer vom Parkplatz zur Lodge: 212Pula pP 🚶 Motorbootfahrten auf der Lagune und durch Papyros zum Okavango (max 6P 864Pula pStd Benzin inkl. / bis 14P 918Pula pStd Benzin inkl.), Angeln, Vogelbeo., Mokorotrips (1Tag 1.276Pula)

Nkasa Lupala (N70)

(Infos: 16.5.2015) 🛏 10 (8 DZ, 1 FZ, 1 Honeymoon) Luxury Zelte $ {2015} Hp: 1.485N$ pP, EZz. 490N$, K16 742N$ (bei 2 oder mehr Tagen / Zusatzpreise: Game Drive 500N$, Boat Cruise 500N$, Game Walk 700N$, Mokoro Trip 200N$

nKwasi Lodge (Kayengona) (N13)

(Infos: 18.05.2015) ⛺ 10 Plätze auf Rasen mit Bäumen $ (2015 [2016]) 90N$ pP 🛏 18 Bungalows (5 X 2Bett +13 X 4 Bett) $ {2015 [2016]} B&B: EZ 678N$, DZ 561N$ pP

Nubib Mountain (P99)

(Infos: 26.04.2015) 🛏 4 DR $ {2015} Hp: EZ 970N$, DZ 860N$ pP, K4-12 Hp 500N$

Ohorongo (K93)

(Infos: 12.02.2016) 🛏 Lodge 10P, 3 kleine + 2 große Bungalows / Katiti Tented Camp $ {2016} Jagdtag 1:1 390€, 2:1 330€, Begleitperson 195€, K10 frei

Okahandja Country Hotel (C2)

(Infos: 2017) ☞☞ neuer Name: Okahandja Country Hotel & Conferencing / kein Lodge-charakter mehr, sondern Konferenzzentrum, keine extra Aktivitäten mehr / kein Lärm von der B1, da die Straßenführung geändert worden ist ☞ Gretel & André van Dyk (owner), Bianca & Ikus Conradie (manager) (Afrikaans, Deutsch) ⛺ Plätze (50P) am Okakango Rivier $ (2017) 150N$ pP / K12 frei 🛏 22DZ + 2 FZ (6P) alles reedgedeckt $ {2017} B&B: EZ 885N$, DZ 760N$ pP

Okapuka Ranch (B7)

(Infos: 14.02.2016) ☞☞ keine Heliocopter Flüge mehr, auch kein Reitangebot, der 4X4 Trail wurde auch gestrichen 🛏 30Z in Bungalows / Berglodge 10km von der Lodge entfernt 4DZ $ {2016} B&B: EZ 980N$, DZ 1.750N$, FZ 1.750N$, 3./4P + 480N$ pP / K7-12 120N$ / Abendessen 245N$ pP / Zusatzpreise: Gamedrive 120N$ pP

Okarusuvo Guest House (A54)

(Infos: 07.05.2016) ☞☞ neue Email: erda.iben.17@gmail.com 🛏 Gästehaus 3DZ + 1 SC Ferienwohnung 4P $ {2016} DZ 410N$, extra Bett 90N$ / SC-FZ 2P 450N$, extra Bett 90N$

Okatjeru Game Farm (C102)

(Infos: 02.05.2016) 🛏 Bobbejaan Dam: 5 SC - Zelte (permanent) (Solarlicht) à 2P $ {2016} SC 666N$ pZelt / Zusatzpreise: Game Drive 150N$ pP, Wildbeo. auf dem Pferd 100N$ pP

Okatore Lodge (B59)

(Infos: 07.02.2016) ☞☞ Preise wie 2012

Okaukuejo (K210)

(Infos: 28.01.2016) ⛺ 26 Plätze / pro Platz 8 P, 2 Fahrzeuge, 1 Wohnwagen oder 1 Zelt / 2016 noch nicht renoviert / Waschräume ungenügend für die vielen Besucher $ (2016) 220N$ pPlatz + 136N$ pP / K6-12 50% 🛏 Chalets: 40 „Double Room A" (A): 1DZ, 2P / 20 „Double Room B" (B): 1DZ, 2P / 25 „Bush" (C): 1DZ, 2P / 2 „Family" (D): 2DZ 4P / 30 „Waterhole" (E): 1DZ, 2P / 5 „Premier Waterhole" (F): doppelstöckig mit Balkon, direkt an dem Wasserloch, 2DZ 4P nur mit Hp $ {2016} [in Klammern Jul-Okt]: alle B&B: (A) sharing 790N$ pP [1.150N$ pP], 1P 790N$ [1.270N$] / (B) sharing 820N$ pP [1.190N$ pP], 1P 820N$ [1.300N$] / (C) sharing 910N$ pP [1.210N$ pP], 1P 910N$ [1.330N$] / (D) sharing 930N$ pP [1.330N$ pP] / (E) sharing 1.100N$ pP [1.650N$ pP], 1P 1.100N$ [1.730N$] / (F): sharing 1.620N$ pP [2.850N$ pP] // K6-12 50% / Zusatzpreise: geführte Game Drives (keine Kinder unter 6): morgens 500N$ pp, nachmittags 500N$ pP, nachts 600N$ pP / K6-12 50% / / Eintritt siehe Etosha

Okondura Nord (C50)

(Infos: 02.05.2016) ☞☞ 2016: Preise von 2013 unverändert

Olive Exclusive Boutique Hotel (A161)

(Infos: 22.10.2016) 🛏 7DZ $ {2016[2017]} Junior Suites: B&B: DR 2.178N$ // Premier Suites: DBB: DR 3.800N$

Olive Grove Guesthouse (A98)

(Infos: 01.05.2016) ☞☞ Telefon 061-239199 🛏 3 Standard Z, 7 LuxusZ, 1 Executive Suite / $ {2016} B&B alles: Standard: EZ 848N$, DZ 734N$ pP, Lux: EZ 1.319N$, DZ 1.185N$ pP / K6-12 50%

Omandumba (J25)

(Infos: 21.05.2015) 🛏 8DZ nur Vp, 1 SC Flat $ {2015} SC DZ 380N$ pP, Vp DZ 950N$ pP / K6-12 50%

Omashare Hotel (N5)

(Infos: 26.08.2015) 🛏 19DZ+1FZ, alle aircon $ {2015} B&B: EZ 750N$, DZ 1.045N$, K8 frei / Zusatzpreise: Transfer zum Flugplatz frei

Omatako Valley Rest Camp (L85)

(Infos: 18.08.2015) ☞☞ 2015 Anlage nicht in Ordnung, nur noch die Wasserpumpe funktioniert

Ombarahewa, Jagdfarm (J73)

(Infos: 23.05.2015) ☞☞ kein zahmer Gepard mehr / Friedel Lax ist nur noch Jagdführer, nicht mehr auf der Farm, also Webseite streichen

Ombengu Safari Lodge (K66)

(Infos: 22.05.2015) ☞☞ ist seit 2014 geschlossen

Ombundja Wildlife Lodge (K24)

(Infos: 01.03.2014) ☞☞ K24 und K27 auf der Karte vertauscht!

Omujeve Farm (C27)

(Infos: 26.08.2014) 🛏 Omujeve Lodge, Schonbrunn Farmstead, Omatendeka tented Camp $ {2014} Jagdtag 1:1 550US$, 1:2 445US$, Beobachter 250US$, K5-12 100US$

Ondjondjo, Jagdfarm (L50)

(Infos: 15.05.2015) 🛏 1QZ+1DZ (6P) $ {2015} Hp: EZ 400N$ pP, DZ 350N$, K12 200N$ // Jagdtag 1:1 200€ (Bogen 230€), 1:2 160€ (Bogen 190€), Ruhetag/Begleitperson 100€

Ondombo, Jagdfarm & Gästefarm (J59)

(Infos: 14.02.2016) 🛏 Gästehaus 5 DZ $ {2016} B&B: EZ 50€, DZ 40€ pP / Vp: EZ 100€, DZ 90€ pP, // Jagdtag 1:1 200€, 2:1 170€, Ruhetag 80€ / K6-12 50% / Zusatzpreise: Flughafentransfer 320€ pFahrt 🐘 gemeines Impala, Bleßbock, Duiker, Streifengnu, Kuhantilope (Hartebeest), Damara Dik Dik, Springbock, Steinböckchen, großer Kudu, Oryx, Wasserbock, Warzenschwein, Giraffe, Steppen-Zebra,

Onduasu (J66)

(Infos: 21.05.2015) 🛏 Gästehäuser 4DZ $ {2016} Jagdtag 1:1 160€, 2:1 140€, Ruhetag 60€ / K14 30€, K15-16 40€

Onduno (B55)

(Infos: 26.04.2016) ☞☞ Handy: 081-2579590, Neue Email: onduno@gmail.com ✉ Windhoek P.O.Box 850 ✆ 061-231054 📠 061-221206 📱 081-2579590 ⓘ Pferdezucht Hannoveraner+Holsteiner für Springturniere / erster San-Jagdführer in Namibia ⓘ Rinderfarm / Fama, Kiwi // Jagd zu Fuß, zu Pferd, Bogenjagd // Onduno heißt Oryx in den Bantusprachen 🚶 Wandern, Tischtennis, Mountainbikes, Angeln im Damm, Reiten / hiking trail 6 days with the possibility to have food and luggage broughtto the next sleeping place @ onduno@gmail.com # www.onduno.com

Onganga, Hotel Pension (A58)

(Infos: 29.07.2016) 🛏 4DZ + 5 TwZ + 1 FZ $ {2016} B&B: EZ 828N$, DZ 1.163N$

Ongue Hunting Farm (K53)

(Infos: 12.02.2016) 🛏 Gästehaus 2DZ $ {2016} Jagdtag 1:1 180€, 2:1 150€, Ruhetag/Begleitperson 80€

Onguma Game Reserve (L38)

(Infos: 15.05.2015) ▲ Leadwood Site: 6 Plätze / Tamboti Site 20Plätze, 3km vom Lindequist Gate mit Store and Restaurant // alle mit eigenem Toilettenhaus, Strom, Grundmatte, Rasen, Schatten, Holz, Kochplatz / 24h geöffnet / Camper sind sehr willkommen die Möglichkeiten des Bushcamps zu nutzen $ (2015) 190N$ pP für 4P / Tamboti: 190N$ 🛏 "Bush Camp" 38P / "Treetop Camp" 8P / "Tented Camp" 14P / "the Fort" 28p $ {2015} "Bush": B&B: DZ 990-1.570N$ pP single supPl. 630N$, K3-11 50%, Hp +270N$ pP / "Tree Top": Hp + 2 Aktivitäten 1.680N$ pP, single supPl. 630N$ / „Tented" Hp: 2.520N$ pP, single suppl. 840N$ / „Fort" Hp: 2.840N$ pP, single suppl. 950N$, K 7-11 50% / Guide Hp 700N$ / Zusatzpreise: Game Drive 570N$ pP plus Parkeintritt, Night Drive 350N$ pP (1 - 2h)

Onjala Lodge (D41)

(Infos: 24.02.2016) 🛏 11 Standard DZ, 8 Bungalows DZ, 4 Panorama Suiten $ {2016} Lodge&Bungalow: Hp: DZ 1.290N$ pP, EZ 1.540N$, K6-15 495N$ / Tagraum 774N$ pP // Panorama: Hp: EZ 2.390N$, DZ 1.590N$ pP, K6-15 795N$ // Dez bis Feb 30% Rabatt / Zusatzpreise: Gamedrive (2,5Std) 352N$, Geführte Wanderung (2Std) 215N$, Mountainbike (1T) 215N$,

Onjowewe House (K35)

(Infos: 21.09.2015) ▲ Duncan´s Campsite 3 plätze $ (2015) 90N$ pP 🛏 2 TZ ensuite / SC / Vokü / kein Strom aber Solarlicht $ {2015} SC 450N$ pP / Hp 1.150N$ pP

Oppiklippe (K6)

(Infos: 22.05.2015) ☞☞ Handy: 081-1472897 (Jannie) / Gogga & Albie sind nicht mehr die Manager

Opuwo Mountain Camp (H92)

(Infos: 24.04.2015) ☞☞ 2015 hat Jack Roussette das Camp verkauft. Zukunft ungewiß.

Oshakati Self Catering Guest House (M27)

(Infos: 22.04.2012) 🛏 22DZ+1FZ+1Suite $ {2015} EZ 520N$, DZ 750N$

Oshikango Country Lodge (M24)

(Infos: 26.05.2015) ☞☞ keine Webseite mehr ☞ Edwin Bassingweighte (owner), Grace Shapwa (manageress) (Afrikaans, Oshiwambo, Portugisisch) 🛏 10DZ $ {2015} 2P 450N$ pZ

Oshoto (M53)

(Infos: 08.05.2016) 🛏 DZ $ {2016} EZ 490N$, DZ 625N$, Luxury 736N$, FR 828N$, VIP 1.127N$ / von 10 bis 15Uhr 1P 250N$, 2P 350N$

Otavi Garden's Hotel (L8)

(Infos: 04.11.2014) 🛏 7 StandardZ + 14Z in Chalets $ {2014} B&B: EZ 350N$, DZ 450N$ / Chalet: EZ 420N$, DZ 560N$

Otjibamba (L64)

(Infos: 29.10.2016) ☞☞ geschlossen, wie auch die Bergeck Mission Lodge, ebenfalls von Nello João

Otjikaru Wildfarm (L110)

(Infos: 16.05.2015) 🛏 5DZ, aircon, Heizung $ {2016} Jagdtag 1:1 280€, 1:2 230€, Ruhetag 120€ / K14 50%

Otjikoko (J42)

(Infos: 21.05.2015) $ {2016} Jagdtag 1:1 190€, 2:1 160€, Begleitperson/Ruhetag 90€, K6-12 40$

Otjitambi (K30)

(Infos: 22.05.2015) 🛏 Gästetrakt 5DZ + 2EZ $ {2015} DZ Vp 950N$ pP, Hp DZ 750N$ / Farm- & Sundowner Drive inkl. // alles inkl. Angebote für Jäger 10 days: 1:1 + Observer 2.900€, 1:2 3.500€, 2:1 + 2 Observer 4.200€ (5 day hunting)

Otjiterazu Guest Farm

Neue Managementfamilie Swart, Handy 081-2565678 (Grealdine) // Auf der Farm gibt es die sehr seltenen „Weißen Oryxe" & „Golden Oryxe." Hunde auf dem Camping ok.

Otjitoroa (K1)

(Infos: 12.02.2016) ☞☞ Handy: 081-2252288, Email: info@otji-safaris.com 🛏 3 DZ $ {2015} Jagdtag 1:1 220€, 2:1 190€, Begleitung 90€

Otjitotongwe Cheetah Farm (K34)

(Infos: 25.05.2015) 🛏 6TwZ + 2TZ $ {2015} Hp EZ 1.200N$, DZ 1.100N$ pP incluse cheetah tour

Otjiwa Game Lodge (L74)

(Infos: 26.11.2014) gemeines Impala, Bleßbock, Duiker, Streifengnu, Weißschwanzgnu, Kuhantilope (Hartebeest), Springbock, Steinböckchen, Nyala, Oryx, Pferdeantilope, Rappenantilope, Wasserbock, Giraffe, Steppen-Zebra, Berg-Zebra, 20 Breitmaulnashörner

Otjohotozu (J38)

(Infos: 21.05.2015) ☞☞ neue Email: kleinkim@iway.na 🛏 5 Jäger DZ+ 1SC-FZ für Namibier ⓘ {2015} Turm: B&B DZ 1.200N$, Turmalin B&B DZ 1.050N$, Kranzberg B&B 1.300N$ // hunting day 1:1 180€, 1:2 140€, non hunting day 85€ / Zusatzpreise: game drive 250N$, sundowner drive 300N$

Ouhave Country Farm (L96)

(Infos: 4.11.14) 🛏 3DZ $ {2014} Vp DZ 1.100N$ pP, B&B DZ 390N$ pP / Zusatzpreise: für B&B Gäste: Naturedrive 200N$ pP ⓘ 3 stöckiger Turm als Aussichtspunkt / mit der Nachbarfarm wird das Leder der Nguni Rinder verarbeitet zusammen mit den Frauen des Osire Flüchtlingslagers ⓘ Farmbetrieb mit einheimischen Tieren: Nguni Rindern, Schweine, Schafe / Holistic Farming / „free range game hunting" // Fama / Kiwi: Farmtiere, Papageien, Hunde, Katzen, Pferde zum Streicheln // Tagb. ok, Rauwi HausT auf Anfrage Wandern / Nature Drive / Vogelbeo. ♿ rollstuhlfreundlich 1Z

Ousema Guest Farm (L77)

(Infos: 19.05.2015) ☞☞ Buchungsadresse nicht mehr gültig 🛏 1 SC Familienwohnung 4-6P, 2DZ, 1 Rondavel 1 Chalets (2-3 Betten) (12P) $ {2015} Vp 850N$ pP, K7-12 500N$ / Gäste, die eine Begleitperson als Assistenz benötigen: 1.400N$ pPaar

Out of Africa B&B Guesthouse (Otjiwarongo) (J78)

(Infos: 14.07.2012) 🛏 20Z + 3 Flats + 2 SC-Flats mit Vokü, aircon $ {2015} B&B: EZ 195N$, DZ 275N$, TZ 350N$, QR 400N$

Out of Africa Town Lodge (J79)

(Infos: 01.05.2015) 🛏 20DZ 2-3P, 1 Flat 4-6P $ {2015} B&B: EZ 270N$, DZ 350N$ / K12 50N$, K12-18 80N$

Out of Nature Country Lodge (B45)

(Infos: 22.08.2016) $ {2016} B&B: EZ 600N$, DZ 450N$ pP, K5-11 200N$, Camping 350N$ pPlatz

Outapi Town Hotel (M32)

(Infos: 25.05.2015) 🛏 30DZ, aircon $ {2015} B&B: EZ 435N$, DZ 568N$, Suite 690N&, FR 850$, LuxR 1.030N$

Ovisume Jagdfarm (L25)

(Infos: 13.02.2016) 🛏 1DZ + Gästehaus mit 2 DZ (6P) $ {2016} VB <85€ pP // Jagdtag 1:1 210€, 2:1 180€, Begleitperson 85€, K6-16 50€

Ovita Wildlife (J3)

(Infos: 21.05.2015) 🛏 7DZ $ {2015} Gästefarm: Hp DZ 600N$ pP/ K6-1250% // Jagdtag 1:1 230€, 2:1 190€, Begleitperson/Ruhetag 80€

Ozombanda Safari Hunting Ranch (C40)

(Infos: 02.05.2016) ☞☞ 2016: die gesamte Farm ist parzelliert als einzelne Plots verkauft worden. (http://ozombandanamibia.com)

Ozondjahe Safari Lodge (L78)

(Infos: 14.05.2015) 🛏 1 Familienhaus $ {2016} Jagdtag 1:1 380US$, 2:1 300US$, Begleitperson 180US$, K12 90N$

Padberg B&B (L118)

(Infos: 14.05.2015) ☞☞ Das B&B wurde geschlossen.

Panorama Rock Game Ranch (E48)

(Infos: 02.05.2016) 🛏 5 Bungalows (je 4P) $ {2016} Vp: EZ 170€ pP, DZ 160€ pP / Zusatzpreise: Game Drive (2H) 30€ pP

Popa Falls Lodge (N21)

(Infos: 05.02.2016) ☞☞ Wurde 2015 wiedereröffnet mit wenig Änderungen. ▲ Plätze, Strom $ (2016) pro Platz 8 P, 2 Fahrzeuge, 1

Wohnwagen oder 1 Zelt: 136N$ pP / overlander: 100N$ pSite + 165N$ pP 🛏 10 River Cabins 4P (große Hütten im Park) $ {2016} [in Klammern Jul-Okt]: alle B&B: A) DZ 1.030N$ pP [1.300N$ pP], 1P 1.030N$ [1.360N$] / B: 930N$ pP [1.150N$ pP], (C) 1.030N$ pP [1.300N$ pP] / (D) 4.000N$ pP [4.000N$ pP] // K6-12 50%

Porcupine Camp (K59)

(Infos: 20.08.2015) ☞☞ inzwischen über 10 Tiere / Kunsthandwerk aus Stachelschweinstacheln 🐕HausT ok 🛏 3 Einfach-Zelte + 6 Doppel/Twin-Zelte für insgesamt 14 Gäste $ {2016} B&B DZ 300N$ pP / EZz. 50N$ / Zusatzpreise: Fütterung von Stachelschweinen 70N$ pP

Promenaden Heights (A64)

(Infos: 21.10.2016) ☞☞ Email + Handy neu 🛏 2 DZ SC / Kitchenette + 1 SC-Flat $ {2016} EZ 385N$-675N$ pZimmer pTag / Sondertarife für die Woche, Studenten, Kinder mit Eltern

Protea Hotel Zambesi River Lodge (N40)

(Infos: 26.08.2015) ☞☞ Kein Golfplatz, keine Floßbar mehr ▲ Plätze $ (2016) 140N$ pP 🛏 38TwZ+4LuxDZ / aircon $ {2016} B&B: EZ 1.290N$, DZ 1.600N$

Puccini Guest House (A65)

(Infos: 01.05.2016) ☞☞ jetzt das ganze Jahr offen, keine Handynummer 🛏 1DZ + 1FZ / 3DZ + 3TZ + 1EZ mit Gemeinschaftsbad / Vokü + WohnZ (18 Betten) $ {2016} Ensuite: EZ 450N$, DZ 700N$, TZ 900N$, FZ 4P 1000N$, FZ 5P 1.100N$ / Zimmer mit Gemeinschaftsbad EZ 350N$, DZ 550N$, TZ 700N$, 4P 800N$

Rainbow River Lodge (N30)

(Infos: 22.09.2015) ☞☞ Neue Besitzer und Manager: Deon De Waal, Maritza & Norman Victor / kein Reitangebot mehr 🛏 Bungalows: 18 mit TwZ, 2 mit TZ / 1SC Haus 2DZ $ {2014} B&B EZ 520N$, DZ 900N$, TZ 1.350N$ / K6-10 50% / Reiseleiter 50%

Ranch Koiimasis (P45)

(Infos: 15.10.2014) ▲ 5 Plätze in einem weiten Gelände zwischen Felsen gelegen, mit Tisch und Bank unter einem Schattendach $ (2014) 150N$ pP, K12 75N$ 🛏 1 SC Chalet Virosa 2P, 1SC Chalet Schwalbennest 2P Vokü, siehe auch Farmlodge „Fest in Fels“ $ {2014} Virosa: 600N$ / Schwalbe 1.400N$ / Zusatzpreise: Westernstyle Reiten / alle Drives

Red Dune Camp (E43)

(Infos: 30.04.2016) ▲ Camping Plätze: Lawa|gowab Red Dune Camp, |gowab (Rote Düne), 4X4 nötig: 15P, Holzplattformen, Matratzen+Bettzeug auf Anfrage / Plätze am Farmhaus: 20P, auf Gras, schattige Bäume (Vorausbuchng) $ (2016) Farm: 105N$ pP / Düne: ohne Schlafsachen 140N$, mit Schlafsachen 160N$ pP 🛏 2 DZ Gemeinschaftsbad / Zelte $ {2016} B&B: EZ 250N$, DZ 500N$, aircon / K6-12 50% / Zelt 160N$ pP

River Crossing Lodge (B29)

(Infos: 07.02.2016) 🛏 20 Chalets, aircon, Federbetten mit Leinen $ {2016} B&B: EZ 1.200N$, DZ 1.945N$, TZ 2.720N$ / Hp: EZ 1.510N$, DZ 2.534N$, TZ 3.550N$ / B&B K4-12 490N$ / Guide room B&B 500N$

RiverDance Lodge (N71)

(Infos: 24.04.2015) ▲ 5 Plätze / privates Badhaus für jeden, Strom 3 Anschlüsse/Platz, Grasspatch, Privatzufahrt // Gäste sind willkommen für die Lodgeaktivitäten & Mahlzeiten / Gäste können Take Away Pizzas bestellen $ (2015) 120N$ pP, K2-12 50% 🛏 Chalets am Wasser (freistehende Dusche & Badewanne mi Blick über den Fluß) / 2 Buschchalets (max 18P) $ {2015} Hp: EZ 1.270N$, DZ 2.100N$, FZ (2E+1K) 2.625N$, FZ (3E) 3.150N$, FZ (2E+2K) 3.150N$ / Rabatt für Namibier auf die Unterkunft ⓘ „Entire lodge was build with only the help of the local villagers and the community and the environment is at the heart of our believes „ ⓘ liegt am Okavango // Kiwi / keine eigenen Boote mitbringen 🚶 Sunset Cruise (1Std 250N$ pP), Angeltrip (250N$ pStd pP), Mokoro-Trip (1,5h 300N$ pp), Dorfbesuch (1Std 150N$ pP)

Rooiklip (F9)

(Infos: 12.03.2017) ✉ Windhoek P.O. Box 40522 ✆ 061-681031 📱 081-1292126, 081-1287844

088-639787 Λ 3 Halbhöhlen (1-3 Autos) am Felsüberhang, jeder Platz mit Dusche, WC, Spülplatz, Warmwasser / etwa 500m vom Haus $ [2017] 185N$ pP 1 Gästehaus mit 2DZ+1EZ, 1 Gästehaus mit 1TZ+2DZ+Wohnzimmer, 2 Zusatzbetten // 1 Platz mit 3 Flintstone Häuser (bis 4p) mit Sanitärblock $ {2017} B&B 830N$ pP, Hp 1.075N$ pP / EZZ 100N$ // Flintstone SC 430N$ pP / Zusatzpreise: Farmrundfahrt 250N$ pP ⓘ Motto „ECO“: Warmwasser aus Solarenergie, Photovoltaic / Garten für die Selbstversorgung, Abfalltrennung ⓘ Kiwi / Farm mit Schafen, Ziegen, Pferden / Fama, wenn gewünscht / Tagb. Ok HausT an der Leine ok Pool 14X6m, markierte Wanderungen (frei), auch geführt / Gamedrive, 4X4 Trail / Geocache / viele zahme Tieren: Zebra, Esel, Oryx & Kleintiere @ rooiklip@iway.na # www.rooiklip.iway.na

Rustig Toko Lodge (K41)

(Infos: 12.02.2016) ☞☞ 2015: neue Besitzer: Karola & Nico Potgieter / neue Webseite: www.tokolodgesafaris.com / Tel 067-304716, Fax 067-304728 Λ Omumborombonga Camp: 3 Plätze für 20P, Schatten, Campinggäste können Dinner buchen / sandig $ (2016) 120N$ pP Bungalows: 14DZ+TGZ (22P) $ {2016} B&B DZ 850N$ pP / single suppl. 150N$ / K5-12 50%, Guide 230N$ / Zusatzpreise: Farmrundfahrt 90N$ pP

Sachsenheim Guest Farm (L39)

(Infos: 19.10.2016) ☞☞ kein Babysitter mehr Λ 10 Plätze mit Rasen, Strom, Schwimming Pool: Private+Communal / Bush-Camp nur für Overlander $ (2016) „Privat“: 180N$ pP+50N$ pAuto / Communal: 130N$ pP+50N$ pAuto / Bushcamp: 80N$ pP Bungalows 60 Betten: 2EZ, 13DZ, 2 5-BettZ, 1TZ, 4 HoneymoonZ, $ {2016} B&B: EZ 700N$, DZ 580N$ pP, TZ 530N$ pP, 5-Z 530N$ pP, honneyZ 750N$ / K0-3 100N$, K4-7 320N$, K8-11 400N$ / Namibier 10% Reduktion / 1Guide pGruppe 525N$

Sarasungu River Lodge (N11)

(Infos: 16.04.2016) 28 strohgedeckte Bungalows (Stein- und Holzpfahlbauten) $ {2016} B&B: DZ 750N$, EZ 500N$, TZ 900N$, QZ 1.050N$

Sarfhope (A151)

(Infos: 01.05.2016) Budget B&B Zimmer / SC $ {2016} EZ 450N$, DZ 550N$, FZ (2E+2K) 650N$ / SC 1P 450N$, 2P 550N$

Sâsa Safari Camp (K99)

(Infos: 17.05.2015) 10 2-Twin-Bett Bungalows $ {2015} Bungalow: SC: 1P 780N$, 2P 700N$ pP, Küche 300N$ / B&B: EZ/DZ 880N$ pP / Hp: EZ/DZ 1.240N$ pP

Scheidthof Guestfarm & Fotosafaris (E19)

(Infos: 21.10.2016) ☞☞ Handy: 081-2956571, 081-3222253 / www.natron.net/scheidthof 4DZ+1EZ $ {2016} DZ: B&B 666N$, Hp 791N$ pP, Vp 914N$ pP / Zusatzpreise: Farmrundfahrt 570N$ pAuto, sundowner 150N$ pP, Wanderung 50N$ pP

Schloß Duwisib (P37)

(Infos: 28.01.2016) Achtung Neu: 5 DZ im Schloß $ {2016} B&B DZ 800N$ pP, EZ 800N$ / honey moon 1.200N$ pP Λ 10 Plätze, schattig unter Akazien / pro Platz 8 P, 2 Fahrzeuge, 1 Wohnwagen oder 1 Zelt $ (2016) 136N$ pP

Seidarap Guesthouse (L106)

(Infos: 14.02.2016) Gästehaus mit 6DZ, 2 EZ, 1 TZ, 1QZ / 1 TourguideZ $ {2016} B&B: EZ 630N$, DZ 500N$ pP, K6-13 50% / Tourguide B&B 230N$ (Dinner/Lunch frei)

Sesriem Rest Camp (P2)

(Infos: 28.01.2016) ☞☞ In den Ferienzeiten ist das Camp voll, deshalb vorher reservieren, aber es gibt viele Alternativen (Restcamps, Lodges, Camping) umzu. Λ 24 Plätze unter alten Kameldornbäumen / pro Platz 8 P, 2 Fahrzeuge, 1 Wohnwagen oder 1 Zelt $ (2016) 180N$ pP, K6-12 50%

Shankara Rest Camp (N66)

(Infos: 17.05.2015) ✉ Rundu P.O.Box 1773 ✆ 066-258616 085-55548051 3 SC Chalets DZ, 3 SC Familien-Chalets (5-6P) $ {2012} SC-family 1.000N$ (6p), SC-chalet DZ 600N$ @ shankararestcamp81@gmail.com

Shark Island Resort (P71)

(Infos: 04.02.2016) ▲ 20 Plätze $ (2016) pro Platz 8 P, 2 Fahrzeuge, 1 Wohnwagen oder 1 Zelt: 136N$ pP 🛏 Suite 2Z 4P mit TV im Leuchtturm / 3 Chalets 4P $ {2016} Leuchtturm: 300N$ pP / Chalet: 1P 240N$, 2P 240N$ pP / K6-12 50%

Shumba (A76)

(Infos: 21.10.2016) siehe Neu: Shalongo Guesthouse

Sophia Dale Base Camp (G108)

(Infos: 20.09.2015) ▲ 20 Plätze mit Licht/Strom // Dachzelt Dach $ (2015) 120N$ pP, K5-14 60N$, Hunde 20N$ (Wasser+Strom frei)

Sophienhof Lodge (K100)

(Infos: 17.05.2015) 🛏 4 SC-bungalows 4P Kitchenette / Belina farm House 2DZ / 1 VIP Haus / Backpacker House $ {2016} SC: 1P 720N$, 2-3P 640N$ pP / VIP Haus 2P 1.650N$ pP, 3-4P 1.100N$ pP / Backpackers 275N$ pP / K7-12 50% / Zusatzpreise: Game Drive 120N$, Sundownerdrive 150N$

Sossus Dune Lodge (P80)

(Infos: 05.02.2016) 🛏 23 Chalets (A) + 2 Honey Moon Suiten (B) $ {2016} [in Klammern High season] Hp: (A) sharing 1.180N$ pP [2.300N$ pP], single 1.180N$ [2.400N$] / (B) sharing 1.450N$ pP [2.800N$ pP], single 1.450N$ [2.900N$] / K6-12 50% / Zusatzpreise: Trip nach Sossusvlei 500N$ pP, geführte Tour in den Naukluft Park 500N$ pP / K6-12 50%

Steiner, Hotel Pension (A80)

(Infos: 01.05.2016) 🛏 „cass $ {2016[2017]} B&B: EZ 660[750]N$, DZ 1.020[1.130]N$, TZ 1.500[1.840]N$, QZ 2.000[2.480]N$ // mit aicon: EZ 510[840]N$, DZ 1.070[1.250]N$ / K5-12 340N$ // (Preise in Klammern 2017) / TagZ 1p 440N$, 2p 675N$

Steps Guest House Gobabis (D75)

(Infos: 22.05.2015) ✉ Gobabis P.O.Box 484 ☎ 062-562785 📱081-3334860 (Mrs. Marilize) 📠 088-632975 @ info@stepsforchildren.de & stepsforchildrengobabis@gmail.com # www. stepsforchildren.de/sfc-projekte/gaestehaus/gaestehaus-in-gobabis.html

Susuwe Island Lodge (N32)

(Infos: 16.05.2015) 🛏 6 Suiten $ {2015} Low (Dez-Jun): Hp: EZ 3.737N$, DZ 2.810N$ / Vp: EZ 5.378N$, DZ 4.044N$ // High (Jul-Nov): Hp: EZ 4.585N$, DZ 3.653N$ / Vp: EZ 6.087N$, DZ 4.753N$ // K8-11 50% // Vp Inkl. alle geführten Aktivitäten, Drinks, Boot Transfer von Kasane zur Lodge // Tourguide 942N$

Swakopmund Rest Camp (G45)

(Infos: 13.07.2016) ☞☞ Bungalows müßten renoviert werden 🛏 2-Platten-Herd + Kühlschrank: A-E: (A) Fish Rest House 2Betten / (B) Gecko 2 Betten / (C) Welwitschia Resthouses: 2Betten / (D) Dunes Rest House 2DR, 4Betten / (E) A-Frame (Spitzkoppe) Bungalow : 6 Betten (2 unten, 4 oben), Kitchenette // f-e-kitchen: F-G: (F) Brandberg Rest House: 2DR, 4 Betten+2 Couches, Dining Area / (=200P) / (G) Moon Valley Bungalow: 6 Betten, Living Room $ {2016} Low Season: (A) 462N$ / (B) 419N$ / (C) 426N$ / (D) 725N$ (E) 805N$ (F) 915N$ (G) 1.052N$ // High Season (30.4.-5.5., 15.6.-15.7., 20.12.-5.1., alle öffentl, Feiertage): (A) 450N$ / (B) 451N$ / © 451N$ / (D) 825N$ / (E) 948N$ (F) 960N$ (G) 1.352N$ / Zusatzpreise: Schlüsseldeposit (150N$-300N$)

Swartfontein Guest Lodge (F22)

(Infos: 08.05.2016) 🛏 8DZ+2FZ $ {2016} DZ 460-690N$ pZimmer, extra Bett 172N$ / EZ 575N$

Swiss Chalets (A81)

(Infos: 01.05.2016) ✉ Windhoek P.O.Box 86484 ✆ 061-305551 ☎ 061-305551 📱081-1281287 🛏 Gästehäuser B&B mit 3DZ, 1 F-Flat bis 4P SC: Küche, 2DZ $ {2016} B&B: EZ 650N$, DZ/Twin 750N$, FZ 850N$ / SC Flat 2P + 2K 800N$ @ swiss.chalets@iway.na # www.swisschaletsbnb.com

Taleni Etosha Village (K73)

(Infos: 20.08.2015) ⛺ 20km südl. Okaukuejo / Anfahrt: 4,3km vor dem Andersson Gate 🛏 40 SC Zelte 3-4P $ {2015} Low: Dez -Jun: SC: EZ

1.005N$, DZ 670N$ pP / B&B EZ 1.105N$, DZ 770N$ pP/ Hp EZ 1.350N$, DZ 1.015N$ pP , Vp EZ 1.475N$, DZ 1.140N$ pP / High: Jul -Nov: SC: EZ 1.161N$, DZ 774N$ pP / B&B EZ 1.261N$, DZ 875N$ pP/ Hp EZ 1.415N$, DZ 1.058N$ pP , Vp EZ 1.631N$, DZ 1.244N$ pP // Tourguides SC EZ 550N$ / K12 foc / Zusatzpreise: Etoshadrive 1/2 Tag 600N$ pP ♿ 1 Einheit behindertengerecht

Tamboti Gästehaus (A82)

(Infos: 26.04.2015) 🛏 10DZ+2EZ+2TZ+1QZ / aircon $ {2015} B&B: EZ 510N$, DZ 750N$, TZ 750N$, FZ 1.000N$

Tambuti Lodge Rundu (N7)

(Infos: 27.08.2015) 🛏 4 Standard-Bungalows 2P + 5 Luxury/Familien-Bungalows 3P / aircon $ {2015} Premium: 1P 650N$, 800N$ Pp / Luxury/Family: 910N$ pBungalow / K3-10 50%

Tarentaal Guestfarm (K16)

(Infos: 22.05.2015) ☞☞ kein Reiten mehr 🛏 7DZ +1Z für den Guide $ {2015} Hp 600N$ pP / Guide >4 Gäste frei

Terrace Bay (H59)

(Infos: 04.02.2016) 🛏 20 Zimmer in alten Diamantenschürferhütten mit Bad / 2 Beach-SC-Chalet 4-10P $ {2016} [in brackets Jul-Oct] / Beach chalets (Bett) min 3P: 850N$ pP [550N$ pP] / DZ Hp: 1.000N$ pP [800N$ pP] / K6-12 50%

The Elegant Farmstead (C31)

(Infos: 01.05.2016) 🛏 8DZ, 1FZ, 2TZ (27P) $ {2016} Hp: EZ 1.539N$, DZ 2.160N$, zusätzliche P 706N$ / K2-12 278N$ / Zusatzpreise: Gamedrive 2,5Std 275N$

The Seven Valleys (M14)

(Infos: 25.05.2015) ☞☞ xpert@iway.na 🛏 12DZ / aircon / Mosquito Netze / Kühlschrank $ {2016} B&B: EZ 350N$, DZ 500N$

The Stone House (L112)

(Infos: 16.05.2016) $ {2016} B&B: EZ 450N$, DZ 650N$, TZ 850N$, K5 100N$, k5-14 150N$, Tourguide 200N$ // SADC & Namibia direkt Buchung: B&B: EZ 390N$, DZ 590N$, TZ 750N$, K5 50N%, K6-14 100N$, Tourguide 200N$

The Utopia Boutique (A163)

(Infos: 05.02.2016) ☞☞ jetzt zusammen mit der benachbarten Bougain Villa (A11) / neue Webseite: http://utopiaboutique.com 🛏 11 Standard / 6 luxury rooms $ {2016} alle B&B: Standard: DZ 1.200N$ pZimmer, EZ 880N$ pZimmer / Suites DZ 900N$ pP, EZ 990N$ // K4-12 50%

Thule, Hotel (A87)

(Infos: 01.05.2016) 🛏 25DZ (3EZ+1FZ+21DZ) $ {2016} B&B: EZ 1.285N$, DZ 1.785N$ / K3-12 642N$ / Zusatzpreise: Konferenzpaket: Lunch, Kaffee, Tee, KonferenzZ: 230N$ pP 🍽 Wlan / Wäscheservice ♿ 1Z behindertengerecht 👍 sehr schöne Terrasse mit Blick auf Windhoek, mit einem besonders guten Frühstücksbuffet

Ti Melen (A153)

(Infos: 01.05.2016) 🛏 2x2BettZ+1FZ (alle Betten 2m lang) $ {2016[2017]} B&B: EZ 1.350N$, DZ 1.050N$ pP, add. P +750N$ pP / K4-12 mit 2E 525N$ // Low season (1.1.17-15.3.17): B&B: EZ 995N$, DZ 730N$ pP, add. P +650N$ pP / K4-12 mit 2E 365N$

Torra Bay (H58)

(Infos: 08.02.2016) ⛺ 60 Plätze, einfache sanit. Anlagen $ (2016) pro Platz 8 P, 2 Fahrzeuge, 1 Wohnwagen oder 1 Zelt: 185N$ pP / 6-12 50%

Tsaobis Nature Park (C56)

(Infos: 14.02.2016) ☞☞ Ralph Schneider ist nicht mehr Manager / Preissenkung! / kein zahmer Gepard mehr / neu: The Tsaobis Baboon Project ✉ Usakos P.O.Box 324 ✆ 064-684060 📱 081-1222564, 081-3198333 @ booking@tsaobisnaturepark.com # www.tsaobisnaturepark.com

Ugab Terrace Lodge (K65)

(Infos: 20.08.2015) 🛏 16 Bungalows auf einer der Ugab Terrassen, 8 Zelte am Fuße $ {2016} B&B: EZ 1.450N$, DZ 1.010N$ pP, / Hp DZ 1.650N$ pP, EZ 1.210N$ / K 3-12 50%

Uhland, Hotel Pension (A90)

(Infos: 02.05.2016) 🛏 12TwZ, 2EZ / Superior mit aircon $ {2016} B&B: EZ 754N$, DZ 899N$, TZ 1.044N$ / Superior EZ 904N$, DZ 1.049N$, TZ 1.194N$ / K6-11 95N$ / auch ein Studentenzimmer // Haupsaison +20N$ pZ

Umvuvu Tented Lodge & Campsite (N75)

(Infos: 01.02.2016) ☞☞ neue Eigentümer: Zina Swanepoel Handy 081-2875438, zur Zeit noch im Bau 🛏 1 SC Zeltchalet ensuite 2P / 3 Zeltchalets 2P mit sharing Vokü & Sanitärblock $ {2016} ensuite 600$ pP / sharing 400N$ pP / K5-12 50%

UrbanCamp (A154)

(Infos: 07.08.2016) ☞☞ 2016: 20 Campingplätze

Uzuri (A132)

(Infos: 22.10.2016) ☞☞ Adresse: Klein Windhoek, Jan Jonker Road 154 / Cell: 081-1288089 🛏 12DZ + 1SC-DZ mit Vokü /aircon $ {2016} B&B: EZ 650N$, DZ 825N$, FZ (2E+2K) 1.350N$ / k5-13 180N$, K14-21 280N$

Valsdam / Oryxhunt (B56)

(Infos: 06.02.2016) 🛏 3DZ $ {2016} Jagdtag 1:1 300€, 2:1 200€, Begleitperson/Ruhetag 100€

Vastrap Guest Farm (Q24)

(Infos: 06.05.2016) 🛏 14DR = 54Betten / 6SC chalets à 4Betten / aircon $ {2016} EZ 480N$, DZ 600N$, TZ 680N$, QZ 730N$ / SC Chalet 4P 850N$ / SC Flat 4P 2 DZ 1.200N$ / Sc-chalet 5-6P 1.150N$

Vieranas Gamefarm (K46)

(Infos: 23.08.2015) 🛏 3 Chalets $ {2016} Jagdtag 1:1 430US$, 2:1 350US$, Begleitperson 200US$

Villa Nina (C6)

(Infos: 29.06.2014) 🛏 10DZ +2 SC-Flats mit Vokü $ {2014} B&B: EZ 500N$, DZ 500N$, FZ 900N$ / Flats 1.200N$ pTag / Winter Special: Ferienwohnung 10.000N$ pMonat

Villa Verdi (A92)

(Infos: 22.10.2016) ☞☞ Leading Lodges wurde an die Investmentfirma „Nuvella" verkauft. „Villa Verdi" ist seit 2015 geschlossen

Villa Violet (A155)

(Infos: 03.08.2016) 🛏 5DZ + 1TZ $ {2016[2017]} EZ 880N$ [980N$], DZ 1.430N$ [1.600N$] / Tagesraum 700N$ / K2-12 400N$ [500N$] (in Klammern 2017)

Vineyard Country B&B (A133)

(Infos: 01.05.2016) ☞☞ P.O.Box: Windhoek, P.O.Box 194, Email: info@vineyardcountrystay.com ⛺ 8 Plätze für Zeltdachcamper, eigener Sanitärblock, Strom $ (2016) 150N$ pP 🛏 8TwZ + 1FZ 5 Betten, 3 SC-Units (4P) $ {2016} B&B: EZ 595N$ pP, DZ 475N$ pP, FZ 350N$ pP / SC 1P 535N$, ab 2P 385N$ pP

Vingerklip Lodge (K54)

(Infos: 20.08.2015) ☞☞ Fax2Email: 088-623642 🛏 11 Bungalows mit 22Z (50 Betten), 11 Bungalows speziell für Familien mit Kindern / Bungalow abseits auf einem Hügel $ {2016} Hp: DZ 1.195N$ pP, K4-14 484N$ / Lux Bungalow 1.850N$ pP

Vondelhof (A99)

(Infos: 02.05.2016) 🛏 7DZ+1TZ $ {2016[2017]} B&B Buffet: EZ 760[830]N$, DZ 1.090[1.190] N$, TZ 1.310[1.440]N$ / K3-11 195N$ / SADC, Namibier 20% Rabatt / Sonderpreise Jan-Jun, über 7 Tage / Guide 617N$ /Tagraum 545N$ [Preise in Klammern 2017]

Vreugde (K17)

(Infos: 13.02.2016) ☞☞ 081-2107693 (Elsie), 081-4184865 (Rachel) 🛏 5TwZ+1DZ+1FZ =16P $ {2016} [in Klammern 2017] Low (1.1.-30.6.): Hp 900N$ pP [960N$ pP], EZz 100N$, K6-13 50% // High: Hp 990N$ pP [1.060N$ pP], Ezz 100N$ [150N$] , K6-13 50% / Namibier 680N$ pP / Tourguide Z 350N$

Waterberg Game & Guest Farm (L67)

(Infos: 21.04.2016) ☞☞ keine „Landline" mehr, auch kein Fax. Nur noch Handy: 081-7514866 ⓘ arbeiten mit Cheetah Conservation Fund zusammen: Geparden nicht jagdbar / Ornithologe / Araberzucht / Ridgeback Zucht / Sonja leitet „steps for children Okakarara" (www.stepsforchildren.de) ⓘ Rinderfarm (Santa Gertrudis Stud) / Fama, Kiwi keine HausT Wandern auf dem Klein Waterberg (90 min oder länger) & im Omumborombonga forest (=Ahnenbaumwald) (8km), Gamedrive, Vogelb., Besuch des CCF (6Std 550N$ pP) Wlan

Waterberg-Plateau-Park (L63)

(Infos: 28.01.2016) 40 schattige Plätze, Strom / pro Platz 8 P, 2 Fahrzeuge, 1 Wohnwagen oder 1 Zelt / Plätze wurden 2007 renoviert / großes Waschhaus $ (2016) Platz 110N$ + 147N$ pP chalets: 34 „Double Room" (A): 1 DZ, 2P / 12 „Bush small" (B): 1DZ, 2P / 11 „Bush big" (C): 2DZ 4P / 4 „Family" (D): 2DZ 4P / 8 „Premier Bush" (E): 2DZ 4P $ {2016} [in Klammern Jul-Okt]: Breakfast inkl.: (A): sharing 530N$ pP [600N$ pP], 1P 530N$ [730N$] / (B): sharing 650N$ pP [730N$ pP], 1P 650N$ [840N$] / (c): sharing 650N$ pP [730N$] / (D): sharing 730N$ pP [830N$ pP] / (e): sharing 790N$ pP [830N$ pP], 1P 790N$ [990N$]

Waterberg Wilderness Lodge (L62)

(Infos: 14.5.15) Wilderness Lodge: 12DZ + 4FZ (4P) // Valley Lodge 6 Zelte // Waterberg Plateau Lodge: 8 Bungalows / $ {2015} in brackets [Apr-Dez]: Plateau: Hp: 1.150N$ pP [1.400N$ pP] / Wilderness: Hp: DZ 1.150N$ [1.150N$ pp] , FZ 1.220N$ [1.000N$] / Valley: 690N$ pP [690N$ pP] // K6-12 50% / Zusatzpreise: Farm Drive 350N$ Die Lodge besteht aus 3 Lodgen: Waterberg Plateau Lodge ist oben auf einer Ecke des Waterberg, bei Waterberg Wilderness Lodge wurde das historische Farmhaus zur Lodge umgebaut und erweitert, liegt am hinteren Ende des Tals am Fuße des Bergs und die neue Valley Lodge, eine Zeltlodge mit Blick auf die Ebene mit Rivier. ⓘ Zugang zum Plateau // auf der Farm: "Otjosongombe Schlucht"/ keine Tagb., Kiwi: Kinder Pool geführte Wanderungen auf das Plateau (140N$ pP) / markierte Wanderwege / Gametracking 450N$ pP / Gamedrive mit garantierten "Besuch" bei 3 Rhinos / für alle Aktivitäten werden die Gäste von den jeweiligen Lodgen abgeholt

Weltevrede Guest Farm (F28)

(Infos: 21.10.2016) Bungalows 7DZ+4FZ+4TZ / SC in der Nebensaison $ {2016} Hp: DZ/TZ/ FZ 850N$ pP, EZ 1.1100N$ / K4-12 50% // SC 495N$ pP

Westfalen (K31)

(Infos: 25.05.2015) kein Festnetzanschluß mehr / keine SC Bungalows mehr = nur Jagd Gästelodge 3DZ / SC Chalets 3DZ $ {2016} Jagdtag 1:1 380US$, 2:1 300US$, Begleitperson 180US$

Wildacker Guestfarm (L79)

(Infos: 14.05.2015) ✉ Grootfontein P.O.Box 541 ✆ 067-687292 088-644485 6 Bungalows + 3DZ im Farmhaus (15P) $ {2015} B&B: DZ 690N$, EZ 820N$ / Hp: DZ 870N$, EZ 1.000N$ / K6-12 300N$ // Namibier + SADC 20% Discount // Jagdtag 1:1 295€, 1:2 230€, Nichtjäger 105€ / Zusatzpreise: Farmdrive 2-3Std (250N$) @ wildacker@iway.na & info@wildacker-namibia.com # www.wildacker-namibia.com

Wilsonfontein (C8)

(Infos: 24.04.2016) liegt 90km südlich von Karibib, an der C38

Windhoek Mountain Lodge (B32)

(Infos: 03.05.2016) ✉ Windhoek P.O.Box 80603 ✆ 061-257053 061-250147 081-1270666, 081-2306049 @ reservations@windhoek-mountain-lodge.de # www.gravel-travel.de/windhoek-mountain-lodge.html

Windhoek Town Lodge (A94)

(Infos: 2.5.16) Neuer Name: Ovana Windhoek Lodge , neue Eigentümer Windhoek, Central, Ballotstr. 6 (Nähe Maerua Mall) ⓘ große Räume laundry service

Xain Quaz Camp (D11)

(Infos: 13.7.16) 16 Plätze $ (2016) 120N$ pP

Yakandonga Lodge (J72)

(Infos: 21.05.2015) SC - Familienchalets 2E+2K, Zelte, Buschcamp $ {2015} chalet: B&B DZ 375N$ pP / tent 275N$ pP / bush 150N$ pP den Ugab, um die Elefanten zu sehen (1-2P 600N$ pP, 3-4P 550N$ pP, >5P 400N$ pP) Restaurant (F 80N$, L (Buffet) 140N$, D (3 Gänge) 140N$), Lunchpaket 90N$ HausT auf Anfrage im Ugab: Elefanten, Springböcke, Orxy, schwarzes Nashorn schöner Sukkulentengarten @ ugab@iway.na # www.-brandbergwllodge.com

Camel Top Mountain Camp Site (H26)

[Kommunales Camping] Sesfontein, 1,8km auf der Straße nach Purros, Schild Mr. Kazupi (Otjiherero) 081-8808550 Plätze mit warmen Duschen auf einem Berg bei einer der 6 Quellen $ (2013) 60N$ pP, K 30N$ schöner Blick, wenig Schatten / keine neuen Infos 2013

Camp Aussicht (H57)

siehe Seite 238

Camp Kipwe (H83)

[Lodge] 15km nordöstl. Twyfelfontein / Anfahrt: D2612 Visions of Africa 9DZ + 1Suite $ (2012) Hp: DZ 1.700N$ pP / Suite DZ 3.300N$ pP / EZsup 600N$ / K3-12 600N$ // Vp+Aktivitäten: DZ 2.350N$ pP, Suite 3.950N$ pP lunch 125N$, Lunchpaket 75N$ @ campkipwe@visionsofafrica.com.na # www.kipwe.com Visions of Africa

Camp Onganga (H63)

[Kommunales Camping] 100km östl. Orupembe / Anfahrt: D3707 im Aufbau oder Abbau, je nach Standpunkt

Ugab „Wüsten" - Elefanten

Camp Syncro (H35)

▲ siehe „Camp Syncro (H35)“ S. 237

Camp Xaragu (H10

▲ *{geschlossen}*[Zeltlodge][Camping] 70km westl. Khorixas / Anfahrt: C39 nach Westen, D3254 / D2620 ☞ Christie Kruger (Afrikaans) ✉ Swakopmund P.O.Box 10892 ✆ 067-687037 081-4070826 Δ 24 schattige Plätze Chalets, Zelte ♛ viele Skulpturen: Elefant, Giraffe, Surikate (Erdmänchen) / "Xaragu" = Surikate ist das Wahrzeichen des Camps / zahme Surikate Wandern, Gamedrive Hunde ok #www.xaragu.com (not online)

Damara Mopane Lodge (H87)

▲ [Lodge] 20km östl. Khorixas / Anfahrt: C39 ☞ Gondwana Collection / manager: Daniela Schmalzried & Harald Piek (Deutsch) Δ Plätze $ (2013) 90N$ pP 55DZ Bungalows, aircon $ (2013) B&B: Low DZ 650N$ pP, High DZ 860N$ ⓘ siehe auch S.siehe Seite 36 // ♛ Häuser sind in einem Labyrinth mit 500 Mopanebäumen angelegt / Gemüseversorgung durch eigene Gärten Restaurant (Dinner 220N$) @ mopanelodge@gondwana-collection.com 🕮 Gondwana

Damaraland Camp (H9)

▲ [Zeltlodge] 120km westl. Khorixas / Anfahrt: C2620 = C39 nach Westen (100km), Schild 20km Farmpad Richtung Süden ☞ Torra Conservancies / Wilderness Safaris, Wayne McAdam (Englisch) 10 Zelte (2 Betten+Dusche) $ (2013/2014) Hp DZ: 2.098N$ pP [3.572N$ pP] / FI DZ: 4.310N$ pP [6.244N$} // in Klammern High 15.6-31.10 // FI (fully inclusive) Vp inkl. 2 Aktivitäten, Getränke ⓘ keine Tagb. / liegt am Huab Rivier ♛ Minimumalter 12 Jahre, liegt im Kommunalen Gebiet mit freilebendem Wild Mountainbikes, Farmdrive Springbock, großer Kudu, Oryx, Warzenschwein, Steppen-Zebra, Strauß, Elefant, @ info@wilderness.com.na, info@safariadventurecompany.com #www.wilderness-safaris.com 🕮 Wilderness Safaris

Desert Rhino Camp (H70)

▲ [Zeltlodge] 116km nordwestl. Kamanjab / Anfahrt: von Kamanjab: D2620=C40, D3706=C43, nach dem Veterinärzaun, in der Nähe der Palmwag Lodge ☞ Save The Rhino Trust Rhinocamp 10 Zelte $ (2013) Rhino Tracking: Vp inkl. alle Aktivitäten: High: EZ 8.535N$, DZ 6.244N$ pP, K6-12 3.122N$ / Low EZ 6.600N$, DZ 4.300N$, K6-12 2.155N$ ⓘ August 2013: Obwohl Palmwag Lodge von Wilderness geschlossen wurde, besteht das Rhino Camp weiter und wird von Wilderness auch betrieben. ♛ ***"Nashorn-Tracking" zusammen mit dem "Save The Rhino Trust"*** / im Konzessionsgebiet der Palmwag Lodge: Damaraland+Hoanib, Permit: 70N$ pPpT, 30N$ pAuto pT @ info@wilderness.com.na 🕮 Wilderness

Doro!Nawas Camp (H56)

▲ [Zeltlodge] 10km östl. Twyfelfontein / Anfahrt: D2612, am Aba Huab Rivier ☞ Doro!Nawas Community & Wilderness Safaris, Mona Lisa !Ganes 081-2006991 16 LuxusZelte $ (2013/2014) Hp DZ: 1.901N$ pP [2.263 pP] / FI DZ: 4.044N$ pP [4.421N$ pP] // in Klammern High 15.6-31.10 // FI (fully inclusive): Vp inkl. 2 Aktivitäten, Getränke ⓘ Joint Venture mit der Doro!Nawas Conservancy ♛ Kunstgalerie /Teleskop Mountain Bikes Restaurant Landebahn Elefant, @ info@wilderness.com.na, info@safariadventurecompany.com #www.wilderness-safaris.com 🕮 Wilderness Safaris

Dreilinden Camp (H64)

▲ [Kommunales Camping] 52km südl. Epupa / Anfahrt: bei Okongwati, in der Nähe eines Waisenprojekts (Deutsch) ✉ Opuwo P.O.Box 286 Δ Plätze 4DZ @ kaokoland@freenet.de

Elephant Camp (H30)

▲ [Camping] 17km südwestl. Sesfontein / Anfahrt: am Hoanib, Schild auf der D3707, bei Ortsausfahrt nach Westen ☞ Archie Gowaseb (Nama) 081-4461927 Δ Plätze

Epupa Falls

$ (2013) 60N$ pP erkennbarer Weg durch den Explosionsstaub

Enyandi (H65)

[Kommunales Camping] 40km nordwestl. Swartbooisdrift / Anfahrt: am Kunene: D3700 1 einfacher Platz unter einem großen Feigenbaum / Buschklos $ (2013) 50N$ pP direkt am Fluß schwere Anfahrt am Kunene 4x4

Epupa Camp (H53)

[Camping][Zeltlodge] 1km östl. Epupa Marlien & Wouter van Zijl + Tungee Raphael & Rianne Selle (Afrikaans) Windhoek P.O. Box 26078 065-685053 5 Plätze, Flußblick, Schatten, privates Waschhaus / "Camper können ihre Mahlzeiten mit dem Camp Management kochen" $ (2012) 120N$ pP 9 DZ Zelte + 2DZ für Guides $ (2012) DZ Hp 1.260N$ pP, EZzuschlag 450N$, Aktivitäten inkl. / K4-11 50% / Zusatzpreise: River rafting 400N$ pP Anflug bitte ankündigen durch niedriges Überfliegen der Fälle am Kunene gelegen / neue Hängebrücke über den Kunene nach Angola Rafting mit Bootsführer Lukas Kamande (1/2 Tag 300N$, 1 Tag 500N$) / Himba-Dorf Besuch (350N$) Lunchpakete 45N$ Wlan / Wäscheservice nur mit vorheriger Vereinbarung Krokodile Ottern, Warane im Fluß @ reservation@epupa.com, hugo@epupa.com.na #www.epupa.com.na 061-232740, 081-3664003

Epupa Falls Camping & Lodge (H54)

[Kommunales Camping][Lodge][SC] 0km nördl. Epupa Koos Vervey (Afrikaans) 065-696106 & 065-085021 081-1492840 Direkt an den Fällen am Ufer gelegen. Plätze unter Palmen, durch Büsche windgeschützt $ (2012) 90N$ pP 5 Chalets Vokü $ (2012) Vp 990N$ von Opuwo nach Epupa ist ausgebaut, kein Allrad erforderlich Baden in den krokodilsicheren Pools im Kunene direkt vor dem Wasserfall Bar auf Holzdeck ganz nah bei den Fällen/ Souvenirangebote von den Ovahimba HausT ok Herrlicher Platz auch für Kinder @ koos.cunene@iway.na

Ganamub Mountain Camp (H77)

▲ [Kommunales Camping] 25km nordwestl. Sesfontein / Anfahrt: D3707, Abfahrt S19°04'35,8" E013°32'28,8" Pad nach Norden, 2km, siehe GPS Namibia ☞ Sesfontein Conservancy ✆ 065-275502 (Manetjie) Δ 1 Platz zwischen den Felsen für max 12P, WC+Dusche $ (2013) 150N$ pP, Gruppe 800N$ ⓘ heißt auch Kanamub uriger Platz Buchung nötig, damit Wasser gefahren wird

Epupa Falls Guest House (H90)

▲ [Gästehaus][Camping] Opuwo, 1km nördlich vom Zentrum, Richtung Country Hotel ☞ Johannes Faresk (Otjiherero) ✉ Opuwo P.O.Box 127 081-3057369 Δ einfach Pätze im Hof & im Garten $ (2013) 60N$ pP 5 Bungalows $ (2013) 180N$ pP Frühstück 40N$ HausT ok @ jfaresk@yahoo.com

Etendeka Mountain Camp (H22)

▲ [Zeltlodge] 3km nördl. Palmwag / Anfahrt: D3706=C43 (10km) / vom Maul- und Klauenseuchezaun auch Abholung ☞ Dennis Liebenberg (Englisch) 10 Safarizelte bis zu 23P $ (2013) Vp DZ 2.050N$ pP, EZzuschlag 525N$ pP, inkl. Drinks, alle Aktivitäten wie geführte Wanderungen, Gamedrives / K8-12 50% mit 2E ⓘ keine Kinder unter 7 J / 6.Januar bis 5.Februar geschlossen / Abholzeit am Veterinärzaun Winter 15:30, Sommer 16:00 Uhr Konzession im kommunalen Gebiet rollstuhlfreundlich: keine Stufen, etwas Hilfe nötig beim Rein&Raus am Zelt großer Kudu, Oryx, Warzenschwein, Giraffe, Steppen-Zebra, Elefant, @ info@etendeka-namibia.com #www.etendeka-namibia.com Big Sky Namibia: 061-239199, P.O.Box 90950, Klein Windhoek

Exclusive(!) Herero Camp (H85)

▲ [Zeltcamp] 70km nordöstl. Sesfontein / Anfahrt: C43, 15km 4X4 Pad (Herero) 3 Zelte: 2x2P+1X4 $ (2010) B&B 350N$ pP B&B ⓘ von der EU finanziert 2010 Rivier mit Pools: Elefant, Eland

Figtree Campsite (H76)

▲ [Kommunales Camping] Sesfontein, bei der Schule ☞ Nikolaus (manager) ✆ 065-275502 Δ 4 Plätze unter Feigenbäumen je 4 Zelte, Schatten auch für Dachzelte $ (2013) 60N$ pP ⓘ im NTN Communal Camps 2011 gelistet Tiefkühletruhe vorhanden

Fort Sesfontein Lodge (H25)

▲ [Lodge] Sesfontein ☞ Dr. Michael Knöfel (owner), Roswitha & Hugo Zahrt (manager) (Deutsch) ✉ Swakopmund P.O.Box

3676 ✆ 065-685034 ☏ 065-685033 ▲ kein eigenes Camping mehr: 3km entfernt an der Schule: Fig Tree Campsite H76 🛏 11DZ, 2 FZ = 32 Betten $ (2012) B&B: DZ 955N$ pP, single suppl. 260N$ / FZ 4P 2.800N$ ♛ auf dem Platz des alten deutschen Kontrollpunktes gebaut / Chor der Gemeinde gibt Konzerte 🚶 Ovahimba Tour + Ongongo Wasserfall: 1/2Tg 300N$ pP min 4P / Chor- Konzerte / Elefanten Tour 950N$ pP / Pool nicht für Tagb. 🍽 Restaurant: nur auf Voranmeldung, sonst keine Vorräte / Dinner 150N$, Lunchpakete 70N$, Breakfast 80N$ 📎 Tanken, manchmal kein Benzin vorhanden 🐕 HausT auf Anfrage 👍 schöner Garten mit Palmen im Innenhof / Tagesbesucher können nicht mit Vorräten rechnen @ fort.sesfontein@mweb.com.na #www.fort-sesfontein.com

Ganamub Mountain Camp (H77)

▲ siehe Seite 242

Granietkop Camp (H3)

▲ [Kommunales Camping] 🚗 30km nordöstl. Twyfelfontein / Anfahrt: D3214, D2612 ☞ Doro !Nawas Community, Dion !Soabeb (Camp manager) (Nama/Damara) ▲ 5 Plätze entlang des Granietkop mit Schattendächer, eigene Duschen $ (2013) 60N$ pP, K6-12 20N$ ⓘ = Doro!Nawas Community Campsite ♛ die Twyfelfontein Gravuren sind 30km entfernt 🚶 auf Anfrage geführte Touren, Tänze und Songs 👍 Picknick auf Platz 1 möglich

Grootberg Lodge (H16)

▲ [Lodge] 🚗 90km westl. Kamanjab / Anfahrt: am Grootberg Paß, Kliprivier: D2620=C40 ☞ Dominique & Simonetta du Raan (manager), Juliane (office manager) (Afrikaans, Nama/ Damara) ✉ Windhoek P.O.Box 91045 ✆ 067-687043, 067-333212 📠 088-635551

▲ siehe Hoada Campsite H18 🛏 16 Naturstein-Chalets $ (2012) Hp: DZ 1.650N$, EZ 1.050N$, K4-12 400N$ / Namibier -20% ⓘ im Hegegebiet (conservancy) #Khoadi|| Hôas: 1. Lodge ganz im Besitz eines kommunalen Hegegebiets, finanziert durch die EU mit 4,5 Millionen N$ / Damarasprachige Guides, die Deutsch können ♛ ***Nashorn Trakking (1.200N$ 1 Tag, Führer, 2 Spurensucher, lunch)*** Elefanten Tracking (3/4 Tag 950N$) 🚶 geführte Wandertouren (2Std 250N$, 5Std mit Lunch 550N$) / Reiten (350N$ pStd, 4-5Std 500N$ mit Drinks), Sundowner Ausritt (3Std 550N$) / scenic drive (550N$), / Chor 🍽 Restaurant ♿ rollstuhlfreundlich auf Anfrage 🐕 keine HausT 🐘 Löwe, Spitzmaul-Nashorn (schwarzes), Elefant, @ reservations@grootberg.com, lodge@grootberg.com #www.grootberg.com 📖 Tel: 061-308901 / Journey´s Namibia

Hoada Campsite (H18)

▲ [Kommunales Camping] 🚗 60km westl. Kamanjab / Anfahrt: D2620= C40 / 40km östl. vom Grootberg Paß ☞ #Khoadi||Hoas Conservancy, Grootberg Lodge / Branighan Wise (manager) (Nama/Damara, Afrikaans) ✆ 067-3330147 📱 081-246788 📠 088-625903 ▲ 3 Plätze in Felsen $ (2012) 120N$ pP, K6-12 50% ⓘ unter dem Management der Grootberg Lodge (Oktober 2012) ♛ Elefantenknochen als Einfahrt, Plätze geschickt in die Felsen gesetzt. Jeder Platz mit eigener Dusche, WC.(#khoadi = Elefant) 🚶 siehe Grootberg Lodge, deren Aktivitäten können auch die Camper mitmachen 🍽 Holz 40N$ pBündel @ reservations@grootberg.com 📖 siehe Grootberg Lodge H16

Hippo Pool Campsite (H47)

▲ [Kommunales Camping] 21km westl. Ruacana / Anfahrt: C46=D3700, am Ende der Teerstr, 1km zum Camp ☞ Community of Ruacana, Chaka Kakwena (Camp manager) (Otjiherero) ✉ Ondangwa P.O.Box 2941 ✆ 065-270120 ℻ 065-241321 Λ 10 Plätze, heiße Duschen (Solar) / große Bäume am Fluß $ (2013) 60N$ pP, K12-14 50% ⓘ auch Otjipahuriro genannt ♛ direkt am Kunene / man sollte wegen der Krokodile aber nicht schwimmen in der Nähe: Nampower Kraftwerk besichtigen (Anmeldung in Ruacana EHA Lodge H44), lohnt sich! Holz Krokodil, Nilpferd, meistens gut unterhalten / schöne Lage

Hoada Campsite (H18)

▲ siehe Seite 243

Hoanib Skeleton Coast Camp (H82)

▲ [Zeltlodge] 100km westl. Sesfontein ☞ Wilderness Safaris 7 DZ-Zelte, 1 FZ-Zelt $ Mittelklasse Camp (für Wilderness) ⓘ soll Juli 2013 öffnen Dünendrive

Hobatere Lodge (H19)

▲ {*zur Zeit zu*}[Lodge][Camping] jetzt 2013 Gebiet der staatlichen „Wildernte" 80km nordwestl. Kamanjab / Anfahrt: C35 nach Norden, Schild (beim Ausgang Otjovasondu von Etosha) 15km Farmpad ☞ Louise & Stephen Braine (Englisch, Deutsch) ✉ Kamanjab P.O.Box 110 ✆ 067-687066 ℻ 067-687067 Λ 6 Plätze mit Schattendach, am Wasserloch 24 Betten in reedgedeckten Bungalows ⓘ 2011 ist gesamte Lodge abgebrannt. Wiederaufbau war geplant Ende 2011. Aber bis 2013 keine Einigung mit der Community. ♛ Unterstand und "Baumhaus" (für 2P) am Wasserloch in der Nähe der Lodge / Konzessionsgebiet im kommunalen Gebiet nächtliche Wildbeobachtungsfahrten in offenen Fahrzeugen / Vogelbeo. Lunchpakete, auch Vp, Spezialmenüs auf Anfrage Wäschedienst / Reifenrep. Tierbestand wie Etosha @ hobatere@mweb.com.na

Hot Spring Camp (H66)

▲ [Kommunales Camping] 1km östl. Epupa / Anfahrt: am Kunene Λ Plätze $ (2013) 50N$ pP ♛ heiße Quelle bei niedrigem Wasserstand

iGowati Lodge (H1)

▲ [Lodge][Camping][SC] Khorixas, C39, bei der Einfahrt in den Ort: Justus Garoeb Avenue ☞ Liezel & Francois Oosthuysen (owner), Albert (manager) (Englisch) ✉ Khorixas P.O.Box 104 ✆ 067-331592[3] ℻ 067-331594 Λ 10 schattige Plätze innerhalb der Lodge $ (2013) 80N$ pP, K6-16 40N$ / "Private Side" 100N$ 16TwZ+5EZ+6FZ+ 2SC-Flat = 67P $ (2013) B&B 440N$ pP / K4-8 88N$, K9-16 165N$ / Tourguides 180N$ / Reduktion in der Nebensaison / Zusatzpreise: Sundowner 200N$ pP ⓘ Kiwi: Kindermenü, 3 zahme Strauße, Pfaue,usw Aba´s Khab Traditional Group Choir / Ausflug zur Aandgloed Farm Buschcamp mit Camp&Braai (2 Tage 2.000N$ pP) Restaurant (Frühstück 75N$, Lunch 85N$, Dinner 150N$); Lunchpakete 70N$ Direkt bei der Lodge im Ort: Benzin, Reifenrep / Souvenirladen, Supermarkt gut erzogene HausT auf Anfrage (viele Vögel) Trummi-Leser: Da alle Räume intensiv gegen Insekten, vor allem Mücken behandelt worden waren, beschwerten sich einige wegen des starken Geruchs @ igowati@mweb.com.na #www.igowatilodge.com

Kanamub Mountain Camp (H77)

ⓘ siehe „Ganamub Mountain Camp (H77)" S. 242

Kapika Waterfall Camp (H86)

▲ [Rastlager] 2km östl. Epupa / Anfahrt: ein wenig stromaufwärts von den Fällen ☞ Gielle van Zyl (Afrikaans) ✆ 064-461677 081-1271534 Λ Plätze geschlossen bis auf weiteres 10 Chalets $ (2012) Hp: EZ 1.350N$, DZ 2.200N$ ⓘ neues Camp 2m über dem Ufer keine HausT @ vanzylg@mweb.com.na #www.kapikafalls.com

Khowarib Camp (H23)

▲ [Kommunales Camping] 30km südöstl. Sesfontein / Anfahrt: D3706=C43, 11km nach Warmquelle links Schild ☞ Community of Khowarib, Pineas Kasona (camp manager) (Nama/Damara) ✉ Khowarib P.O.Box 2001 ✆ 065-275341 Δ 6 Plätze mit Dusche / $ (2013) 60N$ pP Hütten mit Schatten auf Plattformen ⓘ Direkt an der Einfahrt in die Khowarib Schlucht, von dort nur 4X4 am Hoanib Rivier / Weiterfahrt bis zum Veterinärzaun u. zur C35 über Baatjie möglich. Über Baatjie auch nach Opuwo möglich. Anmire Traditional Village in der Nähe (2km) 7km Wanderung zu Pools im Hoanib / 25km Wanderung zu Gravierungen wie Twyfelfontein / Leser finden, daß sich der Besuch von Anmire nicht lohnt kalte Getränke Schöner Blick über die Pools vom Hoanib; Plätze direkt am Ufer sind seit langem zerstört. Der Zustand des Camps ist unterschiedlich und abhängig von den jeweils Verantwortlichen

Pad in der Khowaribschlucht

Kavita Lion Lodge (H17)

▲ *{geschlossen}*[Lodge] 35km nordwestl. Kamanjab / Anfahrt: C35 nach Norden (36km), Schild 5km Farmpad ☞ Uwe & Tammy Hoth ⓘ geschlossen, da die Farm Kaross verkauft worden ist. Die neuen Besitzer wollen keine Lodge auf ihrer Farm. Die Tiere werden zu Africat gegeben. grenzt an die Etoshapfanne / früher Sitz der Afri-Leo Foundation: afrileo@iway.na, www.afrileo-foundation.org, Tel 067-687122 / Studienobjekt für Biodiversity, Prof. Jürgens

Khorixas Lodge & Rest Camp (H2)

▲ [Rastlager][Camping][SC] Khorixas, 3km außerhalb des Ortes, C39 nach Westen, D2625 ☞ Namibia Wildlife Resort (NWR), Coster Shakwa (Englisch) ✉ Khorixas P.O.Box 2 ✆ 067-331111[96] 067-331388 Δ 20 Plätze $ (2013) 100N$ pP, K6-12 50%, max 8P 26 "Bush Chalets" 2P, 2 "Familien Chalets" 4P, 10 "Einzelzimmer" / einige SC $ (2013) alle B&B: "Bush A": EZ 300N$ [500N$], DZ 300N$ [400N$] pP /

"Bush B": EZ 400N$ [550N$], DZ 400N$ [450N$] / "Family" DZ 350N$ [500N$] pP / "Single": 250N$ [300N$] // K6-12 50% // in Klammern High Season ⓘ keine Buchung nötig Ehemaliges Municipality Camp, an NWR verkauft großes Schwimmbad beim Restaurant Restaurant à la carte, Kiosk, Bar empfehlenswert, aber viel Verkehr im Camp @ cshakwa@nwr.com.na NWR: Zentrale Buchungsstelle Windhoek

Khowarib Camp (H23)

siehe Seite 245

Khowarib Lodge (H78)

[Zeltlodge][Camping] 30km südöstl. Sesfontein / Anfahrt: am Hoanib Rivier in der Khowarib Schlucht (nur 4X4): D3706=C43 Cäsar Zandberg (owner) / Zané Oosthuizen (manageress) (Afrikaans, Deutsch) ✉ Swakopmund P.O.Box 1648 064-402779 064-402779 081-4965450, 081-1295265 088-641314 Plätze mit Strom, Schattendach $ (2013) 90N$ pP, K7-12 50% 14 Zelte ensuite mit Strom $ (2013) Hochsaison (Mai to Oktober): Hp: EZ 2.940N$, DZ 1.950N$ pP, K7-12 1.290N$ // Nebensaison Hp: EZ 2.352N$, DZ 1.560N$ pP, K7-12 1.032N$ / Tourguide 450N$ / Zusatzpreise: "Wüsten"elefantausflug (1T): 1.100N$, K7-12 726N$ / Rhino-Tracking (1T): 1.100N$, K7-12 726N$ / Naturspaziergang 1/2T: 200N$, usw *Rhino Tracking* / Plattform Restaurant (B 90N$, L 120N$, D 220N$), Lunchpakete 80N$ (auch für Camper) Wlan / Wäscheservice keine HausT Klippspringer, Steinböckchen, großer Kudu, Oryx, Giraffe, Spitzmaul-Nashorn (schwarzes), Elefant, @ zandberg@iafrica.com.na, reservations@khowarib.com # www.khowarib.com

Kunene River Lodge (H49)

[Lodge][Camping] 130km nördl. Opuwo / Anfahrt: C43, bei Epembe nach Nordosten D3701, D3700 5km nach Swartbooisdrift / von Ruacana westl. 60km D3700 Hilllary & Pete Morgan, Ruan Potgieter (manager) (Englisch, Deutsch) ✉ Opuwo P.O.Box 373 065-274300 & Sat Line: 065-685016 065-274301 088-650885 12 Plätze unter großen Bäumen, Strom $ (2013) 110N$ pP 8 A-Huts 2DZ, 4 Bungalows 1DZ $ (2013) alle B&B: A-Hut: DZ 583N$ pP, EZzuschlag 193N$ (not 15.11.12-15.7.13) / Bungalow: DZ 830N$ pP, Ezzuschlag 274N$ (not 15.11.12-15.7.13) / K9-16 50% / Guide 395N$ // >2 Nächte minus 10% ⓘ Anfahrt entlang des Kunene mit Salooncars in der Trockenzeit, sonst 4X4 am Kunene gelegen, hohe Bäume / Ponton auf dem Fluß Kanufahren (190N$ pTag) / Vogelbeobachtungsfahrt (280N$ pP) / White Water rafting (1/2T mit Lunchpakete + Transport 420N$ pP) / Himbabesuch (2 Std 250N$) Restaurant à la carte (Frühstück für Camper 75N$, 3 Gänge Menue vorbetellt 195N$ / Lunchpakete 65N$ Wi-Fi rollstuhlfreundlich keine HausT manchmal kann man Krokodile sehen Sehr schöner Garten, ein guter Stop auch für Tagb. @ info@kuneneriverlodge.com # www.kuneneriverlodge.com Reservation - Destination

Kunene Village Rest Camp (H39)

[Kommunales Camping + Bungalows] 4km westl. Opuwo / Anfahrt: D3703 Richtung Etanga Community of Opuwo, M. Muhuka ✉ Opuwo P.O.Box 94 065-273043 Plätze mit Gras und Wasserhahn, Sanitärblock mit heißem Wasser $ (2013) 45N$ pP 2-Bett-Bungalows SC (kein Bettzeug) / Strom $ (2013) Ü 120N$ pP Bar, Essen auf Anfrage Feuerholz

Leylands Drift Camp (H74)

[Zeltlodge] 35km südwestl. Purros / Anfahrt: im Hoarusib flußabwärts Skeleton Coast Safaris / Schoeman Family (Englisch) ⓘ siehe Skeleton Coast Safaris H74

Madisa (H68)

[Camping] 30km südwestl. Khorixas / Anfahrt: C35, D2612 15km / am Gauntegab Rivier Nicolas Pienaar (Afrikaans)

Pad zur Roten Tonne über dem Paß von der Marble Campsite

Marble Campsite (H71)

▲ [Kommunales Camping][SC] 20km nordöstl. Orupembe / Anfahrt: entlang des Khumibs, in Richtung zur Roten Tonne, Schild in Orupembe und bei der Roten Tonne Δ 5 Plätze / Wasser & Becken am Platz $ (2013) 0N$ pP SC - House on the Hill ⓘ auch als „Otjimenje Commune Camp" bekannt / zur Anfahrt 4X4 empfehlenswert ♕ „Good news about Himba", liegt am Khumib / ehemalige Marmormine, deshalb auch der zweite Name „Marble (Marmor) Camp" 👍 Solargeheizte Duschen, Cooldrinks (manchmal) / Mai 2013 sehr gut in Ordnung

Schild in Orubembe

☏ 063-683361 ℻ 063-683363 📱081-2374098 Δ 10 Plätze + 4 Overländer Plätze $ 1-5P 140N$[150N$] pP, 6-10P 130N$[140N$] pP / SADC 1-5P 110N$[120N$] pP, 6-10P 100[110]N$ // Zelt mit Bett&Bettwäsche 420N$[460N$] pP ⓘ gehört zur Moon Mountain Lodge F47 🍽 Restaurant 🔧 Reifenrep. @ dannica@iafrica.com.na, jadam@mweb.com.na, bookings@moonmountain.biz, reservations@journeysnamibia.com 📖 Leisure Pleasure Lodges Tel/Fax 064-202134 / P.O.Box 8316, Swakopmund

Majaju (H96)

▲ [Gästehaus] Ruacana, Oshifo Main Rd ✉ Ruacana P.O.Box 430 ✆ 065-272019 065-272018 081-1477747 088-6522328 DZ / aircon $ (2013) EZ 400N$, DZ 600N$ (für Namibier) ⓘ see also: Youtube: Majaju Ruacana kwaito music Internet @ majajuguesthouse@gmail.com

Marble Campsite (H71)

▲ siehe Seite 247

Matisa (H68)

ⓘ siehe „Madisa (H68)" S. 246(richtiger Name)

Mbakondja River Camp (H28)

▲ [Kommunales Camping] 45km südl. Sesfontein / Anfahrt: zwischen Palmwag und Khowarib / Schild an der D3706=C43, 10km 4X4 Pad zum Rivier ▲ Plätze mit Wasser, Buschklo liegt neben Herero Dorf im kommunalen Gebiet Game-Drives, Craft Market, Donkeykarre, Wanderung

Mopane Camp (H42)

▲ [Zeltlodge] 5km östl. Opuwo / Anfahrt: C41 (Abdreh: S 18°04'28.9" E 13°51'47.9"), 2,5km Tracks ☞ Johan Steyn (owner), Chiho Lopez (manager) (Portugiesisch) ✉ Opuwo P.O.Box 8 081-2959024 088-3505347 15 Zelte ensuite $ (2013) B&B: EZ 468N$, DZ 421N$ pP / K6-12 50% / Zusatzpreise: Eintrittsgebühr 45N$ pP ⓘ auf kommunalen Gebiet gebaut, Himba Community ist beteiligt liegt an einem Riviersteilufer // zahmes Genet sehr großer Pool Restaurant (L (Set Menue) 80N$, D 140N$), Lunchpakete 90N$ HausT auf Anfrage außergewöhnlich aufmerksames Personal aus der Community @ mopane@iway.na 061-401593

Mowani Mountain Camp (H8)

▲ [Zeltlodge][Camping] 130km westl. Khorixas / Anfahrt: D2612=C39, 15km vor Twyfelfontein ☞ Andre Louw (owner), Ellen & Vincent (Englisch) ✉ Windhoek P.O.Box 40788 ✆ 067-697008 067-697009 ▲ 3 Plätze Buschtoiletten / Eimerdusche / Einrichtungen der Lodge dürfen nicht mitbenutzt werden / vorher buchen $ (2012) 50N$ pP 8 Standardzelte davon 2 wie FZ / 4 View Zelte + 1 Luxury + 1 Suite $ (2012) Hp inkl. geführter „Nature Walk": Standard 1.900N$ pP, View 2.200N$ pP, Luxury 2.200N$ pP, Suite 4.400N$ / EZzuschlag 700N$ / Vp & inkl. einer Aktivität: +650N$ pP, Guide Vp 700N$ / Zusatzpreise: Nature Drive 540N$ pP, Twyfelfonteinausflug 270N$ pP ⓘ gehört zum Onguma Game Reserve L38 / Kiwi Butler zu mieten Ballonfahren, Micro-Light, Wellness nicht geeignet keine HausT Camping Gäste nicht willkommen in der Lodge! @ mowani@visionsofafrica.com.na # www.mowani.com only Visions of Africa Safari Co.

Ngatutunge Pamwe Campsite (H32)

ⓘ siehe „Marble Campsite (H71)" S. 247

O´Sheja Guesthaus (H45)

ⓘ siehe „Sunset Lodge (H45)" S. 255

Ohakane (H38)

▲ [Gästehaus] Opuwo, Hauptstr. / Main Road ☞ Daan (owner of OK), Steven (manager) ✉ Outjo P.O.Box 314 ✆ 065-273031 065-273025 9DZ, 5TwZ, 3EZ, 1TZ $ (2013) B&B; EZ 520N$, DZ 900N$ // Namibier: B&B: EZ 442N$, DZ 765N$ pP, K6-11 50% ⓘ erste & älteste Lodge in Opuwo Restaurant: Buffet 140N$ keine HausT @ ohakane@iway.na # www.natron.net/tour/ohakane/lodged.html#http://www.natron.net/tour/ohakane/lodged.html

Okahirongo Elephant Lodge (H69)

▲ siehe Seite 248

Okahirongo River Camp (H89)

▲ siehe Seite 249

Der Terrace Mähnenlöwe

Die deutschsprachige Tageszeitung AZ berichtete m 15.8.2013 auf der ersten Seite über die erstaunliche Vanderroute des „Terrace Mähnenlöwen". Seitdem rird die Wanderroute dieses Löwens, der von Flip tander mit einem Radio-Halsband versehen worden rar, mit Interesse in der Öffentlichkeit verfolgt. Im .ugust konnte man festetllen, daß er in 25 Tagen 658 m „geschafft" hatte, im Durchschnitt 25.3km / Tag. Er rar dabei über das Dünenmeer gestiegen, durch den rokodilverseuchten Kunene geschwommen, hatte .nge auf Territorium von Angola aufgehalten und rar wieder „heimgekehrt". Der Ausgangspunkt seiner Vanderung war die Quelle bei Sarusas gewesen, weit n Süden an der Skelettküste gelegen.

Flip Stander weiß nicht, was den Löwen so umtreibt. er Hunger kann es nicht gewesen sein, denn in len überquerten Rivieren und an allen natürlichen Vasserlöchern kann er Beute finden, vielleicht ist er ıf der Suche nach einem eigenen Rudel? Er konnte ıch feststellen, daß er keine Haustiere der verstreut benden Farmer gerissen habe. Karte:Flip Sander

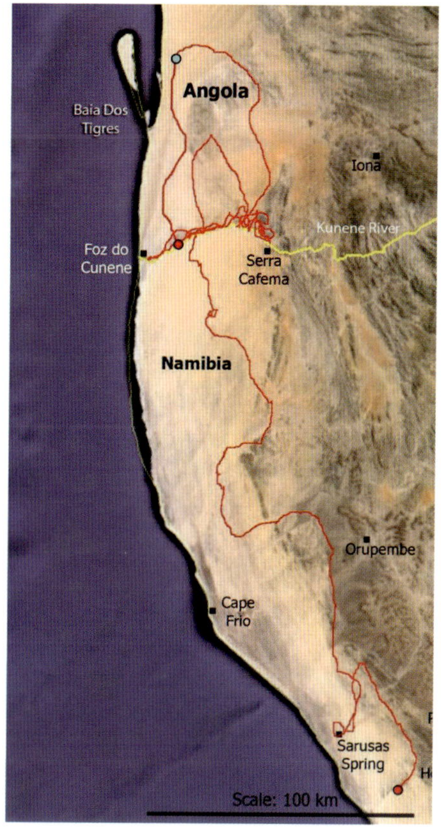

Okahirongo Elephant Lodge (H69)

[Kommunale High Class Lodge] 1km nordwestl. Purros / Anfahrt: D3707 / am Hoarusib / nur mit 4X4 oder Flug erreichbar ☞ Purros Conservancy ✆ 065-685018[20] 065-685019 088-1631574 104 7DZ + 1 Presidential Suite / 18 P $ (2013) Inkl.: Vp, Aktivitäten, Getränke: High (Jul-Okt +Xmas): DZ 4.651N$ pP, 1P 6.006N$, Guides 893N$ // Low: DZ 4.285N$ pP, 1P 5.530N$, Guides 893N$ // Suite 4P 23.034N$ // 30% Rabatt ab der 3.Nacht // Hp + ohne Aktivitäten: minus 1.300N$ ⓘ Minimum Aufenthalt: 2 Tage, Mitte Januar bis Mitte März geschlossen, Schwesterlodge von Okahirongo River Camp H89 ***Desert Lion Project: Dr. Sander, pstander@desertlion.info, www.desertlion.info*** / eine Löwengruppe monitort von Dr. Sander, wurde 2011 "vergiftet". Alle Löwenbewegungen sind im Internet nachzuverfolgen, besonders das Hoarusib Rudel. Elefant Tracking / Wanderweg / Löwen Tracking / Golf Driving Range Löwe, Elefant, @ okahirongo@iway.na # www.okahirongolodge.com Windhoek, P.O.Box 30078, 061-232009

Okahirongo River Camp (H89)

[Kommunale Highclass Zeltlodge] 120km nördl. Orupembe / Anfahrt: Kaokoveld - Marienfluß, am Kunene / Anfahrt Orupembe, Rooi Drum / nur mit 4X4 ☞ Natasha & Ockert (Camp manager) ✆ 065-685018[20] 065-685019 088-1631574 104 5 Zelthäuser, 1 Haus (14 Betten) $ (2013) Incl.: Vp, Aktivitäten, Getränke: High (Jul-Okt +Xmas): DZ 4.651N$ pP, 1P 6.006N$, Familie 4P 3.654N$ pP, Guides 893N$ // Low: DZ 4.285N$ pP, 1P 5.530N$, K6-10 2.755N$, Guides 715N$ // Suite 4P 23.034N$ // 30% Rabatt ab der 3.Nacht / Hp + ohne Aktivitäten: minus 1.400N$ ⓘ Schwesterlodge von Okahirongo Elephant Lodge, Mitte Januar bis Mitte März geschlossen H69 Schwimmen in den Felsenpools Souvenirladen nur mit Hilfe eigentlich nicht @ okahirongo@iway.na #www.okahirongolodge.com 061-232009

Okapupa Camp (H51)

[Kommunales Camping] 45km westl. Ruacana / Anfahrt: D3700 (Zugang ohne 4X4) Johnny Redelinkhuis, Bouts Botha (Afrikaans) 065-273570 081-3655293 12 schattige Plätze am Kunene je 10p $ (2012) 80N$ pP auch Zelte $ (2012) 50N$ pP am Kunene Angeln HausT ok

Okarohombo Camp Site (H34)

siehe Seite 237

Okuware Camp (H50)

[Kommunales Camping] 130km nördl. Opuwo / Anfahrt: an der Kreuzung von D3701 und D3700, Swartbooisdrift Plätze einfache Hütten am Kunene gelegen

Omakange (H94)

[Camping][Zeltlodge] 58km östl. Opuwo / Anfahrt: C41, C35 (500m) nach Süden Johannes Itenge (Oshiwambo) Opuwo P.O.Box 67 081-3223760 Plätze $ (2013) 80N$ pP 10 Zelte $ (2013) 150N$ pP mvserviceprovider@gmail.com

Omarunga Lodge & Campsite (H55)

[Zeltlodge][Camping] Epupa, an den Fällen, an der D3700 Marie & Fritz Schenk (Deutsch) Swakopmund P.O.Box 2528 081-2529426 (marie), 081-1242468 (Fritz) 10 Plätze unter Palmen $ (2013) 100N$ pP, K6-11 50% 13 Doppelzelte + 1 Familienzelt $ (2013) DZ Vp incl. alle Aktivitäten + Transfer: 1.958N$ pP / DZ Hp 1.108N$ pP / EZzuschlag 500N$ / K6-12 50% // Rabatt auf Anfrage / Zusatzpreise: Transfer Airstrip-Camp-Airstrip 450N$ Tagb. ok Schlauchbootfahrten, Besuch einer Ovahimba-Siedlung (430N$ pP), Sundownerfahrt (150N$ pP), Krokodil Trip (1 Std. 150N$ pP), geführte Wanderungen (55N$ pP) Mahlzeiten mit Vorbestellung HausT ok auf dem Camping Krokodil, viele Vogelarten Empfehlenswert: Schöne Lage am Wasser unter Bäumen camtrav@iafrica.com.na # www.natron.net/omarunga-camp Tel: 064-403096, Fax: 064-402097 & Eden Travel

Ominjandi Restcamp (H48)

[Rastlager][Camping] 25km westl. Ruacana / Anfahrt: D3700, am Fluß Kunene Hanta Potgieter (owner), Gerhard van Wyk (Afrikaans) Outjo P.O.Box 301 081-2237867 15 Plätze unter Bäumen $ 30N$ pP 3 Bungalows nach Flutschäden 2011, renoviert am Kunene gelegen, Quelle 2km von dem Platz mit Frischwasser Pool mit dem Wasser vom Fluß gefüllt ab 2013 Gemüsegarten / Fischgerichte sehr hundefreundlich Streifengnu, Kuhantilope (Hartebeest), Springbock, großer Kudu, Steppen-Zebra, innerhalb der Conservancy hanta@mailbox.co.za

Ongongo Camp (H24)

[Kommunales Camping] 18km südl. Sesfontein / Anfahrt: D3706=C43, 6 km durch den Ort Warmquelle Juliane Greef (manageress) Plätze im Rivierbett fast ohne

Schatten $ (2013) 60N$ pP liegt in der "Schlucht" am ***kleinen immerfließenden warmen Wasserfall*** / Tagb. 10N$ pP schwierige Passage über den kleinen Fluß durch Felsbrocken / Camping an beiden Ufern auf schmalen Plätzen möglich / steile Abfahrt / Tagb. können auch oben den Wagen parken / nach jeder Regenzeit Änderungen Schöne warme Quelle zum Baden. Cooldrinks / Feuerholz 10N$, von Kindern entlang des Wegs zum Camp

Im Huarusib

angeboten / Souvenirs empfehlenswert zum Baden @ ugab@mweb.com.na

Opuwo Country Hotel (H46)

[Lodge][Camping] Opuwo, 3km außerhalb, nordwestl. Richtung, Schild Lientjie & Wouter Smith (owner), Arta & Fanie van Eck (manager) (Englisch) Opuwo P.O.Box 328 065-273461, 064-461566 (Wouter Smith) 065-273051 12 kleine Plätze mit Rasen, am Camp kleiner Laden / mit Lodgebenutzung / kein Schatten (Mopane) $ (2013) 95N$ pP 28 Luxus DZ + 12 Standard DZ $ (2013) Std.Zimmer B&B: DZ 687N$ pP, EZ 964N$ / Lux. Zimmer B&B: DZ 977N$ pP, EZ 1.389N$ // K5-11 50% Ehemals "Namibia Country Lodges", // KonferenzZ / Bar in einer imitierten Himbahütte im Foyer Pool mit weitem Blick / auch für Tagb., direkt vor dem Restaurant Restaurant (B 102N$, L (Setmenü) 183N$, D (Büfet) 234N$), Lunchpakete 119N$ / Curio Shop / Holz 25N$ pBündel auf dem Campingplatz: HausT ok schöner Platz, empfehlenswert, gutes Restaurant @ reservations@opuwolodge.com, opuwoadmin2@iway.na # www.opuwolodge.com

Opuwo Mountain Camp (H92)

[Camping][B&B] 16km östl. Opuwo / Anfahrt: C41, Weg (7km) Jack Roussette (Französisch) 060-8067739 065-273575 081-4510674 Plätze $ (2013) 60N$ pP Chalets $ (2013) B&B 250N$ pP Restaurant HausT ok @ opuwomountaincamp@yahoo.com

Oreness Camp (H40)

siehe „Aameny (H40)“ S. 234

Otjimenje Commune (H71)

siehe „Marble Campsite (H71)“ S. 247

Otjipahuriro (H47)

siehe „Hippo Pool Campsite (H47)“ S. 244

Otjiu (H73)

[Kommunales Camping] 102km nördl. Orupembe / Anfahrt: auf dem Weg von Orupembe nach Etanga Plätze neben der Schule

Palmwater Camp (H21)

[Kommunales Camping] 10km südl. Palmwag / Anfahrt: D2620=C43, kleines Schild links nach der T-Kreuzung mit C40 (Nama) 081-3345308 (Torra Conservancy) einfache windgeschützte Plätze am Ufer des Uniabs, Waschhaus / Palmen $ (2013) 100N$ pP ⓘ vorher: Uniab Camping // Viola & Jaun Husselmann: keine weitere Entwicklung, da Husselmanns keine Konzession von der Torra Conservancy erhalten hat, trotzdem Auskunft: 081-7161600, 2013 von den Dorfbewohnern unterhalten. zum Campieren gut geeignet, Alternative zu Palmwag! #www.palmwatercamp.com

Ozohere Campsite (H88)

[Kommunales Camping] 42km nördl. Uis / Anfahrt: C39, am Ugab ☞ Venice Kambongarera (manageress) (Otjiherero) ✉ Omaruru P.O.Box 306 081-2046541 10 Plätze / traditionelle Hütten $ (2012) 50N$ pP, K4-12 30N$ ⓘ Tagb. ok viele Dassies Brotbacken, Melken / verschiedene Trips:

Nature walks (80N$), Sunrise, Sundowner, Kultur Trip (90N$), Elephant Guided Trip (200N$) HausT ok Elefanten im Ugab Revier @ ozoherelodge@gmail.com

Palmwag Lodge (H20)

[Rastlager][Camping] 116km südwestl. Kamanjab / Anfahrt: von Kamanjab: D2620=C40, D3706=C43, kurz nach dem Veterinärzaun / liegt am Uniab Rivier ☞ Camelthorn Safaris: Fritz Schenk (Deutsch) ✆ 067-697012 9 Plätze, jeder mit Sanitärblock $ (2013) 120N$ pP 13 Bungalows 2P +2 FZ + 5 Luxuszelte (max 44P)

$ (2013) Bungalows Hp: EZ 1.530N$, DZ 1.110N$ pP / Zelte HP EZ/DZ 840N$ pP / Zusatzpreise: concession fee: 110N$ pAuto + 125N$ pP ⓘ 2012 hat Wilderness die Konzession zurückgegeben, sie wurde übernommen von Camelthorn Safaris! "***Nashorn-Tracking" zusammen mit dem "Save The Rhino Trust***" siehe Rhino Camp // 1 Mill. ha großes Konzessionsgebiet Palmwag Wanderungen / ungeführte Gamedrives ins Rivier mit GPS Restaurant 60P (Lunchpaket 70N$, Büfettlunch für Gruppen 110N$)/ Benzin ein Zimmer rollstuhlfreundlich Gepard, Leopard, Löwe, Spitzmaul-Nashorn (schwarzes), Breitmaul-Nashorn (weißes), Elefant, alle Tiere in der "Conservation Area" = Damaraland wenn voll, dann empfiehlt Trummi das kommunale Camp Palmwater H21 @ eden@mweb.com.na #www.palmwaglodge.com Eden Travel

Palmwater Camp (H21)

siehe Seite 252

Petra´s Gästehaus (H91)

▲ [Gästehaus] Uis, 3rd Street No 12 📱081-1299565 🛏 4DZ + 1FZ $ (2013) FZ 900N$, DZ 620N$ ⓘ Rauwi / Gay freundlich ♔ Service für Ballonfahrer (Transport, Miete eines Sky 77, Grund Team, Erstflughilfe, Karten, Wetter Check, Lagerung) 🚶 Ballonfahren 📎 Wlan / Wäscheservice @ hotairballoon@gmx.de #www.petras-gaestehaus.com

Purros Bush Lodge (H79)

▲ [Kommunale SC-Chalets] 4km nördl. Purros / Anfahrt: am Ufer des Hoarusib, D3707 (2km), Track nach Norden am Flugfeld vorbei / oder im Hoarusib-Rivier 4X4 Sand-Untergrund flußaufwärts ☞ Purros Conservancy 📱00870762711720, 00870762711721 🛏 6DZ+1FZ (Dusche, ensuite) Bettwäsche, Handtücher / Miniküche $ (2009) 300N$ pP 📎 kleine Bar

Purros Camp Site (H32)

▲ [Kommunales Camping] 6km nordöstl. Purros / Anfahrt: D3707 (2km) nach Westen, Track nach Norden am Flugfeld vorbei / oder im Hoarusib-Rivier 4X4 Sand-Untergrund flußaufwärts ☞ Community of Purros / Kavisina Kasoana (camp manager) (Otjiherero) ✉ Opuwo P.O.Box 113 ✆ 065-685020 ▲ 6 Plätze mit Sanitärblock und Wasserhahn, Schatten $ (2013) 60N$ pP, K6-12 50% ♔ auch Ngatutunge Pamwe Campsite genannt / liegt am Hoarusib-Rivier, das ganzjährig etwas Wasser führt (im Rivier: Allrad erforderlich) / "Naturführungen" von den Einwohnern von Purros (Ovahimba) 🚶 Purros Traditionell Village: Himba Kultur, Craft-"shop", geführte Tour 100N$ pTour 📎 keine Lebensmittel / Cool Drinks / Craftshop / Schattenbäume, einfache sanitäre Anlagen mit fließendem Wasser 🐘 Giraffe, Steppen-Zebra, Strauß, Elefant, 👍 bisher gut unterhalten

Red Rocks (H93)

▲ [Kommunales Camping] 9km südöstl. Sesfontein / Anfahrt: C43 ☞ Gerard Hendricks (Nama) 📱081-8316924 ▲ 3 Plätze mit Solarwarmwasser $ 50N$ pP 👍 *Gerard: "no hot, only warm shower"*

Ruacana EHA Lodge (H44)

▲ [B&B][Camping] Ruacana, Main Road, 1,3km nach der BP Tankstelle ☞ Kariko Investment / Micka Tjaweondjna (manager), Jessica (manageress) ✉ Ruacana P.O.Box 62 ✆ 065-271500 📠 065-270095 ▲ 15 Plätze im schönen Garten $ (2012) 70N$ pP 🛏 21DR + 1 Familien Suite / Hütten für 2P gemeinsame Waschräume $ (2012) B&B: EZ 710N$, DZ 990N$, Namibian 20% Reduktion / K3-11 247N$ // Hütten 215N$ pP / Nampower Angestellte & Auszubildende 40% Reduktion ⓘ KonferenzZ 30P ♔ Kraftwerksbesichtigung auf Anfrage 🚶 Fitnessraum, Squash, ***Volleyball*** / Bootsfahrten auf dem Kunene + "ovahimba traditional village"- Besichtigung (48 Std vorher buchen) 🍽 Restaurant, (F 70N$, L 95N$, D 150N$), Lunchpakete 65N$ ♿ behindertenfreundlich durch Rampen 🐕 keine HausT 👍 an Wochenenden: nächtelanger Lärm von den nahen Discos @ info@ruacanaehalodge.com.na #www.ruacanaehalodge.com.na 📖 081-1248333(Nesi Magg), 081-2420102 (Steffie Gerber)

Ruacana Guesthouse (H45)

ⓘ siehe „Sunset Lodge (H45)" S. 255

Serra Cafema, Camp (H36)

▲ [Zeltlodge] 150km nördl. Orupembe / Anfahrt: liegt am Kunene / durch das Hartman-Valley / nur mit 4X4 oder mit Flug erreichbar ☞ Wilderness Safaris / Monica & Jockel Gruettemeyer 🛏 8 Luxus Zelte = 14 Betten $ (2013/2014) FI DZ: 7.119N$ pP [10.338N$ pP] // in Klammern High 15.6-31.10 // FI (fully inclusive): Vp inkl. 2 Aktivitäten, Getränke 🚶 Bootsfahrten / Quadbike / Ovahimba-Tour @ info@wilderness.com.na #www.wilderness-safaris.com 📖 Wilderness Safaris

Ugab River Camp / Save The Rhino Trust (H11)

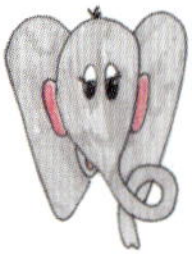

▲ [Kommunales Camping] 105km westl. Uis / Anfahrt: C35, D2342, D2303 nach Norden, Schild an der Kreuzung: 10km zum Camp, an der ehem. Brandberg West Mine vorbei, am Ugab, sehr schlechte Wellblechpad ☞ Erika & Bernd Brell ✆ 067-697014 ▲ 10 Plätze mit Schatten, Buschklo, elefantensichere Buschdusche, weitläufig $ (2013) 100N$ pP ⓘ keine Anmeldung nötig ♔ Camp vom Save The Rhino Trust (SRT)(Info: Tel&Fax 064-403829, P.O.Box 2159, Swakopmund, srt@rhino-trust.org.na). Das Büro ist vom 24. eines Monats bis zum 2. / 3. des Folgemonats besetzt. Wandern im Rivier, geführte Touren mit SRT-Experten / in der Nähe Brandberg West Mine: Open-pit Besichtigung auf eigene Faust möglich, mit 4x4 erreichbar vom Ugab aus mit sehr steiler Anfahrt oder vom Zufahrtsweg / Minengelände vom Weg aus nicht sichtbar Curio Shop, keine Versorgung mit Lbm, aber Wasser und Holz 👍 sehr empfehlenswert. Originelle Plastiken / im Rivier im Camp Straßenschild: 75km nach Twyfelfontein, 2-Tagestour mit 4x4, Ausfahrt aus dem Rivier sehr steil und rutschig, kaum ausgeschildert, vorbei am Doros Krater Weiterfahrt bis zum Burnt Mountain. @ ugab@rhino-trust.org.na, srt@rhino-trust.org.na # http://savetherhinotrust.org/structure/16-field-camps

Elefantensichere Dusche

Sesfontein Lodge (H25)

ⓘ siehe „Fort Sesfontein Lodge (H25)" S. 242

Skeleton Fly In Safaris (H74)

[Zeltlodge] ☞ Schoeman Family (Afrikaans) ⓘ Leylands Drift Camp am Hoarusib / Kuidas Camp am Huab Rivier / Kunene-River-Camp am Kunene im Hartmann-Valley nur Vp Landepisten / Transport / einfache Zelte Leider für den "normalen" Touristen nicht zu erreichen / s. Lit. Amy Schoeman, Skeleton Coast (Bildband) @ scs@iway.na # www.skeletoncoastsafaris.com

Springbok Gate (H72)

[Kommunales Camping] 100km südwestl. Palmwag / Anfahrt: an der östl Einfahrt zum Skeleton Coast Park: D3245 einfache Plätze $ (2013) 60N$ pP

Sunset Lodge (H45)

[Lodge][Camping][SC] Ruacana, am Westausgang, Plot 1 ☞ Jakes (Portugiesisch) ✉ Ruacana P.O.Box 461 ✆ 065-270045 065-270009 081-3401793 (Jake) 6 Plätze mit Rasen, großen Bäumen, Strom $ 75N$ pP SC Gästehaus: 4DZ mit Vokü / 7 Zelte $ SC Haus: 350N$, Zelt 250N$ Mahlzeiten auf Anfrage @ ruacanasunset@gmail.com, jakesangola@yahoo.com # www.wix.com/ruacanasunset/sunset

Terrace Bay (H59)

[staatl. Rastlager][SC] 350km nordwestl. Swakopmund / Anfahrt: auf der Küstenstraße C34 bis fast zum Ende ☞ Namibia Wildlife Resort (NWR) ✉ Swakopmund P/Bag 5011 ✆ 064-694007 064-694003 20 Zimmer in alten Diamantenschürferhütten mit Bad / 2 Beach-SC-Chalet 4-10P $ (2013) [Preise in Klammern 1.7.13 - 31.10.13] / beach: 700N$ pP [450N$ pP] min 4p // DZ: Hp: 850N$ pP [670N$ pP] / K6-12 50% ⓘ keine Tagb / auch an Weihnachten geöffnet Tiefkühlmöglichkeiten für Angler Angeln / Wandern im Mündungsgebiet des Uniab, Koigab (49km nördl.), Huab / Minenruinen / Halbedelsteine Restaurant / Bar im gestrandeten Schiff Laden mit Lbm, Tankstelle Springbock, großer Kudu, Oryx, Warzenschwein, Braune Hyäne, Schakale, Robben skurril nur Zentrale Buchungsstelle Windhoek / Zugangs- und Übernachtungserlaubnis für den Park notwendig

Torra Bay (H58)

[staatl. Rastlager][Camping] 300km nördl. Swakopmund / Anfahrt: entlang der Küstenstraße C34 ☞ Namibia Wildlife Resort (NWR) 60 Plätze, einfache sanit. Anlagen $ (2013) pro Platz 8 P, 2 Fahrzeuge, 1 Wohnwagen oder 1 Zelt: 125N$ pP / 6-12 50% ⓘ direkt am Meer / Tagb. möglich nur vom 1. Dezember bis 31.Januar geöffnet Angeln Laden, Tankstelle, Feuerholz, Wasser nur Zentrale Buchungsstelle Windhoek

Twyfelfontein Country Lodge (H7)

[Lodge] 110km westl. Khorixas / Anfahrt: C39 nach Westen, D3254, 4km von Twyfelfontein ☞ Wilfried Dedig (manager) (Deutsch) ✉ Windhoek P.O. Box 6597 ✆ 067-697021 067-697022 55DZ, 1VIPSuite =130Betten $ (2013) B&B: DZ 752N$ pP, EZ 1.075N$, K5-12 50% / Zusatzpreise: Nature Drives 150N$ pP ⓘ Ehemals "Namibia Country Lodges", Lodges wurden 2012 einzeln verkauft. Gästebetrieb läuft weiter. Verwaltung immer noch Country Lodges // Im kommunalen Gebiet Zusammenarbeit mit der Twyfelfontein-Uibasen Conservancy, die an den Einnahmen prozentual beteilitgt wird Besuch von Twyfelfontein, jetzt Weltkulturerbe (seit 2007), Huab-Elefanten / Mountainbikes / Kamelreiten Restaurant 120 P (B 94N$, L (Set Menü) 169N$, D (Büfett) 217N$), Lunchpakete 111N$ / bedauerlich: "Zeremonienplatz" (jahrhundertealte Gravuren) als Eingangstor, Zerstörungen von Gravuren wurden in Kauf genommen. Imitiertes Buschmannleben (San) wirkt etwas deplaziert. @ tcl@mweb.com.na, twyfelfontein@ncl.com.na # www.namibialodges.com Namibia Country Lodges

Twyfelfontein-Vrede (H5)

[Camping] 43km westl. Khorixas / Anfahrt: Twyfelfontein, direkt an der D2620=C39 Plätze Picknick-Platz mit weitem Blick, Tische überdacht

Ugab Camp (H62)

[Kommunales Camping] keine Infos 2013 45km nördl. Uis / Anfahrt: C35, D2359, Schild / am Ugab / auch von Sorris Sorris direkt am Ugab zu erreichen: D2319, aber 4x4 um das Rivier zu queren Plätze unter Bäumen direkt am Rivier $ 45N$ pP sehr einfach am linken Ufer des Ugab kurz nach der Furt nach Sorris Sorris; vom Rivier aus nicht zu sehen. Im Ugab nur 4x4, das Camp ist von Uis aus zu erreichen und ausgeschildert, auch ohne 4x4. Schattige Bäume, Picknicktische, sehr ärmliche Siedlung Die Ugab- Elefanten zerstören immer wieder die Wasser-Installationen / Informationen im Brandberg White Lady Camp/Lodge

Ugab River Camp / Save The Rhino Trust (H11)

siehe Seite 254

Uniting Guest House (H41)

[B&B] Opuwo, neben der Kirche Sandoz (owner), Elton John (manager) (Otjiherero) Opuwo P.O.Box 21 065-273400 im Garten möglich 5EZ $ (2012) B&B 150N$ pP HausT ok "you can do it, but only in one bed" keine

Uukwaluudhi (H95)

[Lodge] 80km östl. Opuwo / Anfahrt: C41 in Richtung Okahoa Lientjie & Wouter Smith (owner), Frans du Raan (manager) Opuwo P.O.Box 328 065-273504 065-273051 0811222626 8 Zelte ("Meru Style") $ (2013/2014) Hp: EZ 1.600N$ [1.760N$], DZ 1.195N$ [1.314N$] pP, K5-11 50% / in Klammern [Preise 2014] / Zusatzpreise: Gamedrive 440N$ pP Joint venture der Opuwo Country Lodge mit der Uukwaluudhi Conservancy "Rhino tracking" zu Fuß (1.200N$ pP), Gamedrive, geführte Wanderung, Mountainbike (750N$ pT) Schwarznasen Impala, Duiker, Kuhantilope (Hartebeest), Springbock, Eland, großer Kudu, Giraffe, Steppen-Zebra, @ marketing@journeysnamibia.com, reservations@opuwolodge.com #www.-uukwaluudhi-safarilodge.com

Van Zyl`s Pass Campsite (H80)

[Kommunales Camping] 60km nordwestl. Opuwo / Anfahrt: D3703, 20km vor dem Paß / leichtere Zufahrt über Etanga 4 Plätze, Schatten $ (2013) 60N$ pP

Waterfall Camp (H31)

[kommunales Camping] 39km südöstl. Sesfontein / Anfahrt: D3706, 9km östl. Khowarib in der Khowarib Schlucht einfache Plätze, nur mit 4X4 erreichbar Baden im warmen Wasserfall empfehlenswert, auch um den Explosionsstaub abzuwaschen

White Lady B&B & Camping (H14)

[B&B][Camping][SC] Uis, 3rd Avenue Analene van Dyk (Afrikaans, Deutsch) Uis P.O.Box 66 064-504102 064-504102 081-1280876 12 Plätze mit Strom, Pool $ (2013) 95N$ pP White Lady B&B 6DZ + SC-Gästehaus Vokü (2FZ+1TZ+4TwZ) / aircon / $ (2013) B&B: 400N$ pP, Gästehaus SC 350N$ pP Nama Flughühner Schwimmen in den alten Minenpools bei der Minentour / Micro-Light Frühstück 50N$ / Lunch, Dinner im nahegelegenen Montis-Usti Restaurant Behinderte willkommen Gästehaus: nur kleine kinderfreundliche Hunde / Camping: HausT ok @ whitelady@iway.na

Giraffe im Hoanib

Felslack auf dem Brandberg

Region J: Erongo

Karte siehe Seite 260

Das große, zentrale Gebiet, das auch den Etoshapark umfaßt, haben wir in drei eigene Regionen aufgeteilt, da sich hier die meisten Gästefarmen, Camps und Lodges befinden. Von der B 2 erstreckt sich dieser südliche Teil „J" von Zentralnamibia bis zur B1 im Osten, im Norden sind noch die Unterkünfte südlich der C 38 und C 39 erfaßt.

Man fährt meistens durch Baum- und Buschsavanne, der Blick über die Zäune läßt oft eine dichte Verbuschung erkennen, die auf Überweidung hinweist. Ein wichtiges Landmark sind die Omatako-Berge (Popo-Backen-Berge) zwischen Okahandja und Otjiwarongo, die das für manche doch eintönig wirkende Buschveld auf dieser langen Strecke unterbrechen.

Im Erongo

Diese Region mit dem attraktiven Erongo-Gebirge ist - bis auf das kommunale Gebiet bei der Spitzkoppe und am Rande von Uis - rein kommerzielles Farmland. Die Gästefarmen bieten viel jagdbares Wild, Pirschfahrten, Wanderungen, Besichtigungen von Felsmalereien und Dinosaurierspuren und auch noch richtige Farmerei an. Die große Erongo-Conservancy bei Omaruro hat allerdings bereits ihre Mitglieder dazu gebracht, fast alle Zäune einzureißen, um sich nur noch der Wildfarmerei zu widmen. Die Exklusivität der Gästefarmen in Erongo wird dadurch inzwischen durchbrochen, daß auch viele Campingmöglichkeiten anbieten. Einige Gästefarmen und Lodges fürchten seit 2007 um ihre touristische Existenz, weil viele Minengesellschaften hier prospektieren: Die Reichtümer unter der Erde gehören ihnen nicht, sondern dem Staat, der dafür die Lizensen vergibt.

Omaruru und Otjiwarongo

Die Zentren der Region „J „ sind Omaruru und Otjiwarongo. Beide Ortschaften bieten gute Versorgungsmöglichkeiten.

Bei Omaruru liegt Namibias erstes Weingut, die Kristall Kellerei,(J107), die auch zur Weinprobe einlädt. Im Ort haben sich viele Künstler niedergelassen. Die Mount Etjo Safari Lodge (J64) baute der international bekannten Wildfänger J. Oelofse (gest. 2012) auf; auf Pirschfahrten, die allerdings alle nur geführt sind, kann hier alles Wild des Landes beobachtet werden, was eine Alternative zu dem Besuch in Etosha darstellen kann. Mit dem Erindi Game Reserve ist neuerdings ein weiteres großes privates Naturreservat entstanden. (J2)

Um Otjiwarongo liegen auch die Farmen, die sich dem Erhalt der Geparden verpflichtet fühlen, weshalb es auch die „Cheetah Capital of the world" genannt wird. (S. dazu auch die „Cheetah Research Station" (im angrenzenden Gebiet L, L101)).

Otjiwarongo hat 40.000 Einwohner, und die Municipality – vielleicht immer noch mit Frau Hilda Jesaja als Bürgermeisterin (?) – versucht, Otjiwarongo für alle attraktiver zu machen. Als Durchreisender kann man einerseits an den blühenden Gärten entlang der Hauptstraße erkennen, daß Otjiwarongo über genügend Wasser verfügt, andrerseits besteht das Stadtzentrum eigentlich nur aus Tankstellen entlang der Hauptstraße, die das Zentrum ausmachen – und Kirchen an jeder Kreuzung. TRUMMI empfiehlt hier statt einer Pause mit Coca und Hamburger an einer übervollen Tankstelle den Abstecher zum Acacia Park neben der Krokodilfarm, wo man in dem kleinen Restaurant picknicken oder sich auch vorab sogar telefonisch ein gutes Essen bestellen kann. Kinder können gefahrlos herumtollen, und die Hunde haben wenigstens einen kurzen Auslauf. (J74) Leider gibt es in Namibia kaum attraktive Unterbrechungsmöglichkeiten für die langen, ermüdenden Strecken.

Die Spitzkoppe

Als landschaftlicher Höhepunkt ragt westlich von Usakos die Spitzkoppe unübersehbar in den blauen Himmel; sie liegt im kommunalen Land der Damara, die am Straßenrand Mineralien aus dem Felsengebiet anbieten. In den Überhängen der Spitzkoppe sind zahlreiche Felszeichnungen zu entdecken. 2011 begann im bis dato kommunalen Spitzkoppe Gebiet eine neue Phase der Kommerzialisierung; viele werden sich noch daran erinnern, daß man hier frei campieren konnte. Die Zeit ist vorbei, und es ist noch nicht entschieden, wie und zu wessen Nutzen der Platz in Zukunft gestaltet sein wird.

☞ siehe „Namibia“: S. 502-508, Otjiwarongo S. 361, Mount Etjo Lodge S.507, Zäune S. 17

Auf der Suche nach Tourmalinen in den Mineralien-Nestern auf Omandumba

Region J - Erongo

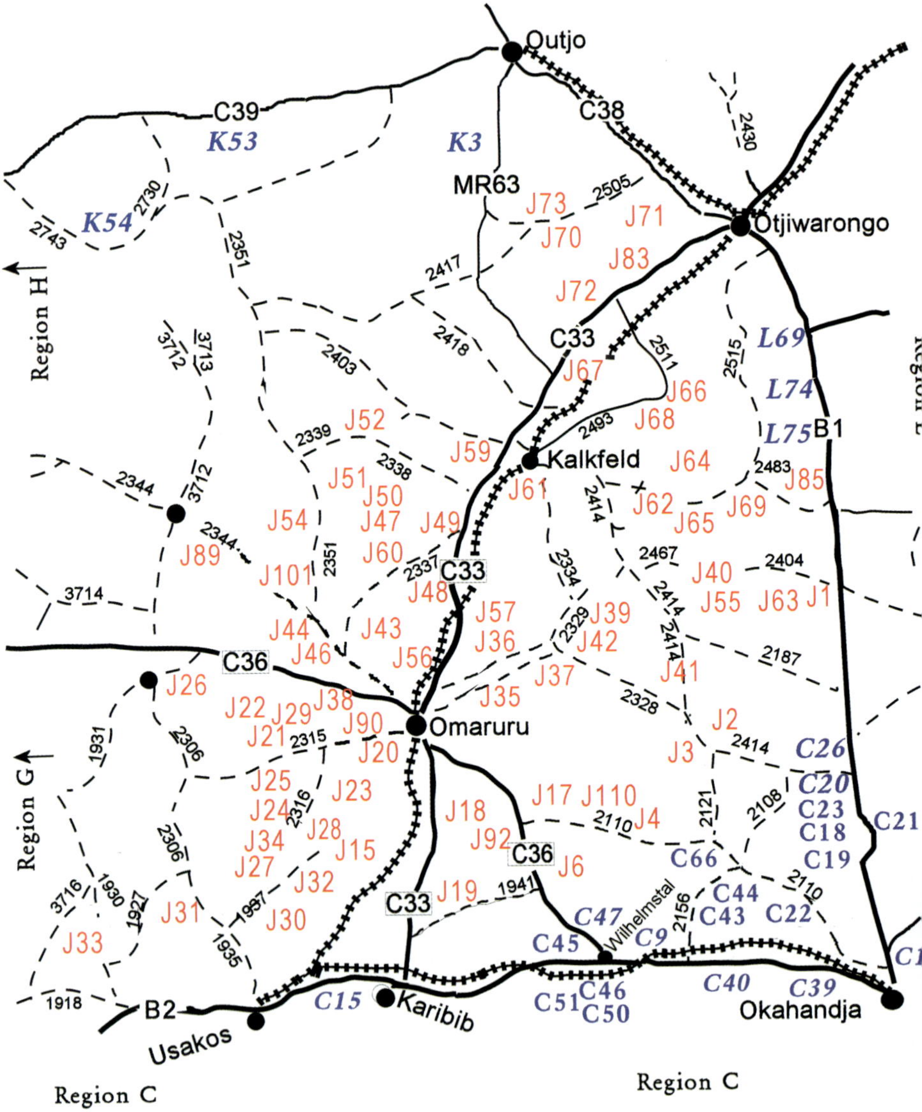

In der Liste sind alle Nummern schwarz, die nicht in Ortschaften sind

J01 Wewelsburg
J02 Erindi Game Reserve
J03 Ovita Game & Hunting
J04 Haasenhof
J06 Khan River Lodge
J08 Central Hotel Omaruru (in Omaruru)
J09 Little Bush Rest B&B (in Omaruru)
J15 Ombuwa
J17 RB Farm Omapyu Nr. 75
J18 RL - Farm
J19 Onduruquea Lodge
J20 Erongo Wilderness Lodge
J21 Otjompaue
J22 Ai Aiba Rock Painting Lodge
J23 Erongo Plateau Camp
J24 Eileen Gästefarm
J25 Klipp-Schläfer-Höhle
J25 Omandumba
J26 Okombahe Rest Camp
J27 Omukutu
J28 Ombu / Okondeka
J29 Etemba Omaruru
J30 Ameib Gästehaus
J31 Hohenstein Lodge
J32 Kuduberg
J33 Spitzkoppe Camp
J34 Erongo Lodge
J35 Otjandaue
J36 Omaruru Game Lodge
J37 Omburo Farm
J38 Otjohotozu
J39 Otjikoko (Pty) Ltd
J40 Ongangasemba
J41 Okatjerute
J42 Otjikoko
J43 Etendero
J44 Gross-Okandjou
J46 Neu Okandjou
J47 Immenhof
J48 Okosongoro
J49 Schönfeld Castle Lodge
J50 Ongariwanda
J51 Erindi Onganga
J52 Orua
J54 Otjongoro
J55 Omaha Guest Farm & Estate
J56 Roidina Nature Farm
J57 Epako Game Lodge
J59 Ondombo
J60 Rüppell Farm
J61 Georg-Ferdinands-Höhe
J62 Dinosaurier Spuren Camping
J63 Omatako
J64 Mount Etjo Safari Lodge
J65 Mount Etjo - Camp Dinosaur
J66 Onduasu
J67 Rodenhof
J68 Kuhwerder
J69 Transvaal Omatako Safaris (Otjiwarongo)
J70 Hazeldene
J71 Mount Paresis
J72 Yakandonga Lodge
J73 Ombarahewa
J74 Acacia Park Rest Camp (Crocodile Ranch) (in Otjiwarongo)
J76 Bush Pillow (in Otjiwarongo)
J78 Out of Africa B&B Guesthouse (Otjiwarongo) (in Otjiwarongo)
J79 Out of Africa Town Lodge (in Otjiwarongo)
J7 Eva´s Guest House (in Omaruru)
J80 C`est si bon (in Otjiwarongo)
J81 Lions Den (in Otjiwarongo)
J83 Farm Wesrand
J86 Village Boutique Hotel (in Otjiwarongo)
J88 Planet Africa Backpackers (in Otjiwarongo)
J89 MoAfrica
J90 Evergreen Camping
J91 KaMaKu Guesthouse (in Otjiwarongo)
J92 Kanona Safari Ranch
J95 Okeri B&B (in Otjiwarongo)
J99 Hadassa Guest House (in Otjiwarongo)
{J77 Falcon Nest}
J101 Zipser Gästefarm
J102 Kashana Guest Lodge (in Omaruru)
J103 Coquieros (in Otjiwarongo)
J104 Ondjamba Herberge (in Omaruru)
J105 Villa Oleandra (in Omaruru)
J107 Kristall Kellerei (in Omaruru)
J110 Kohero Farm
J11 Omaruru Rest Camp (in Omaruru)
J12 Omaruru Guesthouse (in Omaruru)
J13 River Guesthouse (in Omaruru)

auf der Karte Region C:

C9 Aabadi Bush Camp
C18 Omatako Ranch
C19 Bio Farm
C20 Outeniqua Gästefarm
C21 Okakango Nord
C22 Okatjiho
C23 Matador
C26 Tiefenbach
C39 The Rock Lodge
C40 Ozombanda Safari Hunting Ranch
(C43 Oropoko Lodge)
C44 Moringa
C45 Wilhelmstal-Nord
C46 Kaliombo
C47 Okajo Safari Lodge
C50 Okondura Nord
C51 Kànsimba Game Lodge
C66 Felseneck
C104 Ombo Rest Camp

auf der Karte: Region K:

K3 Bergplaas Safari Lodge
K53 Ongue Jagd
K54 Vingerklip Lodge
K55 Moselle

auf der Karte: Region L:

L69 Ozonduno
L74 Otjiwa Game Ranch
L75 Okonjima

Acacia Park Rest Camp (Crocodile Ranch) (J74)

[Rastlager][Camping][SC] Otjiwarongo, Ecke v.Hindenburgstr. 13/308 / Singelstr. Freddie Petro (Afrikaans) Otjiwarongo P.O.Box 662 067-303100 067-303100 081-2160004 12 Plätze unter Bäumen, Strom(max 72P) $ (2013/2014) 65N$pP Chalets (5SR+5DR), SC chalet, 1 Wohnwagen (4P), 3x2P Zelte, 3DZ Backppacker

$ (2013/2014) 1P 120N$, 2P 150N$, SC Chalet 350N$, Wohnwagen 460N$ offen 7 - 23 Uhr / freilaufende Guineafowls Krokodilfarm nebenan: Mo-Fr 9-15Uhr, Sa/So 10-13Uhr, extra Eintritt Garten Restaurant Acacia: (Roseline Scott) P.O.Box 2038, Otjiwarongo, Tel 067-307672, Cell 081-3040889, Fax2email 088-6137766, Email caciapa@mweb.com.na, geöffnet 7-22Uhr, Essen kann im Voraus bestellt werden (Frühstück bis 60N$) / Picknick, Hunde ok Hilfe, wenn nötig einfach, aber empfehlenswert, trotz Lärm vom Verkehr und der Ortschaft; wegen der Stadtnähe besonders diebstahlgefährdet caciapa@mweb.com.na

Ai Aiba Rock Painting Lodge (J22)

[Luxus Lodge] 46km westl. Omaruru / Anfahrt: D2315, Schild, F 2314 nach re, 1,5km Farmpad Fritz Flachberger / Family Herzog / Martin Steppe (manager) (Deutsch) Omaruru P.O.Box 555 064-570330 064-570557 10 Bungalows mit je 2 TwZ, aircon $ (2013) B&B: DZ 795N$ pP Kiwi, Tagb. ok Ist die Farm Aninib / Felsmalereien (172 Zeichnungen) Wandern / Salzwasserschwimmbecken / Sundowner Drive / geführte Wanderungen / Besuch eines San Dorfes auf der Nachbarfarm Omandumba Restaurant (50P) Wlan im Hauptgebäude/ Wäscheservice HausT auf Anfrage Buch über Felsmalereien: Abbé H. Breuil: "Anibib & Omandumba and other Erongo Sites" info@aiaiba.com # www.aiaiba.com Okapuka Ranch:Tel 061-257175, Fax 061-234690

Ameib Gästehaus (J30)

[Gästehaus][Camping] 28km nördl. Usakos / Anfahrt: D1935 (11km), D1937 (16km) Fam. Denker & Fam. Vijoen (owner) (Deutsch) Omaruru P.O.Box 240 (064-684151) (064-684154) 081-8574639 (Frau Denker) 10 Plätze mit Schatten, vorbuchen $ (2013) 138N$ pP / Tagb. 50N$ / K6-12 50% 9DZ+1FZ $ (2013) Bungalow: B&B: EZ 650N$, DZ 637N$ pP, TZ 390N$ pP / Hp: +130N$ / K6-11 80% keine Motorräder, keine Fahrräder / Einlass 7Uhr bis 17Uhr / für Kinder <6 keine Schlafmöglichkeit auf dem Campingplatz geschütztes Wilderness Gebiet / Philipps Höhle: Felsmalereien mit dem "Weissen Elefant" (45min Fußweg), Nationales Monument: Bull´s Party: bizarre Felsformationen / gut angelegte Wege auch für Wanderer, Picknickplatz dort unter Felsen ausgeschilderte Spaziergänge / Klettersteig / "freestyle climbing" (eigene Ausrüstung, Mai-Okt.) Restaurant (B 85N$, D (Buffet) 200N$) keine HausT Damara Dik Dik, Klippspringer, Springbock, Steinböckchen, großer Kudu, Oryx, Giraffe, Berg-Zebra, Leopard, ***Spitzmaul-Nashorn (schwarzes),*** Enger Campingplatz, Krach vom Generator abends bis 21.30 Uhr / eindrucksvolle Landschaft / schöner Garten mit Sukkulenten am Haus // Herr Denker wurde 2012 NAPHA Vorsitzender ameib@erongosafaris.com # www.ameib.com

Dinosaurier Spuren Camping (J62)

▲ [Camping][B&B] 29km südöstl. Kalkfeld / Anfahrt: D2414, D2467, Schild: Dinosaur´s Tracks / Farm Otjihaenamaparero ☞ Adele & Reinhold Strobel (Deutsch) ✉ Kalkfeld P.O.Box 5 ✆ 067-290153 067-290153 ▲ 5 Plätze unter Akazien $ (2013) 80N$ pP, K6-12 40N$ Gästehaus 3TZ $ (2013) B&B: EZ 350N$, DZ 600N$, TZ 750N$ ⓘ Tagb. / extra Picknickplatz für 12P direkt bei den Dino-Spuren (Eintritt 20N$ pP, K6-12 10N$) Führung zu den Dinospuren nach Vereinbarung keine HausT lohnend für die Dinosaurier Spuren, auch netter Platz zum Übernachten @ dinotracks@mweb.com.na # www.dinosaurstracks.com

Bush Pillow (J76)

▲ [Gästehaus] Otjiwarongo, Sonweg 47 ☞ Renet & Neville Neveling (Deutsch, Holländisch) ✉ Otjiwarongo P.O.Box 801 ✆ 067-303885 067-301264 081-1285323 088-618695, skype: bush.pillow Gästehaus 7Einheiten: 2 FZ(2DZ), 4 TwZ, 1 DZ $ (2012) B&B: 1P 490N$, 2P 620N$, 3P 800N$, 4P 980N$ / HP: 1P 625N$, 2P 890N$, 3P 1.145N$, 4P 1.400N$ ⓘ KonferenzZ / Kiwi auf Anfrage Dinner 150N$, Lunch 85N$ Wlan (frei)/ Wäscheservice HausT: nur weibliche kleine Hunde kleines Hotel, peppige Farben, überall Hommage an Elefanten @ info@bushpillow.hypermart.net, reservations@bushpillow.hypermart.net # www.bushpillow.hypermart.net

C`est si bon (J80)

▲ [Hotel] Otjiwarongo, Swembad Weg ☞ Hendri Greeff (Englisch, Deutsch) ✉ Otjiwarongo P.O.Box 2060 ✆ 067-301240 067-303208 081-6228000 21 TwZ in reetgedeckten Bungalows, 18 DZ (luxury) im Hotel $ (2013) B&B: EZ 570N$, DZ 670N$, TZ 825N$, QZ 925N$, 5P 1.025N$ / Hotel EZ 670N$, DZ 770N$ / K3-11 50% ⓘ 3 KonferenzZ (max180P) / Rauchen erlaubt Tennisplätze Restaurant à la carte Wlan frei / Wäscheservice ♿ 2Z rollstuhlgerecht keine HausT @ cestsibon@iway.na, reservation.cestibon@iway.na # www.cestsibonhotel.com Sonja Burger, Tel: 061-304051, Cell: 081-2435394, Windhoek, 24 Hyper Motor City, Maxwell Street / sonja@netfin.info

Central Hotel Omaruru (J8)

▲ [Hotel] Omaruru, Wilhelm Zeraua Road ☞ Gaby & Burghard Redler (owner) (Deutsch) ✉ Omaruru P.O.Box 29 ✆ 064-570030, 064-570575 (Gaby) 064-571100 26P =10 DZ + Chalets $ (2007) B&B: EZ 260N$, DZ 380N$ / K12 50% ⓘ Konferenzraum 150P / Kiwi // ehemaliges Hotel Staebe am Omaruru Rivier Restaurant à la carte: deutsche Küche, Biergarten keine Auskunft 2012 bezüglich Preise @ g.redler@iway.na, bush-veld-car-hire@t-online Alte Glashütte 4, D34399 Oberweser, Tel +49-5574-5245, 05574-5153, bush-veld-car-hire@t-online

Coquieros (J103)

▲ [Gästehaus] Otjiwarongo, West Street 26, bei der Total Tankstelle ☞ Lydia Katjita (Portugiesisch) ✉ Otjiwarongo P.O.Box 1719 ✆ 067-307388 067-307389 081-2430963 8DZ = 18B $ (2012) B&B 175N$ pP ⓘ KonferenzZ 12P / Coquieros bedeutet Palme auf Portugiesisch / Internetcafé @ nkatjita@gmail.com

Dinosaurier Spuren Camping (J62)

▲ siehe Seite 263

Eileen Gästefarm (J24)

▲ [Farm][Gäste][Camping] 40km südwestl. Omaruru / Anfahrt: D2315 (24km), D2316 (2009: degradiert zur Farmstraße F2318, schlechter Zustand, aber bei langsamer Fahrt auch für PKWs möglich) (9km), Schild Farmpad 7km ☞ Rita & Frederik Pascal van Alphen (Deutsch) ✉ Omaruru P.O.Box 393 ✆ 064-570837 064-570387 081-13949319 Λ siehe Erongo Plateau Camp: J23 2TZ + 2DZ + 1EZ $ (2013) Hp: DZ 680N$ pP, TZ: 630N$ pP, EZ 700N$ / K3-12 330N$ / Zusatzpreise: Farmrundfahrt 130N$ pP ⓘ Ziegenfarm / keine Jagdfarm / Kiwi, Fama / geologisch interessant / Wasserloch / Salzwasserpool Farmleben / markierte Wanderwege / botanische und geologische Führungen Lunch auf Anfrage Duiker, Damara Dik Dik, Springbock, großer Kudu, Oryx, Warzenschwein, Steppen-Zebra, Leopard, Lesenswerte Webseite über das Leopardenprojekt, leider nur bis 2005 updated @ erongo@iway.na # www.erongo.iway.na

Elephant Camp Erindi (J2)

ⓘ siehe „Erindi Game Reserve (J2)" S. 266

Epako Game Lodge (J57)

▲ [Lodge] 24km nördl. Omaruru / Anfahrt: C33 nach Norden (24km) ☞ P. Kamel (owner), Nathalie & Philippe Calone (manager) (Französisch, Italienisch, Holländisch) ✉ Omaruru P.O.Box 108 ✆ 064-570551[2] 064-570553 081-1272524 23Z: 17TwZ+2DZ+2FZ 1EZ $ (2013) Standard: Hp: DZ 1.107N$ pP, EZ 1.542N$ / Vp DZ 1.257N$ pP, EZ 1.692N$ // Luxury: Hp: DZ 1.218N$ pP, EZ 1.697N$ / Hp: DZ 1.382N$ pP, SR1.862N$ / Familie: Hp 920N$ pP, Vp 1.077N$ // Extra Bett 175N$ // K10 175N$, K10-14 175N$ +50% von den Mahlzeiten / Tourguide 50%, Gruppe>10 frei // SADC Rabatt auf Anfrage // Jagdtag 1:1 160€, 1:2 140€, Begleitperson 70€ / Zusatzpreise: Game Drive (Selbstfahrer) 300N$ pP ⓘ Konferenzraum / Kiwi Geparden / Felsmalereien und Gravuren / beleuchtetes Wasserloch / ***zahme Giraffe Oscar*** ***Gepardenfütterung*** / Gamedrive / Tennisplätze, Wanderwege 12km / Bibliothek Restaurant mit Blick auf ein Wasserloch / Spezialmenues auf Anfrage /Tagb. ok:Gamedrive+Dinner Souvenirladen / Wlan (frei) / Reifenrep. alle Z rollstuhlfreundlich keine HausT gemeines Impala, Weißschwanzgnu, Eland, großer Kudu, Oryx, Warzenschwein, Giraffe, Steppen-Zebra, Gepard, Leopard, Elefant, viele Vogelarten @ epako@iafrica.com.na # www.epako.com

Erindi Game Reserve (J2)

▲ [Farm][Gäste][Jagd][Camping][SC] 90km nordwestl. Okahandja / Anfahrt: B1 nach Norden, D2414, 45km Schild ☞ Paul Joubert (Afrikaans) ✉ Windhoek P.O.Box 40551 ✆ 064-570802 064-570801 081-1450000 ▲ 30 Plätze $ (2013) 500N$ pPlatz inkl. 2P, extra P 100N$ pP, K6-12 50N$ 3 Rondavels SC / Buschcamp / 24 Chalets / Old Traders Lodge // Camp Elephant: 15 SC Chalets für 5-6P mit Vokü $ (2013) Old Traders Vp DZ : Standard: 1.290N$ pP, K6-12 645N$ / Luxus 1.390N$ pP, K6-12 695N$ / Superior 1.590N$ pP / Ezzuschlag für alle 400N$ / Sonderangebot 3 Nächte für 3.500N$ pP // Camp Elephant Chalet für 2P 1.400N$, extra P 100N$ pP, K6-12 50N$ pP / Zusatzpreise: Gamedrive 100N$ pP ⓘ KonferenzZ voll ausgerüstet (120P) ♛ privates Game Reserve // Elephant Camp: Farmstall, Pool, Laundromat, beleuchtetes Wasserloch Holzdeck zur Wildbeo. vor einem Wasserloch / Gamedrive selbstfahrend 200N$ pTag pAuto / geführte Gamedrives Restaurant à la carte 20.000 Tiere, 500 Giraffen, Löffelhund, ***Gepard, Leopard, Löwe,*** Tüpfelhyäne, Braune Hyäne, Erdwolf, ***Erdferkel, Krokodil***, Nilpferd, ***Spitzmaul-Nashorn (schwarzes), Breitmaul-Nashorn (weißes)***, Elefant, Wildhunde, Python @ reservations@erindi.com, privatebookings@erindi.com # www.erindi.com

Elefanten aus dem Kaudum wurden 2013 als „Leasing" nach Erindi gebracht

Erindi Game Reserve (J2)

siehe Seite 265

Erindi Onganga (J51)

[Farm][Gäste][Jagd][Camping][SC] 65km nordwestl. Omaruru / Anfahrt: C36 nach Westen, D2344 (19km), D2351 (27km), Farmpad 6km ☞ Petra & Fritz Nolte (Deutsch) ✉ Omaruru P.O.Box 113 ✆ 067-290112 067-290112 081-2409385 5 Plätze / 4 voll ausgestatte Zelte // mit Küchenzelt $ (2013) 60N$ pP / Zelt 150N$ pP 4DZ + 1FR / 1 SC Dammhäuschen $ (2012) Hp DZ 500N$ pP / SC Häuschen 120N$ pP / K6-12 50% // Angebot Wochenende: Vp, alle Aktivitäten, K10 frei, Fr-So 3.100N$ für die Familie // Jagdtag 1:1 500US$, 2:1 390US$, Begleitperson 175US$ / Zusatzpreise: Game Drive 150N$ pP ⓘ Rinder- & Schaffarm / Fama / Kiwi: Miterleben des Farmalltags / Bogenjagd ***Gepardenfütterung*** Tischtennis, Wandern, Sauna, Farm- & Gamedrive Biologisch angebautes Gemüse, möglichst alles Farmprodukte, Vegetarisches Menü, Chinesisches Fondue / Lunch & Lunchpakete 80N$ leider nein keine HausT gemeines Impala, Duiker, Streifengnu, Kuhantilope (Hartebeest), Damara Dik Dik, Springbock, Steinböckchen, Eland, großer Kudu, Oryx, Wasserbock, Warzenschwein, Giraffe, Gepard, @ fnolte@iway.na # www.natron.net/erindi-onganga, www.natron.net/nolte-hunting Nolte Elite Safaris, fnolte@iway.na

Erongo Lodge (J34)

[Farm][Gäste][Jagd] 45km südwestl. Omaruru / Anfahrt: D2315, D2316 (2009: degradiert zur Privatstraße P2318, schlechter Zustand) 18km ☞ Peter Hinterholzer (co-owner, manager) (Deutsch) ✉ Omaruru P.O.Box 291 081-2525583 5 Bungalows (DZ + WohnZ) $ (2013) Hp: DZ 1.787N$, EZ 1.144N$, K2-12 552N$, 1 geführte Aktivität inkl. / Vp (min 2 Tage): DZ 2.229N$, EZ 1.343N$, K2-12 649N$, geführte Aktivität inkl. // SADC Preise auf Anfrage // Jagdtag 1:1 160€, 1:2 140€, Ruhetag 70€ (2012) / Zusatzpreise: Ekuta Höhlen Drive 165N$ pP, K2-12 83N$ ⓘ Spielplatz / Trennung der Gebiete: Trophäenjagd - Fotosafari / Tagb. in den Erongo Bergen / auf den Farmen Ekuta und Otjimisauna / "Singender Stein", Felsmalereien Wandern / Gamedrive, Rock Art Drive Lunchpaket 86N$ keine HausT Duiker, Springbock, Steinböckchen, großer Kudu, Oryx, Steppen-Zebra, Leopard, @ erongolodge@iway.na # www.erongo-lodge.de / www.erongolodge.iway.na nuevas-ideas: service@nuevas-ideas-namibia.com

Evergreen Camping (J90)

[Camping] 16km westl. Omaruru / Anfahrt: D2315 vor der Erongo Conservancy ☞ Fidi Alpers (owner), Matheus (manager) (Oshiwambo) ✉ Omaruru P.O.Box 632 081-2128989, 081-2310125 (Matheus) 3 Plätze am Omaruru Revier, unter Anabäumen $ (2012) 60N$ pP ⓘ einfache Einrichtung, warme Dusche 1000 ***Olivenbäume*** gepflanzt mit Bewässerung vor 5 Jahren Wandern fester Boden HausT ok großer Kudu, Elefant

Erongo Plateau Camp (J23)

▲ [Camping] 35km südwestl. Omaruru / Anfahrt: D2315 (24km), nach 10km bewachtes Tor zur Erongo Mountain Conervancy (kein Polizei "Road Bloc"), nach 14km Schild "Eileen", F2318 (schlechter Zustand) (9km), Schild Erongo Plateau Camp, 2km Farmpad

☞ Conny & Oliver Kayser / Israel Mbudu (Deutsch) ✉ Omaruru P.O.Box 393 ✆ 064-570837 081-2771668 088-642716 Δ 4 Plätze mit Schattendach am Erongo Krater, ganz privat, Wasserhahn am Platz $ (2013) 100N$ pP, K6-11 60N$ ⓘ ohne Anmeldung möglich / Kiwi / Camp hat kein Restaurant und keinen Shop / auf der Farm Eileen J24 kleiner ausgeschilderter Rundgang mit markierten Bäumen / markierte Wanderwege Grillholz HausT ok Trummi Leser sehr zufrieden @ kaysererongo@namibnet.com, erongo@iway.na # www.erongo.iway.na Tel&Fax 061-221567

Erongo Wilderness Lodge (J20)

▲ [Lodge] 13km westl. Omaruru / Anfahrt: D2315 ☞ Lindy van den Bosch & Roger Fussell (Englisch) ✉ Omaruru P.O.Box 581 ✆ 064-570537 064-570536 081-1280951 10 Zeltchalets mit Strohdach $ (2013) Hp: DZ 1.850N$ pP, EZ 2.190N$ inkl. geführte Wanderung / K7-12 50% mit 2 zahlenden Erwachsenen // Low Season (Jan -Jun) Hp EZ/DZ 1.515N$ pP / Zusatzpreise: Nature Drives 440N$ pP ⓘ Olive Grove Guesthouse und Erongo Wilderness Lodge firmieren unter: BigSky Lodges // Kiwi, "aber nicht zu viele" im ErongoGebirge / Paulas Höhle mit Felszeichnungen geführte Wanderungen Restaurant nur für Gäste / leichtes Lunch 90N$ pP, Lunchpaket 75N$ Wäscheservice / WiFi nicht rollstuhlfreundlich Klippspringer, Steinböckchen, Warzenschwein, Steppen-Zebra, Leopard, @ info@erongowilderness-Namibia.com, info@bigsky-namibia.com # www.erongowilderness-namibia.com, www.BigSky-Namibia.com

Etemba Omaruru (J29)

▲ [Lodge] 34km westl. Omaruru / Anfahrt: C2315 ☞ "Etemba CC", Hermann Rohlfs (owner) (Deutsch) ⓘ wurde 2012 von H.Rohlfs gekauft, soll Ende 2013 als eine "luxury lodge" mit 12 Bungalows eröffnet werden. Etemba Höhle mit Felszeichnungen: "Weiße Giraffe" / Felsformation "Steinpilz" @ info@hohensteinlodge.com

Etendero (J43)

▲ [Farm][Gäste][Jagd] 37km nordwestl. Omaruru / Anfahrt: C36 nach Westen (7km), D2344 (20km), D2337 (10km) ☞ Hanns-Eberhard Schleyer (owner) / Horst Dietz & R.Kroll (Pächter, leaseholder) (Deutsch) ✉ Omaruru P.O.Box 352 ✆ 064-570927 064-571082, 064-88627007 4 KomfortDZ, 4 LuxusDZ $ (2012) Komfort DZ: B&B 510N$ pP, Hp 670N$ pP, Vp 730N$ pP / Luxus DZ: B&B 610N$ pP, Hp 770N$ pP, Vp 830N$ pP / EZzuschlag 150N$, K12 350N$ ⓘ Rinderfarm / Kinder sehr willkommen / Fama, Tagb.ok / Langzeiturlaub Felsmalereien / Amethystmine Farmleben / geführte Bergwanderung (50N$) / Amethystminenfahrt 3 Std. (150N$ pP inkl. Getränke), Rivierfahrt 2Std (100N$ pP), Felsmalereien 2Std 100N$ pP, Sundowner 1Std (40N$ pP) / Reiten auf der Nachbarfarm Duiker, Klippspringer, Springbock, Steinböckchen, großer Kudu, Oryx, Warzenschwein, Gepard, Leopard, Wüstenluchs (Karakal, Rotkatze), Erdferkel, Strauß, @ etendero@iway.na # www.namibiatours.de, www.etendero.de/farm/ Askari Tours

Eva´s Guest House (J7)

▲ [B&B][SC] Omaruru, Dr. I. Scheepers Drive 27 ☞ Simone & Andreas Hackebeil (Deutsch) ✉ Omaruru P.O.Box 621 ✆ 064-570338 064-571478 10DZ $ (2012) B&B: DZ 380N$, EZ 250N$ ⓘ Rauwi SC möglich 2Z rollstuhlfreundlich @ andsim@iway.na, andsim.omaruru@gmail.com

Evergreen Camping (J90)

siehe Seite 266

Falcon Nest (J77)

{zur Zeit zu}[B&B] Otjiwarongo, Industria Str. 21 (Ortsmitte) Ilene & Willie Olivier (Afrikaans) Otjiwarongo P.O.Box 2150 067-302616 067-304151 2EZ + 5DZ + 1TZ + 1FZ / einige aircon, Kühlschrank $ (2012) B&B: EZ 495N$, DZ 595N$, TZ 750N$, QZ 850N$, Z für 5P 200N$ pP / K5-8 50N$, K8-11 100N$ // Luxury: EZ 595N$, DZ 695N$ 2013 noch geschlossen wegen Renovation / Kooperation mit C' est si bon" großer Kakteengarten Küchenbenutzung für SC Wlan keine HausT @ falconnest@iway.na # www.-falconnestguesthouse.com

Falkennest B&B (J77)

siehe „Falcon Nest (J77)" S. 268

Farm Wesrand (J83)

[Camping] 16km südwestl. Otjiwarongo / Anfahrt: C38, C33 Richtung Kalkfeld 10km, Schild 6km Farmpad Fam. Bredenhann (Afrikaans, Deutsch) Otjiwarongo P.O.Box 730 067-304108 081-1245606, 060-8007974 Plätze mit Gras / Schatten // 2 Waschhäuser / heiße Dusche mit Strom & "Donkey" $ 100N$ pP, K6-18 45N$ working farm (Viehhändler) / game friendly farm rollstuhlfreundlich weil flach HausT ok, falls sie niemanden stören großer Kudu, Oryx, Warzenschwein, Von Campern wiederholt empfohlen: "jeder Platz inividuell gestaltet" @ wesrand@mweb.com.na

Georg-Ferdinands-Höhe (J61)

[Farm][Jagd] 6km südl. Kalkfeld / Anfahrt: C33 Nicole & Georg Engelhard (Deutsch) Kalkfeld P.O.Box 77 067-290187 067-290187 081-2540356 4DZ $ (2012) Jagdtag 1:1 180€, Ruhetag 85€, K5-10 30€ Rinderfarm / Kiwi: eigene Kinder 14J+10J+8J, Spielplatz, Farmtiere, Kindervideos / Fama Felszeichnungen Farmleben / Wandern, Reiten, Bibliothek, 4X4 Trails, großes Schwimmbad gemeines Impala, Duiker, Streifengnu, Weißschwanzgnu, Kuhantilope (Hartebeest), Damara Dik Dik, Klippspringer, Springbock, Steinböckchen, Eland, großer Kudu, Oryx, Wasserbock, Giraffe, Steppen-Zebra, Berg-Zebra, Gepard, Leopard, Wüstenluchs (Karakal, Rotkatze), African Wildcat, Ginsterkatze (Genet) @ g.engelhard@mweb.com.na # www.jagdfarm-namibia.de

Gross-Okandjou (J44)

[Farm][Gäste][Jagd][Reit-Ranch] 30km nordwestl. Omaruru / Anfahrt: C36 (8km), D2344 nach Westen Heike, Alina & Immo Vogel (Deutsch) Omaruru P.O.Box 61 064-570925, 064-571150 064-571151 081-1273543, 081-2234560 088-6516790 Gästehaus (10P) $ (2013) B&B DZ 48€ pP, K6-12 27€ / Farmaufenthalt Vp 85€, K6-12 53€ / Reiten: Vp 150€, K6-12 53€, inkl.: Farmfahrten, Reiten auf dem Reitplatz u. im Gelände mit Führung, min 3Tage Rinderfarm / Immo Vogel ist Fernsehjournalist und Autor des Romans "Namutoni" // ***Western Riding Ranch / Zucht der 'Namibian Western Horse"*** / Pferde werden nach der "Natural Horsemanship Method through feel and dedication" trainiert / Sundowner Drive / Spurenlesen / Badminton / Westernreiten / Reittouren 2 -8 Tage ins Erongo Gebirge mit Camping (8 Tage: Vp, Reiten nach Lust&Laune, Ausritt mit 1 campen im Veld) / Arena Farmprodukte Wlan HausT auf Anfrage Duiker, Damara Dik Dik, Springbock, Steinböckchen, großer Kudu, Oryx, Warzenschwein, Gepard, Leopard, Tüpfelhyäne, Riesentrappen @ i.vogel@iway.na, alina.vogel@gross-okandjou.com # www.gross-okandjou.de BRD: Immo Vogel, Selbacher Weg 53, 76593 Gernsbach, Fax +49-7224-656599, immo.vogel@gross-okandjou.de

Haasenhof, Biofarm (J4)

[Farm][Gäste][Jagd] 67km nordwestl Okahandja / Anfahrt: B1 nach Norden, D2110 (62km), Schild Farmpad 5km Hildegard

& Hans-Peter Haase (Deutsch) ✉ Okahandja P.O.Box 72 ✆ 062-503827 ℻ 062-503465 🛏 Gästehaus mit 5DZ mit Bad, 1 Familieneinh.mit 2DZ+ 1 EZ $ (2012) Vp: EZ 670N$, DZ 650N$ pP / Hp - 40N$ / K0-6 180N$, K7-14 290 / Aktivitäten inkl. ⓘ working Rinderfarm / Kiwi, Fama / Ansitz ♛ großer eigener Gemüse/Obst-Garten 🚶 Wandern mit und ohne Guide 🍽 Versuchen selbstversorgend mit Biolebensmittel zu sein ♿ 2 Z behindertengerecht, neu eingerichtet 🐘 Duiker, Damara Dik Dik, Springbock, Steinböckchen, großer Kudu, Oryx, Warzenschwein, Strauß, @ haase@iway.na # www.haasenhof.com

Hadassa Guest House (J99)

▲ [Gästehaus] 🏠 Otjiwarongo, Long Str. 36 ☞ Orlane & Emmanuel Bonnin (Französisch) ✉ Otjiwarongo P.O.Box 1348 ✆ 067-307505 ℻ 067-307506 📱 081-7749382 🛏 3EZ+3DZ+3FZ / aircon $ (2013) VIP-Z: 1P 500N$, 2P 660N$ / FamilienZ: 330N$ pErwachsener, K6-12 50% 📎 Wlan (frei) / Wäscheservice @ hadassa@otjiweb.com # www.hadassaguesthouse.com

Hazeldene (J70)

▲ [Farm][nur Jagd] 🗺 47km westl. Otjiwarongo / Anfahrt: C38, D2505 (30km) ☞ Emanuel Kratzer (Deutsch) ✉ Otjiwarongo P.O.Box 1064 ✆ 067-290006 ℻ 067-290006 🛏 2DZ $ (2012) Jagdtag 1:1 200€, 1:2 170€, Ruhetag 70€ ⓘ Jagd auch innerhalb der Kalkfeld Concervancy erweiterbar 🐘 Duiker, Steinböckchen, großer Kudu, Oryx, Warzenschwein, Gepard, Leopard, Wüstenluchs (Karakal, Rotkatze), Tüpfelhyäne, 📖 BRD: Erwin Ramming, Nürnberger Straße 15 - 91477 Markt Bibart, Tel&Fax: 0049-9162-8506

Hohenstein Lodge (J31)

▲ [Lodge] 🗺 27km nördl. Usakos / Anfahrt: D1935 ☞ Hermann Rohlfs & Claudia Stüber (owner), Dewet Borneman (manager) (Deutsch) ✉ Usakos P.O.Box 72 ✆ 064-530900 ℻ 064-530931 🛏 Doppelbungalows 14Z auf einem Hügel $ (2013) B&B: DZ 650N$ pP, EZ 850N$ / K3-12 425N$ ⓘ Kiwi ♛ nahe des Hohensteins (2.319m) 🚶 Wandern, Vogelbeo., Sundownerdrive 🍽 Restaurant (L 65N$, D (Buffet) 195N$), Lunchpakete 50N$ 📎 Wlan ♿ 2Z behindertengerecht 🐕 HausT auf Anfrage 🐘 Kuhantilope (Hartebeest), Springbock, sehr große Gnu-Herde @ info@hohensteinlodge.com # www.hohensteinlodge.com 📖 Namibia Travel Consultants

Immenhof (J47)

▲ [Farm][Gäste][Jagd] 🗺 80km nördl. Omaruru / Anfahrt: C33 nach Norden 40km, D2337, 20km Schild, 20km Farmpad ☞ Ria & Friedhelm von Seydlitz (owner), Charissa, Annelin & Werner von Seydlitz (manager) (Hausherr (Deutsch) spricht Otjiherero und Oshiwambo, Spanisch, Holländisch, Flämisch, Französisch) ✉ Omaruru P.O.Box 250 ✆ 067-290077 ℻ 067-290177 📱 081-1277243, 081-1285858 💻 088-626448 🛏 7DZ+1FZ +1TZ (21-25P) $ (2012) B&B: EZ 664N$, DZ 642N$ pP, TZ 566N$ pP, FZ 500N$ pP / Hp: EZ 817N$ pP, DZ 801N$ pP, TZ 718N$ pP, FZ 625N$ pP / Vp: EZ 913N$ pP, DZ 897N$ pP, TZ 814N$ pP, FZ 749N$ pP / K6-12 50% / Jagdtag 1:1 300€, 2:1 250€, Begleitperson 100€ / Zusatzpreise: Farmtour (2,5Std) 200N$ pP, Sundownertour 100N$ pP, ⓘ Wildfarm (keine Zäune) // Fama, Kiwi: Spielplatz // Immenhof-Air-Safaris / Bogenjagd ♛ Felsmalereien / Dinosaurierspuren / klingende Steine am Sieglinde Felsen / Halbedelsteine (Amethyste+Rosenquarz) // Ria hat das Kochbuch "Genußreisen durch Namibia" veröffentlicht // Information über Projekte gegen Verbuschung // ausgebildete Masseuse im Haus (Schwedische Massage, Indian Head Massage, Manicure, Pedicure) // Vermarktung der "natürlichen" Schweine von Zipser Farm 🚶 *Reiten, auch für Anfänger (170N$ pStd) / Volleyball* / Spa / Keramiken / Rundflüge und Flugsafaris (max 5P 3.400N$ pStd)

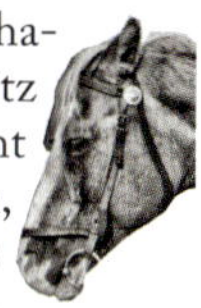

🍽 Lunchpakete (80N$), Lunch (95N$), Dinner (150N$) 📎 Wlan / Wäschedienst ♿ 1Z rollstuhlfreundlich 🐕 HausT auf Anfrage 🐘 gemeines Impala, Duiker, Streifengnu, Weißschwanzgnu, Kuhantilope (Hartebeest), Damara Dik Dik, Springbock, Steinböckchen, Eland, großer Kudu, Oryx, Pferdeantilope, Rappenantilope, Wasserbock, Warzenschwein, Giraffe, Steppen-Zebra, Berg-Zebra, Gepard, Leopard, @ immenhof@iway.na, hunting@iway.na # www.immenhofnamibia.com, www.immenhof-hunting.com

KaMaKu Guesthouse (J91)

▲ [B&B] 🏠 Otjiwarongo, Andersson Street 11 ☞ Michaela Sindlgruber (Deutsch, Österreich) ✉ Otjiwarongo P.O.Box 55 ✆ 067-307408 📱 081-2745449 📠 088-637222 🛏 5DZ $ (2012) B&B: EZ 395N$, DZ 590N$ ⓘ sicheres Parken 🚶 Pool 🍽 Abendessen auf Anfrage 📎 Wlan frei / Wäscheservice 🐕 HausT ok, nicht im Zimmer @ kamakuguest@iway.na

Kanona Safari Ranch (J92)

▲ [Farm][Jagd] 🚗 40km nordöstl. Karibib / Anfahrt: am Kanona Rivier, C36 ✉ Omaruru P.O.Box 227 ✆ 067-570772 ☎ 067-570776 🛏 6 Chalets $ (2013) Jagdtag 1:1 300€, 2:1 225€, Begleitperson/Ruhetag 128€ ⓘ Bogenjagd / auch Nichtjäger willkommen / Strom mit Solar 🚶 Wandern, Vogelbeo. / Rundflüge mit dem Gyrocopter @ kanona@mweb.com.na # www.kanona-hunting.com/home_d.html

Kashana Guest Lodge (J102)

▲ [Lodge][Camping] 🏠 Omaruru, Ian Scheepers Drive ☞ Heinz Klittich / Ute Dörgelo (mangeress) (Deutsch) ✉ Omaruru P.O.Box 583 ✆ 064-571434 ☎ 064-571107 📱 081-3499321 ⛺ 8 Plätze, Lapa $ (2013) 150N$ pZelt (250N$ pMobilhome)+ 50N$ pP 🛏 11Z, 2 Familienchalets (5-7Betten), aircon, Safe $ (2013) B&B: EZ 450N$, DZ 580-760N$ pZimmer + 150N$ pKind ⓘ KonferenzZ / Kiwi 👑 historisches Gebäude, Künstlerwerkstätten, Goldschmied, Galerie // Ute Dörgelo ist Besitzerin der Omaruru Schokoladenfabrik 🚶 Spa mit Massage, Frisör 🍽 Restaurant à la carte 📎 Wlan & fast lodge internet (frei) ♿ 2 Luxus Chalets behindertengerecht 🐕 HausT an der Leine ok @ info@kashana-namibia.com, h.klittich@kashana-namibia.com # www.kashana-namibia.com 📖 auch Reservation - Destination

Khan River Lodge (J6)

▲ [Farm][SC][Jagd][Camping] 🚗 80km westl. Okahandja / Anfahrt: B2 (60km), C36 (20km) nach Norden, Schild ☞ Con McKenzie, Peter Terblanche & Alan Schmit (owner), Urte Gebauer(manageress) (Deutsch) ✉ Okahandja P.O.Box 278 ✆ 062-503883 ☎ 062-682333 📠 088-617059 ⛺ 3 Plätze $ (2013) 120N$ pP 🛏 SC: 5DZ, 1 FZ 5Betten ⓘ Bogenjagd 👑 Wasserloch mit Flutlicht 🚶 game drive 🍽 Dinner (100N$), Lunch (80N$)

Klipp-Schläfer-Höhle (J25)

▲ [SC „Höhle"] 🚗 50km westl. Omaruru / Anfahrt: D2315, auf der Farm Omandumba ☞ Werner Pfeifer (Deutsch) 🛏 SC „Höhlenbungalows" $ (2013) 350N$ pP ⓘ Aktivitäten siehe Omandumba J25 @ namibia@bwana.de # www.bwana.de/klipp-schlaefer-hoehle.html 📖 Bwana Tucke Tucke (siehe „Anzeige Bwana" S. 270)

keine HausT Bleßbock, Duiker, Weißschwanzgnu, Springbock, großer Kudu, Oryx, Warzenschwein, info@khanriverlodge.com #www.khanriverlodge.com

Klipp-Schläfer-Höhle (J25)

siehe Seite 270

Kohero Farm (J110)

[Farm][Jagd] Omaruru / Anfahrt: D2110 Bernd Högel (Deutsch) Omaruru P.O.Box 80 064-570908 2DZ + Gästehaus (3P) / SC möglich kohero@iway.na

Kristall Kellerei (J107)

[Weingut] Omaruru, Dr. Ian Scheepers Drive Katrin & Michael Weder (Deutsch) Omaruru P.O.Box 83 064-570083 064-570593 kleines Chalet $ (2012) Chalet für 2P 450N$ Weingut mit Anbau von Ruby Cabernet, Cabert Sauvignon, Tinta Barocca & Colombard / auch Schnäpse Weinkellerei Führung, Weinprobe Handfood für das Weintasting (70N$ pP) keine Stufen, es wird ein Plan gemacht keine HausT winery@wederpc.com

Kuduberg (J32)

[Farm][Jagd] 54km südwestl. Omaruru / Anfahrt: D2315 (24km), D2316 (2009: degradiert zur Privatstraße F2318, schlechter Zustand) (14km), Schild, Farmpad: den Telefonleitungen folgen (Abholung für "Saloon-cars" frei) Stephanie & Reinhard Masich (Deutsch) Omaruru P.O.Box 178 064-570853 064-570853 1DZ + 2 Bungalows mit WohnZ $ (2012) Jagdtag 1:1 170€, 2:1 130€, Ruhetag 80€ / Vp Nichtjäger 120€ / Familie 2E+2K 200€ / Zusatzpreise: Transfer Flughafen 160€ pFahrt Fama / Kiwi: Wilderness- Touren, Farmtiere / Schießen für Ältere, keine Jagd vom Auto aus im Erongogebirge / Felsmalereien, Gravuren Bergwandern (auch zum Krügerkopf 2016m) / Reiten alle Diätpläne werden berücksichtigt fast alle Lbm von der Farm Damara Dik Dik, Klippspringer, Steinböckchen, großer Kudu, Oryx, Warzenschwein, Steppen-Zebra, Gepard, Leopard, Wüstenluchs (Karakal, Rotkatze), Braune Hyäne, kuduberg@iway.na #www.kuduberg.iway.na

Kuhwerder (J68)

[Farm][Gäste][Jagd] 45km nordöstl. Kalkfeld / Anfahrt: C33 nach Norden, D2511, D2493 11km Ulrich Joachim Albert Kaiser / Venja & Dirk Kayser (Deutsch, etwas Otjiherero) Otjiwarongo P.O.Box 86 067-302808 & sat: 0608-999-010 067-301121 2 Gästeflats = 6P $ (2012) Vp 450N$ pP alles inkl. / K6-12 50% // Jagdtag 1:1 180€, 2:1 150€, Begleitperson/Ruhetag 50€, K6-12 50€ Rinderfarm / Jagd auch auf der Farm Walterhagen kleine "Afrika-Sammlung" Kuhantilope (Hartebeest), Steinböckchen, Eland, großer Kudu, Oryx, Warzenschwein, Giraffe, kaiser@iway.na, info@jagdfarm-kuhwerder.de #www.jagdfarm-kuhwerder.de

Lions Den, B&B (J81)

[B&B] Otjiwarongo, Langstr. 100 Jansen van Vuuren (Afrikaans) Otjiwarongo P.O.Box 1497 067-304205 067-304205 2DZ in der Stadt (IN), 4DZ 5km außerhalb (Out) $ (2012) B&B: In: DZ 460N$, EZ 280N$ / OUT: DZ 500N$, EZ 300N$ rollstuhlfreundlich keine HausT panthera@mweb.com.na

Little Bush Rest B&B (J9)

[B&B] Omaruru, Franke Str.8 Martina Baumann (manageress), Anika Mostert (host) (Afrikaans) Omaruru P.O.Box 236 064-570436 081-3084894 2DZ $ (2012) DZ 350N$, EZ 250N$ am Franke Turm Frühstück 50N$ keine HausT mimaket1@iway.na, anikavz@yahoo.com

MoAfrica (J89)

[Kommunales Camping] 60km westl. Omaruru / Anfahrt: D2344 (an der Grenze des Kommunalen Gebiets) Commune Omanjete Plätze (einfach, kein Schatten, direkt an der Straße)

Mount Etjo Safari Lodge (J64)

▲ [Lodge] 🚗 43km östl. Kalkfeld / Anfahrt: D2483 (nördl.) ☞ Annette Oelofse / Frieda Tromp (manageress) ✉ Kalkfeld

P.O.Box 81 ✆ 067-290173 [4][6] 📠 067-290172 ⛺ siehe Mount Etjo - Camp Dinosaur (J65) 🛏 22 Zimmer (Standard, Junior Suite,

Luxus Villa) / $ (2012) Hp mit Kaffee&Kuchen: Standard DZ 1.575N$ pP, Junior Suite 1.700N$ pP, K4-6 300N$, k7-14 600N$, extra Bett für kids

200N$ // Villa: 3.000N$ // Jakuzzi Anschaltgebühr 200N$ ⓘ große Lodge im eigenen privaten Naturschutzgebiet Okanjati / Tierbeobachtung mit Erfolgsgarantie (auch Rhinos und Löwen)

/ Kein Selbstfahren möglich ♛ Auf Mount Etjo wurde am 8.4.1989 die „Mount Etjo Decleration" von den Delegationen aus Angola, Kuba, den USA und

der Sowjetunion unterzeichnet, mit der beschlossen wurde, daß Namibia ein unabhängiger Staat werden sollte. / Portrait des Tierfängers J.H.Oelofse in "Namibia", S. 507 🚶 Game Drives (400N$), Nachtfahrten, ***Löwenfütterung am Abend*** (100N$), ***Gepardenfütterung*** (300N$) / Rhino-Tracking (3h 1.000N$) (alle Preise pP) 🍽 Restaurant / Büffet / Lunchpakete 100N$ 📎 Wlan, Souvenir Shop, Benzin ♿ behindertengerechte Räume / Hilfe für Behinderte bei allen Aktivitäten 🐘 gemeines Impala, Bleßbock, Duiker, Streifengnu, Weißschwanzgnu, Kuhantilope (Hartebeest), Damara Dik Dik, Klippspringer, Springbock, Steinböckchen, Eland, großer Kudu, Nyala, Oryx, Pferdeantilope, Rappenantilope, Wasserbock, Warzenschwein, Giraffe, Steppen-Zebra, Berg-Zebra, Gepard, Leopard, ***Löwe,*** Strauß, ***Spitzmaul-Nashorn (schwarzes), Breitmaul-Nashorn (weißes),*** Elefant, Nilpferd und Flamingos an der Lodge / Lechwe 👍 Emfehlenswert: Besucher, die wenig Zeit mitbringen, können hier alle Tiere des Etosha National Park gut zu Gesicht bekommen. @ mount.etjo@iafrica.com.na, mount.etjo@iway.na, jan.oelofse@iafrica.com.na # www.mount-etjo.com

Mount Etjo - Camp Dinosaur (J65)

▲ [Camping] 🚗 43km östl. Kalkfeld / Anfahrt: D2483 (südlich), 3km von der Lodge ☞ Annette Oelofse (Afrikaans) ✉ Kalkfeld P.O.Box 81 ✆ 067-290173 [4] 📠 067-290172 ⛺ 6 Plätze am Damm (kleiner Stausee), 3km von der Lodge entfernt / jeder mit eigenem Waschhaus, Lapa / 24Std 240V $ (2012) 400N$ pPlatz (max 4P) + 100N$ pP ⓘ Restaurant auf der Mount Etjo Lodge (nebenan), Büffet, ♛ Dinosaurierspuren (die oberen Spuren vom Camp Otjihaenamapero J62 aber nicht so weitläufig) / siehe Mount Etjo Lodge: Gamedrives, Nachtfahrten 🚶 leichter Spaziergang (90min) zu den Dinosaurierspuren / alle Aktivitäten siehe Mount Etjo Lodge 🍽 Restaurant at Mount Etjo Lodge (B 100N$, L (Set Menue) 150N$, D (Buffet) 250N$), Lunchpakete 75N$ 📎 kleiner Laden + Benzin beim Eingang der Lodge 🐘 siehe Mount Etjo Safari Lodge J64 👍 empfehlenswert: schönes Camping im Busch mit Wildbeobachtung @ mount.etjo@iafrica.com.na mount.etjo@iway.na # www.mount-etjo.com

Jan Harm Oelofse, der moderne Tierfänger (1934 - 2012)

Er wurde in Südafrika geboren, wuchs aber im ·üheren SWA auf, wo seine Eltern südlich von ,tosha eine Farm kauften. Wie es die Legende so 'ill, habe er bereits als kleiner Farmjunge verwai-te und verletzte Tiere eingesammelt und sie auf ie elterliche Farm gebracht. In den 50ger Jahren rbeitete er in Tansania (im damaligen Tangayika ·ame Reserve) als professioneller Tierfänger. Fast ·der ältere Fernsehzuschauer müßte ihn eigent-ch indirekt kennen, denn er fing für Paramount ictures alle Tiere, mit enen John Wayne, lsa Martinelli, Hardy rüger und Red But-ns auf der Leinwand dem Film HATARI ·schienen. Ein Jahr ng trainierte er die iere - darunter auch lefanten, Löwen, Leo-arden, Geparden -, da-it sie „filmreif" wur-n. dann reiste er mit) von ihnen in einer DC 6 über Südamerika nach ollywood für die Aufnahmen in den Studios. Sah cht in den Filmen alles so echt nach Afrika aus? 1964 kehrte er nach Afrika zurück und wurde Natal zum „Game Capture Officer", also zu nem „Tierfänger-Beamten". In Natal wurden mals Tausende von Tieren erschossen, um ih-n Bestand in den Parks auf das erwünschte Maß reduzieren. Jan Oelofses erhielt die Aufgabe, e Tiere lebend zu fangen, damit sie auch umge-edelt werden könnten. Zunächst zog er wie ein wboy mit Lasso und Netzen los, dann begann ab 1968 die Tiere per Hubschrauber in ein fgestelltes trichterförmiges, undurchsichtiges astiknetz zu treiben, wo sie dann eingefangen werden konnten. Das wurde als „Oelofse-Methode" bekannt und wird bis heute auch so weltweit praktiziert.Tausende von Tieren wurden in den Folgejahren Jahr für Jahr so eingefangen und auf die Wildreservate Südafrikas verteilt. Zwei dokumentarische Filme machten Oelefses Arbeit weltweit bekannt: „Game Rangers Diary" und „Captured to be free"="gefangen, um frei zu sein."

Als selbständig arbeitender Tierfänger kam er zurück nach SWA, wo er 1975 am Fuße der Mount Etjo Berge eine Farm pachtete. Dort setzte er nach seinem eigenen Gutdünken Tiere aus, fing immer wieder auftragsgemäß Wild ein, wobei ihm nachgesagt wird, daß er sich recht großzügig über Zäune hinwegsetzte. Er war ein Pionier insofern, als es noch nicht üblich war, auf den kommerziellen Farmen auch Wildhege zu betreiben. Lange galten wildfreie Farmen als besonders wertvoll für die Rinder- und Kleintierzucht!

Durch weitere Filmaufträge, Jagd, Zucht von Wild und deren Verkauf, Tourismus verdiente er so viel, daß er auch die umliegenden Farmen aufkaufen konnte und schließlich die Mount Etjo Lodge eröffnete - lange, bevor es üblich wurde, Lodges landesweit zu bauen. Seit 1980 erhielt er interessanterweise von den Berufsjägern wie auch von den Naturschützern viele internationale Auszeichnungen.

Bis zu seinem Tod lebte er auf Mount Etjo; doch die Gäste „erlebten" ihren Gastgeber nur, wenn er im Hubschrauber sein Gebiet von oben inspizierte und manches Mal die Pirsch, vor allem auf Rinos, auch dirigierte. Die Arbeit am Boden übernahm seine Frau Anette. Sie führt auch jetzt die Lodge weiter.

☞ Bilder: www. mount-etjo.com

☞ Buchtip: „Freiheit durch Gefangenschaft", geschrieben und illustriert von seiner Frau Annette Oelofse.

Mount Etjo - Camp Dinosaur (J65)

siehe Seite 272

Mount Etjo Safari Lodge (J64)

siehe Seite 272

Mount Paresis (J71)

[Farm][Gäste][Jagd] 50km westl. Otjiwarongo / Anfahrt: C33, C38, D2505 Herbert & Antoinette Henle Otjiwarongo P.O.Box 1722 067-290005, 067-290067 067-290005 6DZ $ (2012) Jagdtag 1:1 220€, 2:1 180€, Begleitperson 100€ gemeines Impala, Streifengnu, Kuhantilope (Hartebeest), Springbock, Eland, Nyala, Rappenantilope, Wasserbock, Steppen-Zebra, @ namibgame@mweb.com.na #www.mountparesis.com 061-257166

Neu Okandjou (J46)

[Farm][Gäste][Jagd][Camping] 30km westl. Omaruru / Anfahrt: C36 Richtung Uis, Schild 3km Farmpad Ursula Byrne, Wilfried Byrne (Deutsch) Omaruru P.O.Box 253 064-570860 Plätze 2DZ $ (2007) B&B DZ 250N$ pP 2013: keine neuen Infos // Rinder- u. Wildfarm / Kiwi / Fama / Anmeldung notwendig / liegt am Omaruru Rivier Wandern, Donkeykarre / Farmbetrieb / Ausflüge zu Felszeichnungen in der Nähe Springbock, großer Kudu, Oryx, Steppen-Zebra, viele Vögel @ ursula.byrne@ucd.ie

Okatjerute (J41)

[Farm][nur Jagd] 40km nordöstl. Omaruru / Anfahrt: D2328 E. & D. Redecker (Deutsch, Französisch) Omaruru P.O.Box 139 064-570815 064-570815 Gästehaus 3DZ $ (2012) Vp 40€ // Jagdtag 1:1 160€, 1:2 130€, Ruhetag 40€ / Rinder-, Ziegen-, Schaffarm / Fama, Kiwi Wandern, ornithologische Führungen (auch im ganzen Land) / Elisabeth ist auch Tourguide 1Z rollstuhlfreundlich HausT auf Anfrage, Hunde aus Namibia ok, aus Übersee nicht so gerne, meistens neurotisch gemeines Impala, großer Kudu, Oryx, Warzenschwein, Giraffe, Steppen-Zebra, Gepard, Leopard, @ keine

Okeri B&B (J95)

[B&B] Otjiwarongo, Ecke Hindenburg & Bohlman Str. / Erf 1705 Eslon K. Kandukira Otjiwarongo P.O.Box 188 067-304933 067-307343 081-2210772, 081-1402435 DZ, aircon $ B&B: EZ 1P 300N$, 2P 400N$ / DZ (Paar) 400N$ / FZ 3P 600N$ KonferenzZ Mahlzeiten auf Anfrage Wäscheservice @ okeribnb@gmail.com, bookings@okeribnb.com # www.okeribnb.com

Okombahe Rest Camp (J26)

[Kommunales Camping] 67km westl. Omaruru / Anfahrt: C36 nach Westen, D2306, in Okombahe am Omaruru-Rivier Community of Okombahe (Nama/Damara) Plätze mit Buschklo und Dusche am Omaruru - Rivier unter großen schattigen Akazien / Teil des Dorfes / viele Leute $ 40N$ pP Damara-Hütte für 4P Spaziergänge im Rivier

Okosongoro (J48)

[Farm][Gäste][Jagd] 42km nördl. Omaruru / Anfahrt: C33 nach Norden (36km), Farmpad 5km Uta & Kurt Peter Clausen (Deutsch) Omaruru P.O.Box 324 067-290170, 067-290161 088-6521826 5DZ im separaten Block $ (2013) Vp DZ 80€ pP / Jagdtag 1:1 250€, 2:1 195€, Ruhetag 120€ Wildfarm / Kiwi / Rauwi / alle Gäste sind willkommen, auch Familien mit Kindern Rinderf Gäste nicht zur gleichen Z für Wildmanagement / Fil durch Namibia Teil 7, von // zahme Tiere: ***Stachelsc Bokieboko, Warzenschwein Freddy*** Wanderwege / Wildfahrt keine HausT gemeines Impala, Bleßbock, Duiker, Kuhantilope (Hartebeest), Springbock,

Steinböckchen, Eland, großer Kudu, Nyala, Oryx, Pferdeantilope, Rappenantilope, Was-

serbock, Giraffe, Steppen-Zebra, Gepard, Leopard, Nilpferd, Strauß, Breitmaul-Nashorn (weißes), Halbmondantilope @ pclausen@africaonline.com.na, clausen@okosongoro.com.na # www.okosongoro.com.na

Omaha Guest Farm & Estate (J55)

[Farm][Gäste][Jagd] 60km östl. Omaruru / Anfahrt: C33 nach Norden, D2329, D2404 (15km) ☞ Charles Hocutt (owner/ manager) & S. Malik (owner) ✉ Omaruru P.O.Box 470 ✆ 067-306556 067-306556 081-1247687 3DZ +1FZ $ (2013) alles Hp: Pool/Tower Z: EZ 700N$, DZ 1.250N$ / Cheetah Z: EZ 650N$, DZ 1.050N$ / Afri-

can Z: EZ 550N$, DZ 1.050N$ / K2 50N$, K2-5 125N$, K6-12 250N$ // inkl. 1 Gamedrive // Tourguide Hp 248N$ / Zusatzpreise: geführte Tour zum Mount Etjo Gipfel (75N$ pP), Farmrundfahrt 75N$ pP (Min 100N$) ⓘ Rinder, Schaf- u. Ziegenfarm / Kiwi / Ziegenhirten mit anatolischem Schäferhund / Mount Etjo auf der Farm / ***Leopardenprojekt*** Wanderweg 6Std. auf das Mount Etjo Plateau / Farmleben / Bogenschießen & Zielschießen Vegetarisches, indisches und Halal Essen auf Nachfrage, 100N$ extra / Lunchpakete 50N$ keine HausT Duiker, Kuhantilope (Hartebeest), Damara Dik Dik, Springbock, Steinböckchen, großer Kudu, Oryx, Warzenschwein, Berg-Zebra, Löffelhund, Gepard, Leopard, Strauß, Surikate @ enquiry@namibia-farm-accommodation.com # www.namibia-farm-accommodation.com

Omandumba (J25)

[Farm] [Jagd][Camping] 50km westl. Omaruru / Anfahrt: D2315 ☞ Deike & Harald Rust (Deutsch) ✉ Omaruru P.O.Box 129 ✆ 064-571086 081-2453713 wildes Camp in den Felsen ohne Fazilitäten und 3 Plätze mit Fazilitäten beim Haus, unbegrenzte Zahl, Camp bei dem "Living Museum" $ (2012) 70N$ pP 3 Farmzimmer $ (2012) DZ 570N$ pP, K6-12 50% ⓘ Rinder- & Schaffarm / Kiwi: 3 eigene Kinder, Trampolin // siehe Klipp-Schläfer-Höhle liegt im Erongo Gebirge / Felsmalereien & Gravuren / Living museum der San (Mai - Okt.) / ***Rock-Art-Tour 200N$ pP, 4 Std.*** / Literatur: Kletterführer Omandumba, H.H. Gantze 1998 Mineraliensu-

che in Felsen, Wandern im Rivier / alpines Klettern wurde erst 1999 auf der Farm "entdeckt". Wildfleisch, Braaipacks (Grillfleisch) Schönes wildes Campiergelände, Felsmalereien -Tour sehr informativ (150N$ / Std./ Gruppe, max. 6 P. 1 - 3 Std.) (2008), "Living museum" ist ein neues Experiment mit San aus Mangetti nach dem Muster von Grashoek (s. "Gesichter und Geschichten", S. 44-51) @ omandumba@iway.na # www.omandumba.de

Omaruru Game Lodge (J36)

[Lodge] 16km östl. Omaruru / Anfahrt: C33 nach Norden, D2329 (15km) ☞ Thomas Domenig (owner), Carien Rowland (Manager) (Schweizer-Deutsch) ✉ Omaruru P.O.Box 208 ✆ 064-570044 064-570134 088-621139 15 Rondavels (reetgedeckt) (30P), 5 SC-Bungalows (17P) mit Pool (ohne Geschirr) / Buschhaus $ (2013) Bungalow SC 375N$ pP, K4-12 220N$ // Standard: Hp DZ 1.820N$, 1P 1.090N$ / Superior Hp DZ 2.180N$, 1P 1.330N$ K4-12 264N$ / K4-12 330N$ / Zusatzpreise: GameDrive: 300N$ (3P)-230N$(10P) pP ⓘ KonferenzZ 30P ***Hippos & Elefanten*** / privates Tierreservat, Wasserstellen mit Solarpumpen, ***Wasserloch bei der Lodge mit Flußpferden*** / Aussichtsturm geführte Wanderungen Restaurant (Frühstück 80N$, Lunch 100N$, Lunchpakete 65N$, Dinner 150N$) Wlan / Wäscheservice keine HausT gemeines Impala, Schwarznasen Impala, Bleßbock, Duiker, Streifengnu,

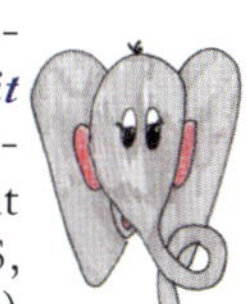

Weißschwanzgnu, Kuhantilope (Hartebeest), Damara Dik Dik, Springbock, Steinböckchen, Eland, großer Kudu, Oryx, Rappenantilope, Wasserbock, Warzenschwein, Giraffe, Steppen-Zebra, Berg-Zebra, Löffelhund, Gepard, Leopard, Wüstenluchs (Karakal, Rotkatze), Erdferkel, Stachelschwein, Nilpferd, Strauß, Breitmaul-Nashorn (weißes), Elefant, Genet @ omlodge@iafrica.com.na, zentrale@domenig.ch # www.omaruru-game-lodge.com 🕮 Schweiz +41-812867300 / Fax: 0041-812867301 / domenig@domenig.ch

Omaruru Guesthouse (J12)

▲ [Gästehaus] 🏘 Omaruru, Ian Scheepers Drive ☞ Mariette & Stefan Jeriga (Deutsch) ✉ Omaruru P.O.Box 92 ✆ 064-570035 📠 088-621005 🛏 18DZ + 2EZ $ (2013) B&B: EZ 420N$, DZ 620N$ ⓘ vormals Hotel Staebe // KonferenzZ ♛ Salzwasserschwimmingpool 🚶 Billardtisch 🍽 Mahlzeiten auf Bestellung 📎 Wlan 🐕 keine HausT (4 eigene Hunde) 👍 Den schönen Campingplatz im Zitrusgarten gibt es nicht mehr. @ hello@omaruru-guesthouse.com # www.omaruru-guesthouse.com

Omaruru Rest Camp (J11)

▲ [Rastlager][Camping] 🏘 Omaruru, Wilhelm Zeraua Road 473 Nord, Omaruru Rivier ☞ Corrie Burger (Afrikaans) ✉ Omaruru P.O.Box 400 ✆ 064-570516 📠 064-571017 📱 081-2444466 ▲ 25 Stellplätze unter großen Bäumen am Omaruru $ 80N$ pP 🛏 24 DZ in Chalets $ Chalets 450N$/550N$ ⓘ Kiwi: kleine Tiere / Rauwi 🍽 Restaurant à la carte, Frühstück 40-60N$ ♿ einige Chalets rollstuhlfreundlich 🐕 HausT ok ⓘ dicht an der Hauptstraße im Ort @ omarururestcamp@iway.na

Omatako (J63)

▲ [Farm][Jagd] 🚗 90km nördl. Okahandja / Anfahrt: B1 nach Norden, D2404, 13km ☞ Angelika & Volker Woortman (Deutsch) ✉ Okahandja P.O.Box 270 ✆ 067-306655 📠 067-306655 📱 081-2332131 🛏 Gästehaus: 3DZ+1 Suite (9-10P) ⓘ Rinderfarm / Fama / Landebahn / Buchung notwendig / Kiwi ♛ Omatako-Berge liegen auf der Farm 🚶 Mit Voranmeldung ist eine Besteigung der Omatakoberge möglich. Touren durch und um die Kegelberge, Bergwandern, Reiten 🍽 Farmprodukte ♿ 1Z rollstuhlgerecht 🐕 keine HausT 🐘 gemeines Impala, Bleßbock, Duiker, Weißschwanzgnu, Kuhantilope (Hartebeest), Damara Dik Dik, Springbock, Steinböckchen, Eland, großer Kudu, Oryx, Wasserbock, Warzenschwein, Steppen-Zebra, Berg-Zebra, Gepard, Leopard, @ omatako@mweb.com.na, omatako@omatako.com # www.omatako.com

Ombarahewa, Jagdfarm (J73)

▲ [Farm][Jagd] 🚗 40km westl. Otjiwarongo / Anfahrt: C38, D2505 Omatjene, ☞ Ulla & H.J. Stechmann / Renate & Friedel Lax (manager) (Deutsch) ✉ Otjiwarongo P.O. Box 361 📠 067-301091 📱 081-4820963, 081-8340395 ▲ kein Camping, aber Platz genug zum Zelten 🛏 Gästehaus mit 3 DZ $ (2007) Jagdtag Vp 75 € / Begleitperson 40€ ⓘ Rinderfarm und Ackerbau / Fama / NRZ ♛ 1 zahmer Gepard / Paresis Berge 🍽 nur Vp 🐘 Damara Dik Dik, Springbock, Steinböckchen, großer Kudu, Oryx, Warzenschwein, Gepard, Leopard, arbeiten CCF zusammen @ stechman1@mweb.co.za, friedl@mweb.com.na # www.friedls-jagdsafaris.com/

Ombu / Okondeka (J28)

▲ siehe Seite 277

Omburo Farm (J37)

▲ [Farm][Jagd][Gäste][Camping] 🚗 28km östl. Omaruru / Anfahrt: D2328/D2329, Schild: "Omburu Health Resort" ☞ Fam. Jürgen Staby (Deutsch) ✉ Omaruru P.O.Box 138 ✆ 064-570691 📠 064-570691 📱 081-1291140, 081-1250114 ▲ Plätze mit 2 Bungalows 🛏 Gästehaus 5 DZ $ (2012) Jagdtag 1:1 180€, 2:1 150€, Begleitperson/Ruhetag 70€ / K12 35@ ⓘ keine Gesundheitsfarm mehr / Rinderfarm / Tagb. 🐘 Duiker, Kuhantilope (Hartebeest), Springbock, Steinböckchen, großer Kudu, Oryx, Warzenschwein, Strauß,

Ombu / Okondeka (J28)

[Farm][Gäste][Jagd][Camping] 50km südwestl. Omaruru / Anfahrt: D2315, D2316 (2009 degradiert zur Privatstraße P2318, 4X4 oder große Bodenfreiheit empfohlen, am Ende der D2316) ☞ Karen & Walter Schmidt (Deutsch/Englisch) ✉ Omaruru P.O.Box 67 ✆ 064-570849 088-624800 2 Plätze, mit Schattendach & Autoschattendach, 12V Licht / 1 einfacherer Platz, weit auseinadergelegen, bei später Ankunft Camping am Farmhaus möglich $ (2012) 80-150N$ pP, K12 frei 6DZ $ (2012) Jagdtag 1:1 200€, Begleitperson 80€ // Vp DZ 530N$ pP / K3-12 300N$ ⓘ Fama, Kiwi: Spielplatz / Stromversorgung 90% aus Solar & Solarwasser Felszeichnungen, Gravuren / liegt im Erongo Krater (=Caldeira) / historische Gräber / Wasserloch / ***zahmes Hartmanzebra und zahmer Klippdachs*** Bergsteigen / Wandern im Erongo Vulkan-Krater (die Farm liegt in dem flachen Krater) Farmprodukte: Biltong, Salami uam., kleine Werkstatt, auch Reifenreparatur HausT ok Duiker, Kuhantilope (Hartebeest), Damara Dik Dik, Klippspringer, Springbock, Steinböckchen, großer Kudu, Oryx, Warzenschwein, Giraffe, Steppen-Zebra, Löffelhund, Leopard, Braune Hyäne, Erdferkel, Strauß, Geier, ***Schlangen Terrarium*** Leser: empfehlenswertes Camping, weil ungestört / Kein Mitglied in der Erongo Conservancy @ ombudeli@africaonline.com.na, ws@africaonline.com.na # www.erongo-ombu.iway.na

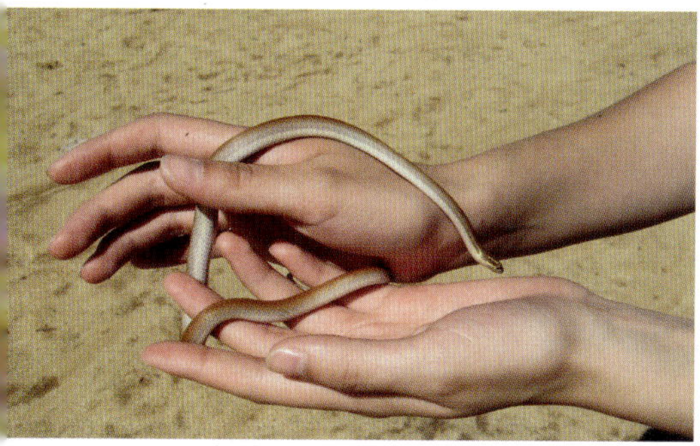

Nicht bei jeder Schlange zum Nachahmen empfohlen

@ dirk@ongeyamasafaris.com Ongeyama Safaris CC, Dirk Rohmann, Swakopmund, P.O. Box 2489, Tel 064-461895, Fax 064-461895, dirk@ongeyamasafaris.com, rita@ongeyamasafaris.com

Ombuwa (J15)

[Farm][Jagd][Camping] 42km südwestl. Omaruru / Anfahrt: D 2315, D2316 (2009: degradiert zur Privatstraße P2318, schlechter Zustand)"hinter" der Farm Eileen ☞ Hubert Schlatter (Deutsch) ✉ Omaruru P.O.Box 547 ✆ 064-571162 064-570162 081-1297145 Plätze 5Z $ (2012) Jagdtag 150€, Ruhetag 60€, Pirschfahrt Begleiter 100€ ⓘ 2013: steht zum Verkauf Felsmalereien, Gravuren / liegt am nördl. Erongo - Kraterrand auf 1792 m Höhe Wandern @ ombuwa@iway.na # http://erongo.wordpress.com/home/

Omukutu (J27)

siehe Seite 278

Ondjamba Herberge (J104)

[Gästehaus] Omaruru, bei der Eisenbahn ✉ Omaruru P.O.Box 9 ✆ 064-570061 081-2777999 Plätze $ (2013) DZ 370N$

Ondombo, Jagdfarm & Gästefarm (J59)

[Farm][Jagd][Gäste][Camping] 45km nördl. Omaruru / Anfahrt: C33 nach Norden, D2338 (1km) ☞ Sylvia & Karsten Friedensdorf (Deutsch) ✉ Kalkfeld P.O.Box 19 ✆ 067-290009 081-3022896, 081-2690838 088-615158 Plätze $ (2012) 65N$ pP Gästehaus 5 DZ $ (2012) B&B: EZ, DZ 40€ pP / Vp: DZ 70€ pP, EZ 80€ // Jagdtag 1:1 180€, 2:1 160€, Ruhetag 70€ / K6-12 50%

Omukutu (J27)

▲ [Camping] 62km südwestl. Omaruru / Anfahrt: D2315 (24km), D2316/F2318 ab Farm Ombu (12km)(4X4) ☞ Mr. J.G. Brunner (Hannes) (Deutsch) ✉ Windhoek P.O.Box 841 ✆ 061-223396 ☎ 061-232924 ▯ 081-1283234 ▲ 2 Plätze / Außen&Innen Duschen / Sundowner Deck / Min 2 Nächte $ (2012) 100N$ pP, K5-12 50% ⓘ Rinderfarm / Kiwi, Rauwi (omukutu = schwarzer Felsen) ♛ Felszeichnungen, Wasserlöcher, beleuchtetes Wasserloch 🚶 Wandern, Bergsteigen 🍽 nur SC, Grillholz erhältlich 🐕 HausT ok 🐘 Damara Dik Dik, großer Kudu, Oryx, Warzenschwein, Giraffe, Berg-Zebra, Leopard, Braune Hyäne, ***Gürteltier*** @ pangolin@iafrica.com.na

/ Zusatzpreise: Flughafentransfer 160€ pFahrt ⓘ Rinderfarm / Fama / Kiwi: Spielplatz ♛ 2 zahme Warzenschweine / 🚶 Wandern / Reiten (inkl.) 🐘 Kuhantilope (Hartebeest), Springbock, Steinböckchen, großer Kudu, Oryx, Warzenschwein, @ kfriedensdorf@iway.na # www.namibia-jagdfarm.com/

Onduasu (J66)

▲ [Farm][Jagd] 21km nordöstl. Kalkfeld / Anfahrt: D2493 ☞ Ute & Kurt Kretzschmar (Deutsch) ✉ Otjiwarongo P.O.Box 235 ✆ 067-306288 💻 088-628435 🛏 Gästehäuser 4DZ $ (2012) Jagdtag 1:1 140€, 2:1 120€, Ruhetag 60€ / K14 30€, K15-16 40€ ⓘ Brahmanenzucht, Schaffarm / Kiwi: Trampolin, Fama / NRZ, Rawi 🐘 Kuhantilope (Hartebeest), Steinböckchen, Eland, großer Kudu, Oryx, Warzenschwein, Giraffe, @ onduasu@iway.na # www.onduasu.de

Onduruquea Lodge (J19)

▲ [Farm][Gäste][Jagd][SC] 40km nördl. Karibib / Anfahrt: C33 nach Norden ☞ Robert Sibold (manager), Monika & Eugen Sibold (Deutsch) ✉ Omaruru P.O.Box 268 ✆ 064-570832 ▯ 081-4787505 / 081-6201111 (Julia-NamibVital) 💻 088-637542 ▲ 5 Plätze mit Strom und Bäumen / Camper können Lodgeaktivitäten mitbenutzen $ (2013) 110N$, K6-14 50% 🛏 5 strohgedeckte Bungalows 10DZ / 1 Luxus-Zelt 4 Betten + 2Kids, Vokü / "Tower House" mit Koch & Bedienung $ (2013) Bungalow: B&B 800N$ pP, Hp 955N$ pP, Vp 1.070N$ pP / Luxury Zelt: 1-2P 400N$ pTag, +1P 200N$ pTag + Reinigungsgebühr 200N$ / K3-5 25%, K6-12 50% / 3 Nächte: Gamedrive inkl. / Zusatzpreise: Gamedrive: 290N$ pP / Sundowner Picknick 290N$ pP ⓘ Fama, Tagb.ok ♛ beleuchtes Wasserloch in der Nähe des Hauses / Sauna / Namib Vital: Wellness Programme: Julia Sibold, vital@namib-guestfarm.com 🚶 Wanderung 🍽 Spezialmenues 📎 Wlan / Wäscheservice 🐕 keine HausT 🐘 gemeines Impala, Bleßbock, Duiker, Kuhantilope (Hartebeest), Springbock, Steinböckchen, Eland, großer Kudu, Oryx, Rappenantilope, Wasserbock, Giraffe, Steppen-Zebra, Strauß, Geier, Adler @ contact@namib-guestfarm.com, robert.sibold@gmx.de # www.namib-guestfarm.com

Ongangasemba (J40)

▲ [Farm][nur Jagd] 68km nordöstl. Omaruru / Anfahrt: C33 nach Norden, D2329, D2404 (18km) ☞ Almut & Immo Wilckens (Deutsch) ✉ Otjiwarongo P.O.Box 492 ✆ 067-306555 ☎ 067-303215 ▯ 081-1283380, 081-2165012 🛏 Gästehaus 2 DZ + 2 DZ gemeins. Bad, WohnZ $ (2012) Jagdtag 1:1 240€, 2:1 190€ pP, 3:1 180€ pP, 4:1 160€ pP, Ruhetag 110€,

Begleitperson 80€ / K12 50€ / Transfer Flughafen HuR inkl. bei 4 JagdT ⓘ Rinderfarm ("Obelix Santa Getrudis Cattle") / geschlossen Dez/Jan ♛ am Omuramba Omatako gelegen / Felsgravuren Wandern, Bergsteigen Bleßbock, Duiker, Kuhantilope (Hartebeest), Damara Dik Dik, Klippspringer, Springbock, Steinböckchen, Eland, großer Kudu, Oryx, Warzenschwein, Steppen-Zebra, Gepard, Leopard, @ onganga@iway.na, ongangasemba@africa-hunting.com #www.wilckensranch.com 🕮 "Die Keiler"

Ongariwanda (J50)

[Farm][Gäste][Jagd][Camping][SC] 80km nordwestl. Omaruru / Anfahrt: C33 nach Norden, D2338, Farmpad ☞ Jennie & Johannie van Rensburg (Afrikaans) ✉ Omaruru P.O.Box 224 ✆ 067-290079 ℻ 067-290079 📱081-2013123 Λ viel Platz für Zelte / Schatten $ (2012) 50N$ pP mit Holz Farmhaus: 3Z, 2Bäder, Vokü (8P) $ (2012) Vp: 600N$ pP // Jagdtag 1:1 200€, 2:1 180€, Ruhetag 100€ / K12 100€ ⓘ Kiwi, bitte vor Ankunft kontaktieren Wanderung, Tennisplatz Weißschwanzgnu, Kuhantilope (Hartebeest), Springbock, Steinböckchen, großer Kudu, Oryx, Warzenschwein, Steppen-Zebra, Gepard, @ ongariwanda@iway.na #www.africa-hunting-safaris.com

Orua (J52)

[Farm][Jagd] 75km nordwestl. Omaruru / Anfahrt: C33 nach Norden, D2338, Kreuzung D2338/D2339 ☞ Silke & Ortwin von Gossler (Deutsch) ✉ Kalkfeld P.O.Box 8 ✆ 067-290119 ℻ 067-290119 Separates Gästehaus 3DZ $ (2012) Jagdtag 1:1 240€, 2:1 190€ pP, 3:1 180€ pP, 4:1 160€ pP, Ruhetag 110€, Begleitperson 80€ / K12 50€ / Transfer Flughafen HuR inkl. bei 4 JagdT ⓘ Rinder & Schaffarm / Fama / Kiwi // Pirschjagd, Bogenjagd ♛ Felszeichnungen gemeines Impala, Duiker, Streifengnu, Kuhantilope (Hartebeest), Springbock, Steinböckchen, großer Kudu, Oryx, Wasserbock, Warzenschwein, Steppen-Zebra, Gepard, Leopard, afrikanische Wildkatze @ orua@iway.na 🕮 "Die Keiler"

Otjandaue (J35)

[Farm][Jagd] 20km östl. Omaruru / Anfahrt: D2328 ☞ Janet & Roy van der Merwe (Afrikaans, Deutsch) ✉ Omaruru P.O.Box 696/8 ✆ 064-570821 📱081-2881882 4 Zimmer / Buschcamp für Jäger $ (2012) Jagdtag 1:1 250€, 2:1 205€, 75€ Nicht-Jagdtag ⓘ Rinderfarm, Luzernfelder, Farmschlachter / 9 Hochsitze an Wasserlöchern, Bogenjagd (Schießbahn) / nur Einzeljäger oder eine Gruppe zu derselben Zeit ♛ am Omaruru-Rivier gelegen / beleuchtete Wasserstelle am Haus gemeines Impala, Bleßbock, Duiker, Streifengnu, Weißschwanzgnu, Kuhantilope (Hartebeest), Damara Dik Dik, Springbock, Steinböckchen, Eland, großer Kudu, Oryx, Wasserbock, Warzenschwein, Steppen-Zebra, Berg-Zebra, @ otjandaue@iway.na #www.otjandauehuntingsafaris.com

Otjikoko (J42)

[Farm][Gäste][Jagd] 65km nordöstl. Omaruru / Anfahrt: C33, D2329 ☞ Andreas Haag (owner), Christian Rink (manager) (Deutsch) ✉ Okahandja P.O.Box 841 ✆ 064-684100 ℻ 064-684101 📱081-2351755, 081-4111111 $ (2012) Jagdtag 1:1 180€, 2:1 150€, Begleitperson/Ruhetag 80€, K6-12 40$ ⓘ seit 1976 Wildfarm ♛ großer See, Zitrusplantage gemeines Impala, Streifengnu, Weißschwanzgnu, Kuhantilope (Hartebeest), Damara Dik Dik, Klippspringer, Springbock, Steinböckchen, Eland, großer Kudu, Oryx, Wasserbock, Warzenschwein, Giraffe, Steppen-Zebra, Gepard, Leopard, Wüstenluchs (Karakal, Rotkatze), Braune Hyäne, Strauß, @ haag@otjikoko.com, haag@gmx.com #www.otjikoko.com

Otjikoko (Pty) Ltd (J39)

[Farm][Jagd] 50km nordöstl. Omaruru / Anfahrt: C33 nach Norden, D2329 ☞ Ursi & Martin Walter (Schwäbisch) ✉ Omaruru P.O.Box 404 ✆ 064-570364 ℻ 064-570365 8DZ $ (2012) DZ Vp 750N$ pP / Jagdtag 1:1 200€, 2:1 150€, Ruhetag 90€ ⓘ Eingang S 21°12,26', E 16°18,00' Wlan / Wäscheservice ♿ ein Zimmer rollstuhlgerecht gemeines Impala, Duiker, Streifengnu, Weißschwanzgnu, Kuhantilope (Hartebeest), Damara Dik Dik, Steinböckchen, Eland, großer Kudu, Oryx, Wasserbock, Warzenschwein, Giraffe, Berg-Zebra, Gepard, Leopard, Lichtensteins Kuhantilope @ mwfarms@iway.na

Otjohotozu (J38)

[Farm][Jagd][Gäste][SC] 15km westl. Omaruru / Anfahrt: D2315, Schild Kati & Stephan Klein (Deutsch) Omaruru P.O.Box 106 064-570336 064-570336 5 Jäger DZ+ 1SC-FZ für Namibier $ (2012) Jagdtag 1:1 180€, 2:1 140€, Begleitperson 85€ Wildfarm / Kiwi keine Zäune / am Kranzberg rollstuhlfreundlich: große Duschen gemeines Impala, Schwarznasen Impala, Klippspringer, Springbock, großer Kudu, Oryx, Giraffe, Berg-Zebra, Braune Hyäne, @ kleinkim@iway.na

Otjompaue (J21)

[Farm][nur Jagd] 30km westl. Omaruru / Anfahrt: D2315 nach Westen Ulricke & Hubert Herzog Omaruru P.O.Box 336 064-570555 064-570556 081-1281970 Plätze 5DZ reine Jagdfarm ohne Zäune ***auf der Farm stellt Omaruru Beverages das Mineralwasser Oasis her*** / Felsmalereien / ***Nashorn Wiedereinführung*** Schwarznasen Impala, Duiker, Streifengnu, Damara Dik Dik, Klippspringer, Springbock, Eland, großer Kudu, Oryx, Warzenschwein, Giraffe, Berg-Zebra, Gepard, Leopard, Wüstenluchs (Karakal, Rotkatze), Strauß, @ info@herzog-hunting.com # www.herzog-hunting.com

Otjongoro (J54)

[Farm][nur Jagd] 80km nordwestl. Omaruru / Anfahrt: C36, D2344, D2351, 8km Schild links A. & A. Koch (Deutsch) Omaruru P.O.Box 76 067-290329 067-290329 2DZ $ (2013) DZ Vp 60€ / Jagdtag 1:1 150€, 2:1 120€ Rinderfarm / Fama, Kiwi Spielplatz Felszeichnungen großer Kudu, Oryx, Bergsandhuhn (Hartlaub Frankolin) @ koch@iway.na # www.koch.iway.na G.Lindemann, Jagdweg 51, D53115 Bonn, Tel&Fax 0049-228-261337

Out of Africa B&B Guesthouse (Otjiwarongo) (J78)

[B&B][SC] Otjiwarongo, Rikumbi Kandanga Str. 94 (früher Tuin Str.) Elke & Leon van Eck (owner) / Elfriede Graf (Afrikaans, Deutsch, Französisch) Otjiwarongo P.O.Box 182 067-303397 067-304383 081-2513623 (Elke van Eck) 20Z + 3 Flats + 2 SC-Flats mit Vokü, aircon $ (2012) B&B: EZ 450N$, DZ 550N$, TZ 650N$ / SC Flat: 4P 600N$, 5P 700N$ / K5-10 50% / Luxury B&B: EZ 550N$, DZ 650N$ 2 Schwimmbäder 1 Z rollstuhlfreundlich StandardZ ohne Teppich: HausT ok @ levaneck@iway.na 061-245861, 081-2513623

Out of Africa Town Lodge (J79)

[Lodge][SC] Otjiwarongo, Long Str. Elke & Leon van Eck (Afrikaans, Deutsch) Otjiwarongo P.O.Box 182 067-302230 067-302236 20DZ 2-3P, 1 Flat 4-6P $ (2012) B&B: EZ 570N$, DZ 670N$, TZ 825N$, QZ 925N$ / Luxury B&B: EZ 670N$, DZ 770N$ / SC Flat: 4P 895N$, 5P 995N$, 6P 1.095N$ / K5-10 50% / siehe auch Out of Africa B&B, Planet Africa Backpackers / Lapa für Hochzeit, KonferenzZ 80P +40P Restaurant à la carte rollstuhlfreundlich @ levaneck@iway.na # www.outofafrica.com

Ovita Game & Hunting (J3)

[Camping][Farm][Gäste][Jagd] 74km nordwestl. Okahandja / Anfahrt: B1 nach Norden, D2110 (50km), D2121 (20km) Claus Nebe / Wiebke Schlettwein (Deutsch) Okahandja P.O.Box 104 062-500760 062-500761 081-3176319 5 Plätze mit A-Dach-Schatten, Strom $ (2012) 120N$ Pp, "grand site" 80N$ Pp 7DZ $ (2012) Vp 80€ / K6-12 40€ inkl. 1 Farmrundfahrt / Jagdtag 1:1 210€, 2:1 180€,

Begleitperson/Ruhetag 80€ ⓘ Farm Ongombeanavita No. 22 / Fama / Tagh.ok, Kiwi sehr viele Wasserlöcher und Dämme Wandern, Mountainbike / Vogelbeo+Wildbeo. an Wasserlöcher möglichst alles von der Farm / Farmstall / Lunchpakete Wlan alles rollstuhlfreundlich keine HausT gemeines Impala, Streifengnu, Weißschwanzgnu, Kuhantilope (Hartebeest), Springbock, Eland, großer Kudu, Nyala, Oryx, Pferdeantilope, Wasserbock, Warzenschwein, Giraffe, Steppen-Zebra, Berg-Zebra, Gepard, Leopard, ***Krokodil***, Lechwe / ***Weißrückengeier, Ohrengeier*** trotz Jagd sind sehr viele Tiere nahe zu beobachten, ***auch Geier, viele brütende Geier*** @ info@ovitahunting.com # www.ovitahunting.com

Planet Africa Backpackers (J88)

[Back-Packer][SC] Otjiwarongo, Bahnhofstr. Elke & Leon van Eck / Marti (manageress) (Afrikaans) Otjiwarongo P.O.Box 182 067-307177 067-304383 088-636445 18Z = 40B mit Gemeinschaftsküche $ (2012) EZ 300N$, DZ 400N$ / Gruppenpreise Frühstück in der Out of Africa Lodge (J39) Wlan, s. Out of Africa J79 HausT ok @ outofafrica@iway.na, levaneck@iway.na

RB Farm Omapyu Nr. 75 (J17)

[Farm][Gäste][Jagd] 21km südöstl. Omaruru / Anfahrt: C36 Richtung Whilhelmstal Rolf Becker (owner), Frau Sibold (manageress) (Deutsch) Omaruru P.O.Box 425 064-570811 064-570811 2 Bungalows je 4DZ + 2 Jäger DZ + 1 VIP Z $ (2012) Bungalow Vp: EZ 95€, DZ 80€ pP / VIP 140€ pP / Jagdtag 1:1 205€, 1:2 180€ ⓘ Jäger und "Touristen" getrennt / Kiwi Quellen wie Groß Barmen Reiten für gute Reiter (1Std 30€) /Kutschenfahrten (1Std 50€ pKutsche) / Sundownerfahrt (1-2P 30€) / Jakuzzi nur Vp gemeines Impala, Bleßbock, Springbock, Eland, großer Kudu, Oryx, Warzenschwein, Giraffe, Gepard, Leopard, Wüstenluchs (Karakal, Rotkatze), Strauß, keine Raubtierjagd @ info@rb-farm.de # www.rb-farm.de J. Becker, Tel: +49-5542-933940 / Fax: +49-5542-933950

Rhino Lodge (J64)

ⓘ siehe „Mount Etjo Safari Lodge (J64)" S. 272

River Guesthouse (J13)

[B&B][Camping] Omaruru, Dr. I. Scheepers Drive, gegenüber des "Franketurms" Eckhardt Mittendorf (Deutsch) Omaruru P.O.Box 530 064-570274 064-570274 081-1245365 6 Stellplätze $ (2013/2014) 100N$ pP Haus im Hacienda Stil: 6DZ $ (2013/2014) B&B: EZ 440N$, DZ 345N$ pP ⓘ früher La Residencia / Kiwi geführte Quadbiketouren Restaurant / Veranstaltungen möglich behindertenfreundlich keine HausT @ eckmitt@iway.na # www.river-guesthouse.com

RL - Farm (J18)

[Farm][Jagd][SC-Haus] 42km nördl. Karibib / Anfahrt: C33 nach Norden R.G. Leissler (owner), I. + C. Mentrup (manager) (Deutsch) Omaruru P.O.Box 170 064-570657 064-570658 081-1273040, 081-1274050 5DZ + 2SC-Bungalow (4P, min 2 Nächte) $ (2013) SC-Bungalow 500N$ // Jagdtag 1:1 120€, 1:2 150€ / Zusatzpreise: Flughafentransfer 180€ pAuto max 7P ⓘ Wildfarm / Bogenjagd (Bogen mitbringen), Kiwi ***3 Pferde und 6 Shetland Ponys / Pony -Zucht*** ***Micro-Light Fl***üge, Sauna, Quadbike (20€ pStd), 4X4 Trail mit eigenem Wagen 2 bungalows behindertengerecht keine HausT großer Kudu, Oryx, Warzenschwein, 20 Arten @ rlfarm@iway.na # www.rl-farm.de

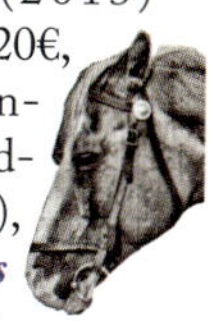

Rodenhof (J67)

▲ [Farm][Jagd] 24km nordöstl. Kalkfeld / Anfahrt: C33 nach Norden, Schild 7km Farmpad ☞ Tish & Uwe Todtenhöfer (Deutsch) ✉ Otjiwarongo P.O.Box 7 ✆ 067-290104 ✆ 067-306289 4DZ $ (2012) Jagdtag 1:1 200€, 1:2 180€, Ruhetag 85€ pP ⓘ Rinderfarm / Fama, Bogenjagd / Kiwi keine HausT gemeines Impala, Duiker, Weißschwanzgnu, Kuhantilope (Hartebeest), Springbock, Steinböckchen, Eland, großer Kudu, Oryx, Wasserbock, Warzenschwein, Giraffe, Steppen-Zebra, Gepard, Leopard, Strauß, 27 Tierarten # www.rodenhof-safaris.com

Roidina Nature Farm (J56)

▲ [Farm][Gäste][Jagd] 20km nördl. Omaruru / Anfahrt: C33 nach Norden, 20km Schild ☞ Inge & Thomas Mausberg (Deutsch) ✉ Omaruru P.O.Box 259 ✆ 064-571188 ✆ 064-570883 081-3669818 5 reetgedeckte Chalets +1 Suite $ (2012) Bungalow Hp: 2P 800N$ pP, 1P 1.030N$ / Suite Hp 2P 920N$ pP, 1P 1.200N$ / K4 frei ⓘ Beleuchtete Wasserstelle am Haus / Airstrip 3 Riviere, Kakteengarten / Farm 1908: Baron von Maltzahn / „Berghütte" // Inge ist eine „Shamanic Healing Practicitioner" Farmprodukte, Spezialdiäten Wlan / Wäscheservice Duiker, Damara Dik Dik, Steinböckchen, großer Kudu, Oryx, Warzenschwein, Berg-Zebra, Gepard, Leopard, Strauß, nur ruhige Kinder willkommen / weitere Infos auf der Webseite @ reservation@roidina.com, inge@roidina.com # www.roidina.com, www.roidina-centaurus.com

Rüppell Farm (J60)

▲ [Farm][Gäste][Jagd][Camping] 55km nördl. Omaruru / Anfahrt: C33 nach Norden, D2337, 18km Schild ☞ Petro & Jan van Rensburg (Englisch) ✉ Omaruru P.O.Box 228 ✆ 067-290178 081-3559620 (Jan), 081-2375210 (Petro) 088-617138, skype: jan.petro.van.rensburg Λ 1 exklusiver Platz, schattig unter einem großen Baum $ (2012) 110N$ pP 5 Z= 2DZ, 3 TwZ, 1 EZ / 1DZ+1Tw = FZ $ (2012) Hp: DZ 560N$ pP / K7-14 50% // Jagdtag 1:1 330US$, 2:1 280US$, Begleitperson/Ruhetag 140US$ ⓘ Rinder & Schaffarm / Fama / Pfeil&Bogen Jagd /Kiwe: spezielle Touren für Kinder, viele kleine Tiere Rinder+Schafe / ***weiße Ziegen aus Saanen für Fetakäse*** / Anatolischer Wachhund / Felszeichnungen / Höhle / Wandern / Braai auf einem Granitfelsen selbstgemachter Käse, eigene Lbm keine HausT / Ziegen zum Streicheln Damara Dik Dik, Springbock, Steinböckchen, großer Kudu, Oryx, Steppen-Zebra, Gepard, Leopard, @ ruppell@iway.na (mit 2 ll), ruppell@africahuntnamibia.com # www.africahuntnamibia.com/

Schönfeld Castle Lodge (J49)

▲ [Farm][Gäste][Jagd] 45km nördl. Omaruru / Anfahrt: C33 nach Norden, D2337 (14km) ☞ Elke & Hartwig von Seydlitz (Deutsch) ✉ Omaruru P.O.Box 382 ✆ 067-290090 ✆ 067-290190 081-1272377, 081-1298999 8DZ + 1TZ mit Bad $ (2013) B&B DZ 555N$ pP / Pensionäre 10% weniger // Jagdtag 1:1 235€, 2:1 210€, Begleitperson/Ruhetag 130€ ⓘ Kiwi, Fama, Bogenjagd Seydlitz Burg von 1913 / Bücherei / Wildgehege am Haus: Stachelschweine, Honigdachse, Wildkatze / ***8 halbzahme Geparden*** / Felszeichnungen Wandern, Bergwandern, 4X4 Trails, Reiten / Fahrradtouren / Cessna Miete / naturkundliche Führung / ***Geierfütterung / Gepardenfütterung*** gemeines Impala, Bleßbock, Duiker, Kuhantilope (Hartebeest), Klippspringer, Springbock, Steinböckchen, Eland, großer Kudu, Rappenantilope, Wasserbock, Warzenschwein, Giraffe, Steppen-Zebra, Gepard, Geier, @ Schoenfeld.safaris@gmail.com # www.schoenfeldsafaris.com

Spitzkoppe Camp (J33)

▲ [Kommunales Camping + Bungalows] 66km westl. Usakos / Anfahrt: B2 Richtung Swakopmund, D1918 (18km), D3716 (11km) ☞ Community of Spitzkoppe: Alex Thompson (Manager) (Nama/Damara) ✉ Usakos P.O.Box 357 081-8552140, 081-8502566 ▲ 12 Plätze rund um die Spitzkoppe, 2012 mit Wasserhahn, WC, Schlafplattform, Solarlicht und Grill / 20 Plätze ohne Fazilitäten $ (2013) 100N$ pP + 150N$ pSite / Namibian: 80N$ pP + 130N$ pP // K6-12 65N$ 5 reetgedeckte Bungalows mit Außentoilette $ (2013) Bungalow B&B: 350N$ pP / K6-16 50% / Zusatzpreise: Eintritt 50N$ pAuto ⓘ liegt direkt an den Spitzekoppebergen / verpachtet für 10 Jahre von der Community Anfangsunterstützung durch die Konrad Adenauer-Stiftung Natürliche Pools, Spaziergänge, kleine Wanderungen, Bergsteigen, Felszeichnungen, Donkeykarrenfahrt / Etwa 50 Sportkletter- & 55 alpine Routen gibt es im Gebiet der Spitzkoppe. Infos: ehaber@polytechnic.edu.na // Führer zu den Felszeichnungen 150N$ pGruppe Essen auf Bestellung Bar / Souvenirladen empfehlenswert: besonders für Kinder, Höhlen und viele Klettermöglichkeiten / viele kleine Händler bieten Mineralien an / (2012: Anstieg zu Felszeichnungen: Seil niedrig & Felsen rutschig) @ info@spitzkoppe.com # www.spitzkoppe.com auch Logufa

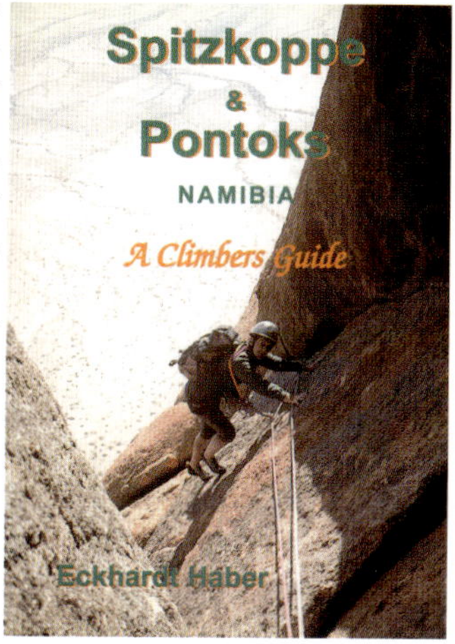

Blue Mountain Publishers
2001 Cape Town

Spitzkoppe Camp (J33)

siehe Seite 283

Staebe, Hotel (J12)

ⓘ siehe „Omaruru Guesthouse (J12)" S. 276

Transvaal Omatako Safaris (Otjiwarongo) (J69)

[Farm][nur Jagd] 70km südl. Otjiwarongo / Anfahrt: B1, D2483, "Auf der Mount Etjo Straße von Sukses nach Otjiwarongo" 11km ☞ Sonja Kasch & Peter Hanssen (manager) (Deutsch) ✆ 067-306272 067-306272 3DZ ⓘ Rinderfarm / Fama, Kiwi / Bogenjagd Reiten keine HausT Duiker, Kuhantilope (Hartebeest), Springbock, Steinböckchen, großer Kudu, Oryx, Strauß, @ transfar@iway.na

Villa Oleandra (J105)

[Gästehaus][SC] Omaruru, Spoorweg 22 ☞ The Charming Houses (Claudine) / Isak (manager) (Englisch) 081-3324293 SC Villa mit 2DZ (Vokü) $ (2012) Villa: 1-2P 1.600N$, 3P 2.200N$, 4P 2.500N$ ⓘ gehört zu Villa Margherita Swakopmund G155 / nur Vorausbuchung mit Bezahlung großer, tiefer beheizter Pool @ info@villamargherita.com.na # www.villamargherita.com.na 064-400131

Village Boutique Hotel (J86)

[Hotel] Otjiwarongo, 45 Hage Geingob Street ☞ Elke & Leon van Eck (Afrikaans) ✉ Otjiwarongo P.O.Box 182 ✆ 067-303397, 067-306679 085-6000911 088-6516900 28DZ, aircon $ (2013) EZ 670N$, DZ 770N$, TZ 870N$ (extra Matratzen 100N$) keine HausT @ levaneck@iway.na, infovillage.iway.na

Waltershagen (J68)

ⓘ ist die Jagdfarm von Kuhwerder J68

Westrand (J83)

ⓘ siehe Farm Wesrand

Wewelsburg (J1)

[Farm][Camping][Jagd] 90km nördl. Okahandja / Anfahrt: B1 nach Norden, vor der Kreuzung mit D2404 Schild 1km Farmpad ☞ Annegret & Hans-Jürgen Bahr (Deutsch) ✉ Otjiwarongo P.O.Box 951 ✆ 067-306646 einfache, schattige Plätze, am Farmhaus, bis zu 20P $ (2012) 50N$ pP ⓘ Kiwi: Bauernhof // Picknick möglich Damm in der Nähe des Hauses zum Bootfahren / Farmrundfahrt HausT ok netter Halfway-Platz zwischen Okahandja und Otjiwarongo, zwischen Federvieh @ bahrcamp@mweb.com.na

Yakandonga Lodge (J72)

[Farm][Gäste][Jagd][Camping][SC] 45km südl. Otjiwarongo / Anfahrt: C33 ☞ Yolande & Henry Peters (Afrikaans, Deutsch) ✉ Otjiwarongo P.O.Box 1804 ✆ 067-306512 067-306512 3 Plätze SC - Familienchalets 2E+2K, Zelte, Buschcamp $ (2007) B&B 550N$ pChalet ⓘ Biltong- u. Trophäenjagd altes deutsches Fort Wandern Restaurant à la carte Wäscheservice Bleßbock, Duiker Kuhantilope (Hartebeest), Damara Dik Dik Eland, großer Kudu, Oryx, Steppen-Zebra Berg-Zebra, @ accommodation@yakandonga-lodge.com # www.yakandonga-lodge.com

Zipser Gästefarm (J101)

[Farm][Gäste][Jagd] 35km nordwestl Omaruru / Anfahrt: C36 7km Richtung Uis, D2344 nach Omajette ☞ Louis Pienaar ✉ Omaruru P.O.Box 55 ✆ 064-571116 064-571116 1TwinZ, 4DZ, 1 EZ $ (2012) Jagdtag 1:1 150€, 2:1 100€, Ruhetag 50€ // Vp 50€ ⓘ Schweinezucht, auf der Zusatzfarm wird Gemüse für die Schweine angebaut (Kürbis, Luzerne, Rotebeete, Mais Karotten,..) / beliefern Immenhof Felszeichnungen Angeltouren am Meer / Reiten keine Hunde, weil 2 große Hunde auf der Farm sind gemeines Impala, Bleßbock Streifengnu, Weißschwanzgnu, Kuhantilope (Hartebeest), Springbock, Steinböckchen Eland, Berg-Zebra, @ zipser@iway.na

Malaria

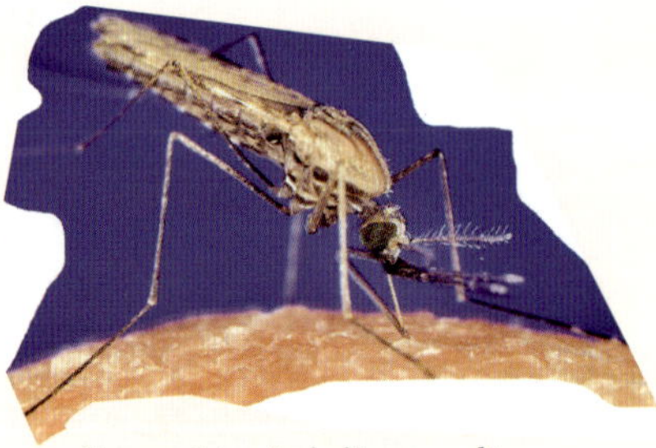

Zu recht wird diese weltweit verbreitete Krankheit auch in Namibia gefürchtet. Dank des teilweise ariden bis semiariden Klimas gibt es jedoch Zonen im Land, die sogar malariafrei sind. Offizielle Einteilung des Landes nach Risikogebieten:

Ganzjähriges hohes Risikogebiet:
Flußniederungen im Caprivi /Zambesi
Hohes saisonales Risikogebiet:
Zambesi und Okavangogebiet bis Maun
Mittleres saisonales Risikogebiet:
Etosha, Owambo, östlicher Kunene
Geringes saisonales Risikogebiet:
Südlich von Etosha bis Windhoek
Kein Risikogebiet:
Küste, Namib, Süden, Südwesten, Nordwesten

„Saisonal" bedeutet, daß die Moskitos nach Beginn der Regenzeit, also etwa ab November bis Ende Mai, aktiv sein können.

In den trockenen Wintermonaten, also außerhalb der „Saison" - Juni bis Oktober - sollte man außer im höchsten Risikogebiet wegen der Nebenwirkungen lieber auf die Prophylaxe verzichten. Im „gering saisonalen Risikogebiet" wird die Prophylaxe auch im Sommer (=Saison) nicht für notwendig erachtet.

Übertragung der Malaria

Die weibliche Anopheles „sticht" dadurch zu, daß sie durch die Haut hindurch mit ihrem Rüssel Blut aufsaugt. Der Rüssel des Männchen ist dazu zu schwach. Ist der Gestochene bereits infiziert, werden einige der Erreger mit dem Blut von dem Moskito aufgesogen. Sie vermehren sich dann in dem Moskito, so daß er beim nächsten Stich die Parasiten weitergibt. Nur die bereits infizierte Anopheles überträgt daher die Krankheit Der Parasit „Plasmodium falciparum" ist für 90% der Malariafälle im südlichen Afrika verantwortlich und kann bei Nichtbehandlung tödlich verlaufen.

Verlauf

Die Parasiten vermehren sich in der Leber, besetzen die roten Blutkörperchen, vermehren

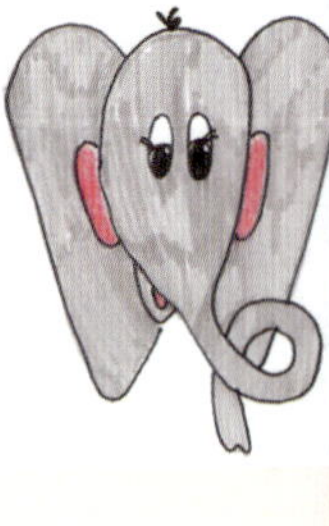

Bester Schutz gegen Moskitos

sich weiter durch Zellteilung, brechen diese Zellen irgendwann auf und entlassen Parasiten in die Blutbahn, und zwar alle zur selben Zeit. Das verursacht nach 10 Tagen die bekannten Symptome: Für einige Stunden hohes Fieber mit Kopfschmerzen, Schüttelfrost, Gliederschmerzen, Übelkeit und Erschöpfungszustand, was leicht mit einer Grippe verwechselt werden kann. Bei Nichtbehandlung kann der sich wiederholende Zusammenbruch der roten Blutkörperchen Anämie, Gelbsucht, eine zerebrale Malaria, Schwarzwasserfieber und eine ständige Immunschwäche verursachen.

Die **schnelle klinische Behandlung** kann so erfolgreich sein, daß keine Folgen zurückbleiben, und zwar neuerdings auch mit Artemisininen - Beifuß - ohne Nebenwirkungen. Zu den Vorbeugemaßnahmen gehört die Malariaprophylaxe mit der Kombination aus Chloroquin und Proguanil (jeweils wöchentliche und tägliche Einnahme), mit der eine Woche bis 24 Stunden vor Betreten des verseuchten Gebiets begonnen und die 3 Wochen danach fortgesetzt wird. Als Alternative kann man auch Lariam/Mefliam 1x wöchentlich schlucken. Wenn man die Nebeneffekte fürchtet - Magenschmerzen und Halluzinationen - empfiehlt sich täglich eine Malarone, die bislang mit 5Euro/Tag extrem teuer ist. Die Tabletten erhält man in allen namibischen Apotheken, oft preiswerter als in Deutschland.

Zusätzliche Schutzmaßnahmen

Da die Prophylaxe keinen absoluten Schutz gewährt, sollte man folgendes beachten:

Bei Sonnenuntergang und nachts helle langärmelige Hemden, lange Hosen und Strümpfe tragen, außerdem sich einreiben und auch das Moskitonetz mit einem Insektenabwehrmittel imprägnieren. Räucherstäbchen und akustische Vertreiber können helfen. Zelt- und Caravanwände können mit Insektengift besprüht werden, da Moskitos nach dem Anflug sich erst einmal an einer Wand „ausruhen“. ***Man kann es auch wie die Buschmänner machen: Um das Lager herum wird trockener Elefantendung verbrannt, der fliegende Insekten vertreibt.*** Als alte Hausregel wird weitergegeben: Viel Knoblauch essen und chininhaltige Getränke wie Tonic Water trinken.

Moskitonetze liefert in allen Größen in Namibia **Mossi-Nets**. Sie sind in den Postämtern (!), Apotheken und Ausrüstungsshops zu kaufen.

Region K: Etosha & angrenzender Süden

Karte siehe Seite 290

Dieser nördliche Teil des zentralen Gebiets umfaßt den Nationalpark Etosha bis zur Grenze zum zentralen Norden. Im Osten wird die Region begrenzt durch die B1 von Otjiwarongo nach Namutoni, dem östlichsten Rastlager in Etosha, im Westen durch die Straße von Khorixas nach Kamanjab. Der Etosha Nationalpark ist nicht nur in dieser Region die wichtigste Attraktion für die Touristen, sondern auch ein namibisches Aushängeschild, weshalb wir einige Probleme dieses Parks zu Beginn der Vorstellung dieser Region kurz erwähnen möchten.

100 Jahre Naturschutzpark Etosha

Anläßlich der 100Jahrfeier von Etosha, 2007, wurden die 3 älteren Camps in Etosha renoviert; nach dem 1.11.07 wurden sofort die Preise verdreifacht (!), da die offizielle Tourismuspolitik vor allem auf den Luxustourismus setzt. (*siehe Seite 294*) Endlich wurde auch der tierreiche Westen, wie eigentlich schon lange geplant, mit einem neuen Camp erschlossen: DOLOMITE Camp. Die wenigen Picknickareale und WCs zwischen den Camps, das Wegenetz, die Camps für Gruppen, Zelter und Dachzeltreisenden sind in ihrem desolaten Zustand bis heute (2013) belassen worden. Außerdem wird moniert, daß die Zäune nicht repariert werden, so daß immer wieder Raubkatzen sowie Elefanten vor allem in den Norden „ausbrechen" und dort ggf. als „Problemtiere" oder Trophäentiere erschossen werden (müssen). Regelmäßig erhalten auch die Restcamps Besuch von Wildtieren, die eigentlich „ausgeschlossen" sein sollten: Schakale in Okaukuejo, Honigdachse in Halali, selbst Löwen hatten sich bereits in die Camps verirrt. Auch ungenügende Feuerschneisen sowie fehlende Ausbildung der Angestellten sollen dafür mitverantwortlich sein, daß 2011 bei einem Veldbrand 131 Tiere umkamen. Abschüsse von Tieren aus verschiedenen Gründen finden häufig im westlichen Teil des Parks statt. 2013 hat die Regierung beschlossen, in allen Park umfangreiche „Ernten" zu veranstalten, um den Fleischbedarf der von der Dürre Betroffenen zu decken, obwohl diese im Anbetracht des Zustands der Weide zu viel Großvieh und auch viel zu viele Kleintiere selbst haben. Jede Fahrt durch das

Orxye vor der Salzpfanne des Etosha Nationalpark

kommunale Gebiet wird das Ihnen bestätigen.

Da der weitläufige Westen des Parks immer noch nicht ohne besonderes Permit zugänglich ist, ein Drittel des Nationalparks die „wüste“ Salzpfanne ausmacht, drängeln sich die Besucher an den wenigen verfügbaren Wasserlöchern trotz der so gepriesenen Größe des Parks.

Das Wasserloch im Camp Okaukuejo ist bei allen negativen Schlagzeilen, die der Park immer wieder provoziert, in seiner Attraktivität allerdings nicht zu übertreffen, so daß besonders dieses Camp immer gut besucht ist und die Besucher nächtelang anzieht.

Die hohen Preise werden auf jeden Fall immer mehr Namibier, selbst wenn sie eine Ermäßigung auf den Eintritt erhalten, von einem Besuch abhalten, was bedauerlich ist, da die Mehrheit der Bevölkerung noch nie einen Elefanten oder Löwen gesehen hat!

Lodges am Rande des Parks

Viele Besucher Namibias wollen sich in Etosha den Wildreichtum nicht entgegen lassen, ziehen dann eine Lodge am Rande des Parks für ihren Aufenthalt vor und besuchen den Park als Tagesgäste.

Besonders in dem Gebiet, das an den Nationalpark Etosha grenzt, wurde in den ersten Jahren der Unabhängigkeit die Farmerei mit Rindern zugunsten der Wildfarmerei aufgegeben. Viel Luxus mit WELLNESS wird seitdem angeboten; da die Konkurrenz um die begrenzte Zahl von Besuchern aber groß ist, haben manche inzwischen wieder aufgegeben: TRUMMI verzeichnet seit 2008, seit seiner letzten Ausgabe also, so viele „feindliche Übernahmen“, Schließungen und Besitzerwechsel, daß es schwierig ist, in diesem Bereich „up to date“ zu bleiben, zumal es kein zentrales Verzeichnis gibt. Hier ein Auszug aus unserer Datei:

Gondwana übernahm Etoscha Safari und Lodge (K20), Naua Naua wurde zu Harnas Etoscha (K13), Farm Leicester (K7), Ombundja Wildlife (K24), Undundu (K48),und mehrere neue Unterkünfte in Outo wurden geschlossen, die Etosha Mountain Lodge bewirtschaft die Serengetti Farming Cooperation, Farm Holstein (K26) steht zum Verkauf, und andersherum: Das vorübergehend geschlossene Setenghi eröffnete als Sasa Safari Camp (K99) wieder neu usw.

Ortschaften suf dem Weg: Outjo und Kamanjab

Die Teerstraßen B1 und C38 sind von Windhoek aus die kürzeste Verbindung zum Etoshapark, und zwar zum westlichen Camp Okaukuejo (5 Std. reine Fahrzeit). Outjo, 74km vor dem Andersson-Gate von Etosha, ist der letzte Versorgungsplatz vor Einfahrt in den Park. Direkt neben dem gut sortierten Supermarkt gibt es einen ausgezeichneten Schlachter. Der Ort hat auch gute Werkstätten, Apotheken und einen kleinen Gesundheitsdienst. Kamanjab verfügt über einen kleinen Supermarkt (an der Tankstelle), und ein großes Getränkedepot daneben hält auch gute südafrikanische Weine für die nicht so kulinarischen Tage im Kaokoveld bereit.

Man fährt fast ausschließlich entlang von Zäunen durch kommerzielles Farmgebiet. Nur im Westen erlebt man den Beginn der kommunalen Gebiete der Damara bei Khorixas und Kamanjab. Kommerzielle Farmer wurden im Verzug des Odendaal-Plans von hier aus 1968 in das zentrale Nambia zwangsumgesiedelt, um ein zusammenhängendes „Homeland“ zu schaffen. Bereits von der Pad aus kann man die Unterschiede in der Bewirtschaftung durch kommunale und kommerzielle Farmer erkennen.

Gen Norden wird es immer heißer, und die Tag- und Nachtunterschiede werden geringer. Leider muß ab Otjiwarongo in der Sommerzeit, nachdem es geregnet hat, abends mit der Aktivität der Malariamücke gerechnet werden

Literatur:

☞ Artikel siehe „Malaria“ S. 286.
☞ siehe „Namibia“: S. 406 - 418, S. 500 – 508

Region K - Etosha & angrenzener Süden

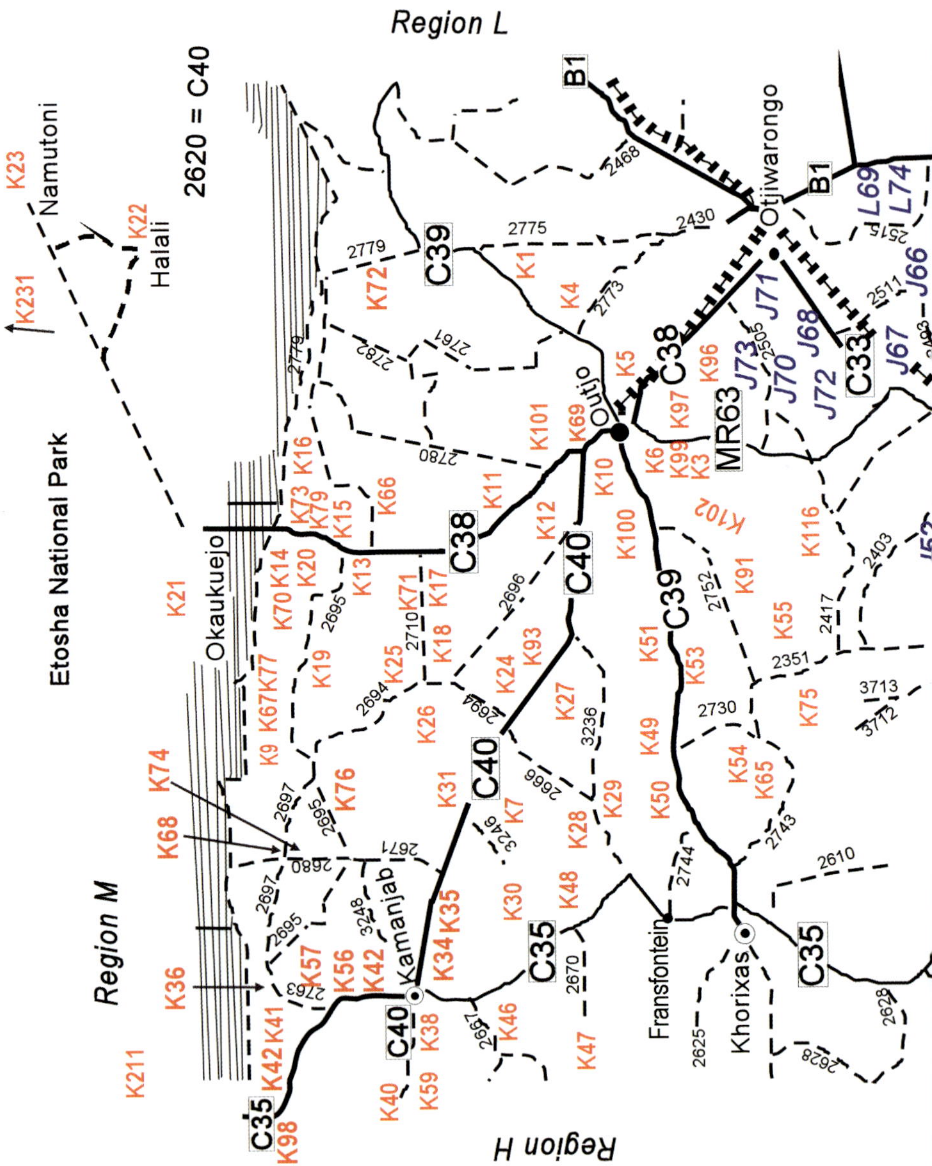

In der Liste sind alle Nummernschwarz, die nicht in Ortschaften sind

K1 Otjitoroa
K3 Bergplaas Safari Lodge
K4 Gamkarab Horse Safaris
K5 Ombinda Country Lodge
K6 Oppiklippe
(K7 Farm Leicester)
K8 Aloë Guest House Outjo (in Outjo)
K9 Farm Windpoort
K10 Buschfeld Park Rest Camp
K11 Namatubis
K12 Matunda Guest Farm
K13 Harnas Etosha
K14 Ongava
K15 Etosha Gateway Lodge
K16 Tarentaal Guestfarm
K17 Vreugde
K18 Buschberg Gästefarm
K19 Eagle Tented Lodge
K19 Epacha Game Lodge & Spa
K20 Etosha Safari Camp
K20 Etosha Safari Lodge
K21 Okaukuejo
K22 Halali
K23 Namutoni
(K24 Ombundja Wildlife Lodge)
K25 Byseewah
K26 Holstein
K27 Transvaal (Outjo)
K28 Dameron Jagdfarm
K29 Danubé Jagd u. Gästefarm
K30 Otjitambi
K31 Westfalen
K34 Otjitotongwe Cheetah Farm
K35 Jakarongo Camping Site
K35 Onjowewe House
K36 Ekongo Jagdfarm
K37 Oase Garni Gästehaus (in Kamanjab)
K38 Kamanjab Restcamp
K40 Klein Liechtenstein
K41 Rustig Toko Lodge
K42 Vaalberg
K42 Alpec Bushcamp Gamepark
K46 Vieranas Gamefarm
K47 Huab Lodge
K48 Ondundu Wilderness Lodge
K49 Saturn (Wild & Gästefarm)
K50 Bambatsi Gästefarm
K51 Geluksspoort
K53 Ongue Jagd
K54 Vingerklip Lodge
K55 Farm Moselle
K56 Safari Farm
K57 Gelbingen Lodge
K58 Oppi Koppi (in Kamanjab)
K59 Porcupine Camp
K60 Omburo Jagdfarm
K65 Ugab Terrace Lodge
K66 Ombengu Safari Lodge
K67 Stillerus Hunting Farm
K68 Etosha Mountain Lodge
K69 Etotongwe Lodge Outjo
K70 Andersson´s Camp
K71 Onduri Hunting Safaris
K72 Mondjila Safari Camp
K73 Taleni Etosha Village
K74 Etosha Heights
K75 Omburo-Ost
K76 Bakenkop Game Ranch
K77 Avondvrede
K79 Eldorado
K91 Okonguarri Wilderness
K93 Ohorongo
K94 Dan Mari B&B (in Outjo)
K95 Kai-Oms (in Outjo)
K96 Gerus Accommodations
K97 Kudu Game Ranch
K98 Blyerus Camp
K99 Sâsa Safari Camp
K100 Sophienhof Lodge
K101 Mamselle Nature Camp
K102 Liebenwerda
K116 Omakune
K211 Dolomite Camp
K231 Onkoshi Camp

auf der Karte Region J
J52 Orua
J66 Onduasu
J67 Rodenhof
J68 Kuhwerder
J70 Hazeldene
J71 Mount Paresis
J72 Yakandongo Lodge
J73 Ombarahewa

auf der Karte Region L
L69 Ozonduno
L74 Otjiwa Game Ranch

Aloë Guest House Outjo (K8)

[B&B] Outjo, Harold and Lategan Str. 45 Nico Theart (Afrikaans) Outjo P.O.Box 312 067-313291 067-313291, 067-313944 081-2626610 (Nico) 5 DZ $ (2013) B&B: EZ 220N$/ 280N$, DZ 300N$ / 400N$ verbunden mit Etotongwe Lodge. keine HausT @ aloeguest@iway.na

Alpec Bushcamp Gamepark (K42)

[Farm][Wild][SC] 8km nördl. Kamanjab / Anfahrt: C35, Flaggen Albert F. Weitz (Englisch) Kamanjab P.O.Box 48 067-330255 081-4622933[4] 6 Plätze $ (2012) 120N$ pP 1 Bungalow, 5 Luxus-Zelte $ (2012) 250N$ pP, B&B 350N$ pP gehört zu Vaalberg Wanderung, Gamedrive (180N$) / Tagesausflug zum Dolomitecamp in Etosha mit Frühstück in Etosha Restaurant Autorep. möglich keine HausT @ alpecbushcamp@gmail.com #www.alpecbushcamp.com

Andersson´s Camp (K70)

[Luxuszeltlodge] 95km nördl. Outjo / Anfahrt: C38 nach Norden (88km), Schild Farmpad 7km Wilderness Safaris (Englisch) 20 Zelte auf Plattformen, 4 davon können zu Familienzelten werden / 4 Guide DZ (=40P+6 Guides) $ (2013/2014) Hp DZ: 1.901N$ pP [2.263N$ pP] / FI DZ: 4.044N$ pP [4.421N$ pP] // in Klammern High 15.6-31.10 // FI (fully inclusive= alles inkl.) Vp inkl. 2 Aktivitäten, Getränke liegt im Ongava Game Reserve auf der Farm Leeupoort (=Löwenpforte) beleuchtete Wasserstelle, solarbeheiztes Wasser, Wiederverwendung von Brauchwasser, Kühlraum mit Holzkohle, Dusche unter den Sternen usw. @ info@wilderness.com.na, enquiry@wilderness.co.za #www.wilderness-safaris.com nur Wilderness Safaris

Avondvrede, Wild-&Jagdfarm (K77)

[Farm][Gäste][Jagd] 120km nordwestl. Outjo / Anfahrt: C38 (70km), D2695 (42km) Vezan & Uwe Hermsdorf (Deutsch) Outjo P.O.Box 41 067-333441 081-2362544 (Uwe), 081-4246382(Vezan) Gästehaus 4DZ $ (2013) Vp DZ 80€, K8 17,5€, K9-14 35€ / Jagdtag 1:1 170€ pP, 2:1 140€ pP grenzt an Etosha / Rinderfarm / "Auch Familien mit Kindern sind herzlich willkommen. Selbst die Kleinen können sich schon für die Tierwelt begeistern" / grundsätzlich keine Jagd aus dem Fahrzeug / Fototouristen sind sehr willkommen Gamedrive, Farmrundfahrt gemeines Impala, Bleßbock, Kuhantilope (Hartebeest), Springbock, Eland, großer Kudu, Oryx, Warzenschwein, Berg-Zebra, @ info@Avondvrede.com #www.avondvredenamibia.com Ursula Alteilges, Tel: +49-5241-9049140, Fax: +49-5241-702660, kontakt@avondvrede-gamefarm.de

Bakenkop Game Ranch (K76)

[Farm][Jagd][Camping] 100km nordwestl. Outjo / Anfahrt: C40, D2671, D2695 Manda & Johan Burger (Afrikaans, Deutsch) Outjo P.O.Box 394 067-333409 081-2807731 (Jenny de Bruin), 081-3438338 Plätze (auch für Nichtjäger) 2DZ +2 Extrabetten / 1TZ $ (2013) Jagdtag 1:1 1.700N$, Begleitperson/Ruhetag 1.500N$ Rinderfarm / Bogenjagd / Kiwi, Rauwi / Buchung notwendig Gamedrive gemeines Impala, Bleßbock, Duiker, Streifengnu, Weißschwanzgnu, Kuhantilope (Hartebeest), Damara Dik Dik, Springbock, Eland, großer Kudu, Oryx, Giraffe, Steppen-Zebra, @ andre.b@mail.na #www.bakenkopgame.com

Bambatsi Gästefarm (K50)

[Farm][Gäste][Camping] 80km westl. Outjo / Anfahrt: C39 nach Westen (75km), Schild Farmpad 5km Inge & Gerald Hälbich (Deutsch) Outjo P.O.Box 120 067-313897 067-313897 081-2458803 3 Plätze $ (2013) 100N$ pP, Privatplatz 120N$ pP 8 Bungalows 2,3,4 Bett $ (2013) Hp DZ 880N$ pP, kein Ezzuschlag Kiwi: Kinderspielplatz Fama auf einem Hügel gelegen / beleuchtete Wasserstelle Wandern Lunchpakete Camper erlaubt für Dinner, Nachmittagstee Duiker, Damara Dik Dik, Klippspringer Steinböckchen, Eland, großer Kudu, Oryx

Warzenschwein, Giraffe, Berg-Zebra, Löffelhund, Gepard, Leopard, @ bambatsi@iway.na, info@bambatsi.com # www.bambatsi.com

Bergplaas Safari Lodge (K3)

▲ [Lodge][Camping] 16km südl. Outjo / Anfahrt: C38 nach Süden, MR 63, (16km) Schild, 12km Farmpad F2741 ☞ Elli & Roland Amsler (Deutsch) ✉ Outjo P.O.Box 60 ✆ 067-313842 ☏ 067-313842 📱081-7500799 Δ 3 Plätze mit Schatten $ (2012) 50N$ pP 🛏 4 Bungalows mit 2 Betten, 1 Bungalow mit 4 Betten $ (2012) B&B 420N$ pP, Hp 450N$ pP, Vp 490N$ / K6-12 50% ⓘ Paresis Berge Wandern, Wasserloch am Haus / Farmrundfahrt Damara Dik Dik, Springbock, Steinböckchen, großer Kudu, Oryx, Warzenschwein, Gepard, Leopard, Braune Hyäne, Strauß, @ rolandamsler@gmail.com, info@bergplaas.cc # www.bergplaas.cc/

Blyerus Camp (K98)

▲ [Camping] 35km nördl. Kamanjab / Anfahrt: C35, Schild, 1km Farmpad ☞ Arno Hoth (Deutsch) ✉ Kamanjab P.O.Box 13 ✆ 067-330228 ☏ 067-330278 📱081-6165657 Δ 5 Plätze, jeder mit Grill, Sitzplätzen, 2 Duschen, 2 Toiletten $ (2013) 75N$ pP, K12 frei, Guide frei Holz 25N$ pBündel großer Kudu, Oryx, Warzenschwein, Giraffe, Berg-Zebra, weitläufig, Zugang 24Std @ arno.hoth@africaonline.com.na # http://blyerus-camp.com/

Buschberg Gästefarm (K18)

▲ [Farm][Gäste][Camping] 79km nördl. Outjo / Anfahrt: C38 nach Norden 60km, D2710 19km Schild ☞ Anita & Hannes de Haast (Afrikaans) ✉ Outjo P.O.Box 465 ✆ 067-312143 ☏ 067-312143 📱081-2795667 Δ 2 Plätze auf Rasen am Haus $ (2012) 100N$ pP 🛏 3DZ + 2TZ + 2EZ (gemeinsames BadeZ) $ (2012) B&B: EZ 580N$, DZ 500N$ pP, K3-12 250N$ / Hp: EZ 700N$, DZ 630N$ pP, K3-12 315N$ / Spezialpreis, wenn länger als 1T / Tourguide 300N$ / Zusatzpreise: Farmdrive 120N$ pP, geführte Wanderung 70N$ ⓘ Rinderfarm / Tagb. / Fama / Kiwi: Kiddies menü, Fangen u. Beringen von Vögeln (nur auf der Nachbarfarm), Melken der Kühe, Farmtiere / auch Overlander willkommen tropischer Garten / Hannes ist studierter Landwirt Wandern, Teilnahme u. Erklärung des Farmbetriebs, sehr ***gute Erklärung über das Buschveld, bes. zu Termiten*** / Vogelbeo. Lunch+Lunchpack 60N$ Wäscheservice Duiker, Damara Dik Dik, Steinböckchen, großer Kudu, Oryx, Warzenschwein, sehr zu empfehlen: schöner Rasen zum Camping am Haus, gutes Essen. Gute Informationen zu Botanik & Farmerei. Bei vorheriger Anmeldung wird vermieden, daß man zusammen mit Overlandern campiert. @ info@buschberg.com # www.buschberg.com

Etosha National Park
(K21, K22, K23, K 211 und K 231

Parkeintritt:

80N$ pP pT + Auto 40N$ pAutopT, Ermäßigung für Naminibier und SADC

Technisches

Tagb. ok. Wenn nicht ausgebucht, kann auch vor Ort eine Übernachtung gebucht werden, allerdings meistens erst nach 18 Uhr / Neue Öffnungszeiten werden noch diskutiert: 30 Min. etwa vor und nach Sonnenauf- bzw.- untergang sind die Eingänge geschlossen. Insgesamt gibt es 5 Camps aber nur in den drei alten Camps auch Zeltplätze

Die Camps werden alphabetisch mit eigener Nummer im Trummi aufgeführt: Halali (K22), Namutoni (K23),Okaukuejo (K21), Dolomite Camp (K211), Onkoshi (K231)

Freizeitangebote

In den drei älteren Rastlagern: Swimmingpool und kleiner „Liegerasen", beleuchtete Wasserstelle / Tages- und Nachtfahrten // Safaris zu Fuß mit Rangern und spezielle 4X4 Touren sind seit langem (nur) in der Diskussion (2013) Die Preise für die Ausfahrten s. die Informationen zu den Camps.

Versorgung

In allen Rastlagern gibt es: Restaurant / einen kleinen Laden mit Lbm., Feuerholz, Souvenirs, Etosha-Landkarten, Postkarten usw. / In Namutoni und Okaukuejo auch Tankstelle und Reifenrep. / Empfang für Handys nicht immer und nicht überall, Telefonzellen, an denen man auch angerufen werden kann, in den älteren Camps. Das Internet Café in Okaukuejo ist häufig „out of order". Postamt nur in Okaukuejo.

Geführte Gamedrives

In allen Camps 300N$ bis 600N$ pP. Tages- und Nachtfahrten. Keine Kinder unter 6 Jahre.

Besonderheiten

Die Wiedereröffnung des Museums in Namutoni und der Forschungsstation in Okaukuejo sind seit langem geplant. Schule am Andersson Gate kann besucht werden, Die zwei neuen Camps, „Onkoshi" und „Dolomite", werden unter „NWR Eco-Collection" geführt. Sie werden nur mit Hp angeboten, die anderen 3 in den Chalets nur mit BB. Man darf an den Wasserstellen das Auto nicht verlassen, es gibt auch keine Unterstände. Insofern ist es erholsamer, in den Camps an den Wasserstellen auf das Wild zu warten, vor allem auch für Kinder.

Nur wenige Wasserstellen haben das ganze Jahr über Wasser, und insofern sind diese oft überlaufen. Der westliche Teil des Parks war für den normalen Besucher auch 2013 noch nicht geöffnet, nur im Zusammenhang einer Buchung vom Dolomite Camp. Picknickplätze und WCs außerhalb der Camps waren 2013 nicht benutzbar. Kleinere Wege sind in der Regenzeit oft nicht passierbar.

Die umfangreichen Renovierungen im Jubiläumsjahr 2007 haben viel verändert: In den meisten Unterkünften ist keine Selbstverpflegung mehr möglich, nur die Camper haben Gemeinschaftsküchen, keine Grillplätze außer auf den Campingplätzen; im Preis ist das Frühstück daher inklusive. Normale Tische und Stühle, Geschirr usw. sind aus den teuren Unterkünften leider entfernt worden, dafür gibt es viele Sessel und breite Betten mit exquisiter Bettwäsche und modernen sanitären Anlagen ensuite. Ensuite Toiletten sind teilweise – modisch? - ohne Türen; die einst begehrtesten Rondavels am Wasserloch von Okaukuejo sind durch

Zeichnung:
Janet Lautenbach -
Wasserstelle Okaukuejo
Notes of Nature

doppelstöckige Luxushäuser ersetzt worden. Aufwendige Holzstege durchziehen die Wohnanlage von Namutoni, das Fort wurde völlig entkernt und wurde zu einer Einkaufs- und Restaurantzone.

„Wilde Tiere“ (keine vollständige Liste)

Gemeines Impala, Bleßbock, Duiker, Kuhantilope, Klippspringer, Springbock, Steinböckchen, großer Kudu, Oryx, Warzenschwein, Giraffe, Steppen-Zebra, Gepard, Leopard, Löwe, Tüpfelhyäne, beide Schakale, Strauß, Elefant, Rhino.

Es fehlen Flußpferde, Wildhunde, Büffel, Krokodile, Affen und die Antilopen der Feuchtgebiete.

Literatur:

☞ siehe: „Namibia“, S.406-418
☞ Etosha´s Pans, Peter-Oliver Lambrecht, Windhoek 2013

Buschfeld Park Rest Camp (K10)

[Rastlager][Camping] 2km nördl. Outjo / Anfahrt: C38 nach Norden, Schild Alex & Andrea Domingos (owner), Sonja & Frans (Deutsch, Portugiesisch) Outjo P.O.Box 380 067-313665 081-1482636, 081-1275111, 081-3081530[1] 088-6510669 9 kleine Plätze mit Strom, Gras+Bäume, ein wenig Schatten $ (2013) 90N$ pP, K12 45N$ 3 2-Bett-Bungalows, 3 4-Bett-Bungalows, zusätzliches Bett möglich $ (2013) DZ 175N$ pP / B&B 215N$ pP Kiwi, Tagb. ok Platz im kleinen Naturschutzgebiet an der Outjo-Kuppe markierte Wanderwege, viele Vogelarten Restaurant à la carte (Spezialmenues), SC ok Internet Hunde ok an der Leine Damara Dik Dik, großer Kudu, Warzenschwein, nette Bungalows @ buschfeldpark@iway.na

Byseewah (K25)

[Farm][nur Jagd] 102km nordwestl. Outjo / Anfahrt: C38 nach Norden (9km), C40 (63km), D2694 (30km) Lynda & Ken Morris / Christina (Englisch) Outjo P.O.Box 495 067-312117 067-304294

088-613672 5 Bungalow DZ $ (2012) Jagdtag 1:1 450US$, 2:1 375US$, Ruhetag 185US$ / Bogenjagd 1:1 500US$ Jagd zu Fuß auf 30.000ha Jagd für Teenager (16-21Jahre): 10Tage 4.375N$ pP / Farmschule / beleuchtetes Wasserloch Wanderungen, Quadbikes, Angeln Wi-Fi Einfacher Zugang zu den Räumen. "Wir haben 3 Hunde, alle freundlich" Schwarznasen Impala, Bleßbock, Duiker, Streifengnu, Weißschwanzgnu, Kuhantilope (Hartebeest), Damara Dik Dik, Klippspringer, Springbock, Steinböckchen, Eland, Kudu, Oryx, Wasserbock, Warzenschwein, Giraffe, Berg-Zebra, Gepard, Leopard, Tüpfelhyäne, Strauß, @ byseewah@iway.na # www.byseewah.com

Dameron Jagdfarm (K28)

[Farm][nur Jagd] 104km nordwestl. Outjo / Anfahrt: C38 nach Norden, C40 Richtung Kamanjab, D3236, an der D2666, 20m vorbei, dann rechts, 2km Farmpad Lenell Koortzen (Afrikaans) Outjo P.O. Box 175 067-312932 067-312951 3DZ, 2EZ mit eigenem Wohnzimmer $ (2012) Jagdtag 1:2 240€, Ruhetag/ Nichtjäger 120€ Rinderfarm / Fama / Kiwi Felsmalereien Kuhantilope (Hartebeest), Klippspringer, Springbock, Eland, Giraffe, Gepard, Leopard, @ dameronhunting@iway.na

Dan Mari B&B (K94)

[Chalets][SC] Outjo, Tuin Street / Lategan Str. Petra & Jan Desousa (Deutsch) Outjo P.O.Box 616 067-313481 067-313957 085-1243732, 081-2393333 4 SC-Chalets Vokü, 2 B&B-Chalets (8-10P) $ (2013) DZ 450N$, EZ 275N$ neben dem Supermarkt B 55N$, L 75N$, D 95N$, Lunchpakete 75N$ behindertenfreundlich gut erzogene HausT auf Anfrage, @ jdesousa6@gmail.com

Danubé Jagd u. Gästefarm (K29)

[Farm][Gäste][Jagd] 110km westl. Outjo / Anfahrt: C38 nach Norden, C40(40km), D3236 (50km), nach 5km Schild, 10km Farmpad P2730 Mrs. Edila D. Köhler (Deutsch) Outjo P.O.Box 255 067-312916 067-312940 5DZ

$ (2013) Vp: EZ 800N$, DZ 700N$ pP, K4-12 400N$ / Hp: DZ 600N$ pP, K4-12 450N$ // Rabatt Pensionäre 10%, Studenten+Namibier 15% // Jagdtag 1:1 170€, 2:1 140€, Begleitperson/Ruhetag 70€, K4-12 40€ / Zusatzpreise: Farmrundfahrt (200N$) Rinderfarm / Flugwildjagd / Fama / Kinder sehr willkommen: Spielplatz, **Reiten für Kinder**, viele Brettspiele, viele zahme Tiere / Minimum 2 Tage Voranmeldung / Photoenthusiasten willkommen Felszeichnungen & Gravuren / Teilnahme am Farmleben, Wandern, Reitausflug auf der Farm (400N$), Eselkarrenfahrt, Tischtennis Wäschedienst rollstuhlgerecht Springbock, Steinböckchen, großer Kudu, Oryx, Warzenschwein, @ danube@iway.na # www.danube.iway.na

Dolomite Camp (K211)

[staatl. Rastlager] 100km westl. Okaukuejo / Anfahrt: im Etosha National Park: im bisher für normale Touristen verschlossenen Westteil des Parks ☞ Namibia Wildlife Resort (NWR) 18 DZ-Chalets + 2 Luxus-Chalets $ (2013) Chalets: B&B: DZ 1.150N$ pP, EZ 1.250N$ / Luxus: B&B: DZ 1.500N$ pP, EZ 1.600N$ / Zusatzpreise: Game drive 500N$ pP, Nachtdrive 600N$ pP ⓘ Eintrittspreise, Infos, Buchungsadresse siehe „Etosha National Park" S. 294 ♿ nicht geeignet Die Häuser stehen wieder auf "erhöhten Podesten" und die Verkehrswege sind Holzstege. Ist es so gefährlich, den namibische Boden zu betreten? 📖 nur Zentrale Buchungsstelle Windhoek

Eagle Tented Lodge (K19)

[Lodge] 104km nördl. Outjo / Anfahrt: C38, D2695 (30km), Schild 4km ✆ 067-687161 067-687166 8 Standard- + 8 Luxuszelte $ (2013) High (Jul-Oct): Hp: EZ 1.870N$, DZ 1.430N$ pP / Vp: EZ 2.395N$, DZ 1.955N$ pP // Low (Dez-Jun): Hp: EZ 1.584N$, DZ 1.144N$ pP / Vp EZ 2.109N$, 1.669N$ pP ⓘ liegt bei der Epacha Lodge / alle Infos siehe Epacha Lodge @ eagle@leadinglodges.com # www.eagle-tented-lodge.com 📖 Leading Lodges of Africa

Ekongo Jagdfarm (K36)

[Farm][Jagd] 52km nordwestl. Kamanjab / Anfahrt: C35 (9km), D2763 (43km) ☞ Steffi & Hubertus Kreiner (Deutsch) ✉ Kamanjab P.O.Box 149 ✆ 067-687113 067-687114 081-2689332 2 Bungalows 5Z $ (2012) Jagdtag 1:1 250€, 2:1 210€, Ruhetag 110€, K5-12 40€ / Sonderangebote nachfragen / Zusatzpreise: Transfer Flughafen 500€ pAuto 6P ⓘ Rinderfarm Reiten Farmprodukte täglicher Wäscheservice keine HausT gemeines Impala, Streifengnu, Kuhantilope (Hartebeest), Damara Dik Dik, Springbock, Steinböckchen, Eland, großer Kudu, Oryx, Warzenschwein, Giraffe, Steppen-Zebra, Berg-Zebra, @ ekongo@mweb.com.na # www.ekongo.com

Eldorado (K79)

⅄ [B&B][Camping][SC] 90km nördl. Outjo / Anfahrt: C38 nach Norden, 8km vor dem Andersson Gate ☞ Hanel & Adri Pienaar (Afrikaans) ✆ 067-333421 ▯081-1478317, 081-3022290 Λ 12 Plätze mit Strom, Schatten, Gras $ (2013) 90N$ pP, Holz frei 7DZ $ (2013) SC: DZ 370N$ pP, EZ 470N$ / Hp: DZ 600N$ pP, EZ 700N$ inkl. Geparden Tour / Zusatzpreise: GepardenTour bei SC 50N$ pP ⓘ Rinder-u.Schaffarm / Fama / Rauwi ♔ *Geparden* Frühstück 80N$, Dinner auf Anfrage 150N$ / SC ok / Lunchpakete / Grillfleisch erhältlich / Farmprodukte: Biltong, Trockenwurst, Chillybites, Buttermilch Zwieback, Ingwerkekse internet ♿ rollstuhlfreundlich keine HausT gemeines Impala, Bleßbock, Duiker, Streifengnu, Weißschwanzgnu, Damara Dik Dik, Springbock, Steinböckchen, Eland, Oryx, Warzenschwein, Steppen-Zebra, Strauß, @ hanel@iway.na

Epacha Game Lodge & Spa (K19)

⅄ [Lodge][Spa][SC] 104km nordwestl. Outjo / Anfahrt: C38, D2695 (30km), Schild 4km ☞ Paul Van de Vijver (owner), Werner Beddies (manager) (Flämisch) ✉ Outjo P.O.Box 362 ✆ 067-697047 067-697050 18 Chalets mit Badewanne / 5 "Presidential" Suiten mit Vokü, WohnZ, EßZ, Pool / Eagle Tented Camp: 8 Zelte mit Pool $ (2012) High (Juli - Okt): Vp: DZ 3.755N$ pP, EZ 4.715N$ / Hp: DZ 2.580N$ pP, EZ 3.540N$ / Low (Dez - Jun): Vp: DZ 2.723N$ pP, EZ 3.299N$ / Hp: DZ 1.548N$ pP, EZ 2.124N$ // Vp inkl.: 1 geführter Spaziergang, 1 Gamedrive, 1 Etosha Ausflug für jede 2. Übernachtung / Zusatzpreise: Aktivitäten: Gamedrive, Nightdrive, Etoshatouren, geführte Wandertouren bei Vp inkl. ⓘ KonferenzZ ♔ Spa: heiße Quellen und diverse Wellnessprogramme / "Board" Zimmer geführte Wanderungen, Tontaubenschießen, Reiten, Reittouren, Quadbike, Billard / Cognac Zimmer Restaurant, großer Weinkeller viktorianisch-südafrikanisches Pathos in der Architektur @ epacha@leadinglodges.com # www.epacha-lodge.com Leading Lodges of Africa

Etosha Cattle CC (K9)

ⓘ siehe „Farm Windpoort (K9)" S. 300

Etosha Gateway Lodge (K15)

⅄ [Lodge][Camping] 70km nördl. Outjo / Anfahrt: C38 nach Norden, 25km südl. des Andersson Gate rechts ☞ Elfie Kotze (owner), Adele Reiff (manageress) (Afrikaans) ✉ Outjo P.O.Box 164 ✆ 067-333440 067-333444 ▯081-1243300, 081-3822655 088-614432 Λ 3 Plätze mit Schatten, Rasen, Strom $ (2013) 105N$ pP 27 Chalets + 3 FamilienZ + 8 Luxury Z $ (2013) B&B: Standard EZ 750N$, DZ 550N$ pP / Luxury EZ 850N$, DZ 650N$ pP / FZ (2E+3K) 1.250N$ K7-12 50% // holiday specials: 450N$ pP / Zusatzpreise: Game Drive nach Etosha 1/2 Tag: 1-4P: 2.200N$, >4P 500N$ pP ⓘ früher Toshari Inn/Lodge / Spielplatz ♔ Dolomitgarten / Chorausführung Nama/Damara - Lieder // zahme Surikate (Erdmännchen) Wanderung Restaurant, leichte Kost auch für Durchreisende / Dinner 210N$, Lunch 125N$, Lunchpacks 95N$ // gute Weinkarte Wlan / Wäscheservice / Reifenrep. guter Übernachtungsstop vor Etosha @ toshari@iway.na # www.etoshagateway-toshari.com

Etosha Heights (K74)

⅄ [Lodge] [jagd] 84km nordöstl. Kamanjab / Anfahrt: C38 nach Norden (9km), C40 nach Osten, D2671 (27km), D2680 25km Schild ☞ Leen & Hermana de Koster (shareholder) / Tana & André Burger (manager) (Afrikaans) ✉ Outjo P.O.Box 369 067-313440, 067-313226 ▯081-2624373 (Tana) 081-1298292 (André) Λ Zeltcamp $ (2013) "Nichtjäger" 100US$ pP, 1:1 250US$, 1:2 200US$ 2 Lodges: Etosha Safari Lodge 6 DZ-Chalets / Etosha Mountain Lodge: 7 DZ-Chalets $ (2013) Safari & Mountain Lodge: Jagdtag 1:1 500US$, 2:1 400US$

Begleitperson 250US$ // 8 Tage Minimum // K13-18 50% ⓘ Kiwi 🍽 Spezialdiäten erhältlich 📎 langsames Internet / Wäscheservice foc 🐘 Schwarznasen Impala, Streifengnu, Kuhantilope (Hartebeest), Springbock, Eland, großer Kudu, Oryx, Wasserbock, Warzenschwein, Giraffe, Steppen-Zebra, Berg-Zebra, @ etosha@rhinotrek.net # www.-etoshahunting.com

Etosha Mountain Lodge (K68)

⅄ [Lodge] 🚗 93km nordöstl. Kamanjab / Anfahrt: C38 nach Norden (9km), C40 nach Osten, D2671 (27km), D2680 40km Schild ☞ Serengetti Farming Cooperation, Leen & Hermana de Koster (shareholder)/ Ida & Ben Calitz (manager) ✉ Outjo P.O.Box 47 ✆ 067-687090[1] 📠 067-687092 📱 081-2624373 🛏 6 Chalets + 1FZ 5P mit eigenem Pool / 12P insgesamt / 2 Chalets für Tourguides $ (2012) Hp: DZ 1.600N$ pP, EZ 1.750N$ / VP mit Game Drive DZ 2.100N$, EZ 2.200N$ / Suite Vp mit Game Drive: DZ 3.100N$, EZ 3.400N$ / Tourguide Vp 700N$ pP / K3-12 50% / Zusatzpreise: Game Drive: 300N$ pP, inkl. Getränke ⓘ Farmname: Sonderwaterfarm 🚶 1 Tag Etosha Game Drive: 400N$ pP +1.750N$ für das Auto incl. Lunch, Parkeintritt 🍽 Restaurant (Lunch 70N$, Dinner 200N$, Lunch Packs 60N$), Weinkeller / Buschfrühstück 200N$ ♿ alle Räume rollstuhlfreundlich 🐘 gemeines Impala, Schwarznasen Impala, Duiker, Streifengnu, Kuhantilope (Hartebeest), Springbock, Eland, großer Kudu, Oryx, Rappenantilope, Warzenschwein, Giraffe, Berg-Zebra, Gepard, Leopard, Löwe, Tüpfelhyäne, ***Spitzmaul-Nashorn (schwarzes), Breitmaul-Nashorn (weißes),*** @ etoshamountainlodge@iway.na 📖 Kai-Koro Reservations

Etosha Safari Camp (K20)

⅄ [Rastlager][Camping] 🚗 68km nördl. Outjo / Anfahrt: C38 nach Norden, Schild /9k vom Andersson Gate von Etosha ☞ Gondwana Collection (Deutsch) ✉ Windhoek P.O.Box 29 ✆ 067-313455 📠 067-333455 ⛺ 10 große Plätze $ (2013) 150N$ pP 🛏 55 Chalets $ (2013) Chalets: B&B Low DZ 550N$ pP, High DZ 726N$ pP ⓘ siehe Seite 36 👑 Township Shebeen als Barambiente 🚶 Wanderwege 🍽 Abendessen 220N$ auch für Camper ♿ ein Zimmer rollstuhlgerecht 📖 Gondwana

Etosha Safari Lodge (K20)

[Lodge] 66km nördl. Outjo / Anfahrt: C38 nach Norden, Schild Gondwana Collection / manageress Simon Angula, Lando (Oshiwambo) 55 Chalets $ (2013) B&B: Low DZ 750N$ pP, High DZ 990N$ pP siehe Seite 36 // Shuttle Windhoek - Lodge - Windhoek Fahrten in den Park / 3 Pools Restaurant Curio Shop Gondwana

Etotongwe Lodge Outjo (K69)

[Lodge][Camping] 2km nördl. Outjo / Anfahrt: C38 Richtung Okaukuejo Almarie & Francois & Nico Theart (Afrikaans) Outjo P.O.Box 312 067-313333 088-619441 8 Plätze mit Gras , Schatten, Strom, gemeinsame Lapa / auch für Overlander $ (2012) 90N$ pP 19DZ, 2FZ =44 Betten, 1 Gemeinschaftsküche / aircon $ (2012) B&B: EZ 410N$ [430N$], DZ 340N$ [360N$] pP, TZ 320N$ [340N$] pP / K6-12 150N$ [160N$] / Spezialpreise für Gruppen Tagb. ok Wildreservat, Wasserloch, Wild am Haus Wandern Restaurant / Lunchpakete Internet, Wäscheservice / Curioshop 2Z rollstuhlfreundlich keine HausT Duiker, Weißschwanzgnu, Damara Dik Dik, Springbock, Steinböckchen, Eland, großer Kudu, Oryx, viele Vogelarten comms@etotongwelodge.com #www.etotongwelodge.com

Farm Leicester (K7)

[Farm][Ferienhaus] 110km nordwestl. Outjo / Anfahrt: C38 nördl., C40, nach Otjikondo links P2569, 10km Farmpad Ingrid Mahne / Rudi Mahne 067-312100 SC mit Vokü, 6P vermutlich 2013 auch wieder Gästefarm // Wildfarm, auch Rinder Hochsitze an Wasserstellen, Wasserstelle am Haus Kuhantilope (Hartebeest), Springbock, großer Kudu, Warzenschwein, Berg-Zebra, rudimahne@yahoo.com, imahne@iway.na

Farm Moselle (K55)

[Farm][nur Jagd] 88km südwestl. Outjo / Anfahrt: C39, D 2752, D2351 (3km), Farmhaus Erika Zamzow, Rolf Wagner (Deutsch) Outjo P.O.Box 358 067-290321 067-29 0321 2DR , Wohnzimmer im extra Haus $ (2012) Jagdtag 1:1 190€, 2:1 170€, Ruhetag 80€ / K5-12 40€ / Zusatzpreise: Geführte Touren auf der Farm 100€ pGruppe Rinderfarm / Fama / Kiwi: Wildlifetour Höhlen, Felszeichnungen, Quellen, Ugab Terassen Wandern, Vogelbeo. SC möglich Internet, Waschmaschine HausT ok Duiker, Streifengnu, Damara Dik Dik, Klippspringer, Steinböckchen, Eland, großer Kudu, Oryx, Warzenschwein, Giraffe, Berg-Zebra, Leopard, moselle@iway.na #www.natron.net/tour/moselle

Farm Windpoort (K9)

[Farm][B&B][Camping] 105km nordwestl. Outjo / Anfahrt: C38, D2695 Laurel & Tim Osborne (owners & managers) (Englisch) Okaukuejo P.O.Box 22 067-333408 081-1245202 3 Plätze mit Schattenbäumen / Einfahrt 24h möglich $ (2012) 100N$ pAuto / 300N$ pOverlander Tandala Ridge: 2DZ $ (2012) Vp 750N$ pP inkl. all Aktivitäten (Gamedrive, geologische Touren, Vogel beo. Tour, Wanderung) / K6-12 50% Fahren und Wandern auf der Farm erlaubt / Kiwi Red Hartebeest im Camp / 650 Mill. Jahre alte fossile Stromatolite - als die Etosha-Pfanne noch Wasser hatte / alte Steinwerkzeuge / Autor des Etosha National Park Guidebook / schwarzes Nashorn Vogelbeo. / Wasserloch Dinner auf Bestellung 120N$ für Camper Laundry service keine HausT in der Lodge, aber auf dem Camping Streifengnu, Kuhantilope (Hartebeest), Eland, großer Kudu, Steppen-Zebra, Strauß, *Spitzmaul-Nashorn (schwarzes)*, African Wild Cat kori@iway.na #www.tandalaridge.com in den USA: moosetard@acsalaska.net

Gamkarab Horse Safaris (K4)

[Farm][Gäste][Jagd][Camping][SC] 32km östl. Outjo / Anfahrt: C39 nach Osten Yvette & Charles Dall (Afrikaans, Deutsch) Outjo P.O.Box 197 067-313827 081-2628700, 081-3719127 Plätze $ (2012)

80N$ max 6P, Holz inkl. Hist. Durstlandtrekker Steinhäuser: 1 QZ + 2DZ / 1 SC Flat DZ $ (2012) Jagdtag 1:1 350€, 2:1 300€, Ruhetag 250€ ⓘ Rinderfarm / Tagb. ok / Bogenjagd / bei Jagd: 10Tage Minimum / kein Schießen vom Wagen aus, Jagd zu Pferd u. zu Fuß GamKararab Höhle / Friedhof der Dorstlandtrekkers Reiten: 2-4Std. 350N$ pP / ***mehrtägige Reitausflüge für erfahrene & fitte Reiter***: 3 Tage, 2 Nächte Vp (3.000N$ pP, 2 Wochen buchen im Voraus), auch 10Tage (3 Monate im Voraus buchen) / Reitunterricht // Höhlen Tour (selbstgeführt, eigene Stirnlampen mitbringen) 90N$ pP / Tauchen in der Höhle (90N$ pP, eigene Ausrüstung) // Gamedrive (200N$) / Tontaubenschießen // Wandern / Vogelbeo. Duiker, Damara Dik Dik, Steinböckchen, großer Kudu, Oryx, Warzenschwein, Gepard, Leopard, Wüstenluchs (Karakal, Rotkatze), @ gamkarab@mweb.com.na #www.bowhunting-namibia.com

Gelbingen Lodge (K57)

▲ [Farm][Gäste] 31km nordwestl. Kamanjab / Anfahrt: C35 nach Norden (8km), nach rechts D2763 ☞ Andrea & Volker Hoth (Deutsch) ✉ Kamanjab P.O.Box 51 ✆ 067-330277 Chalets 10DZ $ (2007) Hp 850N$ pP / Zusatzpreise: Game Drive 100N$ ⓘ Rinderfarm, Alpaca Züchter, keine Trophäenjagd / Rauwi geführte Wanderung (60N$ pP) / Besuch eines Himba Dorfes Restaurant, kein SC / für alle Diätpläne kann ein Plan gemacht werden Wlan / Wäscheservice behindertenfreundlich keine HausT Steinböckchen, Eland, großer Kudu, Oryx, Warzenschwein, Giraffe, Gepard, Leopard, Tüpfelhyäne, Trummileser: "Himbadorf nicht jedermanns Geschmack" @ gelbingen@iway.na #www.gelbingen-safaris.com Eden Travel

Gelukspoort (K51)

▲ [Farm][Gäste][Camping] 63km westl. Outjo / Anfahrt: C39 nach Westen (53km), D2723 (10km) ☞ Christa & Frank Glöditzsch (Deutsch) ✉ Outjo P.O.Box 158 ✆ 067-312025 067-312025 081-2852972 ▲ 3 große Plätze mit Schatten $ (2012) 140N$ pP, K12-18 50N$ 2DZ Lux Bungalow + 2DZ Lux Zimmer + 3DR Standand $ (2012) Standard: Hp 950N$ pP, LuxusZ Hp 1.050N$ pP, Bungalow Hp 1.050N$ pP / K3-12 50% / Zusatzpreise: Farmrundfahrt 200N$ P Wasserloch in der Nähe des Campingplatzes & der Bungalows Wandern, Naturlehrpfad, Mineraliensuche, Ansitz keine HausT großer Kudu, Oryx, Warzenschwein, Berg-Zebra, Gepard, Leopard, Tüpfelhyäne, @ info@gelukspoort.com #www.gelukspoort.com

Gerus Accommodations (K96)

▲ [Farm][Gäste][Camping] 30km westl. Otjiwarongo / Anfahrt: C38 (28km), Schild 2km Farmpad ☞ Brenda & Danie Oberholzer (Afrikaans) ✉ Otjiwarongo P.O.Box 22 067-304093 081-3964158 ▲ Plätze / mit Kühltruhe $ (2012) 100N$ pZelt + 50N$ pP, K16 25N$ ⓘ Kiwi HausT ok @ danieo@mtcmobile.com.na

Halali (K22)

▲ siehe Seite 302

Harnas Etosha (K13)

▲ [Lodge] 90km nördl. Outjo / Anfahrt: C38 nach Norden, D2695 (8km), Schild 12km Farmpad ☞ Harnas Wildlife Foundation / Karel Swanepoel (manager) (Englisch) ✉ Outjo P.O.Box 347 ✆ 067-687100 067-687101 Okutala Lodge: 9 strohgedeckte Bungalows $ (2013/2014) Inkl. (=Aktivitäten+Vp) Luxus: 1P 2.225N$, DZ 1.760N$ pP / Standard EZ 1.980N$, DZ 1.540N$ pP ⓘ ursprünglich die NauaNaua Game Lodge // Tagb. Ok (165N$ pP) Lapadeck am Wasserloch / zahme Geparde // Hotline für verletzte Tiere: Namibian Rescue 081-9081 / Weißes Rhino Programm Tierfütter-Touren (275N$ pP) / Gamedrive (330N$ pP) Restaurant à la carte (kein SC)

keine HausT gemeines Impala, Duiker, Streifengnu, Kuhantilope (Hartebeest), Damara Dik Dik, Springbock, Eland, großer Kudu, Oryx, Wasserbock, Warzenschwein, Giraffe, Steppen-Zebra, Berg-Zebra, Gepard, Strauß, @ info@harnas.org # www.harnas.org Windhoek: Tel 061-224629, Fax 061-228545, Cell 081-1403322

Holstein (K26)

[Farm][Gäste][Jagd] 100km nordwestl. Outjo / Anfahrt: C38 nach Norden, C40 (63km), D2694 Günther H. Heimstädt (Deutsch) Outjo P.O.Box 422 067-312103 067-312181 081-1249422 Gästehaus 6DZ $ (2013) Jagdtag 1:1 150€, 1:2 120€, Begleitperson 100€, K14 50€ // ⓘ 2012 versteigert an einen Deutschen, soll so weitergeführt werden. ***1 zahmer Gepard*** / beleuchtete Wasserstelle

Reiten, Gamedrive, Wandern gemeines Impala, Bleßbock, Duiker, Streifengnu, Weißschwanzgnu, Kuhantilope (Hartebeest), Damara Dik Dik, Springbock, Steinböckchen, Eland, großer Kudu, Oryx, Wasserbock, Warzenschwein, Giraffe, Steppen-Zebra, Berg-Zebra, Gepard, Leopard, Wüstenluchs (Karakal, Rotkatze), Strauß, @ holstein@mweb.com.na # www.holstein-namibia.com

Huab Lodge (K47)

[Lodge] 90km südl. Kamanjab / Anfahrt: C35 54km nach Süden, nach rechts in die D2670 bis zum Ende Jan & Suzi van de Reep (Afrikaans) Kamanjab P.O.Box 103 067-687058 8 reetgedeckte Bungalows, Solarstrom / Hilfe für behinderte Personen $ (2013) Vp DZ 2.130N$ pP, Ezzuschlag 715N$, 3 Aktivitäten inkl. / für SADC & Namibier Spezialpreise ⓘ Fama, Kiwi, Rauwi, Huab Private Nature Reserve /

Halali (K22)

[staatl. Rastlager][Camping] 53km nordöstl. Okaukuejo / Anfahrt: 53km im Park Namibia Wildlife Resort (NWR) Tsumeb P/Bag 2016 067-229400 067-229413 40 Plätze mit/ohne Strom / pro Platz: 8 P, 2 Fahrzeuge, 1 Wohnwagen oder 1 Zelt / gut renovierte Waschhäuser 2007, auch behindertengerecht $ (2013) 200N$ pPlatz + 100N$ pP / K6-12 50% Chalets: 39 (A) „Double Room": 1Z, 2P / (B) 10 „Bush small": 1Z, 2P / (C): 10 „Bush big": 2Z 4P / (D) 2 „Family": 2Z 4P / (E) 5 „Premier Bush": Jakuzzi, 2Z 4P $ (2013) Frühstück incl.: (A): sharing 700N$ pP, single 800N$ / (B): sharing 950N$ pP, single 1.000N$ / (C): sharing 800N$ pP / (D): sharing 950N$ pP (E): sharing 950N$ pP, single 1.250N$ / Zusatzpreise: Eintritt siehe Etosha Park / geführte Game Drives: morgens 450N$ pP, nachmittags 450N$ pP, nachts 550N$ pP / K6-12 50% / ⓘ Eintrittspreise, Infos, Buchungsadresse siehe „Etosha National Park" S. 294 // Buchung notwendig, aber es gibt genügend Platz für alle Camper / sehr schönes Wasserloch beim Campplatz (10 min Fußweg) ***Honigdachse kommen nachts zu den Mülltonnen*** / es gibt immer Löcher im Zaun siehe auch Etosha-Nationalpark / geführte Game Drives / keine Kinder unter 6 siehe Etosha-Nationalpark 2 behindertengerechte Bungalows, aber nicht die Wasserstelle nur Zentrale Buchungsstelle Windhoek

Thermalquelle (60°)/ Felszeichnungen / Hide bei einem Wasserloch Wellness (Nuad Thai Yoga mit ausgebildeter Praktikerin), Wandern mit und ohne Führer Wäscheservice 1 Bungalow behindertengerecht keine HausT Klippspringer, Steinböckchen, großer Kudu, Oryx, Warzenschwein, Berg-Zebra, Wüstenluchs (Karakal, Rotkatze), Tüpfelhyäne, Elefant, 200 Vogelarten @ info@huab.com #www.huab.com auch Reservation-Destination

Jakarongo Camping Site (K35)

siehe Seite 310

Kai-Oms (K95)

[Back-Packer][Camping] Outjo, Heroldstr. / Meester Ave 2, nahe des Wasserturms Jeanny & Deon van Zyl (Afrikaans) 067-313597, 067-316598 Deon 081-3463644, Jenny 081-3750152 6 Plätze mit SC Küche, 2 schattig Dormitory 9P / 1 FZ + 4 TwinDZ + 1DZ = max 25P Kiwi, Internet Café auf dem Gelände: *"the Northwest desert dwelling elephant & giraffe project" von Dr. Legget* Eselskarrenfahrt, Gamedrive Mahlzeiten auf Anfrage HausT ok @ vzyl.deon@yahoo.com, info@kai-oms.com #www.kai-oms.com

Kamanjab Restcamp (K38)

[Rastlager][Camping] 3km westl. Kamanjab / Anfahrt: C40 ausgeschildert Rolf Hoppe (owner), Tina Obert (manager) (Deutsch) Kamanjab P.O.Box 85 067-330290, 067-330247 067-330290 081-3238370 088-633178 8 Plätze mit Strom unter Mopane Bäumen am Mini-Rivier mit Stuhl & Tisch & Küche $ (2013) 80N$ pP, K6-12 50% 4 Bungalows (9P) $ (2013) B&B: EZ 350N$, DZ 300N$ pP / K12 50% / Zusatzpreise: Sundowner Fahrt 150N$ pP, Game Drive 200N$ pP Kiwi, Tagb. ok, KonferenzZ mit Farmgebiet, Wasserloch in der Nähe vom Campingplatz Wandern, Vogelbeo., Splahspool Restaurant , Dinner auf Anfrage HausT sehr willkommen Eland, großer Kudu, Oryx, Warzenschwein, Giraffe, Steppen-Zebra, @ tineck-namibia@web.de, kamanjabrestcamp@iway.na #www.restcamp-kamanjab.com

Klein Liechtenstein (K40)

[Farm][Gäste] 26km westl. Kamanjab / Anfahrt: D2620 26km Sonja & Michael Mündle (Deutsch) Kamanjab P.O.Box 19 067-330270 067-330037 081-4460974 5DZ max 10P $ (2013) Hp: EZ 710N$ pP, DZ 640N$ pP / K12 50% / Farmrundfahrt inkl. Ab 2 Nächten Rinderfarm mit Brahmanen & Schweizer Rindern // Kiwi / Rauwi sehr großer schattiger Garten mit vielen verschiedenen Pflanzen&Bäumen / großes Schwimmbad begrenzte Internetnutzung möglich keine HausT Eland, großer Kudu, Oryx, Warzenschwein, Giraffe, Berg-Zebra, @ muendle@iway.na #www.namibia.li Bitte per Email

Kudu Game Ranch (K97)

[Farm][Jagd] 30km südwestl. Outjo / Anfahrt: C39, am Ugab P. Mostert / Neill Coetzee Outjo P.O.Box 314 067-313620 067-313619 $ (2012) Jagdtag: 1:1 195€, 2:1 165€, Ruhetag & Nichtjäger: 75€ / K6 frei, K15 35€ @ erongofp@namibnet.com

Leicester (K7)

siehe „Farm Leicester (K7)" S. 300

Liebenwerda (K102)

siehe Seite 306

Little Ongava (K14)

siehe „Ongava (K14)" S. 309

Mamselle Nature Camp (K101)

[Camping][SC-Flat] 14km nördl. Outjo / Anfahrt: Straße nach Etosha C38 Udo Behnke (Deutsch) Otjiwarongo P.O.Box 507 067-303752, 067-303652 081-2453612 2 schattige Plätze, sehr privat / 12V Licht $ (2012) 70N$ pP, K12 frei, Feuerholz frei 1 SC Traditional Bungalow 2P, 1 SC Luxury Haus 4p / Vokü $ (2012) Bungalow 250N$, Lux Haus 450N$ Rinderfarm Farmleben, Wanderung im original namibischen Busch einfacher Zugang HausT ok großer Kudu, Oryx, Warzenschwein, mamsellenaturecamp@yahoo.com

Matunda Guest Farm (K12)

[Farm][Gäste] 11km nördl. Outjo / Anfahrt: C38, Kreuzung C40 Patricia & Michael Jentzsch (Deutsch) Outjo P.O.Box 20 067-313863 067-313863 081-3402363 6DZ, 1TZ, 1EZ = 12 betten $ (2012) B&B 370N$ pP, Hp 520N$ pP/ K12 50% Rinderfarm / möglichst alles auf Ökologisch / Fama, Kiwi: biologischer Gemüseanbau, Zitrusplantage beleuchtete Wasserstelle, markierte Wanderwege (incl.) eigene Marmelade, Wildschinken Duiker, großer Kudu, Warzenschwein von Trummi Lesern empfohlen matunda@mweb.com.na #www.natron.net/matunda

Mondjila Safari Camp (K72)

[Zeltlodge] 72km nördl. Outjo / Anfahrt: C39, D2779 Ronnie Cox (Afrikaans) 067-333446 067-333436 Karin 081-1294206 Plätze mit Strom, max 8P pPlatz $ (2013) 90N$ pP / K5-12 50% 11 Lux Zelte $ (2013) B&B: EZ 490N$, DZ 420N$ pP // K12 50% Restaurant (L 95N$, D 160N$), Lunchpakete 95N$ K5-12 D 90N$ info@mondjila.com #www.mondjila.com reservations@exclusive.com.na

Namatubis (K11)

[Farm][Gäste][Jagd] 15km nördl. Outjo / Anfahrt: C38 nach Norden Magdel & Koch Pretorius (Afrikaans, Deutsch) Outjo P.O.Box 467 067-313061 067-312203[1] 081-1249616 Zeltcamp mit 6 Zelten / Lodge: Chalets mit 30 DZ $ (2013) Jagdtag 1:1 260€, 2:1 230€, Begleitperson/Ruhetag 175€ // Hp DZ 1.150N$, K12 50% Rinder- u. Wildfarm / separates Jagdgebiet, Bogenjagd / Rauwi / Kiwi Hochsitz, viel u. gutes Wasser, großer Garten Restaurant Rampen für Rollstuhl gemeines Impala, Bleßbock, Duiker, Streifengnu, Weißschwanzgnu, Kuhantilope (Hartebeest), Damara Dik Dik, Klippspringer, Springbock, Eland, großer Kudu, Oryx, Wasserbock, Warzenschwein, Giraffe, Steppen-Zebra, Berg-Zebra, kochp@iway.na #http://www.namatubis-hunting-safari.com/ in Europa: info@bimholland.nl

Namutoni (K23)

siehe Seite 307

Naua Naua Game Lodge (K13)

als NauaNaua Game Lodge geschlossen / siehe „Harnas Etosha (K13)“ S. 301

Oase Garni Gästehaus (K37)

[B&B][Camping][SC] Kamanjab, Gemsbockstr 30 Marianne & Eben Burger (Afrikaans, Deutsch, Otjihereo, Nama, Dutch, Portugiesisch) Kamanjab P.O.Box 86 067-330032 067-330103 081-1272093 (Eben), 081-1272095 (Marianne) nur auf Jakarongo Camping K35 17DZ + 3FZ $ (2012) B&B: DZ 580N$, EZ 400N$, FZ 2E+2K 760N$ / Kiwi / Tagb. Ok / siehe auch Jakarongo Camping Site Gravuren (Eintritt: 15N$ pP + 15N$ pAuto) pool 9X4 m, Spa+Sauna Restaurant (B 50N$, L (reichlich) 110N$), Lunchpakete / SC ok Zimmer no 15 rollstuhlfreundlich HausT ok oaseguesthouse@iway.na

Ohorongo (K93)

[Lodge][Jagd][Gäste] 100km nordwestl. Outjo / Anfahrt: C38, C40 Henniges (Deutsch) Outjo P.O.Box 365 067-312104 081-1477434 Lodge 10P 3 kleine + 2 große Bungalows / Katiti Tented Camp $ (2013) Jagdtag 1:1 390€ Kiwi Bogenjagd / Wanderung keine HausT Schwarznasen Impala, Duiker, Streifengnu Weißschwanzgnu, Kuhantilope (Hartebeest) Damara Dik Dik, Klippspringer, Springbock Steinböckchen, Eland, Oryx, Pferdeantilope Wasserbock, Warzenschwein, Giraffe, Gepard, Leopard, Löwe, Wüstenluchs (Karakal Rotkatze), Braune Hyäne, Strauß, Elefant ohorongo@iway.na, info@ohorongo.ne #www.ohorongo.net 0049-171-3397979 Fax 0049-5037-98095

ETOSCHA
DEN TIEREN AUF DER SPUR
NEIL MACLEOD · NIKOS G. PETROU
Klaus Hess Verlag
Klaus Hess Verlag
Der Namibia-Spezialist
Nicole Grünert
Namibias faszinierende Geologie
Ein Reisehandbuch
Klaus Hess Verlag
Der Klaus Hess Verlag bietet Ihnen eine breite Auswahl an Büchern über Namibia u.a. zu den Themen:
• Natur und Geologie
• Geschichte und Politik
• Biografien
Zudem erscheinen im Verlag die Vierteljahres-Zeitschriften „Namibiamagazin“ und „afrikapost“.
Rolf Brockmann
Gunther Christoph Dade
Katutura
Streifzüge durch Windhoeks Township
KLAUS HESS VERLAG
www.k-hess-verlag.de

Liebenwerda (K102)

[Farm][Gäste][Camping][SC] 41km westl. Outjo / Anfahrt: C39 nach Westen (41km), F2723 (12km) Brigitte & Rainer Hillig (Deutsch, Französisch) 067-312151 067-312151 081-1281422 (Rainer), 081-2424694 (Brigitte) auf Anfrage möglich 5DZ max 10 Gäste / "Heidelberger Hütte" auf einer Anhöhe ("romantische Übernachtung") $ (2012) Vp 400N$ pP / Reduktionen für Namibier, Senioren, Studenten Rinderfarm, Pferdezucht / Fama, Kiwi // keine verschiedenen Gruppen auf einmal / größere Gruppen möglich / Minimum 2 Nächte ***viele Tiere am Haus: Hunde & Katzen, Pferde, Esel, Papagei, Kamerun Ziegen, Kamele, Kudu, Strauß, Stachelschwein*** Malen / Quadbike / Golf 4 Löcher (nur wenn es trocken ist) SC ok / Farmprodukte, Lunchpakete, Spezialdiäten Wlan / Wäscheservice HausT ok Duiker, Kuhantilope (Hartebeest), Damara Dik Dik, Springbock, Steinböckchen, Eland, großer Kudu, Oryx, Giraffe, Berg-Zebra, Gepard, Leopard, Tüpfelhyäne, Erdferkel, Stachelschwein, Adler, Schuppentier @ funfarm@namibnet.com #www.rainer-hillig.com

Okaukuejo (K21)

siehe Seite 308

Okonguarri Wilderness (K91)

[Sanatorium] 29km westl. Outjo / Anfahrt: C39, D2752 Herman Raath Otjiwarongo P.O.Box 883 067-697033 067-697035 keine Gästefarm Gesundheiteinrichtung, Psychotherapeutisches Zentrum, bei der NAMAF als private Gesundheitseinrichtung registriert @ okong@mweb.com.na #www.okonguarri.com.na

Omakune (K116)

[Farm][Gäste][Jagd][SC-Flat] 81km westl. Otjiwarongo / Anfahrt: C38 (17km), D2505 (54km), D2418, D2417 Reinhard Wagner (Deutsch) Otjiwarongo P.O.Box 1553 067-290134 067-290134 081-2595270 Gästehaus 5DZ Rinderfarm mit Schafen und Ziegen / omakune heißt "viel Holz" ***zahmes Oryx*** Lehrwanderung durch das Buschveld auf Anfrage: Vegetarisch / Lactose & Gluten frei Wäscheservice Duiker, Springbock, großer Kudu, Oryx, Warzenschwein, Wüstenluchs (Karakal, Rotkatze), Stachelschwein, Strauß, Blauböckchen @ info@omakune.com #www.omakune.com Info: Carola Wagner Tel 0049-1704892823

Ombengu Safari Lodge (K66)

[Lodge] 66km nördl. Outjo / Anfahrt: C38, 30km vor dem Andersson Gate von Etosha S. Kondzilewski Outjo P.O.Box 101 067-387100 067-387101 Rondavels @ OmbenguUSA@aol.com, info@ombengu com # www.ombengu.com Ombengu USA, 30842 Highway 9, Silverthorne CO 80498, 970.513.9000

Ombinda Country Lodge (K5)

[Lodge][Camping] 1km südöstl. Outjo / Anfahrt: C38 nach Südosten Gerald Coetzee (Afrikaans) Outjo P.O.Box 326 067-313181 067-313478 8 Plätze auf Gras, Strom $ (2013) 90N$ pP reetgedeckte Chalets 19TwZ+ 4Familieneinheiten (=53P) / Zeltlager $ (2013) B&B: EZ 460N$, DZ 820N$, K7-12 200N$ Konferenz / Tagb.ok 3 Tennisplätze, Darts

Namutoni (K23)

⅄ [staatl. Rastlager][Camping] 130km nordöstl. Okaukuejo / Anfahrt: 130km im Park ☞ Namibia Wildlife Resort (NWR) ✉ Tsumeb P/Bag 2015 ✆ 067-229300 067-229306 ⅄ 25 Plätze / pro Platz 8P, 2 Fahrzeuge, 1 Wohnwagen oder 1 Zelt $ (2013) 200N$ pPlatz + 110N$ pP / K6-12 50% Chalets: 24 „Double room" (A) 1DZ, 2P / 20 „Bush" (B): 1DZ, 2P // $ (2013) alle B&B: Double: EZ 850N$, DZ 750N$ pP // Bush: EZ 1.000N$, DZ 900N$ ⓘ Nach der Renovierung 2007 sind Häuser nur über Holzstege zu Fuß zu erreichen, keinerlei SC mehr // Buchung notwendig, manchmal auch für den Campingplatz / Tor nach Norden, King Nehale Gate, geöffnet: über Okashana zur B1 (15km), 90km vor Ondangwa ♛ Wasserloch mit Flutlicht im Camp / Turm und „Plattform" für Tagesgäste nur mit Eintritt (100N$ pP) zugänglich siehe Etosha-Nationalpark / geführte Touren: morgens 500N$ pP, nachmittags 500N$ pP, nachts 600N$ pP / K6-12 50% / keine Kinder unter 6 Restaurant à la carte oder Büfett kleiner Laden, Kiosk ♿ keine rollstuhlfreundlichen Zimmer mehr siehe Etosha-Nationalpark schönes Fort, Campmöglichkeiten 2013 noch nicht renoviert, Büffett ist unterschiedlich, Unterkunft im altem Fort nicht mehr möglich / ***Die eigenwilligen Holzkonstruktionen haben sich nicht bewährt. Sie sind eine teure Konstruktion und unpassend im Camp / Besucher sollen dadurch vor Schlangen und Skorpionen geschützt sein!*** WCs teilweise absichtlich ohne Türen in den Zimmern @ naasl@mweb.com.na 📖 Zentrale Buchungsstelle Windhoek

Poolbillard, Trampoline Restaurant à la carte (7-22Uhr), Lunchpakete / alle Besucher willkommen Wlan frei ♿ rollstuhlfreundlich HausT ok Guinea Fowl @ ombindagerald@iway.na

Ombundja Wildlife Lodge (K24)

⅄ [Farm][Gäste][Jagd] 58km nordwestl. Outjo / Anfahrt: C38 nach Norden, C40 (45km) / Farm Kleinbeginn ☞ Prof. Dr. R. Trede, Herr Ziegarn (manager) (Deutsch) ✉ Outjo P.O.Box 318 ✆ 067-312123 & 061-259698 067-312123 081-1281403 reetgedeckte Gästehäuser 3DZ, Familienbungalows / max 10P ⓘ steht zum Verkauf gemeines Impala, Bleßbock, Duiker, Streifengnu, Kuhantilope (Hartebeest), Springbock, Steinböckchen, Eland, großer Kudu, Oryx, Warzenschwein, Giraffe, Steppen-Zebra, Strauß, Elefant @ ombundja@africaonline.com.na 📖 Decosa Tel: 061-259698, Fax 061-259699, decosa@africaonline.com.na / BRD: Dr. R. Trede, Tel: 0049-40-457993, Fax 0049-40-2208646

Okaukuejo (K21)

▲ [staatl. Rastlager][Camping] 115km nördl. Outjo / Anfahrt: C38 nach Norden (im Etosha National Park) ☞ Namibia Wildlife Resort (NWR) ✉ Okaukuejo P.O.Box 36 ✆ 067-229800 ✆ 067-229852 ▲ 26 Plätze / pro Platz 8 P, 2 Fahrzeuge, 1 Wohnwagen oder 1 Zelt / 2012 noch nicht renoviert / Waschräume ungenügend für die vielen Besucher $ (2013) 200N$ pPlatz + 110N$ pP / K6-12 50% Chalets: 40 „Double Room A" (A): 1DZ, 2P / 20 „Double Room B" (B): 1DZ, 2P / 20 „Bush" (C): 1DZ, 2P / 2 „Family" (D): 2DZ 4P / 30 „Waterhole" (E): 1DZ, 2P / 5 „Premier Waterhole" (F): doppelstöckig mit Balkon, direkt an dem Wasserloch, 2DR 4P nur mit Hp $ (2013) alle B&B: (A) sharing 920N$ pP, 1P 1.020N$ / (B) sharing 975N$ pP, 1P 1.020N$ / (C) sharing 1.000N$ pP, 1P 1.100N$ / (D) sharing 1.050N$ pP / (E) sharing 1.250N$ pP, 1P 1.350N$ / (F): sharing 2.250N$ pP // K6-12 50% / Zusatzpreise: geführte Game Drives (keine Kinder unter 6): morgens 500N$ pP, nachmittags 500N$ pP, nachts 600N$ pP / K6-12 50% / / Eintritt siehe Etosha ⓘ KonferenzZ (300N$) / Buchung notwendig / Kiwi: Kinderschwimmbecken, Rasen, Kinder können ohne Gefahr allein an der Wasserstelle und auf dem Platz sein / Museum und Forschungsstation 2012 noch nicht wieder funktionsfähig ♛ Ein zu Recht berühmtes beleuchtetes Wasserloch im Camp: Elefanten & Rhinos im Winter garantiert / Luxusbungalows direkt am Wasserloch, aber ohne SC, ohne Grill / Schakale kommen regelmäßig nachts für den Abfall siehe Etosha-Nationalpark siehe Etosha-Nationalpark: kleiner Laden, Souvenirs, Postamt, Handy-Verbindung, Internet-Café funktioniert nicht immer siehe Etosha-Nationalpark Schöner Platz, wenn auch oft überfüllt / Qualität des Essens unterschiedlich Zentrale Buchungsstelle Windhoek

Omburo Jagdfarm (K60)

[Farm][Gäste][Jagd] 107km südwestl. Outjo Aret von Koenen (Deutsch) Omaruru P.O.Box 247 064-570929 081-1280892 Gästehaus 3DZ Aret von Koenen ist der Sohn von Dr. Eberhard von Koenen (gest. 2012), Naturheikundler & Maler // Rinderfarm Ahnenbaumwald gemeines Impala, Kuhantilope (Hartebeest), Steinböckchen, großer Kudu, Oryx, Warzenschwein, info@omburo-jagdfarm.com #www.omburo-jagdfarm.com BRD: Matthias Föll, +49-7945-888948

Omburo-Ost (K75)

[Farm][Gäste] 107km südwestl. Outjo / Anfahrt: C39, D2743, D2351 Stephanie & Hendrik Reitz (Deutsch) Outjo P.O.Box 271 067-687208 067-687208 081-2404719 088-635781 2DZ+1FZ(2DZ) $ (2013) B&B: DZ 520N$ pP, EZ 640N$, K3-13 375N$ / Zusatzpreise: Farmführung (2Std) 150N$ pP Farm mit Rindern, Pferden, Schafen Felszeichnungen, Gravuren Touren pP: Farm (150N$), Felsz. (150N$), Sundowner (120N$), Eselskarre (120N$) / Reiten (250N$ pH) / geführte Wanderung (100N$ pP) Dinner&Lunch auf Bestellung (Breakfast 70N$, Lunch 90N$, Dinner 150N$), Lunchpakete 70N$) keine HausT Duiker, Springbock, großer Kudu, Oryx, Berg-Zebra, Leopard, Elefant, omburo.ost@arcor.de #www.omburo-ost.com

Omumborombonga Camp (K41)

siehe „Rustig Toko Lodge (K41)“ S. 312

Ondundu Wilderness Lodge (K48)

{zur Zeit zu}[Lodge] 48km südl. Kamanjab / Anfahrt: C35 Richtung Khorixas, P22661 Vera & Johann Veldsman (manager) (Deutsch, Portugiesisch) Kamanjab P.O.Box 157 067-697038 067-697039 2 DZ + 2 FZ + 4 2P-Zelte + 2 DZChalets Elefanten des Damaralandes "besuchen" auch das Camp und seine Umgebung Reiten Damara Dik Dik, Klippspringer, Berg-Zebra, Löffelhund, Elefant, Genet vellies@iafrica.com.na, info@ondundu.net #www.ondundu.net

Onduri Hunting Safaris (K71)

[Farm][Jagd] 85km nordwestl. Outjo / Anfahrt: C38, D2710 (25km) Anita & Chris Boshoff (Deutsch) Outjo P.O.Box 270 067-312125 067-312125 081-1272137 4DZ + 1FZ / aircon $ (2007) Jagdtag 1:1 270€, 2:1 200€, Begleitperson 120€ / K10 frei Rinderfarm / Kids willkommen auf einer Berghöhe erbaut Ovahimba Trip viele selbst hergestellte Spezialitäten von der Farm, alles ökologisch Wäscheservice, WiFi rollstuhlfreundlich keine HausT Streifengnu, Weißschwanzgnu, Damara Dik Dik, großer Kudu, Oryx, Warzenschwein, Giraffe, Steppen-Zebra ondurisafaris@gmail.com, onduri@iway.na # www.onduri.com

Ongava (K14)

[Zeltlodge] 95km nördl. Outjo / Anfahrt: C38 nach Norden (88km), Schild Farmpad 7km Hein van Wyck (manager), Wilderness Safaris (Englisch) Okaukuejo P.O.Box 58 067-229603 067-229613 Lodge: 12 Stohdach-Chalets (8TwZ+3TZ +2DZ+2 GuideZ) aircon, Wasserloch / Tented Camp: 10 Zelte à 2P / Little Ongava: 3 Suiten mit eigenem Guide + Landrover, Wasserloch $ (2013) Vp incl. Aktivitäten + Game Drive nach Etosha: Lodge: DZ 4.069N$ pP (4.270N$ pP) [5.786 N$ pP], EZzuschlag 2.161N$ // Little: DZ 7.269N$ pP (7.800N$ pP) [10.613N$ pP], single suppl. 2.973N$ pP // Tented: DZ4.069N$ pP (4.270N$ pP) [5.786N$ pP], single suppl. 2.161N$ pP // seasons: 7.1-14.6. (16.12.-17.1.)[15.6.-31.10.] 3 verschieden Farmen/Gebiete mit 3 Komplexen: Ongave Lodge, Little Ongava & Ongava Tented Camp mit Etosha 32 km gemeinsame Grenze Reiten, Nachtfahrten Restaurant Wild des Etoscha Parks info@ongava.com #www.ongava.com auch/also Wilderness Safaris

Onjowewe House (K35)

[Camping][SC-Haus][Spartacus Gay Hotel] 20km östl. Kamanjab / Anfahrt: C40, P2656 Jaco & Eben Burger / Debbie & Duncan Burger (camping) (Afrikaans) Kamanjab P.O.Box 86 067-330032 067-330032 081-3022366 (Debbie) Duncan´s Campsite $ (2012) 70N$ pP 3DZ ensuite open air rooms / SC / Vokü / kein Strom $ (2012) SC 350N$ pP / Hp 1.060N$ pP / (550N$ Namibier) Farm mit Nguni Rindern, Damara Schafen / Wild ohne Zäune // in der Nähe von Himba - Siedlungen: Otjikandero Filmkulissenhaus The Trail / La Piste von Eric Valli (2004) geführte Himba Dorf Tour 250N$ pP Mahlzeiten auf Bestellung / organisches Gemüse, Versuch, alle Produkte von der Farm (Hühner, Milch, Fleisch) herzustellen möglich @ bookings@namibiajjtours.com #www.namibiajjtours.com/onjowewe.php Namibia JJ Tours, Joe Gerstmayer 081-4241114, bookings@namibiajjtours.com, 088-621665

Szenenfoto aus dem Film La Piste

Jakarongo Camping Site (K35)

[Camping] 20km östl. Kamanjab / Anfahrt: C40 Richtung Outjo, Farmstraße P2656, Schild Debbie & Jaco Burger (Afrikaans, Otjiherero) siehe Onjowewe House, siehe „Oase Garni Gästehaus (K37)“ S. 304 3 Plätze liegen zwischen Granitfelsen $ (2012) 70N$ pP Camping rollstuhlfreundlich HausT ok @ oaseguesthouse@iway.na

Ongue Jagd (K53)

[Farm][Gäste][Jagd] 70km westl. Outjo / Anfahrt: C39 nach Westen Gesa & Karl-Heinz Kossmann (Deutsch, Französisch) Outjo P.O.Box 221 067-312000 067-313553 081-3197715 Gästehaus 2DZ $ (2013) Jagdtag 1:1 180€, 2:1 150€, Ruhetag/Begleitperson 80€ Rinder- & Ziegenfarm / Farm Geierfels /Fax + Email können nur einmal pro Woche abgeholt werden Duiker, Damara Dik Dik, Klippspringer, Steinböckchen, großer Kudu, Oryx, Warzenschwein, Steppen-Zebra, @ ongue@iway.na #www.natron.net/tour/ongue/index.html Deutschland / Germany: Tel. 0049-5234-5655

Onjowewe House (K35)

▲ siehe Seite 310

Onkoshi Camp (K231)

▲ [staatl. Rastlager] 40km nördl. Namutoni / Anfahrt: nur mit Abholung von Namutoni / Lage: Stinkwater Peninsula in der Pfanne ☞ Namibia Wildlife Resort (NWR) 15 Luxus-Zeltchalets für 2P auf Holzpfählen $ (2013) Vp: sharing 2.000N$ pP, single 1.900N$ / Honeymoon sharing 2.000N$ / K6-12 50% ⓘ siehe Namutoni Übersetzung des Namens = "Löwe" auf Oshidonga geführte Gamedrives 500N$ pP, Nachtdrive 600N$ Restaurant, Bar

Oppi Koppi (K58)

▲ [Rastlager][Camping] Kamanjab, nahe Oase Guesthouse, bei der Tankstelle ☞ Marian

Könings & Vital Cardeynaels (Belgien, Holland) ✉ Kamanjab P.O.Box 94 ✆ 067-330040 ℻ 067-330184 Δ 5 Plätze (2 kleine+2 große) / 1 Overlanderplatz // Strom $ (2013) 80N$ pP / Autos, die keine afrikanische Autonummer haben: FREI 6 Luxury DZ + 2 Standard DZ + 1 FZ (5P) + 2 Guide Zimmer $ (2013) Standard: 350N$ pP, Luxus: 450N$, FZ 350N$, GuideZ 250N$ pP / K6-12 50% ⓘ Picknick willkommen tägliche Donkeykarren Sundowner Fahrt (250N$ pP incl. drinks) / Ausflüge um Kamanjab (auch organisiert) / Vogelbeo., Wanderung Restaurant à la carte, traditionelles "Poikikos" auf Anfrage, Vegetarisch, Sebstgemachtes, Lunchpakete Wlan frei/ Wäscheservice // Versorgung im kleinen Ort: Benzin, Reifenreparatur, Supermarkt, gut sortierter Weinladen, gute Schlachterei, 1. Hilfe / Postamt Hunde an der Leine ok Leichte Verwechslung mit anderen ähnlichen Namen "auf dem Berg" wie z.B. "Oppiklippe" @ info@oppi-koppi-kamanjab.com # www.oppi-koppi-kamanjab.com Eden Travel

Oppiklippe (K6)

▲ [Farm][SC-Ferienhäuser][Camping][Jagd] 8km südl. Outjo / Anfahrt: C38, MR 63 ☞ Mimi & Jannie Linde (owner), Gogga & Albie (manager) (Afrikaans) ✉ Outjo P.O.Box 594 ✆ 067-313836 ℻ 067-313836 081-6110447 (Albie), 081-6110448 (Gogga) Δ 6 Plätze mit Schattenbäumen, Waschräume in die Felsen gebaut $ (2012) 50N$ pP Strohdachhaus (2DZ, 1DZ + 2-P-Couch im ersten Stock) / "Cabins" mit SchlafZ (1Doppelbett, 2 EinzelBetten, WohnZ (2EinzelBetten), Vokü, kein Strom, aber 12V Licht, Waschräume außerhalb $ (2012) Cabin: 400N$, Haus: 800N$ / Rabatt für längeren Aufenthalt ⓘ Wildfarm / Farm Petersburg / Wildfarm / Paresis Berge / Stausee mit Wasserschildkröten ausgeschilderter Wanderweg Fleisch zum Grillen HausT ok Damara Dik Dik, Eland, großer Kudu, Steppen-Zebra, @ gogabi11@gmail.com, linde@namibnet.com # www.etosha-namibia.com/oppiklippe

Otjitambi (K30)

▲ [Farm] [Gäste][Jagd] [Camping] 54km südöstl. Kamanjab / Anfahrt: C40 (47km), D3246 (7km) ☞ Jürgen C. Schlettwein (Deutsch) ✉ Outjo P.O.Box 580 ✆ 067-312138, 067-687140 ℻ 067-687141 Δ 4 Plätze 2 Saniblocks $ (2012) 75N$ pP Gästetrakt 5DZ + 2EZ $ (2012) DZ Vp 750N$ pP, DZ Hp 520N$ pP inkl. Farmrundfahrt, Sundowner // Pauschalangebot 10 Tage: 1:1 + 1 Begleitperson 2.900€, 2:1 3.500€, 2:1 + 2 Begleitpersonen 4.200€ (5 Tage Jagd) ⓘ Rinderzucht / Fama / Landebahn ***Thermalbad 40°C*** - Bäder nach Anmeldung / ***Micro Light*** Wanderungen Duiker, Streifengnu, Weißschwanzgnu, Kuhantilope (Hartebeest), Damara Dik Dik, Klippspringer, Springbock, großer Kudu, Oryx, Rappenantilope, Wasserbock, Warzenschwein, Giraffe, Berg-Zebra, Leopard, Elefant, @ jcsotjitambi@iway.na # www.otjitambi.iway.na

Otjitoroa (K1)

▲ [Farm][nur Jagd] 90km nördl. Otjiwarongo / Anfahrt: B1, D2430, D2774 ☞ Johanne & Henning Kruse-Scholtissek (Deutsch) ✉ Otjiwarongo P.O.Box 1458 ✆ 067-290136

067-290136 3 DZ $ (2012) Jagdtag 1:1 170€, 2:1 140€, Begleitung 75€ ⓘ Rinderfarm renoviertes Farmhaus im Kolonialstil Reiten Bleßbock, Kuhantilope (Hartebeest), Springbock, Steinböckchen, großer Kudu, Oryx, Warzenschwein, Steppen-Zebra, Strauß, @ info@jagdfarm-namibia.com # http://jagdfarm-namibia.com BRD: Am Osterfeld, 24113 Molfsee, Tel +49-431-651816, Fax +49-431-651416

Otjitotongwe Cheetah Farm (K34)

[Farm][Gäste][Camping] 32km östl. Kamanjab / Anfahrt: C40 (24km), Schild 8km Farmpad P2683 ☞ Tollie & Roeleen Nel (Afrikaans) ✉ Kamanjab P.O.Box 60 ✆ 067-330201, 067-687056 088-625511 10 Plätze mit Schatten 6TwZ + 2TZ *19 zahme und wilde Geparden* / versteinerte Algen (Stromatoliten) / Aussichtsturm Geparden-Fütterung / Wanderungen Restaurant Setmenü keine HausT Gepard, @ cheetahs@iway.na # www.cheetahparknamibia.com

Porcupine Camp (K59)

[Zeltlodge][Camping] 8km westl. Kamanjab / Anfahrt: C40 ☞ Katrin & Antje Hänisch (Deutsch) ✉ Kamanjab P.O.Box 167 ✆ 067-330274 081-2703587 5 kleine Plätze bis zu 10P + 3 Plätze für große Gruppen, abseits $ (2013) 75N$ pP 3 Einfach-Zelte + 6 Doppel/Twin-Zelte für insgesamt 14 Gäste $ (2013) B&B DZ 275N$ pP / Ezzuschlag 50N$ / Zusatzpreise: 25N$ pAuto / Fütterung von Stachelschweinen 70N$ pP ⓘ Kiwi, Tagb. Ok jede Nacht *Fütterung von Stachelschweinen* - 10 Tiere / Kunsthandwerk aus Stachelschweinstacheln Himba Tour wird organisiert / Wanderwege: 2km & 5km / Vogelbeo. viele Vogelarten Dinner Buffet (auf Anfrage) 170N$ pP HausT ok großer Kudu, Oryx, Giraffe, Steppen-Zebra, Stachelschwein, @ restcamp@iway.na, info@porcupine-camp.com # www.porcupine-camp.com/

Rustig Toko Lodge (K41)

[Farm][Gäste][Camping] 28km nördl. Kamanjab / Anfahrt: C35 nach Norden (8km), D2763 (14km), D2695 (6km) ☞ Heidi & Jürgen Göthje (Deutsch, Otjiherero) ✉ Kamanjab P.O.Box 25 ✆ 067-687095 067-687094 Omumborombonga Camp: 3 Plätze für 20P, Schatten, Campinggäste können Dinner buchen / sandig $ (2013) 80N$ pP Bungalows: 14DZ+TGZ (22P) $ (2013) B&B DZ 730N$ pP / single suppl. 100N$ / K5-12 50%, guide 230N$ / Zusatzpreise: Farmrundfahrt 150N$ pP ⓘ Rinderfarm / Fama / Kiwi / Touranbieter / Solarstrom direkt am Etosha Nationalpark Gamedrive, Nachtrundfahrt (1,5 Std 200N$ pP), geführte Buschwanderung 130N$ Restaurant (B 70N$, L 80N$, D 160N$), Lunchpakete 80N$ Reifenrep. ♿ 1 Z rollstuhlgerecht Springbock, Steinböckchen, Eland, großer Kudu, Oryx, Warzenschwein, Giraffe, Steppen-Zebra, Löffelhund, Erdwolf, Erdferkel, Stachelschwein, Afrikanische Wildkatze, Springhase @ info@tokolodge.com, rustic@iway.na # www.tokolodge.com Eden Travel

Safari Farm (K56)

[Lodge] 20km nördl. Kamanjab ☞ Fam Flachberger 5DZ ⓘ Informationen und Adresse siehe Okapuka Ranch Windhoek (B7) Oryx, Spitzmaul-Nashorn (schwarzes), @ okapuka@iafrica.com.na Okapuka Ranch, Windhoek, Tel. 061 / 227 845, Fax 061 / 234 690

Sâsa Safari Camp (K99)

[SC-Rastlager][Camping] 8km südl Outjo / Anfahrt: C38 nach Süden, MR63 (3km), Schild ☞ Donsie Schoeman ✉ Outjo

P.O.Box 547 067-313021 081-1290658, skype: Sasa Safari Camp 5 Plätze mit Strom, Tische & Stühle $ (2012) 80N$ pP 10 2-Twin-Bett Bungalows $ (2012) Bungalow SC 1P 355N$, 2P 508, Küche 300N$ / B&B: EZ 457N$, DZ 711N$ / Hp: EZ 693N$, DZ 1.008N$ / Hp EZ 819N$, DZ 1.134N$ // Combo für Gruppen EZ 444N$, DZ 635N$ ⓘ alter Name Camp Setenghi / Kiwi, Rauwi liegt an den Ugab-Terassen *Volleyballfeld*, Wanderweg 4km (50N$ pP) Restaurant, Lunchpackete Wlan / Wäscheservice "no dogs, but pets" Bleßbock, Duiker, Damara Dik Dik, Klippspringer, Steinböckchen, großer Kudu, Oryx, Strauß, @ donsie@sasasafaricamp.com,, bookings@sasasafaricamp.com # www.sasasafaricamp.com

Saturn (Wild & Gästefarm) (K49)

[Farm][nur Jagd] 68km westl. Outjo / Anfahrt: C39 nach Westen Ulla Montermann (Deutsch) Outjo P.O.Box 382 067-312029, 067-313486 067-312029 4 Bungalow DZ + 1TZ $ (2012) Jagdtag 1:1 220€, Ruhetag 120€, K12 70€, Ezzuschlag 30€ ⓘ Wildfarm Ugabterrassen Wandern 1 Z behindertengerecht Streifengnu, Kuhantilope (Hartebeest), Damara Dik Dik, Klippspringer, Steinböckchen, großer Kudu, Oryx, Warzenschwein, Berg-Zebra, Gepard, Leopard, @ monti@iway.na # www.jagdfarmsaturn.com

Setenghi, Camp (K99)

ⓘ siehe „Sâsa Safari Camp (K99)" S. 312

Sophienhof Lodge (K100)

[Lodge][Camping][SC] 10km westl. Outjo / Anfahrt: C39 Werner Raddatz (owner), Bertie Oppermann (management) Outjo P.O.Box 433 067-312999 067-312955 081-3535135 2 Plätze mit Strom / Plätze für Caravan $ (2012) 120N$ pP 4 SC-Häuser 4P Kitchenette / Belina farm Haus 2DZ / 1 VIP Haus $ (2012) SC: 1P 485N$, 2P 850N$, 3P 1.170N$ / VIP Haus 1P 1.500N$, 2P 3.000N$, 3P 4.050N$, 4P 5.000N$ / Backpackers 200N$ pP / K7-12 50% / Zusatzpreise: Game Drive 120N$, Sundownerdrive 150N$ beleuchtete Wasserstelle mit webcam, versteinerte Wildspuren, Höhlen mit Stalagmiten Restaurant / Braaipacks, Eis / Candlelight Dinner 250N$ Schwarznasen Impala, Bleßbock, Duiker, Streifengnu, Weißschwanzgnu, Kuhantilope (Hartebeest), Damara Dik Dik, Klippspringer, Springbock, Steinböckchen, Eland, großer Kudu, Wasserbock, Warzenschwein, Giraffe, Berg-Zebra, Gepard, Leopard, Ameisenbär, Stachelschwein, Strauß, Gürteltier, Genet @ info@sophienhof-lodge.com, bertie@sophienhof-lodge.com # www.sophienhof-lodge.com

Stillerus Hunting Farm (K67)

[Farm][Jagd] 150km nordwestl. Outjo / Anfahrt: C38, D2695 Helen & Evert Burger (Afrikaans) Outjo P.O.Box 134 Zeltjagdcamp oder Farmhaus (4P) $ (2012) Jagdtag 1:1 225£, 2:1 160£, Begleitperson 95£ ⓘ Bogenjagd @ Rupert@TheHuntingAgency.com # www.stillerus.com

Taleni Etosha Village (K73)

[Zeltlodge] 20km südl. Okaukuejo / Anfahrt: 4,3km vor dem Andersson Gate Taleni Africa Tourism Holdings / Fanie van Rooyen (manager) (Afrikaans) 067-687190 067-687195 40 SC Zelte 3-4P $ (2013) Low: Dez -Jun: SC: EZ 829N$ [941N$], DZ 544N$ pP [595N$] / B&B EZ 924N$ [1.361N$], DZ 639N$ pP [690N$ pP]/ Hp EZ 1.154N$ [1.266N$ pP], DZ 869N$ pP [920N$ pP], Vp EZ 1.269N$ [1.183N$], DZ 984N$ pP [1.035N$ pP] / Tourguides EZ 387N$ DZ 611N$ / K12 foc / Zusatzpreise: Etoshadrive 1/2 Tag 600N$ pP ⓘ Zufahrt zum Zelt Ecofreundlich: Wasserrecycling für den Garten // Race for a Smile: Hilfe für Kinder mit Lippen-Kiefer-Gaumenspalte Gamedrive in Etosha 550N$ pP (Halbtag) Restaurant (B 95N$, L 115N$, D (Buffet) 230N$), Lunchpakete 80N$ / Cuca Shop (Grillfleisch, Getränke usw) 1 Einheit behindertengerecht

@ reservations@etosha-village.com # www.etosha-village.com 🕮 Taleni

Tandala Ridge B&B (K9)

ⓘ siehe „Farm Windpoort (K9)" S. 300

Tarentaal Guestfarm (K16)

▲ [Farm][Gäste] 85km nördl. Outjo / Anfahrt: C38 nach Norden, am Schild Toshari Inn/ Etosha Gateway in die D2695 abbiegen, 10km Farmpad ☞ Mariana & Piet Gouws (Afrikaans) ✉ Outjo P.O.Box 168 ✆ 067-333416 ℻ 067-333416 📱 081-1286116 🛏 6DZ +1Z für den Guide $ (2007) Hp 400N$ pP ⓘ arbeitende Rinderfarm / Kiwi, Fama ♛ Tarentaalkop = Guinea Fowl, Wildcamp mit Plattform / Mariana war Direktorin der Grundschule am Eingang zu Etosha, Andersson Gate 🚶 Farmleben: Kühemelken, Rindertreiben wie Cowboys / Reiten 🐘 Springbock, Eland, großer Kudu, Oryx, Warzenschwein, @ tarentaal@mweb.com.na # www.tarentaalguestfarm.com

Toshari Inn (K15)

ⓘ siehe „Etosha Gateway Lodge (K15)" S. 298

Transvaal (Outjo), Jagdfarm (K27)

▲ [Farm][nur Jagd] 70km nordwestl. Outjo / Anfahrt: C38 nach Norden, C40 ☞ Irma & Peter Heimstädt / Lindie & Fanie Heimstädt (Afrikaans, Deutsch) ✉ Outjo P.O.Box 207 ✆ 067-312129 ℻ 067-312129 🛏 3TwZ + 2TZ $ (2012) Jagdtag 1:1 270€, 2:1 190€ / Begleitperson 130€ ⓘ Rinder- & Wildfarm / Fama / Kiwi 🚶 Reiten, Wandern, Mountainbike 🍽 Vp, Spezialdiäten auf Anfrage 📎 Wäscheservice, internet 🐘 Bleßbock, Duiker, Streifengnu, Weißschwanzgnu, Springbock, Steinböckchen, Eland, großer Kudu, Nyala, Oryx, Wasserbock, Warzenschwein, Giraffe, Steppen-Zebra, Berg-Zebra, Letschwe @ exp-nam@iway.na, namhunt@iway.na # www.etosha-namibia.com/transvaal // www.namibiahuntingandsafari.com

Ugab Terrace Lodge (K65)

▲ [Lodge][Camping] 66km östl. Khorixas / Anfahrt: C39, D2743 (12km) ☞ Ruth & Urs Krahemann (Deutsch) ✆ 061-240741 & 081-1472771 📱 081-1400179, 081-1421932 📠 088-636170[1][2] ⛺ 3 Plätze bei großen Steinen und unter Mopanebäume (morgens & nachmittags Schatten) $ (2013) 110N$ pP 🛏 16 Bungalows auf einer der Ugab Terrassen, 8 Zelte am Fuße $ (2013) Bungalow B&B: EZ 1.235N$, DZ 835N$ pP, / Zelt Hp DZ 550N$ pP, EZ 700N$ / K 3-12 50% ⓘ Tagbes. ok, Kiwi ♛ Felszeichnungen bei der Farm Omburu-Ost / Ugab Terrassen 🚶 Pool als Kaskaden in Felsen gebaut / Mountainbike (50N$ pStd) / Vogelbeo. / Spaziergang mit Guide (50N$ 2-3Std) 🍽 Restaurant (B 90N$, L (Set Menue) 120N$, D 165N$), Lunchpakete 80N$ / Spezialdiäten auf Anfrage 🐕 keine HausT @ info@ugabterracelodge.com, lizelle@ugabterracelodge.com # www.ugabterracelodge.com 🕮 Kai-Koro Reservations

Vaalberg (K42)

▲ [Farm][nur Jagd] 8km nördl. Kamanjab / Anfahrt: C35 ☞ Albert F. Weitz (Deutsch) ✉ Kamanjab P.O.Box 48 ✆ 067-330256 📱 081-4622933, 081-4622934 ⛺ Plätze 🛏 Bungalows ⓘ siehe „Alpec Bushcamp Gamepark (K42)" S. 292 🍽 Café für Tagb. 🐘 Bleßbock, Duiker, Streifengnu, Damara Dik Dik, Springbock, Eland, großer Kudu, Oryx, Wasserbock, Giraffe, Steppen-Zebra, Gepard, Leopard @ alpecbushcamp@gmail.com

Vieranas Gamefarm (K46)

▲ [Farm][Jagd] 28km südl. Kamanjab / Anfahrt: C35 nach Süden, D2667 14km Schild ☞ Amelia & Roger Coomber (owner) (Englisch) ✉ Kamanjab P.O.Box 46 📱 081-1551155 (Amelia), 081-1249324 (Roger) 📠 088-618730 🛏 3 Chalets $ (2012) Jagdtag 1:1 320US$, 2:1 280US$, Begleitperson 170US$ ⓘ Rinder-u. Schaffarm / Kiwi: Spielplatz, Farmleben / Bogenjagd / Anmeldung nötig ♛ Buschmann Zeichnungen / unterstützte Farmschule 🚶 Wandern, Reiten (2Std 150N$ pP) / Gamedrive 1,5Std 80N$ pP, 3Std 160N$ pP / geführte Wanderung 2Std 150N$ pP / Vogelbeo. 📎 Wäschedienst ♿ zu viele Felsen 🐕 HausT auf Anfrage 🐘 Duiker, Klippspringer, Springbock, Steinböckchen, großer Kudu

Oryx, Warzenschwein, Giraffe, Steppen-Zebra, Stachelschwein, endemische Vögel: Barecheeked Babbler, Monteiro's Hornbill, Ruppels Parrot, Damara Rockrunner @ vieranas@gmail.com # www.vieranasbowhunt.com

Vingerklip Lodge (K54)

▲ [Lodge] 98km westl. Outjo / Anfahrt: C39 nach Westen, D2743 (19km) ☞ Ingrid Techow (owner) (Deutsch) ✉ Outjo P.O.Box 443 ✆ 067-290319, 067-687158 067-687157 11 Bungalows mit 22Z (50 Betten), 11 Bungalows speziell für Familien mit Kindern / Bungalow abseits auf einem Hügel $ (2013) Hp: DZ 995N$ pP, K4-14 484N$ / Lux Bungalow 1.700N$ pP ⓘ Kiwi / Tagb. ok / freier Zugang zur Vingerklippe ♔ auf dem Farmgelände: Vingerklippe, an den Ugab-Terassen / Wasserloch Wanderungen (auch geführt) / Mountain Bikes / Sonnenuntergangsrundfahrt Restaurant "Eagles Nest" (20P) auf einem Hügel / Lunchpackete, Tagb. für Lunch keine HausT gemeines Impala, Klippspringer, Springbock, Steinböckchen, Eland, großer Kudu, Oryx, Warzenschwein, Giraffe, Steppen-Zebra, Leopard, viele Vogelarten @ vingerkl@mweb.com.na # www.vingerklip.com.na 📖 Rebekka von Schumann, Windhoek: P.O.Box 11550, Tel 061-255344, Fax 061-255344

Vreugde (K17)

▲ [Farm][Gäste] 70km nördl. Outjo / Anfahrt: C38 nach Norden (60km), D2710, 9km Schild ☞ Elsie & Danie Brand, Rachel & Danie Brand (Afrikaans (Deutsch)) ✉ Outjo P.O.Box 124 ✆ 067-687132 067-687132 081-2107693 088-636664 5TwZ+1DZ+1FZ =16P $ (2012) Hp 750N$ pP, 90N$ Ezzuschlag / K6-13 50% / Namibier 500N$ / Hp Reiseleiter Z 300N$ ⓘ Rinder u. Schaffarm / Fama / Kiwi: Farm-Alltag Spaziergang, Farm Drive Lunchpakete Wäscheservice keine HausT, da viele Hunde & Katzen auf der Farm sind Steinböckchen, großer Kudu, Oryx, Warzenschwein, Viele Trummi Leser: sehr empfehlenswert @ info@vreugdeguestfarm.com # www.vreugdeguestfarm.com

Westfalen (K31)

▲ [Farm][Gäste][Jagd][SC Chalets] 46km südöstl. Kamanjab / Anfahrt: C40 (46km) ☞ Juliana & John van der Westhuizen (Afrikaans, Spanisch) ✉ Outjo P.O.Box 514 ✆ 067-312133 067-312133 081-2782764, 081-1284011 Gästelodge 3DZ / SC Chalets 3DZ $ (2012) Gästelodge B&B 350N$ pP / SC Chalets 200N$ pP // Jagdtag 1:1 350US$, 2:1 280US$, Begleitperson 200US$ ⓘ Kiwi, Fama, nur eine Gruppe / auch Bogenjagd Lunch & Dinner auf Anfrage Duiker, Kuhantilope (Hartebeest), Damara Dik Dik, Springbock, Steinböckchen, großer Kudu, Oryx, Warzenschwein, Giraffe, @ info@westfalenhuntnamibia.com # www.westfalenhuntnamibia.com

Windpoort (K9)

ⓘ siehe „Farm Windpoort (K9)" S. 300

Region L: Das „Otavi Dreieck" und der Waterberg

Karte siehe Seite 320

Das Zentrum dieser Region L wird das „Otavi-Dreieck" oder auch „Maisdreieck" genannt, das durch die Ortschaften Grootfontein, Otavi und Tsumeb gebildet wird. Der Waterberg schließt sich südlich daran an. Auch für die Region L gilt dasselbe wie für die Region K südlich von Etosha: Die Farmen, die an Etosha grenzen, verfügen über guten Wildbestand und haben neben der Rinderzucht ihr Standbein Gästebetrieb und Trophäenjagd ausgebaut, bzw. sind nur noch Gäste- Jagfarmen oder Lodges.

Die Bergbaustadt Tsumeb

Tsumeb ist als legendäre Bergbaustadt mit seltenen Mineralien weltweit bekannt. Doch ist die Mine selbst heute weitgehend ausgemint, die Verhüttung geht jedoch weiter. Überall in Tsumeb begegnet man dem Namen OMEG, Abkürzung für „Otavi-Minen- und Eisenbahngesellschaft", die vom Kolonialstaat Deutschand darauf verpflichtet worden war, das Land für den Abtransport von Mineralien mit einer Eisenbahn von Swakopmund bis Tsumeb zu erschließen. Alle drei Ortschaften sind an diese alte Eisenbahnlinie noch immer angeschlossen, die in Grootfontein endet. Die Fortsetzung der Bahn ins „Owamboland" von Tsumeb über Oshivelo ist ein Projekt der neuen namibischen Regierung, das stückweise erfolgt. Neben der B1 sieht man die neue eingleisige Spur, die irgendwann an der angolanischen Grenze bei Oshikango enden soll. Derzeit verkehrt höchstens 1x pro Woche ein Zug auf dieser neuen Strecke. Der Mainliner-Bus verbindet zuverlässig die drei Ortschaften mit dem Süden des Landes – über Windhoek bis Kapstadt. In Tsumeb ist das kleine Museum besuchenswert mit Ausstellungen von Mineralien und der geborgenen Waffen aus dem Lake Otjikoto, die die deutschen Soldaten kurz vor ihrer Kapitulation 1915 dort versenkt hatten.

Grootfontein – die „große" Quelle

Das Alte Fort in ***Grootfontein***, 1896 bereits erbaut, gab den deutschen Kolonialtruppen von einem erhöhtem Aussichtspunkt aus die Möglichkeit, das Geschehen in dem Ort an der Grenze zu dem nicht kolonialisierten Norden zu überwachen. 1974 wurde das Fort zum nationalen Denkmal und ist heute ein Museum. 1907 wurde der Ort bereits zur Stadt erklärt. Heute leben hier etwa 25.000 Menschen, die meisten in „informal settlements". Die weitläufige Militärbasis der Südafrikaner wurde von der namibischen Defense Force übernommen und zieht daher viele Familien in der Hoffnung auf Arbeit und Unterkunft an. Die „große Quelle", nach dem der Ort seinen treffenden Namen erhalten hatte, war bis zur Unabhängigkeit ein beliebter Camping- und Badeplatz von Touristen und Einheimischen, und dafür von der Municipality auch gut unterhalten. Dieses einzige Spaßbad des Landes mit großer Rutsche ist immer noch unter dem Unkraut und den abgestellten Autos auf dem „Olea-Platz" zu erkennen. Er wurde privatisiert und derzeit ist unklar , welche Zukunf die neuen Eigentümer, die Familie von Tobie Aupindi, für den Platz plant. Das Zentrum des Ortes bilden mehrere Tankstellen mit kleiner Werkstätten und ein großer Supermarkt, denn von hier aus beginnt die eher einsame lange Strecke des „Transkalahari Highways" über Sambezi/Caprivi nach Sambia. Dieser Highway is durchgehend geteert, aber nur zweispurig und ist nicht mit einer europäischen Autobahn zu vergleichen.

Otavi – Großstadt in 100 Jahren?

Otavi, die dritte Stadt im Bunde, ist hingegen heute unbedeutend, auch wenn der Ort 201 zur Stadt erklärt wurde und die Municipalit ihre Stadtgrenzen jetzt in einem Radius von 30km (!) erweitern möchte – als Plan für di Entwicklung des Ortes zu einer Großstadt in 100 Jahren. Derzeit ist Otavi allerdings dami beschäftigt, die notwendigste Infrastruktur wi ein Abwässersystem und Billigwohnraum zu schaffen, damit endlich auch die „Singlequarters" verschwinden. Diese waren einst ein wichtiges Ziel der Kritik an der Apartheidpolitik und wurden in Windhoek sofort nach der Unabhängigkeit geschlossen oder abgerissen. In Khorab bei Otavi, heute nur eine Markierung an der Eisenbahnlinie, unterzeichneten die deutschen Kolonialtruppen 1915 ihre Kapitulation und läuteten damit das Ende der deutschen Kolonialherrschaft über das südwestliche Afrika ein. Viele der deutschen Militärs wurden im Süden, im unwirtlichen Aus (s. Region P) interniert, womit sie das Glück hatten, den mörderischen 1. Weltkrieg, der in Europa tobte, zu überleben. Einige Jahre später konnten viele von ihnen als Farmer sogar auf ihre Farmen zurückkehren.

„Maisdreieck"

Das Gebiet erhält so viel Regen, daß landwirtschaftlicher Anbau auch kommerziell betrieben werden kann. Rietfontein war z.B. bis 2005 eine Farm mit Milchkühen und Molkerei, deren Produkte im gesamten Land verkauft wurden. Relativ jung ist der Versuch von „Simondeum", eine Schlachterei in Grootfontein aufzuba¨uen, die seit 2011 auf die Verarbeitung von „organic meat" setzt, also vor allem auf die Verarbeitung von Wildfleisch, das kaum Cholesterin enthält und keine Antibiotika: „Healthy animals and humans in a healthy environment" ist das Credo des Besitzers und Initiators Jean Simonis ("gesunde Tiere und Menschen in einer gesunden Umgebung"). Der örtliche Supermarkt verkauft dieses fantastische Fleisch. Über alternativen Gemüseanbau kann man sich auf der Farm Tigerquelle (Nr. L109) informieren und auch dort einkaufen.

Eine Umstrukturierung der kommerziellen Farmwirtschaft scheint sich in diesem „Dreieck" insofern abzuzeichnen, da nach der Unabhängigkeit große Ländereien in das Eigentum führender regierender Politiker, Rechtsanwälte, verdiente) Parteimitglieder u.a. übergegangen sind, die oft nur Hobbyfarmer sind. Auch altbekannte Gästefarmen wurden geschlossen.

Gebiet der San im Osten

Im Osten grenzt ein nur wenig erschlossenes Gebiet an die schnurgerade Linie, die die Kolonialmächte einst zogen, die den Zaun zu Botswana markiert. Es ist das Kommunalgebiet von San-Gemeinden, von der RSA einst als „Buschmannland" als Homeland verwaltet. Die Mitglieder der verschiedenen San-Gemeinden sollen heute in Projekten des Tourismus eingebunden werden, vor allem in die Großwildjagd. Grashoek, kurz nach dem Veterinärzaun nur mit 4x4 zu erreichen, machte als erstes „Living Museum" einer San-Gemeinde, Geschichte (L86). Im Südosten wird das Gebiet von Hereros beansprucht, die ihre Rinder in Gebiete treiben, die die San als die ihrigen betrachten. Tsumkwe ist nur ein Punkt auf der Landkarte, es ist nicht sicher, ob die Tankstelle Benzin hat, eine Bäkkerei überlebt dort nur durch Hilfsgelder. Die Tsumkwe Lodge ist daher hier der einzige touristischer Treffpunkt. 2013 wird immer noch über die Eigentümerverhältnisse dieser Lodge verhandelt, nachdem die Namibian Country Lodges sich 2012 aufgelöst haben. Hier treffen sich andere Individualreisende, die entweder wild campieren oder die umliegenden einfachen kommunalen Camps anfahren.

Über Tsumkwe erreicht man mit 4X4 den Khaudum-Nationalpark mit seinen großen Elefantenherden, doch sind nach der Unabhängigkeit weder die zwei einfachen Rastlager (N19) intakt gehalten, noch der Naturschutz gewährleistet worden. Dennoch wird von NWR der normale Eintrittspreis verlangt. Ein Grenzübergang bei Dobe nach Botswana ist derzeit möglich, die Pad erfordert aber viel Zeit.

Sehenswürdigkeiten jenseits der Highlichts

Verschiedene Höhlen, der Otjikoto-See, der größte Eisenmeteroit bei Hoba und vor allem der Nationalpark Waterberg-Plateau sind geologische, geographische und auch historische Attraktionen. Farmen und Institutionen in der Nähe des Waterbergs bemühen sich um den Erhalt von Geiern und Geparden; ihre Programme werden auch durch Ihre Besuche unterstützt. Die Cheetah Researchstation hat besonders viel internationale Aufmerksamkeit und nationale

Preise gewonnen. (S. L101) Besuche und Unterkunft sind jedoch sehr teuer. Es gibt eine Reihe von anderen Farmen, auf denen Cheetahs aus nächster Nähe erlebt werden können – aber natürlich nicht gerade bei einer OP, wie ggf. beim CCProject von Dr. Lourie Marker.

Literatur

- ☞ siehe „Namibia", S.376 ff: Alle Einzelheiten zum Waterberg

;rashoek Camping (L86)

⛺ [Kommunales Camping] 70km nordöstl. Grootfontein / Anfahrt: B8, C44, direkt nach 'eterinärzaun Schild nach links, 6km sandige Pad (4X4) bis zum Dorf ☞ Community of Gras-oek: Jo/Hoansi San ⛺ 3 Plätze (Trockentoilette, Buschdusche) $ 50N$ ⓘ unterstützt durch ie "Living Culture Foundation Namibia" (www.LCFN.info) „Living Museum": Vorführun-en der San Gemeinde: Tänze, Fallenbau, Spurenlesen, Tänze usw Die Preise für die jeweiligen)arbietungen sind fest. Siehe dazu auch Text und Bilder in „Gesichter und Geschichten" S.44-1 empfehlenswert keinerlei Versorgung / Craftshop Viele derzeitige Fotos von San ammen aus Grashoek und ihren Vorführungen @ contact@lcfn.info # www.lcfn.info 📖 Bwana 'ucke Tucke (Anzeige siehe Seite 489) // Auskünfte Dornhügel (L22) & Roy´s Camp (L81)

Region L - Otavi Dreieck

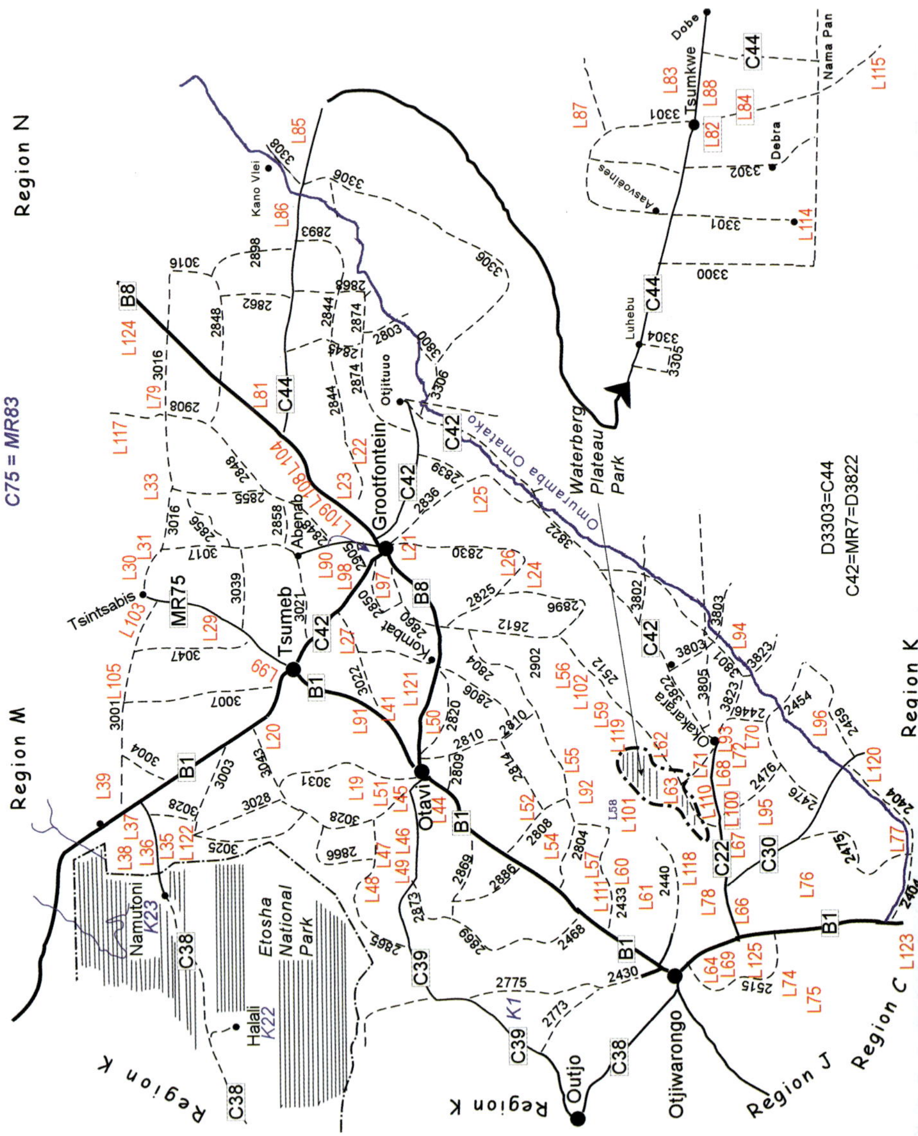

L01 Olea Town Lodge + Caravan Park (in Grootfontein)
L04 Meteor Travel Inn Hotel (in Grootfontein)
L08 Otavi Garden's Hotel (in Otavi)
L09 Palmenecke Guest House (in Otavi)
L10 Etosha Café (in Tsumeb)
L12 Makalani Hotel (in Tsumeb)
L13 Minenhotel (in Tsumeb)
L14 Tsoutsoumb Bungalows (in Tsumeb)
L15 Kupferquelle Resort (in Tsumeb)
L16 Travel North Namibia B&B (in Tsumeb)
L17 Mousebird (in Tsumeb)
L18 Omeg Allee (in Tsumeb)
L19 Okapunja
L20 !Uris Safari Lodge
L21 Peace Garden Lodge
L22 Dornhügel
L23 Kalkfontein Gästefarm
L24 Omambonde-Tal
L25 Ovisume Jagdfarm
L26 Hairabib Hunting Farm
L27 Ghaub
L29 La Rochelle)
L30 Muramba Bushman Trails
L31 Baobab Game Ranch
L33 Koukuas)
L35 Mokuti Lodge
36 Mushara Collection
37 Etosha Aoba Lodge
38 Onguma Game Reserve
39 Sachsenheim Guest Farm
41 Potjie Plot Sonop
44 Khorab Safari Lodge
45 Dabib
46 Stolzenberg
47 Maroela
48 Omutati Game & Guest Farm
49 Tambuti Wilderness Guestfarm
50 Ondjondjo
51 Gabus Game Ranch
52 Kambaku Safari Lodge
54 Otjenga
55 Oase Gästefarm
56 Kamrav
L57 Aloegrove Safari Lodge
L59 WABI Game Lodge
L05 The Courtyard (Grootfontein) (in Grootfontein)
L60 Frans Indongo Lodge
L61 Okandivi Jagdfarm
L62 Waterberg Wilderness Lodge
L63 Waterberg-Plateau-Park
L64 Otjibamba
L66 Weaver´s Rock Guest Farm
L67 Waterberg Game & Guest Farm
L68 Ombujomatemba
L69 Ozonduno
L70 Hebron
L71 Hamakari
L74 Otjiwa Game Lodge
L75 Okonjima
L76 Miershoop Jagd
L77 Ousema Guest Farm
L78 Ozondjahe Safari Lodge
L79 Wildacker Guestfarm
L80 Steps Guest House Okakarara (in Okakarara)
L81 Roy´s Rest Camp
L82 Tsumkwe Lodge
L83 Makuri Campsite
L84 Nyae Nyae Conservancy
L85 Omatako Valley Rest Camp
L86 Grashoek Camping
L87 De#ua
L88 Nyae Nyae Safari Camp
L90 Citrus Farm Andorra / Maori
L91 Ohange Lodge
L92 Grosswarlencourt Gästefarm
L93 Okakarara Cultural Center (in Okakarara)
L94 Okaepe
L96 Ouhave Country Farm
L97 Meteorite Camping
L98 Bush Baby Safari & Camping
(L99 Otjikoto Lake Campsite)
L100 Klein Waterberg / Okawaka
L101 CCF - Lightfoot Camp
L102 Waterberg Bush Camp
L103 Treesleeper Camp
L104 Friedrichstal Farm
L105 Farm Toko
L106 Seidarap Guesthouse (in Grootfontein)
L107 Martins Africa Accommodation (in Tsumeb)
L108 Fiume Lodge
L109 Tigerquelle Gästefarm
L110 Otjikaru Wildfarm
L111 Northland
L112 The Stone House (in Grootfontein)
L113 Sindano Court (in Tsumeb)
L114 Nhoma Safari Camp
L115 Namapan Campsite
L116 Ava Lodge (in Okakarara)
L117 Mangetti Dune Camping Site
L118 Padberg B&B
L119 Waterberg Mountain Camp
L120 Ombujonganga
(L121 Lodge Inn)
L122 Emanya@etosha
L123 Termite Hills B&B
L124 Mururani Campsite
L125 Klipkop

Region K auf der Karte
K1 Otjitoroa
K22 Halali
K23 Namutoni

!Uris Safari Lodge (L20)

▲ [Lodge][Camping] 25km nordwestl. Tsumeb / Anfahrt: B1, 10,3km links beim Punyu Crushers, 8,6km Tor, 1,6km links, 4,2km Lodge ☞ Familien Neethling & Peter Pretorius (Afrikaans) ✉ Tsumeb P.O.Box 1252 ✆ 067-221818 ℻ 067-220242 ▯081-1420441 Λ 2 Plätze (12P & 18P), 5km von der Lodge entfernt / Strom / Pool der Lodge auch für Camper $ (2012) 150N$ pP 14DZ (=42P) $ (2012) B&B: EZ 1.064$, DZ 783N$ pP, TZ 738N$ pP / K3-

11 50% / Zusatzpreise: Nature Drive 300N$ pP ⓘ Konferenzen u. Hochzeiten bis 100P ♕ bei der !Uris-Mine / Mineraliensammlung / großer gepflegter Garten Wellness: kleiner "intimate salon" / geologische Tour / Minen-Tour 420N$ pP, mit Quadbike 450N$ pP min 2P / Quadbikes 185N$ 1/2Std / geführte Wanderung 175N$, ungeführt 50N$ pP Frühstück 80N$, Lunch 70N$, Lunchpakete 70N$, Dinner Set Menue 165N$ / Weinkeller HausT auf Camping ok Eland abenteuerlicher Minenbesuch / gute Neethling-Weine aus RSA @ enquiry@uris-safari-lodge-namibia.com # www.uris-safari-lodge-namibia.com Exclusive Reservations

Aloegrove Safari Lodge (L57)

▲ [Farm][Gäste][Jagd] 38km nordöstl. Otjiwarongo / Anfahrt: B1 Richtung Otavi (18km), D2433 Schild, Farmpad ostwärts 18km ☞ Johan & Ivy & Erika Döman (Afrikaans) ✉ Otjiwarongo P.O.Box 1135 ✆ 067-306231 [2] ℻ 067-306231 ▯081-1274103 088-614602

8 Bungalows $ (2012) SC: 1P 670N$, 2P 1.180N$, 2E+1K3-18 1.600N$, 2E+2K3-18 1.780N$ / Breakfast + 140N$ pP // Jagdtag 1:1 200€, 2:1 180€, Begleitperson 80€ / Zusatzpreise: Game Drive 180N$ pP, ⓘ Rinderfarm / Waffenausleihe Fütterung von Raubkatzen (Raubkatzengehege mit Löwen, Geparden, Leoparden), Fütterung-Tour: 220N$ pP / K5-12 50% / Vogelbeo. / 8 Wanderwege / "Beauty Therapist" auch vegetarisch & vegan / Dinner 245N$, Frühstück 140N$, Lunch 60N$ gemeines Impala, Duiker, Kuhantilope (Hartebeest), Springbock, Steinböckchen, Eland, großer Kudu, Oryx, Warzenschwein, Giraffe, Berg-Zebra, Leopard, Wüstenluchs (Karakal, Rotkatze), @ aloegrove@iway.na, aloegrove@mweb.com.na # www.aloegrove.com

Ava Lodge (L116)

▲ [SC Flat][Camping] Okakarara, John Tjikuva Av (Mainstreet) 585 ☞ Hendrina Katjivenna (owner) (Otjiherero) ✉ Okakarara P.O.Box 313 ✆ 061-212097 ▯Endrina 081-2272465 Λ 4 Plätze 4 SC Units Vokü $ (2013) Unit: 300N$ ♿ rollstuhlfreundlich keine HausT @ avalodge067@gmail.com

Baobab Game Ranch (L31)

▲ [Jagdfarm][B&B] 75km nordöstl Tsumeb / Anfahrt: MR83 (=C75) nach Tsintsabis (58km), D3016 (17km), Kreuzung mit D2855 (4km), wenn man das Schild zum Baobab Baum sieht, zum Tor drehen, 1km zum Haus. Immer vorher anrufen, da Tor verschlossen. ☞ Margaret & Helmuth Friederich (Deutsch, Hai//kum (San-Dialekt)) ✉ Grootfontein P.O.Box 372 ✆ 067-232055 ℻ 067-232023 ▯081-2440383 081-2592134 088-614606 2DZ $ (2013) Jagdtag 1:1 320US$, 1:2 280US$ Begleitperson 150US$ K12 65US$ ⓘ Kiwi Fama ♕ großer Baobab in der Nähe Wandern, Reiten, Photosafari / Informationen über die Hai/kom (San) Trail 2-3Std Spezialmenus, selbst angebaute Lbm keine HausT

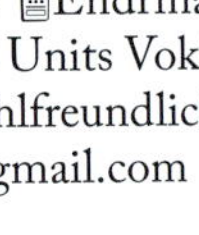

Kuhantilope (Hartebeest), Eland, großer Kudu, Oryx, Warzenschwein, Giraffe, Steppen-Zebra, @ driehoek@mweb.com.na #www.baobab.com.na

Bush Baby Safari & Camping (L98)

[Rastlager][Camping][SC] 8km nordwestl. Grootfontein / Anfahrt: C42 ☞ Elize Simon / Irene & Jan Jensen (Dänisch, Afrikaans) ✉ Grootfontein P.O.Box 57 ✆ 067-243391 067-243393 081-8293711 Platz 1: 12 Plätze (Strom, Wasserhahn, Sanitärblock / Platz 2: 12 Plätze (zentraler Wasserhahn, Steckdose, warme Dusche in der Nähe) / freie Platzsuche im Veld / Camper in der Lodge willkommen $ (2012) 90N$ pP, K6 23N$, K12 45N$ 5DZ in der Lodge / 5DZ Buschbungalows / 3DZ Zelte mit "Badezimmer" / SC Flat 2DZ mit Vokü $ (2012) Lodge B&B: EZ 600N$, DZ 1.100N$, K6 137N$, K12 275N$ / Bush Bungalow B&B: EZ 550N$, DZ 1.000N$, K6 125N$, K250N$ // Zelt: EZ 450N$, DZ 700N$ // Flat 250N$ pP / Zusatzpreise: game drive 150N$ pP ⓘ Tagb. ok (25N$ pP) am Campingplatz und bei der Lodge

CCF - Lightfoot Camp (L101)

[Camping] 45km östl. Otjiwarongo / Anfahrt: B1 nach Otavi, direkt bei der Ortsausfahrt vor der großen Brücke rechts in die D2440 einbiegen, nach 44km CCF ☞ Cheetah Conservation

Project / Bruce Brewer (manager) (Englisch) ✉ Otjiwarongo P.O.Box 1755 ✆ 067-306225 067-306247 Plätze für Schul- u. Farmergruppen, die Programme beim CCF mitmachen. / 4 große Zelte mit Matratzen $ (2012) kostenlos, aber Spenden 5-60N$ pP werden erwartet. Fund-Babson-House $ (2012) VP inkl. Drinks, Guide, alle Aktivitäten, Transfer vom CCF Airstrip, Wäscherei: DZ 5.600N$ pP, EZ 8.600N$, K12 3.500N$, pilot/guide 3.500N$ pP ⓘ Über die Bedeutung des Geparden-Programms, s. "Geparden" S. 65 - 72 in "Namibia" Viele Aktivitäten im Zusammenhang mit der Arbeit der Geparden-Station: Von 157N$ pP bis 2.010N$ pP: Von der Fütterung der Geparden über Sundowner bis zu einer exkluvien Tour mit der Direktorin, Dr. Laurie Marker Mahlzeiten rechtzeitig buchen, nur für Gruppen ab min. 10 P: Dinner 255N$ pP, Lunch von 12 - 14 Uhr 100N$ Besuch empfehlenswert, aber inzwischen muß für jeden Blick auf einen Geparden gezahlt werden / nächste günstigere Unterkunft Padberg B&B (L118) oder in Otjiwarongo @ charfarm@mweb.com.na, cheetah@iafrica.com.na #www.cheetah.org Exclusive Reservation, attention Lizelle

Operation eines Gepards, der sich in einer Wilderer-schlinge verfangen hatte

ein beleuchtetes Wasserloch 3,5km Gamewalk Restaurant (B 80N$, L 80N$, D (3 Gang) 150N$) / nur eigenes Fleisch & Farmprodukte Wlan (frei) / Wäscheservice HausT ok, bitte an der Leine gemeines Impala, Bleßbock, Streifengnu, Weißschwanzgnu, Springbock, Eland, großer Kudu, Oryx, Wasserbock, Giraffe, Steppen-Zebra, Buschbaby (Galaogos) @ info@bush-babycamping.com, bushbabysafaris@iway.na # www.bushbabycamping.com

CCF - Lightfoot Camp (L101)

siehe Seite 323

Citrus Farm Andorra / Maori (L90)

[B&B][Camping] 3km nordöstl. Grootfontein / Anfahrt: B8, D2885, ausgeschildert oder C42 Richtung Tsumeb, D2905, ausgeschildert Cornelia & Peter Reimann (Deutsch) Grootfontein P.O.Box 234 067-242351 067-242351 081-2032836 Campsite Maori $ (2012) 50N$ pP SC- Bungalows $ (2012) nicht ensuite: DZ 160N$ pP, EZ 100N$ / ensuite DZ 200N$ pP Kiwi: alle kleinen Farmtiere / Aussichtsturm mit Zimmern und Plattform + Hochzeitskapelle im Bau (2013) Zitrusfrüchte, Bananen, Teufelskralle / zahme Zebras & Strauße / Gärtnerei / Gemüseanbau / Hochzeit / Kindergarten für die dort lebenden Kinder Farmführung mit Besuch in der Arbeitersiedlung (San) 20-40N$ pP, Wandern, Vogelbeo. Frühstück 60N$ / Farmprodukte: Wildfleisch, Wildschinken, Marmeladen / Curioshop behindertengerechtes Z: breite Rampen, Türen, WC/Du mit Haltestangen "5 Hunde, da müssen Vorbereitungen getroffen werden." viele Vogelarten @ katpaul@iway.na

Courtyard (Grootfontein) (L5)

siehe „The Courtyard (Grootfontein) (L5)“ S. 344

Dabib (L45)

[Farm][Gäste][Jagd] 20km westl. Otavi / Anfahrt: C39 Birgit & Winfried Ritzdorf (Deutsch) Otavi P.O.Box 9 067-234353 067-234353 2DZ + 2TwZ =8P $ (2012) Jagdtag 1:1 220€, 2:1 170€, Ruhetag 70€ Gamedrives Wlan keine HausT gemeines Impala, Bleßbock, Duiker, Kuhantilope (Hartebeest), Steinböckchen, Eland, großer Kudu, Oryx, Warzenschwein, Steppen-Zebra, @ ritzdorf@mweb.com.na

De#ua (L87)

[Kommunales Camping] 24km nördl. Tsumkwe / Anfahrt: Weg beginnt bei der Schule gegenüber des Nyae Nyae Büros, Richtung Sikeretti. Bessere Pad in den Khaudum als der offizielle Weg (starkes Wellblech), auf den sie 30km vor Sikeretti wieder trifft. Pad geht über Klein Dobe (S 19°26,028' E 020°31,592'). (San) Plätze in einem San-Dorf (Hunting & Gathering & Camping): GPS: S 19°29,509' E 020°30,105' $ 50N$ pP

Dornhügel (L22)

[Farm][Gäste] 42km nordöstl. Grootfontein / Anfahrt: B8 (20km), D2844 (22km), Schild: "Berg Aukas", "Dornhügel" Volker Ledermann (owner), Irmgard & Max Beyer (manager) (Deutsch) Grootfontein P.O.Box 173 067-240439 067-240439 5DZ 2 davon mit extra Betten $ (2013) Hp: DZ 960N$ pP, EZ 1.250N$, TZ 880N$ pP / K4-12 480N$ / Reduktion: >65 10%, >5 Übernachtungen 10% // Tourguide Hp520N$ / Zusatzpreise: Farmrundfahrt 180N$ gehört zu Etusis C61 / Rinderfarm + etwas Ackerbau (Blaubüffelgräser), Marulabäume, Basothopony-Zucht von Volker Ledermann in Ergänzung zu seinen Pferden auf Etusis / Damaraschafe, Nguni Rinder/ keine Tagb. / Fama / Weiterfahrt auf der D2844 zum Veterinär-Zaun, Grashoek und Tsumkwe angenehmer als über die D74 Tennisplatz, Freiluft-Schach, Bibliothek, Tischtennis, Federball Lunch 70N$ Wäscheservice 1 Z rollstuhlgerecht gemeines Impala, Damara Dik Dik, Steinböckchen, Eland, großer Kudu, Oryx, Warzenschwein, Giraffe, Steppen-Zebra, Gepard, Wüstenluchs (Karakal, Rotkatze) @ dornhueg@iway.na # www.dornhuegel.com

Emanya@etosha (L122)

[Lodge] 30km östl. Namutoni / Anfahrt: C38 Cornelia Lewies (manageress) (Englisch) 20 DZ $ (2012) Hp: DZ 1.395N$, EZ 1.573N$ / Vp + 1 activity: EZ 2.237N$, DZ 2.058N$ pP // guide 400N$ / Zusatzpreise: Gamedrive 540N$ pP Tagb. ok, Kiwi "foot-spa" (Pediküre) Restaurant (L (Set Menue) 80N$, D 190N$) internet, Waschmaschine keine HausT @ bookings@emanya.com # www.emanya.com Tel: 061-222954, Fax: 061-260458

Etosha Aoba Lodge (L37)

[Lodge] 13km östl. Namutoni / Anfahrt: C38, 50m nach dem Lindequist Tor Farmpad 10km Sara & Nelson Ramakhutla (manager), Foster Family (owner) (Deutsch, Herero) Tsumeb P.O.Box 469 067-229100 067-229101 10 Bungalows reetgedeckt $ (2012) Hp: Comfort Bungalow: 1P 1.240N$, 2P 1.980N$ / Luxury 1P 1.460N$, 2P 2.520N$ / Zusatzpreise: Sundowner Drive 180N$ pP, Nature Drive 3,5Std 380N$ pP / Game Drive in Etosha 4,5Std 380N$ pP keine Tagb. / direkte Grenze zu Etosha / privates Naturschutzgebiet / Zusammenarbeit mit Onguma Lodge Buschwanderungen auf markierten Wegen Dinner 3 Gänge 165N$, Lunch 2 Gänge 80N$ keine HausT die gleiche Tierpopulation wie Etosha ohne Elefanten @ reservations@etosha-aoba-lodge.com # www.etosha-aoba-lodge.com

Etosha Café (L10)

[Pension] Tsumeb, Main Road 21 Dieter Neumann (Deutsch) Tsumeb P.O.Box 385 067-221207 & Tel 067-220826 067-221207 5DZ $ (2012) DZ 160N$-280N$ pP Kiwi Restaurant mit Biergarten (Hausgemachte Kuchen), Lunchpakete Curioshop keine HausT schöner kleiner Garten - „sehr deutsch“, guter Treffpunkt @ info@etoshacafe.com

Farm Toko (L105)

[Camping] 40km westl. Tsintsabis / Anfahrt: D3001 Richtung Westen (30km), nach der Kreuzung mit D3007 Anke & Ulrich Hoffman Plätze unter Akazien $ 30N$ pP Rinderfarm Teilnahme am Farmbetrieb Keine Infos 2013

Fiume Lodge (L108)

[Lodge] 35km nördl. Grootfontein / Anfahrt: B8 nach Rundu A. Gressmann (owner), Silvia von Biljon & Jörn Gressmann (manager) (Deutsch, San) Grootfontein P.O.Box 195 067-240486 081-1471169 088-641161 7DZ $ (2012) B&B: EZ 950N$, DZ 700N$ pP / K2-11 350N$ / Guide, Pilot 350N$ / Zusatzpreise: Game Drive 200N$, Buschman Exkursion 1/2T 750N$, Farm Exkursion 1/2T 350N$, 1T 450N$ Tagb. ok / Rinderfarm Wasserloch mit Flutlicht Game+Nature Drive / Farmleben Restaurant Wlan keine HausT gemeines Impala, Kuhantilope (Hartebeest), Damara Dik Dik, Springbock, Eland, großer Kudu, Oryx, Giraffe, Steppen-Zebra, Strauß, @ fiumelodge@iway.na # www.fiume-lodge.com

Frans Indongo Lodge (L60)

[Lodge][Camping] 43km nordöstl. Otjiwarongo / Anfahrt: B1 Richtung Otavi (26km), D2433 17km Dr. Frans Indongo (owner), Astrid & Alf Walter (Manager) (Oshiwambo, Englisch, Deutsch) Otjiwarongo P.O.Box 1093 067-307946 067-307948 6 Stellplätze $ (2013/2014) 50N$ pP 2DZ + 2FZ + 8 Bungalows / aircon $ (2013/2014) B&B: EZ 844N$ [946N$], DZ 1.526N$ [1.699N$], FZ 3P 2.106N$ [2.187N$], FZ 4P 2.431N$ [2.477N$] // Preise in Klammern 2014 / Zusatzpreise: Pirschfahrt 200N$ pP beleuchtetes Wasserloch / Aussichtsturm 3 Wanderwege, *Geierrestaurant von REST (Rare & Endangered Species Trust, www.restafrica.com)* Restaurant à la carte: Dinner 205N$ 1 Z behindertengerecht gemeines Impala, Bleßbock, Eland, Nyala,

Pferdeantilope, Giraffe, Spitzmaul-Nashorn (schwarzes), Breitmaul-Nashorn (weißes), schwarzer Springbock, Lechwe @ indongo@mweb.com.na # www.indongolodge.com

Friedrichstal Farm (L104)

▲ [Farm][B&B] 34km nördl. Grootfontein / Anfahrt: B8 nach Norden, links Grasdachtor, 850m zum Haus ☞ Anka & Udo Gärtner (Deutsch) ✉ Grootfontein P.O.Box 176 ✆ 067-240305 ☏ 067-240305 📱081-2492944 🛏 4DZ $ (2012) B&B 450N$ pP / Hp: EZ 765N$, DZ 680N$ pP // guide Hp 350N$ // K12 70N$ / Zusatzpreise: Farmdrive 40N$ pP ⓘ Rinderfarm, Maisanbau ♛ Flugpiste 🍽 Lunch auf Bestellung 70N$ 🐘 Duiker, Damara Dik Dik, Steinböckchen, Eland, großer Kudu, Warzenschwein, @ gaertner@iway.na

Gabus Game Ranch (L51)

▲ [Lodge][SC] 10km nördl. Otavi / Anfahrt: C39 nach Outjo 2km, D3031, nach 8km das Tor links ☞ Heidi & Heinz Kühl (Deutsch) ✉ Otavi P.O.Box 52 ✆ 067-234291 & 088-6516294 ☏ 067-234290 Δ Plätze für 4X4 in den Uisib Bergen / Dusche & Toilette 🛏 3EZ + 11DZ + 1FZ 4P / 1 SC-Einheit // alle Z haben Blick auf ein Wasserloch für das Wild / aircon / Balkon $ (2013) B&B: EZ 880N$, DZ 730N$ pP / Spezialpreise für Gruppen >6 oder Aufenthalt >3 Nächte / Zusatzpreise: Gamedrive 250N$ pP ⓘ Wildfarm (Hegejagd) // Kiwi: Spielplatz, Kindermenü, Bücher, andere Kinder // ♛ beleuchtetes Wasserloch in der Sichtweite des Hauses, historische Plätze, Höhlen (Stalachiten) 🚶 Wanderung (geführt 135N$), Game Drive, Vogelbeo. (45N$) 📎 Wlan frei ♿ rollstuhlfreundlich: geteerte Wege 🐘 gemeines Impala, Weißschwanzgnu, Kuhantilope (Hartebeest), Damara Dik Dik, Eland, großer Kudu, Wasserbock, Giraffe, Berg-Zebra, Strauß, @ kuehl@mweb.com.na #www.gabusnamibia.com

Ghaub, Guest Farm (L27)

▲ [Farm][Gäste][Camping] 37km nördl. Kombat / Anfahrt: D2863 (34km), D3022 nach links, 3km Schild ☞ André Compion ✉ Grootfontein P.O.Box 170 ✆ 067-240188 ☏ 067-246554 Δ 3 Plätze bis zu 30P 🛏 10 DZ in Chalets + 2 GuideZ $ (2012) Vp: EZ 900N$, DZ 1.500N$ / Low season 1.12.-30.6.: B&B: EZ 750N$, DZ 1.100N$ // Zusatzpreise: Farmdrive: kurz 170N$ pP, lang 250N$ pP / Höhlentour 150N$ ⓘ Namib Sun Hotel Group hat Ghaub an André Compion (früherer Direktor von Air Namibia) verkauft / weiterhin Farmbetrieb mit Rindern und Maisanbau ♛ histor. Farmhaus der Familie Detering, Missionsstation seit 1901, von der Rynse Sendinggenootskap 1895 gegründet, histor. Ruinen 🚶 Wandern, Mountain Bikes / Höhle / Quellen / Reiten 🍽 Restaurant 📎 WiFi keine HausT 🐘 Eland, großer Kudu, Wasserbock, Warzenschwein, @ ghaub@iway.na #www.ghaub.com

Grasdak Otavi Hotel (L8)

ⓘ siehe „Otavi Garden's Hotel (L8)" S. 338

Grashoek Camping (L86)

▲ siehe Seite 319

Grosswarlencourt Gästefarm (L92)

▲ [Farm][Gäste][Jagd] 70km nordöstl. Otjiwarongo / Anfahrt: B1 nach Norden, D2804 40km ☞ Astrid & Herman Peter Krings / Krings Farming CC (Deutsch) ✉ Otjiwarongo P.O.Box 1143 ✆ 067-306680 ☏ 067-306681 ⓘ "Grosswarlencourt ist auch ein wunderbarer Platz für Nichtjäger" ♛ nördl. des Waterbergs 🚶 Wanderung auf den Zastrow Berg / Reiten 🐘 Weißschwanzgnu, Kuhantilope (Hartebeest), Steinböckchen, Eland, großer Kudu, Oryx, Warzenschwein, Giraffe, @ krings@iway.na #www.namibia-waterberg-hunting.com/frame/start.htm

Hairabib Hunting Farm (L26)

▲ [Farm][Jagd][SC] 40km südl. Grootfontein / Anfahrt: D2830 ☞ Reni & Gunther Dressel (Deutsch) ✉ Grootfontein P.O.Box 287 ✆ 067-240329 ☏ 067-240329 📱081-1289348 🛏 2 DZ +1 EZ / auch SC $ (2012)

Jagdtag 1:1 200 € pP, 1:2 160 € pP, Ruhetag 80 € pP ⓘ Fama, Rinderfarm // Mindestaufenthalt 7 Jagdtage Ngarangombe Conservancy: *Eland Hegering* Skat Waschmaschine, Benzin behindertengerecht Steinböckchen, Eland, großer Kudu, Oryx, Warzenschwein, Steppen-Zebra, Gepard, @ hairabib@iway.na #www.hairabib-hunt.iway.na

Hamakari (L71)

[Farm][Gäste][Jagd][Camping] 10km westl. Okakarara / Anfahrt: C22, 10km, Schilder Sabine & Wilhelm Diekmann (Deutsch, Otjiherero) Otjiwarongo P.Bag 2101 067-306633 067-302396 081-2497927 (Sabine), 081-3169293 (Wilhelm) 4 Plätze, Strom&Wasser $ (2012) 100N$ pP Gästehaus 6Z, Gästehaus SC max 4P mit Vokü $ (2012) Hp 940N$ pP // Jagdtag 1:1 230Euro, 2:1 200Euro, Begleitperson/ Ruhetag 100Euro ⓘ Rinderfarm, Wildfarm / Fama / Kinderspielplatz 10 Gräber der "Schutztruppler": Die "Schlacht am Waterberg" fand bei Hamakari statt. Es sind die einzigen Gräber deutscher Soldaten, die an dem einen Tag der "Schlacht" gefallen sind. großer Garten, Tontaubenschießen, Sternbeobachtung, Bibliothek, Angeln / Besuch der "Steps for Children´s Pre-School" (hererosprachig) nur Vp Benzin keine HausT gemeines Impala, Bleßbock, Duiker, Streifengnu, Weißschwanzgnu, Kuhantilope (Hartebeest), Klippspringer, Springbock, Steinböckchen, Eland, großer Kudu, Nyala, Oryx, Wasserbock, Warzenschwein, Giraffe, Gepard, Leopard, Wüstenluchs (Karakal, Rotkatze), Strauß, @ hamakari@iway.na #www.hamakari.com, www.hamakarihunting.com

Hebron, Farm (L70)

[Farm][Jagd] 20km südl. Okakarara /

Kambaku Safari Lodge (L52)

Reiten mit Kinder
(Bild: www.kambaku.com)

[Lodge][Jagd] 66km südl. Otavi / Anfahrt: B1 nach Süden, D2808, 17 km Schild Birte Meyerdierks / Johannes Michels (director / managing team) (Deutsch) Otjiwarongo P.O.Box 247 067-306292 067-306293 5DZ + 2FZ+2 LuxZ $ (2012) Hp: DZ 95€ pP, K3-12 55€, K13-16 75€ / Vp 7 Tage 630€ pP, K3-12 390€, K13-16 510€ // Luxury: Hp 132€, Vp 142€, 7Tage Vp 852€ // Jagdtag 1:1 150€, 2:1 100€ / Zusatzpreise: Game Drive 2Std. 30€ pP ⓘ Kiwi: Abenteuerspielplatz, Kinderprogramme mit Reiten viele Wasserstellen Geländeritte, Dressur + *Reitunterricht für Anfänger & Fortgeschrittene*, 13 Pferde, engl. Stil, Reitsafaris bis Botswana / Tontaubenschießen / Bogenschießen / Moutainbike / 45km Wanderwege / *Beachvolleyball* / Wildlife Aktivitäten Restaurant / Spezielle Diäten / Tagb. ok Wlan HausT ok gemeines Impala, Duiker, Streifengnu, Kuhantilope (Hartebeest), Steinböckchen, Eland, Oryx, Giraffe, Steppen-Zebra vielfältiges Angebot speziell für Kinder, aber für viele nicht erschwinglich - leider @ lodge@kambaku.com #www.kambaku.com Michels Thorsten +49-5251-934430

Hochzeit
(Bild: www.kambaku.com)

Anfahrt: D3805, D2446 Gerd Wölbling (Deutsch) Otjiwarongo P.O.Box 890 067-306527 067-306527 088-641670 2DZ $ (2013) Vp 800N$ pP Rinderfarm: Simmentaler, Brahmanen / Fama / Kiwi / Rauwi Reiten 2 Pferde, ornithologische + botanische Führungen Duiker, Kuhantilope (Hartebeest), Steinböckchen, großer Kudu, Oryx, Warzenschwein, Gepard, viele Vogelarten @ gerd@iway.na

Hohenfels Camping Site (L66)

siehe „Weaver´s Rock Guest Farm (L66)“ S. 347

Kalkfontein Gästefarm (L23)

[Farm][Gäste][]SC] 13km nordöstl. Grootfontein / Anfahrt: B8 (13km), großes Tor M. & S. Wilfinger (Deutsch) Grootfontein P.O.Box 686 067-243731 067-243732 20 Plätze $ (2012) 80N$ pP 10DZ $ (2012) EZ 350N$, DZ 450N$, TZ 580N$ / Reiten & Farmrundfahrt inkl. Rinderfarm Löwenfütterung von “Mufasa The Lion” Reiten, Gamedrive, Naturwege SC ok / Restaurant Wlan HausT ok gemeines Impala, Kuhantilope (Hartebeest), Springbock, Eland, großer Kudu, Oryx, Wasserbock, Warzenschwein, Giraffe, Gepard, Löwe, vernünftige Preise, weil Aktivitäten inkl. @ info@kalkfonteinfarm.com, sigi1947@iway.na # www.-kalkfonteinfarm.com

Kambaku Safari Lodge (L52)

siehe Seite 327

Kamrav (L56)

[Farm][Gäste][Camping] 153km nordöstl. Otjiwarongo / Anfahrt: B1 nach Süden (29km), C22 (41km), D2512 (83km), Schild Maryna & Toit Myburgh (Afrikaans, Deutsch) Grootfontein P.O.Box 237 067-231564 067-240101 081-2517651 Grasplätze neben dem Swimmingpool $ (2013) 100N$ pP Gästehaus 4DZ, 1EZ $ (2013) Hp 640N$ pP Rinderfarm, Pferdezucht (Schwarzpferdezucht) am Waterberg / Wasserloch / Strauße geführte Wanderung / Reiten, Kutschfahrten Braaipacks Bleßbock, Weißschwanzgnu, Kuhantilope (Hartebeest), Springbock, großer Kudu, Oryx, Strauß, @ kamrav@iway.na, mybou@iway.na

Khorab Safari Lodge (L44)

[Lodge][Camping][SC] 3km südl. Otavi / Anfahrt: B1 nach Süden Irma & Andre Neethling (Deutsch) Otavi P.O.Box 186 067-234352 067-234520 081-1492670 Plätze / Sitzplätze mit Grasdach / Camper bei der Lodge willkommen $ (2013) 105N$ pP, K6-12 50% reedgedeckte Bungalows: 10DZ / 4 SC-Haus für 6P / 3Z für Guides $ (2013) alle B&B: garden bungalow: EZ 700N$, DZ 510N$ pP / Lux Chalet: 1P 900N$, 2P 725N$ pP / SC Haus: B&B 2.415N$ / Guide 336N$ pP KonferenzZ, Kiwi, Hochzeits-Arrangements Khorab = Platz der Kapitulation der deutschen Truppen 1915 Wanderungen Restaurant à la carte (B 70N$, L (set menu) 115N$, D (set menu) 165N$) / Braai und Lunchpakete Curioshop ein Zimmer behindertengerecht Bleßbock guter "Halfway Stop", zwischen Otjiwarongo und Namutoni / Camping aber nahe der B1 @ reservations@khorablodge.com, khorab@africaonline.com # www.khorablodge.com

Klein Waterberg / Okawaka (L100)

[Farm][Jagd] 70km südöstl. Otjiwarongo / Anfahrt: B1 (29km) nach Süden, C22 Walpurga & Peter Sohrada / Jagd gepachtet von Werner Rogl (Deutsch) Otjiwarongo P.O.Box 422 067-304334 067-304912 081-6096292 5 DZ bis 10P Kiwi / viele Hochsitze / seit 40 Jahren Jagdfarm / Flugfeld / Sohrada Safaris Gamedrive, Wasserlöcher zum Wildbeobachten Ausflüge zum Kleinen Waterberg Wlan / Wäscheservice 2DZ rollstuhlfreundlich keine HausT Schwarznasen Impala, Duiker, Streifengnu, Weißschwanzgnu, Kuhantilope

(Hartebeest), Damara Dik Dik, Klippspringer, Steinböckchen, Eland, großer Kudu, Oryx, Pferdeantilope, Wasserbock, Warzenschwein, Giraffe, Steppen-Zebra, Gepard, Leopard, Säbelantilope @ sohrada@gmail.com, sohrada@iway.na, wernerrogl@web.de

Klipkop (L125)

▲ [Farm][Jagd] 24km südl. Otjiwarongo / Anfahrt: B1 ☞ Klaus Bross (Deutsch) ✉ Otjiwarongo P.O.Box 715 ✆ 067-307957, 067-302084 081-2128800 $ (2013) Jagdtag 1:1 190€, 2:1 190€, Begleitperson/ Ruhetag 90€, K8-16 60€ Neubau 2013 gemeines Impala, Bleßbock, Kuhantilope (Hartebeest), Springbock, Eland, großer Kudu, Oryx, Wasserbock, Warzenschwein, Steppen-Zebra, Berg-Zebra, Strauß, @ info@klipkop.de # www.klipkop-hunting.com/die-farm-klipkop/

Koukuas (L33)

▲ [SC-Gästehaus][Camping] 84km nordöstl. Grootfontein / Anfahrt: MR 73, D2848, D2855, an der Kreuzung mit D3016 ☞ Susann & Beowulf Kirchner (Deutsch) ✉ Grootfontein P.O.Box 501 ✆ 067-232033 Δ 10 schattige Plätze $ 80N$ pP SC Gästehaus ⓘ Rinderfarm / Camping ok, aber zur Zeit keine Gästefarm, bitte nachfragen Wanderungen im Omuramba Ovambo rollstuhlgerecht @ keine

Kupferquelle Resort (L15)

▲ [Rastlager][Camping] Tsumeb, am südl. Ortseingang, Hage Geingob ☞ Schalk Hennig (Pächter/lease), Kierie Brower (manager) ✉ Tsumeb P.O.Box 184 ✆ 067-220139 067-220149 Δ 27 Plätze $ 115N$ pP

15 Luxus (Family) Chalets (4p), 15 Doppel Chalets, 10 Standard Chalets $ Standard: 780N$ / Double: 1.063N$ / Luxus 1.343N$ / Family chalet 2E+3K 1.343N$ ⓘ Kinderspielplatz / Konferenzräume Cultural Village in der Nachbarschaft *50m Schwimmbad / Volleyballplatz* Restaurant Internet / shop überhaupt keine HausT Den alten großzügigen Platz unter Bäumen gibt es nicht mehr. @ contact@kupferquelle.com # www.kupferquelle.com

La Rochelle (L29)

▲ *{geschlossen}* 40km nördl. Tsumeb / Anfahrt: MR 75 (38km), Schild Farmpad 6km ☞ Rachel Koch (owner) (Otjiherero, Deutsch) ✉ Tsumeb P.O.Box 194 Δ 8 Plätze 8 Chalets= 2 EZ+ 4 DZ+ 2 Familieneinheiten beheizter Schwimming-Pool mit Whirlpool, Solarium, Fitness / Tontaubenschießen, Tennis / Reiten HausT ok gemeines Impala, Bleßbock, Duiker, Kuhantilope (Hartebeest), Springbock, Steinböckchen, Eland, großer Kudu, Nyala, Oryx, Rappenantilope, Wasserbock, Giraffe, Gepard, Leopard, Tüpfelhyäne, Strauß, Noch kann man die großzüge Anlage der Lodge im Internet bewundern. Rachel Nathaniel-Koch hat versucht, nach dem Tod von ihrem Mann, Hans-Jürgen Koch, die Farm als Gästefarm auszubauen und weiterzuführen. H.J.Koch war 2008 gestorben, sein Fall hatte großes Aufsehen in Deutschland und Namibia erregt, da er mit einem Schneeballsystem Gemeinden in Deutschland betrogen haben sollte und dafür lange im Gefängnis in Namibia einsitzen mußte. Er wurde jedoch nicht ausgeliefert. Seine Frau prozessierte um die Rechte an der Farm, konnte sie deshalb - vorläufig - nicht mehr weiterführen. 2013 gab es keine weiteren Informationen. @ contact@la-rochelle.com.na # www.la-rochelle.com.na

Lala Panzi Guest House (L21)

ⓘ siehe „Peace Garden Lodge (L21)" S. 341

Lodge Inn (L121)

▲ *{zur Zeit zu}*[B&B] 41km östl. Otavi / Anfahrt: B8, bei Kombat ✉ Kombat P.O.Box 3 ✆ 067-231149 081-7158334 Restaurant @ kanma@iway.na

Makalani Hotel (L12)

▲ [Hotel] Tsumeb, Ndilimani Cultural Troupe Street ☞ Mrs. Tina Rutters (manageress) (Englisch) ✉ Tsumeb P.O.Box 24

✆ 067-221051 📠 067-221575 🛏 25TwZ + 4FZ / aircon / Babybett auf Anfrage **$** (2013) EZ 457N$, DZ 671N$, FZ 854N$ ♛ Spielhalle 🍽 Restaurant / Biergarten keine HausT @ makalani@mweb.com.na # www.makalanihotel.com

Makuri Campsite (L83)

▲ [Kommunales Camping] 8km östl. Tsumkwe / Anfahrt: C44 nach Osten, Schild 2km Tracks ⛺ Platz mit Buschklo, Wasser **$** (2013) 60N$ pP

Mangetti Dune Camping Site (L117)

▲ [Camping] 145km nordöstl. Grootfontein / Anfahrt: B8 nach Norden (104km), D3016 nach Westen (26km), D2908 nach Norden (15km) ✉ Grootfontein P.O.Box 1077 ✆ 067-245024 📠 067-245024 ⛺ Plätze ⓘ keine Informationen 2012 @ heroos@iway.na

Maori (L90)

ⓘ siehe „Citrus Farm Andorra / Maori (L90)" S. 324

Maroela, Jagdfarm (L47)

▲ [Farm][nur Jagd] 32km nordwestl. Otavi / Anfahrt: D3028, D2865 ☞ Marianne & Bernhard Sack (Deutsch) ✉ Otavi P.O.Box 45 ✆ 067-234332 📠 067-234284 088-640865 🛏 2DZ + 1EZ max 5P **$** (2013) Jagdtag 1:1 180€, 2:1 150€, Begleitperson 80€, K14 40€ ⓘ Rinderzucht / Kiwi, Fama / Ansitzjagd, max 3 Jäger 🐘 Duiker, Kuhantilope (Hartebeest), Damara Dik Dik, Steinböckchen, Eland, großer Kudu, Oryx, Warzenschwein, Gepard, Leopard, Wüstenluchs (Karakal, Rotkatze), Tüpfelhyäne, @ maroela@iway.na # www.maroela.com.na

Martins Africa Accommodation (L107)

▲ [Back-Packer][SC] Tsumeb, Ecke Linekela Kalenga Str. + 7th Road ☞ Arlene & Ricardo Martinus (manager) ✉ Tsumeb P.O.Box 436 ✆ 067-220310 📠 067-222964 📱 081-2884302 🛏 Schlafräume / FR+DZ mit Vokü / max 80P **$** (2012) Schlafsaal: 75N$ pP, DZ 110N$ pP ⓘ Kiwi: Spielplatz / KonferenzZ 🍽 Mini Mall / Take Away keine HausT @ contact@martinsafrica.com # www.marmotrs.iway.na

Meteor Travel Inn Hotel (L4)

▲ [Hotel/Pension] Grootfontein, Okavango Avenue 33 ☞ Andrew Coetsee (Afrikaans) ✉ Grootfontein P.O.Box 346 ✆ 067-242078 📠 067-243072 🛏 12DZ, 4EZ **$** (2012) B&B: EZ 285N$, DZ 430N$ / B&B mit aircon: EZ 330N$, DZ 480N$ ⓘ Gesellschaftsräume 🍽 Restaurant (Pizza) / Lunchpakete / Sonntagsbüfett (manchmal) HausT ok 👍 Hotel im alterwürdigen Stil @ meteor@iway.na

Meteorite Camping (L97)

▲ [Camping] 20km westl. Grootfontein / Anfahrt: D2859 (3km vom Meteoriten) ☞ Madelein & Klaas Malan (Afrikaans) ✆ 067-242094 📠 067-242094 📱 081-2425456 ⛺ 6 Plätze mit Pool, Strom, Gras **$** 50N$ pP, K3-12 20N$ 🛏 auf der Farm Venus 🍽 Braaiholz @ malanjn@iway.na # www.natron.net/meteorite-camping

Miershoop Jagd (L76)

▲ [Farm][nur Jagd] 68km südöstl. Otjiwarongo / Anfahrt: B1 nach Süden(56km), Schild 12km Farmpad nach Osten ☞ Lotti & Werner Dedig (manager) (Deutsch) ✉ Otjiwarongo P.O.Box 20 ✆ 067-306222 📠 067-306333 📱 081-2490385 🛏 Farmhaus 3DZ **$** (2012) Jagdtag 1:1 150€, 2:1 140€ Ruhetag, Begleitperson 65€ / Zusatzpreise Transfer Flughafen HuZ 200€ / Tagesausflüge 0,65€ pkm ⓘ Rinderfarm, Pferde / Kiwi, Fama // siehe auch Termite Hills L123 🐘 Kuhantilope (Hartebeest), Steinböckchen Eland, großer Kudu, Oryx, Warzenschwein Giraffe, Steppen-Zebra, Gepard, Leopard @ mierhoop@iway.na (ohne s, without s) # www.natron.net/miershoop/index.html

Minenhotel (L13)

▲ [Hotel/Pension] Tsumeb, Sam Nujoma Dr. (=Omeg Allee) 7 ☞ Familie Radenberg (owner), Max Radenberg (manager) (Deutsch) ✉ Tsumeb P.O.Box 244 ✆ 067-221071[2] 📠 067-221750 🛏 48 Zimmer (81 Betten) / aircon $ (2013) Garden Section: B&B: EZ 450N$, DZ 700N$ / Pool Section: B&B: EZ 550N$, DZ 850N$ // Wochenend Spezial: Garden Section B&B: EZ 350N$, DZ 580N$ ⓘ KonferenzZ 70P ♕ üppiger Garten 🍽 Restaurant à la carte, Biergarten 📎 Wlan / Wäscheservice 🐕 HausT auf Nachfrage @ contact@minen-hotel.com, minen@mweb.com.na # www.minen-hotel.com

Mokuti Lodge (L35)

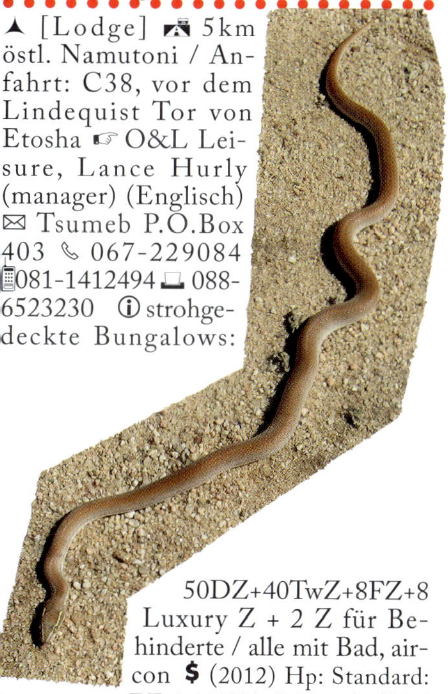

▲ [Lodge] 🚗 5km östl. Namutoni / Anfahrt: C38, vor dem Lindequist Tor von Etosha ☞ O&L Leisure, Lance Hurly (manager) (Englisch) ✉ Tsumeb P.O.Box 403 ✆ 067-229084 📱 081-1412494 💻 088-6523230 ⓘ strohgedeckte Bungalows: 50DZ+40TwZ+8FZ+8 Luxury Z + 2 Z für Behinderte / alle mit Bad, aircon $ (2012) Hp: Standard: EZ 1.100N$, DZ 1.670N$ / Hp Luxury EZ 1.475N$, DZ 2.580N$ // SADC & Namibier: Standard: EZ 735N$, DZ 980N$ / B&B Luxury EZ 925N$, DZ 1.230N$, für Hp plus 210N$ pP ⓘ war bis 2007 Teil der Namib-Sun Hotel Kette, war als Kempinski-Mokuti-Lodge das erste 5-Sterne-Hotel Namibias / im November 2012: Kempinski zieht sich zurück // Konferenzzentrum mit Medienausstattung ♕ Erste kommerzielle Lodge in Namibia, eröffnet 1989 // direkt am Etosha National Park 🚶 Spa & Health Centre (verschiedene „packages" erhältlich) / Fitness Centre, 2 Tennisplätze (Flutlicht), Buschspaziergang mit Frühstück (300N$) / Gamedrive in den Etosha Park (3-4Std 500N$ pp) / / ***Ontouka Schlangenpark*** 🍽 2 Restaurants ♿ behindertengerecht, auch für Gruppen 🐕 keine HausT @ reservations@ol-leisure.com # www.mokutietoshalodge.com 📖 Windhoek: 061-388400, 061-2075360

Mousebird (L17)

▲ [Backpacker][Camping][SC] 🏠 Tsumeb, 533 Pendukeni Ivula Ithana Street (4te Str.) , Kreuzung 8te Str., am Museum ☞ Vera & Martin Weyand, Ruth Mbuze Kangumba (manageress) (Deutsch, Otjiherero) ✉ Tsumeb P.O.Box 1712 ✆ 067-221777 📠 067-221778 📱 085-1281628, 081-2722650 ▲ 4 Plätze auf dem Hof, mit Vokü, Schatten $ (2013) 90N$ pP 🛏 DZ, Schlafräume (6p) / Vokü $ (2013) DZ ensuite 480N$, 380N$ / nicht ensuite 360N$ pZ / Schlafraum 120N$ pP ⓘ Kiwi, Rauwi 🚶 Fahrrad zu mieten 🍽 SC-ok 📎 Wlan / Wäscheservice @ info@mousebird-namibia.com

Muramba Bushman Trails (L30)

▲ [Rastlager][Camping] 🚗 70km nordöstl. Tsumeb / Anfahrt: MR75 (64km), D3016 (6km) (in der Nähe von Tsintsabis) ☞ Yvonne & Reinhard Friederich (Deutsch, Hai//kom) ✉ Tsumeb P.O.Box 689 ✆ 067-222689 📠 067-222759 📱 081-2988810 ▲ 4 Plätze mit Küchenbenutzung $ (2012) 100N$ pPlatz, Zeltunterkunft 50N$, Zelt zum Leihen 125N$ / Zelt mit Betten 320N$ / Namibier 85N$ pPlatz + 45N$ pP 🛏 5 "traditionelle Bushmanhütten" modernisiert, max 10P $ (2012) EZ 510N$, DZ 448N$ pP, FZ 334N$ pP / Namibier: EZ 350N$, DZ 310N$ pP, FZ 170N$ pP ⓘ bitte vorher anmelden für die Touren ♕ Buschman Dorf auf der Farm (R. Friedrich ist Direktor der Ombilistiftung) / Besuch zusammen mit

Ombilistiftung empfohlen geführte Wanderung mit San halbtags (inkl. Lunch: 2-4P: 530N$ pP, 5-8P 410N$ pP, 9-15P 240N$ pP / K6-12 145N$, K13-16 220N$), markierte Wanderwege Mahlzeiten können arrangiert werden, Frühstück 85N$, Lunch 95N$, Dinner 180N$ keine HausT Duiker, Steinböckchen, großer Kudu, Warzenschwein, Raubvögel @ vonnie@iway.na

Mururani Campsite (L124)

[Camping] 126km nordöstl. Grootfontein / Anfahrt: B8, direkt vor dem Vetzaun von Grootfontein kommend links Rensie Lewis ✉ Grootfontein P.O.Box 962 067-240355 067-240355 081-3202362 6 Plätze $ 50N$ pP, Caravan 50N$ pP kleiner Shop HausT ok, aber Hunde auf dem Platz

Mushara Collection (L36)

[Lodge] 20km östl. Namutoni / Anfahrt: C38, 8km vor dem Lindequist Tor von Etosha Mariza & Marc Pampe (owner) (Deutsch) ✉ Tsumeb P.O.Box 1814 067-229106 067-229107 Lodge: 10 reedgedeckte Bungalows = 2EZ+1TZ+1 Family House DZ + 2 Villas / Bushcamp 12 Zelte (2P), 4Zelte (2E+2K) // Outpost Zelte auf Holzplatform 16P $ (2013) Lodge Hp: EZ 1.300N$, DZ 2.600N$, TZ 3.900N$, Family 5.200N$, K3 frei / Bushcamp Hp: 1P 1.300N$, 2P 2.000N$, K4-12 300N$ (max 2K) / Outpost Hp 1P 2.100N$, 2P 3.400N$ nur K>12 / Villa: Hp 1P 5.000N$, 2P 3.000N$, K3 frei // 25% Diskount für Namibier (Unterkunft)// Low (1.12-30.6.): 15% Diskount / Zusatzpreise: Game Drive (3 Std) 460N$ pP ⓘ "Collection" besteht aus Lodge, Villa, Bushcamp & Outpost / Zusammenarbeit auch mit Etosha Aoba Lodge & Gondwana // Bushcamp: kinderfreundlich Restaurant: Dinner, Lunch à la carte Wlan bei der Rezeption (frei) 2 Z rollstuhlgerecht @ reservations@mushara-lodge.com # www.mushara-lodge.com Namibia Travel Consultants, Tel 061-240020

Namapan Campsite (L115)

[Kommunales Camping] 40km südöstl. Tsumkwe / Anfahrt: C44, bei Gam nach Süden 40km Plätze ohne sanitäre Einrichtung, Wasser+Holz $ (2012) 40N$ pP ⓘ ausgewiesene Campingplätze keine weiteren Infos erhältlich, Nachfrage: Tsumkwe Lodge

Nhoma Safari Camp (L114)

[B&B] 80km nordwestl. Tsumkwe / Anfahrt: C44 nach Westen, D3301 Estelle & Arno Oosthuysen (Afrikaans) ✉ Tsumeb P.O.Box 1899 081-2734606 088-614979 4 Plätze unter Zambesi Teak Bäumen $ (2013) 165N$ pP, K6-12 50%, tour guide foc / 10 Zelte $ (2013) 2 Tage (Vp alle Aktivitäten inkl.): 4.840N$ pP, K6-12 1.650N$ + für extra Tag 2.420N$ pP, K6-12 825N$, Guide 990N$ // Gruppen >6: 2 Tage (alle Aktivitäten inkl.): 4.070N$ pP, K6-12 1.100N$ /+ for extra day 2.035N$ pP, K6-12 550N$, Guide frei wird von der San Gemeinde // Nhoq´ma mitgetragen Vorführungen der San Gemeinde: "Wie die San in der Vergangenheit lebten, wie sie den Busch für Essen & Medizin nutzten: Tänze, Fallenbau, Spurenlesen, Spiele" / gemeinsame (echte) Jagd // Tour zum Khaudum National Park nur Vp keine HausT @ tsumkwel@iway.na tsumkwel@iway.na # www.tsumkwel.iway.na

Northland (L111)

[Farm][Camping][Gäste] 35km nördl Otjiwarongo / Anfahrt: B1 (27km), D2433 (8km), erste Farm links Lydia Katjita (Otjiherero / Portugiesisch) ✉ Otjiwarongo P.O.Box 1719 067-306661 081-2430963 1 Platz bis 12P $ 100N$ pP ⓘ Rinder-Schafe- u. Ziegenfarm / siehe Coqueiros Guesthouse J103 Lydia Katjita, ehemalige Abgeordnete im Parlament, arbeitet heute für die Pan African Women´s Organisation, auch in Angola keine Infos 2013 @ nkatjita@gmail.com

Nyae Nyae Conservancy (L84)

[Kommunales Camping] 35km südöstl. Tsumkwe / Anfahrt: in Tsumkwe fragen Community ✉ Tsumkwe P.O. Box

45 067-244011 Plätze mit Sanitärblock unter Baobab - Bäumen 2 Camps: Djokkoe & Makuri Nyae Nyae Conservancy (Ju/'hoansi) Geführte Tour durch den Busch mit Sammeln von Veldfrüchten, Spurenlesen, Jagd u.a. / Tänze und Musik Tsumke Country Lodge

Nyae Nyae Safari Camp (L88)

[Zeltlodge] Tsumkwe Baobab Camp: 4 Chalets / Omuramba Camp: 4 Luxuszelte war ehemals "Namibia Country Lodges", Lodges wurden ab 2012 einzeln verkauft. Eröffnung 2006: durch EG + WMF mitfinanziert 2 Tage Safaris in Buschcamps

Oase Gästefarm (L55)

[Farm][Gäste][Jagd] 100km nordöstl. Otjiwarongo / Anfahrt: B1 Richtung Otavi, D2804 (41km), Farmpad 6km Yvonne & Hans Erpf (Afrikaans) Otjiwarongo P.O.Box 1661 067-309010 067-309011 081-1288160 Gästehaus 5DZ $ (2014) Hp: EZ 1.000N$, DZ 900N$, K7-14 50%, inkl. Sundowner Drive // Jagdtag 1:1 180€, 2:1 290€, Ruhetag 90€ im DZ,, 81€ im EZ, K12 41€ / Transfer Flughafen inkl. Fama Wasserstelle am Haus Wanderpfad / Farmleben / *Microlight Rundflug* möglichst alles von der Farm Duiker, Steinböckchen, Eland, großer Kudu, Oryx, Warzenschwein, contact@farm-oase.com, farm.oase@gmail.com #www.farm-oase.com direkt bei der Lodge oder H&R Wellmann, Würmtalerstr. 20a, 81375 München, Tel 0049-89-7144054, Fax 0049-89-74134-533

Ohange Lodge (L91)

[Wildfarm][Lodge][Camping] 30km nordöstl. Otavi / Anfahrt: B1 Karla & Justus Brits (Englisch, Deutsch, Italienisch) Otavi P.O.Box 10 067-234031 067-234031 2 Plätze $ (2013) 85N$ pP, 6-12 50% 10 DZ / SC Zimmer / $ (2013) B&B: EZ 1.1099N$, DZ 826N$ pP / B&B 2 nights; EZ 1.892N$, DZ 1.422N$ pP / K7-12 6-12 50% // SC Räume 250N$ pP, K6-13 75N$ / Spezialtarife für SADC und in der Low season Nov-Jun / Zusatzpreise: Wild- oder Nachtfahrten 150N$ pP Wildfarm / Kiwi in den Otavi-Bergen / Ghaub Höhlen / große Marula- & Tamboti Bäume Vogelbeo. / geführte Wanderung Vormittag: 70N$, "Sundowner Walk" 105N$ pP Dinner 160N$ / auch für Camper, wenn vorher bestellt gemeines Impala, Bleßbock, Duiker, Streifengnu, Weißschwanzgnu, Kuhantilope (Hartebeest), Damara Dik Dik, Klippspringer, Steinböckchen, Eland, großer Kudu, Oryx, Wasserbock, Warzenschwein, Giraffe, Steppen-Zebra, Berg-Zebra, Gepard, Erdferkel, Stachelschwein, Genet (Ginsterkatze), Adler, Eule ohangejk@iway.na #www.ohange.com reservation-destination

Okaepe (L94)

[Living museum][Camping] 54km östl. Okakarara / Anfahrt: D3822, D3805, D3801, 19km Okaepe Schild, 100m Okakarara P.Bag 2116 067-317999 Plätze am Omatako Rivier, ohne Fazilitäten! durch die umliegenden Gästefarmen vermittelte Besuche Living Museum & Schulprojektt: Initiatorin Batseba Rukoro (Schulleiterin) Tänze, Infos zu den San/Herero der Gemeinden, Einnahmen gehen an die Schule / nicht immer gut organisiert

Okakarara Cultural Center (L93)

[Kommunales Camping] Okakarara Okakarara P.O.Box 157 067-317603 067-317604 4 Plätze $ (2010) 95N$ traditionelle Häuschen $ (2010) klein: 50N$ pP, groß: 100N$ pP Platz kann für verschiedene Anlässe gemietet werden (open area 3000N$) nach den Feierlichkeiten 2004 aufgebaut mit deutscher Unterstützung, dann nicht mehr unterhalten / Mai 2008 neu eröffnet "Kulturdarbietung" 50N$ #http://hereroculture.jimdo.com/

Okandivi Jagdfarm (L61)

[Farm][nur Jagd] 27km östl. Otjiwarongo / Anfahrt: D2440 Hanne & Erwin

Laborn (Deutsch) ✉ Otjiwarongo P.O.Box 194 ✆ 067-306688 ▯ 081-1291803 088-614630 3DZ $ (2012) Jagdtag 1:1 180€, 2:1 150€, Begleitperson 80€ ⓘ Kiwi, Rauwi, Fama / Bogenjagd Vogelbeo Wäscheservice keine HausT Bleßbock, Duiker, Streifengnu, Weißschwanzgnu, Kuhantilope (Hartebeest), Springbock, Steinböckchen, Eland, großer Kudu, Oryx, Wasserbock, Warzenschwein, Steppen-Zebra, Wüstenluchs (Karakal, Rotkatze), @ okandivi@iway.na # www.okandivi-jagd.iway.na

Okapunja (L19)

[Farm][Gäste][Jagd][SC] 30km nördl. Otavi / Anfahrt: D3031 ☞ Anja & Stephan von Seydlitz (Deutsch) ✉ Otavi P.O.Box 376 ✆ 067-234378 067-234081 ▯ 081-3217993, 088-622879 Farmen Lichtenberg & Neuhorst 4DZ / 3 SC einfache Chalets auf einem Hügel $ (2013) Sonderpreise für SC erhältlich /Jagdtag 1:1 235€, 2:1 210€, Begleitperson 130€ ⓘ Kiwi, Fama // Bogenjagd / Anja von Seydlitz: Kinderhilfswerk: Haven beleuchtetes Wasserloch, Gamedrive, Vogelbeo. / Ausflug zum Lake Guinas Spezialmeues auf Anfrage HausT auf Anfrage gemeines Impala, Bleßbock, Duiker, Streifengnu, Weißschwanzgnu, Kuhantilope (Hartebeest), Damara Dik Dik, Klippspringer, Steinböckchen, Eland, großer Kudu, Oryx, Wasserbock, Warzenschwein, Giraffe, Steppen-Zebra, Gepard, Leopard, Wüstenluchs (Karakal, Rotkatze), @ okapunja.safaris@gmail.com, stephanandanja@gmail.com # www.okapunja.com

Okaputa (L54)

ⓘ siehe „Otjenga, Jagdfarm (L54)" S. 338

Okonjima (L75)

[Farm][Gäste][ohne Jagd][Camping] 73km südl. Otjiwarongo / Anfahrt: B1 nach Süden (49km), Schild, Farmpad 24km ☞ Rosalea & Donna & Wayne Hanssen, Luigi Bassi & Tristan Boehme (Englisch) ✉ Otjiwarongo P.O.Box 793 ✆ 067-687032[3][4] & Bush Camp Tel 067-687021[2] 067-687051 ▯ 081-1421195 Okorombo Camp Site mit Sonnenschutz, eigener Swimmingpool $ (2013) Tourcamping: Tour+ Übernachtung: 1 Nacht: Wildcat Tour: 550N$ pP, 2 Nächte Wildcat+Buschmann Trail: 1.100N$ pP / K12-18 275N$ / Leoparden/Geparden Tracking 210N$ pP Main Camp: 10DZ / Bush Camp: 8 Chalets / Exclusive Villas: 2 Gästehäuser (8-12P) mit eigenem Koch, Fahrer und Reiseleitung $ (2013)

Garden Z: Vp: DZ 2.080N$ pP, EZ 2.655N$ / Hp: DZ 960N$ pP, EZ 1.535N$ // View Z: Vp: DZ 2.645N$ pP, EZ 3.220N$ / Hp: DZ 1.495N$ pP, EZ 2.070N$ // Bush Camp: Vp: DZ 3.730N$ pP, EZ 4.305N$ / Hp: DZ 2.690N$, EZ 3.265N$ // Villa Vp: 2-6P 5.170N$ pP, 7.+8.P 4.136N$ pP / Bush Suite Vp: 1P 6.808N$, 1-4P 4.539N$ // bei Vp alle Aktivitäten eingeschlossen, K12-16 60% // Namibian & SADC Special Dezember - Juni: 1 Nacht Hp 980N$ pP,

VP 1.480N$ pP / 2 Nächte Hp 1.470N$ pP Vp 2.220N$ / 3 Nächte: Hp 1.960N$ pP, VP 2.960N$ pP / K7-16 65% / Aktivitäten 250N$ pP, mit Vp inkl. / Zusatzpreise: Aktivitäten Vor- oder Nachmittag: 350N$ pP ⓘ keine Kinder unter 12 in der Villa & im Bush Camp / Tagb. 350N$ pP Sitz der "Africat Foundation" zur Rettung der großen Wildkatzen (067-304566, Fax 067-687129, Email africat@mweb.com.na, www.africat.org) / Angelina&Brad waren auch zu Besuch Besuch des Africat Foundation Welfare Project / Geparden, Leoparden Suche mit Sender zu Fuß/Auto, Gepardenfütterung, Vogelbeo. Bushman Trail, "nocturnal hide" (nächtlicher Ansitz) Vegetarisches Essen erhältlich Lunch + Kaffee+Kuchen 120N$ pTpP / Curio Shop, Lunchpakete 30N$ ♿ Hilfe bei der Tour möglich gemeines Impala, Duiker, Streifengnu, Kuhantilope (Hartebeest), Damara Dik Dik, Steinböckchen, Eland, großer Kudu, Oryx Giraffe, Steppen-Zebra, Berg-Zebra, Gepard Leopard, Löwe, Tüpfelhyäne, Erdferkel, Geier endemische Vogelarten @ okonjima@iway.na info@okonjima.com # www.okonjima.com

Okosongoro Ranch (L67)

ⓘ siehe „Waterberg Game & Guest Farm (L67)“ S. 346

Olea Town Lodge + Caravan Park (L1)

▲ [Rastlager][Camping] Grootfontein, Woodland Drive ☞ Sedge Investments Corporation / Tobie Aupindi (Director), Helwi (manageress) (Oshiwambo) ✉ Grootfontein P.O.Box 1423 ✆ 067-243040 ℻ 067-243045 ▯081-1227030 Λ kein Camping mehr ▬ 4 Chalets 4P $ (2012) 2-Bett Chalet 650N$, 4-Bett Chalet 750N$ ⓘ "Managing Member" Hanno Aupindi 081-1227030 / die Bungalows sind ok und zu buchen. Spielplatz, sehr großer Pool, das ehemalige einzige Spaßbad Namibias Dieser schöne Platz ist leider völlig kaputt, teilweise zum Schrottplatz um-

funktioniert. Man sagt, er soll "upgraded" werden, aber davon ist nichts zu merken (2013). Ehemaliger NWR-Geschäftführer Tobie Aupindi kaufte den Platz für seine Familie. @ oleatownlodge@iway.na

Omambonde-Tal (L24)

▲ [Farm][Jagd] 73km südl. Grootfontein / Anfahrt: B8 nach Süden, D2804 5km, nach links D2825, 30km, nach rechts D2896, 10km ☞ Sylvia & Udo Düvel (Deutsch) ✉ Grootfontein P.O.Box 1010 ✆ 067-240332 ℻ 067-240332 ▯081 245 3713 ▬ 2DZ $ (2013) Jagdtag 1:1 170€, 2:1 140€, Ruhetag 80€ ⓘ Informationen wurden der Internetseite von Omambonde-Tal entnommen (30.7.13). // Rinderfarm / nur mit Vorbuchung zaunfreies Hegegebiet mit den Nachbarfarmen. "Größter freilebender Elandsbestand". Jagen auch auf den Nachbarfarmen möglich. Duiker, Kuhantilope (Hartebeest), Steinböckchen, Eland, großer Kudu, Oryx, Warzenschwein, Gepard, Stachelschwein, @ omambond@iway.na # www.omambonde.com

Omatako Valley Rest Camp (L85)

▲ [Kommunales Camping] 155km östl. Grootfontein / Anfahrt: B8 Richtung Rundu, C44, nach 100km Veterinärzaun, nach 11km Schild ☞ Community of Tsumkwe / Sikindo Maurus (camp manager) ✉ Grootfontein P.O. Box 667 Λ große Plätze für mehrere Zelte, Sanitärblock mit heißen Duschen / Camping unter Schattendach $ (2013) 60N$ pP K12 frei ⓘ !Kung San -Leute / Tänze und Musik mitorganisiert von Cass = Centre for Applied Social Sciences / WIMSA = Working Group for Indigenous Minorities in South Africa (Tel 061-244909) Wanderungen durch den Busch (200N$ pGruppe 1-4P, 250N$ pGruppe >4P), Sammeln von Veldfrüchten als geführte Tour (10N$ pP) / Reiten 2 Pferde / traditionelle Tänze (150N$ <10P, 350N$ >10P) Souvenirladen / Feuerholz / kalte Getränke

Ombujomatemba (L68)

▲ [Farm][B&B][Jagd] 80km südöstl. Otjiwarongo / Anfahrt: B1 nach Süden (30km), C22 (50km) ☞ Margret & Hans Hassenpflug (Deutsch) ✉ Otjiwarongo P/Bag 2402 ✆ 067-306677 ℻ 067-306677 ▯081-2405117, 081-2992507 ▬ Gästehaus mit 2DZ + 1FZ $ (2012) Vp: EZ 720N$, DZ 690N$ pP / Hp: EZ 670N$, DZ 645N$ pP inkl. Farmrundfahrt+alle Aktivitäten inkl. / K6-12 75% ⓘ Fama, Jagd und B&B getrennt / Kiwi / bitte um vorherige Anmeldung Poolbillard, Tischtennis Wlan keine HausT gemeines Impala, Duiker, Kuhantilope (Hartebeest), Springbock, Eland, großer Kudu, Oryx, Warzenschwein, Gepard, Wüstenluchs (Karakal, Rotkatze), Preise inkl. Aktivitäten! @ b+b@ombujo.com

Ombujonganga (L120)

▲ [SC-Burg] 110km südöstl. Otjiwarongo / Anfahrt: B1 nach Süden, C22, C30 nach Süden, Kreuzung mit D2404 / Abzweig bei Osire ☞ Mrs. & Mr. Krönke (Deutsch) SC-Schloß 6-8 Betten (auch für längerfristigen Urlaub) / ohne Strom **$** (2012) SC etwa 200N$ pP, K12 50%, Reduktion für Namibier ⓘ Ombujonganga heißt: Der Platz, wo das Perlhuhn trinkt. / nur mit vorheriger Anmeldung schloßähnliches Gebäude "mitten im

Busch", "Einsamkeit garantiert", mit Eulen!! Fahrradfahren, Farmbesuch auf der Rinderfarm in der Nähe, auch Jagd möglich / ***Rundflüge mit Microlight*** / Quadbike SC, Vp kann arrangiert werden HausT ok Duiker, Kuhantilope (Hartebeest), Steinböckchen, großer Kudu, Oryx, Warzenschwein, Gepard, Wüstenluchs (Karakal, Rotkatze), Eulen bei der Burg Ein ehemaliger Fremdenlegionär baute sich diese ***Burg*** nach dem 2. Weltkrieg ***mit Zinnen, Türmchen, Weinkeller, vielen hohen Räumen.*** Jetzt hausen hier die Spinnen und viel Verfall. Gut renoviert wäre es ein tolles Jugendfreizeitheim, eine Filmkulisse, ein Abenteuerangebot! Ohne Strom, leider auch ohne Veranden oder Terassen. Farmer Krönke kann nicht immer vor Ort sein, um sich um das verfallende moderne Schloß zu kümmern. Der Bau wie auch die Lebensgeschichte des ehemaligen Schloßherrn - mit französischer Gattin, deren Bibliothek noch vorhanden ist - und vielen Jagdwaffen ist ein typisches namibisches Kuriosum. @ status@mweb.com.na Windhoek, P.O.Box 40064, Tel. 061-251904, Cell 081-1296434, 081-1246434

Ombujonganga (L120)

▲ siehe Seite 336

Omeg Allee, Gästehaus (L18)

▲ [B&B] Tsumeb, früher Omeg Allee, jetzt Sam Nujoma Drive 1502 ☞ Annemarie Essl (owner), Magret Harris (manageress) (Deutsch) ✉ Tsumeb P.O.Box 284 ✆ 067-220631, 067-220844 067-220520 7DZ, 2EZ = 16P, aircon **$** (2013) B&B EZ 420N$, DZ 555N$, FZ bis 5P 950N$ / familien-Unit 420N$ ♿ 1Z rollstuhlfreundlich keine HausT @ omegalle@iway.na

Omutati Game & Guest Farm (L48)

▲ [Farm][Gäste][Jagd] 50km nordwestl Otavi / Anfahrt: D3028, D2865 Schild 3km Farmpad ☞ Sven Muhle (Deutsch) ✉ Otavi P.O.Box 364 ✆ 067-234759 088-647210 3DZ / auf zwei Farmen: Lane plaas: 3DZ+1EZ Vokü / ⓘ "Laneplaas" grenzt an Etosha Phototouristen und Jäger getrennt / Plattform, Wasserstelle am Haus / schwarzes Nashorn Wlan ♿ Rampe Duiker, Kuhantilope (Hartebeest), Damara Dik Dik, Springbock, Steinböckchen, Eland, großer Kudu, Oryx, Giraffe

Wanderung & Gamedrive auf dem Waterberg

•Ungeführte Wanderung 3-4 Tage auf dem Plateau, nur von Apr.-Nov. Verpflegung und Ausrüstung mitbringen bis auf Wasser. 2 Übernachtungs-Shelter auf dem Plateau mit Wasser (100N$ pP), jeden Mi 9Uhr, min/max 3P-10P. Man trifft garantiert auf alte und frische Rhinospuren. Schöne Blicke vom Plateau in die Ebene, wenn man den Weg direkt am Rand wählt. Einige markierte Bäume. Beginn und Ende am Waterberg Restcamp. Buchung in Windhoek, Anmeldung für die Wanderung im Office des Restcamps. Der Beginn ist derselbe steile Aufstieg wie vom Camp zum Rand des Plateaus, etwa 45 Min.; danach gibt es keine Anstiege mehr.

•Geführte viertägige Wanderung auf dem Plateau (220N$ pP) mit Rhinosuche und Beobachtung vor allem der Baster Gemsböcke. Jedes 2.,3. u. 4. Wochenende von Apr. bis Nov, Beginn immer am Do, min/max 6-8P / Schlafen in einem Wilderness Camp auf dem Plateau, Selbstversorgung. Anfahrt mit dem eigenen Auto bis zur Forsthütte. Buchung in Windhoek.

•Ungeführter Aufstieg zum Plateau (45Min), der Weg ist steil und nicht gut unterhalten. Etwa am höchsten Punkt der Teerstraße im Camp befindet sich ein kleiner Unterstand für Autos der Wanderer und ein Wegweiser. Die weiteren einst sehr informativen kleinen Spazierwege innerhalb des Camps sind nicht mehr gut unterhalten, auch nicht nach der umfänglichen Renovierung 2007. Historisch interessant ist der Missionsweg, der vom Restaurant bis zum Friedhof führt und an den Ruinen der Missionskirche bzw. des Hospitals vorbeiführt.

•Auf dem Friedhof erinnern die Grabsteine an die ermordeten Händler und zufällig Anwesenden auf der Station im Januar 1904 und an die vor allem an Typhus im Hospital gestorbenen deutschen Soldaten der Schutztruppe im Herbst 1904. Die wenigen Gräber der in der „Schlacht am Waterberg“ Umgekommenen befinden sich auf der Gästefarm Hamakari (L71). (siehe dazu „Namibia“ S. 361 – 374) Der Friedhof wird derzeit (2014) durch die namibische Kriegsgräberfürsorge saniert.

• Plateau GameDrives von 3Std mit Frühstück bzw Sundowner 350N$ pP, K 95N$, 7.00 u.15.00Uhr sind lohnend, können im Winter aber sehr, sehr kalt sein. Anmeldung im Office

Steppen-Zebra, Berg-Zebra, Gepard, Leopard, Löwe, *schwarzes Nashorn* @ streben@iway.na, anfrage@omutati.com # omutati.com

Ondjondjo, Jagdfarm (L50)

[Farm][Gäste][Jagd][B&B] 15km südöstl. Otavi / Anfahrt: D2807 ☞ Juanita & Wolfgang Falk (Deutsch) ✉ Otavi P.O.Box 1 067-234412 081-2421146 088-626499 1QZ+1DZ (6P) $ (2012) Hp: DZ 280N$ pP, EZ 300N$, K12 150N$ // Jagdtag 1:1 180€ (Bogen 220€), 1:2 150€ (Bogen 180€), Ruhetag/Begleitperson 90€ ⓘ Rinderfarm / Fama, Kiwi / Bogenjagd Bergsteigen Vogelbeo. keine HausT Duiker, Kuhantilope (Hartebeest), Damara Dik Dik, Steinböckchen, Eland, großer Kudu, Oryx, Warzenschwein, Gepard, Leopard, sehr viele Vogelarten @ ondjondjo@iway.na # www.ondjondjo.iway.na

Onguma Game Reserve (L38)

siehe Seite 338

Otavi Garden's Hotel (L8)

[Hotel/Pension] Otavi, Parkstr. 6 ☞ Mrs. Degroot (owner), Mrs. Louw (manageress) (Afrikaans) ✉ Otavi P.O.Box 11 067-234334 067-234334 7 StandardZ + 8Z in Chalets $ (2012) B&B: EZ 250N$, DZ 300N$ / Chalet: EZ 300N$, DZ 420N$ Restaurant, Take Away rollstuhlfreundlich @ keine

Otjenga, Jagdfarm (L54)

[Farm][Jagd] 80km nordöstl. Otjiwarongo / Anfahrt: B1 Richtung Otavi, D2804,

Onguma Game Reserve (L38)

[Lodge][Camping] 29km nordöstl. Namutoni / Anfahrt: durch das Lindequist Tor direkt links, kleines Onguma Schild, 19km Farmpad ☞ Peter Sawyer, Fritz Voster (manager) , André Louw (owner) (Deutsch) ✉ Windhoek P.O.Box 24046 067-229112 (Bush), 067-229135 (Fort), 067-229114, 081-1297180 (Tented, Tree Top) 6 Plätze: jeder mit eigenem Toilettenhaus, Strom, Grundmatte, Rasen, Schatten, Holz / 24 h geöffnet / Camper sind sehr willkommen die Möglichkeiten des Bushcamps zu nutzen $ (2012) 130N$ pP für 4P „Bush Camp" 38P / „Treetop Camp" 8P / „Tented Camp" 14P / „the Fort" 28p $ (2012) „Bush": B&B: DZ 890-1.090N$ pP EZzuschlag 400N$ / „Tree Top": Hp 1.450N$ pP EZzuschlag 700N$ / „Tented" Hp: 2.200N$ pP, EZzuschlag 700N$ / „Fort" Hp: 2.400N$ pP EZzuschlag 700N$ / Guide Hp 700N$ / Zusatzpreise: Game Drive 420N$-540N$ pP, Night Drive 320N$ pP (1 - 2h) ⓘ Kiwi at „Bush", sonst K>12 // siehe auch Etosha Aoba beleuchtete Wasserlöcher / historische Farm Wildbeob.-Wanderung, Gamedrives / *Rhino Drive* Frühstück 55N$, Lunch 70N$, Dinner 115N$ auf Anfrage einenTag vorher Wlan (frei) / Wäscheservice rollstuhlfreundlich im „Fort" keine HausT gemeines Impala, Duiker, Streifengnu, Kuhantilope (Hartebeest), Damara Dik Dik, Springbock, Steinböckchen, Eland, großer Kudu, Giraffe, Steppen-Zebra, Gepard, Leopard, Löwe, Tüpfelhyäne, Spitzmaul-Nashorn (schwarzes), Stachelschwein, Geierkolonie und s. Etosha Camping: Trummi Leser: Sehr zufrieden @ reservations@onguma.com # www.onguma.com 061-237055, 061-235677

Schild 30km Farmpad ☞ Gaby & Hans Erpf (Deutsch) ✉ Otjiwarongo P.O.Box 443 ✆ 067-303370 ℻ 067-302229 🛏 Gästebungalows4DZ / Bergcamp für Jäger (Minimum 3 Tage) $ (2013) Jagdtag 1:1 200€, 2:1 180€, Begleitperson 100€ / DZ Vp 80€ / K7-12 40€ ⓘ Rinderfarm / Fama 🚶 Farmbetrieb, ***Microlight Flüge***, Reiten, Tischtennis 🐘 gemeines Impala, Duiker, Kuhantilope (Hartebeest), Steinböckchen, Eland, großer Kudu, Oryx, Warzenschwein, Giraffe, @ otjenga@gmail.com, info@otjenga.com # www.otjenga.com

Otjibamba (L64)

▲ [Lodge] 🗺 3km südl. Otjiwarongo / Anfahrt: B1 nach Süden ☞ José Nello (owner), Hein Schultz (manager) (Deutsch) ✉ Otjiwarongo P.O.Box 134 ✆ 067-303139 ℻ 067-304561 🛏 20 Chalets, aircon $ (2013) B&B: EZ 580N$, DZ 853N$, K6-12 75N$, K12-17 130N$ ⓘ gehört zu Global Quaestor International / Tagb. / KonferenzZ (40P) ♛ eigener Wildpark, neben der Lodge, Erkundung im Wildpark zu Fuß möglich / Golfclub auf dem Gelände 🚶 markierter Wanderweg 🍽 Restaurant à la carte ♿ behindertengerecht, auch für Gruppen 🐕 keine HausT 🐘 gemeines Impala, Bleßbock, Weißschwanzgnu, Springbock, großer Kudu, Oryx, Giraffe, Strauß, Tierreservat mit Wasserstelle @ bamba@iway.na # www.otjibambalodge.com

Otjikaru Wildfarm (L110)

▲ [Farm][Gäste][Jagd] 🗺 70km südöstl. Otjiwarongo / Anfahrt: B1 (22km), C22 (45km) ☞ Irmi & Clemens Epler (manager) (Deutsch) ✉ Otjiwarongo P.O.Box 1506 ✆ 067-304845 ℻ 067-304845 🛏 5Z $ (2007) Jagdtag 1:1 190€, 1:2 150€, Ruhetag 70€ / K14 50% ⓘ viele Hochsitze / Landebahn 🚶 Fahrt zum Waterberg 🐕 keine HausT 🐘 gemeines Impala, Bleßbock, Duiker, Streifengnu, Weißschwanzgnu, Kuhantilope (Hartebeest), Damara Dik Dik, Eland, großer Kudu, Nyala, Oryx, Wasserbock, Warzenschwein, Giraffe, Steppen-Zebra, Berg-Zebra, Strauß, @ otjikaru@iafrica.com.na # www.otjikaru.de/

Otjikoto Lake Campsite (L99)

▲ *{zur Zeit zu}*[Camping] 🗺 10km nordwestl. Tsumeb / Anfahrt: B1 nach Norden

ⓘ Otjikoto Lake siehe auch "Namibia" S.383f ♛ Nationale Denkmal Kommission hat den Platz geschlossen. Der See kann noch besichtigt werden. Eintritt zum See

Otjiwa Game Lodge (L74)

▲ [Farm][Gäste][Jagd][SC] 🗺 40km südl. Otjiwarongo / Anfahrt: B1 nach Süden (36km), Schild Farmpad 8km ☞ Yolande & WP Barnard (Afrikaans) ✉ Otjiwarongo P.O.Box 513 ✆ 067-306250 (Mountain), 067-301671 (Eagle+Nest) ℻ 067-306250 ▲ 3 große + 7 kleine Plätze $ (2013) 100N$ pP, K5-13 65N$ 🛏 Mountain Lodge: 5 Bungalows / Eagles Rest: 7 SC-Bungalows 4-6 DZ / The Nest: SC-Haus 5DR $ (2013) Mountain B&B: EZ 1.280N$, DZ 1.100N$ pP / Eagle SC: 1p 595N$, 2P 1.190N$, 3P 1785N$, 4P 2380N$, 5P 2975N$, 6P 3570N$ // Nest SC: 1p 3570N$, 2P 3570N$ 10P 5967N$ / Zusatzpreise: Gamedrive 200N$ (mit Geierrestaurant 300N$ pP) ⓘ Konferenzraum 40P / Kiwi: Spielplatz ♛ ***Geierprojekt von Yolande Barnard / Nashorn*** // Namibian Cycling Association 🚶 Sternebeo. (Süd Stern Freunde Treffen), Mountain Bike, Angel, Wandern 🍽 Restaurant 🐘 Bleßbock, Weißschwanzgnu,

Kuhantilope (Hartebeest), Springbock, Oryx, Pferdeantilope, Rappenantilope, Wasserbock, Giraffe, Steppen-Zebra, *25 Breitmaulnashörner* @ otjiwa@iway.na # www.otjiwalodge.com

Ouhave Country Farm (L96)

▲ [Farm][Jagd][B&B][Camping] 115km südöstl. Otjiwarongo / Anfahrt: B1, D2404, D2459, Farmpad 15km ☞ Bianca & Hans Sohrada (Englisch, Deutsch) ✉ Otjiwarongo P.O.Box 1866 ✆ 067-306209 Δ Plätze mit Schatten, Holz $ (2012) 70N$ pP 3DZ $ (2012) Vp DZ 950N$ pP, B&B DZ 390N$ pP / Zusatzpreise: für B&B Gäste: Naturedrive 200N$ pP ⓘ Farmbetrieb mit einheimischen Tieren: Nguni Rindern, Holistic Farming / "free range game hunting" // Fama / Kiwi: Farmtiere, Papageien, Hunde, Katzen, Pferde zum Streicheln // Tagb. ok, Rauwi 3 stöckiger Turm als Aussichtspunkt Wandern / Nature Drive / Vogelbeo. biologische farmeigene Produkte ♿ rollstuhlfreundlich keine HausT Bleßbock, Kuhantilope (Hartebeest), Springbock, großer Kudu, Oryx, Warzenschwein, Strauß @ ouhave@iway.na

Ousema Guest Farm (L77)

▲ siehe Seite 340

Ovisume Jagdfarm (L25)

▲ [Farm][Gäste][Jagd][Camping] 66km südl. Grootfontein / Anfahrt: D2836 ☞ Tobias

Ousema Guest Farm (L77)

▲ [Farm][Gäste][Camping][SC] 120km südöstl. Otjiwarongo / Anfahrt: B1 (90Km) nach Süden, D2404 nach Osten (30km), Schild links, oder von Okahandja: B1 (90km) nach Norden, D2404 nach Osten, ☞ Dorothea & Hans-Ludwig Krönke (Deutsch) ✉ Okahandja P.O.Box 757 ✆ 067-306259

Quadbiken
auf Ousema auch für „Rollis"

✆ 067-306259 Δ Plätze im Aufbau 2013 1 SC Familienwohnung 4P, 5DZ (3 Betten) (14P) $ (2012) Vp 700N$ pP, K7-12 500N$ / Gäste, die eine Begleitperson als Assistenz benötigen: 1.200N$ pPaar ⓘ aktive Rinderfarm / Kiwi / Fama / bitte Voranmeldung 12 m langer Pool mit Einstiegshilfe / Tourenorganisation und -beratung für Menschen mit Behinderung große Videothek / Kanufahren auf dem Omatako-Stausee (saisonal), Vogelbeo. / *Quadbike für Behinderte* / Tischtennis / Bibliothek / Reiten / Ultralight Flugzeug beim Nachbarn auch SC / macht auch *Gouda, Bergkäse & Camembert* ♿ Alle Zimmer, alle Gebäude und Farmeinrichtungen rollstuhlgerecht / Wanderwege für Rollstuhlfahrer / (Betreiber ist selbst "Rollstuhlfahrer") / Reiseplanung auch für Behinderte HausT auf Anfrage Duiker, Kuhantilope (Hartebeest), großer Kudu, Oryx, Warzenschwein @ ousema@iway.na # www.farm-ousema.de

Günzel (Deutsch) ✉ Grootfontein P.O.Box 143 ✆ 067-240271 📠 067-240270 📱081-1288624 ⛺ am Omuramba Omatako 4-5 Plätze $ (2012) 80N$ pP 🛏1DZ + Gästehaus mit 2 DZ (6P) $ (2012) VB <80€ pP // Jagdtag 1:1 210€, 2:1 180€, Begleitperson 85€, K6-16 50€ ⓘ Rinderfarm, Wildfarm; Wildfang, Wildtransport, Wildhandel / Kiwi, Fama, Tagb. // alter Name Bornholm Ovisume ♛ am Omuramba Omatako gelegen 🚶 Wandern ♿ behindertenfreundlich große Duschen 🐕HausT möglich 🐘 Schwarznasen Impala, Duiker, Streifengnu, Weißschwanzgnu, Kuhantilope (Hartebeest), Springbock, Steinböckchen, Eland, großer Kudu, Nyala, Oryx, Wasserbock, Giraffe, Steppen-Zebra, Berg-Zebra, Gepard, Leopard, Wüstenluchs (Karakal, Rotkatze), Strauß, @ info@ovisume.eu # www.ovisume.eu 🕮 Fax Deutschland: 0049-2309-7847118

Ozondjahe Safari Lodge (L78)

▲ [Farm][nur Jagd] 🗺41km südöstl. Otjiwarongo / Anfahrt: B1 nach Süden, C22 19km ☞ Jérôme Philippe (Englisch) ✉ Otjiwarongo P.O.Box 419 ✆ 067-306770, 067-304807 📠 067-306771 🛏 1 Familienhaus $ (2012) Jagdtag 1:1 395US$, 2:1 330US$, Begleitperson 160US$ ♛"auch Dr. Sam Nujoma, erster Präsident von Namibia, hat hier gejagt" @ ozo.saf@mweb.com.na, jp@africanhuntingsafaris.com # www.africanhuntingsafaris.com

Ozonduno (L69)

▲ [Farm][Jagd] 🗺20km südl. Otjiwarongo / Anfahrt: B1 ☞ Heidi & Jan du Preez (Afrikaans, Französisch) ✉ Otjiwarongo P.O.Box 510 ✆ 067-306253 📠 067-303206 🛏5DZ $ (2013) Jagdtag 1:1 230€, 1:2 200€, Ruhetag 120€ / K8-16 60€ 🛏 70% Wildfarm + 30% Rinderfarm / auch "Photosafaris" 🐘 gemeines Impala, Bleßbock, Duiker, Streifengnu, Weißschwanzgnu, Kuhantilope (Hartebeest), Damara Dik Dik, Springbock, Steinböckchen, Eland, großer Kudu, Oryx, Pferdeantilope, Rappenantilope, Wasserbock, Giraffe, Steppen-Zebra, Gepard, Leopard, Wüstenluchs (Karakal, Rotkatze), Strauß, Elefant, graue Wildkatze @ dupwild@iafrica.com.na # www.ozonduno.com

Padberg B&B (L118)

▲ [B&B] 🗺28km nordöstl. Otjiwarongo / Anfahrt: B1, D2440 (28km), 2km Farmpad ☞ Petou Malan (Afrikaans) ✉ Otjiwarongo P.O.Box 335 📱081-2133578 🛏 4Z (3Twin+1Doppelbett), $ (2012) B&B: EZ 420N$, DZ 600N$ 🛏wird renoviert September 2012 / keine Tagb., Fama, Kiwi, Rauwi / Rinder und Ziegen auf der verpachteten Farm ♛ Farmer in Rente 🚶 Wanderung, Quadbike / Wasserloch / ***zahmes Zebra***s 🍽 Dinner buchen 128N$ ♿ rollstuhlfreundlich, Essen wird aufs Zimmer gebracht 🐕HausT ok außerhalb der Zimmer 🐘 Kuhantilope (Hartebeest), Springbock, großer Kudu, Oryx, Warzenschwein, 👍 derzeit billigste Unterkunft, um die CCF (L101) zu besuchen

Palmenecke Guest House (L9)

▲ [B&B] 🏠 Otavi, Herzog Av. 96 ☞ Susan & Alexander du Toit (owner) (Afrikaans) ✉ Otavi P.O.Box 392 ✆ 067-234199 📠 067-234199 📱081-1274760 💻 088-623541 🛏6DZ $ (2012) EZ 290N$, DZ 450N$ ⓘ Kiwi: Spielplatz 🍽 Restaurant, Frühstück 60N$ @ susan@africaonline.com.na, palmenecke@africaonline.com.na # www.palmenecke.co.za

Peace Garden Lodge (L21)

▲ [B&B][Camping] 🗺5km südwestl. Grootfontein / Anfahrt: B8 ☞ David Nghipunduka (owner), Schalk Meuwesen (manager) (Afrikaans, Deutsch) ✉ Grootfontein P.O.Box 229 ✆ 067-243648 📠 067-243749 ⛺ 10 Plätze mit Schattendach, Stromanschluß, Licht $ (2013) 50N$ pP 🛏 48Z (20LuxuryDZ+15FZ+13Standert EZ o. DZ) $ (2013) alle B&B: Standard: EZ 315N$, DZ 525N$ / Luxury: EZ 546N$, DZ 787N$ / Familien 2.000N$ pHaus ⓘ ehemals: Lala Panzi Guest House / Kiwi: Kinderspielplatz 🚶 Hoba Meteorit um die Ecke 🍽 Restaurant à la carte, Bar ♿ rollstuhlgerecht 🐘 gemeines Impala, Bleßbock, Springbock, Nyala, Giraffe, Strauß, @ lalapanzi@iway.na, peacegardenlodge@iway.na

Potjie Plot Sonop, Zum (L41)

▲ [Rastlager][Camping][SC] 10km nordöstl. Otavi / Anfahrt: B1 Richtung Tsumeb ☞ Erika Küstner & Friedrich Diemer (Deutsch) ✉ Otavi P.O.Box 202 ✆ 067-234300 ☏ 067-211964 Λ schattige Plätze mit Küche im Zitrusgarten $ (2013) 60N$ pP, Strom +35N$ 🛏 5 Bungalows, SC möglich $ (2013) B&B: EZ 400N$, DZ 700N$ / SC 200N$ pP / K6-12 50% ⓘ Kleinfarm (Plot) mit Rindern und Schafen, Federvieh, Kaninchen; großer Obstgarten, Citrusfrüchte, für die Selbstversorgung / Fama, Kiwi: Spielplatz ♛ ***Farm Museum mit vielen Details, auch der Familiengeschichte und viele Gerätschaften*** / Kavango Werft der Arbeiter 🚶 Wanderwege, Höhlenführung, Botanischer Weg / Zusammenarbeit mit der Ombili-Stiftung (San)

🍽 Essen im Potjie auf Bestellung / "gutes gesundes Frühstück" 📎 Farmladen ♿ rollstuhlfreundlich keine HausT Springbock, Strauß, 👍 empfehlenswert: schöner Garten / Informationen über nachhaltige landwirtschaftliche Nutzung / Trummi Leser: "bestes Frühstück" @ info@zumpotjie.com # www.zumpotjie.com

Roy´s Rest Camp (L81)

▲ [Farm][Gäste][Jagd][Camping] 56km nordöstl. Grootfontein / Anfahrt: B8, Schild 1km Farmpad ☞ Wimpie & Marietjie Otto (owner) / Pieter Grobler (manager) (Afrikaans) ✉ Grootfontein P.O.Box 755 ✆ 067-240302 ☏ 067-240262 088-6277432 Λ 16 viele Plätze mit Gras, Veldküche $ (2012) 90N$ pP, ab 8P 72N$ pP, ab 18P 66N$ pP 🛏 6TwinZ + 2 Familien Units $ (2012) B&B: EZ 702N$, DZ 594N$ pP, F-units 474N$ pP / K7-12 50% // Guide frei / Zusatzpreise: Game Drive 1-3P 300N$ pP, 4-6P 600N$ ⓘ Kiwi ♛ auf der Farm Elandslaagte von den Durstlandtreckern Fam. Alberts 🚶 2 kurze markierte Wanderungen / San (Buschman) Trip zu einem Dorf 1.800N$ pTrip 1-7P 🍽 Frühstück 90N$, Dinner 168N$, Lunchpakete 100N$, Braaipacks 75N$ oder 117N$, Lunch für Gruppen auf Vorbestellung keine HausT Streifengnu, Damara Dik Dik, Eland, Steppen-Zebra, Gepard, Leopard, Strauß, 👍 Originelle Verwendung aller organischen Stoffe des Veldes @ royscamp@iway.na # www.roysrestcamp.com

Sachsenheim Guest Farm (L39)

▲ [Farm][Gäste][B&B][Camping] 30km nordöstl. Namutoni / Anfahrt: C38,B1, Schild Farmpad 2km ☞ Maria & Gerd Sachse (Deutsch) ✉ Tsumeb P.O.Box 1713 ✆ 067-230011 ☏ 067-230072 📱 081-2150100 Λ 10 Plätze mit Rasen, Strom, Schwimming Pool: Private+Communal / Bush-Camp nur für Overlander $ (2012) Privat: 130N$ pP+20N$ pAuto, K2-10 50N$ / Communal: 100N$ pP+20N$ pAuto, K2-10 50N$ / Bushcamp: 60N$ pP 🛏 Bungalows 60 Betten: 2EZ, 13DZ, 2 5-BettZ, 1TZ, 2 HoneymoonZ, 2 JägerZ 4P $ (2012) B&B: EZ 500N$, DZ 450N$ pP, TZ 450N$ pP, 5-Z 400N$ pP, honneyZ 1.000N$, JägerZ 500N$ pP / K0-3 100N$, K4-7 200N$, K8-11 300N$ / Namibier 10% Reduktion ⓘ Rinder- u. Wildfarm / Fama / Kiwi: Spielplatz, Babysitter möglich ♛ beleuchtetes Wasserloch am Haus 🚶 Farm Drive auf Anfrage 🍽 Restaurant: Dinnerbüfett / Frühstück auch für Campinggäste keine

HausT Duiker, Kuhantilope (Hartebeest), Eland, großer Kudu, Oryx, Warzenschwein, Giraffe, Steppen-Zebra, sachse@iway.na

Seidarap Guesthouse (L106)

[Gästehaus][SC] Grootfontein, 4km nördl. von Grootfontein an der C42/MR71 Silvia & Stephan Lukaschik (Deutsch) Grootfontein P.O.Box 88 067-242817 067-242818 Gästehaus mit 6DZ, 1 TourguideZ + 1SC Flat 4P $ (2013) B&B: EZ 570N$, DZ 460N$ pP, K6-13 230N$ / Tourguide B&B 230N$ (Dinner/Lunch frei) Fama / Kinder sehr willkommen (2 eigene Kids) Garten mit Mango, Avocado, Zitrus Wanderung / 2 Pools Dinner 170N$, K6-13 50% Wlan keine HausT seidarap@seidarap.com # www.seidarap.com

Sindano Court (L113)

[B&B][SC] Tsumeb, Post Street / Sam Nujoma Dr. René Arangies (Afrikaans) Tsumeb P.O.Box 516 067-222655 067-222758 12Z / SC-Haus: 4 Suiten mit Vokü $ (2012) B&B: 300N$ pP / SC-Haus 350N$ pP 1Z rollstuhlfreundlich Hunde mit eigenem "Bett" erlaubt sindanocourt@iway.na

Steps Guest House Okakarara (L80)

[Gästehaus] Okakarara Steps for Children/ Sonja Schneider-Waterberg (Deutsch) Okakarara P.O.Box 159 067-317003 067-317061 081-3149623 088-632975 1 Bungalow mit 4Z $ (2013) mit Bad: EZ 200N$, DZ 300N$ / Gemeinschafts- Bad EZ 150N$, DZ 230N$ / "Projektpaket" 450N$ Siehe auch Gobabis Steps Guest House Gobabis gehört zum von Deutschland geförderten Programm "Steps for Children": Die Stiftung in Hamburg unterstützt bedürftige Kinder und Jugendliche in Afrika: Vorschule, Suppenküche. Besichtigung des Projekts / Ortsbesichtigung mit Essen 150N$ pP Wlan sonja@stepsforchildren.org # www.stepsforchildren.de

Stolzenberg (L46)

[Farm][nur Jagd] 20km westl. Otavi / Anfahrt: C39 nach Westen Ursula & Fritz Stolzenberg (Deutsch) Otavi P.O.Box 179 067-234280 067-234280 085-5655888, 081-1240032, 081-1271013 088-6518797 5DZ $ (2013) Jagdtag 1:1 180€, Ruhetag 90€, K11-16 50€ Farm Capbon Nr.65 / Rinderfarm // siehe auch Capbon Guesthouse A159 in Windhoek Elandgebiet Wlan / Wäscheservice gemeines Impala, Bleßbock, Duiker, Streifengnu, Weißschwanzgnu, Kuhantilope (Hartebeest), Damara Dik Dik, Steinböckchen, Eland, großer Kudu, Nyala, Oryx, Wasserbock, Warzenschwein, Berg-Zebra, Gepard, Wüstenluchs (Karakal, Rotkatze), Strauß, stolzenb@iway.na # www.stolzenberghunt.com.na

Stone House (L112)

siehe „The Stone House (L112)“ S. 344

Streben Guestfarm (L48)

siehe „Omutati Game & Guest Farm (L48)“ S. 336

Tambuti Wilderness Guestfarm (L49)

[Farm][Gäste][Jagd] 41km westl. Otavi / Anfahrt: D3028, D2865, 12km Schild, 9km Farmpad Larry W. Bussey (owner), Patrizia von Oppen (host) (Deutsch) Otavi P.O.Box 295 067-235001 067-235001 5 Bungalows: 4DZ + 1EZ $ (2013) Jagdtag 1:1 460US$, 2:1 350US$, Begleitperson/ Ruhetag 250US$ Wildfarm Höhlen Wandern, Reiten gemeines Impala, Duiker, Weißschwanzgnu, Kuhantilope (Hartebeest), Damara Dik Dik, Klippspringer, Springbock, Steinböckchen, Eland, großer Kudu, Oryx, Wasserbock, Warzenschwein, Giraffe, Steppen-Zebra, Berg-Zebra, Leopard, Strauß, Genet tambuti@mweb.com.na, lbussey@mindspring.com # www.hunttambuti.com Larry W. Bussey, 1420 Second Avenue Columbus, Georgia 31901, USA, E-mail: lbussey@mindspring.com

Termite Hills B&B (L123)

[B&B] 150km nördl. Okahandja / Anfahrt: B1, rechts ☞ Lotti & Werner Dedig (Deutsch) ✉ Otjiwarongo P.O.Box 20 ✆ 067-306222 067-306333 081-1485076 3DZ $ Hp: EZ 867N$, DZ 907N$, K4-12 480N$ ⓘ auf der Farm Miershoop, siehe L76 @ reservation@termitehills.com # www.termitehills.com

The Courtyard (Grootfontein) (L5)

[B&B] Grootfontein, Gauss Str. 2 ☞ Lizette & Koot Oosthuizen (Englisch) ✉ Grootfontein P.O.Box 1184 ✆ 067-240215 067-240027 6DZ + 4EZ + 2FZ max 19P $ (2012) B&B: EZ 480N$, DZ 690N$ / K5-12 70N$, K13-16 130N$ / Reiseleiter 430N$ ⓘ Raucherzimmer Restaurant à la carte Wlan / Wäscheservice guter Zugang für Rollstuhlfahrer HausT an der Leine ok @ kenl@iway.na

The Stone House (L112)

[B&B] Grootfontein, Toenessen Str 10 ☞ Louis Prinsloo (Afrikaans) ✉ Grootfontein P.O.Box 602 ✆ 067-242842 081-2899393 4DZ $ (2012) B&B: EZ 390N$, DZ 590N$ ⓘ Kiwi, Rauwi Boet Prinsloo ist Pastor der AGS von Grootfontein. Tochter ist ein Top Model in New York (http://de.wikipedia.org/wiki/Behati_Prinsloo). Wlan @ boet@iway.na # www.stonehouse.iway.na

Tigerquelle Gästefarm (L109)

siehe Seite 344

Toko Campsite (L105)

ⓘ siehe „Farm Toko (L105)“ S. 325

Travel North Namibia B&B (L16)

[B&B] Tsumeb, Sam Nujoma Drive ☞ Vicky Kotze (Afrikaans) ✉ Tsumeb

Tigerquelle Gästefarm (L109)

[Farm][Gäste][Camping] 5km nordöstl. Grootfontein / Anfahrt: B8 nach Rundu, D2885 ☞ Jürgen Wander (Deutsch) ✉ Grootfontein P.O.Box 1296 ✆ 067-243143 6 Plätze mit Schattenbäumen / 1 Chalet $ (2013) 80N$ pP / Chalet: 400N$ 5DZ+1 Busch Chalet+2Tourguide Z $ (2013) Hp 520N$ pP / Vp: 620N$ pP / Tourguide 250-295N$ / Zusatzpreise: Sundowner Drive 60N$ ⓘ Gemüsefarm ***ehemaliges Offiziershaus der deutschen „Schutztruppe“ sehr gut renoviert*** Wanderungen / Einblick in das Leben eines Gemüsefarmers / Meteor- u. Museums-Tour (4Std 80N$) Frühstück 55N$, Lunch 75N$, Dinner 105N$, Kaffee&Kuchen 35N$ nur auf dem Camping ok ausgesprochen interessanter Platz / liefert selbstangebautes Gemüse an viele Lodges @ tigerveg@iway.na

P.O.Box 505 ✆ 067-220728 ℻ 067-220916 📱081-2994214 🛏 1FZ, 2TwZ, 4DZ / aircon (=16P) $ (2012) EZ 400N$, DZ 520N$. TZ 700N$, FZ 4p 800N$ ⓘ Tickets für den Mainliner Bus buchbar / ist Haltestelle für Mainliner Bus / Achtung: Die Straße hieß bis 2007 "Omeg Str." 🍽 Frühstück 45N$ 📎 Münzen-Waschmaschine / Internet Cafe / Frisör / Autovermietung 🐕 Haustiere auf Anfrage @ travelnn@namibnet.com, info@travelnorthguesthouse.com, vkotze@iway.na # www.travelnorthguesthouse.com

Treesleeper Camp (L103)

⛺ [Kommunales Camping] 🚗 1km nördl. Tsintsabis ☞ Mose /Khumub (manager), Cummunity Camp Hai\\kom San ✉ Tsumeb P.O.Box 1174 ✆ 067-221752 ℻ 067-221752 📱081-3313988 Δ 6 Plätze, auch Baumplattformen (tree decks) / Zelte können gestellt werden / Picknicktische $ (2013) 70N$ pP, auf dem Deck 80N$ pP, mit eigenem Sanitärblock 100N$ pP / Zelt +60N$ ⓘ Tsintsabis Trust San Organization / Mitarbeit der Foundation for Sustainable Tourism in Namibia or SDTN, Stichting Duurzaam Toerisme Namibië ♛ Traditional San Culture: !Khung & Hai//om Tänzer 🚶 Bushspaziergang, Dorftour und traditionelle Vorführungen, die vom Wetter abhängen. 📎 Holz 20N$ @ info@treesleeper.org # www.treesleeper.org

Tsoutsoumb Bungalows (L14)

⛺ [SC-Ferienhäuser] 🏠 Tsumeb, 4te Str. 247 (Pendukeni Ithana) ☞ Andy Weyand (Deutsch) ✉ Tsumeb P.O.Box 133 ✆ 067-220404 ℻ 067-220222 🛏 12 "Minenhäuschen" (Bungalows) für 6P = 60P, SC, Vokü $ (2012) Bungalow: 6p oder mehr 400N$, 1P 190N$, 2P 300N$ 🐕 HausT ok @ a.weyand@nweb.com.na

Tsumeb Caravan Park (L15)

ⓘ siehe „Kupferquelle Resort (L15)" S. 329

Tsumeb Travel (L16)

ⓘ siehe „Travel North Namibia B&B (L16)" S. 344

Tsumkwe Lodge (L82)

⛺ [Lodge][Camping] 🚗 1km südl. Tsumkwe ☞ Elaine Louso (manageress) (Afrikaans) ✉ Grootfontein P.O.Box 419 ✆ 067-687055 ℻ 067-687006 Δ Plätze bei der Lodge, 2 Bushcamps mit 4 Plätzen in der Conservancy $ (2012) 80N$ pP / K6-12 50% 🛏 9 strohgedeckte 2,3-Bett Bungalows / 4 Teak Bungalows + 5 gemauerte Bungalows // Nhoma Zeltcamp 6P in der Ju/'hoan Gemeinde $ (2012) EZ 475N$ pP, DZ 750N$, TZ 750N$ / Vp: +200N$ pP/ Nhoma Vp 2.200N$ pP, Ezzuschlag 600N$, inkl. all Aktivitäten / Komplettangebot: Vp, mehrere Drives, Buschmann Sammeln+Jagd, ca 2.200N$ pP, min 2P // K6-12 50% / ⓘ Ehemals "Namibia Country Lodges", Lodges werden seit 2012 einzeln verkauft. Gästebetrieb läuft weiter. Zukunft ungewiß. ♛ Lodge innerhalb der Nyae Nyae Conservancy / Informationsbüro für die Conservancy / = N//hoq`ma Bushmen Commu-

nity 🚶 Geführte Tour mit Mitgliedern der Ju/'hoan durch den Busch mit Sammeln von Veldfrüchten, Spurenlesen, Jagd u.a. / Tänze und Musik 🍽 Restaurant: Setmenü / Bäckerei im Ort manchmal geöffnet 📎 kein Benzin in Tsumkwe, aber soll wieder eröffnet werden 👍 Informationen mit GPS Karte für Khaudum erhältlich / Grenzübergang nach Botswana - Dobe - geöffnet (10-16.30Uhr), aber schwierige Piste in Botswana 4x4 / Ein beliebter Stop vor oder nach dem Besuch des Khaudums @ tsumkwecl@iway.na # www.namibialodges.com

Uris Safari Lodge (L20)

ⓘ siehe „!Uris Safari Lodge (L20)“ S. 322 vor "A"

Villa Mushara (L36)

ⓘ siehe „Mushara Collection (L36)“ S. 332

WABI Game Lodge (L59)

▲ [Farm][Gäste] 124km östl. Otjiwarongo / Anfahrt: B1 nach Süden (29km), C22 (41km), D2512 (54km) ☞ Christine & Mark Egger (Schweizer-Deutsch) ✉ Otjiwarongo P.O.Box 973 ✆ 067-687102 ☏ 067-687400 ⌨ 088-634251 🛏 8 Bungalows $ (2012) Standard B&B: 1 Nacht 885N$ pP, 2 Nächte 785N$ pP > 3Nächte 685N$ // Garden Cottage B&B: 1 Nacht 785N$ pP, 2 Nächte 685N$ pP > 3Nächte 585N$ / K6 25%, K6-12 50% / Tourguide 495N$ // Ezzuschlag 100N$ ⓘ Wildzucht und Lebendverkauf / Kiwi: Pony reiten, Trainingsprogramme / Keine Tagb. ♛ liegt am Waterberg / beleuchtete Wasserstelle 🚶 Wandern / ***Gepardenfütterung / Geierrestaurant*** / Drives 🍽 B 110N$, L (Set Menue) 95N$, D (3 Gang) 195N$) keine HausT, Pfaue beherschen den Garten“ gemeines Impala, Bleßbock, Duiker, Kuhantilope (Hartebeest), Klippspringer, Springbock, Steinböckchen, Eland, großer Kudu, Nyala, Oryx, Pferdeantilope, Rappenantilope, Wasserbock, Warzenschwein, Giraffe, Steppen-Zebra, ***Gepard, Leopard, Nilpferd, Strauß, Breitmaul-Nashorn (weißes),*** Lechwe, Buschbock, Bergriedbock @ wabi@iafrica.com.na, info@wabi.ch # www.wabi.ch

Waterberg Bush Camp (L102)

▲ [Camping] 134km südöstl. Otjiwarongo / Anfahrt: B1 nach Süden (29km), C22 (41km), D2512 (62km), 2km Farmpad ▲ 3 Plätze $ (2007) 75N$ pP ⓘ Auto sollte gute Bodenfreiheit haben, einfach hinfahren

Waterberg Game & Guest Farm (L67)

▲ [Farm][Gäste][Jagd] 63km südöstl. Otjiwarongo / Anfahrt: B1 nach Süden (29km), C22 (30km), Schild nach rechts ☞ Sonja & Harry Schneider-Waterberg (owner), Natasha van der Walt (manager) (Deutsch, Afrikaans) ✉ Otjiwarongo P/Bag 2208 ✆ 067-302223 ☏ 067-687119 📱 081-1246688 (Harry), 081-6813072 (Natasha) ⌨ 088-632996 🛏 4DZ + 4 Busch-Bungalows aus Naturmaterialien $ (2013) B&B: DZ 1.490N$, EZ 790N$ / B&B: Bungalow DZ 1.080N$ pP, EZ 1.110N$ / K3-11 326N$ ⓘ Rinderfarm (Santa Gertrudis Stud) / Fama, Kiwi ♛ arbeiten mit Cheetah Conservation Fund zusammen: Geparden nicht jagdbar / Ornithologe / Araberzucht / Ridgeback Zucht / Sonja leitet „steps for children Okakarara“ (www.stepsforchildren.de) 🚶 Wandern auf dem Klein Waterberg (90 min oder länger) & im Omumborombonga forest (=Ahnenbaumwald) (8km), Gamedrive, Vogelb., Besuch des CCF (6Std 550N$ pP) 🍽 Dinner (195N$) Lunch auf Anfrage, Breakfast/Lunch Pakete Sondermenüs auf Anfrage Wlan keine HausT gemeines Impala, Duiker, Kuhantilope (Hartebeest), Damara Dik Dik, Klippspringer, Steinböckchen, Eland, großer Kudu Oryx, Warzenschwein, Löffelhund, Gepard Leopard, Erdferkel, @ info@waterbergnamibia.com # www.waterbergnamibia.com

Waterberg Mountain Camp (L119)

▲ [Zeltlodge][Camping] 100km südöst. Otjiwarongo / Anfahrt: B1 nach Süden, C22 D2512 auf dem Waterberg Plateau, auf der Farm Otjahevita ☞ Lara Roets ✉ Windhoek P.O.Box 69 ✆ 067-306702 ⌨ 088-61001 ▲ Plätze jeder mit eigenem Sanitärbloc $ (2009) 75N$ pP 🛏 5 Bungalows (2 am Rande des Plateaus), 1 Zeltcamp, 1 Bergcam $ (2009) Bungalows: 350N$ pP, Zeltcam

200N$ pP ♔ Familien Camp / Wasserloch für Wildbeobachtung 🚶 Wanderung auf dem Klein Waterberg + Omumborombonga Forest, Vogelbeo., Gamedrive, Besuch des Cheetah Conservation Fund @ croets@mweb.com.na

Waterberg Plateau Camping (L62)

ⓘ siehe Waterberg Wilderness Lodge

Waterberg Wilderness Lodge (L62)

▲ [Lodge)[Camping] 100km östl. Otjiwarongo / Anfahrt: B1 Richtung Süden (29km), C22 (41km), D2512 (30km) ☞ Caroline & Joachim Rust (owner) (Deutsch, Französisch) ✉ Otjiwarongo P.O.Box 767 ✆ 067-687018 📠 067-687020 Λ Waterberg Plateau Camping, 2km von der Lodge / Manager: Elizabeth & Albert Kauremi: 6 schattige Plätze am Waterberg mit Boma + Küche / Ankunft bis 20:00 Uhr / Pool $ (2012) 150N$ pP, K12 frei 🛏 Wilderness Lodge: 10DZ + 1FZ (4P) // Waterberg Plateau Lodge: 8 Bungalows / $ (2012) beide Lodges gleicher Preis: Hp inkl. Waterbergplateautour: DZ 940N$ pP, FZ 860N$ pP, EZ 960N$ / K1-3 235N$, K3-6 470N$ / Achtung: Keine Reduktion für K über 6 Jahre! / Zusatzpreise: Farm Drive 350N$ ⓘ keine Tagb., Kiwi: Kinder Pool ♔ Waterberg Plateau Lodge ist oben auf dem Waterberg // Zugang zum Plateau // auf der Farm: "Otjosongombe Schlucht" 🚶 geführte Wanderungen auf dem Plateau (95N$ pP) / markierte Wanderwege / Gametracking 450N$ pP 🍽 Lunch 70N$ ♿ 1Z rollstuhlgerecht, Wege geteert 🐘 Giraffe, Berg-Zebra, Braune Hyäne, Breitmaul-Nashorn (weißes), Adlerhorst @ info@waterberg-wilderness.com # www.waterberg-wilderness.com

Waterberg-Plateau-Park (L63)

▲ [staatl. Rastlager][Camping] 90km südöstl. Otjiwarongo / Anfahrt: B1 nach Süden (29km), C22 (41km) , D2512 (20km) ☞ Namibia Wildlife Resort (NWR) ✉ Otjiwarongo P/Bag 2607 ✆ 067-305001[2][3] 📠 067-305004 Λ 40 schattige Plätze, Strom / pro Platz 8 P, 2 Fahrzeuge, 1 Wohnwagen oder 1 Zelt / Plätze wurden 2007 renoviert / gutes Waschhaus $ (2012) 100N$ pP 🛏 chalets: 34 "Double Room" (A): 1 DZ, 2P / 12 "Bush small" (B): 1DR, 2P / 11 "Bush big" (C): 2DZ 4P / 4 "Family" (D): 2DZ 4P / 8 "Premier Bush" (E): 2DZ 4P $ (2012) Frühstück incl.: (A): sharing 480N$ pP, 1P 580N$ / (B): sharing 550N$ pP, 1P 650N$ / (C): sharing 600N$ pP / (D): sharing 650N$ pP / (E): sharing 700N$ pP, 1P 800N$ ⓘ Eintrittspreise siehe Seite 39 / Konferenzraum (300N$), Tagb ok / Keine Kinder unter 6 Jahren auf dem Game Drive ♔ Ruinen der Missionskirche, hist. Gräber (wird derzeit von der Kriegsgräberfürsorge renoviert), verwilderte Obstanlage 🚶 schöner großer Pool (siehe „Wanderung & Gamedrive auf dem Waterberg“ S. 337) 🍽 Restaurant im alten Beamtenhaus 📎 Laden mit Lbm / Tankstelle ohne Diesel / Grills an den Häusern 🐘 Klippspringer, großer Kudu, Oryx, Pferdeantilope, Warzenschwein, Giraffe, Steppen-Zebra, Gepard 👍 Sehr empfehlenswert: Die Bungalows liegen besonders schön. / Achtung: Meerkatzen (kleine Affen) brechen in die Bungalows ein, z. B. durch Oberfenster / Plateaufahrt lohnenswert / Nach der Renovation 2007: Keinerlei SC-Einrichtung mehr, und nur noch für 2 P, deshalb teurer als früher/ es galt als das schönste Restcamp im südlichen Afrika, kurz vor der Unabhängigkeit eingeweiht. s. Namibia 70ff 📖 Zentrale Buchungsstelle Windhoek

Weaver´s Rock Guest Farm (L66)

▲ [Farm][Gäste][Camping] 35km südl. Otjiwarongo / Anfahrt: B1, C22 5km Einfahrt rechts: Schild ☞ Nadia & Mark zu Bentheim, Sabine Kownatzki & Alex Rüegg (Deutsch, Schweiz) ✉ Otjiwarongo P.O.Box 1091 ✆ 067-304885 📠 067-304885 📱 081-1277456, 081-1293679 Λ ehemals Hohenfels Camping Site: 9 Plätze auf einem Hügel auf Gras, eigenes (hist.) Haus für die Camper mit Eßsaal, Vokü / Strom, Windschutz, Bäume $ (2013) 100N$ pP / K3-12 55% 🛏 4 DZ ensuite + Bush Chalet 1DZ mit Außenbad $ (2013) DZ: 4P 375N$ pP, 3P 415N$ pP, 2P 440N$

pP, EZ 470N$ / B&B plus 50N$ pP // Bushchalet mit Außenbad: 2P 500N$, 1P 265N$ // Senior 80%, K3-12 55% / Zusatzpreise: Game Drive 180N$ pP, Sundowner Drive 90N$ pP, Reiten 100N$ pP ⓘ Rinderfarm mit Pferden u. Wild / Tagb. (40-50N$ pP), Kiwi: Spielplatz: Ziegen, Gänse. Citrusgarten / kleines Freilichtmuseum landwirtschaftlicher Geräte / hist. Grab der Familie zu Bentheim Reiten, Wandern, Vogelbeo. / Bogenschießen / Kunstkurse / Angeln / ***Volleyball*** kleines Restaurant (B 65N$, L 65N$, D (3 Gänge) 150N$) Hohenfels Garage in Otjiwarongo: gute Hilfe: 081-1273535 keine HausT wegen eigener Hunde Streifengnu, Springbock, Warzenschwein, Leopard, Camping: liebevoll gestaltet, aber eng für Dachzelter @ wrgf@iway.na # www.weaversrock.com

Wildacker Guestfarm (L79)

[Farm][Gäste][Jagd] 110km nordwestl. Grootfontein / Anfahrt: B8 nach Norden, D3016 30km Schild ☞ Thorsten Meier (manager) (Deutsch) ✉ Grootfontein P.O.Box 541 ✆ 067-687292 081-1282425 088-644485 im Bau / Camper können an allen Aktivitäten & Essen teilnehmen 5 Bungalows + 3DZ im Farmhaus $ (2012) Hp 820N$ / K6-12 50% // Namibier + SADC 20% Reduktion ⓘ Wildfarm / Kiwi, keine Tagb., "in der typischen Mangetti Dünenlandschaft gelegen, mit Caprivi Waldvegetation" / limitierte Jagd / geführte Naturwanderungen, Wildspuren lesen, Vogelbeo., Gamedives, Hochsitz am Wasserloch, Spurenlesen mit San Hp oder Vp, Lunchpakete, Spezialmenues auf Anfrage Wlan / Wäscheservice ♿ rollstuhlfreundlich keine HausT gemeines Impala, Duiker, Streifengnu, Kuhantilope (Hartebeest), Eland, großer Kudu, Oryx, Warzenschwein, Giraffe, Steppen-Zebra, Gepard, Leopard, Tüpfelhyäne, Strauß, afrikanische Wildhunde @ wildacker@iway.na, tmeier@mweb.com.na

Zum Potjie Plot Sonop (L41)

ⓘ siehe „Potjie Plot Sonop, Zum (L41)" S. 342

Unterwegs: Pannen

Region M: Der zentrale Norden

Karte siehe Seite 353

Das Land ist flach, der Boden lehmig, so daß das von Norden hereindrängende Wasser der Oshana mehrere Wochen stehenbleibt. Die Makalanipalme ist das Wahrzeichen der Landschaft. Die runden harten Früchte werden zu Schmuck verarbeitet und oftmals an der Straße verkauft Der Maroelabaum gewinnt über das örtliche Tombo (Bier) hinaus eine immer größere wirtschaftliche Bedeutung, und zwar für Likör wie auch für Kosmetika.

Da hier im Norden keine kommerzielle Farmwirtschaft geschaffen wurde, ist hier „ursprüngliches Afrika" zu entdecken. Die Mehrheit der Bevölkerung lebt nach Stammesrecht in eingezäunten Kraalen, umgeben von ihren Feldern, die in der Regenzeit durch die Oshana bewässert werden. Sie leben vom Fischfang, Rinder- und Kleinviehhaltung, Anbau von Mahangu und Mais. Allerdings gibt es weder Gästefarmen, noch Rastlager, noch Naturschutzgebiete, noch nennenswertes Wild. Unterkunft bieten vor allem einige neu entstandenen Hotels aller modischen, einheitlichen Stilrichtungen.

Ergebnis der Kolonialgeschichte

Der zentrale Norden ist der bevölkerungsreichste Namibias. Fast ausschließlich Otjiwambosprachige leben hier entlang der Grenze nach Angola. Ihr schnurgerader Verlauf zwischen den großen ständig Wasser führenden Flüsse Kunene und Okavango wurde von den Kolonialmächten auf der Berliner Konferenz 1884 gezogen. Diese große, trotz vieler verschiedener Dialekte fast einheitlich zu nennende Bevölkerungsgruppe hatte wenig unter der deutschen Kolonialpolitik zu leiden: Zunächst verhinderte das Malariafieber das schnelle Vordringen der deutschen Kolonialmacht nach Norden, so daß erst einmal das zentrale Namibia durch den heute noch funktionierenden Veterinärzaun (Vet.Zaun) (= Polizeizone) gesichert wurde. Damals wie heute stellt er eine Kontrollgrenze gegen die Maul- und Klauenseuche dar. Eine weitere Übernahme wurde durch den 1. Weltkrieg, der das deutsche Kolonialreich beendete, verhindert. Besonders in diesem Grenzbereich hatte die Bevölkerung allerdings durch die Grenzziehungspolitik der Imperialisten zu leiden. Land und Leute standen zwischen den Fronten, erst zwischen Portugiesen und Deutschen, später zwischen den Südafrikanern und verschiedenen angolanischen Parteien.

Südafrikanische Apartheidspolitik im Norden

Noch in der Zeit der südafrikanischen Apartheid wurde der Norden des damaligen Südwestafrika entwickelt, um ein möglichst autonomes „Bantustan" zu schaffen. Dieser Teil schien der südafrikanischen Politik wie geschaffen für ihr Prinzip, auch den nichtweißen Bevölkerungsgruppen ein Leben in einem eigenen Staat zu ermöglichen. Hier lebte eine authochthone Sprachgruppe in einem vom übrigen Land bereits sehr unterschiedenen, aber doch einheitlich zu nennenden Land. Es gab kaum Weiße und Mitglieder anderer Srpachgruppen waren einerseits gar nicht vorhanden, andrerseits erhielten sie hier auch kein Aufenthaltsrecht. Für ein möglichst autonomes Ovamboland wurden einerseits die Infrastruktur mit Schulen, Krankenhäusern, Dämmen, Wasser-Pipelines, Straßenbau, Supermärkten, Hotels wie bereits auch im Süden des Landes geschaffen, andrerseits die traditionelle Subsistenzfarmerei und kommunale Ordnung unterstützt; deshalb haben sich besonders auch die verschiedenen Clan Gruppen mit ihrem „customary law" erhalten. Sie berufen sich teilweise auch heute noch auf Gesetze und Verfügungen aus der südafrikanischen Mandatszeit

Der Norden heute

Vor der südafrikanischen Mandatszeit hat es in Owambo, wie die Region insgesamt genannt wurde, keine Ortschaften gegeben; Oshakati wurde erst als Militärstützpunkt der südafrikanischen Streitkräfte und das angrenzende Ondangwa als Verwaltungs- und Ausbildungsort geschaffen.

Wie bereits in der Kolonialzeit „schickt" der Norden auch heute noch „Wanderarbeiter" in len Süden, von denen die zuhause Gebliebenen nit ernährt werden, sofern sie Arbeit finden.

Heute, durch die „aa" - „Affirmativ Action" -, lie Hilfe zahlreicher NGOs und die neue politiche Elite, die vor allem Otjiwambosprechende die „executive tribe") sind, gibt es einen bescheilenen wirtschaftlichen Aufschwung und mehr Reichtum in den Händen einiger als in anderen Gebieten. So mancher Wohlhabende aus dem Norden profitiert von den günstigen Krediten um Erwerb von kommerziellen Farmland „in chwarzer Hand", das es allerdings nur südlich les Veterinärzauns gibt. Denn hier im Norden chränkt immer noch das kommunale Recht len Erwerb von Privateigentum und das damit erbundene Einzäunen ein. Der Besucher kann ich daher auch an der Weite der Flächen, den leinen Herden mit Hirten und den dazwischen egenden verstreuten Gehöften – ohne Zäune! erfreuen.

Übrigens: Nur in Oshakati gibt es auch einen frikanischen Markt. Diese Markthalle wurde in üdafrikanischer Zeit erbaut, um einen „echten" frikanischen Markt anzuregen und die kleinen, vilden, oft unhygienischen Stände unter Kontrolle zu bekommen. Hier werden neben Fettcookies Mopanewürmer angeboten; wichtig sind die lokalen Schlachter, oft Frauen, die mit Axt und Säge die Rinder zerteilen. Fleisch ist für alle das Grundnahrungsmittel. Langbeinig auf dem Boden sitzende Männer und Frauen nähen mit alten Singermaschinen bunte Gewänder zusammen.

Der Handel mit Angola kam durch den langen Bürgerkrieg in Angola zum Erliegen, so daß alle wirtschaftlichen Beziehungen sich nach Süden/ Windhoek/RSA orientieren mußten. Nach Beendigung des Bürgerkriegs in Angola und dem rasanten Aufstieg dieses Landes zur diamanten- und ölexportierenden Nation blühen jetzt der kleine Grenzverkehr wie auch der der großen Geschäfte. Die größte Zahl aller „Touristen" Namibias kommt aus Angola.

Die zunehmenden Malariaerkrankungen in den Feuchtgebieten der nördlichen Regionen und die damit verbundenen Immunschwächen sowie die Einschränkungen im Gesundheitswesen haben leider zu starken Gesundheitsproblemen geführt.

Die Bundesstraße 1 (=B1)

Die viel befahrene, oft schnurgerade B1 ist inzwischen zu einer Dorfstraße von dem Veterinärzaun bis über Oshakati hinaus geworden: Esel und Rinder weiden am Rand der Straße und kreuzen die Straße wahllos, wenn kein Hirte anwesend ist. Die B1 ist eine der gefährlichsten Straßen Namibias. Die flachen Häuser am Straßenrand versuchen, mit kleinen handwerklichen und gewerblichen Angeboten vom Durchgangsverkehr zu profitieren, wobei die Bars– mit fantasievollen Namen - dominieren. Nur im Sommer werden die vielen Autowracks neben den Häuschen gnädig vom Gras überwachsen.

Für die kurze Geschichte Namibias sind einige Flecken auch für den auswärtigen Besucher interessant: Das Nakambale Museum mit Restcamp (M21) dokumentiert die intensive Missionsarbeit des finnischen Missionars Rautenen. Die Finnen brachten nicht nur das Christentum in das flache Land, sondern auch die Fettcookies! Das Restcamp ist leider nicht immer gut unterhalten, es gibt Pläne von dem inzwischen landesweit vertretenen Touristikunternehmen Gondwana, sich auch hier zu engagieren. Einige der riesigen Boababs haben historische Bedeutung (s. Nr. M23 und M29), die gern erklärt wird, in deren Schatten auch einfache Campingmöglichkeiten bestehen.

Der Gedenkort ONGULAMBASHE erinnert an den Beginn der bewaffneten Auseinandersetzung der PLAN (People`s Liberation Army of Namibia), da hier ein Ausbildungslager durch einen Luftangriff am 26.8. 1966 zerstört wurde. Anschließend fanden bewaffnete Auseinandersetzungen von PlAN und der RSA nur noch in Angola statt. Der 26.8. wurde von der SWAPO-Regierung zum nationalen Feiertag (Heroe`s Day) erklärt.

Der Flecken Okahao gewinnt etwas an Bedeutung als Geburtsort von Sam Nujoma; eine neue Teerstraße verbindet von hier aus auch den Norden mit dem Westen (Opuwo). Manche andere bislang sehr abgelegene Dörfer sind neuerdings auch mit Teerstraßen verbunden, so daß es auch bis Rundu eine direkte Verbindung entlang der angolanischen Grenze gibt. Nicht ganz auszuschließen ist die Erklärung, daß die jährliche, die Bauern existenzbedrohenden Überschwemmungen auch mit dem Straßenbau zusammenhängen könnten, da durch diesen die priodisch auftretenden Wassermassen der Oshanas gestaut werden.

Literatur

☞ siehe „Gesichter & Geschichten“: Im Land der Oshanas, S. 52 - 62

Kleiderkauf auf dem Markt in Oshakati

Region M - Der Zentrale Norden

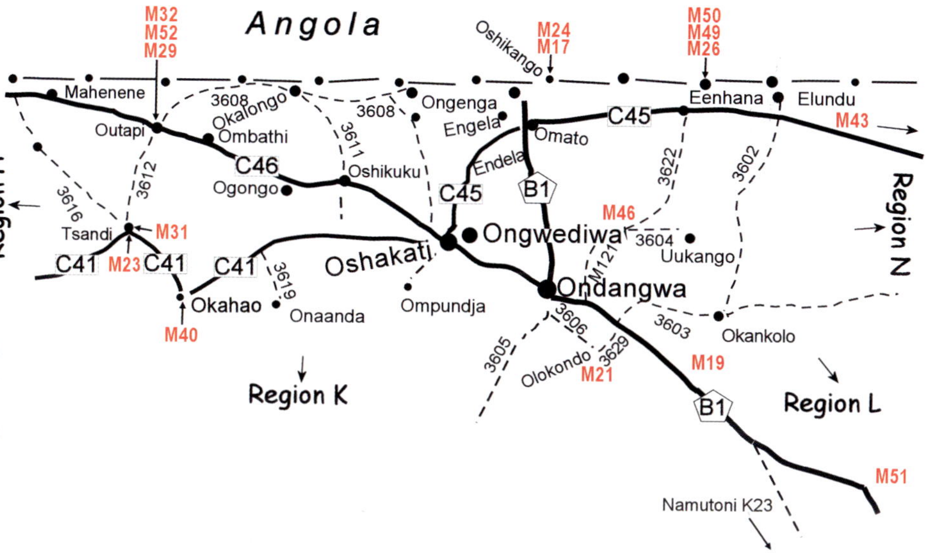

Protea Hotel Ondangwa (in Ondangwa)
Fantasia Guest House (in Ondangwa)
Elcin Guesthouse (in Ondangwa)
Punyu International Hotel (in Ondangwa)
Ondangwa Town Lodge (in Ondangwa)
Ondangwa Rest Camp (in Ondangwa)
Junior Guest House Oshakati (in Ongwediwa)
Oshandira Lodge (in Oshakati)
Bahay Susan (in Oshakati)
Oshakati Country Hotel (in Oshakati)
The Seven Valleys (in Oshakati)
Bennies Entertainment Park & Lodge (in Ongwediva)
Piscas Motel (in Oshikango)
L & B (in Ongwediwa)
Limbadungila Lodge
Nakambale Museum & Restcamp
M23 Tsandi Royal Homesteadt
M24 Oshikango Country Lodge (in Oshikango)
M26 NPK Recreational Park (in Eenhana)
M27 Oshakati Self Catering Guest House (in Oshakati)
M29 Ombalantu Baobab Tree
M31 Namib Empire Guesthouse
M32 Outapi Town Hotel (in Outapi)
M33 Eluwa Hotel (in Oshakati)
M34 Afrika Stadt Haus (in Ongwediwa)
M35 Ongwediva Town Lodge (in Ongwediwa)
M36 Etuna Guesthouse (in Ongwediwa)
M37 Conselect Guest House (in Oshakati)
M39 Destiny (in Ongwediwa)
M40 King UUshona (in Okahao)
M41 Namibia Lodge 2000 (in Oshakati)
M42 Ondangwa Airport Lodge (in Ondangwa)
M43 Omauni Campsite
M44 Oshakati Guest Hotel (in Oshakati)
M45 Ongwediva Caterers (in Ongwediva)
M46 Ongula Village Homestead Lodge
M47 Mango Guesthouse (in Ongwediva)
M48 Ekamuti Lodge (in Ondangwa)
M49 Litu (in Eenhana)
M50 La Gotcha (in Eenhana)
M51 Torpoh
M52 Outapi Mini Lodge (in Outapi)
M53 Oshoto (in Ondangwa)

Afrika Stadt Haus (M34)

[Hotel] Ongwediwa, Marula Street Harald Schmidt (owner), JP. Schmidt (manager) (Deutsch) Windhoek P.O.Box 10626 065-233600 065-233633 081-1282792 Main Hotel: 20Z / Courtyard 83Z $ (2012) B&B: EZ 975N$, DZ 1.200N$ / für Gruppen: B&B: EZ 250N$, DZ 450N$ KonferenzZ 200P / Flughafentransfer nach Oshakati / eigenes Flugzeug Biergarten / Curio Shop Wlan / Wäscheservice keine HausT @ jschmidt@mweb.com.na, africastadt@mweb.com.na

Bahay Susan (M11)

[B&B] Oshakati, Jakkalsbessie Str. Erf 1083 Susan Lardelli / Ms Thona (manageress) (Italienisch, (Philippinen)) Oshakati P.O.Box 1021 065-221075 065-221075 081-2272089, 081-2561445 10DZ aircon $ (2012) B&B: EZ 290N$, DZ 420N$ Rauwi, Kiwi keine HausT @ bahaysusan@yahoo.com

Bennies Entertainment Park & Lodge (M16)

[Rastlager][SC] Ongwediva, Auguste Taanyanda Street Oshakati P.O.Box 1096 065-231100 065-231616 52DZ, 17 TwZ, 4 TZ, 6 LuxuryZ, 8 Suiten, 2 Presidential-Z (=200P) / 2 Bunk-Z // alle mir aircon $ (2012) B&B: EZ 400N$, DZ 450N$, LuxuryZ 500N$ / SC: Suite Z 850N$, Pres.Z 1.800N$ KonferenzZ (200P) Springböcke im Garten / Arena für Veranstaltungen / Diskothek sehr großer Pool, Wasserrutsche, außergewöhnlicher Garten, Minigolf, 2 große Jakuzzis, Gym / Spielhalle Restaurant Wlan / Wäscheservice empfehlenswert @ benniespark@iway.na # www.benniespark.com.na/

Conselect Guest House (M37)

[Gästehaus] Oshakati, Erf 1215, 1559 Wiseman Molatzi Oshakati P.O.Box 184 065-220751 065-220751 081-1280260 SC: 2DZ+1EZ $ (2012) 1P 250N$, 2P 320N$ im Auto @ conselectgroup@iway.na # www.conselectgroup.com

Cresta Lodge / Pandu Ondangwa Hotel (M1)

siehe „Protea Hotel Ondangwa (M1)“ S. 361

Destiny, Hotel (M39)

[Hotel] Ongwediwa, Erf 7031, Ext 4 Joseph & Gideon Hamukwaya / Elli Ndjukuma (manager) (Oshiwambo, Portugiesisch) Ongwediwa P.O.Box 3132 065-231534 065-231524 27Z+6LuxuryZ / aircon fridge $ (2012) EZ 470N$, DZ 600N$ KonferenzZ 80P / Kiwi pool Restaurant (auch für Tagb.) Wlan keine HausT @ info@hoteldestiny.com.na # www.hoteldestiny.com.na

Ekamuti Lodge (M48)

[Gästehaus] Ondangwa, Christoph Ndengu Street John & Penny (J&P) (Oshiwambo) 065-246357 081-127256 38DZ Konferenzauditorium 1.200P KonferenzZ 600P Besuch von Kriegsschauplätzen in Angola / Reisen nach Angola eröffnet 2012 durch King Kaulume Restaurant @ aini@jandpgroup.biz

Elcin Guesthouse (M3)

[B&B] Ondangwa, Main Road, in der Nähe des Krankenhauses Diocese Onipa Hilma Nakapanda (manageress) (Oshiwambo) Ondangwa P.Bag 2018 065-24818 065-248142 kann arrangiert werden 10EZ+16DZ / aircon $ (2012) EZ 310N$ DZ 410N$ / K5-14 50% Frühstück auf Anfrage keine Rampen keine HausT @ oniipaguesthouse@iway.na

Eluwa Hotel (M33)

▲ [Hotel] Oshakati, Main Road, in der Nähe der Automax Garage ☞ Tomane Rocha (owner), Paula Meteiras (manageress) (Portugiesisch) ✉ Oshakati P.O.Box 1040 ✆ 065-222038 ℡ 065-224282 38DZ+11EZ $ (2012) B&B: EZ 390N$, DZ 470N$ ⓘ KonferenzZ 150P / Kiwi, Rauwi Pool Restaurant: Rochas ♿ 1Z rollstuhlfreundlich HausT ok @ rochas@iway.na

Etuna Guesthouse (M36)

▲ [B&B] Ongwediwa, bei der Ongwediwa Trade Fair, 10km Richtung Oshakati, Valley of the Leopard Street 5544 ☞ Ndahambelela Nekwaya (owner) (Oshiwambo) ✉ Ongwediwa P.O.Box 90022 ✆ 065-231177 ℡ 065-231178 081-1270164, 081-2434060 Λ einfache Plätze $ (2012) 100N$ pP 22Z = 28Betten / aircon $ (2012) B&B: 350N$ pP // K6-12 50% ⓘ Konferenzraum 40-60P / Kiwi Schildkröten Restaurant, traditionelle Gerichte auf Anfrage Wäschedienst / Wlan keine HausT @ etunaent@iway.na # www.etunaguesthouse.iway.na

Fantasia Guest House (M2)

▲ [B&B][SC-Flat][Camping] Ondangwa, Brian Simataa, neben der Main Road, Schilder ☞ Hella Jacobsz (Deutsch) ✉ Ondangwa P.O.Box 429 ✆ 065-240437, 240528 ℡ 065-241014 081-3154997 Λ Plätze $ (2013) 100N$ pP 4 Chalets SC mit 2DZ, voll möbliert, Aircon, Kitchenette $ (2013) B&B: 1P 335N$, 2P 490N$, 3P 600N$ ⓘ Kiwi, Rauwi Bar Internet / Wäscheservice @ duitser@iway.na

Junior Guest House Oshakati (M7)

▲ [Back-Packer][SC] Ongwediwa, Mandume Ndemufayo St., Valembola ☞ Martha Iyambo (Oshiwambo) ✉ Oshakati P.O.Box 19 ✆ 065-231944 ℡ 065-221966 081-1241248, 081-1248260 10Z+1SC-Unit / aircon $ (2012) DZ B&B 250N$, EZ 180N$, FZ 350N$ @ iyamboma@iway.na, juniorguesthouse@iway.na # www.juniorguesthouse.iway.na/

King UUshona (M40)

▲ [B&B] Okahao ☞ Mr. Lenga 060-8068950, 081-2122552 50 Betten $ (2012) B&B: 300N$ pP HausT ok

L & B (M18)

▲ [B&B] Ongwediwa, Erf 3884, Michael Shivute Str., bei der Klinik ☞ Ben Shikongo (owner) (Englisch) ✉ Windhoek P.O.Box 80114 ✆ 065-230830 ℡ 065-230830 081-1282398, 081-6879424, 081-1275644 2EZ+3DZ $ (2012) B&B: EZ 230N$, DZ 270N$ pP keine HausT

La Gotcha (M50)

▲ [Gästehaus] Eenhana, Dimo Hamaambodo Street ☞ Mrs. Endeli (Oshiwambo) ✆ 065-263382 Λ Plätze im Hof $ (2013) 100N$ pP 9DZ $ (2013) EZ 250N$, DZ 280N$ Frühstück 35N$ @ lagotcha@yahoo.com

Limbadungila Lodge (M19)

▲ [Lodge][Camping] 51km südöstl Ondangwa / Anfahrt: B1, Onankali ☞ Paulina Nangula Paulus (Oshidonga) ✉ Ondangwa P.O.Box 440 ✆ 065-241062 ℡ 065-286324 081-1283140 Λ Plätze $ (2012) 200N$ pPlatz 3EZ (auch für 3P) + 3DZ / Fan / gemeins. Küche $ (2012) EZ 200N$, DZ 350N$ HausT ok # http://baobabguides.com/2010/05/11/limbandungila-lodge-onankali-namibia/

Litu (M49)

▲ [Gästehaus] Eenhana, Madume Ndemufayo Street ☞ Mr. Tuli (Afrikaans) ✉ Eenhana P.O.Box 13305 ✆ 065-26315? 081-7116777 088-614595 Λ Plätze 8DZ $ (2013) B&B 280N$ pP ♿ möglich @ lituinvestment@gmail.com

Mango Guesthouse (M47)

▲ [Gästehaus] Ongwediva ☞ Joh… ✆ 065-231688[9] 081-3254534 081-1245657 088-631303[5… @ mangoguesthouse@gmail.com # www.mangoguesthouse.com/

Nakambale Museum & Restcamp (M21)

[Kommunales Camp] [Camping + Cottage] 13km südwestl. Ondangwa / Anfahrt: B1 nach Süden, nach 8km nach rechts abbiegen Schild "Olukonda": D3629 Community of Otjinjange / Magdalena Kaanante (camp mangeress) (Oshiwambo) Ondangwa P.Bag 2018 065-245668 065-240472 Plätze am Museum, Sanitärblock, Strom $ (2012) 45N$ pP, K6-12 50% Traditionelle Hütte (3P) / Missions Cottage (3P) / 5 Zelte (2P) $ (2012) Hut 60N$ pP / Mission Cottage 100N$ pP / Zelt 100N$ pP / K6-12 50% unterstützt durch Gondwana direkt am Nakambale Museum, alte finnische Missionsstation von 1889 und Friedhof, s. Dahle, "Gesichter&Geschichten", S.56-58, nationales Monument seit 1992, wichtig für die Gründung von ELCIN durch die Wohnsiedlungen spazieren: Die Leute sind freundlich: Viehzucht, Ackerbau, Korbflechten der kommunalen Bevölkerung / Nakambale Museum: Missionar Rautanens Leben wird dokumentiert / lohnend ist der Gottesdienstbesuch in der Nachbarkirche Küchenmitbenutzung / traditionelle Gerichte der Ovambo, Mahlzeiten auf Bestellung empfehlenswert, aber nicht mehr gut unterhalten (2012), sanitäre Anlage ungenügend

Nakambale Museum & Restcamp (M21)

siehe Seite 357

Namib Empire Guesthouse (M31)

[Gästehaus][SC] 18km nordwestl. Okahao / Anfahrt: C41=D3612 (18km), in Tsandi Mrs. & Mr. Martin (Afrikaans) Windhoek P.O.Box 6094 065-258112 081-1240002 (Martin), 081-1240967 19DZ $ (2012) EZ 300N$, DZ 200N$ pP SC (für Strom bezahlen) HausT ok: "if they don't do a mass" akerymartin@yahoo.com

Namibia Lodge 2000 (M41)

[Lodge][SC] 5km westl. Oshakati / Anfahrt: Uukwangula, Oshakati West, Okahao Road Chief Ankama (Oshiwambo) Oshakati P.O.Box 550 081-2818722 088-613558 5DZ Strohdachhäuser, 2 Roofsheeted DZ (Afrikanische Chalets) Mosquito Netze / en suite $ (2012) EZ 300N$, DZ 400N$ pP KonferenzZ (Halle 600N$ pT, 300P, ohne Tische 500P / Funkmikro, WiFi, Tafel, u.a. zu mieten) / ohne Anmeldung möglich bis 0:00 Uhr ***Volleyball*** / Tour zu Oshiwambo Dörfern auf Anfrage SC / Restaurant, Frühstück 50N$ Wlan / Wäscheservice Pfaue, Perlhühner, Tauben, Gänse & Enten cankama@yahoo.com, namlodge2000@yahoo.com, info@namibialodge2000.com # www.namibialodge2000.com

NPK Recreational Park (M26)

[Gästehaus] Eenhana, Tobias Hainyeko Sreet Pauline Nandjedi (manageress) Eenhana P.O.Box 13207 081-2354343 Bungalows: 4EZ+4DZ $ (2012) EZ 200N$, DZ 250N$ Kiwi Take Away HausT ok npklodge@yahoo.com

Okave Club (M10)

[B&B] Oshakati, Secondary Road, Zentrum, bei der Polizeistation Georg Matheus (Englisch) ⓘ siehe „Oshandira Lodge (M8)“ S. 360

Omauni Campsite (M43)

[Kommunales Camping] 160km östl. Eenhana / Anfahrt: B10 nach Rundu (153km), nach links, Schild 7km Community Okongo / Erastus Shilongo ✉ Oshakati P/bag 5558 065-263040, 065-263040 065-230552 081-2930429, 081-2003806 5 Plätze $ (2012) 40N$ pP 4 einfache Bungalows, keine warme Dusche $ (2012) 50N$ pP ⓘ liegt an der Angolanischen Grenze / Eenhana Forrestry handgeschnitze Stühle HausT ok

Ombalantu Baobab Tree (M29)

[Kommunales Camping] 86km nordwestl. Oshakati / Anfahrt: C46, in Outapi links M123, Sam Nujoma Street / hinter Outapi Open Market Community Enterprise, Gebhardt (camp manager) ✉ Outapi P.O.Box 15 065-251005 065-251005 081-2344944 (Letus), 081-4384705 (Gebhardt) 4 Plätze unter Baobab Bäumen $ (2013) 60N$ pP, K6-12 20N$ ⓘ Gate von Sonnenaufgang- bis -untergang offen / Tagb 20N$ pP Heritage Centre / riesiger historisch interessanter Baobab Baum mit Schautafel. Heute Craft Market: "Koffehuys" aus südafrikanischer Zeit Traditional Dancing (auf Anfrage), Mini Tour in der Stadt HausT ok @ obthc@iway.na

Ondangwa, Hotel (M1)

ⓘ siehe „Protea Hotel Ondangwa (M1)“ S. 361

Ondangwa Airport Lodge (M42)

[Lodge][SC] Ondangwa, Ondangwa Airport Andreas Nguma ✉ Ondangwa P.O.Box 650 065-240065 & 088-627135 081-1248316 12 SC Bungalow $ (2012) B&B: DZ 495N$, EZ 375N$ ⓘ KonferenzZ Restaurant @ ondangwalodge@iway.na

Ondangwa Rest Camp (M6)

[Rastlager][Camping][SC] Ondangwa, Freedom Square (hinter dem Einkaufszentrum) Gideon Robyn (owner) ✉ Ondangwa P.O.Box 15049 065-240351 065-240310 081-2794164 2 Plätze für Caravan, 2 Campingplätze $ (2012) 60N$ pP, Caravan 35N$ 2 Zelte (2B + 1B) / 4 SC Chalets $ (2012) Zelt 1P 200N$, 2P 250N$ kleiner Damm mit Federvieh

Ondangwa Town Lodge (M5)

[Hotel] Ondangwa, bei der First National Bank Ronny Negonga (Oshiwambo) ✉ Ondangwa P.O.Box 292 065-241715 [6] & Tel 065-241718 065-241717 30Z / aircon / einige mit Kühlschrank =60P $ (2012) B&B: EZ 400N$, DZ 500N$, FZ 600N$ ⓘ Rauwi Frauenfriseur Pool Restaurant Wäscheservice, Internet rollstuhlfreundlich @ negongo@iafrica.com.na

Ongula Village Homestead Lodge (M46)

[Kral-Lodge] 39km nordöstl. Ondangwa / Anfahrt: B1 (8km), M121 bis zum Ende der Teerstraße, 6km Staubstraße, Schild nach links 4km Hilya Nghiwete (owner) Selma Bejamin (manageress) (Oshiwambo Spanisch) 065-264555 065-264556 085-6256551, skype: rachel_kuria ⓘ 4 Rondavels TwZ $ (2013) Hp 2 Nächte sharing 1.602N$ pP, single 2.131N$, K6-13 801N$ // Vp incl. 2 nights: sharing 2.142N$ pP, single 2.849N$ Live Homestead / The Onankali Omahangu Paper Project "Teilnahme am tradidionellen Hausalltag: Mahangu stampfen, Kochen am offenen Feuer, Kühe hüten, Korbflechten, Töpfern mit Lehm, Arbeiten im Veld. / Sundowner in einer Shebeen / Beiwohnen bei einer traditionellen Gerichtsanhörung / traditionelle Hochzeiten" Restaurant, Bar Wi-Fi keine HausT weil auf dem Platz Kühe, Schafe und Hühner sind @ ongula@resdes.com, hilya@ongula.com # www.ongula.com resdest

Auf dem Markt von Oshakati:
Tombo, Fettcookies, Mopanewürmer

Ongwediva Caterers (M45)

▲ [B&B] Ongwediva, Valombola Erf 3537 ✉ Ongwediva P.O.Box 3110 085-526437, 081-1284785 088-618705 @ cheflevi@mweb.com.na

Ongwediva Town Lodge (M35)

▲ [Lodge] Ongwediwa, Marula Street ☞ Mr. Shipoweni (Oshiwambo) ✉ Ongwediwa P.O.Box 90044 ✆ 065-231019 065-231017 081-1245336 (Mon), 081-2172516 (Ruben) 23DR, aircon $ (2013) B&B: EZ 300N$, DZ 350N$ ⓘ KonferenzZ 70P Restaurant (D 65N$), Lunchpakete @ ongwedivalodge@iway.na, otl@iway.na # www.ongwedivatownlodge.com/

Oshakati Country Hotel (M12)

▲ [Lodge] Oshakati, Robert Mugabe Street (Englisch) ✉ Oshakati P.O.Box 15200 ✆ 065-222380 065-222384 46DZ $ (2012) B&B: EZ 591N$, DZ 820N$ pP ⓘ Konferenzraum 150P / kidswel Pool Restaurant à la carte, Lunchpakete 90N$ ♿ 1Z rollstuhlgerecht keine HausT @ gm.och@united.com.na

Oshakati Guest Hotel (M44)

▲ [Hotel] Oshakati ☞ Ministry of Education ✉ Oshakati P/Bag 5564 ✆ 065-229070, 065-220238 065-229072 Zimmer $ (2013) B&B: EZ 330N$, DZ 420N$, ⓘ KonferenzZ Ausbildungsstätte für die Hotelfachschulen des Nordens (Vocational Training Centre) Restaurant (B 35N$, L 95N$, D 95N$), Lunchpakete 30N$ Wi-Fi @ oshakatiguesthotel@iway.na # www.oshakatiguesthotel.iway.na/

Oshakati Guest House (M27)

▲ [Gästehaus] ⓘ ssiehe „Oshakati Self Catering Guest House (M27)“ S. 360

Oshakati Self Catering Guest House (M27)

▲ [B&B][SC] Oshakati, Leo Shoopala Street 917, bei der NBC ☞ Anene Devendish ✉ Oshakati P.O.Box 15585 ✆ 065-224659 065-224114 088- 22DZ+1FZ+1Suite $ (2012) EZ 520N$, DZ 750N$ ⓘ siehe auch Oshakati Guest House / Kiwi Pooltisch Restaurant Wäscheservice / internet ♿ FZ rollstuhlfreundlich keine HausT @ reservations@oshakatiguesthouse.com # http://oshakatiguesthouse.com/

Oshandira Lodge (M8)

▲ [Rastlager] Oshakati, beim Krankenhaus, neben dem Flugplatz ☞ Georg Matheus (Englisch) / Esther en Aurora (Buchung) ✉ Oshakati P.O.Box 958 ✆ 065-220443 065-221189 081-2754140 (switch board), 081-1279770 23DZ + 2FZ, Aircon $ (2013) B&B: EZ 488N$, DZ 690N$ ⓘ steht zum Verkauf: Namibian 2.5.2013 ehemaliger Offiziersclub der südafrikanischen Luftwaffe Restaurant à la carte keine HausT @ oshandira@iway.na

Oshikango Country Lodge (M24)

▲ [Camping][Pension] Oshikango, B1, an der angolanischen Grenze ☞ Edwin (Portugiesisch) ✉ Windhoek P.O.Box 1359 ✆ 065-264650 065-264840 Λ Plätze $ (2013) 200N$ pZelt 10DZ $ (2013) 2P 395N$ pZ ⓘ Musik von 23:00-2:00 mit DJ 3X die Woche Restaurant portugiesische Küche keine HausT @ info@oshikangocountrylodge.com, maqui@iway.na # www.oshikangocountrylodge.com Rosemary, Windhoek, P.O.Box 1359, Tel 061-241240

Oshoto (M53)

▲ [Hotel/Pension] Ondangwa, Main Road 1783 ✉ Ondangwa P.O.Box 1302 ✆ 065-240157 065-240158 081-3012141 (Aina), 081-2069223 (Lucia) Pool Restaurant Bar, Grillplatz @ oshotoht@iway.na # www.oshotoht.iway.na

Outapi Mini Lodge (M52)

▲ [B&B] Outapi, Main Road ✉ Outapi P.O.Box 369 ✆ 065-251313 081-6239539 (Theresia) @ outapiminilodge@iway.na, outapiminilodge@gmail.com # www.outapiminilodge.iway.na

Outapi Town Hotel (M32)

▲ [Hotel] Outapi/Ombalantu, Main Road (C46) ✉ Outapi P.O.Box 154 ✆ 065-251029 ℻ 065-251032 🛏 30DZ, aircon $ (2012) B&B: EZ 345N$, DZ 438N$ / Suite B&B: DZ 550N&, FZ 700N$ / LuxZ 800N$ ⓘ KonferenzZ 100P (800N$ pTag) ♕ Hochzeiten 🍽 kleines Restaurant 🐕 keine HausT @ outapith@iway.na # www.outapith.iway.na

Piscas Motel (M17)

▲ [SC-Flat] Oshikango, in der Nähe der angolanischen Grenze ☞ Tomame Rocha (owner) (Portugiesisch) ✉ Ohangwena P.O.Box 479 ✆ 065-264761 & 065-221800 ℻ 065-264751 🛏 13EZ+ 8DZ $ (2012) B&B: DZ 400N$, EZ 350N$ ⓘ tagb. ok 🍽 Restaurant ♿ rollstuhlfreundlich 🐕 HausT ok @ keine

Protea Hotel Ondangwa (M1)

▲ [Hotel] Ondangwa, Main Street ☞ Protea Hotels / Wayne Lowrens (general manager) (Englisch) ✉ Ondangwa P.O.Box 2827 ✆ 065-241900 ℻ 065-241919 🛏 90DZ, 2 Luxussuiten & Raucherzimmer(!) / aircon $ (2012) Standard B&B: EZ 870N$, DZ 1.070N$ / Suite B&B EZ 1.055N$, DZ 1.310N$ ⓘ Konferenzraum 80P, Tagb. ok ♕ Casino 🚶 sehr großer Schwimmingpool 🍽 Restaurant 📎 Wi-Fi Wäscheservice ♿ 2Z rollstuhlgerechte Zimmer 🐕 keine HausT @ gm.ondangwa@proteahotels.com.na, miglorry@gmail.com # www.proteahotels.com/ondangwa

Punyu International Hotel (M4)

▲ [Hotel] Ondangwa, D3622, 4km vor der Stadtmitte von Oshakati aus ☞ Mrs. Abia Shikale (manager) (Oshidonga) ✉ Ondangwa P.O.Box 247 ✆ 065-240660 & Tel: 065-24076 ℻ 065-240630 🛏 41DZ + 2 FZ, aircon tv, fridge $ (2012) B&B: EZ 320N$, DZ 420N$, FZ 520N$ / Spezialpreise für Konferenzen, Kinder, Pensionäre ⓘ KonferenzZ bis 250P, Kiwi, Rauwi 🍽 Restaurant, Spezialmenüs 🐕 "ok, wenn nicht gefährlich für die Gäste" @ tangeni.shikale@gmail.com

Seven Valleys (M14)

ⓘ siehe „The Seven Valleys (M14)“ S. 361

The Seven Valleys (M14)

▲ [Gästehaus] Oshakati, Main Road Oshakati nach Ongwediwa, bei der Trade Fare ☞ Mr. Hassaini (Oshiwambo) ✉ Oshakati P.O.Box 1430 ✆ 065-231049 ℻ 065-231846 📱 081-124-9109, 081-1291823 🛏 12DZ / aircon / Mosquito Netze / Kühlschrank $ (2012) B&B: EZ 350N$, DZ 500N$ ⓘ Kiwi (Guinea Fowls, Enten, Hühner) ♕ großer Garten ♿ rollstuhlfreundlich 🐕 keine HausT @ info@sevenvalleys.info # www.sevenvalleys.info

Torpoh (M51)

▲ [Gästehaus] 40km nördl. Oshivelo / Anfahrt: B1, Omuthiya, Main Road ✆ 065-244106 📱 081-7428886, 081-7447469 🛏 4DZ, 1EZ, 1FZ $ (2013) Zimmer: 350N$, FZ 400N$ 🍽 Frühstück 30N$ 🐕 HausT ok

Tsandi Royal Homesteadt (M23)

▲ [Kommunales Camping] 85km westl. Oshakati / Anfahrt: C41, D3612 bei Tsandi / von Okahao: 1km vor Tsandi auf der rechten Seite ☞ Community Uukwaluudhi / King Tapopi (Owner), Elizabeth G Kashikikuka (Guide) ✉ Uukwaluudhi P.O.Box 264 ✆ 065-258025, 065-258026 ℻ 065-258198 Λ Camping mit Schatten möglich, ohne Fazilitäten ♕ 2004 eingeweiht: "Königs Haus" mit Schautafeln zur Geschichte / in der Nähe: Ongulumbashe (einziger Platz in Namibia, wo PLAN und Südafrikanisches Militär aufeinandergestoßen waren): Gedenkstätte und Heldenacker 🚶 Tänze, trad. Essen auf Anfrage, Besuch des “Königs” / Ausflug nach Ongulumbashe 🍽 etwas Versorgung möglich, aber nur auf Anfrage

Region N - Kavango – Zambezi (Caprivi)

Karte siehe Seite 366

Das besondere Politikum: Der (ehemalige) Caprivi

Von diesem schmalen Landstreifen im Nordosten sprach man bis August 2013 ausschließlich vom „Caprivi"(-Zipfel). Es trug bis zu diesem Datum den Namen von Bismarcks Nachfolger, des Generals Graf Leo Gregor Caprera Montecuccoli von CAPRIVI, Es ist ein ganz besonderes Erbe des Kolonialismus: Aus geopolitischen Erwägungen erhielt Deutschland 1890 diesen Streifen ebenfalls als Teil seines Kolonialgebiets, und zwar in dem berühmten Sansibar/Helgoland-Vertrag. Deshalb wird das Gebiet heute zu Namibia gerechnet. Die vorherrschende Verkehrssprache ist Lozi, daneben existieren viele Untersprachen im östlichen Teil des „Zipfels" und nochmals mehrere im westlich davon gelegenen Kavango. Immer wieder gab es kurz nach der Unabhängigkeit separatistische Bewegungen, die für dieses besondere Gebiet auch die eigene staatliche Souveränität oder aber den Zusammenschluß mit benachbarten Gruppen Sambias forderten. Die als Anführer dieser Bewegung verdächtigt wurden, sind seit 1999 im Exil in Dänemark oder in Namibia im Gefängnis, ohne daß sie verurteilt worden wären; viele von ihnen sind inzwischen in der Untersuchungshaft gestorben. Ein Ende dieser Prozesse ist trotz vieler Proteste von namhaften Juristen und Menschenrechtsorganisationen im In- und Ausland derzeit noch immer nicht abzusehen, obwohl einige von ihnen endlich 2012 freigesprochen wurden. Der bewaffnete Aufstand von etwa 100 Mitgliedern der CLM (Caprivian Liberation Movement) war 1999 innerhalb eines Tages in Katima Mulilo von der namibischen Armee niedergeschlagen worden. Seitdem ist es ruhig, auch im übrigen Namibia gab es übrigens weder Attentate noch Untergrundbewegungen.

Vom deutschen Kolonialismus wurde der Streifen nicht besonders tangiert: Das heute bedeutungslose Schuckmannsdorf, auch im August 2013 umbenannt in Luhonono ganz im Osten, war der nur wenig ausgebaute Polizeistützpunkt der Deutschen Er war nur 5 Jahre lang besetzt. Er war von Windhoek aus nur schwer zu erreichen, das Feuchtgebiet war malariaverseucht, die Bevölkerung nach den Ereignissen der Aufstände in Zentralnamibia (Hereroaufstand und Kämpfe im Süden) mißtrauisch, nicht zur Kollaboration bereit, so daß weder eine Aufteilung in Privateigentum, noch eine Fremdbesiedlung in deutscher Zeit stattfanden.

Land zwischen den Fronten

Erst zum Ende der Apartheidzeit entschied die RSA, die strategische Bedeutung dieses Vierländerecks (Sambia, Zimbabwe, Botswana, Namibia und angrenzend im Westen sogar noch an Angola) auszubauen, und zwar als Aufmarschgebiet, um in ihrem Kampf gegen den „Kommunismus" in die Kämpfe in Angola einzugreifen: Katima Mulilo, ganz im Osten, wurde als Militärstützpunkt geschaffen, überall entstanden Militärcamps, und die lokale Bevölkerung sah neben ihrer Rinderzucht auch im Militärdienst eine Lebenschance; mit Straßen, Schulen, Krankenstationen wurde zum ersten Mal eine minimale Infrastruktur geschaffen. Nach Abzug der südafrikanischen Truppen entstanden zahlreiche Lodges und einige Restcamps. Durch die andauernden bürgerkriegsähnlichen Kämpfe im südlichen Angola, in starke Mitleidenschaft gezogen, mußten viele Lodges 2000 - 2002 aufgeben. Als mit Sawimbis Ermordung die Kämpfe aufhörten, wurden die Lodges wieder eröffnet und erleben seit 2004 einen erheblichen Aufschwung. Unterbrechungen gab es kurzfristig noch durch marodierende Truppen – und durch weitläufige Überschwemmungen.

Zwischen Rundu und Katima: Natur pur

Die einzigen Ortschaften sind Rundu im Westen und 500km weiter östlich Katima Mulilo Zwischen diesen Zentren, die der Highway Nr.8 verbindet, leben die Kavango und andere Gruppen von der Subsistenzfarmerei, Rinderzucht

Fischfang, dem Tourismus und Lohnarbeit auf einigen Plantagen und als Wanderarbeiter im Süden. Es gibt sehr viel mehr Rinder als Menschen. Zu Spannungen und landesweiter Kritik hat 2012 die Landnahme entlang des Kavangos von Persönlichkeiten des öffentlichen Lebens geführt, die sich von den Chiefs Land haben zuteilen lassen, das sie einzäunten und damit die anderen von der Weide und dem Wasser aussperrten. Die Betroffenen machen also erst 120 Jahre nach der Kolonialisierung die bittere Erfahrung, was die Durchsetzung von Privateigentum an negativen Folgen haben kann, was 1904 – 1907 der hauptsächliche Grund der Aufstände der vom Grund und Boden Vertriebenen gewesen war. Ein Aufstand ist allerdings derzeit deshalb nicht zu befürchten: Vielmehr wurde von der Regierung verfügt, daß sehr viele Zäune 2013 wieder entfernt werden müßten..

Alle Lodges befinden sich auf kommunalen Gebiet oder im (klein) städtischen Bereich von Rundu und Katima Mulilo. Gästefarmen gibt es hier nicht. Auf dem Impalila-Island liegen mehrere Luxus-Lodges, die vor allem von Südafrika aus angeflogen werden. Eine ergiebige Wildbeobachtung ist von dieser Insel aus garantiert. Die jüngste Geschichte des Ngepi Camps (N23.) zeigt, daß auch die Einrichtung von kommerziellen Camps im kommunalen Gebiet nicht ohne Kontroversen abläuft.

Tourismus

Der Nordosten erhält sehr viel mehr Niederschlag als das übrige Namibia, da von hier aus die feuchte Kongoluft hereinströmt. In der Regenzeit wird das Gebiet, dessen große Flüsse im humiden Angola entspringen, immer wieder überschwemmt, so daß Evakuierungen notwendig sind und auch manche Lodges schließen müssen.

Touristisch ist dieses kommunale Gebiet vor allem für Reisende spannend, die hier eine subtropische Vegetation mit ihrer Tierwelt erleben möchten. Große Elefantenherden ziehen von Botswana durch den Streifen nach Angola und Sambia. Nur hier gibt es Hippos, die Flüsse sind voller Krokodile, auch die Büffel Namibias haben hier ihr letztes Rückzuggebiet, und zahlreiche nur im Feuchtgebieten heimische Antilopen können beobachtet werden. Ein internationaler Peacepark (ehemals Bwabwata Park, jetzt Kavango Zambezi Transfrontier Conservation Area = KAZA), also ein grenzüberschreitender Nationalpark, ist in den letzten Jahren entstanden und soll von den angrenzenden Ländern gemeinsam verwaltet werden. Die Baumsavanne

entlang der B8 zwischen Bagani (=Divundu) und Kongola ist bereits seit langem als Nationalpark ausgewiesen; hier ist besondere Vorsicht geboten, da die Elefanten die Teerstraße queren, wodurch bereits schwere Unfälle passiert sind. Die Parks und die Camps, an den Rändern kommunaler Siedlungen wie auch das Gelände von Lodges sind nicht eingezäunt, so daß unmittelbare Begegnungen mit dem Wild zu aufregenden Erlebnissen führen können.Nur bei einer schnellen Durchfahrt wirkt die Landschaft recht eintönig, vor allem dann, wenn Brandrodung links und rechts der schnurgeraden Straße stattgefunden hat. „Der Caprivi brennt" ist das Stichwort für eine weitere Kontroverse für die Nutzung dieses subtropischen Gebiets.

Besondere Attraktionen sind die Khaudum- und Mahango-Nationalparks. Die Popafälle waren kurzfristig ein Gegenstand von Kontroversen, da sie für ein Staudammprojekt ausgenutzt werden sollten. Jetzt ist es ruhiger um diesen Plan geworden. 2013 wurde allerdings das NWR Camp Popa Fälle wegen Renovierungsarbeiten auf unbestimmte Zeit gechlossen. Dafür gibt es jedoch entlang des Okavangos zahlreiche Alternativen.

Rundu und Katima, die einzigen Ortschaften

Die Partnerstadt von Rundu ist Niewegen in Holland. sicherlich eine sehr unterschiedliche Art von „Twin Cities". Ein Architekt aus Holland hat ein modernes Verwaltungszentrum für Rundu entworfen, aber wahrscheinlich wird die Stadt keine Mittel haben, dieses zu verwirklichen. Der Kavango ist eine Region, in der die öffentliche Hand weder von irgendwelcher Industrie, noch von kommerziellen Farmen Einnahmen zu verzeichnen hat. In den letzten Jahren ist durch die Befriedung von Angola – Ende des jahrelangen Bürgerkriegs – allerdings ein intensiver Handel mit dem Nachbarland entstanden. Kleine Unterkünfte weisen sich aus als „portugiesisch Sprechende" oder gehören Angolanern. In den neu entstandenen Supermärkten findet man Zutaten für portugiesische Gerichte usw. In dem Grenzort Rundu hat allerdings der Ausbau der Infrastruktur mit der rasanten Entwicklung des Warenumschlags nicht Schritt gehalten.

Nur in Rundu und Katima Mulilo gibt es Supermärkte sowie Werkstätten. In Divundu/Bagani findet man noch eine Grundversorgung durch eine Tankstelle, eine kleine Werkstatt und einen Supermarkt, vielleicht sogar manchmal beliefert von einer Bäckerei.

Rundreise

Von Katima Mulilo ist die Weiterfahrt nach Botswana (Chobe-Nationalpark) und nach Zimbabwe (Victoria Falls) wie auch nach Sambia möglich. Eine Brücke über den Zambesi bei Katima Mulilo, die Namibia und Zambia verbindet, von Deutschland und der RSA bezahlt, wurde im Mai 2004 eingeweiht. Die von Schlaglöchern übersäte Fernstraße nach Lusaka wurde erneuert.

Für eine Rundreise über den Khaudum

Caprivi/Zambesi, Victoria Fälle, Maun, Gobabis sollte man sich mindestens 10 Tage Zeit nehmen, auch wenn die Straßen vom Okavangodelta bis nach Namibia – sowohl nach Norden wie auch nach Westen – inzwischen geteert sind. Für die Strecken in den Parks sind jedoch Allrad und eine Campingausrüstung erforderlich. Auch der Khaudum ist nur per Allrad zu meistern, wobei 2 Wagen vernünftigerweise vorgeschrieben sind.

Auf Wunsch von TRUMMIlesern haben wir zwei ausgewählte Plätze in Sambia (N85, N67)

mit aufgeführt.

Die grenznahen Lodges geben über Grenzformalitäten Auskunft oder organisieren auch selbst Ausflüge, vor allem zu den Victoriafällen in Zimbabwe.

Gesundheit

Neben der Gefährdung durch Malaria gibt es,

verstärkt in den letzten Jahren durch Nachlassen der Insektenbekämpung, die Übertragungsgefahr der Schlafkrankheit durch die Tsetse-Fliege. Im Gegensatz zu dem sonst so gesunden, meistens trockenen Klima des zentralen Namibias ist die Bevölkerung hier in weit größerem Maße der Gefahr ausgesetzt, immungeschwächt zu sein und so Krankheiten, vor allem auch Schwangerschaften, nicht sicher zu überstehen. Nur in Andara in der Nähe von Bagani, befindet sich seit 1960 ein privates Krankenhaus der katholischen Kirche, die einzige medizinische Versorgungsstelle der auf 500km weit verstreuten ländlichen Bevölkerung. Reisenden wird daher wirklich nur in äußersten Notfällen hier geholfen. In Rundu und Katima Mulilo gibt es eine durch einige praktische Ärzte und auch durch ein privates Hospital rudimentäre ärztliche Versorgung.

Literatur:

☞ siehe „Namibia“: Reisen im Nordosten, S. 419 – 447

Region N: Nordosten

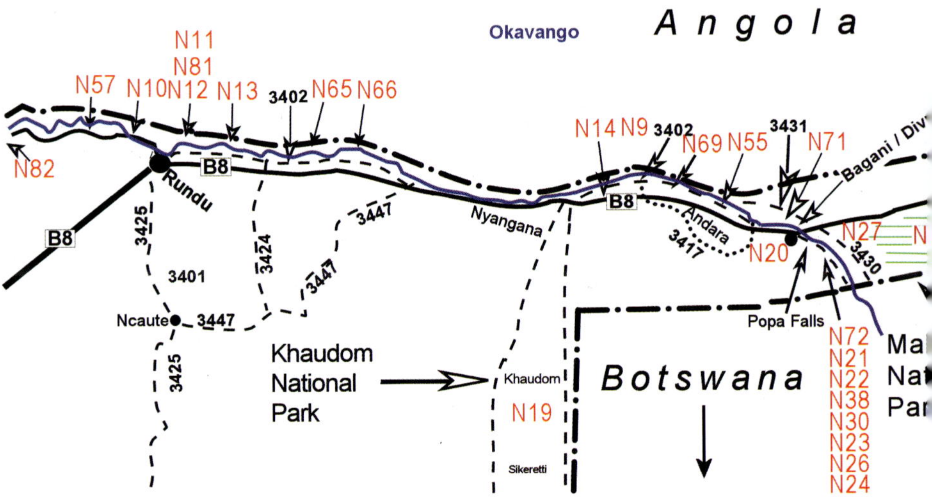

N1 Bavaria (in Rundu)
N2 Mangara-Ngandja Guest Lodge (in Rundu)
N3 Kavango River Lodge (in Rundu)
N4 Greenhouse Nkara Pamwe Accommodation (in Rundu)
N5 Omashare Hotel (in Rundu)
N6 Sisindi Lodge (in Rundu)
N7 Tambuti Lodge Rundu (in Rundu)
N8 Ngandu Safari Lodge (in Rundu)
N9 Nyiru
N10 Hakusembe River Lodge
N11 Sarasungu River Lodge
N12 Kaisosi Safari Lodge
N13 nKwasi Lodge (Kayengona)
N14 Shamvura Restcamp
N19 Khaudum & Sikeretti Camp
N20 Divundu Guest House (in Divundu (Bagani))
N21 Popafälle
N22 Divava Okavango Lodge & Spa
N23 Ngepi
N24 Mahango Game Park
N25 Mahangu Safari Lodge
N26 Ndhovu Safari Lodge
N27 N//Goabaca Campsite
N28 BumHill Campsite
N29 Nambwa Campsite
N30 Rainbow River Lodge
N31 Mazambala Island Lodge
N32 Susuwe Island Lodge
N33 Kubunyana Camp
N34 Namushasha River Lodge
N35 Lianshulu Lodge
N36 Nakatwa
N37 Camp Kwando
N38 Nunda Safaris & Lodge
N39 Island View Lod
N40 Protea Hotel Za Lodge (in Katima Mu
N41 Caprivi Traveller Hostel (in Katima M
N43 Mukusi Cabins (/ Ngweze)

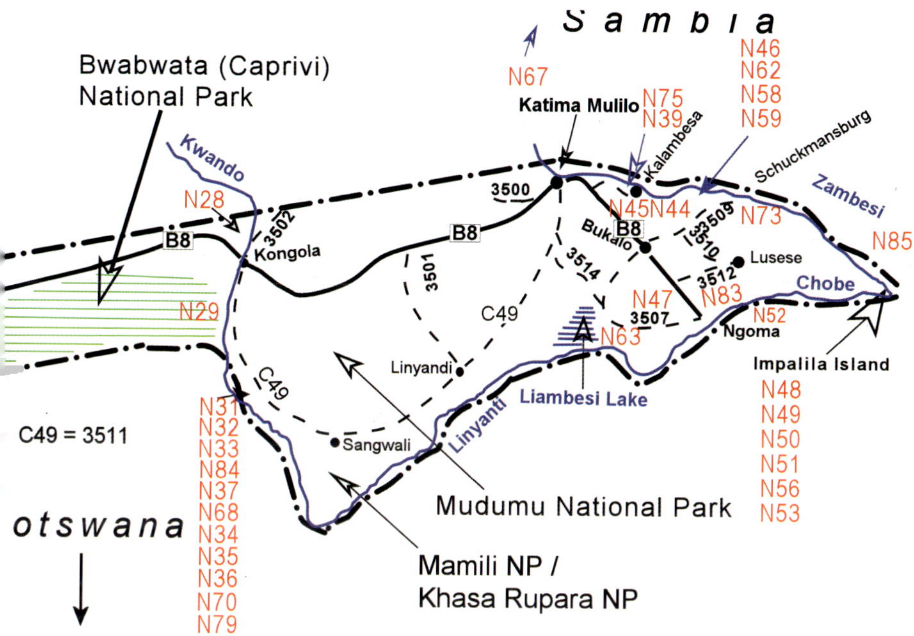

/i River Lodge
-Lodge
Lodge
bala Campsite
o Chobe River Lodge
ila Island Lodge
King´s Den Lodge
esi Queen
Savanna Lodge
nba Island Lodge
e Camping
Ndurukoro
a Island Lodge
tu Riverside Camp
i House-Boat Safari Lodge
ezi House Boats
i Island
agle´s Nest (in Katima Mulilo /
eze)
beza Rest Camp
lephant Lodge

N65 Mbamba Campsite
N66 Shankara Rest Camp
N67 Kabula Lodge (Sambia)
N68 Malyo Wilderness Camp
N69 Mobola Lodge
N70 Nkasa Lupala
N71 RiverDance Lodge
N72 Shametu River Lodge
N73 Shamwari Houseboat
N75 Umvuvu Tented Lodge & Campsite
N76 Three Palms B&B (in Katima Mulilo / Ngweze)
N79 Wuparo Campsite
N80 Franck Stones Guest House (in Rundu)
N81 Camp Hogo
N82 Taranga Safari Lodge

N83 Camp Chobe Park
N84 Mavunje Camp
in Sambia
N67 Kabula Lodge (Sambia)
N85 Nkawzi (Sambia)

Bavaria, Guest House (N1)

▲ [Gästehaus] Rundu, Tutugeni / De Lang Street ☞ Patrick Farell (owner), Peter Kazambanda (manager) (Englisch) ✉ Rundu P.O.Box 353 ✆ 066-255377 088-633220 14DZ $ (2013) B&B: EZ 350N$, DZ 490N$ / Budget B&B: 1P 300N$ 400N$ ⓘ KonferenzZ 25-30P / Kiwi, Rauwi ♛ großer Pool Wlan / Wäscheservice keine HausT @ pdf19640829@gmail.com # http://guesthousebavaria.com/

BumHill Campsite (N28)

▲ [Kommunales Camping] 1km westl. Kongola / Anfahrt: B8, von Divundu kommend, kurz vor der Kongola -Brücke nach Norden (links), am rechten Ufer des Kwando 1km Sandpad (4X4) ☞ Fabian Kangumu (camp manager) / Kwando Conservancy (Sifwe) ✉ Kongola P.Bag 8075 Λ 3 Plätze mit Sanitärblock / 3 exclusive Plätze mit Plattform, Geschirrspülplatz, heiße Duschen $ (2013) Einfach: 60N$ pP, Exclusive 80N$ pP / Eintritt 40N$ pP + 10N$ pAuto (Namibier: 10N$ pP) K6-12 50% ⓘ im Bwabwata National Park, liegt am Ufer, Zugang mit kleiner Fähre / Anmeldung bei Susuwe Ranger Station (2,7km nach dem Camp) ♛ Aussichtsplattform / "KaZa" neuer Name des Parks:Kavango Zambezi (KaZa) Transfrontier Conservation Area Game Drive im Park / geführte Touren im Uferwald / viel Wild direkt beim Camp Büffel, Wasserbock, Nilpferd, Elefant

Camp Chobe Park (N83)

▲ [Zeltlodge][Camping] 63km südöstl. Katima Mulilo / Ngweze / Anfahrt: B8 (60km), 500m vor der Grenze, links 3km bis zur Lodge (ohne 4X4) ☞ Camp Chobe Safaris (Pty) Ltd / Johan Liebenberg (Afrikaans) ✉ Ngweze, Katima Mulilo P.O.Box 2082 081-1245177 (Johan), 081-8000762 (Camp) Λ 3 Plätze, Schatten $ (2013) 120N$ pP 10 Zeltchalets (=20P), 6 weitere sind geplant $ (2013) B&B: DZ 600N$ pP, 1p 700N$ / Hp: DZ 820N$ pP, 1p 920N$ / K4-8 50% ⓘ Lodge liegt am Hauptkanal des Chobe ♛ "Eco-Lodge" keine Elektrizität – Solar Licht & Solar Warmwasser Boottrips (250N$ pP), Boot Cruise (1Tag 550N$ pP), Mokoro+Walking (1Tag 550N$ pP), Angeltour (max 4p, 1.400N$ pBoot) / Gamedrives (saisonal, wegen Überflutung) Essen (Vorausbuchung notwendig) B 110N$, L 110N$, D 220N$ keine Haustiere wegen der Krokodile großer Kudu, Wasserbock, Giraffe, Steppen-Zebra, Krokodil, Elefant, Lechwe, viele Vogelarten @ res@campchobe.com

Camp Hogo (N81)

▲ [Camping] 8km östl. Rundu ☞ Jacky & Sarel van der Merwe (Afrikaans) ✉ Rundu P.O.Box 2194 081-1281378 Λ viele Plätze, am Fluß $ (2012) 80N$ pP 2DZ Zelte auf Stelzen $ (2012) 100N$ pP ⓘ Kiwi ♛ Mikrolight Flüge auf Anfrage Boottrips, Sundowner Cruises (2Std 100N$ pP), Angeltouren (1 Tag 2.000N$ pBoot, inkl. Lunchpakete) Braai Packs ♿ rollstuhlfreundlich HausT ok @ camphogo@gmail.com

Camp Kwando (N37)

▲ [Lodge][Camping] 25km südl. Kongola / Anfahrt: D3511=C49, an der Grenze vom Mudumu Nat. Park ☞ Johan Liebenberg (owner) (Afrikaans) ✉ Kongola P.O.Box 8016 ✆ 066-686021 066-686023 081-2061514 088-637112, skype: 0041225483624 Λ 10-12 Plätze, schattig (ohne Strom) $ (2012) 100N$ pP, Privater Platz 150N$ pP 13 River Chalets (überdachte Zelte), 6 Luxus Chalets, 1 Familien-Unit $ (2012) B&B: Chalets EZ 850N$, DZ 750N$ pP / B&B: Lux EZ 1.200N$, DZ 900N$ // für Hp +200N$ pP / 25% Rabatt für Namibier / K6 50% / Zusatzpreise: Bootsfahrt (cruise) 280N$ pP, Fishing Trip 1.200N$ pBoot max 4P, Mokoro Trail 200N$ pP ♛ am Kwando Fluß Bootfahren, Angeln, Mokorofahrten / Game Drive to Mudumu Park oder Bwabwata Park SC Restaurant / Lunchpakete 50N$, 3-G-Dinner 200N$ keine HausT Nilpferd, viele Vogelarten @ reservations@campkwando.com # www.campkwando.com

Camp Ndurukoro (N55)

[Camping] Rundu / Anfahrt: 160km östl., D3402 am Fluß ✉ Rundu P.O.Box 1559 ✆ 067-240012, 066-258208 ✆ 067-240012 Plätze ⓘ wird unterstützt von "Philadelphia Foundation for Orphants" (www.PhiladelphiaNamibia.org). Verschiedene Projekte zur Unterstützung von Jugendlichen "Pool im Fluß" = Krokodilfrei sehr religiös @ info@philadelphianamibia.org

Camp Nkwazi (N85)

[SC-Lodge][Camping] 20km westl. Livingstone (Sambia) / Anfahrt: M10 Richtung Katima Mulilo / from Katima 160km ☞ Carla Feely ✆ 00260-4543439, +260-97-3048830

13 Plätze mit Vokü, 220V $ (2013) 20US$ pP 10SC-Zelte, $ (2013) SC: EZ 90US$, DZ 90US$ pP / Hp: EZ 159US$, DZ 135US$ pP // K4-12 SC 45US$, Hp 90US$ // Guidezimmer 30US$ pP ⓘ liegt neben Kubu Camp River Cruise 30US$ / ***Microlight,*** Angeln, Mokorofahrten, ***Reiten auf Elefanten*** Restaurant (auch für Camper), Bäckerei ♿ 2 Zelte rollstuhlfreundlich @ reservations@campnkwazi.com, carla@windhoekgamecamp.com # www.campnkwazi.com

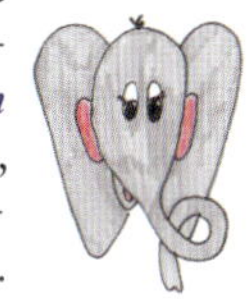

Caprivi River Lodge (N44)

[Lodge][Camping][SC] 4km südöstl. Katima Mulilo / Ngweze / Anfahrt: B8 Richtung Ngoma ☞ Mary & Keith Rooken-Smith (owner) (Englisch) ✉ Katima Mulilo / Ngweze P.O.Box 2029 ✆ 066-252288 ✆ 066-253158 📱081-2418182 kleine Budget Cabins 3 Luxury Chalets, aircon / 5 Standard Chalets / 2 Standard Cabins, aircon / 3 kleine Cabins nicht ensuite (=26P) / $ (2013/2014) all B&B: Chalets: Lux: EZ 1.113N$, DZ 1.513N$ / Semi Lux: EZ 1.074N$, DZ 1.392N$ / Standard: EZ 826N$, DZ 1.240N$ // Cabins: Kudu EZ 750N$, DZ 1.100N$ / Buffalo 1P 750N$, 2P 1.000N$, 3P 1.200N$ / Budget 1P 413N$, 2P 620N$ // Tourguide 350-500N$ // K5-10 50% // ***10% Discount für Besucher mit Landrover und Motorrad und namibische Direktbuchung*** ⓘ Kiwi, Rauwi am Zambesi gelegen Angeltouren / Kajakfahren, Bootstouren / Vogelbeo. / Tagesausflüge zu Vicfalls SC / Dinner vorausbuchen: Setmenue ♿ "wir versuchen, Behinderte unterzubringen" keine HausT Krokodil, Nilpferd, Baumsquirrel, Waran, Grünmeerkatze @ hakumata@iway.na # www.capriviriverlodge.com

Mamili NP / Khasa Rupara NP

Neuer Name: Khasa Rupara Nationalpark ist seit einiger Zeit vorgeschlagen, aber noch nicht offiziell bestätigt.

Lage & Anfahrt

Von der B8 in Kongola, von Westen kommend, nach rechts einbiegen: D3511=MR125=C49. Dieser Staubstraße 70km bis zum Dorf Sangwali in der Wuparo Conservancy folgen. Durch das Dorf durchfahren, dann zweimal links und die Shisinze Ranger/ Lupala Station suchen und sich anmelden. Man erhält eine Karte mit GPS Koordinaten. Da das Gebiet in der Regenzeit zu 90% überflutet ist, müssen Wege und Brücken immer wieder neu gemacht werden. Im Juni ist für den Kwando in der Regel Hochwasser angesagt, der Linyandi kann seine Fließrichtung je nach seinem Wasserstand ändern. Die Brücken können abenteuerlich sein, natürlich nur noch 4X4.

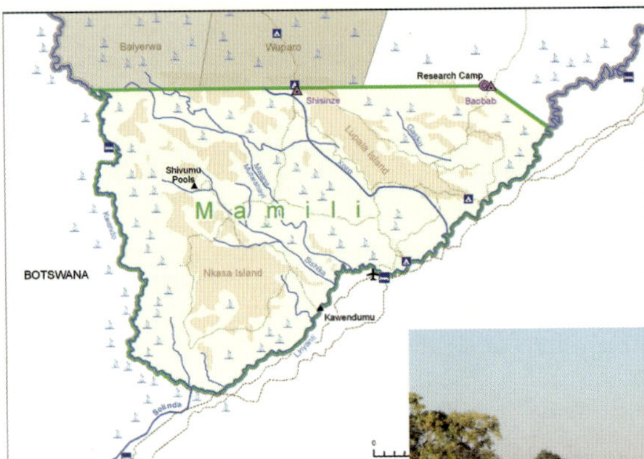

Camps

Die Camps Shibumu, Mparamure u.a. sind eingezeichnet, es gibt auch Wegweiser; die Camps haben keine Einrichtungen. Es handelt sich nur um für das Campieren geeignetes Gelände in Ufernähe des Kwando und Linyandi.

Auf der botswanischen Seite kann man Camps und Safaris beobachten, ansonsten ist man hier mit der Tierwelt allein und mit dem Fahren beschäftigt:

Tiere

560 Hippos, 500 Krokodile, 1000 Büffel und Antilopen der Feuchtsavanne leben hier: Sitatunga, Puku, Lechwe, Oribi, Reedbug und 430 Vogelarten. Natürlich gibt es auch Elefanten – und Löwen. Manche Tiere werden für die Großwildjagd freigegeben, so daß man Camps der Großwildjäger hier findet. Allerdings gibt es in diesem einsamen Gebiet auch viele Wilderer.

Caprivi Cabins River Lodge (N44)

ⓘ siehe „Caprivi River Lodge (N44)" S. 371

Caprivi House-Boat Safari Lodge (N58)

[Camping][Boat][Lodge][SC] 7km östl. Katima Mulilo / Ngweze / Anfahrt: B8 nach Ngoma am Zambesi ☞ Silke Kauert-Sagell & Curt Sagell (Afrikaans, Deutsch) ✉ Katima Mulilo / Ngweze P.O.Box 1904 ✆ 066-686049 066-686049 081-1292811 (Curt) 088-6501542 4 Plätze, Strom, Kochgelegenheiten, Schatten $ (2013) 80N$ pP, K4-12 50% 2 SC- Safariboote mit Dachzelt max 10P, Kitchenette mit Kochutensilien an Board, ebenso Toilette und Mini Dusche / 5 Chalets am Fluß + 1DZ Gemeinschaftsbad $ (2013) Boot: ca. 2.600N$ pTag bis 5P // Chalets Hp 620N$ pP, DZ sharing 275N$ pP ⓘ 7,5m Aluminium Outback Boot, 60PS Außenbordmaschinen/ an Bord ein Skipper, der an Land schläft 100km auf dem Chobe und dem Zambesi fahrbar / vom Boot aus zu sehen im Zambesi und im Chobe: Flußpferde, Krokodile, Elefanten, Vögel, Löwen, Büffel, viele Antilopenarten, Reptilien u. Vögel Angeln, Vogelbeo. / Tagestouren auf dem Fluß Safariboot: SC oder mit Hilfe beim SC (ASC: assisted self catering) /Spezialdieten, Lunchpakete // Bar Internet / Wäscheservice HausT auf Anfrage, 4 Hkinderfreundliche Hunde an der Lodge klingt spannend, TRUMMI kennt noch niemanden, der das ausprobiert hat! @ chs@iway.na # www.caprivihouseboatsafaris.com

Caprivi River Lodge (N44)

siehe Seite 369

Caprivi Traveller & (Guesthouse) Backpackers Hostel (N41)

[Back-Packer] Katima Mulilo / Ngweze, Lyambal Location Plot 5284 ☞ Desalu Delayo Denuga (Englisch) ✉ Katima Mulilo / Ngweze P.O.Box 633 ✆ 066-252788 081-2988302, 081-3854225 Schlafsäle 5Betten 9DZ $ (2012) Schlafsaal: 100N$ pP, DZ 251N$ / 60N$ pStd / nur Bad u. Kochen: 20N$ @ denuga@iway.na

Chobe King´s Den Lodge (N50)

{zur Zeit zu} 50km südöstl. Katima Mulilo / Ngweze / Anfahrt: B8 nach Ngoma, am Chobe bei Kasane ✉ Katima Mulilo P.O.Box 198 ✆ 066-686057 066-686058 00267-715-68203 10 Holzchalets / auch siehe „Zambesi Queen (N51)" S. 389 ⓘ 2007 nach Überschwemmungen geschlossen / verkauft 2012 / 2013 Wiedereröffnung geplant auf der namibischen Seite des Chobe Fluß gelegen bei den Kasikili Inseln / gegenüber der Zambesi Queen / @ kingsden@botsnet.bw

Chobe Savanna Lodge (N52)

[Lodge] 10km östl. Ngoma Bridge / Anfahrt: Bootstransfer von Kasane, manchmal 4X4 Zugang von Namibia aus ☞ Anja & Johann van Schalkwyk (Englisch) ✆ kein Telefon bei der Lodge +267-62586-0340 12 Suiten mit Blick auf den Chobe, aircon $ (2007) Vp DZ: Nov-Mar 360US$, Apr-Jun 420US$, Jul-Okt 630US$, EZzuschlag 300US$ ⓘ Kiwi PTO (Sondergenehmigung für Kommunales Land) in der Subiya Gemeinde / Unterstützung des Fischerdorfes Ljambwe ("Schwester"lodge ist Sekoma Island Lodge) / das nächste Projekt soll ein kommunaler Gemüsegarten werden. Fahrten zum Kasenu Village mit dem ersten Chobe Fluß-Taxi der Kasika Conservancy / Boottrip / Angeln Büffel, Krokodil, Nilpferd, Elefant, @ savanna@dds.co.bw # www.desertdelta.com/lodges/lodge/10/chobe-savanna-lodge nur: Desert&Delta Safaris, Maun Botswana, Tel +267-6861559, Email: walter.smith@desertdelta.com, info@desert-delta.com

Divava Okavango Lodge & Spa (N22)

[Lodge] 7km südl. Divundu (Bagani) / Anfahrt: C48=D3403 (6km), Pad ☞ Paul Zijlsman (owner) (Englisch) ✉ Windhoek P.O.Box 86520 ✆ 066-259005 066-259026 088-6547537 20 Bungalows $ (2013) High (Jul-Oct): Hp: EZ 2.500N$, DZ 1.900N$ pP / Vp: EZ 3.00N$, DZ 2.400N$

pP // Low (Nov-Jun): Hp: EZ 2.120N$, DZ 1.520N$ pP / Vp: EZ 2.620N$, DZ 2.020N$ pP // Vp = inklusiv: 1 Bootsfahrt ⓘ Leading Lodges haben 2013 ihre Anteile an Namib Invest verkauft. / ehemals "Suclabo Lodge" Mystique Spa mit Sauna, heißen Pools und Dampfbad, Anwendungen, Wellness, Massage usw (nicht inklusiv bei der Unterkunft) / am Kavango gelegen / in der Nähe des Mahango Wildparks Bootsfahrten auf dem Kavango (350N$ pP), Spaziergang am Fluß, schöner Garten, großes Schwimmbekken, Vogelbeo. / Game Drive zum Mahango Game Reserve (350N$ pP) Restaurant à la carte keine HausT Krokodil, Nilpferd, @ info@divava.com, divava@resdest.com #www.divava.com resdes

Divundu Guest House (N20)

[B&B][Camping] Divundu (Bagani), an der B8 bei der Divundu Brücke Hentie & Pieter Lenhardt (Englisch) ✉ Divundu (Bagani) P.O.Box 5062 066-259031 066-259075 081-1278565 088-613754 1 Platz / weitere Plätze am Fluß im Bau $ (2012) 25N$ pP 6 Bungalows / aircon $ (2012) B&B: EZ 350N$, DZ 550N$ ⓘ Kiwi / KonferenzZ Boottrips auf dem Kavango / Ausflüge in die umliegenden Ortschaften der Mbukushu Leute Restaurant (auch für Tagb.) / Café, Take Away im Bau Wlan frei HausT ok, aber "2 kleine Hunde im Haus" @ divundu@mweb.com.na

Fish Eagle´s Nest (N61)

[Gästehaus][SC] Katima Mulilo / Ngweze, Baobab Street 84 Mart-Marie Strauss (owner) (Afrikaans) ✉ Katima Mulilo / Ngweze P.O.Box 2118 066-254287 066-254287 081-2917791 12DZ + 2 SC-Einheiten + 1 Luxuszelt / alle mit aircon $ (2012) B&B: EZ 484N$, DZ 663N$, K10-12 175N$ extra Matraze 50N$ // Zelt 120N$ Set Menue Mo-Do erhältlich Wlan (frei) / Wäscheservice keine HausT @ fisheaglesnest@mweb.com.na, mmarie@mweb.com.na #www.caprivi.biz/fisheaglesnest.html

Franck Stones Guest House (N80)

[Pension] Rundu, in der Nähe Ministry of Labour Francisco Kassango (Portugiesisch, Französisch) ✉ Windhoek P.O.Box 8909 066-267101 066-267101 081-2554675 10DZ $ (2012) B&B: EZ 250N$, DZ 350N$ ⓘ siehe „Franck Stones Guesthouse Windhoek (A142)“ S. 55 keine HausT sehr einfaches, aber sauberes Gästehaus @ franckstones@iway.na

Greenhouse Nkara Pamwe Accommodation (N4)

[Pension] Rundu, Nähe Metro (Supermarkt), Markus Swarongo Street Mr. Moremi (Rukwangali) ✉ Rundu P.O. Box 67 066-256356 066-256356 Plätze 18DZ $ (2012) B&B: EZ 320N$, DZ 490N$, TZ 680N$ Bar HausT ok @ keine

Hakusembe River Lodge (N10)

[Lodge][Camping] 16km westl. Rundu / Anfahrt: C45 Richtung Nkurunkuru, Schilder Gondwana Collection / manager: Janni Basson (Afrikaans) ✉ Rundu P.O.Box 1327 066-257010 088-630192 Plätze mit Strom, Rasen, Bäumen max 18P, Zelte mit SC, auch zum Mieten $ (2013) 150N$ pP 10 Strohdach-Chalets, aircon / Bungalow

auf dem Fluß $ (2013) B&B: Low: EZ 1.200N$ DZ 945N$ pP / High: EZ 1.200N$ DZ 945N$ pP / Fluß 1.555N$ pP ⓘ auch siehe Seite 36 // am Kavango gelegen

Vogelbeo., Bootsfahrten (Trip 250N$ pP) Angeln (Bream,Tigerfisch, 900N$ pP, full day) Restaurant großer Kudu, Oryx, Warzenschwein, Krokodil, viele Vögel, Fischadler, Fische: Tigerfisch, Barsch Leider sind derzeit von Gondwana die interessanten Aktivitäten gestrichen worden (z.B. Wasserski, Parasailing, Speedboat, ...). Wie bei vielen von Gondwana übernommenen Plätzen: Vor allem Unterkünfte für Busreisen. @ hakusemb@mweb.com.na Gondwana

Hippo-Lodge (N45)

[Lodge][Camping] 7km südöstl. Katima Mulilo / Ngweze / Anfahrt: B8 südl. Richtung Ngoma Bridge (3km), Schild, 2km Piste Christine Oppermann (Englisch) Katima Mulilo / Ngweze P.O.Box 1120 066-253684 066-253684 081-2731073 Stellplatz im schönen Garten (Rasen, Bäume, Büsche) $ (2007) 60N$ pP 19 Chalets $ (2007) EZ 275N$, DZ 510N$, FZ 3P 603N$ 2012: keine Informationen, Streit um Leasing Vertrag am Zambesi / früher Casino der RSA-Armee Bootstouren Restaurant à la carte Camping zu empfehlen: schön gelegener Ferienplatz direkt am Zambesi, aber Chalets sind in schlechtem Zustand (2008)

Ichingo Chobe River Lodge (N48)

[Lodge] 50km südöstl. Katima Mulilo / Ngweze / Anfahrt: Impalila Island (Insel im Chobe, bei der Mündung in den Zambesi) / Zugang über Kasane (Botswana) Dawn & Ralph Oxenham (Ichobezi River Lodges) (Englisch) Katima Mulilo / Ngweze P.O.Box 1856 +27-79-8717603 00267-6250223 081-1490843 8 Luxus-Zelte mit 2 Betten + Bad $ (2013/2014) alles Vp (inkl. Getränke, alle Aktivitäten): Low: DZ 325US$ [455US$] pP, High: 450US$ [500US$] pP / K12 50%, Bootstransfers Kasane Grenzbüro zur Lodge frei / Guide 125US$ / in Klammern 2014 / Zusatzpreise: Transfer Katima Mulilo zur Lodge H.u.Z. 30US$ pP Kiwi auf der Impalila Insel im Chobe River / An- u. Abreise über Botswana (Reisepässe!) Tierbeo. vom Boot aus / Angeln: Catch & Release, Tigerfisch / Kanufahrten, Boat-Trip / Vogelbeo., geführte Wanderungen alle Diäten Wlan / Wäscheservice keine HausT Giraffe, Nilpferd, Elefant, @ lisa@ichobezi.co.za, ichingo@iafrica.com # www.ichobezi.co.za PO Box 68630, Bryanston, South Africa, 2021, Fax 0027-866-185220

Ichobezi House Boats (N59)

[Hausboote] 50km südöstl. Katima Mulilo / Ngweze / Anfahrt: Ichingo Chobe River Lodge / Abholung in Kasane am Immigration Office Ichobezi River Lodges +27-79-8717603, +27-79-8717609 081-1490843 Boot Mukwae: 4 Doppel - Kabinen / Boot Moli: 4 Doppelkabinen $ (2014) Low (Dez-Mai) Vp DZ 375US$ pP / High Vp DZ 590US$ / K12 50%, Piloten und Reiseleiter 150US$ / Getränke eingeschlossen / Transfer Kasane Grenzbüro zur Lodge frei siehe „Ichingo Chobe River Lodge (N48)" S. 373 High Class Hausboote mit Swimmingpool, Entertainment Deck, Kleinbooten @ info@ichobezi.co.za, lisa@ichobezi.co.za # www.ichobezi.co.za PO Box 68630, Bryanston, South Africa, 2021, Fax 0027-866-185220, +27-798717603

Impalila Island Lodge (N49)

[Lodge] 50km südöstl. Katima Mulilo / Ngweze / Anfahrt: B8 nach Ngoma, in Botswana nach Kasane, Bootstransfer durch die Lodge Islands in Africa 8 Chalets mit Bad $ (2012) Vp: Hauptsaison (Jun-Okt): DZ 460US$ pP, EZ 598US$, K6-11 230US$ / Nebensaison: DZ 355US$ pP, EZ 355US$ / inkl.: alle Aktivitäten: 2 geführte Bootstouren täglich + Getränke + Bootstransfer Kasane Immigration - Lodge / Piloten+Reiseleiter 65US$ pP Landebahn / keine Kinder unter 6 Jahren liegt auf einer Insel im Chobe bei den Mambova Flussschnellen / üppige Vegetation / 2000 Jahre alter Baobab / Wasserabkommen mit dem Kamabotsu Village: Lodge stellt jedem Haushalt Wasser zur Verfügung Angeln,

Vögelbeobachtung, Bootfahren / botanische Lehrpfade / catch & free Tigerfischen / Gamedrive auf dem Chobe River Curio Shop Tiere des Chobe Nationalparks: u.a. Flußpferde, Krokodile, Elefanten, Pukus, Chobe-Buschantilope, Nyala gilt in Südafrika als Unterkunft mit dem höchsten Standard in Namibia @ sales2@africananthology.co.za # www.islandsinafrica.com, www.impalila.co.za An African Anthology: RSA Tel +27-11-7811661, Fax +27-11-7817129, res2@africananthology.co.za

Island View Lodge (N39)

[Lodge][SC] 31km südöstl. Katima Mulilo / Ngweze / Anfahrt: B8 südost (12km), D3508 (17km) Richtung Kalambesa, Tracks 1,8km, Schilder Marisa & Riaan van Niekerk (owner), Melanie Botha (manager) (Englisch, Fanangalo) Katima Mulilo / Ngweze P.O.Box 2095 066-252801 066-252573 081-2793892 24 Plätze mit Schatten am Fluß, Küche, Strom // 1 Platz mit 2 Holzdecks $ (2013) 110N$ pP / Holzdeck: SC 130N$ pP, Vp 440N$ pP 13 chalets (1,2,4 Bett Z) mit Vokü $ (2013) SC: EZ 400N$, DZ 360N$ pP / Vp: EZ 720N$, DZ 680N$ pP / K3-12 50% Sprache von Minenarbeitern in Südafrika: Fanangalo liegt am Zambesi Kanufahren, Angeln, Vögelbeo., Flußausflüge SC möglich, Besucher für Mahlzeiten willkommen keine HausT @ tiger@islandvl.com # www.islandvl.com

Kabula Lodge (Sambia) (N67)

[Lodge][SC] 58km nördl. Katima Mulilo / Ngweze / Anfahrt: in Zambia! / B8 nach Norden, über die Grenze nach Zambia, M10 (55km) / in der Regensaison 4X4 Leonie & Pieter Du Toit (Lozi) P.O.Box 135, Sesheke Zambia West 0027-825692998 (Ann) 0027-826725168 0027-826725168 (Pieter), 0027-825508642 (Leonie), Plätze für 50P $ (2013) 115Rand pP, K16 65Rand SC-Chalets: 18 Betten, Vokü $ (2013) twin chalet 2p 595Rand, family chalet: 4p 925Rand, 3p 785Rand "alle sind willkommen", "Kinder sollen nicht die Krokodile streicheln" im Kavango-Zambesi-Transfrontier-Conservation Area (TFCA) mit 250.000 Elefanten Vogelbeo. / Tagesausflug zu den Siomafällen, 2.größter Wasserfall des Zambesi / Vermietung von Booten mit Führer, Angelausrüstung / Boot (3p) 185Rand pStd / Busch walks SC / Versorgung von Gruppen möglich / Gefrierboxen 65Rand pTag "Wir helfen Rollstuhlfahrern" "keine HausT, weil die Krokodile sie fressen werden" Krokodil, Nilpferd, viele Vogelarten @ info@kabulalodge.com # www.kabulalodge.com/

Kaisosi Safari Lodge (N12)

[Lodge][Camping] 8km östl. Rundu / Anfahrt: D3402, Schild Monika & Chris Lewis (owner) / Chris Lewis (manager) (Englisch) Rundu P.O.Box 599 066-686012[3], 066-267125 066-686014 081-4039657 16 Plätze auf Gras unter Bäumen, Strom $ (2012) 90N$ pP Chalets: 8TwDZ, 4TZ, 4FZ, aircon $ (2012) B&B: EZ 635N$, DZ 990N$, TZ 1.160N$, 4.Bett / K3 frei liegt am Okavango / 1995 ausgebrannt, neu aufgebaut Bootstouren (150N$ pStd pP), Mokoro -Paddeltour mit Vorausbuchung (100N$ pP) / Vogelbeo. Restaurant á la carte (B 85N$, L (Set Menue) 105N$, D (set menue) 200N$), Lunchpakete 95N$ keine HausT Krokodil, Nilpferd, @ kaisosi@iway.na kaisosi2@iway.na # www.kaisosiriverlodge.com

Kakumba Island Lodge (N53)

[Lodge] 50km südöstl. Katima Mulilo / Ngweze / Anfahrt: in Botswana nach Kasane Boottransfer zur Lodge / bei Impalila Island Katima Mulilo / Ngweze P.O.Box 1508 +267-71-363436 066-252623 081-6410797, 081-2778319 (Jaqueline) 2DZ + 6TwZ Lodge auf einer privaten Insel Kakumba Vogelbeo., Angeln, Spaziergänge, Baobab Klettern @ jchenai@yahoo.co.uk, kakumbalodge@yahoo.com # www.kakumbalodge.com

Kalimbeza Rest Camp (N62)

[Rastlager] 42km östl. Katima Mulilo

Ngweze ☞ Douglas Wegener 081-3252455 (Dougie), 081-2946930 (Henk) Plätze $ 60N$ pP 3 Chalets $ B&B: EZ/DZ 150N$ pP Angeln, Vogelbeo. @ wegener@mweb.com.na # www.caprivi.biz/kalimbeza.html

Kalizo Lodge (N46)

[Lodge][SC][Camping] 45km südöstl. Katima Mulilo / Ngweze / Anfahrt: B8 (12km) Richtung Ngoma, dann D3508 (15km) nach Kalambesa, 8km Tracks, ausgeschildert ☞ Valery Sparg (Afrikaans) ✉ Katima Mulilo / Ngweze P.O.Box 1854 066-686802[3], 066-252569 066-686804 081-2477363 18 schattige Plätze $ (2013) 100N$ pP, K4-10 90N$ 7 Chalets (A) 2P, 5 Chalets SC (B) 2-6P Vokü / alle strohgedeckt $ (2013) (A): Hp 700N$ pP, B&B 550N$ pP, K5-12 450N$ / (B) SC 350N$ pP, K10 180N$ ⓘ Deposit 500N$ am Zambesi gelegen / historisch: Schuckmannsburg Boot bis 3P 700N$ pBoot pTag (4Std 500N$), Pontonboot bis 7P 1.000N$ pBoot pTag (4Std 600N$), Pontonboot bis 4P 600N$ pBoot pTag (4Std 600N$) / Angeln (vor allem Bream, Tigerfisch), Vogelbeo. (Wasservögel), Quadbike, 4X4 Trail / Ausflüge nach Sambia und zu den Vic-falls Restaurant von Jun-Okt Elefanten @ zambezi@gmx.com, kalizo@mighty.co.za # www.kalizolodge.com

Kavango River Lodge (N3)

[Lodge][SC]0 Rundu ☞ Tulio & Jackie Parreira (owner), Joey Steyn (Manageress) (Afrikaans) ✉ Rundu P.O.Box 634 066-255244 066-255013 081-1274695 19 Chalets: 11SC mit Küche + 8 Luxus Zimmer $ (2013) B&B: EZ 765N$, DZ 723N$ pP, TZ 521N$ pP, FZ 521N$ pP / K4-12 183N$ / Reiseleiter: B&B 300N$ pP, mehr als 10 Gäste: frei ⓘ KonferenzZ am Kavango-Ufer gelegen Kanufahren, Angeln, Bootsausflüge / Tennisplatz / Mikro-Light Flüge Restaurant (B 60N$, L 70N$, D 135N$), Lunchpakete 80N$ @ kavlodge@namibnet.com # www.natron.net/kavango-river-lodge

Khaudum & Sikeretti Camp (N19)

siehe „Khaudum & Sikeretti Camp (N19)" S. 376

Kubu Cabins (N86)

[SC-Lodge] 20km nordwestl. Livingstone (Zambia) / Anfahrt: 20 min Fahrt von Livingstone, D769 ☞ Carla Feely ✉ Livingstone (Zambia) P.O.Box 60320 +260-213-327227 +260-97-4543439 +260-97-4543439 +260-88-638297 10 Plätze, Strom $ (2013) 30US$ 5 SC Zelte, 1 Villa $ (2013) cabin 1-3 88US$, cabin 5-7: 176UD$, 121US$, 330US$ ⓘ Camp Nkwazi's ist die Schwesterlodge / liegt am Sambezi @ reservations@kubucabins.com # www.kubucabins.com

Kubunyana Camp (N33)

[Kommunales Camping] 11km südl. Kongola / Anfahrt: D3511=C49 (7km), Schild, noch 4km Tracks ☞ Community of Kubunyana 4 große schattige Plätze für mehrere Zelte, Sanitärblock mit heißen Duschen / 3 Zelte mit 2 Feldbetten unter Strohdach ohne Bettzeug, gut eingerichtete Outdoorküche, extra Sanitärblock $ (2013) Platz 60N$ pP, Zelt 100N$ pP Anmire Traditional Village in der Nähe (2km) / am Kwando Fluß gelegen / Zelte und Campingplatz ungefähr 100m von einander entfernt / Lizauli Traditional Village Vogelbeo., "Wato" = Kanutrips Wasser aus den Hähnen nicht für das Trinken geeignet Wenig Informationen 2012.

Khaudum & Sikeretti Camp (N19)

▲ [staatl. Rastlager][Camping] 80km nordöstl. Tsumkwe / Anfahrt: D3301, D3312: Khaudum - Wildpark / nördliche Ausfahrt zum Kavango sehr sandig ☞ Namibia Wildlife Resort (NWR) ▲ in beiden Rastlagern (Khaudum & Sikereti): einfache Plätze, aber die sanitären Anlagen sind kaputt. Wasser meistens erhältlich, falls nicht die Elefanten die Tanks zerstört haben / Camps ohne Zäune $ (2012) 89N$ pP die Hütten sind kaputt ⓘ Eintritt und Übernachtung wird in den zwei Camps bezahlt oder bei der Tsumkwe Lodge L82. NWR plant den Verkauf der Camps an private Investoren (2013). An vielen Wasserstellen sind Plattformen (auch mit Schatten) gebaut worden, wobei man mit etwas Glück im Winter Hunderte von Elefanten in Ruhe beobachten kann. Hohe Bäume der Feuchtsavanne. Keinerlei Versorgung im Park, in den Camps evtl. Wasser. gemeines Impala, Kuhantilope (Hartebeest), Büffel, großer Kudu, Oryx, Warzenschwein, Giraffe, Gepard, Leopard, Löwe, Tüpfelhyäne, Elefant, Achtung: obwohl in den Camps nichts mehr funktioniert, darf man nur IM Camp übernachten. / Der Park lohnt sich wegen der großen Elefantenherden; sonstiges Wild kaum zu beobachten! / 2013: Infos über die Camps widersprüchlich / zur Zeit auch Großwildjagd erlaubt!

Hauptpad mit frischen Elefantenspuren

Karte Khaudum

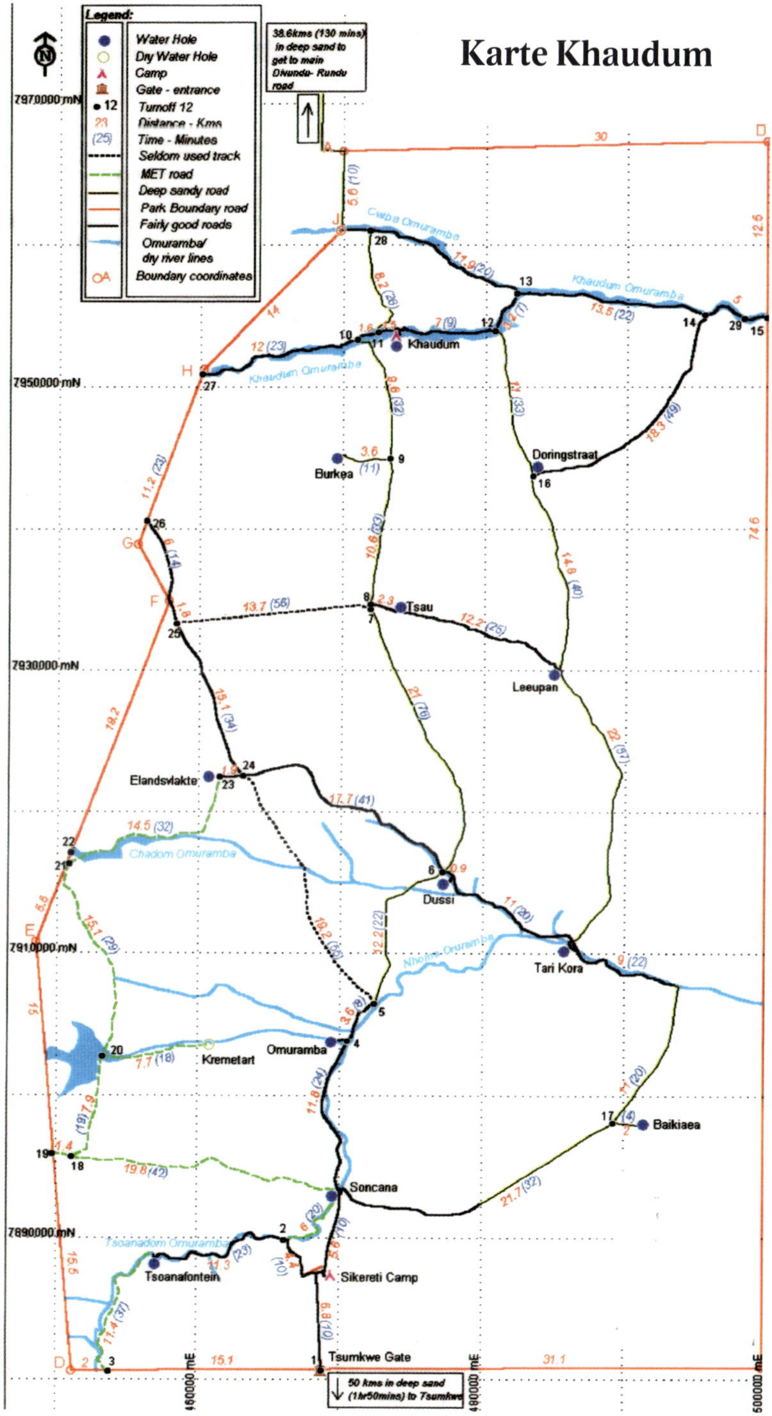

Lianshulu Lodge (N35)

▲ [Lodge] 60km südl. Kongola / Anfahrt: von der B8 beim Kongolo Supermarkt nach Süden: C49 (=MR125=D3511) Richtung Linyanti / Sangwali (37km), im Mudumu National Park, Schild, Schotterstr. zur Lodge ☞ Reinhardt Küsters (owner), Paul Preller (manager) (Deutsch) ✉ Katima Mulilo / Ngweze P.O.Box 142 ✆ 066-686073 📠 066-686074 📱 im Notfall 081-6220498 (Anette) ▲ Plätze ab 2013 🛏 12 reedgedeckte Holzhäuser: 7DZ+1FZ+3Suiten=max 24P // Busch Lodge 8DZ // Matota im Bau $ (2012) High 1.6-30.11: Hp DZ 2.624N$ pP, EZ +624N$ / Low: Hp DZ 2.080N$, EZ +624N$ / Zusatzpreise: Aktivitäten 175N$ pP ⓘ Tagb. ok (Essen vorher buchen) / von Wilderness verkauft ♔ liegt im Mudumu National Park / Blick auf die Lagune vom Kwando River / kein Allrad notwendig / Vögel mit Fütterung / Zusammenarbeit mit dem Lizauli Traditional Village und der Schule 🚶 Bootsfahrten, Angeln / Vogelbeo. / Gamedrives im Mudumu Park / Lizauli Tour 350N$ + 25N$ Eintritt 🍽 Restaurant 📎 Curio shop ♿ 1 Z behindertengerecht, Hauptbereich mit Rollstuhl zugänglich 🐕 keine HausT 🐘 Krokodil, Meerkatzen, Oribi, 400 Vogelarten @ reinhardt@caprivicollection.com # www.caprivicollection.com/lianshulu/contact.html 📖 Anette Küsters, 064-403523, Fax 064-403560

Mafwe Camping (N54)

▲ [Kommunales Camping] 19km nördl. Kongola / Anfahrt: B8, D3502 nach Norden ☞ Commmunity of Singalamwe ▲ Plätze ohne sanitäre Einrichtungen, kein Wasser / aber sehr schön gelegen $ 30N$ pP ⓘ wird unterstützt durch "Living Culture Foundation Namibia" (www.lcfn.info) ♔ "Living Museum": Vorführungen im traditionellen Dorf der Mafwe. Buschwanderung, traditionelles Fischen, Handwerkskunst, Schmied, Tänze # www.lcfn.info

Mahango Game Park (N24)

▲ [Picknick] 30km südl. Divundu (Bagani) / Anfahrt: D3430=C48 ☞ Namibia Wildlife Resort (NWR) ✆ 066-259023 (Bagani Info) ⓘ Eintrittspreise siehe Seite 39/ keine Übernachtung, nur Picknick unter riesigen Baobabs, auch Jagdgebiet 🚶 Park ist am Ufer des Okavango gelegen: Game Drive lohnt sich 🐘 Oryx, Wasserbock, Giraffe, Tüpfelhyäne, Krokodil, Nilpferd, Strauß, Elefant

Mahangu Safari Lodge (N25)

▲ [Lodge][Camping] 22km südöstl. Divundu (Bagani) / Anfahrt: B8 nach Osten (10km) D3430 nach Süden (10km),Schild dann 2km nach Osten ☞ Ralf Walter (owner), Felix (host) (Deutsch) ✉ Divundu (Bagani) P.O.Box 520[...] ✆ 066-259037 📠 066-259115 ▲ 8 Plätze $ (2012) 90N$ pP 🛏 9 Chalets: 7DZ+2EZ / 4 Zelte / 3 Guide Bungalows $ (2012) Bungalow: Hp DZ 820N$ pP, EZ 970N$ / Zelt: Hp DZ 660N$ pP // SADC 540N$ pP / Namibier DZ 490N$ pP ♔ liegt am Kavango / in der Nähe des Mahango Nat. Park 🚶 Bootsfahrten (1,5Std 150N$ pP), Angeltouren (250N$ pStd pBoot) / Gamedrive in den Mahango Park (350N$ pP), in den West Caprivi (400N$ pP) 🍽 Restaurant (B 85N$, L 90N$, D 150N$) 👍 empfehlenswert: Camping direkt am Wasser @ mahangulodge@iway.na # www.mahangu.com.na 📖 Direkt oder Eden Travel

Malyo Wilderness Camp (N68)

▲ [Camping][SC Tents] 28km südl. Kongola / Anfahrt: C49 Schild, "sub road" 3km (über die Mopane Bridge, trägt 4t) Regenzeit nur 4X4 ☞ Deon van Blerk, Theron de Wit (owners) (Englisch) ✉ Tsumeb P.O.Box 23 ✆ 067-221205 📠 067-22120[...] 📱 081-1241436 (Deon), 081-1241270 (Theron) 💻 088-626006 ▲ Plätze $ (2012) 90N$ pP K50% 🛏 SC Zeltbetten & Matrazen $ (2012) 180N$ pP, K 50% ⓘ Nachtwächter 🚶 Angeln, Vogelbeo, Boottrips, Besuch des Lizauli Traditional Village, Tagestouren zu den Mudume + Bwabwata National Parks 🐕 kein HausT 🐘 Wasserbock, Nilpferd, Elefant @ deon@karambareservations.com, tdw@iafrica.com.na # www.caprivi.biz/malyo.html facebook: malyo wilderness camp

Mangara-Ngandja Guest Lodge (N2)

[Rastlager][SC] Rundu, 800m östl vom Zentrum: Maria Mwengere Road ☞ Mr. Mosan (Ruangali, Portugiesisch) ✉ Rundu P.O.Box 20 081-1280549, 081-4412089 Plätze $ (2013) 100N$ pPlatz 7 SC-Z mit kleiner Kü $ (2013) EZ 200N$, DZ 250N$, FZ 300N$ // 10% Rabatt für große Gruppen ⓘ KonferenzZ "Hunde draußen ok"

Marunga River Lodge (N30)

ⓘ siehe „Rainbow River Lodge (N30)“ S. <?>

Mavunje Camp (N84)

siehe Seite 379

Mazambala Island Lodge (N31)

[Lodge][Camping] 8km westl. Kongola / Anfahrt: B8 4km, 2km Pad: Campingplatz, 2km weiter Lodge ☞ André Visser (Holländisch) ✉ Katima Mulilo / Ngweze P.O.Box 1935 066-686041 066-686042 081-2194884 7 Plätze am Kwando, 15 min Bootsfahrt von der Lodge, Lodge mit Boot erreichbar / Camper können an allen Aktivitäten der Lodge teilnehmen $ (2013) 80N$ pP, K3-10 28N$ 14 2-Bett Grasdachbungalows mit Bad + 2 Familien Chalets 4P / 2 Guide Bungalows $ (2013) B&B: EZ 670N$, DZ 650N$ pP, TZ 565N$ pP, FZ 505N$ pP / K3-12 50% / Zusatzpreise: Transfer von Kongola 35N$ pP, von Katima 210N$ ⓘ liegt im Kwando, im Bwabwata Naturpark (=KaZa = KavangoZambesi Transfrontier Conservation Aeria) 12m hoher Aussichtsturm, 15 m langer Pool Game Drive im Bwabata Naturpark (4-5Std 300N$ pP), Boat-Trip (2Std 280N$ pP inkl. Getränke), Game Walk im Park geführt (2Std 100N$ pP), Fishing Trip (4P 4-5Std 750N$) Restaurant: B 90N$, L (Set Menü) 50-90N$, D (Büfett) 190N$), Lunchpaket 80N$ HausT ok, aber Achtung Krokodile! Büffel, Löwe, Elefant, Lechwe @ mazambala@mweb.com.na # www.mazambala.com

Mbamba Campsite (N65)

[Kommunales Camping] 40km östl. Rundu / Anfahrt: B8 nach Osten (30km), beim Zeichen für Klinik nach links, nach rechts auf D3402, nach 5km nach links den weiß angemalten Blöcken mit nr 10 folgen / am Shamangwe Zufluß ☞ Joseph Mbambangandu Conservancy / Joseph Lipange (camp manager) (Rukwangali/Rumanyo) 066-256118 066-256145 081-2008874 4 Plätze / Zelte $ (2013) 50N$ pP, K15 10N$ / Zelte 70N$ pP, K15 15N$ ⓘ am Flußufer Mokoro Trails (1Std 50N$ pP)

Mavunje Camp (N84)

[Camping] 13km südl. Kongola / Anfahrt: C49, 2km zum Fluß ☞ Dan Stephens (Mashi River Safaris) (Englisch) 081-4619608 2 Plätze mit Vokü, eigener Sanitärblock $ 130N$ pP Zelte ⓘ liegt am Kwando Bootstour (2,5Std 270N$) / Wanderungen Mahlzeiten auf Anfrage gemeines Impala, Streifengnu, Eland, Giraffe, Elefant, Trummi Reader: "Ein Highlight" @ mashiriversafaris@gmail.com # www.mashiriversafaris.com

Mobola Lodge (N69)

[Camping][Lodge][SC-Flat] 29km nordwestl. Divundu (Bagani) / Anfahrt: D3402, beim Ort Biro (Nähe Mukwe) // oder B8, D3416, D3402 Maja & Alexander Both (& Georg 13) (Deutsch) Rundu P.O.Box 1627 081-2303281 (Alexander), 081-2274836 (Maja) 6 Plätze $ (2013) 90N$ pP, K12 45N$ 3 SC Bungalows Vokü (Familieneinheit: 4-6 Gäste, Double 2-3Gäste) $ (2013) DZ 460N$ pP, K12 260N$ an der "Okavango Front" gelegen Angeltouren (220N$ pStd) / Mokoro Boat Trip (100N$ pP) / Sundowner Boat Trip (130N$) Lunchpakete keine HausT @ mobolalodge@gmail.com # www.mobola-lodge.com

Mobola Lodge (N69)

siehe Seite 380

Mukusi Cabins (N43)

[Lodge] Katima Mulilo / Ngweze, Trans Caprivi Highway Bertus B. Coetzee (owner), Berndt Coetzee (manager) (Afrikaans, Griechisch, Italienisch, Französisch) Katima Mulilo / Ngweze P.O.Box 1194 066-253255, 066-252442 066-252359 081-1274648 Plätze $ (2012) 80N$ pZelt 24 DZ + 4 EZ $ (2012) EZ 300N$, DZ 380N$ KonferenzZ 30P Restaurant ein Zimmer rollstuhlgerecht HausT ok auf dem Camping, wenn nicht gefährlich @ mukusi@mweb.com.na

N//Goabaca Campsite (N27)

[Kommunales Camping] 5km südl. Divundu (Bagani) / Anfahrt: von Rundu kommend, über die Brücke von Divundu (Bagani), Schild, einige km entlang des linken Ufers / kein 4X4 erforderlich Community of Divundu / Joel Boyongo (camp manager) (San) Katima Mulilo Private Bag - 1050 066-252108 066-252518 081-3130696 sehr gute schattige Plätze direkt am Fluß, jeder Platz mit Wasserhahn, WC und warmer Dusche (Solar) $ (2013) 60N$ pP, 30N$ pK Tagb. am Okavango, hölzerne Plattformen am Ufer gegenüber den Popa-Fällen / 2004 gut renoviert mit Solar geheiztem Warmwasser, 2007 aber Beschwerden über nicht mehr funktionierende sanitäre Anlagen Vögelbeo. / in der Nähe: Mahango National Park, der keine Unterkunftsmöglichkeiten hat / Bademöglichkeit beim Picknickplatz und in den Popa-Fällen auf der anderen Seite, siehe Popa-Falls-Restcamp Feuerholz sehr empfehlenswert, auch nur für Picknick

Nakatwa (N36)

[Kommunales Camping] 64km südl. Kongola / Anfahrt: D3511=C49, 4,5 km hinter der Lianshulu Lodge schattige Zeltplätze am Kwando / Buschklo liegt im Mudumu Nationalpark am Kwando Wenig Informationen 2012

Nambwa Campsite (N29)

siehe Seite 381

Namushasha River Lodge (N34)

[Lodge][Camping] 24km südl. Kongola / Anfahrt: C49 {=D3511}(18km) Gondwana Collection 066-686024 15 Plätze vor

Nambwa Campsite (N29)

▲ [Kommunales Camping] 15km südwestl. Kongola / Anfahrt: B8, kurz vor Kongola nach Süden, am rechten Ufer des Kwando 12km Sandpad 4X4, Mashi River ☞ Mayuni Conservancy / Lister Mani (camp manager) (Sifwe) ✉ Katima Mulilo / Ngweze P.Bag 1050 ✆ 066-252108 066-252518 ▲ 6 Plätze unter schattigen Bäumen direkt am Wasser / 3 sanitäre Blöcke mit Warmwasser aus Solar $ (2012) 70N$ pP, K6-12 50% ⓘ im Bwabwata National Park (Caprivi Game Park) am Maschi River / 4X4 notwendig / keine Anmeldung nötig nicht eingezäuntes Buschcamp Aussichtsplattform am Camp / Game Drives im Park kostenlos / Vogelbeo. Büffel, Löwe, Tüpfelhyäne, Nilpferd, Elefant, sehr schöner Platz, nett gestaltete Waschhäuser / sehr schöner Park / Begegnung mit Hippos und Elefanten garantiert

luß $ (2013) Low 80N$ pP, high 150N$ pP 24DZ in Chalets $ (2013) Low B&B: EZ .072N$, DZ 757N$ pP / High EZ 1.075,)Z 860N$ pP / Zusatzpreise: Game Drive 65N$ pP ⓘ siehe Seite 36 // Ehemals Namibia Country Lodges", 2012 an Gond-ana verkauft. liegt am Kwando-Fluß n kommunalen Gebiet Angeln, Boots-hrten, Wandern, Vogelbeo. (300 Arten) Restaurant (B 75N$, L 85N$, D 220N$), Lunchpakete 75N$ HausT auf Anfrage gemeines Impala, Büffel, großer Kudu, Oryx, Rappenantilope, Giraffe, Steppen-Zebra, Krokodil, Nilpferd, Elefant, Willdpark am Fluß mit Buntebock, Lechwe (Moorantilope), viele Vogelarten # www.namushashalodge.com Gondwana

Namwi Island (N60)

⅄ [SC-Flat][Camping] 10km östl. Katima Mulilo / Ngweze ☞ Lizelle Booysen ✉ Katima Mulilo / Ngweze P.O.Box 1522 ✆ 066-254188 066-252233 081-1274572, 081-604399 Λ 31Plätze, Strom $ (2012) 90N$ pP, Pensionäre 75N$ pP, K3-11 50N$, K12-16 75N$ 11 SC Bungalows Vokü, 4 Budget Bungalows $ (2012) Luxury 750N$ / River 580N$, 1P 450N$ / Standard 450N$, 1P 380N$ / Familie 4P 800N$, 3P 700N$ // Budget 340N$, 1P 220N$ am Zambesi Fischen, Bootstouren, Vogelbeo Kiosk für Grillfleisch *"Platz-nilpferd" Stompie* neu, ordentlich, eng @ namwiisl@iway.na # www.caprivi.biz/namwiisl.html

Namwi Island (N60)

⅄ siehe Seite 382

Ndhovu Safari Lodge (N26)

⅄ [Camping][Zeltlodge] 24km südl. Divundu (Bagani) / Anfahrt: D3403=C48 / Kamotjonga Village ☞ Ursel & Horst Kock (owner+manager) ("Namibian") ✉ Divundu (Bagani) P.O.Box 5035 ✆ 066-259901 081-2362542 088-630784 Λ exklusiver Platz für eine Gruppe 10P $ (2012) 125N$ pP 10 Zelte mit eigenem Bad (23P) / Hausboot: 2 Kabinen 2-4P (2-3Tage Fahrt) $ (2012) Hp: DZ 965N$ pP / Swimming Safari Zelt 1.065N$ SC / K4-12 50% // Hausboot Safari Vp 2.300N$ pP alles inklusive direkt am Mahango Game Park Vogelbeo. / Bootsfahrten auf dem Okavango (185N$ pP), Angeln / Gamedrives (3-4Std 385N$ pP) selbst hergestellte Produkte, Spezialdiäten, Lunchpakete Wlan / Wäscheservice @ info@ndhovu.com, ndhovu@iway.na # www.ndhovu.com auch reservation-destination

Ngandu Safari Lodge (N8)

⅄ [Lodge][Camping] Rundu, Usivi Road ☞ Oswald Theart (Afrikaans) ✉ Rundu P.O.Box 519 ✆ 066-256723[4][5] 066-265999 Λ Plätze $ (2012) 90N$ pP 22 LuxusDZ, 11 SemiLuxus DZ im Haupthaus $ (2012) Luxus B&B: DZ N$, EZ 370N$ / Semi B&B: DZ 430N$, EZ 300N$ / FZ 180N$ pP ⓘ Konferenzraum 80P liegt am Okavango Boot kaputt Restaurant à la carte (B 85N$) ♿ rollstuhlfreundlich HausT ok auf dem Camping @ ngandu@mweb.com.na

Ngepi (N23)

⅄ siehe Seite 383

Nkasa Lupala (N70)

⅄ [Zeltlodge] 75km südl. Kongola / Anfahrt: B8, C49, abzweigen nach Sangwali zum Mamili National Park, 11km südlich ☞ Ruggero Micheletti & 2 brothers / Bertha Lunyaso (manageress) 081-1477798 088-6509335 10 (8 DZ, 1 FZ, 1 Honeymoon Luxury Zelte $ (2013) Hp: 1.540N$ pP, Ez-zuschlag 509N$, K16 770N$ / Zusatzpreise Game Drive 350N$, Boat Cruise 350N$ Game Walk 350N$, Mokoro Trip 200N$ ⓘ am Rande von Nkasa Lupala National Park (vormals Mamili) / Lodge ist nicht mit Zaun vom Park getrennt Gamedrive in den Park, Bootsfahrten Lucnchpakete 70N$, Lunch 150N$ oder klein 90N$ WiFi frei keine HausT Büffel, Löw

Nilpferd, Elefant, @ info@nkasalupalalodge.com # www.nkasalupalalodge.com

nKwasi Lodge (Kayengona) (N13)

[Lodge][SC][Camping] 21km östl. Rundu / Anfahrt: B8 nach Osten, D3402, Schild 3km zum Fluß ☞ Valerie Peypers (Afrikaans) ✉ Rundu P.O.Box 1623 ✆ 066-686006 066-686007 081-2424897, 081-2390633, 081-7185371 088-620024 Δ Plätze auf Rasen $ (2013) 60N$ pP 18 Chalets $ (2013) B&B: EZ 540N$, DZ 440N$ pP ⓘ Tagb. Ok liegt am Kavango Manyana Community: Community Project der Lodge mit Besuch des Dorfes und Vorschule, Kirche, Garten- & Bewässerunsprojekt Vögelbeo. / Sundowner Bootsfahrt / Angeltouren SC ok / Restaurant Wlan / Wäscheservice ♿ rollstuhlfreundlich HausT ok, vorher informieren @ nkwazi@iway.na # www.nkwazilodge.com

Ntwala Island Lodge (N56)

[Lodge] Ngweze, Katima Mulilo / Anfahrt: zwischen Zambesi und Chobe: mit Boot von Kasane (Botswana) oder Livingstone (Zambia) ☞ Islands of Africa / Tinolla & Craig Collins (manager) (Afrikaans) 4 Luxus Suites $ (2012) Vp: High (Jun - Oct) DZ 522US$ pP, EZ 679US$ / Low DZ 402US$ pP, EZ 402US$ // inkl.: alle Aktivitäten: 2 geführte Bootstouren täglich + Getränke + Bootstransfer Kasane Immigration - Lodge 40N$ pP pT gehen in die lokale Förderung Mokoro Fahrten, Angeln, Wildbeobachtung vom Boot aus, Cultural Village, Baobab (2000 Jahre alt) Spaziergang Tiere des Chobe Nationalparks: u.a. Flußpferde, Krokodile, Elefanten, Pukus, Chobe-Buschantilope, Nyala @ sales2@africananthology.co.za, info@islandsinafrica.com, kate@islandsinafrica.com # www.islandsinafrica.com An African Anthology: RSA Tel +27-11-7811661, Fax +27-11-7817129, res2@africananthology.co.za

Ngepi (N23)

[Gästehaus][Camping] 14km südl. Divundu (Bagani) / Anfahrt: D3403=C48, Schild 5km Stichstr. zwischen Mahango National Park und Bwabwata National Park auf einer Insel ☞ Joseph, Anna / Margie & Marc Adcock (Englisch) ✉ Divundu (Bagani) P.O.Box 5140 ✆ 066-259903 & +27824548444 066-259906 081-2028200 Δ 8 schattige Plätze mit Gras am Fluß, nicht am Fluß / auch Overlander Platz $ (2012) 95N$ pP, K5-12 50% Overlander 40N$ pP 2 Buschhütten + 3 Zelte mit gemeins. BadeZ Baumhäuser $ (2012) B&B: tree house: 480N$ pP / bush huts 380N$ pP ⓘ Konflikt mit den lokalen Chiefs noch nicht völlig gelöst (2012). liegt am Kavango, 10 km flußabwärts von den Popa-Fällen entfernt *Krokodilsicheres Schwimmbad im Fluß* / Paddeln (Boot 35N$ pP), Bootsfahrten (Trips: 4P, 1/2T: 200N$ pP), River Rafting, Angeln, Vogelbeo. / Game Drive in Mahango Nat. Park 200N$ pP / Tanztruppe auf Anfrage (250N$) kleines Restaurant Wäsche N$ pStapel sehr schöne Lage am Fluß / Bar, evtl. laute Musik @ ngepi@getalifeplanet.com, bookings@ngepicamp.com # www.ngepicamp.com

Nunda Safaris & Lodge (N38)

▲ [Camping][Lodge] 8km südl. Divundu (Bagani) / Anfahrt: D3403, bei den Popafällen stromabwärts ☞ Cameron Wilson (co-owner) (Englisch, Deutsch) ✉ Divundu (Bagani) P.O.Box 5271 ✆ 066-259093 066-259094 081-3101730 088-6102333 Δ 9 Plätze, auf Gras $ (2013/2014) 120N$ pP, K3 frei 7 Luxuszelte, 12 Bungalows (davon 8 Blick auf den Fluß) $ (2013/2014) Zelte: B&B: 1P 860N$ [945N$], DZ 665N$ [727N$] pP / Hp: DZ 885N$ [972N$] pP, 1P 1.186N$ [N$] // Bungalows: B&B: DZ 760N$ [832N$] pP, 1P 1.040N$ [1.156N$] / Hp: DZ 980N$ [1.080N$] pP, 1P 1.275N$ [1.406N$] / K4-12 50% // GuideZ: tourist: 735N$ pP ⓘ am Okavango / in der Nähe vom Mahango National Park, Buffalo Core Area / sehr großer Pool /Bootstouren (1,5Std 200N$ pP), Angeltouren (mit Guide+Benzin max 3P 420N$ pStd), Gamedrive in Mahangu (min 2P, 3Std 490N$), Dorfwalk (min 2P 125N$), Vogelbeo. Walk (min 2P 125N$) Mokoro Trip Popa Falls > Nunda (min 2P 275N$) // Vogelbeo Restaurant (B 120N$ L 120N$, D 220N$), Lunchpakete 100N$ Wlan keine HausT gemeines Impala Büffel, großer Kudu, Pferdeantilope, Wasserbock, Giraffe, Steppen-Zebra, Leopard Löwe, Krokodil, Nilpferd, Elefant, Sitatunga Lechwe, Wildhund @ lodge@nundaonline.com, nundariver@iway.na # www.caprivi.org

Nunda Safaris & Lodge (N38)

▲ siehe Seite 384

Nyiru (N9)

▲ [Zeltlodge] 110km östl. Rundu ☞ Andries Smit (owner) 081-1272848 Δ 6 Plätze mit Schattendächer $ 50N$ pP ⓘ am Fluß Kommunales Camp weggespült, wird privat neu gemacht / soll 2013 fertig sein, gegen die Flut geschützt Bootstouren, Angeln HausT ok @ andries.ozonduno@gmail.com

Omashare Hotel (N5)

▲ [Hotel] Rundu, Maria Mwergere Road 1223 ☞ Mauro Rosa (manager) (Portugiesisch) ✉ Rundu P.O.Box 61 ✆ 066-266600 066-256111 19DZ+1F alle aircon $ (2012) B&B: EZ 615N$, D 840N$, K8 frei / Zusatzpreise: Transfer zu Flugplatz frei ⓘ Tagb. ok, Kiwi / Ankun ohne Buchung bis 23:00 Blick auf de Okavango Bootsfahrten (130N$ pP), To zu einem Living Museum Restaurant b 22.00Uhr offen möglich "Hunde nic erlaubt, aber Hühner" @ omashare@iwa na, reception@omasharehotel.com # www omasharehotel.com/contact.html

Popafälle (N21)

▲ *siehe Seite 385*

Popafälle (N21)

▲ [staatl. Rastlager][SC][Camping] 5km südl. Divundu (Bagani) / Anfahrt: C48=D3406 Richtung Botswana, Schild ☞ Namibia Wildlife Resort (NWR) ✉ Rundu P.O.Box 2093 ✆ 066-259023 ☏ 066-259108 ▲ Plätze, Strom $ (2013) pro Platz 8 P, 2 Fahrzeuge, 1 Wohnwagen oder 1 Zelt: 100N$ pP 🛏 10 River Cabins 4P (große Hütten im Park) $ (2013) B&B: 1P 600N$, 2-4P 500N$ pP / K6-12 50% ⓘ war 2013 wegen "Re-developing

(Wiederentwicklung) 6 Monate geschlossen. Eintrittspreise siehe „NWR" S. 39 / Tagb. Ok / Buchung auch vor Ort ♛ In den Stromschnellen sollte es keine Bilharziosegefahr geben, dennoch im Office nachfragen und auf die Verbreitung der Wirte (Schnecken) am Ufer achten 🚶 Baden in den Stromschnellen des Kavango / Besuch des nahegelegen Mahango Wildparks N24 📎 kleiner Laden, Curios 👍 Hohe schattige Bäume, grüner Rasen, viele Vögel, Pools im Flußlauf, die zum Baden einladen, Sparzierwege im Uferschilf, gepflegte Anlage. Mahngo Reserve: siehe Seite 378 @ popafalls@iway.na 📖 Zentrale Buchungsstelle Windhoek

Pride of the Zambezi (N64)

▲ [Hausboot] / Anfahrt: Chobe River / im Impalila Island / Abholung bei der Kasane Immigration, Botswana ☞ Michelle & Emile Muller (Afrikaans) ✆ +27-8221881082, +27-76730010 ☏ +27-865104126 📱 +267-737-2578, +267-737-42603, +27-82-2188182 🛏 3 Decks / 6 DZ-Cabins $ alles inkl. ♛ Jakuzzi 🚶 Angeln / Wildbeo. mit dem Beiboot im Chobe National Park / Vogelbeo 🍽 Spezialmenues auf Anfrage 🐕 keine HausT @ michelle@prideofzambezi.com, emile@prideofzambezi.com # www.prideofzambezi.com 📖 +27-726730010 // +267-73742578

Protea Hotel Zambesi River Lodge (N40)

▲ [Lodge][Camping] 🏠 Katima Mulilo / Ngweze, Ngoma Road ☞ Protea Hotel (Englisch) ✉ Katima Mulilo / Ngweze P.O.Box 2061 ✆ 066-251500 ☏ 066-253631 ▲ Plätze $ (2012) 45N$ pP 🛏 38TwZ+4LuxDR / aircon $ (2012) B&B: EZ 765N$, DZ 1.050N$ ⓘ 2 KonferenzZ 30P/100P ♛ am Zambesi gelegen 🚶 Golfplatz 9 Löcher, beleuchtetes Schwimmbad, Sauna 🍽 Restaurant mit Büfett, Floßbar 📎 Wi-Fi ♿ 1Z rollstuhlfreundlich @ res.zambezi@proteahotels.com.na # www.proteahotels.com/protea-hotel-zambezi-river.html

Rainbow River Lodge (N30)

▲ [Lodge][Camping] 10km südl. Divundu (Bagani) / Anfahrt: C48=D3403, Richtung Mahango Park, 10km Schild ☞ Corrie & Johan Bean, Adrian Bean (Englisch)

Angebot der Camps am Fluß: Tierbeobachtung vom Boot aus.

✉ Divundu (Bagani) P.O.Box 5180 ✆ 066-259067 081-3609253 088-632462 Δ 20 schattige Rasen-Plätze, am Ufer des Okavango $ (2012) 80N$ pP 20 Bungalows $ (2012) B&B EZ 450N$, DZ 400N$ pP, K6-10 50% / Reiseleiter 50% liegt am Okavango Boottrip 1,5Std min 4P 160N$ pP, Angeln, Dorftour 70N$ pP / Gamedrive 4Std 350N$ pP / Reiten Restaurant (B 75N$, L 75N$, D 140N$), Lunchpakete 70N$ Curioshop @ rainbow@mweb.com.na # http://rainbowriverlodge-namibia.com/, www.rainbowriverlodgenamibia.com

RiverDance Lodge (N71)

[Camping][Lodge] 24km westl. Divundu (Bagani) / Anfahrt: Mamono Village (Mukwe constituency) ☞ Karin & Valentino Punzul (Afrikaans) ✉ Divundu (Bagani) P.O.Box 5249 ✆ 066-686086 066-686085 081-1243255, 081-3669775 088-614995 Δ 5 Plätze / privates Badhaus für jeden, Strom, Graspatch, Privatzufahrt // Gäste sind willkommen für die Lodgeaktivitäten & Mahlzeiten / Gäste können Take Away Pizzas bestellen $ (2013) 120N$ pP, K2-12 50% Chalets am Wasser (Dusche & Badewanne) / 2 Buschchalets (max 18P) $ (2013) Hp: EZ 2.000N$, DZ 1.900N$, FZ (2E+1K) 2.375N$, FZ (3E) 2.850N$, FZ (2E+2K) 2.850N$ / Rabatt für Namibier ⓘ liegt am Kwando // Kiwi / keine eigenen Boote mitbringen Sunset Cruise (1Std 250N$ pP), Angeltrip (250N$ pStd pP), Mokoro-Trip (1,5h 300N$ pP), Dorfbesuch (1Std 150N$ pP) B 85N$, L 95N$, D 195N$ (3 Gänge Setmenue), Lunchpakete 80N$ Wlan / Wäscheservice @ reservations@riverdance.com.na # www.riverdance.com.na

Salambala Campsite (N47)

[Kommunales Camping] 50km südl Katima Mulilo / Ngweze / Anfahrt: B8 Richtung Ngoma, Schild auf der linken Seite be einem Cucashop, nach rechts abbiegen, 5km durch Mopanewald, an der Salambala Par / kein 4X4 nötig ☞ Community of Sibuya Sambala Conservancy Office / Mr. Mabuk (manager) ✉ Katima Mulilo / Ngweze Private Bag - 1050 ✆ 066-252875 081-323277 Δ 4 große schattige Plätze für mehrere Zelte mit Wasserhahn, Sanitärblock und "Outdoor-Küche" / 220V $ (2013) 60N$ pP, K6-18 25N$ (geführte) Spaziergänge im Mopanewald Jagd Feuerholz, Wasser gemeines Impala großer Kudu, Oryx, Warzenschwein, Elefant

Samsitu Riverside Camp (N57)

[Camping] 14km westl. Rundu / Anfahrt C45 nach Nkurenkuru (9km), Schild 5km Farmpad ☞ Karin & Andrew Fudge (Englisch) ✉ Rundu P.O.Box 946 ✆ 066-25560 & 066-257023 066-256091 081-129329 Δ 5 Plätze am Fluß mit Gras, schattig, Pool, Waschräume $ (2012) 80N$ pP, K 40N$, Tag 40N$ pP am Okavango River (Fluß) / 200m entfernt "Living Museum Mbunza", www lcfn.info) Boot Aktivitäten: Sunset Cruise Boottrips (30P 650N$ pStd, bis zu 10P 250N pStd / Kanus erhältlich (2P 130N$ pP) / Spaziergang in den Flutebenen, "Kinder schwimmen im Fluß, Erwachsene im Pool" / auch Freizeitangebote für Bewohner von Rundu rollstuhlfreundlich auf dem großen Boot "auf jeden fall ja" @ kavpharm@iafric com.na

Sarasungu River Lodge (N11)

▲ [Lodge][Camping] 3km östl. Rundu / Anfahrt: D3402, Schild, noch im Ort zum Fluß abbiegen ☞ Paula & Johan Craill (owner) Alida (manageress) (Afrikaans) ✉ Rundu P.O.Box 414 ✆ 066-255161 081-3679141, 081-3679132 088-643203 ▲ Plätze für Zelte und Caravan 100P, Strom, viele Schattenplätze / Camper dürfen alle Einrichtungen der Lodge mitbenutzen $ (2012) 66N$ pP 28 strohgedeckte Bungalows (Stein- und Holzpfahlbauten) $ (2012) B&B: DZ 570N$, EZ 355N$, TZ 695N$, QZ 980N$ ⓘ Tagb. ok / KonferenzR (450N$ pTag) / oft überflutet, da direkt am Fluß ♕ liegt am Kavango *Volleyball*, Minigolf, Moutainbikes / Kanus zum Ausleihen (80N$ pStd), Boottrips (150N$ pStd), Angeltouren (150N$, 2Std, Sundowner cruises (120N$ pStd) / geführter Dorfbesuch (120N$) / Vogelbeo. Trip (80N$ pStd) / Besichtigung Fischfarm (80N$ pStd) kleines Restaurant (Dinner 95-150N$, Lunch 75N$) Internet frei "Hunde & Katzen kostenlos" Ideal für Camper mit Hunden, großer Rasenplatz mit Bäumen @ sarasung@mweb.com.na (ohne/without u) #www.sarasunguriverlodge.com

Shametu River Lodge (N72)

▲ [Lodge][Camping] 5km südl. Divundu (Bagani) / Anfahrt: C48 ✆ 066-259035 081-5531901 (Cheryll) ▲ Plätze (2 Familien), 2 Overlanderplätze 12 Chalets (=1FZ+1 Rollstuhl-Z + 10DR) ⓘ ohne Infos 2013

Shamwari Houseboat (N73)

▲ [Hausboot] 40km östl. Katima Mulilo (Ngweze / Anfahrt: 3km flußabwärts, dann Abholung mit einem Motorboot, 40km zum Hausboot ☞ Claire & Garth Cavanagh (Englisch) ✉ Katima Mulilo / Ngweze P.O.Box 244 081-6385941 (Garth), 081-1474253 (Claire) fahrendes Hausboot max 9P min 4P, nur 1 Gruppe / (24m lang, 2 Stockwerke/ auch SC mit Vokü und "Zimmerservice" $ (2012) High (Jun-Dec) Vp 1.400N$ pP / Low Vp 1.200N$ pP // SC 800N$ pP // inkl. Ausrüstung / Benzin extra / min 4P, min 2 Nächte ⓘ manchmal im Januar geschlossen Angeln, Vogelbeo. HausT ok alle Tiere des Chobe Ufers @ shamwari@mweb.com.na #www.shamwarihouseboat.com/

Shamvura Restcamp (N14)

▲ siehe Seite 388

Shankara Rest Camp (N66)

▲ [Farm][Gäste][SC][Camping] 81km östl. Rundu / Anfahrt: B8, Farmpad 4km ☞ Empie & Terence Spyron (Afrikaans) ✉ Rundu P.O.Box 1773 ✆ 066-256616 085-55548051 ▲ 12 Plätze $ (2012) 70N$ pP 3 SC Chalets DZ, 3 SC Familien-Chalets (5-6P) $ (2012) Bungalow 450N$ max 5P Bootsaktivitäten (300N$ pStd für 4P + 50N$ extra pP): Angeln, Sundowner, Vogelbeo. Frühstück auf Anfrage (60N$) HausT ok, wenn nicht aggressiv @ shankara@webmail.co.za #www.shankara-restcamp.com

Sikereti (N19)

ⓘ siehe „Khaudum & Sikeretti Camp (N19)" S. 376K

Sisindi Lodge (N6)

▲ [SC Zimmer] Rundu, Maria Mwengere Str. ☞ Emanuel Whel ✆ 066-255339 081-3469697 6EZ+4DZ $ (2012) EZ 150N$, DZ 250N$ ⓘ Rauwi, Kiwi

Suclabo (N22)

ⓘ siehe „Divava Okavango Lodge & Spa (N22)" S. 371

Susuwe Island Lodge (N32)

▲ [Lodge] 10km südl. Kongola / Anfahrt: in Kongola nach Süden, nach 6km Abzw. zum Kubunyana Camp (4km), dort Bootstranfer zur Lodge ☞ Islands in Africa / Mike Rothbletz (manager) 6 Suiten $ (2012) Vp: High Jun-Okt: DZ: 522US$ pP, EZ 679US$ / Low: DZ 402US$ pP, EZ 402US$ // inkl.: Getränke, alle geführten Aktivitäten, Bootstransfer Kasane Immigration - Lodge ♕ Insel im Kwando / 2stöckige Aussichtsplattform in

Shamvura Restcamp (N14)

Auf dem Okavango mit Marc

▲ [Rastlager][Camping][SC] 110km östl. Rundu / Anfahrt: B8, gegenüber des Abzweig zum Khaudum Nationalpark in die Stichstraße zur D3402 einbiegen, rechts 11km Straße entlang des Kavango, Schild links ☞ Mark Paxton (Englisch) ✉ Rundu P.O.Box 183 ✆ 066-686055 ☏ 066-686054 ▲ 3 Plätze: A) mit Vokü + Strom B) Strom C) normal $ (2013) A) 120N$ pP B) 90N$ pP C) 100N$ pP 🛏 4 Zeltcamps, davon 1 mit Vokü + 1 Luxus Baumhaus mit Vokü $ (2013) Zeltcamp 320N$ pP, Luxury 420N$ pP ⓘ Kiwi: Ponys für Kinder, viele Haustiere ♛ am Okavango unterhalb des Zusammflusses mit Cuito Okavango / ***bis 2010 zwei mit der Hand aufgezognen zahme Cape Clawless Ottern*** / zahme Ziege am Haus / Naturkunde-Bibliothek / Schmetterlings- und Bienensammlung, Aquarium mit Fischen vom Okavango / Mark ist Schlangenfänger&Händler und Vogelexperte // 2013: 22 Nilpferde im Fluß vor dem Haus 🚶 Angeln, Motorbootfahrt zum Vogelbeo. / Besuch eines Dorfes, in dem Körbe gemacht werden / Kunsthandwerks-Shop / 🍽 SC, wenn nötig auch Vp, sehr gutes Frühstück 🐕 HausT ok 🐘 im Fluß: 2 Nilpferdfamilien, Krokodile, Cape Crawless Otter 👍 sehr schöner Garten am Haus, empfehlenswert: Motorboot-Trip informativ, vor allem über Vögel @ shamvura@iway.na # www.shamvura.com

den Baumwipfeln 🚶 Bibliothek 🍽 Restaurant, Shop 🐘 Tiere des Nationalparks: Elefanten, Büffel, Hippos, Lechwes, Rappenantilopen @ info@islandsinafrica.com # www.islandsinafrica.com 📖 RSA, Tel. +27-11-2349997, Fax +27-11-2340323 / Namibia: Tel: 061-401407, Fax: 061-401057

Tambuti Lodge Rundu (N7)

▲ [Lodge] 🏠 Rundu ☞ Joyce & Patrick & Lizza (Französisch, Portugiesisch) ✉ Rundu P.O.Box 1826 ✆ 066-255711 ☏ 066-255131 📱 081-4834113 ▲ Plätze $ (2012) 60N$ pP 🛏 4 Standard-Bungalows 2P + 5 Luxury Familien-Bungalows 3P / aircon $ (2012 Premium B&B: 1p 510N$, 306N$ pP, 612N$ pBungalow / Luxury/Family B&B: 255N$ pP 765N$ pBungalow / K3-10 50% ⓘ Kiwi: Kid dies Pool / Solarsystem ♛ Nahe beim Fluß Solarwasserheizung, Solarlicht 🍽 Afrikanische Restaurant (Vorausbuchung) 📎 Wi-Fi 👍 Wet "Nur wenige Lodges in unserem Sonnen geba deten Land geben Ihnen dieses gute Gewisse während Ihres Aufenthaltes". @ info@tambut com # www.tambuti.com.na

Taranga Safari Lodge (Zambia)(N82)

▲ [Lodge][Camping] 35km westl. Rundu / Anfahrt: B10, D3434 in der Nähe von Nkurukuru ✆ 066-257236 088-633554 Δ Plätze mit Gras, Strom, Schatten $ (2012) 120N$ pP Chalets mit Holzdecks $ (2012) alles Hp: Luxus 1.150N$ pP, Deluxe 1.450N$ pP Vogelbeo, Boottrips, Angeln, Buschwalk, Besuch des Kavango living museum @ info@taranganamibia.com # www.taranganamibia.com/contactus.htm 061-231648, P.O.Box 9531, Eros Windhoek

Three Palms B&B (N76)

▲ [B&B] Katima Mulilo / Ngweze, Trollipstr. 1 ✆ 066-252850 066-251850 081-2793762 DZ / aircon $ (2013) B&B: EZ 650N$, DZ 450N$ pP / FZ 1P 950N$, 2P 400N$ pP, 3te P 250N$, 4te P 200N$, K6 100N$ Wlan 1Z rollstuhlfreundlich @ info@3palms.com.na # www.3palms.com.na

Umvuvu Tented Lodge & Campsite (N75)

▲ [Zeltlodge][SC][Camping] 22km östl. Katima Mulilo / Ngweze / Anfahrt: B8, auf die Kalimbeza Straße abbiegen, 12km, nach der Lisikile Fish Farm nach links, Schild ☞ Ron Pieterse (managing director) (Afrikaans) 081-4964752 Δ 15 Plätze (40P) $ (2012) 85N$ pP 4 Zeltchalets Vokü $ (2012) SC 650N$ pZelt / SADC: 500N$ pZelt ⓘ Conservancy Kalimbeza (viel Wild erhalten 2012) Vogelbeo, Angeln (4Std 150N$ pP), Boottrips (1,5Std 150N$ pP), Sunset trips, Bogenschießen, Boule / Sternbeo. Mit Teleskop (50N$ pNacht) "wir machen einen Plan" HausT ok @ umvuvulodge@gmail.com # www.caprivi.biz/umvuvuhome.html

Wuparo Campsite (N79)

▲ [Camping] Kongola / Anfahrt: 2km vom Eingang zum Mamili Park, C49 ☞ Reuben Mafati ✆ 066-252518 066-252108 081-2999348 Δ 3 Plätze, warme Duschen $ 80N$ pP ⓘ wahrscheinlich jetzt Teil der Nkasa Lupala Lodge N70

Zambesi Queen (N51)

▲ [Schiffslodge] 50km südöstl. Katima Mulilo / Ngweze / Anfahrt: bei Kasane (Botswana) am Chobe, dort kommt ein Boot zum Abholen, bei der Kings Den Lodge ✉ Katima Mulilo P.O.Box 98 ✆ +27-21-4380032 +27-214384389 +27-83-3093874, skype: blueviews "Steel hull river boat" Schiff: 14 Suiten, 4 Mastersuiten (30 Passagiere) $ (2013) 2 Nächte: Vp suite 8.000R, master suite 10.000R / Mai-Dez 2013: suite 9.850R, master 12.500R // 3 Nächte Vp: suite 12.000R, master 15.000R / Mai-Dez 2013: suite 14.775R, master 18.750R im Chobe / gegenüber den Kasikili Inseln Angeln, Kreuzfahrten mit kleinen Booten / Beobachtung des Tierreichtums des Chobe Nationalparks Tiere des Chobe Nationalpark wie Flußpferde, Krokodile, Elefanten, Nyala u.a. @ info@zambeziqueen.com # www.zambeziqueen.com/ www.mantiscollection.com

Zambesi River Lodge (N40)

ⓘ siehe „Protea Hotel Zambesi River Lodge (N40)" S. 385

Zovu Elephant Lodge (N63)

▲ [Lodge] 130km südöstl. Katima Mulilo / Ngweze ☞ Alta Visagie ✉ Katima Mulilo / Ngweze P.O.Box 98 ✆ 00267-71318210 00267-71318211 081-1291646 5 Chalets mit 2DZ (= 20p) $ (2013) alles inkl. (Vp, Transfers, Boot -Gamedrive): 1P 2.040N$, 2P 3.370N$, extra Bett K7-13: 800N$ // zusätzliche P: 1p 1.150N$, 2p 3.181N$, extra K-Bett K7-13: 401N$ // Reiseleiter Vp 900N$ / Namibier Vp 1.000N$ / Zusatzpreise: Transfers 199N$ ⓘ Namibia Immigration Office bei der Lodge Game Drive mit Boot auf dem Chobe River (333N$), Vogelbeo, Besuch eines Dorfes / Angeln nur Vp / (B 99N$, L 110N$, D 144N$) @ zovulodge@iway.na, bookings@zovuelephantlodge.com # www.zovuelephantlodge.com

Region P: Südwesten

Karte siehe Seite 394

Das Gebiet umfaßt Sesriem, das Naukluft-Gebirge, Maltahöhe, die Tiras-Berge im Südwesten und die Unterkünfte entlang der B4 von Goageb bis nach „#Nami!nüs/Lüderitzbucht".

alle Plätze um Solitaire und Maltahöhe preisen sich daher auch damit an, daß man „nur" einige Stunden oder einige hundert Kilometer von den berühmten Dünen entfernt sei.

Köcherbaum an der D707 / C13

Die Dünen vom Sossusvlei

Das Highlight, das auf den meisten Rundreisen nicht ausgelassen wird, ist das Sossusvlei mit seiner farbenprächtigen Dünenlandschaft. Dafür ist der Ausgangspunkt Sesriem, das kein Ort ist, sondern ursprünglich nur der Name für einen Canyon, den der Tsauchab geschaffen hatte, wo mit „6 Meter langen Riemen" Wasser geschöpft werden konnte. Um diesen Platz herum sind seit 1990 viele neue Rastlager, Luxuslodges, Gästefarmen, Campingplätze entstanden. (Fast)

Im südwestlichen Namib Wüstenbereich is hier durch Aufkauf von unrentablen Farmer und ehemaligem Notweidegebiet, ein 200.000ha großes privates Naturschutzgebiet entstanden Namibrand. Wild wurde wieder eingeführt, di Zäune eingerissen, um die ungehinderte Mi gration zu ermöglichen. Moderne Zeltcamp und alte Farmhäuser bieten unterschiedlich Beherbungen, meistens jedoch nur der Luxus klasse, an (P12/13: Wolwedans.) Seit 2013 ist da Dünen"meer" auch Weltnaturerbe und erstreck

sich vom Diamantensperrgebiet im Südwesten bis zum südlichen Ufer des Kuiseb und im Osten schließt es das Sossusvlei mit ein. Es könnte sein, daß in diesem Gebiet in Zukunft weniger Schürfrechte von der Regierung vergeben werden – Anträge für Minenaktivitäten in der Nähe der Wüstenforschungsstation Gobabeb liegen bereits vor - , und daß – leider - die Restriktionen des Besuchs stärker denn je aufrechterhalten bleiben. Die Abhänge des Naukluftgebirges, wo der Tsauchab entspringt, der die Vleis geformt hat und bei guten Niederschlägen auch wieder mit Wasser füllt, bilden den tapetenartigen Hintergrund der Dünenlandschaft um Sesriem.

Maltahöhe

Die kleine Ortschaft Maltahöhe bemüht sich, „back on the map" zu kommen. Aber bislang noch nicht mit viel Erfolg.Nicht einmal eine Supermarktkette hat Vertrauen in die Kaufkraft der Bewohner, und so werden Sie nur bei Pappot (P26) Ihre Vorräte auffüllen können. Man sollte es nicht versäumen, das kuriose Schloß Duwisib in der Nähe zu besuchen. Wenn man Glück hat und ist hier im Sommer nach guten Regen unterwegs, dann wird Ihnen die erstaunliche Lilienblüte von den Gästefarmen angezeigt werden. Die Ziegenfarm Burgsdorf, etwas südlich von Maltahöhe (P35), nutzt die besondere Thermik des Schwarzrands aus und hat sich zu einem Zentrum des Drachenfliegens entwickeln können.

D707 – die schönste Straße Namibias

Die an den Dünen entlangführende Straße Nr.707, die weiter nach Süden führt, gilt nicht nur uns als schönste (Neben)straße des Landes. Farmen mit ökologischem Anspruch – vor allem im Tiras Gebirge – bieten interessante Aufenthalte und Einblicke in die ökologisch vertretbare Kleintierzucht in einer ariden Landschaft (u.a. Farm Namtib P47)Auf der Farm Lovedale, seit 1850 im Besitz der Familie Campbell, überzeugen die Kenntnisse des Schafzüchters Malcolm Campbell und eine Farmrundfahrt, daß auch im Süden eine erfolgreiche Farm nicht überweidet sein muß (P40)

Das Gebiet um Aus gehört bereits zum Winterregengebiet und fasziniert die Botaniker durch die Sukkulentensteppe

Namensstreit im Süden

Die Hafenstadt „Lüderitzbucht" - die portugiesischen Seefahrer nannten es „Angra Pequena" - ist wiederum der kalte Gegenpol zu der Hitze in der Namib. Im August 2013 haben die „Buchter", wie sich selbst nennen, in einer großen Versammlung dagegen protestiert, daß ihr Ort in Zukunft !Nami!nûs (town) womöglich heißen könnte. Nicht nur ist die Schreibweise und Aussprache aus dem Khoikhoigorab umstritten, kaum einer kennt die Bedeutung – Sitz zwischen Sand am Meer vielleicht - , auch hat es wohl den Namen noch nie vorher für den Flecken gegeben. Die Verfügung des Präsidenten, nunmehr nur noch die neuen Namen auf Karten, Autoschildern, Anschreiben usw. zu benutzen, wird deshalb von ihnen sogar juristisch angefochten. TRUMMI wird die Schrägstrichvariante praktizieren – oder den alten Namen beibehalten. Der Ausgang des Namensstreit ist derzeit nicht vorauszusagen.

Auf dem Weg zur „Bucht" wird man es nicht versäumen, die seit fast 100 Jahren in der Namib lebenden wilden Pferde bei Garub zu beobachten (kostenlos!). Kolmanskuppe, kurz vor der „Bucht", ist ein Paradies für Maler und Fotografen. Das (ehemalige) Diamantensperrgebietgebiet nördlich und südlich der Hafenstadt kann auf geführten Touren, teilweise allerdings nur mit Spezialpermit, da es noch diamantenverdächtig ist, besucht werden. Im Ort selbst gibt es alle Versorgungsmöglichkeiten, denn es hat seinen Dornröschenschlaf aus den 50er Jahren überwunden: Es werden Langusten gefangen, im Mai gibt es ein Langustenfest, Ager-Ager wird geerntet, von hier aus laufen die Diamantenschiffe von CDM aus und saugen den Meeresboden und die Felsnischen auf der Suche nach den letzten Diamanten ab, die der Oranje einst von Kimberley herunter schwemmte. Ob die Langusten das wiederum überleben werden? In der Umgebung kann man Achate und Sandrosen finden, die Reste einer Walfangstation aufsuchen, eine Tour mit einem Katamaran zu den vorgelagerten Inseln entlang der Küste buchen, außerdem bietet der Ort selbst viel historische Nostalgie mit seinen bunt herausgeputzten Kolonialgebäuden. Vor allem das alte Woermannhaus und die Felsenkirche zeugen von dem ersten Boom der Stadt zu Beginn des 20.Jahhrunderts dank der Diamantenfunde. Mit einer kleinen Waterfront ist auch das touristische Angebot modernisiert worden. Camping am Diazkreuz – errichtet 1488 – unterhalb des Leuchtturms ist besonders für Kinder attraktiv, können sie doch auch in einem alten Boot übernachten und im kalten Meer mit Delphinen schwimmen.(P74)

Literatur:

- ☞ siehe: „Namibia": Reisen im Süden S. 581 – 592, Sossusvlei S. 567, Naukluft-Gebirge S. 573, Lüderitz S. 618f
- ☞ siehe Gesichter & Geschichten: Die kalte Namibküste: Nicht nur Wüste und nicht nur Natur (oder die Produktion von Diamanten), S. 84-93
- ☞ Manfred Goldbeck & Telané Greyling, wild horses in the Namib Desert, Windhoek 2012

Region P - Südwesten

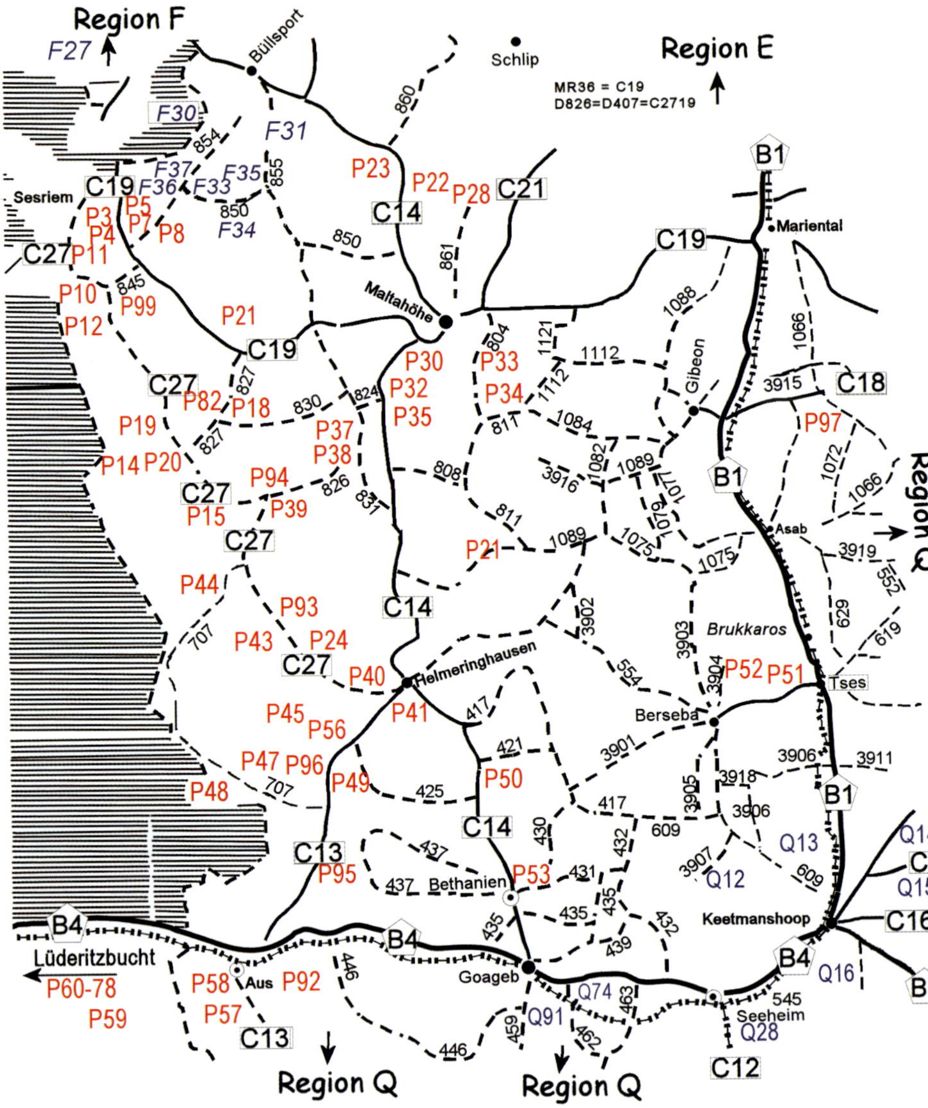

Lüderitz = Lüderitzbucht = !Nami!nûs

Region P

P1 Sossusvlei Lodge (in Sesriem)
P2 Sesriem Rest Camp (in Sesriem)
P3 Kulala
P4 Le Mirage Lodge
P5 The Desert Homestead & Horse Trails
P6 Desert Camp (in Sesriem)
P7 A Little Sossus Lodge
P8 Betesda Lodge & Camping
P10 Namib Sky Camp (Mwisho Camp)
P11 Sossusvlei Desert Lodge
P12 Wolwedans Collection
P14 Namib Rand Family Hideout
P15 Tolou´s Lodge
P18 Nubib Nature Camp)
P19 Wereldsend
P20 Tok Tokkie Trails
P21 Hammerstein Lodge
P21 We Kebi Jagdcamp
P22 Urusis
P23 Nomtsas
P24 Aubures Camping
P25 Maltahöhe Hotel (in Maltahöhe)
P26 Pappot (in Maltahöhe)
P28 Farm Wildpark
P30 Namseb Lodge
P32 Spitzkoppe Castle Guestfarm
P33 Kachauchab
P34 Nanania Safari Ranch
P35 Burgsdorf Goat & Guestfarm
P37 Schloß Duwisib
38 Duwisib Guestfarm
39 Betta´s Camping Site
40 Lovedale Farm Holidays
41 Helmeringhausen Hotel (in Helmeringhausen)
42 Dabis Guest Farm
43 Sinclair
44 Farm Kanäan
45 Fest Inn Fels
45 Ranch Koiimasis
47 Namtib Biosphere Reserve
48 Gunsbewys
P49 Tiras
(P50 Konkiep Lapa Restcamp)
P51 !Ganigobis
P52 Brukkaros Camp
P53 Bethanie Hotel (in Bethanien)
(P54 Bethanie Motores (in Bethanien))
P56 Weißenborn
P57 One Stop Aus Namib Garage (in Aus)
P58 Bahnhof Hotel Aus (in Aus)
P59 Klein Aus Vista Accommodation
P60 Obelix Village Guest House (in Lüderitzbucht)
P61 Backpackers Lodge Lüderitz (in Lüderitzbucht)
P62 Bay View Hotel (in Lüderitzbucht)
P64 Hansa Haus Gästehaus (in Lüderitzbucht)
P65 Haus Sandrose (in Lüderitzbucht)
P67 Kapps Hotel (in Lüderitzbucht)
P68 Protea Hotel Seaview Zum Sperrgebiet (in Lüderitzbucht)
P69 Kratzplatz (in Lüderitzbucht)
P70 Lüderitz Nest Hotel (in Lüderitzbucht)
P71 Shark Island Resort (in Lüderitzbucht)
P72 Zur Waterkant (in Lüderitzbucht)
P73 Ocean Café B&B (in Lüderitzbucht)
P74 Diaz Point (bei Lüderitzbucht)
P76 Island Cottage (in Lüderitzbucht)
P77 Krabbenhöft & Lampe Guest House (in Lüderitzbucht)
P78 Villelodge (in Lüderitzbucht)
P80 Sossus Dune Lodge (in Sesriem)
P81 Oa Hera Namib Backpackers (in Maltahöhe)
P82 Nubib Guest Farm
P84 Sossus Oasis Campsite (in Sesriem)
P92 Farm Aar
P93 Barby Guest Farm
P94 Drifter´s Desert Lodge
P95 Tirool
(P96 Nabibis (Tiras))
P97 Goamus
P98 //Hai-Sores Campsite (in Maltahöhe)
P99 Nubib Mountain

Region F auf der Karte

F27 Namib Desert Lodge
F30 Naukluft Camping Site
F31 Haruchas
F33 Tsauchab River Camping
F34 Zebra River Lodge
F35 Neuras Estate
F36 Hauchabfontein
F37 Naukluft View Tented Camp

Region G auf der Karte

Q12 Snyfontein
Q13 Garas Quivertree Park
Q14 Quivertree Forest Rest Camp
Q15 Mesosaurus Fossil Site & Quivertree Adorite Park
Q16 Lafenis Natuuren Ruscamp
Q28 Seeheim Hotel
Q74 Flugsand Camping
Q91 Alte Kalköfen Lodge

Deutsch-Namibische Gesellschaft e.V.

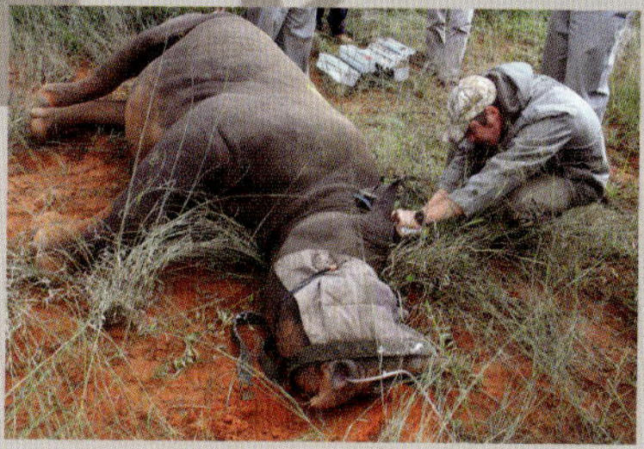

Die Deutsch-Namibische Gesellschaft (DNG) hat ca. 2.000 Mitglieder und Förderer. Wir pflegen die Beziehungen zwischen Deutschland und Namibia auf verschiedensten Gebieten:

> Soziale Hilfe und Bildungsprojekte in Namibia
> Jugend- und Kulturaustausch
> Förderung von Deutsch als Fremdsprache
> Herausgabe des Namibiamagazins
> Natur- und Umweltschutz
> Veranstaltungen und Seminare zu Namibia

Mit einer Mitgliedschaft tragen Sie aktiv zur Völkerverständigung bei, unterstützen sinnvolle Projekte in Namibia, können andere Namibia-Fans treffen und befinden sich in bester Gesellschaft.

www.dngev.de

Deutsch-Namibische
Gesellschaft e.V.
Sudetenland-Str. 18
37085 Göttingen
www.dngev.de

!Ganigobis (P51)

[Kommunales Camping] 16km nordwestl. Tses / Anfahrt: B1, D3921 am Fish River Plätze $ (2013) 60N$ pP 15m hoher Wasserfall, heiße Quelle

//Hai-Sores Campsite (P98)

[Kommunales Camping] Maltahöhe, Westausgang C19, Ende der Teerstraße (Nama) 6 Plätze, Schättendächer, Picknickplätze, 2 Waschhäuser $ 60N$ pP Shop mit Take Aways

A Little Sossus Lodge (P7)

[Lodge][Camping] 35km südöstl. Sesriem / Anfahrt: C27=D826 (95km), C19=MR36 (27km), Kreuzung D854, Farm Witwater 139 LeRoux Germishuizen Maltahöhe P.O.Box 1002 063-683108 081-6202800 088-633904 10 Plätze weit auseinander mit "Haus", mit Küche+Braai Areal, Strom $ (2012) 100N$ pP 15 DZ-Bungalows, 4 Familien -Bungalows (4P) $ (2012) B&B 975N$ pP (Dinner 230N$) Spa Wandern Restaurant, aber nur für Lodgegäste; Dinner 195N$ / für Camper: Farmstall Wlan / Wäscheservice, Reifenreparatur keine Hunde: "auf keinen Fall" Springbock, großer Kudu, Oryx, Tüpfelhyäne, @ info@littlesossus.com.na # www.littlesossus.com auch Logufa

Alte Lodge (P73)

[Gästehaus] Lüderitzbucht, Mabel Street Beate (Deutsch) 081-1243060 $ (2013) DBB 500N$ pP früher Ocean Café B&B Garten mit Palmen italienische Küche, große Weineliste Wlan / Wäscheservice / Trockner @ alte.lodge@gmail.com

Aubures Camping (P24)

[Farm][Camping] 55km nordwestl. Helmeringhausen / Anfahrt: C27, Schild 5km Farmpad, auf der Farm Aubures Adrienne & Jörn Miller (Englisch, Deutsch) Helmeringhausen P.O.Box 25 063-683314 6 Plätze / 1,5km vom Farmhaus $ (2012) 75N$ pP Schaf- und Rinderfarm / Kiwi, Fama Hoodia gordoniie Kultivation geführter 4X4 Trail 70km rollstuhlfreundlich HausT ok Klippspringer, Springbock, Steinböckchen, großer Kudu, Oryx, Gepard, Leopard, Strauß, von Trummi Campern empfohlen @ amiller@iway.na

Backpackers Lodge Lüderitz (P61)

[Back-Packer][Camping] Lüderitzbucht, Schinzstr. 7 / ab Mai in der Ringstr Marie Schmidt Lüderitzbucht P.O.Box 142 063-202000 063-2020704 081-2612174 4 Plätze $ (2012) 70N$ pP 2DZ, 1FZ, 2Schlafsäle 7-8P/ SC mit Voki $ (2012) DZ 250N$, FZ 380N$, Schlafsaal 100N$ pP sicheres Parken für Trucks Tischtennis SC Waschmaschine 1Z rollstuhlfreundlich HausT auf Anfrage @ luderitzbackpackers@hotmail.com

Bahnhof Hotel Aus (P58)

[Hotel] Aus, Lüderitzstr. 20, Stadtmitte Astrid Gamperl (manageress), Fam Roemer (owner) (Englisch) Aus P.O.Box 2 063-258091 063-258092 081-235673 21DZ, 1FZ / 1 Rollstuhlzimmer (44Betten $ (2012) B&B: EZ 710N$, DZ 605N$ pP FZ 605N$ pP / K3-11 300N$ / Tourguide B&B 265N$ in der Nähe: Gefangenenlager Aus 2.Weltkrieg typisches alte Bahnhofshotel, 1906 erbaut, 2007 renoviert / Namib Huib Plateau Conservation Area wilde Pferde, Karoosukkulenten, endemisch Fauna und Flora bei den Granite Koppies beste Zeiten: Nach dem Regen Mai-Juni und August-Sept. / Chor auf Anfrage Sundowner & Historien Touren, Tour zum Huib Plateau Park Restaurant à la carte, Lunchpakete, Biergarten (B 80N$, L 85N$, D 145N$, <5P 155N$) K2-11 50% / Curio Shop / Wlan 1Z behindertengerecht sehr gut renoviert @ bahnhof-hotel-aus@iway.na # www.hotel-aus.com auch Kai-Kon Reservations

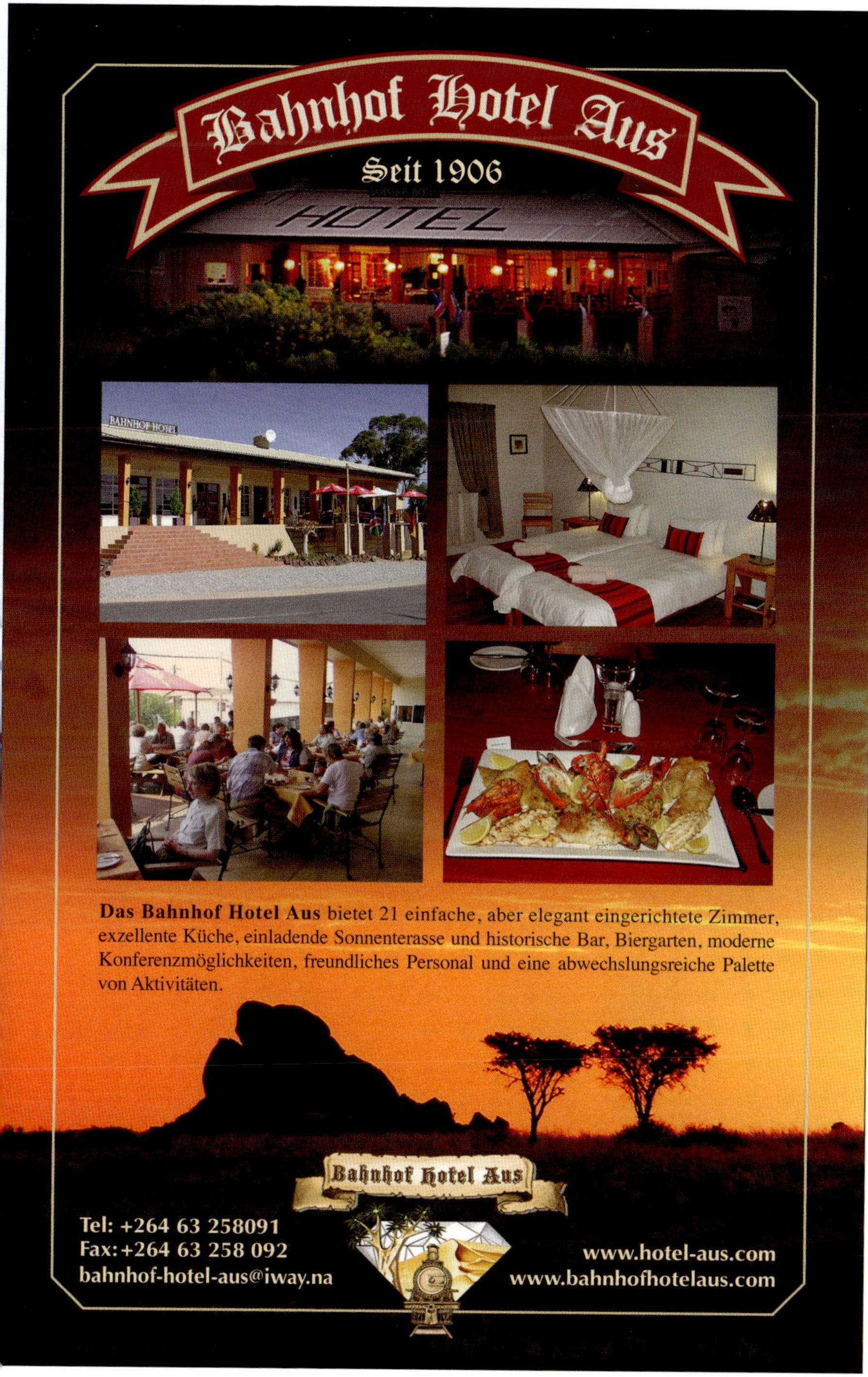

Bahnhof Hotel Aus
Seit 1906
HOTEL
BAHNHOF HOTEL
Das Bahnhof Hotel Aus bietet 21 einfache, aber elegant eingerichtete Zimmer, exzellente Küche, einladende Sonnenterasse und historische Bar, Biergarten, moderne Konferenzmöglichkeiten, freundliches Personal und eine abwechslungsreiche Palette von Aktivitäten.
Bahnhof Hotel Aus
Tel: +264 63 258091
Fax: +264 63 258 092
bahnhof-hotel-aus@iway.na
www.hotel-aus.com
www.bahnhofhotelaus.com

Barby Guest Farm (P93)

[Gästefarm][Farm][Camping] 32km nördl. Helmeringhausen / Anfahrt: C27, 500m Farmpad David & Penny Schotte / Marilyn Campbell (Englisch) Helmeringhausen P.O.Box 16 081-6128359, Tochter: 081-3149640 3 Plätze unter Bäumen $ (2012) 85N$ 4 Chalets à 4Betten $ (2012) Bett: 255N$ pP, B&B 297N$ pP, Hp 348N$ pP ⓘ Rinderfarm / Tagesgäste willkommen / Jagd Barby: Stadt in Ostdeutschland Wandern Restaurant (set menue) / Bar: "BAR B BAR" / Braaipacks ein Chalet rollstuhlgerecht HausT ok Springbock, großer Kudu, @ malliecam@hotmail.com # http://barbyguestfarm.com/

Bay View Hotel (P62)

[Hotel] Lüderitzbucht, Diaz-Str. Cheryl Korff (Englisch, Portugiesisch) Lüderitzbucht P.O.Box 100 063-202288 063-202402 081-1280780 (Regina) Plätze am Diaz Point P74 22Z (alle Räume offen zum Pool) $ (2013) B&B: EZ 560N$, DZ 810N$, TZ 1.200N$ / S10% / K5-12 300N$ ⓘ Kiwi: Kinderpool, Kiddiesmenü / siehe auch Diaz Point P74 Leuchtturmwärterhaus Mountainbike, "Skiboat"-Trips zu den Inseln (eigener Skipper) Restaurant à la carte (F 55N$, dinner Set-Menü 120N$, Lunchpakete 55N$) / auch für Vegan/Vegetarier / Take Away Kiosk Wlan HausT ok, erhalten ihr eigenes Bett, auf Anfrage @ bayview@iway.na, reservations@luderitzhotels.com # www.luderitzhotels.com

Burgsdorf Goat & Guestfarm (P35)

[Farm][Gäste][Camping] 27km südwestl. Maltahöhe / Anfahrt: C14 nach Süden (15km), Schild 12km Farmpad Delese Rossouw (Afrikaans) Maltahöhe P.O.Box 146 063-293200 063-683140 081-1286772 Plätze auf Anfrage am alten Haus 10DZ + 1 GuideZ, aircon $ (2013) B&B: EZ 675N$, DZ 930N$ / Zusatzpreise:

Ziegenturm

Sundowner 45N$ pP, Game-Drive 75N$ pP ⓘ Rinder+Ziegenfarm einheimische Ziegenkollektion, ***Ziegenturm von Fair View nachgebaut / 2 zahme Geparden*** / 1 zahmer Springbock / alte Polizeistation / traditionelle Potjiekos mit Namatanz und Namachor Wandern, Reiten, Vogelbeo., Sandgrouse Beobachtung frühmorgens / Quadbike / warmer Pool // ***Zentrum für Paragliding (vom Schwarzrand) & Hanggliding (=Drachenflug)*** Frühstück 65N$ Dinner Buffet Haustiere beim Camping ok Bleßbock, Kuhantilope (Hartebeest), Springbock, Eland, Oryx, Warzenschwein, Giraffe, Steppen-Zebra, Berg-Zebra, Strauß, viele Vogelarten empfehlenswert / ausgesprochen schöner Garten / cooler Familienbetrieb @ bookings@burgsdorf.org, bemoreson@mweb.com.na # www.burgsdorf.org

Betesda Lodge & Camping (P8)

[Rastlager][Camping] 40km südöstl Sesriem / Anfahrt: C27=D826 (5km) nach Norden, MR36=C19 (27km), D854 (5km) Leny & Tony Rust (Afrikaans) Windhoek P.O.Box 9385 063-693253 063-693252 15 weitläufige Plätze unter Bäumen $ (2012) 80N$ pP 23TwZ = 50P (FZ= 3E + 2K) / aircon $ (2012) B&B: EZ 835N$, DZ 630N$ pP / Hp: EZ 995N$, DZ 795N$ pP/ K4-7 50% / Zusatzpreise: Sundowner 150N$ pP Kiwi zahme Tiere: Oryx & Springbock Reiten (130N$ pH) / Quadbike (370N$ pP pStd) Lunchpakete 65N$ [75N$], Dinner Buffet 130N$ [160N$] HausT sehr willkommen betesda@iway.na #www.betesdalodge.com eden travel

Bethanie Hotel (P53)

[Hotel][Camping] Bethanien, Chief C Friederick Ave 137 Carin Bester (Afrikaans) Bethanien P.O.Box 13 063-283013 063-283071 081-7504159 4 Plätze mit Schatten, Strom $ (2012) 80N$ pP 32 Betten, 9DZ aircon $ (2012) B&B: DZ 300N$ pP renovierter Originalbau von 1880 / Bethanien ist die älteste Ansiedlung von Namibia, älteste Kirche, Schmelenhaus Restaurant Setmenü, Biergarten HausT ok bestbed@iway.na, mcbester@iway.na

Bethanie Motors (P54)

{zur Zeit zu}[SC-Flat][Camping] Frans Smit (Afrikaans) Bethanien P.O.Box 173 063-283055 081-1275594 088-617713 Plätze 4DZ mit Vokü, WoZ ehemals Bethanie Outfitters & Motors / 2013: noch beim Renovieren Coffeeshop mit Bäckerei, Fleischerei, Supermarkt Tankstelle, Garage, Reifenwechsel (Frans Smid: "Thor Construction") rollstuhlfreundlich HausT ok smitelek@iway.na

Betta´s Camping Site (P39)

[Farm][Camping][SC] 100km südwestl. Maltahöhe / Anfahrt: C14 nach Süden (19km), D824, D831, D826=C27 Kreuzung D407 Betsy Vermeulen (Englisch) Maltahöhe P.O.Box 107 081-1284419, 081-4773992 088-631720 4 Plätze mit Schatten, Lapa, Strom 24h $ (2012) 80N$ pP 4 SC-Cottages 2P + 2 SC-Cottages 4P $ (2012) B&B 250N$ pP, Hp 350N$ pP / SC 200N$ pP / K12 50% Rinderfarm (auf der Farm Betta, Maltahöhe) / Tagb. ok Mahlzeiten auf Anfrage (Dinner 100N$, Frühstück 50N$) / Grillfleisch, Kiosk für Lbm Tankstelle mit Diesel/Benzin tagsüber, wenn der Generator läuft rollstuhlfreundlich HausT sehr ok Empfehlenswert: ein nützlicher, reeller Übernachtungsplatz, gut aufgeräumt, sehr gute Sanitärblöcke auch für Tagesgäste betta@iway.na #www.-bettacamp.net

Brukkaros Camp (P52)

[Kommunales Camping] 12km nördl. Berseba / Anfahrt: D3904 Richtung Brukkaros, Schild, 8km Gravelroad Community of Berseba / Ms. Kooper (Kontaktperson) (Nama/Damara) 063-257033 063-257045 4 einfache Plätze / Buschklo / 4 Plätze oben am Kraterrand nur mit 4X4 / ohne Wasser $ (2013) 60N$ pP Steiler Aufstieg zum Kraterrand auf der 4x4 Spur bis zum oberen Camp (2 Std Aufstieg) / vom oberen Camp 45min lohnender Fußweg in den Krater, Tagestour bis zu dem Kraterrand und dem ehem. Smithonian Insitute Wasser nur im unteren Camp

Burgsdorf Goat & Guestfarm (P35)

siehe Seite 400

Dabis Guest Farm (P42)

[Farm][Gäste][SC] 10km nördl. Helmeringhausen / Anfahrt: C14 nach Norden (10km), Schild 7km Farmpad Michelle & Jörg Gaugler (Deutsch) Helmeringhausen P.O.Box 7 081-3108902 7DZ (6 können zu Familienzimmer gemacht werden), 2DR nicht ensuite $ (2013) Hp: TZ 2.880N$, DZ 1.920N$, EZ 1.140N$ / K5-9 480N$ / Zusatzpreise: Farmdrive Holistic

Farming: Karakulzucht, Merino-Schafe, Angora-Ziegen, Strauße / geschlossen im Dezember / Voranmeldung nötig / Tagbes für Farm Informationstouren willkommen / Kiwi (Hunde&Katzen, Ziegen, Hühner&Gänse) Klettern möglich (min 2 Tage Aufenthalt) / Michelle ist Illustratorin von Kinderbüchern Farmleben: Information über Schafzucht, neue Schafart für Namibia + Europa, Wüstenökologie Informationen / Wanderwege / Tennisplatz Lunchpakete auf Anfrage / SC möglich Klippspringer, Springbock, Steinböckchen, großer Kudu, Warzenschwein, Löffelhund, Erdwolf, Kaphase, viele Vogelarten @ gaugler@farmdabis.com, gaugler@farmdabis.com # www.farmdabis.com Ursula Bader, P.O.Box 6213, Windhoek, Tel. 061-232300, Fax 061-249937 / photographer@mweb.com.na

Desert Camp (P6)

[SC-Zeltlodge] Sesriem, 5km vom Eingang zum Namib Naukluft National Park von Sossusvlei Taleni Africa Tourism Holdings, Karl-Heinz Oosthuizen (manager) (Afrikaans (Deutsch)) 063-693223 063-693231 12 Plätze siehe Sossus Oasis Camp P84 20 SC-Zelte auf Fundament: 1DZ mit VoKü + 2 Kinderbetten $ (2013) Low: Dec, Jan-Jun: SC: EZ 880N$, DZ 585N$ pP / B&B: EZ 975N$, DZ 680N$ pP / Hp: EZ 1.205N$, DZ 910N$ pP // High Jul-Nov: SC: EZ 1.017N$, DZ 646N$ pP / B&B EZ 1.112N$, DZ 741N$ pP / Hp EZ 1.342N$, DZ 941N$ pP // guide EZ 666N$, DZ 422N$ pP gehört zur Sossusvlei Lodge Wüstenhochzeit siehe Sossusvlei Lodge Buschdinner / Lbm werden geliefert auf Bestellung (Starterpack) Tankstelle rollstuhlfreundliche Zimmer möglich keine HausT Springbock, Oryx, Steppen-Zebra, Strauß, schöne Lage, frühzeitig buchen @ adventure@sossusvleilodge.com # www.desertcamp.com Taleni

Desert Homestead & Horse Trails (P5)

siehe „The Desert Homestead & Horse Trails (P5)" S. 422

Diaz Point (P74)

siehe Seite 403

Drifter´s Desert Lodge (P94)

[Camping][Lodge] 102km südl. Sesriem / Anfahrt: C27=D826, 7km Farmpad Lee & Murray Tindall (manager) (Englisch (Deutsch)) 063-683512 10 überdachte Plätze in einem Tal $ (2013) 200N$ pP, K16 120N$ 6 TwZ (=12P) $ (2013) Hp: EZ 1.250N$, DZ 1.000N$ pP inkl. Game+Nachtdrives Wildfarm / Kiwi / Fama / Rauwi / Tagb. ok kleines beleuchtetes Wasserloch beim Farmhaus geologische Ausflüge, Farmdrives, Wanderungen möglichst viele Farmprodukte kein Handyempfang, kein Internet rollstuhlfreundlich (Duschen sehr groß) keine HausT Springbock, großer Kudu, Oryx Löffelhund, Erdwolf, Strauß, Eulen, Zorilla (gstreifter Marder) @ desertlodge@greenfire.co.za

Duwisib Guestfarm (P38)

siehe Seite 404

Eagle`s Nest (P59)

siehe „Klein Aus Vista Accommodation (P59)" S. 407

Farm Aar (P92)

[Farm][Gäste][SC] 30km östl. Aus Anfahrt: B4 nach Osten, 15km Farmpad nur 4X4, Farm 16, südl. Barbara & Bruno Boehm 063-683100 063-38310 altes Farmhaus als SC 2DZ + 1 DZ in extra Gästehaus $ (2012) SC 1.100N$ Gästehaus: 550N$ pP / Zusatzpreise: Touren Felszeichnungen 140N$ pP, Precambria Fossils 180N$ pP nur mit Anmeldung da Farmtor verschlossen Versteinerungen vor der Gondwanda-Zeit, älter als Versteinerungen bei Messosaurus (Q15) (siehe www.tournamibia.net/content/farm-aar-geo-park--palaeontological-treasure-house) Dinner (140N$) @ info@aar-industries.com

Diaz Point (P74)

▲ [SC Ferienhaus][Camping] Lüderitzbucht, Diaz Point Bay View Hotel - Regina Korff (Englisch (Portugiesisch)) ✉ Lüderitzbucht P.O.Box 100 ✆ 060-8066966, 063-202288 081-1280780 Λ 4 Plätze + Schlafplatz in einem "gestrandeten" Schiff auf dem Campingplatz für 2P

$ (2012) 90N$ pPlatz + 55N$ pP 1 SC-Haus max 12P mit Solarlicht, einfache Küche im ehemaligen Leuchtturmwärterhaus $ (2013) 250N$ pP ⓘ Schlüssel beim Coffeeshop / siehe Bay View Hotel historisches Diaz Kreuz SC, Coffeeshop gleich daneben HausT ok Pinguin, Delphin, Flamingo, Schakal, Robben sehr empfehlenswert: Geisterhaus am Nebelstrand: tolle Lage direkt am Diaz-Keuz / Küche für 12P etwas zu klein. Ideal für Hunde / Boot: intensiver Eigengeruch, steile Leiter @ bayview@iway.na, reservations@luderitzhotels.com # www.diaz-point.com

Duwisib Guestfarm (P38)

▲ [Farm][Gäste][Camping][SC] 80km südwestl. Maltahöhe / Anfahrt: C14 Richtung Süden, D824, D831, D826=C27 (27km) ☞ Christian Frank-Schultz, Lilly & Jochen Frank-Schultz, (Deutsch) ✉ Maltahöhe P.O.Box 21 ✆ 063-293344 081-3543619 088-632619 Δ 5 Plätze an verschiedenen Stellen $ (2012) 90N$ pP, K12 50% 2 SC Bungalows (4-8 Betten + 2-Bett), VoKü / 3 DZ im Farmhaus $ (2012) Farm Haus: Hp: EZ 760N$, DZ 640N$ pP, TZ 550N$ pP // SC: 2-Bett: 580N$, 4-8Bett: 1.090N$ (4P), 1.520N$ (6P), 1.900N$ (8P) // K2-12 120N$ discount pKind ⓘ Rinder&Ziegenfarm, Pferdezucht / Kiwi ♛ neben dem *Schloß Duwisib* Nature Drives (bitte buchen) Imbißstübchen neben dem Schloß mit Kaffee und Kuchen / Mahlzeiten auf Anfrage: Frühstück (100N$), Dinner (150N$) Namibischer Apfelkuchen wurde hier zuerst gebacken keine HausT Strauß, empfehlenswert: einfache Unterkünfte auch mit SC auf weitem Gelände / gute Informationen vom Farmer / gutes Essen / gutes Kunsthandwerk @ duwisib@iway.na # www.farmduwisib.com

Farm Kanäan (P44)

▲ [Camping][Guest House] 90km nordwestl. Helmeringhausen / Anfahrt: C27, D707, Schild 8km Farmpad ☞ Hermi Strauss (Afrikaans) ✉ Keetmanshoop P.O.Box 35 ✆ 063-683119 Δ Camp 707 einfach: unter Bäumen in den Dünen (Ankunft nach 14:00, Abfahrt vor 10:00) $ (2012) Camp 707: 300N$ pSite +100N$ pP, max 6P, K12 50% 3DZ, 2EZ / / auch SC $ (2012) Hp: EZ 1.075N$, DZ 870N$ pP / Inkl. Buchung: EZ 1.775, DZ 1.515N$ = Vp+Getränke+Farmdrive, Sundowner-Fahrt / 2013 plus 10% / Zusatzpreise: Dünendrive 485N$ pP, geführte Fotofahrt 365N4 pStd.+7,5N$ pKM ⓘ direkte Farmpad zwischen Kanäan und Sinclair / bitte Voranmeldung mit Email / Farmverbund: www.afrikatraum.com ♛ Wildfarm, am Rande der Tirasberge / Strauße am Haus Dünenfahrten / Wandern Spezialkost / Essen auch für Tagb. / Biltong ♿ 1 Z rollstuhlfreundlich keine HausT Springbock, Oryx, Tüpfelhyäne, Strauß, Vögel, Eulen @ hermi@kanaannamibia.com # www.kanaannamibia.com, www.traumfarm.com

Farm Wildpark (P28)

▲ siehe Seite 405

Fest Inn Fels, Farm Lodge (P45)

▲ [Lodge] 67km westl. Helmeringhausen / Anfahrt: siehe Ranch Koiimasis ☞ Roland Drenkmann (manager) (Deutsch) ✉ Helmeringhausen P.O.Box 14 ✆ 063-683247 4DZ $ (2012) Hp: EZ 1.380, DZ 995N$ / K2-12 520N$ / Tourguide 435N$ / Zusatzpreise Westernstyle Reiten / alle Farmdrives ⓘ auf der Farm Koiimasis, Aktivitäten siehe Ranch Koiimasis (P45) Restaurant (B 90N$, L (Set Menue) 80N$, D 185N$), Lunchpakete 80N$ keine HausT @ fifkoiimasis@gmail.com # www.namibia-farm-lodge.com 📖 auch Logufa

Ganigobis (P51)

ⓘ siehe !Ganigobis vor A (P51)

Farm Wildpark (P28)

[Farm][B&B][Camping] 35km nördl. Maltahöhe / Anfahrt: D861, 26km Schild Heidi & Barnie Roos (Afrikaans, Deutsch) Maltahöhe P.O.Box 116 081-3203601 3 Stellplätze am Stausee mit Hochsitz, 3km vom Haus entfernt / Küche $ (2012) 80N$ pP 4DZ $ (2012) Hp DZ 455N$ pP ⓘ Rinder-, Ziegen- & Wildfarm Wasserloch / Farm der *„Tausend Springböcke" (inzwischen 3.000!)* Essen auf Anfrage für Camping Gäste, Lunchpakete rollstuhlfreundlich Vögel ok, weil die 7 eigenen Hunde keine Vögel mehr jagen, aber Katzen. Hunde beim Camping ok. Bleßbock, Kuhantilope (Hartebeest), Springbock, Steinböckchen, Oryx, Warzenschwein, Berg-Zebra, Keine Preiserhöhung seit 2008!!!!! @ wildpark@africaonline.com.na, info@farm-wildpark.com # www.farm-wildpark.com Tel&Fax 061-239213

Goamus (P97)

[Kommunales Camping] 75km südl. Mariental / Anfahrt: B1, nach Westen C18 (32km), D1066 (7km), Schild, West auf Farmpad (4X4 empfohlen) einfache Plätze $ (2013) 60N$ pP historisches Platz: Versteck der Witboois im Gebirge beim Aufstand gegen die "Schutztruppe"

Gunsbewys, Farm (P48)

siehe Seite 406

Hammerstein Lodge (P21)

siehe Seite 407

Haus Sandrose (P65)

[SC Ferienwohnung] Lüderitzbucht, Bismarckstr. 15 Linda & Erich Looser (Deutsch (Spanisch)) Lüderitzbucht P.O.Box 109 063-202630 063-202365 SC-Wohnungen: "Große Bucht": 1 TwZ, WohnZ, Vokü / "Kleine Bucht": 1TwZ, Kitchenette / Große + Kleine verbunden durch eine Tür = FamilienZ / "Bogenfels": 1TwZ, Vokü, BadeZ / "Halifax": 1TwZ, Kitchenette, BadeZ $ (2013) Große/Kleine Bucht: 1-2P 335N$ pP, 3-4P 260N$ pP / Bogenfels 1P 440N$, 2P 620N$ / Halifax 1P 440N$, 2P 620N$ // 10% Diskount auf jede weitere Nacht, maximum 30%. ⓘ 24 Std Parkwächter für Autos auf der Straße windgeschützter Innenhof / "Internetecke" zu Telefonpreisen nur SC / Grillmöglichkeit Wlan, Waschm. keine HausT sehr zu empfehlen: gut ausgestattete Küche, ruhig & geschützt, nette Atmosphäre @ haussandrose@iway.na # www.haussandrose.com

Helmeringhausen Hotel (P41)

siehe Seite 408

Hoodia Desert Camp (P21)

ⓘ siehe „Hammerstein Lodge (P21)" S. 407

Hudup Camping Site (P33)

ⓘ siehe „Kachauchab (P33)" S. 406

Island Cottage (P76)

[SC cottages] Lüderitzbucht, Einfahrt zur Haifischinsel, neben dem Campingplatzes Retha & Pierre Calitz (Afrikaans) Lüderitzbucht P.O.Box 1006 063-203626 063-204113 081-2922984 3 Cottages (seagull 3-4P, Pinguin 4P, Flamingo 4P) Vokü / max 10P $ (2012) DZ 260N$ pP, EZ 520N$, Extrabett 80N$ Wlan / Wäscheservice Erdgeschoß rollstuhlfreundlich @ retha.c@mweb.com.na

Gunsbewys, Farm (P48)

▲ [Gäste][Camping][SC] 80km südwestl. Helmeringhausen / Anfahrt: C13, D707 (29km) ☞ Gertrud Gräbner (Deutsch) ✉ Helmeringhausen P.O.Box 42 ✆ 063-683053 Λ 2 schattige Plätze, einfache Dusche + Plätze auf Numis (Farm Weißenborn) in einer Schlucht $ (2012)

100N$ pP 3 DZ im Gästehaus SC mit Dusche und Küche (keine 220V) $ (2012) 255N$ pP SC / Lux zelt 200N$ pP ⓘ Tagb. willkommen (bitte Picknick mitbringen, Cool Drinks erhältlich) / Fama, Kiwi: Sandkasten: in den roten Dünen Tirasberge / Dünenfahrten bei de Vaal (Nachbarfarm Excelsior) Ausstellung über Fauna & Flora der Namibia, gute Bibliothek / Spaziergänge in den Bergen und Dünen / Farmdrive 7N$ pKm Essen auf Anfrage (B 100N$, D 150N$) HausT ok Oryx, Warzenschwein, Löffelhund, Wüstenluchs (Karakal, Rotkatze), Strauß, Singhabichte empfehlenswert, vor allem die Dünentour/ In Abwesenheit von G. Gräbner kümmern sich die Angestellten um den Gast. @ grabnergertrud@gmail.com #www.tirasmountains.com Kidogo Safaris siehe Anzeige S. 407

Kachauchab (P33)

▲ [Farm][nur Jagd][Camping] 32km südöstl. Maltahöhe / Anfahrt: C19, D804 (20km) ☞ Christian Otto (Deutsch) ✉ Maltahöhe P.O. Box 95 ✆ 063-293512 063-293526 088-617811 Λ Hudup Campingplatz am Rivier, Palmen / Plattform $ (2012) 100N$ pPlatz 2DZ $ (2012) Jagdtag 1:1 180€, 2:1 160€, 3:1 130€, Ruhetag, Begleitperson 1:1 70€, 2:1 50€, 3:1 30€ / 7 Tage incl. 1:1 2050€, 2:1 1.900€, 3:1 1.760€ ⓘ Kiwi, Spielplatz / Fama / Bogenjagd zweite Farm Karichab: Olivenbaumhaine Angeln, 4X4 Route, Quadbike / 45km Hiking Trail durch den Hudup Canyon Bleßbock, Weißschwanzgnu, Springbock, großer Kudu, Oryx @ ottojagd@iway.na #www.namibia-hunter.de

Kanäan (P44)

ⓘ siehe „Farm Kanäan (P44)" S. 404

Hammerstein Lodge (P21)

⅄ [Rastlager][Camping][SC] 100km westl. Maltahöhe / Anfahrt: C14, C19 (88km), nach der D827 Schild // 65km nach Sesriem ☞ Gerty & Anton Porteus, Mattheu (shareholder) (Afrikaans) ✉ Maltahöhe P.O.Box 250 ✆ 063-693111 & 063-683321 Hoodia Desert Camp 063-693112 Δ 3 Plätze $ (2014) 120N$ pP / K7-12 50% Chalets und Gästehaus: 56 Z davon 5 SC-Bungalows / Hoodia Desert Camp, 12 DZ Chalets am Tsauchab $ (2012) B&B: DZ 580N$ pP, EZ 680N$, TZ 520N$ pP, K12 50% / SC 290N$ pP Hoodia: Hp 900N$ pP K3-12 450N$ / Zusatzpreise: Game Drive 250N$ pP / sundowner drive 160N$ ⓘ zahmer Springbock+Oryx Buschmannzeichnungen / Konzert von den Angestellten Wanderungen, Vogelbeo. / *„Catwalk" zu 1 Leoparden, zu 2 Geparden und 4 Caracals* (80N$ pP für Besucher, 60N$ für Gäste) / Quadbike Restaurant (B 75N$, D 155N$) / Coffeebar mit Tee, Kaffee, Kakao umsonst auch für Besucher ok (aber Vorsicht: zahmer Springbock) Bleßbock, Kuhantilope (Hartebeest), Springbock, großer Kudu, Oryx, Steppen-Zebra, Gepard, Leopard, Wüstenluchs (Karakal, Rotkatze), Strauß, catwalk ist lohnend @ hammerst@hammerstein.com.na # www.hammerstein.com.na

Kapps Hotel (P67)

⅄ [Hotel] Lüderitzbucht, Bay Road 218 ☞ Dawn & Peter Kittel (Deutsch) ✉ Lüderitzbucht P.O.Box 218 ✆ 063-202345, 063-203556 063-203555 10DZ+3EZ+1FZ $ (2012) B&B: EZ 350N$, DZ 570N$, K12 frei altes deutsches Gebäude Restaurant à la carte, Biergarten / Bar sehr schöne Webseite!! @ kapps-hotel@iway.na # www.kappshotel.com

Klein Aus Vista Accommodation (P59)

⅄ [Lodge][Camping][SC] 2km westl. Aus / Anfahrt: B4, 2km Schild / Farm Klein Aus ☞ Piet Swiegers (owner) / angeschlossen an Gondwana Collection ✉ Aus P.O.Box 25 ✆ 063-258116 063-258116 Δ 10 Plätze, 1km vom Haus entfernt // Geisterschlucht Cabin $ (2013) low 90N$ pP / high 100N$ pP // Cabin 175N$ pP Desert Horse Inn: 24Z / Eagle´s Nest Chalets: 8Z in SC-Chalets // Gruppenhaus Geisterschlucht 14 Betten $ (2013) [Low: 1.12.-30.6. / High 1.7.-30.11.] alles B&B: Desert: High: EZ 1.025N$, DZ 825N$ pP / Low: EZ 780N$, DZ 625N$ pP // Eagle: High: EZ 1.400N$, DZ: 1.100N$ pP / Low: EZ 1.065N$, DZ 850N$ pP ⓘ siehe Seite 36 5 markierte Wanderungen 2-5 Std. / geführte Allradtour 4X4 8Std.Tour zu den wilden Pferden der Namib Restaurant, Lunch+Grillpakete Klippspringer, Springbock, Strauß, der

Helmeringhausen Hotel (P41)

▲ [Hotel][Farm][Camping][SC] Helmeringhausen ☞ Katja & Björn Basler (Deutsch) ✉ Helmeringhausen P.O.Box 21 ✆ 063-283307 063-283308 ▲ 8 Plätze $ (2012) 180N$ pPlatz (4P) 9DZ, 4EZ, 2FZ + 1 SC-Bungalow 2DZ $ (2012) B&B: EZ 500N$, DZ 380N$ pP, FZ 350N$pP / Hp: EZ 600N$, DZ 495N$ pP, FZ 425N$ pP / Reduktion für SA & Namibier ⓘ Rinder-, Schaf-, & Ziegenfarm, Wild // auch für Busgruppen // Kiwi Freilichtmuseum nebenan, wird ab 2013 renoviert / Wandern, Tennis // Veld Drive auf der Farm (Abfahrt 15:45 Uhr, 2.5 Std.) Restaurant, schattiges Gartencafé mit Snacks&Kuchen / kleiner Laden & Tankstelle gegenüber keine HausT Springbock, großer Kudu, Strauß, interessantes Freiluftmuseum @ helmering@iway.na, info@helmeringhausen.com # www.helmeringhausen.com

Beobachtungsposten für die wilden Pferde ist an der B4 ausgeschildert und allen kostenlos zugänglich! @ reservations@klein-aus-vista.com #www.klein-aus-vista.com Gondwana

Koiimasis (P45)

ⓘ siehe „Ranch Koiimasis (P45)“ S. 416

Konkiep Lapa Restcamp (P50)

▲ *{zur Zeit zu}*[Rastlager][Camping] 50km südl. Helmeringhausen / Anfahrt: C14, an der D425 Kreuzung ☞ Marinda & Jacky (=Levi) Boois (Afrikaans) ✉ Bethanien P.O.Box 133 ✆ 063-283154 ▲ 7 einfache Plätze, schattige Bäume am Konkiep Rivier / Overlander Platz 9 einfache 2-Bett Chalets ⓘ Wegen "Wasserproblemen" soll es geschlossen oder auch verkauft worden sein. Felsgravuren auf dem Zuurberg markierte Wanderungen (1 Tag oder 3 Tage) Mahlzeiten auf Anfrage, auch für Gruppen / Kiosk HausT ok @ k_lapa@iway.na

Krabbenhöft & Lampe Guest House (P77)

▲ [SC-Flat] Lüderitzbucht, Bismarckstr. 25 ☞ Mrs. Rothmann(owner), Cornelia (manageress) ✉ Lüderitzbucht P.O.Box 275 ✆ 063-202674 081-1277131 (Cornelia) 3 SC-Wohnung mit Vokü = 9DZ (Oberdeck 10P, Fieda Woermann 2P, Lampe 6P) $ (2012) 200N$ pP / Rabatt für 10P / K9-18 100N$ ⓘ Cornelia ist Lehrerin in der Montessori Schule von Lüderitz (140 Schüler, Besucher sehr willkommen, Ausbildung von Lehrern in Walvis Bay & UNISA, Mittelstufe berufliche Ausbildung, auch High School) historisches Gebäude von 1910 mit originalen Möbeln in der „Lampe Wohnung“ HausT ok = keine Teppiche @ cischas@yahoo.com #www.klguesthouse.com

Kratzplatz (P69)

▲ siehe Seite 409

Kulala (P3)

▲ [Farm][Gäste][Lodge] 20km südl. Sesriem / Anfahrt: C826 (20km), Schild Farmpad ☞ Wilderness Safaris ✆ 063-293234 [7] 063-293235 Desert Lodge: 25 "Kulalas" / Little Kulala: 11 strohgedeckte "Villas" / Kulala Wilderness Camp: 10 Zelte auf Plattformen geschlossen 2011 $ (2013/2014) Desert: Hp DZ: 1.901N$ pP [2.263 pP] / FI DZ: 4.044N$ pP [4.421N$ pP] / Little: FI DZ: 7.119N$ pP [10.338N$ pP] / // in Klammern High 15.6-31.10 // FI (fully inclusive): Vp inkl. 2 Aktivitäten, Getränke / Zusatzpreise: Sundowner Fahrt 350N$ pP ⓘ Kulala Wilderness Reserve Ballonfahren über Fremdanbieter (siehe Namib Sky P10), Reiten, Wanderungen Quadbike Restaurant @ kulala@mweb.com

…za über offener Flamme gebacken

Kratzplatz (P69)

▲ [B&B] Lüderitzbucht, Nachtigal Str. 5 ☞ Monika & Manfred Kratz (Deutsch) ✉ Lüderitzbucht P.O.Box 885 ✆ 063-202458 063-202458 081-1292458 6TwZ, 3DZ, 2FZ (2Z, 5P), 1TZ (1DZ+EZ), 1 DZ für Guide frei $ (2012) B&B: EZ 395N$, DZ 550N$, TZ 650N$, FZ (5P) 720N$ ⓘ Fama Restaurant & Pub „Barrels", Fischplatte bei Vorausbuchung Graupapagei, Hühner Trummileser: Pub Barrels: urige Kneipenatmosphäre, ausgezeichneter Fisch (ohne Panade!) Reichlich! @ kratzmr@iway.na #www.kratzplatz.com

…na, info@wilderness.com.na #www.wilderness-safaris.com nur Wilderness Safaris

Le Mirage Lodge (P4)

▲ [Hotel][Wellness] 20km südl. Sesriem / Anfahrt: D826=C27, neben Kulala Desert Lodge ☞ Namib Invest: Paul Zijlsman, Alex (manager) (Englisch) ✆ 063-683019 063-683230 27DZ+4EZ, aircon $ (2013) Low (Nov12-Jun13): Hp: EZ 1.860N$, DZ 1.360N$ pP / Vp: EZ 1.885N$, DZ 2.385N$ pP // High (Jul13-Oct13): Hp: EZ 2.200N$, DZ 1.700N$ pP / Vp: EZ 2.725N$, DZ 2.225N$ pP // bei Vp inkl. 1 Quadbike Drive ⓘ Buchung notwendig / Van de Vijvers (owner) und Leading Lodges haben 2013 ihre Anteile an Namib Invest verkauft. Spa + Wellness: Jakkuzzi, 5 Behandlungsräume, Aroma Bad Quadbike geführte Tour 550N$ pP 2 Std./ Ballonfahrten über Fremdanbieter (siehe Namib Sky P10) 3.050N$ pP Spezialdiäten erhältlich rollstuhlfreundlich keine HausT Gebäude wirken deplaziert (festungsartiger Komplex mit doppelstöckigen Türmen), wie eine Fata Morgana = "Mirage". TRUMMI hat noch niemanden getroffen, der die Festung von innen erlebt hätte. @ lemirage@resdest.com #www.mirage-lodge.com nur Resdes

Namib Sky Camp (Mwisho Camp) (P10)

▲ [Ballonflug Safaris] 30km südl. Sesriem / Anfahrt: C27, D826=C27 (15km) ☞ Nancy ✉ Windhoek P.O.Box 5197 ✆ 063-683188 063-683189 081-3042205 ⓘ auf dem Namib Rand Naturreservat / Ballonfahrercamp / keine Unterkunft mehr: holen die Gäste ab, geben Frühstück und bringen sie wieder zurück / nur morgens früh Ballonfahrt: 3.950N$pP @ info@namibsky.com #www.namibsky.com

Lovedale Farm Holidays (P40)

▲ siehe Seite 411

Lüderitz Nest Hotel (P70)

▲ [Hotel] Lüderitzbucht, Diaz Str. 820 ☞ Ulf Grünewald (general manager) (Deutsch) ✉ Lüderitzbucht P.O.Box 690 ✆ 063-204000 [2][3] 063-204001 081-1281338 088615730 73 Z = 3 Suiten + 67 DZ + 3 Behinderten Z / alle zur See / einige BadewannenZ / alle mit Aircon & Heizung / Nichtraucher Hotel / extra lange Betten $ (2013) B&B: EZ 930N$, DZ 1.490N$, FZ (max. 2 adults + 2K) 2.230NN / suite B&B 2.950N$ ⓘ Konferenzmöglichkeit bis 160P / Internet Café / Kiwi: Babysitting, Spielplatz, Kinderpool Sauna, Privatstrand / Langustenfest einmal im Jahr im Mai / Kite Speed Surfing im Nov/ Dez Restaurant (internationale Küche) à la carte (B 70N$, Ausflüge ans Meer: Lunch Tour 90N$, Buffet Tour 140N$), auch Fischspez., Vegetarisch / Lunchpakete 90N$ Wlan (frei) ♿ 3Z behindertengerecht ausgezeichnete Küche im Pinguin Restaurant, z.B. "Gemsbock mit Schokoladen-Chili-Sauce" vom Chefkoch @ info@nesthotel.com, reservations@nesthotel.com #www.nesthotel.com

Lüderitz Shark Island Resort (P71)

ⓘ siehe „Shark Island Resort (P71)" S. 417

Maltahöhe Hotel (P25)

▲ siehe Seite 412

Nabibis (Tiras) (P96)

▲ [Wildfarm] 33km südwestl. Helmeringhausen / Anfahrt: C13, Farmpad 3km ☞ Coleman aus Rosh Pinah (Englisch) ✆ 063-283371, 063-283368 Lodge im Bau ⓘ Farm No 38, angrenzend an Tiras P4

Namib Rand Family Hideout (P14)

▲ siehe Seite 414

Namib Sky Camp (Mwisho Camp) (P10)

▲ siehe Seite 410

Namseb Lodge (P30)

▲ [Lodge][SC Bungalows] 17km südl. Maltahöhe / Anfahrt: Privatstraße Schil in Maltahöhe ☞ Aileen & Guido vo Wietersheim (owner) (Deutsch) ✉ Maltahöhe P.O.Box 76 ✆ 063-683578 063 683578 081-4388572 (Aileen), 081-325479 (Guido) 5 SC Bungalows 4-6 Betten, 1 DZ = 56 Betten $ (2012) B&B: EZ 560N DZ 500N$ pP, K4-11 250N$ / SC-Chale 240N$ pP / Zusatzpreise: Sunset- + Farm-Nacht Drive jeweils 140N$ pP ⓘ Rinder Schaf- & Ziegenfarm / KonferenzZ, Bu chung notwendig / Fama, Kiwi in de

Lovedale Farm Holidays (P40)

▲ [Farm][SC Gästehaus][Camping] 19km westl. Helmeringhausen / Anfahrt: D407 (=C27) ☞ Louisa & Malcolm Campbell (Afrikaans) ✉ Helmeringhausen P.O.Box 11 081-2819074 088-624627 Δ 2 Plätze mit Schatten, Licht / Eulenplatz für 1 Gruppe **$** (2012) 100N$ pPlatz + 45N$ pP, K10 50% SC Farmhaus: Weavers Nest (A) 8 Betten = 9P mit Vokü / 3 SC Häuser: Bateleur (B) 2-3P, Black Eagle (C) 4P, Martial Eagle (D) 4-6P **$** (2012) A) 240N$ pP (B) 420N$ (C) 660N$ (D) 720N$ ⓘ Rinder-, Schaf- & Ziegenfarm / Kiwi: Farmbetrieb, Farmtiere, Raben ♛ älteste Farm Namibias von 1850 / Karakulzucht seit 1946 / deutsche Heliographenstation, Gräber / altes Farmgebäude Wandern, Vogelbeo. / ***Swakara Information Tour*** SC / Butter, Milch, Eier von der Farm, Grillpackete zu verkaufen ♿ 1Z rollstuhlfreundlich HausT ok Klippspringer, Springbock, Steinböckchen, großer Kudu, Löffelhund, Erdwolf, Wildkatze, Adler sehr empfehlenswert: ***ausführliche Informationen über Schafzucht und besonders Karakul*** @ stay@lovedale-namibia.com # www.lovedale-namibia.com

Tsarisbergen Wandern (2 markierte Wanderwege) / Tischtennis, Poolbillard, Dart SC, Büfett, Lunchpakete / Buschdinner HausT unter Kontrolle erlaubt gemeines Impala, Streifengnu, Kuhantilope (Hartebeest), Springbock, Eland, großer Kudu, Oryx, Warzenschwein, Giraffe, Steppen-Zebra, zahme Kudukuh @ contact@namseb.com, reservation@namseb.com # www.namseb.com

Namtib Biosphere Reserve (P47)

▲ [Farm][Gäste][Camping] 120km südwestl. Helmeringhausen / Anfahrt: C13, D707 (47km), Schild Farmpad 12km ☞ Thorsten Theile & Linn Maulhardt (Deutsch) ✉ Aus P.O.Box 19 ✆ 063-683055 088-633459 Δ Little Hunter's Rest: 4 Plätze + 1Platz für 12P **$** (2013) 90N$ pP 5 Gästehäuser 5DZ+2EZ+1FZ (mit Doppelstockbett) (16P) **$** (2013) B&B: EZ 804N$, DZ 636N$ pP / K2-11 318N$ / Zusatzpreise: Nature Drive (3Std) 200N$ ⓘ Fama / nur Übernachtungsgäste mit Hp ♛ Tiras-Berge / ökologischer Farmbetrieb mit Rindern, Schafen, Ziegen und Wild, keine Zäune: Hirtenprinzip Bergwandern Karten erhältlich / geführte Wanderung 180N$, geführte Wüstenwanderung 450N$ / markierter botanischer Trail (2Std) B 100N$, L80N$, D 150$, Lunchpakete 50N$, Dinner für Kinder 75N$

Maltahöhe Jugendchor

Maltahöhe Hotel (P25)

▲ [Hotel] Maltahöhe ☞ Monika & Arno Rahn (Deutsch) ✉ Maltahöhe P.O.Box 20 ✆ 063-293013 ℻ 063-293133 Λ Plätze $ (2012) 50N$ pP 🛏 23DZ + 2EZ +3 FZ / Backpacker $ (2012) EZ 380N$, DZ 700N$, FZ 200N$ pP / 1 Tourguide Unterkunft frei, Fahrer 200N$ // Selbstbucher 10% Discount / Gruppen >10P 10%, >15P 15%, >20P 20% ⓘ Rauwi ♛ hist. Gebäude 1907 / Biergarten / Museum / Curioshop / 40km entfernt auf Sandhof: im Jan nach dem Regen ***Lilienblüte (Crinum paludosum)*** 🍽 Frühstück 50-80N$, Buffet Dinner 130-150N$, Braai 150N$ ♿ 2 Zimmer rollstuhlgerecht HausT ok @ info@maltahoehe-hotel.com # www.maltahoehe-hotel.com

HausT nur auf Anfrage Klippspringer, Springbock, Steinböckchen, großer Kudu, Oryx, Löffelhund, Gepard, Leopard, Wüstenluchs (Karakal, Rotkatze), Tüpfelhyäne, Strauß, Geier, Klippschliefer, Kapfuchs 👍 schöner Campingplatz, aber nicht windgeschützt / Botanischer Weg sehr empfehlenswert @ stay@namtib.net, contact@namtib.net # www.namtib.net

Nanania Safari Ranch (P34)

▲ [Farm][Gäste][Jagd] 42km südöstl. Maltahöhe / Anfahrt: C19, D804 (34km) Schild ☞ Dr. Thaler (owner), Ilse Bermann (Deutsch) ✉ Maltahöhe P.O.Box 148 ✆ 063-683039, 063-683040 🛏 4DZ $ (2012) Hp DZ 500N$ pP, K6-12 50% ⓘ Kiwi, Konferenzen möglich / ♛ Löffelhund - Projekt am Schwarzrand (Nanania Plateau) gelegen nach Regen: weiße Schwertlilien, Teufelskral[le] Wandern / Fotografieren / Telescope Eselskarrenfahrt / Pferde, Ziegen Wlan Wäscheservice Weißschwanzgnu, Kuhan[tilope] tilope (Hartebeest), Springbock, großer Kud[u] Giraffe, Steppen-Zebra, Löffelhund, Strau[ß] @ ilse.bermann@freenet.de

Nest Hotel (P70)

ⓘ siehe „Lüderitz Nest Hotel (P70)“ S. 41[0]

Nomtsas (P23)

▲ [Farm][Gäste][Jagd] 50km nordwes[t]

Maltahöhe / Anfahrt: C14 Richtung Norden (50km) ☞ Lisa & Albert Voigts von Schütz Deutsch) ✉ Windhoek P.O.Box 6207 ✆ 063-293521 ✆ 061-233511 ▯ 081-1249572 🛏 5DZ $ (2012) Jagdtag 1:1 180€, 2:1 150€, Begleit-

person/Ruhetag 60€ ⓘ Buchung notwendig / Rinderfarm / "Wichtig: Wir bejagen nur Wildarten, die wir auch kontrollieren können. Die Jagd auf Vögel, Katzen und Dickhäuter ist bei uns nicht möglich!" ♛ am Fischfluß gelegen / Jagd: Begleitpersonen sehr willkommen / Albert Voigts ist Ornithologe und organisiert *Birding Touren ("Vogelreisen")*. http://www. z.com.na/tourismus/natur-und-umwelt/ist-die-vogeljagd-in-namibia-wirklich-notwendig.58005.php 🚶 Vogelbeo 🐕 keine HausT 🐘 gemeines Impala, Bleßbock, Duiker, Streifengnu, Weißschwanzgnu, Kuhantilope (Hartebeest), Springbock, Eland, großer Kudu, Oryx, Warzenschwein, Giraffe, Steppen-Zebra, Berg-Zebra, sehr viele Vögelarten 👍 Webseite mit tollen Vogelbildern! @ info@nomtsas.com, albert@nomtsas.com # www.farm-nomtsas.com

Nubib Guest Farm (P82)

▲ [Farm][Gäste][SC] 🏔 97km westl. Maltahöhe Anfahrt: C19, D827 (20km), Schild ☞ Francis & Christoph Schumann ✉ Windhoek P.O.Box 1196 ▯ 081-1278296 🛏 5DZ, $ (2012) Hp: DZ 590N$ pP, EZ 890N$ / 3.Nacht 25% Rabatt K12 frei nur Bett // SC 1-4P 800N$, 5-10P 200N$ pNacht (Bettzeug+Handtücher extra), bei Buchung keine anderen Gäste ⓘ Farm mit Schafen, Rindern, Pferden / Fama, Kiwi, Raui, Tagb. Ok, für Übernachtung bitte buchen 🚶 geführte + ungeführte Farm- & Gamedrives Wanderungen, Tischtennis 🍽 Lunch, Lunchpakete auf Anfrage 📎 Internet 🐕 keine HausT 🐘 Bleßbock, Klippspringer, Springbock, Steinböckchen, großer Kudu, Oryx, Löffelhund, Strauß, Hunde @ info@nubib.com # www.nubib.com 📖 Sky Travel Tel: 061-245818, Fax 061-255192, Cell: 081-1278296, Email: francish.skytravel@galileosa.ca.za

Nubib Mountain (P99)

▲ [Lodge][Gäste][Jagd] 🏔 40km südöstl. Sesriem / Anfahrt: C27, D845 ☞ H.Baumann (Deutsch) ✉ Swakopmund P.O.Box 3578 ✆ 063-293240 ▯ 081-1293573 ♛ Wasserloch nahe bei den Bungalows 🚶 Sundownerdrive, Spaziergang, Fahrradfahren (eigenes Fahrrad) @ hbaumann@nubibmountain.com # www.nubibmountain.com

Nubib Nature Camp (P18)

▲ *{zur Zeit zu}*[Zeltlodge] 🏔 104km südl. Sesriem / Anfahrt: C27, C19 nach Süden, D827 ☞ Hermann Rohlfs (owner) (Deutsch) ✉ Maltahöhe P.O.Box 25 ✆ 063-683007 ✆ 063-683007 ⓘ bis Ende 2014 geschlossen / soll in eine "Luxus Lodge" umgebaut werden ♛ Nubib Berge Wasserscheide 🐘 Springbock, Steinböckchen, Oryx, Berg-Zebra, Löffelhund, Strauß, @ nubiblodge@yahoo.com # www.nublodge.iway.na

Oa Hera Namib Backpackers (P81)

▲ [Backpacker][Camping] 🏘 Maltahöhe, Main Str. 8 ☞ Brian Padwick & Anne Gyselinck (Französisch) ✉ Maltahöhe P.O.Box 65 ✆ 063-293028 ▯ 081-2152595 💻 088-635417 ▲ 3 Plätze $ (2013) 70N$ pP 🛏 5 Schlafräume sharing $ (2013) 160N$ pP ⓘ Tv / NRZ ♛ Daweb Cultural Childrens Choir Ama Buruxa (1h 650N$, muß 48 Std vorher gebucht werden) / Cultural Centre mit exquisten Curios / 40km entfernt auf Sandhof: im Jan nach dem Regen Lilienblüte (Crinum paludosum) 🍽 Breakfast 55N$ / Restaurant auf Vorbestellung, kleines Lunch 50-80N$ 🐕 keine HausT, wegen der Hunde am Platz @ oaheraa@iway.na # www.oaheraart.com

Obelix Village Guest House (P60)

▲ [Pension] 🏘 Lüderitzbucht, Old Bay Road / Estorff Av. ☞ Norbert Kloster (Deutsch) ✉ Lüderitzbucht P.O.Box 721 ✆ 063-203456 ✆ 063-203457 ▯ 081-1283667 🛏 11DZ+4FZ = 38P $ (2012) B&B: EZ 360N$, DZ 550N$, FZ (2E+3K) 670N$ / Ermäßigung für Gruppen ⓘ Parken im Hof 🍽 zentrale Vokü ♿ ein Zimmer rollstuhlgerecht 🐕 kleine HausT, "kein

Namib Rand Family Hideout (P14)

Duschhaus beim Campplatz

⅄ [Ferienhaus][Camping] 100km südl. Sesriem / Anfahrt: C27, D826=C27, fast an der Kreuzung D826, D827, an Tok Tokkie vorbeifahren ☞ Mandy Brückner ⅄ 1 Platz: 1km vom Haupthaus entfernt / mit Solarwasserpumpe und Solarduschen **$** (2012) 100N$ pPlatz + 120N$ pP, K2-12 60N$ / Reduktion für SADC Residents 16.5% // Zusatzpreise: Park Eintritt: 120N$ pNacht (1-8P) / Haus für SC mit 3 Schlafz. + Vokü + Wohnz. / Solarlicht / max 10 P **$** (2012) Haus: 1-4P: 1 Nacht 1.325N$ pN, 2-3 Nächte 1.105N$ pN, >= 4 Nächte 990N$ pN / 5-10p: 1 Nacht 1.555N$ pN, 2-3 Nächte 1.325N$ pN >= 4 Nächte 1.155N$ pN / Reduktion for SADC Residents 17% / Low Season (Nov, Jan, Feb

15% Reduktion / Zusatzpreise: Park Eintritt: 230N$ pNacht (1-10P) / 4X4 Selbstfahrerlaubnis 150N$ pAuto / Bettwäsche 130N$ pP ⓘ Kiwi: kleiner Spielplatz, Spielsachen, Kindermöbel / frühzeitig buchen, mehrere Tage sind lohnend ♛ im Namib Rand Naturreservat / Feuerholz - auch für den Donkey! Mitbringen, weil Solar zu knapp markierte Wanderwege in den Dünen / Wasserstelle am Haus / Dünenrutschen (Dünenbretter 120N$) / schattiger Spielplatz / 4X4 Dünenweg / beeindruckende Landschaft / man merkt dem Haus die starke Beanspruchung an SC, kein Laden in der Nähe, nur eine Gruppe jeweils, Holz mitbringen rollstuhlfreundlich Springbock, Oryx, Steppen-Zebra, Strauß, viele Vogelarten Sehr empfehlenswert: Gut eingerichtetes Ferienhaus für Familien oder Gruppe; gut markierte 4x4 Wege, Wasserstelle direkt am Haus (Oryxe and Namaqua Flughühner) / jetzt: Angestellter, der das Haus in Ordnung hält @ ambruck@mweb.com.na #www.hideout.iway.na P.O.Box 9950, Windhoek, Tel: 061-226803, Fax +264-886-19115, Cell 081-1272957, 081-1299940 großer Hund, der beißt" @ obelixvillage@iway.na # www.obelixvillage.com

Ocean Café B&B (P73)

ⓘ siehe „Alte Lodge (P73)" S. 398

One Stop Aus Namib Garage (P57)

▲ [Rastlager][Camping][SC] Aus, Lüderitzstr. ☞ Karin & Steve Prinsloo (Afrikaans) ✉ Aus P.O.Box 29 ✆ 063-258029 063-258029 081-2832969 (Karin) Λ einfache Plätze auf der anderen Straßenseite $ (2012) 65N$ pP 2DZ + 2EZ / 1 SC Flat 4P Vokü $ (2012) SC: DZ 350N$, EZ 280N$ / K12 50% // B&B 250N$ pP ⓘ in der "Ortsmitte" von Aus gelegen kleines Restaurant: Dinner vorbestellen, Gruppen / kleiner Laden / Take Away mit Biergarten Tankstelle, Reifenrep. rollstuhlfreundlich HausT freundlich @ namibaus@mweb.com.na # www.ausnamibia.com

Pappot (P26)

▲ [Rastlager][Camping] Maltahöhe, Main Street 116 ☞ Hendriette & Mannetjie Esterhuizen (Afrikaans) ✉ Maltahöhe P.O. Box 34 ✆ 063-293397 063-293097 Λ 8 einfache Plätze mit Schatten im Hof des Ladens $ (2012) 80N$ pP 5DZ + 2FZ $ (2012) B&B 240N$ pP ⓘ Kühlmöglichkeit / Kiwi / Information Zentrum pflegen die Kriegsgäber (1894, 1903-1907) Bäckerei, Restaurant / Lunchpakete / Take Away / Dinner auf Voranmeldung rollstuhlfreundlich HausT ok @ pappot@bakery.gmail.com

Protea Hotel Seaview Zum Sperrgebiet (P68)

▲ [Hotel] Lüderitzbucht, Woermannstr. ☞ Protea Hotels / Ingrid Morgan (General Manager) (Deutsch) ✉ Lüderitzbucht P.O.Box 373 ✆ 063-203411[2][3] 063-203414 22Z (21DZ+1EZ/ 18Z zur See)= 43Betten $ (2012) B&B EZ 760N$, DZ 1.320N$, TZ 1.924N$, FZ 2.240N$ / Pensionäre 10%, Rabatt / K12 foc // special: 1.12.11-28.2.12 DZ 498N$ pP ⓘ KonferenzZ 15P Innenschwimmbad mit Solar geheizt / Sauna / Trips zu Bogenfels Diamanten Gebiet Restaurant (B (buffet) 115N$, L (Set Menue) 120N$, D (Set Menue) 140N$), Lunchpakete 75N$ / auch à la carte nur kleine HausT ok @ ingrid@iway.na, sperrgebiet@proteahotels.com.na # www.proteahotels.com/protea-hotel-sea-view-zum-sperrgebiet.html

Ranch Koiimasis (P45)

▲ [Farm][Camping][Gäste][SC] 67km westl. Helmeringhausen / Anfahrt: offizielle Einfahrt: C13 (56km),D707 (75km), Schild Farmpad 25km // oder D407=C27 (24km) Schild Farmpad 42km vorbei an der Farm Landsberg ☞ Anke & Wulff Izko (Deutsch) ✉ Helmeringhausen P.O.Box 14 ✆ 063-683052 & skype: desertrose1031 063-683396 Λ 5 Plätze in einem weiten Gelände zwischen Felsen gelegen, mit Tisch und Bank unter einem Schattendach $ (2012) 125N$ pP, K12 65N$ 1 SC Chalet Virosa 2P, 1SC Chalet Schwalbennest 2P Vokü, siehe auch Farmlodge "Fest in Fels" $ (2012) Virosa: 520N$ / Schwalb 1.200N$ / Zusatzpreise: Westernstyle Reite / alle Drives ⓘ Farmbetrieb ausgewilderte Strauße / Buschmannzeichnungen Quiver Trees / ***Wilde Pferde*** ***Western Reiter u. Reittouren*** / Wandern / 4X4 Trail / divers Farmdrives SC, Mahlzeiten auf Anfrage Straußenfleisch, auch eingelegt zum Grille keine HausT Klippspringer, Springbock Steinböckchen, Kudu, Oryx, Warzenschweir Löffelhund, Leopard, Erdwolf, Strauß, Blac eagle / Genet, Afrikanische Wildkatze emp fehlenswert: Sehr gediegener Zeltplatz in de Felsen @ koiimasis@yahoo.com # www.namibia farm-lodge.com

Sandrose (P65)

ⓘ siehe „Haus Sandrose (P65)" S. 405

Schloß Duwisib (P37)

▲ [staatl. Rastlager][Camping] 80k südwestl. Maltahöhe / Anfahrt: C14 Richtun Süden, D824, D831, D826=C27 (27km Schild ☞ Namibia Wildlife Resort (NWF ✉ Maltahöhe P/Bag 132 Λ 10 Plätz schattig unter Akazien / pro Platz 8 P, 2 Fahrzeuge, 1 Wohnwagen oder 1 Zelt $ (2013) 100N$ pP ⓘ Tagb. ok Schloß Duwisib (Eintritt 60N$ pP, SADC 50N$, Namibier 30N$ pP) Curios, schönes Kunsthandwerk im Laden der Farm Duwisib schöner Platz, aber Saniblock renovierungsbedürftig / lohnend, um das Schloß zu besuchen Zentrale Buchungsstelle Windhoek

Seaview Zum Sperrgebiet (P68)

ⓘ siehe Protea Hotel Seaview Zum Sperrgebiet P68

Sesriem Rest Camp (P2)

▲ [staatl. Rastlager][Camping] Sesriem ☞ Namibia Wildlife Resort (NWR) ✉ Maltahöhe P.O.Box 145 ✆ 063-693247 063-693249 ▲ 24 Plätze unter alten Kameldornbäumen / pro Platz 8 P, 2 Fahrzeuge, 1 Wohnwagen oder 1 Zelt $ (2013) 130N$ pP, K6-12 50% ⓘ Eintrittspreise *siehe „NWR" S. 39* / Tagb. ok / wenn noch Platz, dann Einbuchen vor Ort möglich Zugang zu den Dünen nur zwischen Sonnenaufgang und Sonnenuntergang. Kein 4X4 notwendig, ausgenommen die letzten 4km. / Shuttledienst zu diesen letzten 4 km: HuZ 100N$ pP Sossusvlei Dünen / Sesriem Canyon / Ballonfahrten über Fremdanbieter (siehe Namib Sky P10) Kiosk mit Lebensmitteln und Feuerholz / Benzin & Reifenrep. Springbock, Kudu, Oryx, Strauß, große Oryxherden vorher reservieren, da in den Ferienzeiten voll / Ausweichquartier beim 4X4 - Verleih vor dem Eingang / nach gutem Regen Baden im Sesreim Canyon und im Vlei möglich nur Zentrale Buchungsstelle Windhoek

Shark Island Resort (P71)

▲ [staatl. Rastlager][Camping][SC] Lüderitzbucht, auf der Haifischinsel am Hafen ☞ Namibia Wildlife Resort (NWR) ✉ Lüderitzbucht P.O.Box 9 ✆ 063-202752 063-203213 ▲ 20 Plätze $ (2013) pro Platz 8 P, 2 Fahrzeuge, 1 Wohnwagen oder 1 Zelt: 100N$ pP Suite 2Z 4P mit TV im Leuchtturm / 3 Chalets 4P $ (2013) Leuchtturm: 220N$ pP / Chalet: 1P 250N$, 2P 200N$ pP / K6-12 50% ⓘ Im Naturschutzbüro, Schinzstraße ein und ausbuchen (8.00-17.00 Uhr) Trauriger historischer Platz: Konzentrationslager der Nama durch die deutsche Kolonialmacht im Winter sehr windig, aber schöner Platz Zentrale Buchungsstelle Windhoek

Sinclair (P43)

▲ [Farm][Gäste] 65km nordwestl. Helmeringhausen / Anfahrt: C13 nach Süden (6km), C27 = D407 (48km), 3km Farmpad ☞ Hannelore & Gunther Hoffmann (Deutsch) ✉ Helmeringhausen P.O.Box 19 ✆ 063-683049 063-683049 6 DZ $ (2013) Hp: DZ 800N$ pP, EZ 880N$, K12 400N$ ⓘ Fama / für Tagb. Besichtigung der Mine Mineralien (stillgelegte Kupfermine: Erdbeerquarz, 100m Stollen) / Sukkulenten "guided trekking" Farmprodukte, Lunch Pakete keine HausT Springbock, Steinböckchen, großer Kudu, Oryx empfehlenswert für Mineraliensammler @ sinclair1@iway.na #www.natron.net/sinclair/index.html auch Logufa

Sossus Dune Lodge (P80)

▲ [Lodge] Sesriem, In der Nähe des Sesriem Nature Conservation Camps ☞ Namibia Wildlife Resort (NWR) 23 Chalets (A) + 2 Honey Moon Suiten (B) $ (2013) [in Klammern High season] Hp: (A) sharing 1.180N$ pP [2.300N$ pP], single 1.180N$ [2.400N$] / (B) sharing 1.450N$ pP [2.800N$ pP], single 1.450N$ [2.900N$] / K6-12 50% / Zusatzpreise: Trip nach Sossusvlei 500N$ pP, geführte Tour in den Naukluft Park 500N$ pP / K6-12 50% ⓘ Eintrittspreise siehe „NWR" S. 39 / liegt innerhalb des Namib Naukluft National Parks Dünensektion Restaurant Zentrale Buchungsstelle Windhoek

Sossus Oasis Campsite (P84)

▲ siehe Seite 422

Sossusvlei Desert Lodge (P11)

▲ [Lodge] 30km südl. Sesriem / Anfahrt: D826=C27 ☞ &Beyond Africa ✆ 063-693307 063-693239 10 Suiten mit

Sossusvlei
Nach dem großen Regen 2011

Tiras, Farm (P49)

▲ [Farm][SC-Bungalows][Camping] 46km südl. Helmeringhausen / Anfahrt: C13 ☞ Anita & Klaus Peter Koch (Deutsch) ✉ Helmeringhausen P.O.Box 35 ✆ 063-683048 ▲ 3 Plätze + Hütte SC $ (2013) 100N$ pP, Hütte 185N$ pP (230N$ mit Bettwäsche pP) SC Bungalow mit 2 DZ mit je einem Bad mit gemeinsamer Wohnküche $ (2013) min 2P max 6p 345N$ pP ⓘ Bitte um tel. Voranmeldung / vom 1.12. Bis 15.1. geschlossen Gänse + Enten / Solarstrom / Felszeichnungen / großer Garten Sukkulentenfahrt (2Std 175N$ pP, >2P 150N$ pP), markierte Wanderungen, Klettern / Dünentour auf der Nachbarfarm Excelsior / Farmwege dürfen selbst gefahren werden SC rollstuhlfreundlich HausT ok Klippspringer, Springbock, großer Kudu, Oryx, Löffelhund, sehr empfehlenswerter Campingplatz mit Weitblick, 1 km entfernt von der Gästefarm @ keine Kidogo

Komposition: Lyn Art

Teleskop, Out/indoor Duschen, aircon $ (2013) Nebensaison (7.1-31.5, 1.11.-20.12): DZ Vp 4.950N$ pP / Hochsaison: DZ VP 7.950N$ pP / alle Aktivitäten inkl. / EZzuschlag 1.100N$ / Zusatzpreise: Trip zu den Sossusvlei Dünen 850N$ pP im Namib Rand Nature Reserve gelegen ***elektr. Teleskop*** / geführte Motorbike Ausflüge in die Dünen, Ballonfahrten (3.950N$ pP) über Fremdanbieter (siehe Namib Sky P10) rollstuhlfreundlich Springbock, Oryx, Berg-Zebra, Löffelhund, Tüpfelhyäne, Erdwolf, Strauß, @ safaris@andbeyond.com

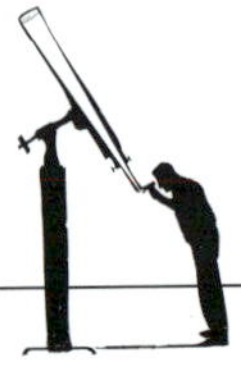

www.andbeyondafrica.com CC Africa P/Bag X27, Benmore 2010, South Africa, Te 0027-11- 8094300, Fax 0027-11-8094514 Email: safaris@andbeyond.com, Web: www andbeyondafrica.com

Sossusvlei Lodge (P1)

▲ [Zeltlodge] Sesriem, neben Sesrien Naturschutzcamp ☞ Taleni Africa Tou rism Holdings (South Africa) / Karl-Hein Oosthuizen (Deutsch) ✉ Windhoek P.O.Bo 6900 ✆ 063-293636 063-293645 4 Bungalows mit Zeltvorbau / Desert Camp SC

Kidogo Safaris
Ihr persönlicher Reiseveranstalter vor Ort
...erfahren, sicher und zuverlässig!
P.O. Box 30566
Windhoek – Namibia
Tel.: +264 – 61 – 243827 / 259297
Fax: +264 – 61 – 259286
e-mail: kidogo@iway.na
www.kidogo-safaris.com
Your personal tour operator - experienced and reliable.

Sossus Oasis Campsite (P84)

[Camping] Sesriem, D826 Taleni Africa Tourism Holdings 063-683331 063-683332 12 Plätze mit Solar, Duschbad, WC, Abwaschbecken, Vordach $ 150N$ pP + 115N$ pPlatz / K5-11 50% Pool in der Mitte des Platzes für alle Shop (auch fast food, Brötchen) Tankstelle, Reifenreparatur, Internet Café @ oasis@sossusvleilodge.com, reservations@sossusvleilodge.com # www.sossus-oasis.com auch Taleni

4km von der Lodge: Desertcamp: 20 Zelte davon 2 Zelte für Behinderte $ (2012) Low: Dez, Jan-Jun Hp: DZ 2.540N$, EZ 1.880N$ / High Jul-Nov Hp: DZ 2.700N$, EZ 2.350N$ / guide EZ 900N$, DZ 1.350N$ / Zusatzpreise: Sundowner Drive 180N$ pP ⓘ siehe: "Desert Camp" P6, "Sossus Oasis Campsite" P84 // KonferenzZ Ballonfahren über Fremdanbieter (siehe Namib Sky P10), Eco Quadbike fahren, Rundflüge, Buschdinner, Hochzeiten Restaurant (B 95N$, L 110N$, D 220N$), Lunchpakete 75N$ / Curioshop / kleiner Lbm-laden und Cafe: Sossus Oasis Reifendienst+Tankstelle 3 Units behindertenfreundlich @ adventure@sossusvleilodge.com, info@sossusvleilodge.com # www.sossusvleilodge.com

Sossusvlei Mountain Lodge (P11)

ⓘ siehe „Sossusvlei Desert Lodge (P11)“ S. 417

Spitzkoppe Castle Guestfarm (P32)

[Farm][Gäste][Jagd][Camping][SC] 63km südl. Maltahöhe / Anfahrt: C14 nach Süden, 52km Schild, 11km Farmpad Abie & Jose Kruger (Afrikaans) Maltahöhe P.O.Box 46 063-293207 088-644398 Plätze $ (2012) 50N$ pP / mit Strom: 60N$ pP 3DZ, 1DZ mit kleinem Kinderzimmer / SC: Haus mit 2DZ + 1QZ + Vokü, SC Flat 2P + Vokü $ (2012) B&B: EZ 293N$, DZ 351N$, K0-12 50% / Tourguide B&B 250N$ / SC: 164N$ pP (wie 2008) / Zusatzpreise: Game Drive 40N$ pP ⓘ Schafe, Ziegen- & Wildfarm // Bogenjagd Preise seit 2008 gleichgeblieben! / am Schwarzrand - Hasewib Rivier / alte hist. Farm, Heliographenstation Tontaubenschießen / Vogelbeo am Damm SC Wlan HausT ok Bleßbock Springbock, großer Kudu, Oryx, Berg-Zebra Strauß, @ abie@iway.na, spitskop@gmail.com

The Desert Homestead & Horse Trails (P5)

[Farm][Gäste] 32km südöstl. Sesriem / Anfahrt: C27, C19, 3km vor der Kreuzung mit der D854 Melissa & Andrew Gilles, Luniley Hulley (Englisch) Windhoek P.O.Box 97448 063-683103 063-683104 20 Strohdach-Chalets // Mountain Homesteadt 10km entfert vom Haupthaus: 22 DZ $ (2012) B&B: EZ 1.050N$, DZ 1.750N$ TZ 2.300N$ / Guide 450N$ / Zusatzpreise Sundowner Drive 150N$ pP Wind- & Solarstrom verschiedene Ausritte min 2h (Frühstücksritt 4Std 800N$ pP, Abendritt 800N$ pP, Übernacht-Tour mit Verpflegung 3.000N$ pP pNacht) // Ballonfahrten übe

Fremdanbieter (siehe Namib Sky P10) / guided walks / Tour zu den Sossusvlei Dünen Restaurant (Lunchpakete 85N$, Dinner 185N$) info@deserthomestead-namibia.com, homesteadt@africaonline.com.na #www.deserthomestead-namibia.com Tel: 061-246788, Fax: 061-243079

The Mountain Homestead (P5)

siehe „The Desert Homestead & Horse Trails (P5)“ S. 422

Tiras, Farm (P49)

siehe Seite 420

Tirool (P95)

[Camping][Farm][Gäste] 45km nördl. Aus / Anfahrt: C13 Richtung Helmeringhausen Hermine & Petri Oberholzer (Deutsch) Aus P.O.Box 9 081-1276932 Plätze, Windschutz, Waschplatz (2012) 85N$ pP, K12 40N$ 1DZ+1QZ / Solarlicht / Vokü /Steckdosen zum Handyaufladen (2012) 180N$ pP, K12 85N$ Pflanzen: Hoodia & Teufelskrallen Springbock, großer Kudu, Oryx, Löffelhund, Strauß, Surikate mail@tirool.com

Tok Tokkie Trails (P20)

[Wanderung] 110km südl. Sesriem / Anfahrt: D826=C27, Kreuzung D827 / auf dem NamibRand Nature Reserve Kerstin Klein (Englisch) 063-693011 063-693012 geführte Wanderung (3Tage) im Namib Rand Naturreservat, Übernachtung unterm Sternenhimmel: 5.544N$ pP p/Trail, alles inkl. , mit Getränken, max 8P pro Gruppe / zwischen 15.2. und 15.12. / Vorausbuchung erforderlich / Minimum-Alter 8 Jahre, K12 50% / Trummi Leser: "absurder Preis" toktokkie@toktokkietrails.com #www.toktokkietrails.com Unlimited Travel & Car Hire CC / Tel 061-264521, Fax 061-264389

Tolou´s Lodge (P15)

[Rastlager] 100km südl. Sesriem / Anfahrt: D826=C27 Jan Cornelson (owner), Tharie & Jan (manager) (Afrikaans) Maltahöhe P.O.Box 164 15 Bungalows Hp: DZ 960N$, EZ 560N$ man kann mit Schlafsack auf dem Dach schlafen Photoworkshops Restaurant: Dinner(60N$), Lunch (52N$), Frühstück (36N$) kleine Einzelbungalows in Reihe, wenig Schatten, kahler Platz, steile Leiter zum Dach aber gutes Essen und informativer Dünen Drive inkl. eden@mweb.com.na Eden Travel

Urusis (P22)

[Farm][nur Jagd] 65km nördl. Maltahöhe / Anfahrt: C14 nach Norden (65km) Ernst & S. Erni Maltahöhe P.O.Box 208 081-2451616 Gästehaus 3DZ, Jagdhütte für SC (2012) Jagdtag 1:1 140€, 2:1 120€, Begleitperson 60€ Landebahn / Kiwi HausT ok Bleßbock, Duiker, Kuhantilope (Hartebeest), Springbock, Steinböckchen, Eland, großer Kudu, Oryx, Wasserbock, Warzenschwein, Berg-Zebra, Strauß, erniurus@mweb.com.na

Villelodge (P78)

[SC-Flat] Lüderitzbucht, Straße nach Aus, an der 1. Lagune Magaret & Ferdie de Villiers (Afrikaans) Lüderitzbucht P.O.Box 647 063-203777 081-1494336 (Magaret), 081-1288564 (Ferdie) 088-641408 3 Appartements: 1 Familien-Unit mit Vokü, 1DZ + Couch mit Kitchenette, 1 Budget-Zimmer (insgesamt 7P) (2013) FZ 470N$, DZ 340N$ / Budget 1P 195N$, 2P 250N$ Kiwi keine HausT villelodge@iway.na #www.villelodgeaccommodation.com

We Kebi Jagdcamp (P21)

[Farm][nur Jagd] 70km südl. Sesriem / Anfahrt: C19 Hammerstein Lodge P21 Maltahöhe P.O.Box 250 081-1282797, 081-12441158 088-615756 3 Gästehäuser (2012) Jagdtag 1:1 225Euro, 2:1 190Euro, Begleitperson 100Euro siehe Hammerstein matthew@hammerstein.com.na

Weißenborn (P56)

⅄ [Camping] 103km nördl. Aus / Anfahrt: C13, links D707 (43km) Schild ☞ Frau Imst (Deutsch) ✆ 063-683339 Λ Platz: "Numis" ⓘ vorher telefonisch anmelden, da das Tor geschlossen 🕮 Ranch Koiimasis P45

Wereldsend (P19)

⅄ [Farm][Gäste][Jagd][Camping] 95km südl. Sesriem / Anfahrt: D826=C27, 3km Farmpad, Schild ☞ Jabus & Isetta du Toit ✉ Maltahöhe P.O.Box 141 Λ 5 schattige Plätze 🛏 1 Hütte 4P (3,5 km vom Haus entfernt) ⓘ 2013 keine Infos 🖇 Reifenrep. 👍 Trummi Leser: Sandiges Rivierbett auf dem Weg zum Camp, 4X4 empfohlen.

Wildpark Camping (P28)

ⓘ siehe „Farm Wildpark (P28)“ S. 404

Wolwedans Boulders Camp (P12)

ⓘ siehe „Wolwedans Collection (P12)“ S. 424

Wolwedans Collection (P12)

⅄ [Lodge] 60km südl. Sesriem / Anfahrt: C27=D826 (verschiedene Zugänge für die Lodges) ☞ Namib Rand Nature Reserve, Stephan Brückner ✉ Windhoek P.O.Box 5048 🛏 Dune Lodge: 9 Holz Bungalows (2P) auf Stelzenplattformen + Mountain View Suite (2P) / Dune Camp: 6 Zelte (12P) / Boulders Safari Camp: 4 Zelte, offen 1.Mar-30.Nov, 45 km südl. des Main Camps / Private Camp: 2DZ-Bungalow (4P), Vokü, WohnZ, EßZ $ (2008) Alle Preise VP+Aktivitäten+Bar / Dune Lodge: 3.410N$ pP, EZzuschlag 1.310N$, K12 1.638N$ / Mountain: 4.560N$ pP, EZzuschlag 1.770N$ // Dune Camp: 2.125N$ pP, EZzuschlag 796N$, K12 995N$ // Boulders Safari Camp: 4.085N$ pP,EZzuschlag 1.580N$, K12 1.975N$ // Private Camp: 4P 2.125N$ pP, 2-3P 3.410N$ pP, 2P 4.560N$ pP // Pilot+Guides 635N$ pP ⓘ sehr exklusiv, nur wenige Gäste / Nach Aufkaufen der Farmen Beseitigung der Zäune, nur noch Wildmanagement und Tourismus auf 200.000ha ♛ Namib Rand Naturreservat 👍 Wunderschöne typische Namiblandschaft mit rötlichen Dünen, bläulichen Bergen, hellem Gras nach Regen / bemerkenswertes Konzept zur Landschaftserhaltung // leider nur für sehr wenige Gäste erschwinglich, schade @ info@wolwedans.com.na # www.wolwedans.com.na 🕮 Tel 061-230616, Fax 061-220102

Wolwedans Dune Lodge (P12)

ⓘ siehe „Wolwedans Collection (P12)“ S. 424

Wolwedans Private Camp (P12)

ⓘ siehe „Wolwedans Collection (P12)“ S. 424

Zur Waterkant (P72)

⅄ [B&B] Lüderitzbucht, Bremer Str. ☞ Marlene & Hartmut Hälbich (Deutsch) ✉ Lüderitzbucht P.O.Box 1055 ✆ 063-203145 📠 063-203145 🛏 Gästehaus mit 4 DZ, 2 Flats SC mit je 4 Betten $ (2013/2014) B&B: EZ 500N$, DZ 710N$ / SC Flat B&B 375N$ pP ohne Frühstück 340N$ pP / K2-5 50%, K6-11 minus 25% ⓘ Kiwi / soll 2015 aus Altersgründen verkauft werden (http://www.kodkod.de/waterkant/sell.htm), aber der Betrieb läuft normal weiter. 🚶 geführte Sightseeing Touren 🍽 Dinner auf Bestellung ♿ rollstuhlfreundlich im Parterre 🐕 keine HausT @ zur-waterkant@raubkatzen.de # www.raubkatzen.de

rechts: Kolmanskuppe

Region Q: Der Tiefe Süden

Karte siehe Seite 428

Die südlichste Region hat als wichtigsten Ort Keetmanshoop und erstreckt sich von dort aus südwestlich über Rosh Pinah bis Oranjemund und südlich über Grünau bis zum Oranje und südöstlich bis zur südafrikanischen Grenze, zu der die B3 führt.

Der Fischflußcanyon

In diesem Gebiet liegt das dritte „Highlight" Namibias: der Fischfluß-Canyon. Zu Recht wird er in einem Atemzug mit dem Grand Canyon in den USA angepriesen; allerdings ist der Zugang sehr viel reglementierter. Die viertägige Wanderung flußabwärts - nur mit Vorausbuchung bei NWR - ist eine der anspruchsvollsten im südlichen Afrika. Da es im Kessel des Canyon, äußerst heiß werden kann, ist die Fischflußwanderung von September bis März **nicht** gestattet. Es besteht außerdem die Gefahr, daß der Fischfluß in der Zeit überhaupt kein Wasser mehr hat und Wanderer verdursten könnten.

Die Ortschaften des Südens

Keetmanshoop ist ein wichtiger Versorgungsort auf der langen Strecke nach Süden. Er hat einen großen Supermarkt, einen gut sortierten Laden für die Campingausrüstung, ein großes staatliches Krankenhaus etwas außerhalb der Stadt in Richtung Windhoek, Werkstätten und viele Tankstellen. Die Wiederbelebung der Eisenbahn bis Lüderitzbucht (!Nami!nûs) wird immer wieder in Angriff genommen und wieder unterbrochen. Manchmal verkehrte ein Nostalgiezug in Erinnerung an die Diamentenfunde in der Namib. Von Aus nach Keetmanshoop jedoch verkehrt die Bahn für die Minen von Rosh Pinah. Die Kirche in Keetmanshoop mit ihrem vieleckigen Turm auf dem massiven Quader, ist jederzeit besuchenswert, denn sie ist nunmehr ein Museum mit informativen Exponaten.

Oranjemund ist auch 2013 noch nur mit Permit zu besuchen, aber die Vorbereitungen der Umwandlung des Ortes in eine frei zugängliche Stadt sind im vollen Gange. Der langfristig „nur" bis 2010 geplante Diamantenabbau geht noch weiter, und zwar durch das Off-Shore Schürfen (vor allem in Lüderitz/!Nami!nûs) und die Verwandlung des Oranje-Flußbetts in Open Pits.

Rosh Pinah, die alte Bergbaustadt, ist wieder zu neuem Leben erwacht, seit die Anglo Skorpion Zinc Mine 2001 mit dem neuen Abbau von Mineralien begonnen hat. Der ehemals verstaubte Ort ist kaum wiederzuerkennen mit den blühenden Gärten, Einkaufszentren, Restaurants. Die Amica Lodge (Q63) ist mitverantwortlich für die Initiierung der „Nama Padloper Route", die 2007 hier im Süden eröffnet wurde und die Tourismusangebote lokaler Kommunen mit einbinden soll.

Warmbad im Südosten ist bislang noch nicht so recht aus seiner Isolation erwacht, obwohl es eine warme Quelle und ein historisches Fort hat und im 19. Jahrhundert wichtiger Ausgangspunkt für alle Trecks vom Süden in den Norden war. Es geriet dadurch ins „Abseits", daß die große Straße und die Eisenbahn den Flecken nicht mehr berührten. Mit einem Informationszentrum und Wiedereröffnung des Bades auch mit Hilfe der BRD versuchte die örtliche Kommune, touristisch attraktiver zu werden. Auch das ist bislang noch kaum gelungen.(s.Q64)

Weintraubenexport – auch nach Europa

Das Wasser vom Oranje wird auch auf namibischer Seite auf der Farm Außenkehr für den Anbau von Weintrauben und Datteln intensiv genutzt. Sie werden als Tafeltrauben hauptsächlich in die EG exportiert. Die dafür angestellten Kontraktarbeiter aus den nördlichen „O-Regionen" haben sich ihre Kraale in der Tradition ihrer Region am Ufer gebaut. In Nordoewer gibt es neben den zahlreichen Kirchen für jede namibische Glaubensrichtung dieser Wanderarbeiter-Familien auch einen kleinen Supermarkt mit Bäckerei. Die Geschäfte wissen, daß die Tausenden von Arbeitern nicht viel Geld zum Ausgeben haben. Größere Einkäufe von den verschiedenen Unternehmen werden in Steinfeld / Springbock oder auch Upington in der RSA gemacht. Auf den

Oranje werden bei Nordoewer Paddeltouren angeboten, von TRUMMI-Lesern und -Autoren uneingeschränkt empfohlen!

Gondwana

Ähnlich wie im Namibrand (Region P) sind durch die Initiatoren des Gondwana-Parks am östlichen Rand des Fischflusses unrentable Farmen aufgekauft worden, und es ist ein eigenes Naturschutzgebiet mit mehreren Unterkunftsmöglichkeiten entstanden, die zunächst sich als Gondwana Desert Collection anpriesen, nach der landesweiten Expansion des Unternehmens nunmehr Teil der „Gondwana Collection" geworden sind. Das jüngste Angebot, das über die reine Unterkunft hinausgeht, sind ihre Reitsafaris entlang des Fischflusses.

Peacepark und Besuche in der RSA

Verträge mit Südafrika haben nunmehr auch die Voraussetzungen geschaffen, daß mit der gemeinsamen Verwaltung des jüngsten südafrikanischen Nationalparks Richtersveld und des Fischflußgebietes ein großer „Peacepark" entstand, der auch mit einem neuen Grenzübergang bei Sendlingsdrift (Autofähre) verbunden ist. Der südafrikanische Nationalpark Richtersveld ist nur per 4x4 zu bereisen, und die wenigen Campingplätze müssen vorab gebucht werden.

Südlich vom Oranje wird in der RSA das Veld Ende August/ Anfang September besonders attraktiv, wenn im Namaqualand die Blütezeit nach dem Winterregen beginnt. In dieser Zeit ist der grenzüberschreitende Besuch ein Muß. Wenn der Regen üppig gefallen ist, kann auch die Wüste nördlich des Oranje blühen.

Durch die Wiederöffnung des Übergangs bei Mata Mata (2007) ist auch im Südwesten eine neue Rundreise unter Einbeziehung des -Kgalagadi-Parks, der Augrabie-Wasserfälle, des Oranjes und Fischflußcanyons möglich. Viele namibische Farmen entlang der C15 hatten schon lange darauf gewartet und neue Lodges und Camps sind entstanden.

Literatur:

☞ siehe „Namibia": S. 603 ff

Region Q - Der Tiefe Süden

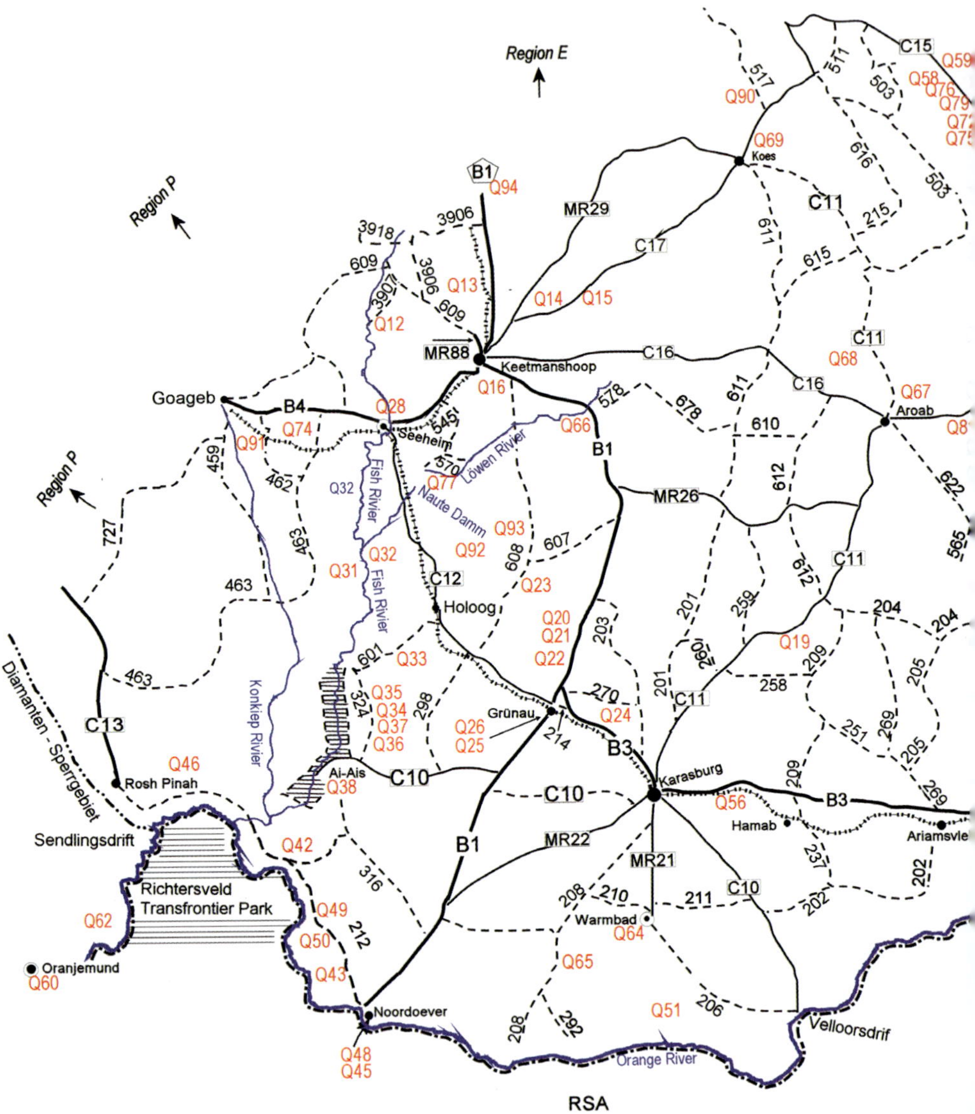

Q1 Bernice B&B (in Keetmanshoop)
Q2 Bird´s Mansion Hotel (in Keetmanshoop)
Q3 Central Lodge Keetmanshoop (in Keetmanshoop)
Q5 La Rochelle (Keetmanshoop) (in Keetmanshoop)
Q6 Rachel´s Backpacker (in Keetmanshoop)
Q8 Bird´s Nest Guest House (in Keetmanshoop)
Q9 Canyon Nest Hotel & Casino (in Keetmanshoop)
Q10 Gessert (in Keetmanshoop)
Q11 Keetmanshoop Municipal Caravan Park (in Keetmanshoop)
Q12 Snyfontein
Q13 //Garas Park Rest Camp
Q14 Quivertree Forest Rest Camp
Q15 Mesosaurus Fossil Site & Quivertree Adorite Park
Q16 Maritz Country Lodge & Campsite
Q17 Schützenhaus (in Keetmanshoop)
Q19 Oas Holiday Resort
Q20 Savanna Guest Farm
Q21 Florida B&B
Q22 White House Guest Farm
Q23 Lorensia
Q24 Vastrap Guest Farm
Q25 Grünau Country House (in Grünau)
Q26 Grünau Chalets (in Grünau)
Q28 Seeheim Hotel (in Seeheim)
(Q30 Vogelstraußkluft Lodge)
Q31 Fish River Lodge
(Q32 Fish River Guestfarm)
Q33 Cañon Roadhouse
Q34 Cañon Lodge
Q35 Cañon Mountain Camp
Q36 Cañon Village
Q37 Hobas
Q38 Ai Ais Hot Springs Resort
Q40 McMillans Guesthouse (in Rosh Pinah)
Q41 Four Seasons Lodge (in Rosh Pinah)
Q42 Boplaas
Q43 Cabanas
Q45 Noordoewer Guesthouse (in Noordoewer)
Q46 Namuskluft
Q48 Orange River Lodge (in Noordoewer)
Q49 Norotshama River Resort
Q50 Amanzi River Camp
Q51 KumKum Game Ranch
Q52 Karas Cottages (in Karasburg)
Q53 Aan´t Zebra (in Karasburg)
Q56 Kleinbegin Game Lodge
Q57 Hoon´s Self Catering Flats (in Karasburg)
Q58 Donkerhoek
Q59 Kalahari Game Lodge
Q60 Shepherds Lodge (in Oranjemund)
(Q62 Hohenfels Namdeb)
Q63 Amica Guest House (in Rosh Pinah)
Q64 Warmbad (in Warmbad)
Q65 Sandfontein Lodge
Q66 Goibib Mountain Lodge
Q67 Aroab Hunters Inn Guest House (in Aroab)
Q68 Wildheim Safaris
Q69 Koës Hotel (in Koës)
Q72 Torgos Safaris
Q73 Mata Mata Camp (RSA)
Q74 Flugsand Camping
Q75 Sitzas Camping
Q76 Terra-Rouge Guestfarm
Q77 Naute Kiosk & Camping
Q79 Kalahari Farmstall
Q81 Schanzkolk Gastehuis
Q82 Home Sweet Home (in Keetmanshoop)
Q90 Dune Song Breathers
Q91 Alte Kalköfen Lodge
Q92 Mount Canyon Guest Farm
Q93 Hoas Game Farm
Q94 //Nudi Campsite

//Garas Park Rest Camp (Q13)

[Camping] 23km nördl. Keetmanshoop / Anfahrt: B1(22km), Schild 600m Farmpad Susan Hulme & Marian Hulme (Afrikaans) Keetmanshoop P.O.Box 106 063-223217 063-223217 081-4913863, 081-2842843 einfache Plätze mit Schatten, viel Platz / 1 "Namahütte" für 3-4P $ (2012) 70N$ pP / Tagb. 15N$ pP, Auto 10N$ keine Reservierung notwendig große & viele Köcherbäume / interessante Felsformationen / ***eigenwillige "Skulpturen" aus dem weichen Holz der Köcherbäume*** am Weg und am Eingang Spaziergang durch den Köcherbaumwald keine Versorgung außer Wasser / für Gruppen>6P catering möglich HausT ok Steinbock, Kudu am Wasserloch "Skulpturen" / empfehlenswert für die, die keinen großen Komfort suchen @ marian.hulme.z@gmail.com

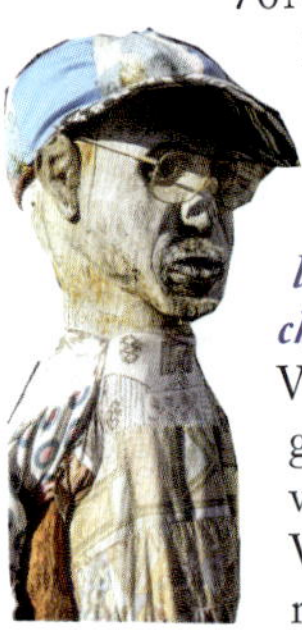

//Nudi Campsite (Q94)

[Kommunales Camping] Keetmanshoop / Anfahrt: B1 nach Norden (38km), Istavisis Rivier nach Osten (2,4km), 2km Farmpad bis zum blauen Haus, dann nach Süden, rotes Steinhaus = Rezeption 7 Plätze, Picknick Tische, Donkey $ (2013) 60N$ pP in einem natürliches "Amphitheater" aus Doloritformationen, begrenzt durch Köcherbäume

Aan´t Zebra (Q53)

[B&B] Karasburg, Main Road 37 Christie (Afrikaans (Deutsch)) Karasburg P.O.Box 163 063-270378 063-270378 2 SC DZ + 2 BackpackerZ 4P (auch SC) $ (2012) DZ 150-300NN je nachdem / Backpakker 150N$ pP Rent a parking: sicherer Abstellplatz für Ihr Auto, dann geht´s weiter per Rad, per Fuß,... HausT ok, nicht im Bett! @ aantzebra@gmail.com

Abiqua River Camp (Q50)

siehe Amanzi River Camp Q50

Ai Ais Hot Springs Resort (Q38)

siehe Seite 431

Alte Kalköfen Lodge (Q91)

[Lodge][SC] 50km westl. Seeheim / Anfahrt: B4, D462 Hilde & Frikkie Mouton (Afrikaans) Keetmanshoop P.O.Box 1439 063-683415 081-1290621 (Frikkie), 081-1298928 (Hilde) 2 kleine Plätze max 6P pPlatz $ (2012) 100N$ pP 10 Bungalow (1FZ+8EZ), auch SC / SC- Haus für 10P mit 2 BadeZ+ 3 Toileten / 2Z für Tourguide $ (2012) B&B: EZ 808N$, DZ 692N$ pP, K3-11 295N$ / Zusatzpreise: Farm Drive (3Std 150N& pP Wildfarm Lithoparium: Gewächshaus für Lithops / die 2 ältesten Kalköfen Namibias geführte Wanderungen (Dünen Sandverhaar Canyon, River Bed) 120N$ pP Restaurant (B 85N$, L 85N$, D 150N$) Besucher ok, Spezialdiäten / Lunchpaket 50N$ paraplegic freundliche Familieneinheit keine Haustiere @ info@altekalkofen.com stay@altekalkofen.com # www.altekalkofen.com

Amanzi River Camp (Q50)

[Camping] 16km westl. Noordoewer Anfahrt: D212=C13; 2km zum Fluß Colleen de Villiers & Johan la Grange (Afrikaans Noordoewer P.O.Box 13 063-29725 063-297255 17 Plätze am Fluß mit Schatten & Gras $ (2012) 70N$ pPT, K18 40N +30N$ pAuto chalets $ (2012) 350Ran für die 1. Person, 70Rand pZusätzlicher Perso Bettzeug 20Rand pP alter Name: Abiqua River Camp Kanu-Tagestour 150N$ p

Ai Ais Hot Springs Resort (Q38)

▲ [staatl. Rastlager][Camping] 91km südwestl. Grünau / Anfahrt: B1 (31km), C10 (60km) ☞ Namibia Wildlife Resort (NWR) ✉ Karasburg Private Bag 2012 ✆ 063-262045[6] 063-262047 Δ Plätze mit Strom $ (2013) 125N$ pP 7 Bush-Familien Chalet (A), 16 River View DZ (B), 20 Mountain View DZ (C) / (=36DZ) $ (2013) (A): 650N$ / (B): B&B: 1P 580N$, 2P 680N$ pP / (C) 1P 580N$], 2P 480N$ pP // K6-12 50% Zusatzpreise: geführte Exkursion 400N$ pP ⓘ Eintrittspreise siehe „NWR“ S. 39 / 2011 wiedereröffnet, Innenbad + Wellness aufwendig renoviert / Außenbad (2012 nicht unterhalten, Pumpen fallen oft aus) & Camping unverändert, 24 Std Zugang, Tagb. ohne Eintritt siehe auch Hobas Camping / am Ende der offiziellen Fish River-Wanderung gelegen (siehe Hobas) Heiße Quellen / warmer Außenpool / Mineralbad / Tennisplatz / Angeln / Wanderungen / Mineralien, Rosenquarzberg kurz vor dem Eingang links // geführter Ausflug: 400N$ pP (halber Tag) Restaurant Laden / Tankstelle / Poststelle Zentrale Buchungsstelle Windhoek

Rafting Tages Trip 190N$ pP / 3,5 Tage Vp Trip 2.370Rand pP, K18 2.020Rand pP / Vogelbeo., Schwimmen, Angeln / Petroglyphen Bar, Kiosk / Holz & Eis zum Verkauf WC & Dusche rollstuhlfreundlich keine HausT @ colleen@amanzitrails.co.za, info@amanzitrails.co.za #www.amanzitrails.co.za

Amica Guest House (Q63)

▲ [Pension] Rosh Pinah, Roterkam Street ☞ Skorpio Mine (owner), Dietrich Hanke manager) (Deutsch) ✉ Rosh Pinah P.O.Box 74 ✆ 063-274043 063-274983 081-484451 10Z $ (2012) B&B EZ 690N$, DZ 840N$ ⓘ Kiwi Auskünfte über die Nama Padloper Routen “Kyk in die Pot”-Route und “Witputs” Route sind Alternativen zu der Teerstraße von Aus nach Rosh Pinah, gefördert durch Anglo Skorpion Zinc Mine von Rosh Pinah Golf, Squash, Tennis in der Nähe, Gym Waschmaschine keine HausT @ aguesthouse@skorpionzinc.com.na

Aroab Hunters Inn Guest House (Q67)

▲ [Farm][B&B] Aroab ☞ S.J. Matz (owner), Tanja (manageress) ✉ Aroab

✆ 063-280582 063-280585 6DZ (2 mit aircon) $ (2007) mit aircon: 150N$ pP, ohne: 120N$ pP ⓘ auch Jagd möglich Frühstück / Bar kleine HausT ok @ broncocc@iway.na

Bernice B&B (Q1)

▲ [B&B] Keetmanshoop, 10th Straße 129 ☞ Christi & Stef Coetzee (owner) (Afrikaans) ✉ Keetmanshoop P.O.Box 248 ✆ 063-224851 063-224852 2 FZ + 3DZ (15P), aircon, Kühlschrank, NSR $ (2012) 1P 220N$, 2P 330N$, 3P 390N$, 4P 480, 5P 530N$ (sharing 1Z) / Frühstück 40N$ ⓘ Kiwi @ bernicebeds@iway.na

Bird´s Mansion Hotel (Q2)

▲ [Hotel][SC] Keetmanshoop, 6te Str. ☞ Mr. Riana Jacobs (Afrikaans) ✉ Keetmanshoop P.O.Box 460 ✆ 063-221711 063-221730 23 DZ + 2 SC Flats $ (2013) B&B: EZ 600N$, DZ 900N$, FZ 1.200N$ ⓘ Kiwi, 2 Konferenz Z Roelien Coffee Restaurant, Lunchpakete Internet WiFi / Wäscheservice HausT auf Anfrage @ hotel@birdsaccommodation.com #www.birdsaccommodation.com

Cabanas (Q43)

[Rastlager][Camping] 10km westl. Noordoewer / Anfahrt: D212=C13 flußabwärts Schild: "Felix Unite": Provenance Camp Carlos Peres & Carol de Bruin (Portugiesisch) Noordoewer P.O.Box 3 063-297161 063-297250 6 Plätze $ (2013/2014) 100N$ pP 19 cottages (cabanas) 2P / 1 Hochzeitssuite $ (2013/2014) Hp 850N$ pDZ-Cabana / 800N$ pEinzel Cabana / 1.450N$ pFamilien Cabana / Suite 1.450N$ // Zelte 2P 625N$, 1P 575N$ direkt am Oranje / gepflegter Rasen mit Schatten oberhalb des Flusses / Übernachtungsplatz auch für Overlander / sehr großer Pool Sehr lohnende Paddeltouren auf dem Oranje (1-6 Tage) 4 TageTrip mit Vp, Booten, Führer, Rücktransport zum Camp: je nach Saison und Gruppe: 2.000N$ -3.000N$ pP / 1 Tages Trip mit Lunch 495N$ pP Restaurant kleiner Laden vor allem für Paddelkleinigkeiten / Internet Café Cabanas: rollstuhlfreundlich keine HausT sehr empfehlenswert: schöne Lage / ausgezeichnete Paddeltouren: gute Guides, gutes Essen, schöne Schlafplätze entlang des Flusses @ cabanas@felix.co.za, carol@felix.co.za

Bird´s Nest Guest House (Q8)

▲ [Gästehaus][B&B] Keetmanshoop, Pastoriestr. 16 ☞ Mrs. Riana Jacobs (Afrikaans) ✉ Keetmanshoop P.O.Box 460 ✆ 063-222906 ☎ 063-222261 🛏 5DZ+2EZ+3FZ (max 18P), aircon $ (2013) B&B: EZ 600N$, DZ 850N$ ⓘ Kiwi 🍽 Lunchpakete, Frühstück für Besucher 📎 Internet HausT auf Anfrage @ birdnest@iafrica.com.na, guesthouse@birdsaccommodation.com # www.birdsaccommodation.com

Boplaas (Q42)

▲ [Camping] 83km nordwestl. Noordoewer / Anfahrt: D212=C13 / oder: auch zu erreichen von Ai-Ais entlang des Gamkarab Riviers, manchmal nur 4x4: ausgeschildert, 40km östlich von Rosh Pinah: C10, D316=C37, D207=C37, C13 Richtung Rosh Pinah Λ sehr einfache Plätze ♛ am Oranje / Unterkunft auch von Saisonarbeitern ☝ obwohl am Fluß, kein schöner Platz, ehemaliges Arbeitercamp

Cabanas (Q43)

▲ siehe Seite 432

Cañon Lodge (Q34)

▲ siehe Seite 434

Cañon Mountain Camp (Q35)

▲ siehe Seite 435

Cañon Roadhouse (Q33)

▲ siehe Seite 436

Cañon Village (Q36)

▲ siehe Seite 435

Canyon Nature Park (Q31)

ⓘ siehe „Fish River Guestfarm (Q32)" S. 437
ⓘ siehe „Fish River Lodge (Q31)" S. 437

Canyon Nest Hotel & Casino (Q9)

▲ [Hotel] Keetmanshoop, Warmbader Road ☞ Brian Roos / Mrs. Sumadri Milan manageress) ✉ Keetmanshoop P.O.Box 50 ✆ 063-223361 ☎ 063-223714 🛏 70DZ, aircon $ (2007) B&B: EZ 685N$, DZ 865N$, TZ 980N$, FZ 1.060N$ / Nebensaison 1.11.-31.3. 30% Rabatt ⓘ Konferenzmöglichkeiten 100P 🍽 Restaurant à la carte, Lunchpakete 65N$. Ladies Bar ♿ 2Z behindertenfreundlich HausT auf Anfrage @ canyonhotel@gmail.com

Canyon View Lodge (Q31)

ⓘ siehe „Fish River Lodge (Q31)" S. 437

Carlos Perez Rastlager (Q43)

ⓘ siehe „Cabanas (Q43)" S. 432

Central Lodge Keetmanshoop (Q3)

▲ [Hotel][SC] Keetmanshoop, 5te Straße ☞ George Roux (Englisch) ✉ Keetmanshoop P.O.Box 661 ✆ 063-225850 ☎ 063-224984 🛏 22DZ, 1 FZ, 4 SC 6 Bett-Flat / 4 Z haben Whirlpool-Badewannen $ (2008) Standard B&B: EZ 275N$, DZ 400N$ / Luxus B&B DZ 450, EZ 300N$ ⓘ Konferenzraum 60P 🍽 Restaurant à la carte @ info@central-lodge.com, clodge@iway.na # www.central-lodge.com

Dassiefontein Campsite (Q14)

ⓘ siehe „Quivertree Forest Rest Camp (Q14)" S. 454

Donkerhoek (Q58)

▲ [Farm][Gäste][Camping] 30km nordwestl. Mata Mata / Anfahrt: C15 ☞ Piet & Gerrie Scholz (Afrikaans) ✉ Koës P.O.Box 16 ✆ 063-252004 ☎ 063-252004 Λ Kalahari Camp Site: Plätze unter Bäumen nur 4X4, Sun Hut mit 3 Betten, Dusche / 4 Plätze im Auob River Camp mit Wasserloch $ (2012) 100N$ pP / sun hut 150N$ pP, Bettwäsche 30N$ 🛏 4 DZ+1EZ Gästehaus, 1 3-Bett Flat SC $ (2012) SC 450N$ pP, B&B 450N$ pP, Hp 500N$ pP / Donkerhook Spezial: 2 x Hp, Gamedrive, Sundowner, Lunchpakete: 1.100N$ pP / Zusatzpreise: Gamedrive 75N$ pP ⓘ Dörperschafzucht 🍽 B 50N$, D 75N$ / Grillholz 30N$ ♿ rollstuhlfreundlich HausT ok Duiker, Kuhantilope (Hartebeest), Springbock, Eland, großer Kudu, Oryx, Warzenschwein, ☝ sehr einfache Unterkünfte, und dafür sehr teuer @ keine

Cañon Lodge (Q34)

▲ [Lodge] 35km nördl. Ai Ais Wa me Quellen / Anfahrt: C10, D324=C (7km) ☞ Gondwana Collection / man ger: Konrad Jetschko (Deutsch) ✆ 06 693014 063-693017 30 Bungalo **$** (2013) B&B: Low DZ 850N$ p High 1.120N$ pP / Zusatzpreise: Natu Drive 330N$ pP ⓘ siehe Seite Gondwana Cañon Park (in der Nä des Fish River Canyons gelegen) (oh Trophäenjagd) / hist. Farmhaus / Resta rant mit schattiger Terrasse. Sukkulent Garten / Literatur zur Geschichte d Platzes: "Vertrieben von geliebter Er // Nashörner kostenloser Sundowr Spaziergang mit Cooldrinks / Sundow Drives / 4X4 routes Restaurant: Lu 85N$, Dinner 220N$ Laden n Kunsthandwerk und Büchern Klip springer, Springbock, Steinböckchen, g ßer Kudu, Oryx, Steppen-Zebra, Gepa Strauß, Breitmaul-Nashorn (weiße Sehr empfehlenswert: Schöner Pl lohnt sich. Bungalows sehr gekonnt die Felsen gebaut. # www.gondwa collection.com 🕮 Gondwana

Cañon Village (Q36)

▲ [Lodge] 35km nördl. Ai Ais Warme Quellen / Anfahrt: C10, D324=C37 (6km) ☞ Gondwana Collection / manager: Mrs. & Mr. Schultz (Deutsch) ✆ 063-693025 42 Bungalows $ (2013) B&B: Low DZ 650N$ pP, High DZ 860N$ pP ⓘ siehe Seite 36 // Kiwi, Reiten für Kinder liegt im Gondwana Cañon Park, Infos siehe Cañon Lodge Wandern / kostenloser Sundowner Spaziergang mit Cooldrinks / 4X4 Selbstfahrer- Routen Restaurant (Dinner 200N$) HausTok Klippspringer, Springbock, Steinböckchen, großer Kudu, Oryx, Steppen-Zebra, Strauß # www.gondwana-collection.com Gondwana

Cañon Mountain Camp (Q35)

▲ [SC-Lodge] 35km nördl. Ai Ais Warme Quellen / Anfahrt: 6 km von der Cañon Lodge ☞ Gondwana Collection ✆ 063-693014 (Cañon Lodge) SC Haus mit 8 DZ, Küche, Eßraum, Lapa $ (2012) SC 495N$ pP ⓘ siehe auch S.siehe Seite 36// Anmeldung in der Cañon Lodge, Infos siehe Cañon Lodge // nur noch für 1 Gruppe Reiten SC möglich oder Versorgung in der Canon Lodge Klippspringer, Springbock, Steinböckchen, großer Kudu, Oryx, Steppen-Zebra, Strauß empfehlenswert: liebevoll mit alten Gerätschaften eingerichtet, gut gelegen zwischen Dolomithügeln mit weitem Blick # www.gondwana-collection.com Gondwana

Cañon Roadhouse (Q33)

▲ [Lodge][Camping] 30km südwestl. Holoog / Anfahrt: C12 nach Süden , D601=C37 ☞ Gondwana Collection / manager: Simon Andreas (Deutsch) ✆ 063-683111 ▲ schattige Plätze im Rivier $ (2013) 150N$ pP 24DZ, aircon $ (2013) B&B: Low DZ 650N$ pP, High DZ 860N$ pP ⓘ siehe Seite 36 ♕ Das alte Roadhouse ist jetzt Gondwana Infozentrum: Historisches Haus mit vielen Ideen von Sonia Corsini and Alain Noirfause. Das neu Roadhouse hat ein Erlebnisrestaurant als nostalgisches Transportmu suem, Essen zwischen Oldtimern. Wanderungen Restaurant à l carte Tankstelle auf dem Campingplatz HausT ok Klippspringe Springbock, Steinböckchen, großer Kudu, Oryx, Steppen-Zebra, Strau #www.gondwana-collection.com 📖 Gondwana

Dune Song Breathers (Q90)

[SC-Flat] 30km nordwestl. Koës / Anfahrt: C17 nach Norden, D617 (Farm Onze Rust) Marianne & Pieter 063-252657 081-1220175, 081-7776333 088-631256 3 Chalets (4P) auf einer roten Düne $ (2013) 1P 600N$, 2P 500N$ pP, 3P 400N$ pP, 4P 300N$ pP Schaffarm Sternebeo., Vogelbeo / Teilnehmen am Farmleben Farmprodukte (eigene Boerewurst) "welcome artists, poets, writers, strollers" @ dunesong.nell1@gmail.com # www.-dunesong.net

Fish River Guestfarm (Q32)

[Camping] 120km südwestl. Keetmanshoop / Anfahrt: B4 zum Nautedamm, D545 (33km), C12 links, 32km Schild über die Bahngleise 22km Farmpad / Zufahrten auch von Seeheim und Hobas / liegt im "Canyon Nature Park" Anfahrt über den Osteingang Gondwana Collection 063-683006 12 Plätze bei Koelkrans im Fish River Canyon ohne Fazilitäten / nur mit 4X4 bis 2012: Farmhaus 3DZ / 6 Koelkranz Hütten ohne Einrichtung keine Bewirtschaftung mehr, wird als Mulistation für die Muliwanderung von Gondwana benutzt Felszeichnungen Klippspringer, Springbock, großer Kudu, Oryx, Leopard, Schwarzadler, Fischadler sehr schönes wildes Camping am Fluß. super! mit Gumpen (nature pools), nur mit 4X4 erreichbar. Leider wieder ein schöner Platz für Camper verloren: Keine offizielle Vermietung mehr.

Fish River Lodge (Q31)

[Lodge][Camping] 180km südwestl. Keetmanshoop / Anfahrt: B4, D463 (Feldchuhhorn -Road) (85km), Schild , 19km Farmpad, Anfahrt über das Westufer des Fish River Ralf Dantu (manager) (Nama) Keetmanshoop P.O.Box 1840 063-683005 063-683006 6 Plätze im Canyon $ (2012) 125N$ pP 20 Chalets (4DZ+14TwinZ+2TZ) $ (2012) Hp: EZ 1.485N$ pP, DZ 2.250N$, TZ 2.950N$ / K4-8 00N$ / Guide, Pilot 500N$ / Zusatzpreise: Rundfahrt 550N$, Canyon Exkursion 850N$, Geführter Spaziergang 250N$, Canyon Tour 5T 10.000N$ / Transfer: Windhoek-Lodge 4.500N$, Lodge-Airport 170N$ 50 km nördlich vom Fish River Canyon / alter Name: Grande View Lodge Felszeichnungen (nicht zugänglich) geführte Touren im Fishfluß Restaurant (B 90N$, L (Set Menue) 95N$, D (Buffet) 165N$) Reifenrep., Benzin / Wäscherei HausT auf Anfrage Klippspringer, Springbock, Steinböckchen, großer Kudu, Oryx, Leopard, Strauß, Adler, Fischadler @ lodge@fishriverlodge.com.na # www.fishriverlodge-namibia.com Journey´s Namibia, Tel: 061-308901

Florida B&B (Q21)

[Farm][SC-Bungalows] 30km nördl. Grünau / Anfahrt: B1 nach Norden (27km), Schild / Farm Florida Minette & Jaques Viviers (owner) (Afrikaans) Grünau P.O.Box 20 063-262069 081-1284294, 081-2461693 im Bau 3 SC Bungalows mit Küche, 11 Betten $ (2013) DZ 170N$ pP, K12 85N$ (inkl. Minifrühstück) Farm mit Dorperschafen, Rindern, Ziegen Dinner 80N$, Braaipack 60N$ einige Zimmer rollstuhlgerecht HausT ok Duiker, Springbock, Oryx, Warzenschwein, Preise seit 2007 unverändert! @ jacques.minette@gmail.com

Flugsand Camping (Q74)

[Camping] 47km südwestl. Seeheim / Anfahrt: B4 nach Westen (28km), D463 (10km), Farmpad 8,6km Plätze 4X4 Trail, Trail mit Pferden empfehlenswert wegen der Lage (Trummi Leser), aber keine Infos 2013

Four Seasons Lodge (Q41)

[Lodge] Rosh Pinah, Main Road Nedjilka & Wynand Kohler (owner), Elsie (manageress) Rosh Pinah P.O.Box 138 063-274416 063-274414 after hours: 081-2706040 24EZ + 10 Chalets + 4 FZ-Zimmer $ (2012) B&B: EZ 580N$, DZ 820N$ / Chalet 860N$ Restaurant à la carte keine HausT @ fourseasons@iway.na

„Hund & Herr"

Goibib Mountain Lodge (Q66)

[Lodge] 112km südl. Keetmanshoop / Anfahrt: B1 Etienne Lötter (owner), Gerda (manageress) 063-683131, 063-250704 063-683132 Plätze $ (2013) 90N$ pP (Namibier 20% Reduktion) 3DZ+4TwZ / aircon $ (2013) B&B: EZ 500N$, DZ 900N$, TwR 700N$ / Zusatzpreise: Gamedrive (2-3Std 150N$ pP) ⓘ Farm mit Rindern: Nguni Zucht, Persische Schafe, Dorper Schafe, Schweizer Braunvieh für Milch, (Blinkhaar Ronderib Afrikaner Rams = "HE man" of the sheep world), www.karaslivestock.com), Gemüsegarten // Tagb. Willkommen Zelt für Fahrradfahrer / Skorpionsuche mit UV-Licht 4X4 Trails mit dem eigenen Wagen, Wandern, Nachtfahrten / Bibliothek / ***Teleskop*** / Mountainbike (7 Räder frei) / Makrofotografie Picknick-Korb für Selbstfahrertouren auf der Farm / Dinner Buffet 130N$, Frühstück 65N$ Wlan (frei)/ Wäscheservice ***extra Zimmer für "Herr & Hund"*** Klippspringer, Springbock, Steinböckchen, großer Kudu, Oryx @ goibib@mweb.com.na, reservations@resdes com.na # www.goibibmountainlodge.com Reservation- destination

Garas Quivertree Park (Q13)

ⓘ siehe „//Garas Park Rest Camp (Q13)" S. 430

Gessert, Pension (Q10)

[B&B] Keetmanshoop, Westeene, 13te Str. 138 Zelma & Hendrik Knouwds (Afrikaans, etwas Deutsch) Keetmanshoop P.O.Box 690 063-223892 063-223892 6DZ + 1FZ, aircon $ (2012) B&B: EZ 520N$, DZ 735N$, FZ 825N$ / K5 frei / Tourguide 50% ⓘ kein SC Frühstück für Tagb. auf Anfrage rollstuhlfreundlicher Raum sehr hundefreundlich von Trummi Fans besonders empfohlen (2012) tolles Frühstück @ gesserts@iafrica.com.na # www.natron.net/gessert/

Goibib Mountain Lodge (Q66)

siehe Seite 438

Grande View Lodge (Q31)

ⓘ siehe „Fish River Lodge (Q31)" S. 437

Grünau Chalets (Q26)

[Rastlager][Camping] Grünau, B1 Kreuzung mit B3 Mrs. Willa Smith, manageress Mrs. Ronel Marais (Englisch) Grünau P.O.Box 3 063-262026 063-26201

ehemalige Löwengruppe auf der Kalahari Game Lodge

Kalahari Game Lodge (Q59)

▲ *{zur Zeit zu}*[Farm][Gäste][Jagd][Camping] 18km nordwestl. Mata Mata / Anfahrt: C15 (Afrikaans) ✉ Koës P.O.Box 22 ▲ 8 Plätze $ 100N$ pP ⓘ Lodge geschlossen, aber Camping ist möglich (2012) am Auob Rivier / 2008: Löwensuche mit Sender: man sah garantiert Löwen (oft auch Wildhunde u. Geparden) Kuhantilope (Hartebeest), Springbock, Eland, Oryx, Giraffe, Gepard, Löwe, Strauß, 2008 Es war äußerst empfehlenswert. Jetzt nur noch Camping nach Aussage von Trummi Lesern, sehr schade

▲ 4 Plätze $ (2012) 100N$ pPlatz + 15N$ pP 5 Chalets + 1 Flat in der Stadt $ (2012) 1P 330N$, 2P 500N$, 3P 560N$, 4P 610N$ ⓘ neue Unterkünfte, neuer Shop in Planung Restaurant, Laden Tankstelle, Busstop Mainliner HausT ok @ willa@iafrica.com.na

Grünau Country House (Q25)

▲ [Gästehaus][Camping] Grünau, Kreuzung B3 / B1 ☞ Bertus van Zyl (owner), Alice (manageress) (Afrikaans) ✉ Grünau P.O.Box ✆ 063-262001 088-614212 ▲ 4 Plätze $ (2013) 50N$ pP 6DZ + 4FZ // Bungalows (2X2 Bett, 2X 4 Bett) nicht ensuite $ (2013) EZ 290N$, DZ 475N$, TZ 515N$, QZ 545N$, 5-BettenZ 575N$ / extra Matratze 50N$ / Bungalow 1P 150N$, 2P 280N$, 3P 375N$, 4P 420N$ ⓘ Kiwi: Spielplatz Restaurant à la carte ♿ 3 Z rollstuhlgerecht absolut keine HausT Camping auf einer großen kahlen Fläche, mit Elektrozaun @ grunauch@iway.na # www.grunauch.iway.na

Grünau Motors Chalets (Q26)

ⓘ siehe „Grünau Chalets (Q26)“ S. 438

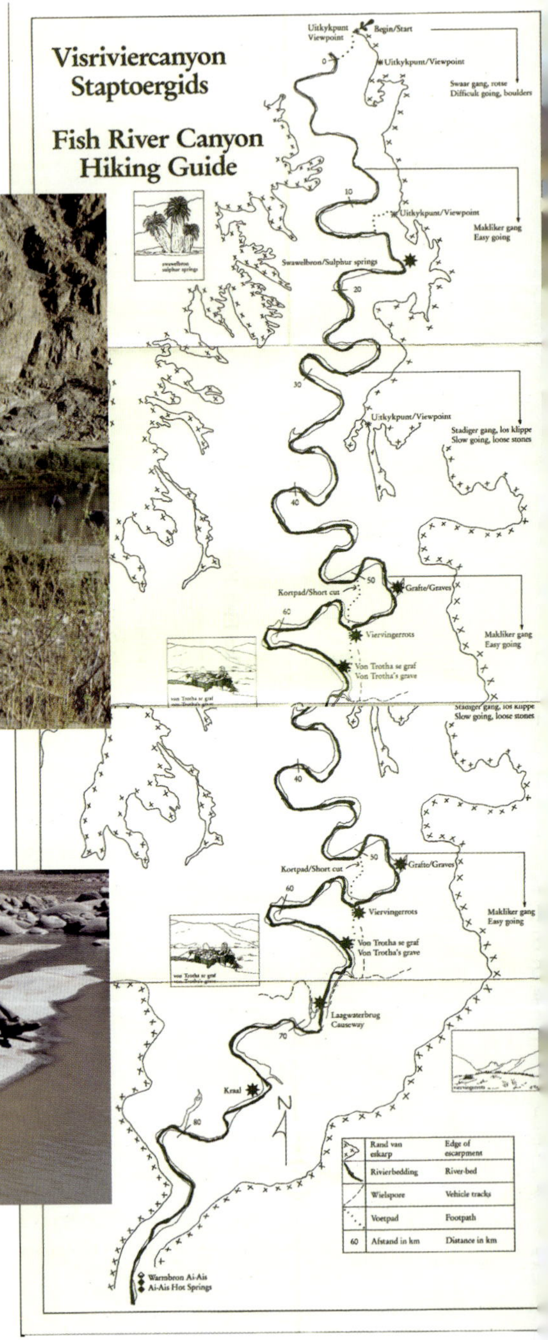
Visriviercanyon
Staptoergids
Fish River Canyon
Hiking Guide
Uitkykpunt
Viewpoint
Begin/Start
Uitkykpunt/Viewpoint
Swaar gang, rotse
Difficult going, boulders
Uitkykpunt/Viewpoint
Makliker gang
Easy going
Swawelbron/Sulphur springs
Uitkykpunt/Viewpoint
Stadiger gang, los klippe
Slow going, loose stones
Kortpad/Short cut
Grafte/Graves
Makliker gang
Easy going
Viervingerrots
Von Trotha se graf
Von Trotha's grave
Stadiger gang, los klippe
Slow going, loose stones
Kortpad/Short cut
Grafte/Graves
Viervingerrots
Makliker gang
Easy going
Von Trotha se graf
Von Trotha's grave
Laagwaterbrug
Causeway
Kraal
N
Rand van eskarp
Edge of escarpment
Rivierbedding
River-bed
Wielspore
Vehicle tracks
Voetpad
Footpath
Afstand in km
Distance in km
Warmbron Ai-Ais
Ai-Ais Hot Springs

Hoas Game Farm (Q93)

▲ [Farm][Gäste] 75km südl. Keetmanshoop / Anfahrt: D608 ☞ Sonja & Johann Kruger (Afrikaans) ✆ 063-683133 📱081-3681450 🛏 5DZ / SC-Unit (10p) **$** (2013) SC-Unit: 300N$ pP, K18 150N$ // Hp: EZ 1.095N$, DZ 965N$ pP // alles inklusive bei Vp: EZ 1.895N$, DZ 1.735N$ / K11-16 25% ⓘ liegt in den Klein & Groß Karas Bergen / siehe auch www.afrikatraum.com / Kiwi (Boergoat Lämmer, Dorpersheep Lämmer zum Streicheln) / Tagb. mit Mahlzeiten auf

Hodia Gordinii
Foto www.hoasnamibia.com

Voranmeldung 🚶 Farm drive (4Std 250N$ pP, max 6P), geführte Wanderungen (250N$ pP max 6p) / Tagestour zur Farm Steinfeld (3P 1.500N$ pP); hochgelegene Aussichtspunkte mit Schluchten 🍽 Farmprodukte, keine gentechnisch veränderte Lbm (no GVO), keine Fabrikhühner, Organische LBM, nur von der eigenen Farm // Spezialdiäten // Lunchpakete ✎ Reifenrep. / Waschmaschine 🐘 gemeines Impala, Bleßbock, Klippspringer, Springbock, Steinböckchen, Eland, großer Kudu, Oryx, Strauß, weißer Bleßbock @ hoas@iway.na # www.hoasnamibia.com

Hobas (Q37)

▲ [staatl. Rastlager][Camping] 30km nördl. Ai Ais (Q38) / Anfahrt: C10, D324=C37 ☞ Namibia Wildlife Resort (NWR) ✉ Karasburg Private Bag 2012 ✆ 063-226028 📠 063-266028 ▲ 14 Plätze pro Platz 8 P, 2 Fahrzeuge, 1 Wohnwagen oder 1 Zelt **$** (2013) 110N$ pP / K6-12 50% ⓘ Eintrittspreise siehe Seite 39 / Verschiedene Gebühren für Campingbesucher, Tagb. auf dem Platz und für den Aussichtspunkt

♛ Hier ist der einzige Zugang zu den Aussichtspunkten des Canyons und zu den zwei Einstiegen zur Fisch-Fluß-Wanderung 🚶 Fisch-Fluß Wanderung, steiler Abstieg: 60 und 80km: 250N$ pP, rechtzeitige Buchung für die Wanderung notwendig, Min/Max 3P-40P, von 1.Mai - 15.Sept, Kinder älter als 12J, Gesundheitszeugnis notwendig// Spaziergang am Rand des Canyons jederzeit möglich 📖 Zentrale Buchungsstelle Windhoek

Hohenfels Namdeb (Q62)

▲ [Camping] 50km östl. Oranjemund / Anfahrt: am Oranje ▲ Plätze ⓘ im Sperrgebiet von Namdeb, Diamantensperrgebiet Nr.1, sollte 2010 enden, ist aber verlängert worden. 2013 noch immer in der Planung ♛ alte deutscher Kolonialwachtposten oberhalb des Orangeufers wird derzeit in ein Camp umgebaut 🚶 Wandern

Home Sweet Home (Q82)

▲ [SC-Flat] 🏠 Keetmanshoop, Luchtenstein Str. 19 ☞ Marica van Royen, Retief Ansie Smit (manageress) (Afrikaans) ✉ Keetmanshoop P.O.Box 2135 📠 063-683390 📱081-1275397 📠 088-643701 🛏 8 SC Chalets **$** (2012) DZ 280N$ pP oder DZ 580N$ ⓘ Kalahari Farmstall Q79 @ marica@iway.na

Hoon´s Self Catering Flats (Q57)

▲ [SC-Flat] 🏠 Karasburg, 19th Avenue No 8 ☞ Gerhard Hoon (Afrikaans) ✉ Karasburg P.O.Box 428 ✆ 063-270200 📠 063-270207 📱081-1274160 🛏 3 SC-Flats (5P + 3P+ 3P), Vokü, TV, aircon, NSR **$** (2012) 250N$ pP, 350N$ für 2P sharing, mehr als 2P sharing 130N$ pP ⓘ Kiwi, Rauwi ✎ Wlan ♿ rollstuhlfreundlich 🐕 HausT ok @ ghoon@iway.na

Hunter's Inn (Q67)

ⓘ siehe Aroab Hunters Inn Guest House

Jeanie´s Place (Q52)

ⓘ siehe „Karas Cottages (Q52)“ S. 446

Kgalagadi

Immer noch ist der alte Name „Kalahari Gemsbok Park" vertrauter als Kgalagadi Seit September 2007 ist der Zugang zu diesem südafrikanischen Park an der Grenze zum südöstlichen Namibia wieder möglich.

Die Riviere Nossob und Auob, an denen der Reisende auf seinem Weg in die südöstliche Kalahari kilometerlang bereits entlang gefahren ist, münden im Kgalagadi-Park. Entlang dieser beiden Täler führen auch die zwei Hauptstraßen, die in „Twee Rivieren" wieder zusammentreffen.

Mit diesem Parkbesuch können somit Reisende in den Süden Namibias auch in einem Nationalpark Wild beobachten; wenn es hier auch keine Elefanten gibt, ist der Besuch lohnend, vor allem, wenn man im August/September in diesem Grenzgebiet die blühende Wüste erleben UND auch Tiere beobachten möchte.

(Gute, meistens auch aktualisierte Infos dazu auf der Webseite von Bwana Tucke Tucke)

Geschichte des Parks

Bis 2000 gab es zwei Nationaparks, und zwar den Kalahari National Park in Südafrika und den Gemsbock National Park auf der botswanesischen Seite. Als Kgalagadi Transfrontier Park wird er nunmehr gemeinsam verwaltet und gilt als „Peace Park", weil er grenzüberschreitend ist.

Zwei Gemeinschaften leben am Rande wie auch innerhalb des Parks:

Die „Mier" Community (Mier= Ameise), die vor 150 Jahren sich als Kleinfarmer mit Ziegen, Schafen und Rindern hier ansiedelten.

Die „#Khomani Community", die zu der weit

verstreut lebenden Khoe-sprechenden Familie gehört, als Sammler und Jäger. Interessanterweise erhielt diese 1999 ein großes Gebiet innerhalb des Parks von der RSA zurück, und zwar als „Ae!Hai Kalahari Heritage Park"

Flora und Fauna

Der neue gemeinsame Name stammt aus dem Tswana und bedeutet „großes Durstland" oder „Salzpfannen", was sehr zutreffend erscheint: Oft fallen nur 50mm Regen /Jahr, aber dann füllen sich die vielen Pfannen mit Wasser und enthalten als Salzpfannen nahrhafte Mineralien. Sie werden von den roten Dünen der Kalahari begrenzt. Das meistens flache Grasland und das Buschveld am Rand der Seen sind ge[gen] Süden immer dichter bewachsen.

Der *Kalahari-Löwe mit schwarzer Mähne* ist der bekannteste Bewohner des Parks. Die Oryxe,die Gemsböcke, nach denen der Park seinen ursprünglichen Namen trägt, sind zahlreich; außerdem gibt es die vom Aussterben bedrohten Wildhunde,ferner Leoparden, Geparden, Gnus, Hyänen, Elands uam sowie 50 Arten von Raubvögeln. Giraffen findet man nur im Gebiet um Mata Mata. Sie wurden in den achtziger Jahren aus Etoscha eingeführt, obwohl hier eher die Kap-Giraffen zuhause gewesen sein dürften; sie waren zunächst ständig von den Löwen bedroht.Es fehlen die Zebras, da ihnen die Qualität des Wasser nicht behagt.

Besonders in Twee Rivieren ist eine Gang der großen Meerkats aktiv, die bereits ihre eigene TV-Show hatten (Animal Planet)

In der Flora sind besonders die Kameldornbäume und die Tsamma-Melone erwähnenswert, die letztere findet immer mehr Beachtung in der Kräuterheilkunde.

Reisezeiten, Orientierung und Zufahrten

Im Sommer (Oktober bis April) können die Tagestemperaturen auf 40 ° steigen, die Wintertage sind daher sehr viel angenehmer als Reisezeit. Nachts kann es dann empfindlich kalt werden (Im Juni bis minus 10 Grad!)

Man kann sich gut an den zwei Trockenflüssen orientieren; nur nach guten Regenfällen in Zentralnamibia, wo sie entspringen, „kommen sie ab“: Der Nossob (= dunkler Lehm) ist der östliche, der Auob (= bitteres Wasser) das westliche Rivier. Gravelroads führen über kleine Ebenen zu den jeweiligen Tälern. Restcamp Mata Mata an der namibischen Grenze ist 2.5 Stunden Fahrzeit vom Hauptcamp Twee Rivieren, das Restcamp Nossob 3.5 Stunden Fahrzeit von diesem letzteren entfernt. In Twee Rivieren ist ein Grenzposten für die Weiterfahrt nach Botswana, umgekehrt fungiert Two Rivers in Botswana als Einreiseposten. In Mata-Mata ist nur die Einreise von Namibia in den Park möglich. Tagesausflüge sind jederzeit gestattet, bei Durchfahrten müssen aber mindestens 2 Nächte im Park gebucht werden.

Von Botswana erfolgt die Einreise über Tsabong: 310km Staubtraße oder über Hukuntsi auf 110km Sandpad, die nur mit 4x4 zu befahren ist. Viele schwärmen von dem Tierreichtum und die Einsamkeit der botswanesischen Seite bislang mit nur sehr einfachen Unterkünften.

Die Reise von Upington in der RSA erfolgt auf 250km bester Teerstraße oder weiter westlich auf guter Schotterstraße entlang des Molopo.

Man kann bis Upington auch fliegen und dort für den Ausflug in den Park ein Auto mieten. Leichte Flieger bedürfen einer Genehmigung, um sogar direkt in Twee Rivieren zu landen.

Unterkünfte / Resorts / Lodges

In der Saison sind häufig alle Quartiere ausgebucht.

Die Preise sind saisonal unterschiedlich (s. www.sanparks.org/parks kgalagadi/tourism/tarifs)

- ☞ Die drei Resorts (Rastlager Mata Mata, Nossob, Twee Rivieren) haben alle eine sehr große Anzahl von Campingplätze für etwa 200 R/Platz plus 65 pP, oft mit Strom.
- ☞ Die etwa jeweils 20 bis 30 Einheiten (units) von chalets, family cottages und guest houses in den 3 Rastlagern kosten für 2P ab 600 Rand, für 4P bis 2000 Rand je nach Ausstattung (2013/14) .
- ☞ Die Camps in der Wildnis – zwischen Nossob und Union`s End – haben kein Camping: Kieliekrankie, Bitterpan, Gharagab, Kalahari Tent Camp, Grootkolk und Urikaruus haben „cabins" für 2 P ab 1.200R etwa. Sie sind nur mit 4x4 zu erreichen, sind nicht eingezäunt. Kinder unter 12 sind in den Wilderness Camps nicht erlaubt, außer im Kalahari Tented Camp in der Nähe von Mata Mata. Für die Wilderness Trails gelten besondere Vorschriften, und zwar für die Anzahl der Fahrzeuge, die Länge der Buchungen sowie ggf. auch vorgeschriebene Fahrtrichtungen und Guides. Nur 4x4.
- ☞ !Xaus Lodge, Luxuslodge der Khomani-San & Mier Gemeinden im Park zwischen Mata Mata und Twee Rivieren. Nur mit Buchung VP alles inkl. ab 2.850R pP, K11 855R, K16 1.425R, 2 Nächte empfohlen
- ☞ Entabene Lodge (Botswana) 137 nördl. von Koa Gate Campsite
- ☞ Kalahari Trails 35km südl. von Twee Rivieren, owner Anna Rasa, Spezialistin für Zwergmungos, SC &Camping(12€ pP).
- ☞ Union`s End Lodge ab 2013: VP pP/T ab 250 US $ mindestens 2 Nächte. Im Norden vom Park

Weitere Luxuslodges in Botswana im Bau (Rooiputs Lodge im Süden,, Polentswa Lodge, Marie se Draai, Mabuasehube Lodge im Osten

Versorgung

Alle 3 Rastlager haben einen kleinen Laden, Benzin, Plattform an einem Wasserloch, Pools, Strom von 17 Uhr bis 23 Uhr, aber Twee Rivieren in der Regel sogar für 24 Std. Restaurant nur in Twee Rivieren. Nur hier also auch Air Condition und Lademöglichkeiten.

Da das Wasser trinkbar, aber recht brackig ist, sollte man frisches Wasser mit sich führen.

Zahlungen nur in Rand (ZAR), in Mata Mata werden N$ manchmal akzeptiert. In Twee Rivieren kann Geld gezogen werden. Kreditkartenzahlungen sind möglich, aber gelegentlich „out of order".

Tankstellen außerhalb des Parks:

- ☞ Namibia: Mata-Mata – Koes 154 km, Gochas 181 km
- ☞ Südafrika. Twee Rivieren Andriesvale 55km
- ☞ Botswana: Nossob nach Norden Hukuntsie 311 km/ nach Südosten Tshabong 292km

Buchung / Preise

- ☞ Eintritt in den Park (=Conservation fee) für Namibier&SADC-Bewohner 102R pPpT / K12 51R // für „Auswärtige" 204R pT pP, K12 102R. Discount für Pensionäre und vor allem für WILDcard-Besitzer. Diese Karte kann an den Gates erworben werden, auch von „Auswärtigen". Sie gilt in allen anderen RSA National Partks
- ☞ Buchungen: South African National Park head office, Pretoria, reservations@sanparks.org // s. auch www. Sanparks.org

Sonstiges

- ☞ Verbindung zum Server für Mobiltelefon in Twee Rivieren und Two Rivers in Botswana
- ☞ 5 Toiletten mit Picknickplätzen außerhalb der Rastlager, nicht eingezäunt, aber im Gegensatz zu Etoscha sehr gut unterhalten
- ☞ Ausgebaute große Camper wie z.B. Unimogs sind nicht erlaubt
- ☞ Jagdwaffen müssen deklariert werden, sie werden gesiegelt und entsiegelt bei der Ausfahrt aus dem Park.
- ☞ Feuerholz ist nicht gestattet mitzubringen.
- ☞ Absolut keine Pets.
- ☞ Öffnungszeiten von Sonnenaufgang bis -untergang, also unterschiedlich, etwa ab 5.30 bis 19.30 im Sommer und 7.30 bis 18.00 Uhr im Winter. Das gilt auch für die Wilderness Camps.

kalahari™
ancient desert secrets
Every product that is purchased directly supports the San Community in the Kalahari.
Please check out our website for all our involvement and commitments
www.kalaharistyle.com
"My focus was on making the Kalahari Brand experience an intimate journey, by bringing the ancient secrets of the desert to the client through touch, sound, visual interaction and smell.
• Kalahari Lifestyle Products
• Gifts
• Gentle Kalahari Facial Care Products
• and Amenities
Bealtaine
Health & Skincare Clinic
Tel/Fax: +264 61 231200 • E-mail: lui@iway.na
11 Kenneth McArthur Street • Olympia • Windhoek
www.bealtaine-beauty.com

Kalahari Farmstall (Q79)

▲ [Rastlager][Camping][SC] 14km nordwestl. Mata Mata / Anfahrt: C15 ☞ Marica & Christy van Royen (Afrikaans) ✉ Koës P.O.Box 114 ✆ 063-693115 063-683390 088-642262 Λ 6 Plätze $ (2012) 150N$ pPlatz max 4P 5 SC - Doppelzimmer $ (2012) DZ 325N$ ⓘ Farm Gemsbok Pan Nr 326 / auch Home Sweet Home Q82 auch Frühstück / Farmprodukte / Coffeeshop Wlan HausT ok @ info@kalaharifarmstall.com, marica@iway.na # www.kalaharifarmstall.com

Kalahari Game Lodge (Q59)

▲ siehe Seite 439

Karas Cottages (Q52)

▲ [B&B] Karasburg, Kalkfontein Str. 88 ☞ Jacky Swartz (Afrikaans) ✉ Karasburg P.O.Box 411 ✆ 063-270349 081-1497819 088-616993 Λ "für Camping mache ich einen Plan" 6DZ $ (2012) B&B: EZ 300N$, DZ 450-500N$ ⓘ Kiwi: pool rollstuhlfreundlich HausT ok @ jswartz@iway.na

Keetmanshoop Municipal Caravan Park (Q11)

▲ [Camping] Keetmanshoop, mitten in der Stadt ☞ Municipality Keetmanshoop / Swartbooi (superwiser) ✉ Keetmanshoop PPS 2125 ✆ 063-221265 [66,11] & Fax: 063-223065 063-223818 081-2226881 Λ 50 Plätze mit Rasen $ 23N$ pAuto + 58N$ pP, K 50% ⓘ 24h Zugang empfehlenswerter Stop: günstig gelegen, gut bewacht, aber viel Lärm vom Ort / guter Picknick-Platz mit Waschgelegenheit / Familie Swartbooi lebt auf dem Platz

Kleinbegin Game Lodge (Q56)

▲ [Farm][Gäste][Camping][SC] 30km östl. Karasburg / Anfahrt: B3, (zwischen Ariamsvlei & Karasburg) ☞ Anzette & Otto Cloete (Afrikaans) ✉ Karasburg P.O.Box 25 ✆ 063-269315 081-1249186 088-618913 Λ Plätze mit Schatten $ (2013) 138N$ pP 5DZ + 2FZ (16P) $ (2013) SC: EZ 460N$, DZ 830N$, FZ (2A+2K) 920N$, Jäger 345N$ pP / B&B: EZ 560N$ [530N$], DZ 899N$ [830N$], FZ 1.555N$ [1.150N$], K12-15 345N$ [291N$] / Hp: EZ 690N$ [650N$], DZ 1.130N$[995N$], FZ 2.009N$ [1.495N$], K12-15 485N$ [368N$] / [in Klammern: für Namibier, RSA] // Tourguide 483N$ / Zusatzpreise: Gamedrive 115N$ pP ⓘ Kiwi: Spielplatz / Flugfeld / Dattelanpflanzung / Gärten viele Köcherbäume Wandern, Tischtennis, Poolbillard / Flug zum Fish River Canyon / Scenic Flug Tour 1Std 1.725N$ auch SC, Lunch (138N$) & Dinner (161N$) auf Anfrage / Spezialmenüs erhältlich / Lunchpakete 92N$, "Braai packs" (115N$) Wlan / Wäscheservice HausT ok beim Camping Bleßbock, Kuhantilope (Hartebeest) Klippspringer, Springbock, Steinböckchen großer Kudu, Oryx, Warzenschwein, Giraffe Berg-Zebra, Strauß, @ kleinbeginlodge@gmail.com ("begin" mit einem "n") empfehlenswertes Camping # http://kleinbeginlodge.tripod.com (kein www.)

Koës Hotel (Q69)

▲ [Hotel][Camping] Koës, Fontein St ☞ Elmarie & Johann Combrink ✉ Koë P.O.Box 1401 ✆ 063-252716 Λ Plätz $ (2012) 80N$ pP 2EZ+5DZ+3FZ(4P $ (2012) B&B 200N$ pP internationale Autorennen in der Salzpfanne / altes Landgasthaus Frühstück Rampen HausT ok empfehlenswertes Camping / Campin auch auf der nahegelegen Salzpfanne möglic @ koeshotel@gmail.com

KumKum Game Ranch (Q51)

▲ [Farm][SC][Jagd][Camping] 92km südl. Karasburg / Anfahrt: MR 21, durc Warmbad, D206, 21km Schild, nach 4,5km Schild ☞ Willem & Marita Mans ✉ Karasburg P.O.Box 483 ✆ 063-683056 088 626842 Λ Plätze Gästehaus mit 3D +2DZ / auch Platz für 10P SC $ (201 Jagdtag 1:1 300US$, 1:2-4 270US$, Ruhet 120US$, K5-12 65US$ Farmgebiet a

Von Rosh Pinah durch die Namusberge zum Oranje

Historisches Bild vom Mukorob, der 1989 einstürzte

Mesosaurus Fossil Site & Quivertree Adorite Park (Q15)

[Rastlager][Camping][SC] 40km nordöstl. Keetmanshoop / Anfahrt: C16, C17 Noleen, Giel & Hendrik Steenkamp (Afrikaans) Keetmanshoop P.O.Box 270 063-225050, 063-222990 063-222990 6 Plätze + 2 Bushcamp-Plätze (3km im Veld) $ (2012) 75N$ pP, K12 50% 4 einfache SC-Chalets DZ / 1TZ mit Küche, BadeZ am Campingplatz (=13P) $ (2012) DZ 220N$ pP neues Telefonsystem 2013, Probleme mit Email, bitte im Update nachsehen // auf der Farm Spitzkoppe Ost sehr viele Köcherbäume (5000) / beeindruckende Fossilien aus der Gondwanazeit / klingende Felsen / deutsche Gräber geführte Tour (100N$ pP) / 10km Wanderung foc / 4X4 Trail 16km Frühstück 65N$ /Braai 110N$ pP / nur auf Bestellung Tour auch rollstuhlfreundlich HausT ok gemeines Impala, Klippspringer Springbock, Steinböckchen, großer Kudu, äußerst empfehlenswert: Führung von Giel / schöner einfacher Campingplatz unter einer großen Akazie mit Webervögelnestern im Köcherbaumwald @ info@mesosaurus.com #www.mesosaurus.com Finesse

Oranje Angeln, Wandern, Sternebeo., 4X4 Tour / Quadbike SC oder Vp alle HausT ok Bleßbock, Kuhantilope (Hartebeest), Klippspringer, Springbock, Steinböckchen, Eland, großer Kudu, Oryx, Berg-Zebra, Leopard, @ hunting@kumkum.com.na #www.kumkum.com.na

La Rochelle (Keetmanshoop) (Q5)

[B&B] Keetmanshoop, 6te Av. 12 Peter de Wit (Afrikaans) Keetmanshoop P.O.Box 2030 063-223845 063-223845 088-631784 2DZ + 1FZ $ (2012) DZ allein 360N$ pP / B&B DZ 460N$ pP rollstuhlfreundlich keine HausT @ larochelle@iway.na

Lafenis Natuuren Ruscamp (Q16)

siehe „Maritz Country Lodge & Campsite (Q16)" S. 448

Lorensia (Q23)

[B&B] 90km nordwestl. Grünau / Anfahrt: C12, D608, Schilder keine Info 2013

Maritz Country Lodge & Campsite (Q16)

[Farm][Gäste][Jagd][Camping][SC] 5km südl. Keetmanshoop / Anfahrt: B Richtung Grünau Eduard Maritz (Afrikaans) Keetmanshoop P.O.Box 38 063-224316 063-224309 081-50606 081-1242427 15 Plätze, 8 auf Gras, m

Strom $ (2012) 120N$ pPlatz +80N$ pP 16 Z SC = 45 P $ (2012) EZ 490N$, DZ 795N$, TZ 92N$, 4-bed 1.040N$, 5-bed 1.225N$, 6-bed 1.350N$ / Lux DZ 920N$ ⓘ Kiwi / auch Truckport Übernachtung "lovely renovated" / liegt direkt hinter der Tankstelle Wanderung Restaurant, Kiosk rollstuhlfreundlich gut überwachte HausT ok Springbock, Eland, großer Kudu, Oryx, Giraffe, Strauß, @ khp1stop@iway.na

Mata Mata Camp (Q73)

[staatl. Rastlager] liegt in Südafrika, 170km südöstl. Gochas / Anfahrt: C15 Kgalagadi Transfrontier Park (Südafika) (s. Kasten 0027-54-5610093 60Plätze $ (2012) 180Rand pSite incl. 2P / extra P 58Rand, K18 58Rand Chalets $ (2012) 2p 615Rand + 172Rand pP, 6p-Chalet: 1.040Rand + 172Rand pP , K 86Rand ⓘ nördliches Camp des Kalahari Gemsbok Parks (Kgalagadi Transfrontier Park) // Fahrverbot für Unimogs und LKWs im südafrikanische Teil des Parks, nur im botswanesischen evtl. erlaubt Wasserstelle am Camp Restaurant

McMillans Guesthouse (Q40)

[B&B] Rosh Pinah, Quakerbornstraat Mrs. Renpia ✉ Rosh Pinah P.O.Box 173 063-274107 063-274701 6DZ+ 7EZ $ (2012) B&B: EZ 245N$, DZ 400N$ ⓘ Kiwi gegenüber Lorentias Catering

(081-2748849, 063-274971) keine HausT @ keine

Mesosaurus Fossil Site & Quivertree Adorite Park (Q15)

siehe Seite 448

Mount Canyon Guest Farm (Q92)

[Farm][Gäste][SC] 40km südl. Seeheim / Anfahrt: C12, Schild, Farmpad 6km nach Osten Rozelle & Abraham Baard (Afrikaans) ✉ Keetmanshoop P.O.Box 777 063-223218 063-224445 4DR, 1 honeymoon suite, 2SC-DZ $ (2012) Hp: EZ 1.070, DZ 870N$ pP / SC: EZ 875N$, DZ 700N$ pP K7-13 25% ⓘ liegt in den Klein Karas Bergen / Farmverbund: www.afrikatraum.com // Besitzer des Gemüseladens "Farm Fresh Products" (063-223218) in Keetmannshoop Farm Drive / Vogelbeo Wlan / Wäscheservice nur kleine Hunde großer Kudu, Oryx, Giraffe, Strauß, @ rozellebaard@gmail.com, apbfarm@gmail.com # www.mountcanyon.com

Namuskluft (Q46)

siehe Seite 449

Naute Kiosk & Camping (Q77)

[Camping] 65km westl. Keetmanshoop / Anfahrt: B4, D545 / oberhalb der Staumauer ✉ Keetmanshoop P.O.Box 1793 063-250524 & 063-173681 081-2377867 Plätze ⓘ auch Picknickplatz

Namuskluft (Q46)

[Rastlager][Camping] 15km südl. Rosh Pinah / Anfahrt: C13 Richtung Sendlingsdrift, nach 2km nach Osten: Schild Marietha & Dawie de Bruin (Afrikaans) ✉ Rosh Pinah P.O.Box 96 063-274134 081-1223543 viele Plätze $ (2012) 60N$ pP + 20N$ pAuto 5 Weny Häuser (Holzhütten) (SC) $ (2012) 130N$ pP + 20N$ pAuto ⓘ Tagb. 10-17Uhr 50N$ pP+20N$ pAuto)

früher ein Weekend Camp für Minenarbeiter / Kudus auf der Farm 4X4 Routen, markierte Wanderwege Restaurant für große Gruppen, Bar Generatorzeiten: 6-7Uhr + 18-22Uhr HausT auf Anfrage, hundefreundlich schöne Anlage, aber sehr primitiv, gemeinsame Waschräume, kann im Winter sehr kalt sein / *nach sehr gutem Winterregen blüht auch hier die Wüste* @ kluft@iway.na

Noordoewer

Noordoewer Guesthouse (Q45)

▲ [B&B] Noordoewer, B1, C13 hinter der Engen Tankstelle in der Nähe der Orange River Lodge ☞ Marie van der Merwe ✉ Noordoewer P.O.Box 58 ✆ 063-287108 081-2317271, 081-3509807 ▲ demnächst 8DZ $ (2012) B&B: EZ 395N$, DZ 620N$, FZ 750N$ ⓘ Traubenanbau für den Export / Spielplatz in der Nähe des Oranjes Dinner auf Anfrage Farmstall "Die Mielie" mit Souvenirs + Farmprodukte HausT auf Anfrage @ nikos@iway.na, info.miellie@iway.na # www.noordoewerguesthouse.com

Norotshama River Resort (Q49)

▲ [Lodge][Camping][SC] 50km nordwestl. Noordoewer / Anfahrt: D212=C13, Farm Aussenkehr ☞ Deon Brand (owner), Juan Claassen (manager) ✉ Aussenkehr P.O.Box 723 ✆ 063-297215 063-297217 ▲ 21 Plätze, Strom, Schatten (sehr eng) $ (2013) 170N$ pP, K4-11 90N$ reetgedeckte Chalets: 30DZ, 2SC-DZ, 2DZ auf dem Wasser $ (2013) B&B: EZ 670N$ pP, DZ 617N$ pP / K4-11 270N$ ⓘ Kiwi: Spielplatz, Kiddiespool / Tagb. ok 100km zu den ehemaligen deutschen Außenposten Vogelbeo., Kanufahren auf dem Oranje (auch Stromschnellen) auf Anfrage, Angeln, Wandern, 4X4 Trails / Schwimmen / 45 km Route zu den Orange River Canyons 1-2Std 145N$ pP // Sportklettern im Canyon auf der Farm (eigene Ausrüstung) Restaurant à la carte Wlan / Wäscheservice // Diesel, Reifenreparatur keine HausT Klippspringer, Springbock, großer Kudu, Klipschiefer (Dassie) / Wilde Pferde Siedlung der Arbeiter aus der Weintraubenplantage (armselige Schilfhütten in Tradition aus Ovambo) wird als "Cultural Village" angeboten / @ norotshama@africaonline.com.na # www.-norotshamaresort.com

Oas Holiday Resort (Q19)

▲ [Farm][Gäste][Camping][SC-Chalets] 84km nordöstl. Karasburg / Anfahrt: C11 (82km), Schild ☞ Mantie & Pinnie Oberholzer, Andries Greeff (Afrikaans) ✉ Karasburg P.O.Box 4 ✆ 063-683171, 063-27012 063-683198 ▲ 20 Plätze unter Bäumen am Oas-Rivier $ (2012) 80N$ pP 2 Chalets mit Küche mit 6 Betten $ (2012) Chalets 200N$ pP ⓘ Farm mit Dorper Schafen, Burenziegen / ***Zucht von American Saddle Pferden*** / Wildhändler / Kiwi: Farmtiere, zahmes Wild: ***Eland, schwarzer u. gemeiner Springbock***, Kamel, Zebra / 2 Std vom Kalahari Gemsbok Park entfernt "Kampfplatz" der "Schutztruppe" gegen Marengo (Gräber) Wandern, Reiten, ***Sternebeo (Observatory)*** SC, Frühstücksbesucher ok Reifenrep. alle HausT ok gemeines Impala, Kuhantilope (Hartebeest), Eland, Oryx, Wasserbock, Steppen-Zebra, Berg-Zebra, seltene Antilopen: weiße und braune Bleßböcke, weiße & schwarze Springböcke / "Golden Oryx" (www.burchellgoldenoryx.com) @ oas@iway.na, oasstaal@iway.na

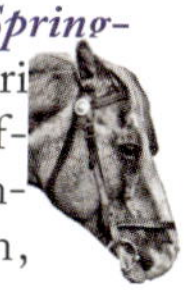

Oas Vakansieplaas (Q19)

ⓘ siehe „Oas Holiday Resort (Q19)" S. 451

Orange River Lodge (Q48)

▲ [Rastlager][Camping] Noordoewer, Main Road ☞ Manuella & Johann van der Hoven (Englisch) ✉ Noordoewer P.O.Box 21 ✆ 063-297012 063-297012 088-621180 ▲ 30 Plätze am Orange River $ (2012) 30N$ pP, K10 frei Lodge: 4 SC-DZ+ 2DZ+6FZ, alle aircon / River Cabins auf Stelzen 2P $ (2012) Lodge: EZ 325N$, DZ 450N$, TZ 500N$, FZ 570N$ / Cabin: 250N$ / K10 frei Tausch von Namib Dollar in südafrikanische Rand Abseiling / Floßbar / Fischen / Baden kleiner Laden / Restaurant: Breakfast 40N$, Lunchpakete 40N$ BP Tankstelle: Benzin ist in der Regel in Namibia billiger als in der RSA / @ orlodge@iway.na # www.orlodge.iway.na

Diamanten

Unterkunft in Oranjemund siehe Shepherds Lodge

Für das Geschäft mit Diamanten wurde und wird immer noch gründliche und aufwendige Arbeit betrieben. Jahrzehnte lang hat man nördlich von Oranjemund im Sperrgebiet das Meer zurückgedrängt, um Schicht für Schicht der uralten Meeresböden freizulegen.

Große Bagger schaufelten das gesamte herausgeholte Erdreich auf Förderbänder, auf denen mechanisch grobes Gestein von allem Feinkörnigen getrennt wurde,

Was davon übrig blieb, wurde in einer chemischen Lösung mit Eisensilicat aufgeschwemmt, in der die Diamanten mit ihrer Dichte von 3.5 herabsinken. Schließlich liegen auf einem Förderband nur noch 0.001% des ursprünglich angelieferten Volumens.

Auch wenn große Diaman-
nschiffe, mit Staubsaugern
ısgerüstet, in Lüderitz-
ıcht auf das Meer fahren,
eibt das Verfahren dassel-
:, natürlich auf den Schif-
n mit besonders intensiver
berwachung.

Die Arbeiter, die als einzige jahrzehntelang einen unmittelbaren Kontakt zu den „Klippekies“, diesen wertvollen Steinchen, hatten, waren die Bedrockcleaner. Mit kleinen Besen fegten sie den freigelegten Meeresboden ab. Als sie immer weniger Steinchen ablieferten, wurden sie durch Staubsauger ersetzt, denn CDM erachtete die Verführung zu groß, daß die wertvollen Diamanten in den Taschen der Putzleute verschwanden; es war nämlich der einzige Arbeitsgang, in dem die Arbeiter direkten Kontakt zu noch nicht registrierten Steinchen gehabt hatten.

In dem großen schwarzen Haus in Windhoek werden dann im obersten Stockwerk von Spezialisten die Gradierungen vorgenommen, um die Steinchen in gemischter Qualität in London auktionieren zu lassen.

Quivertree Forest Rest Camp (Q14)

▲ [Farm][Gäste][Camping][SC] 14km nordöstl. Keetmanshoop / Anfahrt: C16, MR29 (14km), am Köcherbaumwald gelegen ☞ Ingrid & Coenie Nolte (owner) (Englisch, Deutsch) ✉ Keetmanshoop P.O.Box 262 ✆ 063-222835, 063-683421 063-222835, 063-683422 088-633463 Δ 10 Plätze mit Baumschatten, Strom $ (2013) 100N$ pP Guest House A: 2TwR+1DR, Vokü, alle / Guest House B: 2DR alle ensuite / 3 Igloo

Bungalows 2DR+1SR, f-e kitchen / 1FR: 1DR+3 beds // all aircon $ (2013) SC: 1p 420N$, 2p 580N$, 3p 700N$, Familie 1.000N$ / B&B: 1P 540N$, 2P 840N$, 3P 1.090N$, Familie 1.690N$ / Hp: 1P 720N$, 2P 1.200N$, 3P 1,630N$, Familie 2.590N$ / Zusatzpreise: Eintritt in den Köcherbaumwald & Giants Playground: 55N$ pP ⓘ Schaffarm / Kiwi: viele Farmtiere, Trampolin ♕ ***zahme Geparden (Fütterung Winter 17Uhr, Sommer 18 Uhr)*** und zahmes Warzenschwein Köcherbaumwald / "Giants Playground" = Findlingsgarten eigene Fleischherstellung HausT nicht in den Zimmern, aber im eigenen Auto Camp kann in der Saison ziemlich voll sein / Lärm von der viel befahreren MR29 @ quiver@iafrica.com.na, quiver@africaonline.com.na # www.quivertreeforest.com

Rachel´s Backpacker (Q6)

▲ [Camping][Back-Packer] Keetmanshoop, Schmiedestr. 131 ☞ Christiaan Gibson (Afrikaans) ✉ Keetmanshoop P.O.Box 1120 ✆ 063-225177 081-1481145 Δ Plätze $ (2012) 60N$ 10Z (20-26P) $ (2012) 120N$ pP ♿ Hilfe wird angeboten kleine HausT ok @ gibsonchristiaans@gmail.com

Sandfontein Lodge (Q65)

▲ [Lodge][Jagd] 90km südl. Warmbad / Anfahrt: D210, D208 ☞ Rodica & Willie Agenbach (Deutsch) ✉ Karasburg P.O.Box 227 ✆ 063-683160 063-683161 Δ ab nächstem Jahr 4 Bungalows + 1 suite / max 10P / aircon $ (2014) Chalet: Vp 195US$ pP / 2 Nächte minimum ⓘ Nature and Game Reserve / Bogenjagd / Rauwi / nur mit Voranmeldung / Kiwi ♕ "Schlacht von Sandfontein": deutscher Friedhof, Original Schanzen / "Sunfontain for Kids" Projekt für die Kinder der Warmbad Community Bootstouren auf dem Oranje / Angeln / Reiten / Schwimmen // Rhinotracking / Scenic + Nacht Drives Farmprodukte / Lunchpakete spezielle Diäten // Wäscheservice / Wlan / Air Strip / kein Handy Empfang / HausT auf Anfrage gemeines Impala, Kuhantilope (Hartebeest), Klippspringer, Springbock, Eland, großer Kudu, Oryx, Giraffe, Steppen-Zebra, Gepard, Erdwolf, Erdferkel, Strauß, ***5 schwarze Nashörner*** / Vogelbeo. Am Fluß @ info@sandfontein.com # www.sandfontein.com

Savanna Guest Farm (Q20)

▲ [Farm][Camping][SC] 40km nördl. Grünau / Anfahrt: B1 nach Norden, Schild 1km Farmpad ☞ Erich von Schauroth (Afrikaans (Deutsch)) ✉ Keetmanshoop P.O.Box 1233 ✆ 063-683127 063-683128 081-1245269, 081-1280975 Δ 30ha großer Campingplatz $ (2012) 75N$ pP Gästehaus: 2DZ + 1SC FZ + 1TZ mit kleiner Küche + 1FZ mit kleiner Küche $ (2012) DZ 550N$, EZ 350N$, K2-12 50% ⓘ Schaffarm: Dorperzucht ♕ altes Haus der "Schutztruppe" / ***Araberpferdezucht / (Namibian Endurance Ride Association)*** Wandern / Farmdrive (auch selbst), Reiten (2h 250N$) Organische Farmprodukte / Dinner auf Anfrage (100N$), B 40N$ ♿ rollstuhlfreundlich: keine Stufen HausT ok Klippspringer, Springbock, Steinböckchen, großer Kudu, Oryx, @ savannagf@gmail.com # www.savanna-guestfarm.com

Schanzkolk Gastehuis (Q81)

▲ [Gästehaus][Camping] 20km östl Aroab / Anfahrt: C16, auf dem Weg zu

RSA, kurz vor der Grenze rechts ☞ Erna Breedt, Jaco Gouws (Afrikaans) ✉ Aroab P.O.Box 148 ✆ 063-280643 Λ freie Platzwahl auf der Farm, Waschhaus am Farmhaus / Braaiholz foc $ (2012) 100N$ pAuto 🛏 3DZ, Gemeinschaftsbad / Benutzung der Küche $ (2012) DZ 250N$ ⓘ Farm mit Rinder, Schafen, Ziegen / / Fama 🚶 Farmbetrieb, auch Mitfahrt bei der Arbeit (frei) 🍽 Certified Fleisch, "voll Bio" ♿ zwar kleine Stufen, aber möglich HausT ok Springbock, großer Kudu, Oryx freut sich auf Gäste @ schanzkolk@live.co.za

Schützenhaus (Q17)

▲ [Camping][Gästehaus] Keetmanshoop, Pastorie Str. ☞ Ingo Klitzke (Deutsch) ✆ 063-223400 📠 063-225596 📱 081-1245063 Λ 2 Plätze unter Bäumen $ (2013) 70N$ pPlatz + 50N$ pP 🛏 13Z, 3FZ / 3 Reiseleiter Z (175N$ bis 5P) $ (2013) B&B: EZ 495N$, DZ 450N$ pP / K6-12 240N$ / Kosten höher über das Buchungsbüro ⓘ Konferenzraum 200P ♕ historisches Haus von 1907, ehem. Deutscher Klub 🍽 Restaurant à la carte / Lunchpakete / Wäscheservice ♿ 1 LuxusZ eingerichtet für Behinderte kleine HausT ok @ schuetzenhaus@iway.na, nct@iway.na # www.schuetzenhaus-namibia.com 📖 Exclusive Reservations & Marketing

Seeheim Hotel (Q28)

▲ [Hotel][Camping] Seeheim ☞ Marinda & Zirkie Kloppers (Afrikaans) ✉ Keetmanshoop P.O.Box 1338 ✆ 063-683643 📠 063-683644 📱 081-4466728 💻 088-6509640 Λ einfache Plätze beim Hotel / manche mit Gras $ (2012) N$ pP 🛏 6FZ+24DZ (=68P) +3 BackpackerZ (10P) $ (2012) FZ: 500N$ pP / B&B: EZ 750N$, DZ 580N$ pP // Spezialtarife für Gruppen ⓘ Kiwi (Kinderspielzimmer), Fama // Seeheim Furniture: Möbel auf alt, neu anfertigen lassen (auf Bestellung) ♕ neben der Bahnstation: restauriertes altes Hotel / alle Möbel von lokalen Arbeitern wieder hergestellt / inzwischen Erweiterung zu einer veritablen "Burg", die sich den Hang hochzieht. 🚶 auf der angegliederten Farm Kanas Farm: Reiten, Wandern 🍽 Restaurant à la carte, Set Menü für Gruppen 170N$ Tanken / Wlan // gut sortierter Klamottenladen HausT auf Nachfrage Kuhantilope (Hartebeest), Springbock, Eland, großer Kudu, Oryx, Berg-Zebra, Strauß, auf der Nachbarfarm Viele ungleiche Stufen zu den Zimmern, die weiter oben am Hang liegen, beim Buchen berücksichtigen. Eigene Moskitonetze sind ein Vorteil. @ seeheim@iway.na # www.seeheimhotel.com

Shepherds Lodge (Q60)

▲ [B&B][Camping][Pension] *Oranjemund, Schwarzkuppe* ☞ Mrs. Nica (Englisch) ✉ Oranjemund P.O.Box 1864 ✆ 063-232996 📠 063-234996 Λ Plätze $ (2012) 60N$ pP 🛏 15DZ $ (2012) 100N$/150N$ pP / B&B 270N$ pP / Hp 330N$ pP / Vp 550N$ pP ⓘ Noch ist Oranjemund nur mit Permit (Erlaubnis) von der CDM (Diamantenschürfgesellschaft, Sitz Windhoek) zu besuchen. Grenzübergang zur RSA an der Brücke möglich und über die Gravelroad. Mrs. Nica hilft bei der Besorgung von Permits (bitte Kopie des Personalausweis oder Passes mit Email & Telefon zusenden) 🚶 Rundfahrten mit dem Namdebbus, Museumsbesuch Wlan, „alles für die Versorgung" ♿ rollstuhlfreundlich HausT ok Steinböckchen, Oryx, Strauß, Schakale / alle Tier auch in der Stadt @ shepherds@mtcmobile.com.na

Sitzas Camping (Q75)

[Camping] 1km nordwestl. Mata Mata / Anfahrt: C15, direkt am Zaun zu Mata Mata Lara & Manus Kotze Koës P.O.Box 26 063-683238 2 Plätze mit Schatten $ (2012) 60N$ pP Rondavel $ (2012) 400N$ Schaf-& Rinderfarm will helfen bei Anfrage HausT ok (hilft einen Aufenthaltsort für den Hund zu finden, während des Parkbesuchs.) Springbock, Oryx, @ kotzem@mweb.com.na

Snyfontein (Q12)

[Kommunales Camping] 48km nördl. Keetmanshoop / Anfahrt: D609, D3907, 15km Schild / 13km 4X4 Felsenpad (nachfragen bei der Schule von Snyfontein) 8 Plätze am Fishfluß, 3 Waschhäuser, Picknick Tische $ (2013) 60N$ pP beim größten Köcherbaumwald (2.500ha), an der Quelle Oruruses, am Fischfluß

Stables Inn (Q60)

siehe „Shepherds Lodge (Q60)“ S. 456

Terra-Rouge Guestfarm (Q76)

[Camping][Farm][SC-Flat] 45km nordwestl. Mata Mata / Anfahrt: C15, Schilder Hannli & Pieter Möller (Afrikaans) Keetmanshoop P.O.Box 895 063-252031 081-1290280 5 Plätze, Schatten durch Kameldornbäume $ (2013) 100N$ pP, K6-13 50% 3 SC-Bungalows, max 12P $ (2013) Bungalow SC bis 4P 800N$ / Zusatzpreise: Farmdrive 2Std 200N$ pP, Sundowner auf der Dune 75N$ pP / (auf Bestellung) Rinder- & Schaffarm / Fama, Kiwi (Farmtiere, Katzen, Hunde, Pferde) // liegt am Rivierbett des Auob Internet, Wlan Spaziergänge Springbock, Eland, Oryx, @ pcmol@iway.na, terrarouge@iway.na

Torgos Safaris (Q72)

[Zeltlodge] 5km nordwestl. Mata Mata / Anfahrt: C15 Janine Kotze (Afrikaans) Koës P.O.Box 26 063-683168 8Zelte + 2Chalets $ (2013) Zelt: Hp 700N$ pP, Chalet: Hp 815N$ pP liegt am Auob Rivier, 5km vor dem Kgalagadi Transfrontier Park Geier Restaurant / Gamedrive Restaurant (B 50N$, L (Set Menue) 70N$, D 150N$), Lunchpakete 60N$ keine Hunde Duiker, Streifengnu, Kuhantilope (Hartebeest), Springbock, Steinböckchen, Eland, großer Kudu, Oryx, Wasserbock, Giraffe, Steppen-Zebra, Geier, schöne Zelte / Trummi Leser: bezüglich Hp: Preis-Leistungsverhältnis könnte besser sein @ torgos@iway.na # www.torgoslodgenam.com Eden Travel

Vastrap Guest Farm (Q24)

[Farm][SC][Gästehaus] 5km südöstl. Grünau / Anfahrt: B3, 2km Farmpad Hettie & Rean Steenkamp (Afrikaans) Grünau P.O.Box 26 063-262063 063-262063 081-1249162, 081-1277142 6Z = 20Betten / 2SC chalets à 4Betten / aircon $ (2013) EZ 420N$, DZ 540N$, TZ 600N$, QZ 620N$ / SC Chalet 4P 690N$, SC Flat 4P 2 DZ 850N$ Schaffarm / Kiwi: "wide open and safe place" / ohne Voranmeldung Wanderung Frühstück 60N$, Dinner 100N$, Braai 100N$ HausT auf Anfrage Springbock, großer Kudu, Oryx, Strauß, @ vastrap@mweb.com.na # www.vastrapguestfarm.com

Vogelstraußkluft Lodge (Q30)

*{geschlossen}*Lodge][Bushcamp] 90km südl. Keetmanshoop / Anfahrt: B4, D463 (Feldschuhhorn-Road), 25km Schild Fritz Odendaal (Englisch) Keetmanshoop P.O.Box 1959 063-226722 & 063-683086 063-683087 3 Plätze für je 10 Zelte / Stromanschluß 24DZ = 20TwZ + 4 Chalets (1DZ+1EZ+Couch) geschlossen seit 2012, Zukunft ungewiß am Ufer des Fischflusses verschiedene Canyon-Trips mit Wanderungen & Verpflegung Restaurant Springbock, großer Kudu, Oryx, Steppen-Zebra, Strauß @ info@vogelstrausskluft.com, natasja.vogelstrausskluft@gmail.com # www.vogelstrausskluft.com Taleni Africa

Warmbad (Q64)

[Kommunales Camping + Bungalow] Warmbad Community of Warmbad / Lorraine Walvis Bay P.O.Box 1 063-269187 063-269168 081-2057504 Plätze $ (2012) 50N$ pP, K 3-12 15N$ 3 FZ Bungalows, 4DR-Bungalows $ (2012) DZ 130N$ pP / K3-12 mit 2 Erwachsenen 100N$ pP liegt am Hom - Rivier Warme Quellen, historisch interessanter Ort / Museum mit Schautafeln zur Geschichte geführte Tour durchs Museum / Schwimmen in von der heißen Quelle gespeistem Bad wäre möglich, falls gesäubert. Das Bad ist zeitweise auch geschlossen. SC möglich / auf Nachfrage kleine Mahlzeiten, Lunchpakete @ warmbad@iway.na

White House Guest Farm (Q22)

[Rastlager][Camping][SC] 11km nördl. Grünau / Anfahrt: B1 Richtung Keetmanshoop, Schild Farmpad 2km Kinna & Dolf de Wet (Afrikaans) Grünau P.O.Box 9 063-262061 063-262061 081-2856484 4 Plätze $ (2012) 70N$ pP 8 Familienunits, Bungalows 3DZ (28 Betten) $ (2012) Family: 4P 580N$, 3P 520N$ / Bungalow 250N$ pP / Zusatzpreise: Farm/Game Drive 150N$ pP Kiwi Rosenquarzmine, *Lithops* kleine Wanderung / auf der Farm: Game Drive, *Lithops Tour* / Rosenquartz Mine SC / Dinner(90N$),Braai (80N$), Farmprodukte HausT ok auf Anfrage Springbock, Oryx,

Empfehlenswert: nette Unterkunft für unterwegs @ withuis@iway.na # www.withuis.iway.na

Wildheim Safaris (Q68)

[Jagd] 45km nördl. Aroab / Anfahrt: C11 nach Norden, D614, Farmpad 12km Salomé & Wikki Steenkamp (Afrikaans) Aroab P.O.Box 25 063-280650 063-280650 081-2766426 3 Bungalows DZ $ (2012) Jagdtag 1:1 415US$, 2:1 345US$, Ruhetag, Begleitperson 140US$ Bogenjagd / Kiwi nur Vp, Spezialdiäten, Farmprodukte, Wäscheservice auf Anfrage: kann arrangiert werden keine HausT gemeines Impala, Kuhantilope (Hartebeest), Damara Dik Dik, Klippspringer, Springbock, Steinböckchen, Eland, Oryx, Wasserbock, Steppen-Zebra, Gepard, Leopard, Strauß, @ kalahariswa@iway.na # www.wildheim-hunting-safaris.com

Windhoek: Mittagspause

Windhoek: Mittagstisc

Swakop: Baden im Meer - angezogen

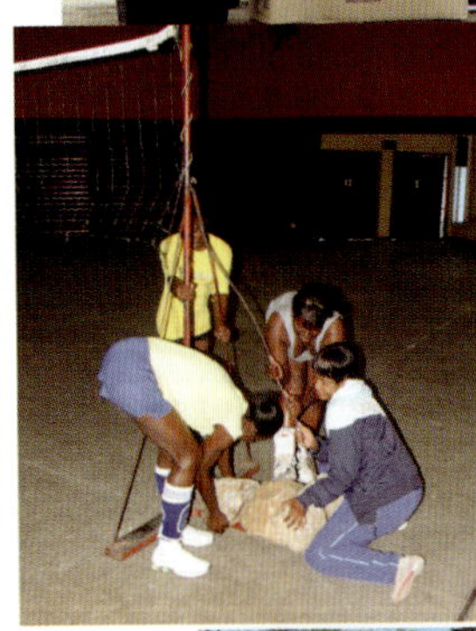

Katutura: A
bau eines
Volleyballn
zes mit
Felsbrocke

Katutura: Sonntagsruhe

Schule Okambahe:
Vermessen von Maispflanzen

Region R: Nordkapland

Reisen in der angrenzenden nördlichen Kapprovinz

Südlich vom Oranje beginnt für uns die Region R im Anschluß an die Region Q,. Die wenigen erwähnten Plätze sind im GPSNamibia eingezeichnet.

Der Große Fluß

Der Oranje oder Orange River wurde früher nur !GARIEP, der „große Fluß", genannt. Zu Recht! In Nordoewer hat er bereits fast 2000km zurückgelegt. Er entspringt in den Bergen von Lesotho, wo 2200mm Regen ihn jährlich speisen. Er füllt den größten Staudamms Südafrikas, der sinnigerweise „Gariepdamm" genannt wird; seine gesamten Wassermassen erreichen aber nicht mehr die letzten hundert Kilometer, um im Atlantik zu münden: Ein Teil wird bereits im Hochland von Lesotho ins durstige Minen- und Industriegebiet von Gauteng umgeleitet. Er ist der größte Fluß Südafrikas und seinem Lauf folgend, könnte (fast) die gesamte Geschichte und Ökonomie des südlichen Afrikas nacherzählt und bebildert werden. Wir erleben im Grenzgebiet mit Namibia nur einen kleinen Ausschnitt davon, doch der ist aufschlußreich genug.

Robert Jacob Gordon von der Holländischen Ost-Indien-Kompanie überquerte den großen Fluß 1779 und nannte ihn unterwürfig nach seinem holländischen Herrscher William V von Oranje, den „Oranje". Es war der erste Sündenfall der Namensgebung in Namibia, denn bis dahin war die Natur nur nach ihrem Erscheinungsbild von den Einheimischen benannt worden. Alle kurzen Namen mit „b/p" oder mit „s" am Ende erinnern heute noch daran und habe[n] ihre eigene Bedeutung im Khoisan. Da aber de[r] Oranje auch häufig Dank seiner transportierte[n] Schlammaschen gelbich-orange- farbig dahin strömt und sein größter Zufluß, der „Vaal", dagegen wirklich nur „blaß" (=fahl) ist, haben nich[t] alle die Assoziation zu der nationalen Farb[e] Orange des holländischen Königshauses, wen[n] sie über diesen lebenswichtigen Fluß reden.

„Vioolsdrif" heißt der Grenzposten auf der südafrikanischen Seite: Erst seit 1956 gibt es die schmale Brücke über den Oranje, früher hatte ein Mann mit Namen Viool die Reisenden über die seichten Stellen des Flusses geführt. Vor allem auf der südafrikanischen Seite wird das Wasser seit Jahren durch ein Kanalsystem für den Anbau von Luzerne und Gemüse ausgenutzt, auf der namibischen zieht sich ein Weinanbaugebiet bis zum Ufer hin. Erst nach der Unabhängigkeit begann hier die expansive Kultivierung mit der Zentrale auf der Farm Außenkehr weiter flußabwärts, und zwar auf der größten kommerziellen Farm Namibias überhaupt. In der südafrikanischen Apartheidszeit war dieses Gebiet nicht für den Weinanbau vorgesehen; insofern ist der Streit, wo genau die Grenze verläuft, ob in der Mitte des Flusses oder am nördlichen Ufer auch jetzt erst relevant geworden und noch nicht entschieden.

Einst war der große Fluß ein Paradies von großem und kleinen Wild, wie die frühen Reisenden berichteten. Hier wurden die ersten Giraffen (="kamelperde") gesehen, nach denen der „Kamelbaum" seinen Namen erhielt; Elefanten und Nashörner ernährten sich vom reichen Galeriewald, Flußpferde suhlten sich im Wasser - nur den Krokodilen war das Wasser zu kalt. Als Reisende müssen Sie sich heute mit der Beobachtung von 60 verschiedenen Arten Wasservögeln, die im Mündungsbereich ihr Paradies haben, kleinen Antilopen und einigen Amphibien zufriedengeben.

Im Mündungsbereich verhindern die transportierten Sandmassen, daß der Fluß schiffbar wurde oder eine Hafenstadt entstehen konnte. Hier beginnt das Eldorado der großen Minen, sowohl auf dem linken wie dem rechten Flußufer und auch landeinwärts.

Zwischen Minenabbau und agrarwirtschaftlicher Nutzung ist es vor allem von Noerdoewer bis Sendlingsdrift kleinen Unternehmen gelungen, am linken wie auch rechten Ufer Restcamps einzurichten, die wie paradiesische Oasen wirken: Es wird flußabwärts gepaddelt und geraft, geschwommen und geangelt. Die Organisatoren von Mehrtagestouren schaffen es noch immer, am Fuße von steil aufragenden Felsen ruhige Uferplätze auszumachen, um die Paddler unter dem Sternenhimmel übernachten zu lassen. (S. die Plätze Q entlang des rechten namibischen Ufers).

Fiedlers Creek (R5)

▲ [Camping] 7km westl. Noordoewer Anfahrt: am Oranje ☞ Maudi & Adam Bleach Kotzeshoop, 8246 PO Box 54 ✆ 0027-27-7618953 0027-27-7618953 ▲ Plätze am Oranje $ 75R pP, K13 55R, Pensioners 55R pP ⓘ Overländer Platz / Tagb (60R) Tages und Mehrtagestouren auf dem Oranje (z.B. 1 Tag 340R +65R Lunch / 2Tage im Busch" 1.885R inkl. Verpflegung), Felsgravuren, Exkursionen ins Richtersveld Essen auf Bestellung: B 70R, L 75R, D 105R HausT ok @ info@bushwhacked.co.za # www.bushwhacked.co.za

Aquacade (R3)

▲ [Rastlager][Camping][SC] 10km westl. Noordoewer / Anfahrt: Oranje abwärts, Kotzehoop Road Plot 21 (PLZ 8246NC) ☞ Louwrika Mukler ✆ +27-27-7618777 +27-27-7618777 +27-84-2918833 (Louwrika), +27-5987005 (Herrick) ▲ 13 Plätze mit kleiner Küche und Tisch $ (2013/2014) 50R pPlatz, 70R pP, K13 30R ⓘ Chalets Vokü, Bettwäsche $ (2013/2014) SC 2-4P 480R, 3te P +60R ⓘ Luzernefarm River Rafting (1/2 Tag 200R, 1Tag 380R), Vogelbeo. Schwimmen im Fluß Restaurant auf dem Fluß (Frühstück 70R) HausT ok @ aquacade@telkomsa.net # www.aquacade.co.za

Wildthing Adventures River Camp (R6)

▲ [Camping] 10km westl. Noordoewer / Anfahrt: am Oranje flußabwärts ✆ 0027-27-7618198 ▲ Plätze $ 80R pP keine HausT @ wouter@wildthing.co.za

Richtersveld

Es ist nicht nur der jüngste Nationalpark Südafrikas, sondern das Besondere ist, daß das angrenzende kommunale Gebiet 2007 von der UNESCO zum Weltkulturerbe erklärt wurde. Der Nationalpark umfaßt nur einen kleinen Teil von diesem äußersten Nordwesten Südafrikas. Zusammen mit dem Fischfluß-Nationalpark auf namibischer Seite gehört er seit 2003 zu einem „Peace Park“, da er grenzüberschneidend konzipiert und verwaltet wird. Sein gebirgiger Teil wird im Nordosten von dem meandernden Oranje begrenzt, im Südwesten von einem Gebirgszug, dem Vanderstermountain. Im Süden schließt sich das kommunale Farmgebiet, auch mit dem Namen „Richtersveld“, mit einigen kleinen Ortschaften daran an. Der Nationalpark besticht durch seine Wüstenlandschaft und die Sukkulenten: Mehr endemische Sukkulenten als irgendwo anders auf der Welt werden hier gefunden, viele sind nahrhaft und werden für medizinische Zwecke genutzt. Die pittoresken „Halbmenschen“ illustrieren eine fast biblische Geschichte aus der Namasprache: Diejenigen Hirten, die ihrer Heimat den Rücken kehrten, wurden zur Strafe zu Halbmenschen versteinert. Nur 0.5 cm im Jahr wächst dieser Halbmensch, auch „Elephant`s trunk“ genannt, da sein hochgestellter „Rüssel“ nach Norden gegen die Sonne sich beugt.

Die Bevölkerung hat in zähen Verhandlung - auch mit wissenschaftlicher Unterstützung aus Deutschland (Prof. Jürgens) - durchgesetzt, daß sie den Nationalpark nicht verlassen müssen, sondern daß sogar 6.600 Stück Kleinvieh mit Hirten und Hunden durch das Veld getrieben werden dürfen, und zwar als „transhumant pastoralists“. Von den 30 Jahren Pacht, für die der südafrikanische Staat jährlich 92.000 Rand an die Gemeinden zu zahlen hat, sind bereits einige Jahre vergangen. Wie wird es weitergehen? Hat das Geld ihnen genützt?

Während die touristische Erschließung des Nationalparks eher auf die natürliche, ungestör Tier- und Pflanzenwelt ausgerichtet ist, werde die angrenzenden als Welterbe ausgewiesene Kommunalgebiete vor allem als saisonal

Weidegrund genutzt. Tatsächlich tragen die Ziegen-, Esel- und Schafsherden wegen eines Wechselweidesystems zur Erhaltung der Karoo-Vegetation bei. Vermutlich seit zweitausend Jahren ist so ein ökologisches Gleichgewicht entstanden.40 Viehposten sollen heute weiterhin den Wechsel garantieren. Die Weidegründe werden gemeinschaftlich aufgeteilt.

Trotzdem stellt Überweidung ein ernsthaftes Problem dar. Deshalb ist innerhalb der Kernflächen ausschließlich Weidewirtschaft nach den traditionellen Regeln und mit den althergebrachten mobilen Binsenhütten erlaubt. Einige dienen auch als Unterkünfte für Touristen. Allerdings werden immer mehr der

raditionellen „!haru om" auch mit Plastikfolien vetterdicht gemacht.

Im Gegensatz zum Nationalpark sind Propektion, Bergbau und Diamantensuche in der Community Conservancy streng verboten.

Die lokale Bevölkerung besteht aus indigenen Nama-Khoi-khoi und zwangsumgesiedelten frikaanssprechenden Farbigen aus Kenhardt nd von der Küste. Die letzteren mußten den Minen weichen. Neuerdings haben sie gerichtlich durchgesetzt, daß sie einen Anspruch auf das Küstengebiet haben, daß die Minen das Gelände wieder herstellen und sie eine Kompensation erhalten. Vielleicht waren sie jetzt auch deshalb erfolgreich, weil für viele Minen sich der Betrieb nicht mehr lohnt?

Der Ort Eksteenfontein mit der großen Kirche erinnert an den Pfarrer Eksteen, der den Baster Bosluis (auch Boschluis) beistand, als ihnen als Mischlinge verboten wurde, an Gottesdiensten teilzunehmen. Schließlich wurden sie aus Kenhardt vertrieben und durften nur hier siedeln. Dafür mußten alle Weißen bis 1959 das Richtersveld verlassen.

Deren Spuren sind überall noch aufzufinden: Kleine Minenschachte, Brunnen, Pumpen, Wege, nicht zuletzt alte Gräber mit den Namen Avemant oder Bosman und Reste von Häusern, wo Familien wie Engelbrecht, Basson, de Vries mit vielen Kindern gelebt, gefarmt und ihr Glück im Prospektieren gesucht hatten. Die vor 50 Jahren hierher Zwangsumgesiedelten lehnten eine erneute Umsiedlung an den westlichen Rand des Richtervelds ab. Sie sollen auch nach

Steinmännchen am Helskloof Paß

Halfmens - Pachypodium namaquanum

Beendigung der Pachtverträge ein garantiertes Mitspracherecht über die weitere Entwicklung des Gebiets haben. Insofern zeigt dieser Park - wie auch die Siedlung Riemvasmaak und die Integration der Miers und San im Kgalagadi Park s.o.. - vielleicht wegweisende Aspekte eines neuen Naturschutzes.

Touristische Erschließung des Richtersveld

Das Richtersveld - 162 445 ha - ist nur mit 4x4 zu bereisen, möglichst mit 2 Autos, die Campingplätze im Park sind vorsichtshalber vorab zu buchen. Die beste Reisezeit ist zum Ende der Wintermonate, wenn das Veld (vielleicht) in Blüte steht. Dann ist die Hitze - oftmals über 40Grad C im Sommer - auch besser zu ertragen. Allerdings ist mit sehr starken Winden vom Atlantik her zu rechnen. Zufahrten gibt es mit der Fähre über den Oranje bei Sendlingsdrift südlich von Rosh Pinah mit Grenzformalitäten, von Steinkopf über die R382 in Richtung Port Nolloth entlang des Atlantiks oder abenteuerlicher über die verschiedenen Gravelroads über Lekkersing und/oder Eksteenfontein, z.B. über den Helskloof Paß, einer alten Zufahrtsstraße. Diese wurde von den frühen Prospektoren auf der Jagd nach Kupfer, Diamanten, Asbest, Gold uam. in Handarbeit angelegt und endet am Oranje in Modderdrif zwischen Luzernefelder. Der Weg ist - mit einem einzigen Schild allerdings nur, und zwar in Eksteenfontein - ausgeschildert. 15km entfernt von Eksteenfontein wird derzeit die alte Forschungsstation Rooiberg zu einem Gästehaus umgebaut, und zwar am Fuße vom Rooiberg. Die Anmeldung für den Nationalpark erfolgt bei Sendlingsdrift, wo auch eine Karte erhältlich ist.

Grenzöffnungszeiten 8.00 bis 16.30Uhr

Übergang über den Oranje mit einer Fähre: (Beschränkung: 6t, 11m Länge, 2,6m Breite) 150Rand / Auto // Eingang in das Richtersveld / Fähre von 8-16:15Uhr

5 Campingplätze gibt es im und am Rande des Parks, alles muß selbst mitgebracht werden - auch Wasser, außer bei den 2 Plätzen am Oranje.:

Kokerboomskloof: Camping im zentralen Hochland zwischen vielen Koecherbäumen

De Hoop und Richtersberg: Camping am linken Ufer des Oranjes
Helskloof in der Nähe des Helskloof-Tores am westlichen Rand mit Pforte
Potoitjiespram: Camping und Chalets am nördlichen Ende in der Nähe der Fähre über den Oranje. Tagesbesuche sind möglich.
4 Tage Rundwanderung beginnt am Hakkiesdoring Hiking Camp. Information: +27-7181905, Email: richtersveld.challen@kingsley.co.za
☞ Siehe „go!" 2013-11 Richtersveld

Sendlingsdrift (R9)

⋏ [Rastlager][Camping] 23km südl. Rosh Pinah ☞ San Park (RSA) ✆ +27-27-831-1506 (Park Reception) Λ Plätze $ (2013) 180R pPlatz, für 3-6P: +62R pP ⓘ 10 Chalets $ (2013) chalet: 665R für 2P, 3-6P +93R Achtung Affen 🕮 reservations@sanparks.org

Den Oranje abwärts

Von Sendlingsdrift führt die R382 linker Hand entlang der ausgedehnten Halden alter und neuer Minen und rechter Hand entlang des Oranjes zum Atlantik

Annmarie (R12)

⋏ [B&B] 20km nordöstl. Alexander Bay (RSA) / Anfahrt: R382 (Afrikaans) ✉ Alexander Bay (RSA) P.O.Box 373 ((PLZ 8290) ✆ 0027-27-8311592 0027-82-2238455 ⓘ 9 kleine Chalets (15P) $ (2013) SC 600Rand pChalet 5-6P / Chalets 300R pP ♔ museale Ausstellung alter Landwitschaftsgeräte Frühstück 70R keine HausT

Pachtvlei Kampierplek (R13)

▲ [Camping] 15km nordöstl. Alexander Bay (RSA) / Anfahrt: R382 nach Norden, dann weiter Richtung Sendlingsdrift, 5km vor Annmarie B&B, links ▲ weitläufiges Camping direkt am Fluß mit schattigen Bäumen und viel Gras. Bademöglichkeit. HausT ok Von einer Minengesellschaft unterhalten, verlassene Bettgestelle unter den Bäumen lassen bessere Zeiten erkennen. Toller Blick über den Oranje bis Oranjemund

Brandkaros Campsite (R11)

▲ [Rastlager][Camping] 27km nordöstl. Alexander Bay (RSA) / Anfahrt: R382 ✉ Alexander Bay (RSA) P.O.Box 495 ✆ +27-27-8311856, +27-27-8311364 ▲ 6 Plätze unter Bäumen $ (2013) 70R pPlatz ⓘ Rondavels 3, 4 Betten $ (2013) 150R pUnit ⓘ auf einer Citrusfarm / am Oranje Teil eines 4X4 Trails / Schwimmen und Fischen HausT ok Nicht immer gut unterhalten # www.campsa.co.za/brandkaros

Der kalte Atlantik

In Alexander Bay hatte ursprünglich James Alexander im 19. Jahrhundert das im Namaqualand geschürftes Kupfer auf Barken, die den Oranje abwärts gestakt wurden, verschifft; nachdem aber der berühmte Geologe Hans Merensky Tausende von Diamanten 1926 aufsammeln konnte, begann auch hier der Diamantenrausch wie 20 Jahre vorher südlich von Lüderitzbucht und in Kolmanskuppe - übrigens ist bis heute das Geheimnis nicht gelöst, wie die alluvialen Diamanten hierher südlich der Oranjemündung gelangen konnten. Noch ist eine freie Fahrt über die Brücke in das Sperrgebiet in Oranjemund nicht möglich, was sich aber in naher Zukunft ändern könnte, da der Meeresboden nördlich des Ortes ausgemint zu sein scheint.(Grenzöffnungzeiten 6.00 bis 22.00)

Trotz aller Kälte und Winde ist Port Nolloth in jüngster Zeit ein richtiger Ferienort am Meer geworden. Der Ort war wie auch Alexander Bay ab 1926 Sperrgebiet, um den Diamantesschmuggel besser unterbinden zu können. Die einheimische Bevölkerung war in das Innere vom Richtersveld vertrieben worden (s.o.), um den Minen ungehindert Platz zu machen. Jetzt gibt es eine kleine Mole, Fischfang, Ausfahrten auch für Touristen, Pensionen, ein kleines Museen, Restaurants. In beiden Ortschaften kann man tanken, wenn die Anlieferungen auch nicht immer pünktlich sind.

ɫacdougall`s Bay Caravan Park ʀ15)

˗ [Camping] Port Nolloth, Macdougall`s ay ☞ Municipality of Port Nolloth / Lor- ine Phillips (manageress) ✆ +27-27-8511110 ˑ +27-27-8511101 ▲ Plätze mit Strom (2013) Caravans: high 160R, low 130R Chalets alt+neu $ (2013) Chalet alt: high ason: 500R, low 400R / neu low 350R, gh 660R Tagb. 30R pAuto + 25R pP info@richtersveld.gov.za # www.richters- ld.gov.za

ɔrt Indigo (R14)

[Ferienhaus][Pension][SC] Port Nolloth, Mc Dougalls Bay, Kamp Str. 1245 ☞ Anél De Klerk & Rika Lotter (Englisch) ✉ Port Nolloth 8280 P.O.Box 121 RSA ✆ +27-27-8518012 +27-27-8517595 +27-82-8926344 die Anlage besteht aus verschiedenen Ferienhäusern (alle Vokü + Bettwäsche) und einer Pension: Ultima: 3DZ + 3 Bäder; Tranquil: am Strand 3DZ; Splendour: für Gruppen bis 10P; Petité: 1DZ; Infinité: 4P; Carissa: 6 Wohnungen 4x 4P + 2x 2P / max 40P ⓘ SC+B&B Kanus für Ausflüge auf dem atlantischen Ozean eine Unterkunft in einem Ferienort mit verschiedenen Gästehäusern @ portindigo@telkomsa.net # www.portindigo.co.za

In Port Nolloth: Reichtum für Dich und mich?

Springbok - Hauptstadt des blühenden Namaqualands

Der Ort ist in der Zeit der Namaqualandblüte im August/September das Zentrum für Besucher aus ganz Südafrika: Busse bringen Klassen, Senioren, Jugendgruppen, manchmal auch auswärtige Touristen, aber nur selten Namibier, hierher. Kleinere Ortschaften in der Umgebung, sonst wie vom grauen Rhenosterbusch zugewachsen, erwachen mit den „Daisies" und bieten Teaparties mit selbstgebackenen Kuchen und Führungen an, um die schönsten Blumenfelder zu entdecken, die in jeder Saison an anderen Orten zu suchen sind. Die gelb-orange blühende „Namaqualand Daisie" ist das Wahrzeichen des Frühlings nach guten Winterregen ohne heiße, windige Tage. In der Goegab Nature Reserve, östlich von Springbock, kann man sich botanisch über die Blütenpracht kundig machen. Der Namaqualand National Park, südwestlich von Springbock, 27 km westlich von Kamieskroon auf einer guten Gravelroad zu erreichen, ist als notwendige Reserve und für den Erhalt der Diversität der Blumenfelder geschaffen worden, was inzwischen wegen der expandierenden Landwirtschaft auch notwendig ist. Beide Besuche lohnen sich. Nababeep in der Nähe der Blumenhauptstadt ist ein informativer Gegensatz dazu: Das Okiep Copper

Museum, täglich geöffnet von 9 bis 16.00, gibt eindrucksvolle Einblicke in die Minenaktivitäten der Region: Um 1900 erachtete man Okiep als die reichste Kupferfundstätte der Welt. Das Springbok Café ist der Meeting Point im Zentrum von Springbok , mit vielen Fotos aus der „Pionierszeit" der Region dekoriert, und deftigem Essen. Vor dem Café, das zugleich auch eine Pension ist, halten die Überlandbusse z.B. auch der Mainliner von Windhoek nach Kapstadt.

Skilpad (R24)im Namaqualand National Park = Schildkröte, denn es gibt wirklich viele Schildkröten hier im Veld.

Unterkunft im Namaqua Skilpad National Park

Skilpad Restcamp (R24)

▲ [Restcamp][Camping] 21km westl. Kamieskroon (RSA) / Anfahrt: 21km nach Westen, Staubstraße ☞ SanParks (RSA) / Elanza van Lente ✆ +27-27-6721948 ✆ +27-27-6721015 4 Chalets 2P + sleeper couch / Eßraum $ DZ 340R ⓘ im Namaqua Land Park National Park ♛ Ein 4x4-Trail führt auf einem Rundweg zurück nach Springbok @ elanza.vanlente@sanparks.org # www.sanparks.org

Annie´s Cottage (R21)

▲ [B&B][SC] Springbock (RSA), King Street 4 (PLZ 8240) ☞ Mrs. Pet Trümpelmann (Afrikaans) ✉ Springbock (RSA) ✆ 0027-27-7121451 ✆ 0027-27-7121451 0027-83-4541252 12 Zimmer (2-3P) in einem großen mit Veranden ausgebauten Haus. Alle ensuite. in manchen Zimmern auch SC möglich HausT auf Anfrage sehr empfehlenswert: Herrlicher Garten, schattig. Alle Zimmer sind individuell augestattet (zum Teil mit Jugendstil Kleinigkeiten), wunderbar kitschig. An alles ist gedacht! Das Frühstück ist außergewöhnlich, sowohl im Angebot als auch im Ambiente. @ annie@springbokinfo.com # www.springbokinfo.com

Desert Roses (R22)

▲ [B&B][SC] Springbock (RSA), Republiek Street 40 ☞ Maralynn & Piet van Zyl (Afrikaans) ✆ +27-27-7122330 ☏ +27-27-7122330 ▯+27-82-8924970 ▬ 6 Gästehäuser mit aircon / 2 SC mit Kitchenette **$** (2010) B&B 250R pP ✎ Wäscheservice / Internet *HausT freundlich* @ desertroses@telkomsa.net # www.desertroses.co.za

Kupferbergmann im Bergbaumuseum von Okiep

Okiep Country Hotel (R23)

▲ [Hotel][SC] Okiep (RSA), Concordia Road P.O.Box 17 ✆ +27-27-7441000 ☏ +27-27-7441170 ▯+27-82-5697158 ▬ Country Hotel / SC Zimmer **$** Hotel+SC: Low: EZ 510R, DZ 720R, FZ +100R / High (Aug+Sept): EZ 560R, DZ 820R, FZ +100 Frühstück 90R, Dinner Buffet 180R @ okiep@intekom.co.za # www.okiep.co.za

Pella, ein historischer Missionsort

Der kleine Missionsort hat eine interessante Geschichte: 1812 wurde er von der Londoner Missionsgesellschaft gegründet, nach der Ermordung eines Missionars wieder für Jahrzehnte verlassen und dann von französischen Katholiken wiedergegründet. Sie errichteten für das Dorf eine überdimensional große Kirche, übrigens ohne einen Architekten zu konsultieren. So gibt es tatsächlich hier also eine katholische Gemeinde im No-where. Berühmt sind die Dattelpalmen Pellas. Nicht viele Touristen verirren sich außerhalb Pellas, direkt an das Ufer des Oranjes für eine Übernachtung oder auch nur für ein Picknick.

Pella Resort (R31)

▲ [Camping][Zimmer] 20km nordwestl. Pofadder (RSA) / Anfahrt: durch Pella fahren, an der Kirche vorbei, nach 1,5 km kleines Schild: nach rechts / an der Wasserversorgungsleitung 6km zum Oranje abwärts ☞ Mrs. Anna ✆ +27-733604443 & +27-54-9729712 ▯+27-83-4841658 (Desiree) ▲ Plätze ▬ 5 einfache Zimmer, aircon, Kühlschrank **$** (2010) 200Rand pZimmer ⓘ Tagb. Ok / Picknicktische mit Schatten, kleine Kochstelle Bassin, Schwimmen im Oranje HausT ok SC-Hütten direkt am Oranje @ pella@gmail.com

Datteln aus Pella

Weinanbaugebiet am Oranje

Das Oranjetal um Kakamas und Keimoes ist in den letzten Jahrzehnten mengenmäßig zu dem größten Weinanbaugebiet Südafrikas geworden. Die ursprünglichen Schöpfräder haben nur noch musealen Wert, das Wasser wird kilometerweit in kleine Kanäle gepumpt, um die Weinfelder mit Drainagen zu bewässern. Weintrauben trocknen in der ständig scheinenden Sonne zu Rosinen, Tanklaster fahren den Saft der weißen Trauben nach Süden - in das südliche „Wineland" zu den großen Weingütern, damit dort der Verschnitt erfolgen kann. Nach Beendigung der Apartheid konnte das traditionelle Weinland im Süden des Kaplandes die Nachfrage nicht mehr decken. Nur wenige Weingüter gibt es hingegen hier direkt vor Ort am Oranje. Die Oranje Wine Cellars sind eine große Kooperative, die selbst zwar auch Weine und Traubensaft herstellen , aber hauptsächlich „Exporteure" in den Süden sind. Besucher und Bewohner berichten stolz, daß es im Oranjegebiet keine Arbeitslosigkeit gäbe und deshalb auch die Kriminalität für sie kein Problem darstelle. Vielleicht stimmt das: Auch spät abends kann man noch Campingplätze anfahren, und zwar ohne irgendeine Kontrolle passieren zu müssen.Die neuen Weingüter/Restcamps verstehen sich auch als soziale Treffpunkte, nicht für Konferenzen, sondern zum Feiern und bieten dafür große „Boma" an.

Die Mas Rescamp (R29)

⅄ [Camping] Kakamas (RSA), ausgeschildert im Ort ☞ Welna & Vlok Hanekom (Afrikaans) ✆ +27-27-544310245, +27-27-5443101150 Λ Plätze am Oranje unter großen Bäumen, weitläufig SC Chalets ⓘ private Weinkellerei / Brandy / Weineinkauf möglich // Weintrauben ♛ Hochzeiten („Boma" für 400 P) wine tasting, Teilnahme am Farmbetrieb // Vogelbeo., Angeln, Quadbike, Eselskarrenfahrt, Paddeln, Schwimmen im Fluß HausT ok empfehlenswert: sehr gelungene Weine @ masboerdery@diemasvankakamas.co.za # www.diemasvankakamas.co.za/

Groen Kalahari WYN • DELI

DIE MAS VAN KAKAMAS

Duin-in-die-Weg Rescamp (R28)

⅄ [Camping] 4km östl. Grootdrink (RSA) / Anfahrt: auf der anderen Seite des Oranje, Schild ☞ Carine & Cobus van Heerden ✆ +27-547410167 & +27-547410150 +27-833037765 (Carine), +27733032603 Δ Plätze auf Rasen im Garten, Kochhaus Gästehäuser, SC-Chalets, Gruppenunterkünfte Rafting, Tube rides for Kids, Angeln / Wine tasting / @ duinindieweg@gmail.com # www.duinindieweg.co.za/

Christies B&B (R32)

⅄ [B&B] / Anfahrt: N14 (in der Nähe des Barberspan Birdsparadies) DZ großer Garten SC in der Küche der Lodge HausT ok

Im Tal des Molopo-Riviers

Die Apartheidpolitik der RSA hatte gemeint, die Bewohner des Fleckens ***Riemsvaasmak*** zwischen dem Molopo Rivier und Oranje seien als Damara einzustufen und siedelte das ganze Dorf 1973 nach Franzfontein im Damaraland im Zuge des Odendaalplanes um. Die auf diese Weise entvölkerte Gebirgslandschaft wurde anschließend vom südafrikanischen Militär benutzt - zum Glück für die ehemaligen Siedler. 1994 konnten sie, da sie Eigentumstitel an dem Land vorweisen konnten, aus Namibia in die neue RSA zurückkehren, ohne daß wiederum Enteignungen hätten stattfinden mssen. Die meisten machten von diesem Angebot Gebrauch. Eine Idylle ist um die zwei kleinen warmen Becken im Canyon des Molopos, Hot Spring, entstanden. Die Bewohner müssen nicht mehr Badende an langen RIEMEN ins warme Bad hinunterlassen, jeder wendige 4x4 Wagen schafft die engen Serpentinen - selbst unser F250, wie das Titelbild von diesem TRUMMI zeigt. Ein ehemaliger Nachbar der Riemvasmaaker, heute einer der führenden Politiker Namibias, Hage Geingob, hat sie noch nicht besucht. Er müßte staunen, wie in kürzester Zeit, wenn auch mit internationaler Hilfe, oberhalb der Quelle ein Ort mit Schule, Sportplatz, Steinhäusern, guten Straßen und mit bescheidenem Wohlstand für alle Bewohner entstanden ist - mit einer eigenen Fußballmannschaft; selbst wenn die Bewohner zu recht beklagen, daß die Häuser noch keinen Wasseranschluß hätten, wollen sie nicht zurück ins karge Damaraland. Fast demonstrativ wollen sie von der ihnen einst aufgezwungenen Nama-Damara-Sprache nichts mehr wissen. Sie verstehen sich als Afrikaanssprachige – wie alle in diesem unteren Oranjegebiet. (Vgl. Namibia, S. 485 und 494)

Entlang des Molopotales erreicht man von Kakamas aus auf guter Gravelroad das südliche Ende des Kgalagadiparks; mit zwei gebuchten Übernachtungen könnte man durch den Park Mata Mata und den dortigen Grenzübergang erreichen oder bereits im Süden bei Rietfontein über die Grenze zurück nach Namibia gelangen.Kalahari Cultural Centre (R25) ist mehr als nur ein Übernachtungsplatz, wie auch jenseits der Grenze die Farm Schanzkolk (Q81), sondern beide sind auch für sich besuchenswert. Grenztelefon: +27-545330084

Riemvasmaaker: Stolz auf Küche, Steinhäuser, Gemüsegarten,
ihre Fußballmannschaft & auf ihr Bad

Riemvasmaak (R26)

⅄ [SC-Chalets][Camping] 58km nordwestl. Kakamas (RSA) / Anfahrt: von Kakamas ausgeschildert, entlang der nördl. Grenze des Augrabies National Park nach Riemvasmaak, 7km zum Restcamp // oder: von Augrabies nach Nordwest, über die Blouputs Bridge durch Vredes Valley, ab hier steinige Gravelroad nach Nordost (55km) (Afrikaans, Damara) ✆ +27-54-4310945 / +27-54-431949 & +27-54-3372885 ✆ +27-54-4310506 clearly mark the fax for Riemvasmaaker ▲ 2 Plätze **$** (2012) 100R pPlatz 4 einfache SC-Chalets (2X8+2X4 Betten) in der Schlucht des Molopo Riviers **$** (2012) Chalets 200R-300R ⓘ steile Abfahrt ♔ 1994 Rücksiedlung der Damara Gemeinde von Fransfontein, Ort wird als Wiedergutmachung wegen der Vertreibung in Apartheid (1973) unterstützt

2 kleine Becken mit heißem Quellwasser / 3 Wanderungen / 3 4X4 Trails HausT ok empfehlenswert in einer Schlucht gelegen @ pbf@webmail.co.za 📖 Kakamas 8870 RSA Private Bag X10

Kalahari Cultural Centre (R25)

▲ [Rastlager][Camping] Rietfontein (RSA), R31 ☞ Hendrik Bott (Afrikaans) ✆ 0027-86-6121010 📱+27-738059496, +27-721596726 ▲ Plätze / 8 Kuppelzelte mit Betten ⓘ 1km vor der namibisch-südafrikanische Grenze (Grenze geöffnet 8:00 - 16:30) ♕ 2012 Geschwindigkeits - Weltrekordversuch eines Autos 1.600 km/Std auf der Salzpfanne Hakskeen Pan mit dem „Bloodhound" Coffeeshop mit „RoosterBrot" @ info@miertourism.co.za # www.miertourism.co.za

Bild: www.miertourism.co.za

Shephard Tree (Witgat) bei Riemvasmaak

Augrabies Falls National Park

Der Grenzübergang zurück nach Namibia ist von Pofadder - ein provokativer Name für diesen wenig aufregenden Flecken - bei Onseepkans/ Velloorsdrift über die Brücke des Oranjes, offiziell von 8.00 bis 16.30 Uhr geöffnet, aber durch die 1 Stunde Zeitverschiebung manchmal auch nur kürzer. Ansonsten gibt es auf der gut ausgebauten Teerstraße R14 entlang des südlichen Ufers des Oranjes nicht viel Aufregendes - bis zu den Augrabies Falls National Park. Hier stürzt der Oranje in eine Tiefe von 75m; der Name aus der Namasprache heißt übersetzt „Platz von großem Lärm". Zum Glück haben vor Jahrzehnten Naturschützer es verhindert, daß die Fälle in den Röhren eines Elektrizitätswerkes verschwanden. In der Tradition des südafrikanischen Naturschutzes ist ein Restcamp mit Bungalows, Camping, Restaurant, Wanderwegen und Laden sowie ein kleiner Naturpark mit vielen Dassies und Antilopen entstanden. Da alle Einzelheiten überall nachzulesen sind, haben wir den Platz nicht weiter dokumentiert. Doch Hundebesitzer aufgepaßt: Bei der Einfahrt kann man Pets in einem leerstehenden Haus zurücklassen und so wenigstens einen Tagesbesuch bei den Fällen machen.

Augrabies Falls Lodge & Camp (R30

▲ [Lodge][SC][Camping] 25km nörd. Kakamas (RSA) / Anfahrt: 3km vor Augrabies National Park ✆ 0027-544517203 0027 544517203 0027-768950616 ▲ Plätz unter Bäumen mit eigenem Waschhau SC Units mit DZ, EZ Restaurant à carte HausT sehr ok @ augrabiesl.c@mwe co.za, info@augfallslodge.co.za # www.augfallslodge.co.za

Region W: Botswana

Botswana ist besonders attraktiv durch das tierreiche Delta des Okavangos, der in der Kalahari mündet.Der Hauptort für Versorgung und vor allem auch Fly-Ins ist in diesem Delta Maun.

Ein Blick auf die Landkarte genügt, um zu verstehen, warum eine Rundreise durch den Nordosten von Namibia besonders reizvoll ist, wenn man die weltberühmten Parks wie Moremi und Chobe in Botswana mit einschließt. Dann braucht man die etwas ermüdende B8 nicht zweimal entlangzufahren. Man sollte sich in irgendeinem Reisebüro allerdings erkundigen, wie derzeit die Buchungsbedingungen und Preise im Delta sind. Auf jeden Fall ist diese Rundreise nur mit 4x4 zu bewältigen, während die Hauptstraßen direkt im Grenzbereich zu Namibia inzwischen alle geteert sind.

Um einen kleinen Einblick in die Natur des Deltas zu bekommen, kann man ohne teure Eintrittsgelder und Reservierungen die Nguma Lagune besuchen. (W3 und W4) Wenn man aus dem Norden einreist, bietet zunächst Shakawe einige Versorgung und auch schöne Unterkünfte. Aber entlang der weiteren Strecke muß man schon bis zur Nguma Lagune reisen, um wieder Unterkünfte zu finden. Sie sind auf kleinen Stichstraßen zu erreichen und nicht ausgeschildert.

Die Tsodilo Hills sind weltberühmt, nicht nur durch die kenntnisreichen Romane von Laurens van der Post, sondern durch die Tausenden von Felszeichnungen. Sie können ebenfalls auf einer Rundreise über Tsumkwe von Namibia aus erreicht werden.

Um die kürzere Verbindung nach Johannesburg auszunützen, benutzen viele den geteerten Kalahari Highway mit Grenzübergang bei Buitepos. Trummi kennt zwei empfehlenswerte Unterkünfte (W1 und W2)

Über die Reise in den botswanesischen Teil des Kgadalagadi Parks finden sich die Einzelheiten im Kapitel Q; dieser Teil des Parks ist besonders einsam und tierreich.

1Pula = 1,20R = 1,20N$

Auch auf einem Rinderposten mit den Freunden talken

Echo Lodge (W1)

⅄ [Lodge] Kang (Botswana), am Transkalahari Highway ☞ Mothusi Mcgano (Tswana, Englisch) ✉ Kang (Botswana) P.O.Box 81 ✆ +267-651-7094 +267-651-7076 +267-71316136, +267-71336175 Λ ab 2013 Plätze 16DZ Chalets (10double+6twin) $ (2012) Twin: 525Pula Double 575Pula, 100Pula pP wenn mehr als 2P ⓘ KonferenzZ Restaurant 40P Wifi, Internet, Wäscheservice keine HausT @ echolodge@botsnet.bw

Kalahari Rest (W2)

⅄ [Farm][Rastlager][Camping][Jagd] 25km nördl. Kang (Botswana) / Anfahrt: liegt am Trans Kalahari Highway ☞ Marinda & Bill Sieberhagen (Englisch) ✉ Kang (Botswana) P.O.Box 209 ✆ +267-73774009, +267-72386548 Λ Plätze mit eigenem Waschraum+Spüle / Strom $ (2012) 80Pula pP chalets, aircon, ⓘ Jagd Gamedrive Restaurant gemeines Impala, Streifengnu, Kuhantilope (Hartebeest), Eland, großer Kudu, Wasserbock, Giraffe, Steppen-Zebra, ausgezeichneter Campingplatz @ bmhe@it.bw # www.kalaharirest.com

Tsodilo Hills (W5)

⅄ [Kommunales Camping] 71km südwestl. Shakawe (Botswana) / Anfahrt: A35, nördlich von Gumare, nördlich von Etsha 13 nach Westen, ausgeschildert, 38km gute Staubstraße (S 18°46'18"- E 21°45'15") ☞ Hambukushu Communities kein Cellphoneempfang Λ Plätze beim Museum und Laurans van der Post Panel ⓘ "World Heritage Site", 1400m hoch = höchster Punkt Botswanas / Tsodilo = der Fels, der flüstert" 4500 Felsmalereien in Inselbergen / „The lost world of the Kalahari" von Laurans van der Post kleines Musuem / geführte Tour 100Pula pP Benzin nur in Gumare (100km vom Camp) and Nokaneng (140km vom Camp) Botswana Tourism +267-687-8025, +267-8252211

Nguma Island Lodge an der Nguma Lagune

Nguma Island Lodge (W4)

▲ [Lodge][Camping] 49km nördl. Gumare / Anfahrt: in Sepupa, Abfahrt Elsha 13, 12km Track durch Sand und Wasser / nur 4X4 ☞ Nookie Randall (Englisch) ✉ Maun (Botswana) P.O.Box 13 ✆ +267-683-0159[8], +27-735-60120 Δ Delta Dawn Campsite: 8 DZ-Zelte auf Stegen zu erreichen / im Delta Dawn Campsite: SC Zelte auf Plattformen ⓘ liegt in der Nguma Lagune ♕ Delta Dawn Campsite in Eigenverantwortung des Dorfes Motorbootfahrten auf der Lagoon und durch Papyros zum Okavango, Angeln, Vogelbeo., Mokorotrips Bar @ nguma@dynabyte.bw # www.ngumalodge.com/lodgings.html

Guma Lagoon Camp (W3)

▲ [Lodge][SC][Camping] 49km nördlich von Gumare, bei Etsha 13 abfahren ☞ Guy Lobjoit (owner, manager) ✉ Maun (Botswana) P/Bag HA35 ✆ +267-6874626 +267-6874626 Δ 7 Plätze mit privaten Waschhaus, Schatten & Gras 10DZ Angeln, Mokoro trips, Boot Trips (auch nachts), Vogelbeo. Restaurant, Lunchpackete, Spezialdiäten @ info@guma-lagoon.com # www.guma-lagoon.com

Chalet Hilari
Zweisimmen im Berner Oberland
Schweiz

Über TRUMMI können Sie auch ein Schweizer Chalet mieten: Regen, Schnee, grüne Wiesen, hohe Berge und Simmentaler Kühe sind garantiert.

Ferienhaus für insgesamt 10 Personen, SC mit 2 Küchen & 2 Bädern, in 3 Etagen.
1.000m hoch, sehr ruhige Lage, Panoramablick auf den Ort Zweisimmen, Wiese mit Bäume
am Haus, mitten im Wander- & Skigebiet, Kuhstall mit frischer Milch & Alpenkäse in der Näh

Aktivitäten Frühling, Sommer & Herbst: Wandern, Klettern, Mountain Biken, Trottinettenfahren. Tennis, Beach Volleyball, Schwimmbad, Festivals. Seilbahnfahren.

Aktivitäten Winter: alle Wintersportarten. Direkt an der Piste mit Gondel im Ort, Winterwandern, Konzerte. Nur 20km von Zweisimmen entfernt: Der Haute-Voleé Ort Gstaad mit Luxusgeschäften und Discos.

Preise saisonal verschieden
Beispiel: Hauptsaison Sommer (in Europa)
ür 2-10P, min 2P: 14€ pPpT (+ ca 2€ Nebenkosten nach Verbrauch)
Beispiel: Hauptsaison Winter (in Europa)
ür 2-10P, min 2P: 18€ pPpT (+ ca 4€ Nebenkosten [Heizkosten!] nach Verbrauch)
Nebensaison bis zu 40% billiger

Anfragen bitte an: chalet-hilari@bluemail.ch

Verzeichnis der Anzeigen

Aufführung des „Kleinen Prinzen" in den Dünen
bei der Forschungsstation Gogabeb.

Alphabethisches Verzeichnis

Juhu, endlich fertig!

Abkürzungen und Spezialausdrücke

/	trennt verschiedene Inhalte von einander
aircon	Aircondition = Klimaanlage
bes.	besonders
B&B	Bed & Breakfast (Bett u. Frühstück)
DZ	Doppelzimmer
EZ	Einzelzimmer
EZzuschlag	Einzelzimmerzuschlag
ensuite	jedes Zimmer hat eigenes Bad mit Toilette
F	Frühstück
Fama	Familienanschluß
FZ	Familienzimmer (2E+2-3K)
HausT	Haustiere der Besucher erlaubt (ok) oder nicht (keine)
Hp	Halbpension
HuZ	hin und zurück
inkl.	inklusive
K6-10	Kinder von 6-10 Jahren, unter 6 frei
K12	Kinder bis 12 Jahre
Kiwi	Kinder willkommen
N$	Namibian Dollar
NCL	Namibia Country Lodge
NWR	Namibia Wildlife Resorts
p????	pro ????, z.B. pAuto = pro Auto
P	Person/en
P.O.Box	Post Office Box = Postfach
P/Bag	private Postbag = Postfach
pP	pro Person
pStd	pro Stunde
pT	pro Tag
RSA	Republik Südafrika
Rauwi	Raucher willkommen
sharing	gemeinsam: Bad/Toilettenbenutzung Zimmer zu zweit
Std	Stunde
QZ	Zimmer mit 4 Betten
S10%	Rabatt für Senioren (über 60J) 10%
SC	self-catering = Selbstversorgung
Tagb.	Tagesbesucher
TwZ	Doppelzimmer mit großem Bett
TZ	Triplezimmer (Zimmer mit 3 Betten)
Vogelbeo.	Vogelbeobachtung
VoKü	voll eingerichtete Küche
Vp	Vollpension
Z	Zimmer

Spezialausdrücke

1:1	ein Jagdführer für einen Jäger
2:1	ein Jagdführer für zwei Jäger
4X4	Allrad
Braai	Grillen
Braaipack	Fleisch zum Grillen
Breakfast	Frühstück
conservancy	Hegegebiet
CCF	Cheetah Conservation Fund: Gesellschaft zur Rettung der Geparden
cheetah	Gepard
Dam(m)	Stausee
Dinner	warmes Abendessen
Donkey	Holzofen für Warmwasser
Donkeykarre	Eselswagen
Drive	geführte Beobachtungsfahrt auf einem Auto
Farmstall	kleiner Laden mit Farmprodukten
Flat	kleine Wohnung möbliert, mit Küche
GPSNamibia	NavigationsCD kombiniert mit Trummi
Guide	Touristenführer
Game Drive	Fahrt zur Wildbeob.
Kuhantilope	Hartebeest
Lunch	kleines Mittagessen
living museum	Darstellung alter Traditionen durch ethnische Gruppen, vor allem San
Mainliner	Buslinie südl. Afrika
Night Drive	nächtl. Tierbeob. Fahrt
Overländer	Gruppenreise mit LKW
Pad	nicht befestigter Weg
Rivier	Trockenfluß
Set Menü	Tagesgericht
Sundowner	Getränk zum Sonnenuntergang an einem schönen Platz
San	Buschleute
Veld	Landschafts mit Gras und Büschen
Vet.zaun	Veterinärzaun: Zaun durch ganz Namibia von Ost nach West, auf der Höhe von Etosha, zur Maul- & Klauenseuchenkontrolle
Wüstenluchs	Karakal, Rotkatze